汽车紧固件检测实用手册

主　编：栾俭新　黄　平
副主编（以编写内容先后为序）：
　　　　李大维　邓　建　靳宝宏　张菊香　王利娟　姜起东　梁任锦
　　　　曹　鑫　白云岭　郭林健　杜承斌
参　编（以编写内容先后为序）：
　　　　张智荣　冯雪桥　顾小刚　樊　晶　李秀芳　白　振　叶沧榕
　　　　袁　峰　赵萍丽　何建军　虞莲雯　蒋智慧　李贵康　夏亚军
　　　　朱文涛　杨春华　刘明君　贾晓芳　蒋志刚　尚修锋　刘文敏
　　　　王　锋　郭时松　赵风远　高建平　刘国龙　邵百明　陈欢欢
　　　　张茂松　刘玉龙　孙国峰　成　勇　杨德轩　李万江

机械工业出版社

《汽车紧固件检测实用手册》由中国汽车工程学会汽车防腐蚀老化分会组织编写，全面讲解了汽车紧固件的原材料检测、加工过程检测和成品检测方法，详细介绍了汽车紧固件的工作特性和常用检测设备等内容，力求帮助读者对汽车紧固件的检测建立系统认知。

本手册共分12章，包含绪论、汽车紧固件常用材料检测、汽车紧固件成型检测、汽车紧固件热处理检测、汽车紧固件表面处理检测、汽车紧固件尺寸与螺纹检测、汽车紧固件机械性能检测、汽车紧固件装配与防松检测、整车紧固件可靠性验证、汽车紧固件失效分析、汽车紧固件常用检测设备、汽车紧固件实验室通用要求等内容。

本手册既可作为汽车整车生产企业、汽车紧固件生产企业、汽车紧固件检测机构工程人员、检验人员和生产管理人员的工具书，也可作为汽车工程技术相关专业高校师生、科研院所研究人员的参考书。

图书在版编目（CIP）数据

汽车紧固件检测实用手册/栾俭新，黄平主编. —北京：机械工业出版社，2022.12（2024.1重印）
ISBN 978-7-111-72813-9

Ⅰ.①汽⋯　Ⅱ.①栾⋯②黄⋯　Ⅲ.①汽车-紧固件-检测-技术手册　Ⅳ.①U463-62

中国国家版本馆CIP数据核字（2023）第046297号

机械工业出版社（北京市百万庄大街22号　邮政编码100037）
策划编辑：孟　阳　　　　　责任编辑：孟　阳　徐　霆
责任校对：梁　园　梁　静　　封面设计：马精明
责任印制：单爱军
北京虎彩文化传播有限公司印刷
2024年1月第1版第3次印刷
210mm×285mm·34.75印张·1插页·1066千字
标准书号：ISBN 978-7-111-72813-9
定价：130.00元

电话服务　　　　　　　　网络服务
客服电话：010-88361066　　机　工　官　网：www.cmpbook.com
　　　　　010-88379833　　机　工　官　博：weibo.com/cmp1952
　　　　　010-68326294　　金　书　网：www.golden-book.com
封底无防伪标均为盗版　　　机工教育服务网：www.cmpedu.com

本书编委会

主　编：栾俭新　北京汽车集团越野车有限公司
　　　　　黄　平　重庆长安汽车股份有限公司

副主编（以编写内容先后为序）：
　　　　　李大维　上海汽车集团股份有限公司乘用车分公司
　　　　　邓　建　浙江鼎盛汽车紧固件有限公司
　　　　　靳宝宏　泛亚汽车技术中心有限公司
　　　　　张菊香　上汽大众汽车有限公司
　　　　　王利娟　江西特普鑫科技有限公司
　　　　　姜起东　奇瑞汽车股份有限公司
　　　　　梁任锦　上汽通用五菱汽车股份有限公司
　　　　　曹　鑫　康明斯排放处理系统（中国）有限公司
　　　　　白云岭　上海蔚来汽车有限公司
　　　　　郭林健　上海兹懋仪器科技有限公司
　　　　　杜承斌　长兴吉利汽车部件有限公司

参　编（以编写内容先后为序）：
　　　　　张智荣　北京汽车集团越野车有限公司
　　　　　冯雪桥　吉利汽车研究院（宁波）有限公司
　　　　　顾小刚　上汽大通汽车有限公司
　　　　　樊　晶　邢台钢铁有限责任公司
　　　　　李秀芳　浙江华远汽车科技股份有限公司
　　　　　白　振　一汽-大众汽车有限公司
　　　　　叶沧榕　颖明（福州）标准件企业有限公司
　　　　　袁　峰　泛亚汽车技术中心有限公司
　　　　　赵萍丽　舟山市 7412 工厂

何建军	宁波长华长盛汽车零部件有限公司
虞莲雯	上海汽车集团股份有限公司乘用车分公司
蒋智慧	上汽大众汽车有限公司
李贵康	智己汽车科技有限公司
夏亚军	卡迈锡汽车紧固件（中国）有限公司
朱文涛	奇瑞汽车股份有限公司
杨春华	浙江晋吉汽车配件有限公司
刘明君	浙江强力螺栓股份有限公司
贾晓芳	重庆长安汽车股份有限公司
蒋志刚	重庆金海标准件有限公司
尚修锋	日泰（上海）汽车标准件有限公司
刘文敏	上海汽车集团股份有限公司
王　锋	伍尔特（中国）有限公司
郭时松	重庆赛力斯新能源汽车设计院有限公司
赵风远	上海集度汽车有限公司
高建平	上海司凯德汽车工程技术有限公司
刘国龙	上汽大众汽车有限公司
邵百明	上海汽车集团股份有限公司乘用车分公司
陈欢欢	重庆长安汽车股份有限公司
张茂松	上海机动车检测认证技术研究中心有限公司河南分公司
刘玉龙	东风汽车集团有限公司
孙国峰	浙江国检检测技术股份有限公司
成　勇	上海市计量测试技术研究院
杨德轩	北汽福田汽车股份有限公司
李万江	东风汽车集团有限公司

前 言

紧固件是各行各业广泛采用的基础件，素有"工业之米"之称。在乘用车上，平均每车使用紧固件4000余个。其中，高强度紧固件约占1/3，占整车基础零部件总量的约40%，占装配线上紧固连接工作量的约70%。在汽车行业中，约23%的维修问题是紧固件松脱引起的，约12%的新车存在紧固件预紧力不准确问题。究其根本，是紧固产品存在质量问题和/或装配不合格所致，需要用科学、可靠的方法进行检测识别，避免问题再次发生。

为促进我国汽车紧固件技术发展，提升行业水平，2016—2021年，中国汽车工程学会汽车防腐蚀老化分会（以下简称分会）连续六年举办了汽车紧固件相关学术交流会议，搭建起一座联系汽车主机厂与汽车紧固件产业链各单位的桥梁。2018年，分会组织编写了《汽车紧固件实用技术手册》一书，得到了业界人士的广泛支持和好评。汽车紧固件检测是紧固件质量保障和品质提升的核心，国内一直缺少系统、全面的行业工具书，为此，分会组织了38家单位的47位专家，凝聚集体智慧与经验，编写了这本《汽车紧固件检测实用手册》。

汽车紧固件质量一般分为设计质量、制造过程质量和应用质量三个方面。本手册主要解决后两方面问题，突出系统性和实用性。本手册对汽车紧固件的原材料检测、加工过程检测、成品检测等工作进行了详尽讲解，系统解读了汽车紧固件的工作特性和常用检测设备等内容，力求帮助读者对汽车紧固件检测建立系统认知，促进我国汽车紧固件产品质量提升，助推行业发展。

本手册共分12章，包括绪论、汽车紧固件常用材料检测、汽车紧固件成型检测、汽车紧固件热处理检测、汽车紧固件表面处理检测、汽车紧固件尺寸与螺纹检测、汽车紧固件机械性能检测、汽车紧固件装配与防松检测、整车紧固件可靠性验证、汽车紧固件失效分析、汽车紧固件常用检测设备、汽车紧固件实验室通用要求等内容。

本手册参编人员分工如下：栾俭新、张智荣编写第1章；李大维、冯雪桥、顾小刚、樊晶编写第2章；邓建、李秀芳、白振、叶沧榕编写第3章；靳宝宏、袁峰、赵萍丽、何建军编写第4章；张菊香、虞莲雯、蒋智慧、李贵康编写第5章；王利娟、夏亚军、朱文涛、杨春华编写第6章；姜起东、刘明君、贾晓芳、蒋志刚编写第7章；梁任锦、尚修锋、刘文敏、王锋编写第8章；曹鑫、郭时松、赵风远、高建平编写第9章；白云岭、刘国龙、邵百明、陈欢欢编写第10章；郭林健、张茂松、刘玉龙、孙国峰编写第11章；杜承斌、成勇、杨德轩、李万江编写第12章。栾俭新和黄平担任主编并负责统稿工作。

本手册编写过程中，得到了中国汽车工程学会、北京汽车集团越野车有限公司、重庆长安汽车股份有限公司、上海汽车集团股份有限公司乘用车分公司、浙江鼎盛汽车紧固件有限公司、泛亚汽车技术中心有限公司、上汽大众汽车有限公司、江西特普鑫科技有限公司、奇瑞汽车股份有限公司、上汽通用五菱汽车股份有限公司、康明斯排放处理系统（中国）有限公司、上海蔚来汽车有限公司、上海兹懋仪器科技有限公司、长兴吉利汽车部件有限公司、吉利汽车研究院（宁波）有限公司、上汽大通汽车有限公司、邢台钢铁有限责任公司、浙江华远汽车科技股份有限公司、一汽-大众汽车有限公司、颖明（福州）标准件企业有限公司、舟山市7412工厂、宁波长华长盛汽车零部件有限公司、智己汽车科技有限公司、卡迈锡汽车紧固件（中国）有限公司、浙江晋吉汽车配件有限公司、浙江强力螺栓股份有限公司、重庆金海标准件有限公司、日泰（上海）汽车标准件有限公司、上海汽车集团股份有限公司、伍尔特（中国）有限公司、重庆赛力斯新能源汽车设计院有限公司、上海集度汽车有限公司、上海司凯德汽车工程技术有限公司、上海机动车检测认证技术研究中心有限公司河南分公司、东风汽车集团有限公司、浙江国检检测技术股份有限公司、上海市计量测试技术研究院、北汽福田汽车股份有限公司等企业和科研院所的支持与帮助，在此表示衷心感谢。此外，要特别感谢上海兹懋仪器科技有限公司为本手册出版工作提供的资金支持。

由于编者水平有限，本手册难免有疏漏或不妥之处，恳请广大读者批评指正。希望这本凝聚了众多行业专家心血与智慧的手册，能切实助力我国汽车紧固件领域的技术进步与产业发展。

中国汽车工程学会汽车防腐蚀老化分会秘书长　黄平
2022年10月

目 录

前言
第1章 绪论 ………………………………… 1
1.1 概述 …………………………………… 1
1.2 汽车紧固件介绍 ……………………… 2
1.2.1 汽车紧固件定义 ………………… 2
1.2.2 汽车紧固件的应用及特点 ……… 3
1.3 汽车紧固件标准体系 ………………… 5
1.3.1 汽车紧固件产品标准体系 ……… 6
1.3.2 汽车紧固件基础标准体系 ……… 6
1.3.3 汽车紧固件检测体系 …………… 7
1.4 发展趋势及展望 ……………………… 9
第2章 汽车紧固件常用材料检测 ………… 10
2.1 概述 …………………………………… 10
2.1.1 紧固件用钢介绍 ………………… 10
2.1.2 金属紧固件材料生产工艺和质量要求 …… 11
2.1.3 合金元素对材料性能的影响 …… 11
2.2 紧固件性能等级介绍和材料要求 …… 13
2.2.1 外螺纹紧固件性能等级介绍 …… 13
2.2.2 外螺纹紧固件材料要求 ………… 15
2.2.3 外螺纹紧固件推荐材料清单 …… 15
2.2.4 内螺纹紧固件性能等级介绍 …… 17
2.2.5 内螺纹紧固件材料要求 ………… 17
2.2.6 其他紧固件材料要求 …………… 19
2.3 紧固件原材料检测 …………………… 19
2.3.1 目的 ……………………………… 19
2.3.2 材料检测取样要求 ……………… 19
2.3.3 化学成分检测 …………………… 20
2.3.4 冷顶锻检测及评价 ……………… 20
2.3.5 脱碳层检测及评价 ……………… 21
2.3.6 表面质量检测及评价 …………… 21
2.3.7 尺寸检测及评价 ………………… 22
2.3.8 拉伸检测及评价 ………………… 22
2.3.9 硬度检测及评价 ………………… 22
2.3.10 显微组织检测及评价 …………… 22
2.3.11 晶粒度检测及评价 ……………… 24
2.3.12 非金属夹杂物检测及评价 ……… 24
2.3.13 淬透性检测及评价 ……………… 25
2.3.14 低倍组织检测及评价 …………… 26
2.4 成品丝材料检测 ……………………… 27
2.4.1 成品丝生产流程和质量控制 …… 27
2.4.2 硬度检测及评价 ………………… 31
2.4.3 金相检测及评价 ………………… 32
2.4.4 拉伸检测及评价 ………………… 32
2.4.5 表面质量检测及评价 …………… 32
2.4.6 冷镦性能检测及评价 …………… 33
2.4.7 尺寸检测及评价 ………………… 33
2.5 紧固件材料现状及展望 ……………… 34
2.5.1 非调质钢 ………………………… 34
2.5.2 热轧双相钢 ……………………… 35
2.5.3 硼钢 ……………………………… 35
2.5.4 超细晶粒钢 ……………………… 36
2.5.5 钛合金 …………………………… 36
2.6 典型检测案例 ………………………… 37
2.6.1 线材表面质量缺陷 ……………… 37
2.6.2 非金属夹杂物 …………………… 38
2.6.3 材料脱碳 ………………………… 39
第3章 汽车紧固件成型检测 ……………… 40
3.1 概述 …………………………………… 40
3.1.1 成型检测常见检测设备 ………… 40
3.1.2 成型工序主要质量特性 ………… 41
3.2 产品成型检测 ………………………… 42
3.2.1 来料检测 ………………………… 42
3.2.2 金属流线检测 …………………… 45
3.2.3 几何尺寸检测 …………………… 49
3.2.4 几何公差检测 …………………… 55
3.2.5 外观检测 ………………………… 57
3.3 螺纹成型检测 ………………………… 61
3.3.1 外螺纹检测 ……………………… 62
3.3.2 内螺纹检测 ……………………… 62
3.3.3 螺纹折叠检测 …………………… 63
3.4 其他工序检测 ………………………… 65
3.4.1 磨削工序检测 …………………… 66
3.4.2 校直工序检测 …………………… 66
3.5 典型检测案例 ………………………… 66
3.5.1 圆头方颈螺栓掉头 ……………… 66
3.5.2 轮毂螺栓有裂纹 ………………… 69

3.5.3 轴承端盖螺栓断裂 ………………… 76
3.5.4 六角法兰面螺母冷镦过程中开裂 … 78
3.6 发展趋势及展望 ……………………………… 80
3.6.1 自动检测 ………………………… 80
3.6.2 自动检测技术在紧固件行业的应用 … 80
3.6.3 一键测量 ………………………… 81

第4章 汽车紧固件热处理检测 …………… 82
4.1 概述 …………………………………………… 82
4.1.1 热处理的质量控制 ……………… 82
4.1.2 常用设备 ………………………… 83
4.1.3 常规检测项目 …………………… 84
4.2 调质紧固件热处理检测 ……………………… 85
4.2.1 金相组织 ………………………… 87
4.2.2 脱碳和增碳 ……………………… 94
4.2.3 硬度 ……………………………… 97
4.2.4 拉力 ……………………………… 99
4.2.5 富磷层 …………………………… 102
4.2.6 其他检测 ………………………… 104
4.3 非调质紧固件热处理检测 …………………… 106
4.3.1 表面热处理 ……………………… 106
4.3.2 化学热处理 ……………………… 111
4.3.3 其他热处理 ……………………… 117
4.4 高温连接紧固件热处理检测 ………………… 117
4.4.1 沉淀硬化型不锈热处理 ………… 119
4.4.2 马氏体型耐热钢热处理 ………… 126
4.4.3 珠光体型耐热钢热处理 ………… 127
4.4.4 镍基合金型耐热钢热处理 ……… 128
4.4.5 铁素体型耐热钢热处理 ………… 129
4.5 其他紧固件材料热处理检测 ………………… 129
4.5.1 不锈钢热处理 …………………… 129
4.5.2 铝合金材料热处理 ……………… 129
4.5.3 铜合金材料热处理 ……………… 131
4.6 典型检测案例 ………………………………… 131
4.7 发展趋势及展望 ……………………………… 133

第5章 汽车紧固件表面处理检测 ………… 135
5.1 概述 …………………………………………… 135
5.2 磷化层检测 …………………………………… 136
5.2.1 紧固件磷化的类型 ……………… 137
5.2.2 磷化层结晶结构检测 …………… 138
5.2.3 磷化层单位面积质量检测 ……… 138
5.2.4 磷化层耐腐蚀性能检测 ………… 139
5.2.5 特殊性能检测 …………………… 139
5.3 电镀层检测 …………………………………… 140
5.3.1 紧固件电镀层的类型 …………… 140
5.3.2 镀层外观检测 …………………… 141
5.3.3 镀层厚度检测 …………………… 141
5.3.4 镀层附着强度检测 ……………… 143
5.3.5 镀层耐腐蚀性能检测 …………… 144

5.3.6 特殊性能检测 …………………… 147
5.4 涂覆层检测 …………………………………… 147
5.4.1 紧固件涂覆层的类型 …………… 149
5.4.2 涂覆层外观检测 ………………… 149
5.4.3 涂覆层附着力检测 ……………… 150
5.4.4 涂覆层耐腐蚀性能检测 ………… 150
5.4.5 特殊性能检测 …………………… 151
5.5 氢脆测试 ……………………………………… 153
5.5.1 氢脆的产生 ……………………… 153
5.5.2 氢脆的检测 ……………………… 153
5.5.3 氢脆的预防及消除 ……………… 157
5.6 禁用物质检测 ………………………………… 157
5.6.1 铅和镉的检测 …………………… 157
5.6.2 汞的检测 ………………………… 158
5.6.3 六价铬的检测 …………………… 159
5.6.4 多溴联苯和多溴联苯醚的检测 … 159
5.6.5 禁用物质检测发展趋势 ………… 160
5.7 其他表面处理检测 …………………………… 161
5.7.1 铝材紧固件的表面处理检测 …… 161
5.7.2 紧固件电泳工艺检测 …………… 161
5.7.3 紧固件涂胶工艺检测 …………… 165
5.7.4 紧固件润滑剂检测 ……………… 167
5.7.5 紧固件摩擦系数检测 …………… 168
5.8 典型检测案例 ………………………………… 169
5.8.1 磷化处理案例分析 ……………… 169
5.8.2 电镀层案例分析 ………………… 170
5.8.3 涂覆层案例分析 ………………… 171
5.8.4 氢脆案例分析 …………………… 172
5.9 发展趋势及展望 ……………………………… 172

第6章 汽车紧固件尺寸与螺纹检测 ……… 174
6.1 概述 …………………………………………… 174
6.1.1 紧固件尺寸与公差控制对于紧固连接的影响 …………………………………… 174
6.1.2 紧固件尺寸检测常用规范和方法 … 174
6.2 外螺纹紧固件头部尺寸要求与检测 ………… 175
6.2.1 六角头 …………………………… 175
6.2.2 带法兰头型 ……………………… 178
6.2.3 盘头和圆柱头 …………………… 179
6.2.4 沉头和半沉头 …………………… 180
6.2.5 焊接螺柱头型 …………………… 181
6.3 外螺纹的尺寸要求与检测 …………………… 183
6.3.1 米制普通螺纹 …………………… 184
6.3.2 金属自攻螺纹 …………………… 188
6.3.3 塑料自攻螺纹 …………………… 188
6.3.4 其他类型外螺纹 ………………… 189
6.4 外螺纹紧固件杆部和尾部尺寸要求与检测 … 192
6.4.1 杆部和普通无导向尾部 ………… 192
6.4.2 自攻螺钉尾部 …………………… 192

		6.4.3 自钻自攻螺钉尾部 … 193
	6.4.4	导向的类型、尺寸要求与检测 … 193
6.5	螺母尺寸与内螺纹检测 … 195
	6.5.1	内螺纹 … 195
	6.5.2	六角头和六角法兰螺母 … 200
	6.5.3	焊接螺母 … 203
	6.5.4	弹片螺母 … 204
	6.5.5	铆接螺母 … 206
	6.5.6	车轮螺母 … 209
	6.5.7	其他螺母 … 211
6.6	其他紧固件的尺寸要求与检测 … 212
	6.6.1	垫圈 … 212
	6.6.2	铆钉 … 213
	6.6.3	挡圈 … 217
	6.6.4	卡箍 … 218
	6.6.5	销 … 221
	6.6.6	管接头 … 222
6.7	典型检测案例 … 226
	6.7.1	轮毂螺栓凹穴深度超差 … 226
	6.7.2	连杆螺栓断裂 … 227
	6.7.3	锥螺纹检测偏差 … 228
	6.7.4	芯轴螺母失效 … 231
6.8	发展趋势及展望 … 232

第7章 汽车紧固件机械性能检测

7.1	概述 … 233
	7.1.1	汽车紧固件的组成和分类 … 234
	7.1.2	汽车紧固件机械性能方面的检测项目 … 234
7.2	外螺纹件 … 234
	7.2.1	拉伸 … 234
	7.2.2	头部坚固性 … 243
	7.2.3	硬度 … 244
	7.2.4	脱碳 … 244
	7.2.5	增碳 … 246
	7.2.6	再回火 … 247
	7.2.7	破坏扭矩 … 247
	7.2.8	机械加工试样冲击 … 248
	7.2.9	表面缺陷 … 248
	7.2.10	氢脆 … 249
7.3	内螺纹件 … 249
	7.3.1	保证载荷 … 249
	7.3.2	硬度 … 252
	7.3.3	有效力矩 … 252
	7.3.4	非金属嵌件有效力矩型螺母耐温 … 254
	7.3.5	扩孔 … 254
	7.3.6	铆螺母 … 254
	7.3.7	氢脆 … 255
7.4	紧定螺钉 … 256
	7.4.1	硬度 … 256

		7.4.2 脱碳 … 257
	7.4.3	增碳 … 257
	7.4.4	保证力矩 … 258
7.5	自攻螺钉 … 259
	7.5.1	硬度和渗碳层 … 259
	7.5.2	钻孔和攻丝 … 260
	7.5.3	螺纹成型 … 260
	7.5.4	拧入性能 … 261
	7.5.5	破坏扭矩 … 262
	7.5.6	氢脆 … 263
	7.5.7	头部坚固性 … 264
	7.5.8	破坏拉力 … 264
7.6	铆钉 … 264
	7.6.1	拉力 … 264
	7.6.2	剪切 … 266
	7.6.3	钉头保持能力 … 268
	7.6.4	钉芯拆卸力 … 269
	7.6.5	钉芯断裂载荷 … 270
7.7	垫圈 … 271
	7.7.1	硬度 … 271
	7.7.2	弹性 … 272
	7.7.3	扭转 … 273
	7.7.4	氢脆 … 273
7.8	挡圈 … 274
	7.8.1	韧性 … 274
	7.8.2	圆锥变形 … 274
	7.8.3	缝规 … 274
	7.8.4	弹性 … 275
7.9	销 … 276
	7.9.1	硬度 … 276
	7.9.2	剪切 … 277
7.10	卡箍 … 277
	7.10.1	硬度 … 278
	7.10.2	夹紧力 … 278
	7.10.3	快速寿命 … 278
	7.10.4	长时间寿命 … 281
	7.10.5	密封性 … 281
7.11	典型检测案例 … 282
	7.11.1	螺栓装配断裂案例 … 282
	7.11.2	螺母售后开裂案例 … 284
	7.11.3	自攻螺钉装配断裂案例 … 285
	7.11.4	垫片开裂案例 … 287
	7.11.5	弹性卡箍售后断裂案例 … 288
7.12	发展趋势及展望 … 289

第8章 汽车紧固件装配与防松检测 … 291

8.1	概述 … 291
8.2	紧固件轴力测试 … 291
	8.2.1	超声波轴力测试法 … 291

8.2.2 应变片轴力测试法 …………… 294
8.3 拧紧工艺模拟装配试验 …………… 296
 8.3.1 拧紧工艺模拟装配过程简介 …… 296
 8.3.2 设备及样件要求 …………… 297
 8.3.3 拧紧曲线分析 …………… 298
 8.3.4 扭矩法拧紧工艺开发试验 …… 301
 8.3.5 扭矩转角法工艺开发试验 …… 303
 8.3.6 斜率控制法工艺开发试验 …… 305
 8.3.7 连接件抗压结果评定 …………… 306
8.4 抗滑移试验 …………… 307
 8.4.1 试验原理 …………… 307
 8.4.2 设备及样件要求 …………… 307
 8.4.3 试验方法 …………… 308
 8.4.4 结果评定 …………… 309
8.5 紧固件摩擦系数试验 …………… 310
 8.5.1 试验原理 …………… 310
 8.5.2 设备及样件要求 …………… 311
 8.5.3 试验方法 …………… 312
 8.5.4 注意事项 …………… 313
8.6 紧固件横向振动试验 …………… 313
 8.6.1 试验原理 …………… 313
 8.6.2 设备及样件要求 …………… 313
 8.6.3 试验方法 …………… 314
 8.6.4 结果评价 …………… 314
8.7 螺栓疲劳试验 …………… 315
 8.7.1 试验原理 …………… 315
 8.7.2 设备及样件要求 …………… 316
 8.7.3 试验方法 …………… 316
 8.7.4 测试数据计算 …………… 317
 8.7.5 结果评价 …………… 318
8.8 典型检测案例 …………… 318
 8.8.1 应变片轴力测试实例 …………… 318
 8.8.2 扭矩转角法拧紧工艺开发实例 … 321
 8.8.3 紧固件摩擦系数试验实例 …… 322
 8.8.4 横向振动试验实例 …………… 324
 8.8.5 螺栓疲劳试验实例 …………… 327
8.9 发展趋势及展望 …………… 328

第9章 整车紧固件可靠性验证 330
9.1 概述 …………… 330
 9.1.1 连接可靠性的基本概念 …… 330
 9.1.2 连接可靠性的验证目标 …… 331
 9.1.3 连接可靠性验证的接头类型 … 331
 9.1.4 连接可靠性验证的基本流程 … 335
9.2 台架试验可靠性验证及评价 …… 339
 9.2.1 台架试验分类 …………… 339
 9.2.2 四立柱试验 …………… 340
 9.2.3 副车架带控制臂试验 …… 342
 9.2.4 其他台架试验简介 …………… 344

9.3 整车装配紧固件可靠性验证及评价 …… 346
 9.3.1 整车装配可靠性验证条件 …… 346
 9.3.2 整车装配夹紧力测试及评价 … 347
 9.3.3 整车装配力矩测试及评价 …… 349
 9.3.4 整车装配的其他监测及评价 … 350
9.4 整车道路试验紧固件可靠性验证及评价 … 351
 9.4.1 整车道路试验的分类 …………… 351
 9.4.2 整车道路试验的条件及准备 … 352
 9.4.3 整车道路试验的试验方法 …… 355
 9.4.4 整车道路试验连接部位的检查 … 356
 9.4.5 整车道路试验后拧紧力矩的测试 … 357
 9.4.6 整车道路试验后连接可靠性综合评价 … 358
9.5 典型连接可靠性验证案例 …… 362
 9.5.1 实验室连接可靠性验证案例 … 362
 9.5.2 台架试验连接可靠性验证案例 … 364
 9.5.3 整车装配连接可靠性验证案例 … 365
 9.5.4 整车道路试验连接可靠性验证案例 … 368
9.6 发展趋势及展望 …………… 369

第10章 汽车紧固件失效分析 371
10.1 汽车紧固件失效分析基础 …… 371
 10.1.1 失效及相关概念 …………… 371
 10.1.2 失效分析的人员及管理基本要求 … 372
 10.1.3 汽车紧固件的失效分析程序 … 373
 10.1.4 汽车紧固件的失效分析思路 … 375
10.2 汽车紧固件的失效类型及主要原因 … 376
 10.2.1 失效类型 …………… 376
 10.2.2 断裂失效 …………… 377
 10.2.3 腐蚀失效 …………… 382
 10.2.4 磨损失效 …………… 382
10.3 汽车紧固件的失效分析技术及方法 … 382
 10.3.1 常规检测技术 …………… 382
 10.3.2 断口分析 …………… 384
 10.3.3 痕迹分析 …………… 396
 10.3.4 受力分析 …………… 404
10.4 汽车紧固件失效典型案例 …… 404
 10.4.1 紧固件自身缺陷引起的失效案例 … 404
 10.4.2 对手件原因引起的失效案例 … 415
 10.4.3 连接副设计原因引起的失效案例 … 417
 10.4.4 装配工艺原因引起的失效案例 … 425
10.5 发展趋势及展望 …………… 433

第11章 汽车紧固件常用检测设备 434
11.1 概述 …………… 434
11.2 几何公差检测设备 …………… 434
 11.2.1 尺寸和公差检测设备 …… 435
 11.2.2 螺纹检测设备 …………… 435
11.3 化学成分检测设备 …………… 435
 11.3.1 原子吸收光谱设备 …… 436
 11.3.2 原子发射光谱分析设备 …… 439

11.3.3 红外碳硫分析设备 …………… 443
11.3.4 氧氮氢分析设备 ……………… 445
11.3.5 X 射线荧光光谱仪（XRF）…… 447
11.3.6 紫外可见分光光度计 ………… 450
11.3.7 电位滴定仪 …………………… 452
11.3.8 其他化学成分检测设备 ……… 453
11.4 表面镀层检测设备 ……………………… 455
11.4.1 阳极溶解库仑仪 ……………… 455
11.4.2 磁性测厚仪和涡流测厚仪 …… 457
11.4.3 盐雾试验设备 ………………… 459
11.4.4 荧光测厚仪 …………………… 460
11.5 力学试验检测设备 ……………………… 462
11.5.1 拉伸试验机 …………………… 463
11.5.2 硬度试验机 …………………… 466
11.5.3 冲击试验机 …………………… 471
11.5.4 疲劳试验机 …………………… 474
11.5.5 持久蠕变试验机 ……………… 475
11.5.6 横向振动试验机 ……………… 477
11.5.7 力学试验工装及附件 ………… 478
11.6 金相分析设备 …………………………… 480
11.6.1 金相制样设备 ………………… 480
11.6.2 金相显微镜 …………………… 483
11.6.3 体视显微镜 …………………… 488
11.7 失效分析设备 …………………………… 490
11.7.1 扫描电子显微镜 ……………… 490
11.7.2 电子探针分析设备 …………… 492
11.7.3 透射电子显微镜 ……………… 493
11.8 模拟装配与分析工具 …………………… 495
11.8.1 摩擦系数试验设备 …………… 495
11.8.2 模拟装配分析试验设备 ……… 496
11.8.3 超声波轴力测试设备 ………… 497
11.8.4 便携式一体扭拉检测设备 …… 498
11.8.5 应变片轴力测试设备 ………… 498
11.8.6 螺栓正向设计及数据分析工具 … 499
11.9 发展趋势及展望 ………………………… 501

第12章 汽车紧固件实验室通用要求 ……… 503
12.1 概述 ……………………………………… 503
12.1.1 紧固件实验室介绍 …………… 503

12.1.2 紧固件实验室的管理 ………… 503
12.1.3 紧固件实验室的技术 ………… 504
12.2 紧固件实验室资源要求 ………………… 504
12.2.1 人员要求 ……………………… 504
12.2.2 设施和环境要求 ……………… 506
12.2.3 设备要求 ……………………… 507
12.2.4 计量溯源要求 ………………… 508
12.2.5 外来服务要求 ………………… 509
12.3 紧固件实验室过程要求 ………………… 510
12.3.1 试验任务管理 ………………… 510
12.3.2 试验方法选择、验证和确认要求 … 511
12.3.3 试验样件的处置 ……………… 512
12.3.4 技术记录要求 ………………… 513
12.3.5 测量不确定度的评定 ………… 514
12.3.6 结果有效性要求 ……………… 517
12.3.7 不合格试验的处理 …………… 518
12.3.8 数据控制和信息管理 ………… 519
12.4 紧固件实验室管理体系要求 …………… 520
12.4.1 体系文件要求 ………………… 520
12.4.2 文件控制要求 ………………… 522
12.4.3 内部审核要求 ………………… 524
12.4.4 管理评审要求 ………………… 526
12.4.5 预防和改进要求 ……………… 527
12.5 汽车紧固件实验室审核案例 …………… 528
12.5.1 设备类不合格问题 …………… 529
12.5.2 检测和试验方法类不合格问题 … 529
12.5.3 记录类不合格问题 …………… 529
12.5.4 人员类不合格问题 …………… 530
12.5.5 溯源性类不合格问题 ………… 530
12.5.6 环境与设施类不合格问题 …… 530
12.5.7 体系文件及控制类不合格问题 … 531
12.5.8 质量控制类不合格问题 ……… 531
12.5.9 外部提供的产品和服务类不合格问题 …………………………… 532
12.6 发展趋势及展望 ………………………… 532

附录 引用标准清单 ……………………………… 534
参考文献 ……………………………………… 542

第1章

绪 论

1.1 概述

在各种机械、设备、车辆、船舶、铁路、桥梁、建筑、工具、仪器和生活用品上都可以见到各式各样的紧固件，其中最常见的是螺纹紧固件，但你是否想过它是谁发明的，来自哪里呢？最早记载的螺纹结构出现在公元前 250 年前后阿基米德设计的螺旋抽水机上，用于把河水提升进行农业灌溉。在 1905 年出版的《美国螺母和螺栓行业的历史》中记载的第一个螺纹切制机是由法国数学家雅克·贝森在 1568 年发明的，在此之前紧固件都是手工打造，紧固件的发展一直受制于制造设备的发展。1798 年，威尔金逊在美国制成一种螺母和螺栓制造机，为螺纹件大批量生产奠定了技术基础。1905 年，英国人泰勒发明了螺纹量规设计原理，从此英国成为世界上第一个全面掌握螺纹加工和检测技术的国家，英制螺纹⊖标准是世界现行螺纹标准的起源，英制螺纹标准最早在世界范围内得到了认可。美国螺纹标准是在英制惠氏螺纹基础上发展起来的。1948 年，英国、美国和加拿大就统一标准螺纹达成一致，并以此作为所有使用英制单位的国家的标准，第二次世界大战后，它转化为"二战"盟国共同使用的统一螺纹（UN），这是世界上第一份得到国际组织认可的螺纹标准。米制普通螺纹来源于美制螺纹，它首先在欧洲大陆得到了广泛使用，并纳入了国际标准化组织（ISO）的标准体系，当米制单位被确定为国际法定计量单位后，又进一步提升了米制普通螺纹在国际贸易中的地位。紧固件标准体系的逐步完善和工业迅猛发展也带动了全球紧固件产业的裂变式发展，到 2017 年，全球工业紧固件销售额达到 829 亿美元的规模。

国内紧固件产业起步较晚，20 世纪初，在上海、无锡等地出现了一批手工制作紧固件的铁铺、作坊和工厂，主要以手工制作的方式生产螺栓、螺母和铆钉，这是中国近代紧固件制造业的开端。从 1922 年到 1949 年，一些企业从德国、日本引进了一些手工操作的生产设备，生产的紧固件多用于自产自销或定制生产，未形成批量化。其间，全国紧固件企业已经发展到 100 多家，从业千余人。新中国成立后，根据国民经济发展需要，通过公私合营等方式，先后在上海、武汉、沈阳、北京、广州、太原、哈尔滨等地建成了多家紧固件专业化生产企业，并纳入国家计划。在苏联的援建下，这些企业建立了许多的标准紧固件生产工段及车间，吸收国外的先进技术和装备，培养了大批的紧固件相关工程技术人员和技工队伍，紧固件行业初具规模。其间，齐齐哈尔第二机床厂和济南铸锻机械研究所等单位参照苏联设备成功制成了各类紧固件多工位冷镦机和搓丝机，实现了国内紧固件制造产业由手工操作向自动化发展的一次飞跃。在这一时期，我国以苏联标准体系为模板建立了自己的紧固件标准体系。随着改革开放，

⊖ 英制螺纹又称为"寸制螺纹"。

紧固件成为最早从计划经济体系中释放的一批产品，完全进入市场经济体系，紧固件企业从1980年的355家国营和集体所有制企业，到1989年成规模的企业多达1312家，其中民营企业占30%，外资合资或独资企业约100家，年产量达到50万t。国民经济进入快速发展阶段，带动了紧固件产业进入快车道，市场需求旺盛，产能井喷式发展，到21世纪初形成了珠三角、长三角、渤海湾等紧固件生产聚集区，构成多个生产产业群，成为紧固件重要生产和出口基地。到2010年，全国紧固件企业有8000多家，成规模的有2000多家，年销售额超亿元的有100多家。2015年，我国紧固件产量达到730万t，占世界总产量的43%，已成为全球最大的紧固件制造国。截至2019年4月底，我国批准发布的紧固件标准有近470项，并始终保持较高的采纳率。

紧固件是各行各业广泛采用的基础件，素有"工业之米"之称。对于轻型货车或轿车，平均每车使用紧固件4000多个，其中高强度紧固件约占1/3，占整车基础零部件总数的40%；在装配线上，紧固连接的工作量约占70%。在汽车行业中，23%的维修问题是紧固件松脱引起的，12%的新车存在紧固件预紧力不正确的问题，而这些问题大多数都是产品本身质量和/或装配不合格造成的。这些不合格问题又需要科学可靠的方法进行检测识别，以防止问题再发。

检测通常指通过检查、度量来判定测量的参数是否符合预定要求的过程，是先测量后检验判定的统称。在紧固件检测中通常使用各类量具、仪器或设备以测定长度、硬度、抗拉强度等数值，用定量的方法科学评价紧固件产品是否满足图样或产品标准的规定，或用于新材料、新技术和新工艺推广应用的验证，或评价制造过程是否稳定可靠。紧固件的测量都是有规可依的，检测必须严格按照产品标准或试验标准所规定的方法开展。特别是近十几年，汽车紧固件制造企业呈现爆炸式发展，行业规模急剧膨胀，紧固件品种日益丰富，紧固件行业的从业人数也越来越多。由于各个整车企业采用的技术标准不同，或在制造、使用等阶段由于对标准的理解不同，或对整车企业标准获取信息量不足，各企业的技术背景差异等，造成了相同的质量特性采用的检测标准千差万别，往往一个紧固件参数的测量可能对应多份标准或技术规范，让很多人无从选择，可能造成紧固件企业的检测结果和整车企业复查的检测结果有较大出入。遇到类似问题时，一般都需要在满足一定要求的第三方检测机构复检作为仲裁，这就造成了很多不必要的损失和重复检测造成的资源浪费。随着紧固件行业的发展，越来越需要对紧固件的检测进行统一，便于大多数企业开展检测工作。

汽车紧固件质量一般由设计质量、制造过程质量和应用质量构成。本手册主要解决后两项问题，突出"检测"和"实用"内容。本手册主要对紧固件通用化的检测标准方法进行了解读，对紧固件原材料检测、加工过程检测、成品检测、工作特性检测等方向及其衍生内容展开介绍，除产品本身的检测外，还成体系对紧固件的工作特性、常用检测设备等进行解读，帮助读者对紧固件检测建立系统认知，促进我国汽车紧固件产品质量的提高，助推行业发展。

1.2 汽车紧固件介绍

1.2.1 汽车紧固件定义

紧固件是紧固两个或两个以上零部件，使其成为一个整体时采用的一类机械零件的总称。它的特点是品种规格繁多，性能用途各异，而且标准化、系列化、通用化的程度也极高。通常把已有对应标准的紧固件称为标准紧固件，简称标准件。通俗地讲，用在汽车上的紧固件简称汽车紧固件，本手册中涉及的汽车紧固件仅指在汽车上使用的标准紧固件，包括螺栓、螺钉（含自攻螺钉）、螺柱、螺母、垫圈、铆钉、挡圈、卡箍、螺塞、管接件和销类。

1）螺栓：由头部和螺杆（带有外螺纹的圆柱体）两部分组成的一类紧固件，需与螺母配合，用于紧固连接两个带有通孔的零件。这种连接形式称螺栓连接。若把螺母从螺栓上旋下，又可以使这两个零件分开，故螺栓连接属于可拆卸连接。

2）螺钉：也是由头部和螺杆两部分组成的一类紧固件，按用途可以分为机器螺钉、紧定螺钉和特殊用途螺钉。机器螺钉主要用于一个带有内螺纹孔的零件，与一个带有通孔的零件之间的紧固连接。不需要螺母配合，也属于可拆卸连接。也可以与螺母配合，用于两个带有通孔的零件之间的紧固连接，多轴向拧紧。紧定螺钉主要用于固定两个零件之间的相对位置，相当于定位销的作用。特殊用途螺钉有吊环螺钉等，供吊装零件用。

3）自攻螺钉：螺杆上的螺纹为专用螺纹，主要用于紧固连接两个薄构件，使之成为一个整体。构件上通常需要预制小孔，由于这种螺钉具有较高的硬度，可以直接旋入构件的孔中，使构件中形成相应的内螺纹。这种连接形式也属于可拆卸连接。

4）螺柱：没有头部的、两端均带螺纹的一类紧固件，连接时，它的一端必须旋入带有内螺纹孔的零件中，另一端穿过带有通孔的零件，然后旋上螺母，使这两个零件连接成一个整体。这种连接形式称为螺柱连接，也是属于可拆卸连接，主要用于被连接零件之一厚度较大、要求结构紧凑，或因拆卸频繁不宜采用螺栓连接的场合。

5）螺母：带有内螺纹孔，与螺栓或螺杆拧在一起，起紧固作用的零件。

6）垫圈：通常形状呈扁圆环形的一类紧固件。它一般置于螺栓、螺钉或螺母的支撑面与连接零件表面之间，起到增大被连接零件接触表面面积、降低单位面积压力和保护被连接零件表面不被损坏的作用；另一类还能起到防松作用，有三类结构形式：弹簧垫圈、弹性垫圈和锁紧垫圈。

7）铆钉：由头部和顶杆两部分构成的一类紧固件，用于紧固连接两个带通孔的零件（或构件），使之成为一个整体。这种连接形式称为铆钉连接，简称铆接，属于不可拆卸连接。如果要使连接在一起的两个零件分开，则必须破坏零件上的铆钉。

8）挡圈：用于固定装配在孔内或轴上零件（如滚动轴承）位置，防止零件在孔内或轴上移动。其常用的结构形式有轴用弹性挡圈和孔用弹性挡圈。

9）卡箍：连接带沟槽的管件、阀门以及管路配件的一种连接装置。在汽车上它主要用于低压液压系统或气压系统，常用的主要有三类：弹性卡箍、无级卡箍和蜗杆传动式环箍。

10）螺塞：通过螺纹连接以阻止液体渗漏的零件，螺纹可用标准螺纹或锥螺纹。它在汽车上常用的结构形式有柱形螺塞和锥形螺塞。

11）管接件：液压系统中连接管路或将管路装在液压元件上的零件，这是一种在流体通路中能装拆的连接件的总称。它在汽车上常用的结构形式有卡套式和扩口式。

12）销类：主要供零件定位，有的也可供零件连接、固定，以及传递动力或锁定其他紧固件。它在汽车上常用的结构形式有开口销、锁销、销轴和圆柱销等。

1.2.2 汽车紧固件的应用及特点

1. 汽车紧固件的应用

传统汽车主要由发动机、底盘、车身、电器、内外饰组成，下文按这五个部分分别介绍。

（1）发动机

传统燃油发动机系统由两大机构（曲柄连杆机构、配气机构）、五大系统（燃油供给系统、润滑系统、冷却系统、点火系统、起动系统）组成，常用紧固件类型主要有螺栓、螺柱、螺钉、螺母、螺塞、垫圈、销、管接件等。通常，装配空间无特殊限制的螺栓头部形式优先采用外六角法兰、外六花结构，耐热钢零件可选用外十二角结构；多选用10.9级及以上的调质型紧固件。螺栓、螺柱、螺母常用表面处理工艺有电镀锌、电镀锌镍、锌铝涂层、磷化和氧化等，依据紧固件的工作环境选择不同的表面处理工艺，位于发动机体内部的紧固件处于密闭环境，且环境中有机油润滑，一般选择防腐等级较低的磷化、氧化等工艺；而处于发动机体外部的紧固件因发动机舱内环境长时间处于高温、湿热状态，推荐选用有较高防腐能力的锌铝涂层；处在高温部位的螺纹紧固件，如排气歧管连接螺栓，为防止烧结可采用镀铜或耐高温涂层等；针对油路、水路用的螺塞、管接件等，由于密封要求，多采用电镀后进行预涂密封胶处理。发动机系统采用的紧固件多为金属件，基体材料多采用易切削钢、中碳钢、中碳合金钢、耐热钢、不锈钢等。

（2）底盘

底盘系统的作用是支承、装配汽车发动机及其各部件、总成，形成汽车的整体结构，并传递发动机的动力，使汽车运动并正常行驶。底盘由传动系统、行驶系统、转向系统和制动系统四部分组成，常用的紧固件主要有螺栓、螺柱、螺母、垫圈、销、管接件、螺塞等。通常，装配空间无特殊限制的螺栓头部形式优先采用外六角法兰结构；底盘系统选用的紧固件应着重考虑抗冲击、耐疲劳、防松措施，一般情况下，外螺纹紧固件的性能等级为8.8级和10.9级，内螺纹为8级和10级；由于底盘处在整车的最下部，受到外界腐蚀最为严重，表面处理多采用锌铝涂层，材料多为中碳钢和中碳合金钢。

（3）车身

车身一般由外覆盖件、内覆盖件和骨架件构成，紧固件多为钣金用焊接紧固件、铆接用紧固件和车身特殊连接部位用紧固件。常见的焊接紧固件有焊接螺栓、焊接螺母、储能焊钉和焊接螺柱等，表面处理采用涂油防锈或镀薄锌处理，有导电要求建议使用镀铜处理或锡锌合金处理，材料为低碳钢或低合金钢，其中碳含量最大为0.25%，且碳当量最大为0.5，不得采用易切削钢。铆接类紧固件有铆钉、铆螺母和铆螺栓。铆钉一般包括抽芯铆钉和压铆铆钉，目前整车厂使用最多的是抽芯铆钉，压铆铆钉有自冲铆接（SPR）等；铆螺母有自穿式和翻卷式压铆螺母、拉铆螺母等；铆螺栓一般指压铆螺栓，车身上常用的有自穿式、翻卷式和挤压式三种结构，自穿式压铆螺栓一般用于薄板连接，翻卷式和挤压式压铆螺栓具有较高的抗扭脱力，可用于较厚的钢板连接。车身还有一些特殊要求的紧固件连接部位，如车门铰链、锁体、锁环等，多采用非标准紧固件。螺纹件强度多为8.8级、10.9级。车身紧固件材料多为低碳钢、低碳合金钢、中碳钢、中碳合金钢、不锈钢和铝等。不同材质常用的表面处理如下：①铝材类的表面处理方式有阳极氧化、喷漆、本色抛光；②钢材类的表面处理方式有电镀锌、电镀锌镍、喷漆、有机涂覆；③不锈钢类的表面处理方式有钝化发亮、本色抛光。

（4）电器

汽车电器由电源系统、用电系统、检测系统、配电系统组成，应用的紧固件多用于仪器紧固和电路连接固定，主要有自攻螺钉、螺钉、螺母等。电路连接多采用专用的搭铁紧固件，有导电要求的建议使用镀铜处理，搭铁类产品采用锡锌合金处理。因紧固件强度普遍不高，材料多采用低碳钢、低碳合金钢、中碳钢、中碳合金钢等。

（5）内外饰

内外饰用紧固件不同于底盘、动力总成等，其选用的紧固件与被连接材质关系密切。内外饰常用紧固件包括钣金用紧固件、自攻螺钉。钣金用紧固件有别于常规定义的螺栓、螺母等紧固件，常见钣金用紧固件为A型板簧螺母、B型板簧螺母、推入式板簧螺母和弹性卡子。钣金用紧固件通过特殊的外形构造可以实现重复拆卸使用，主要应用于塑料件与钣金件的连接，适用于汽车内饰连接（如仪表板、门板、顶篷等），表面处理按服役环境采用电镀锌或锌铝涂层，材料多采用弹簧钢。自攻螺钉是一种性价比较高的紧固件，由于其可以切削出与自身连接的螺纹，具有良好的连接配合功能，能降低使用中的松动风险。内外饰自攻螺钉通常不外露，在需要较大装配力矩且空间足够的情况下，头部形式优先选择六角头、六角花形、六角法兰面等；如果装配空间较小，则头部形式选择内六角、内六角花形；如果头部露在内饰外部，则优先选用盘头和沉头类头部结构，部分外露紧固件还具有一定外观美化功能，可采用复合涂层处理，其他零件多采用电镀锌或电镀锌镍，材料以低碳钢为主。

2. 汽车紧固件的特点

紧固件在汽车各系统中得到广泛应用，品种规格繁多，性能用途各异。通常，汽车紧固件是根据被连接的结构和受力状态进行设计的，不同结构和载荷下选用的紧固件千差万别，没有固定的形式，视具体情况设计。汽车紧固件连接形式的多样性导致紧固件在汽车使用中有着不同于其他行业的特点，具体体现在以下四个方面。

(1) 紧固件基本实现通用化、系列化和组合化

目前，汽车紧固件产品标准有300多种，产品规格较多，不同的紧固件力学性能等级不同，分级较多；表面处理种类较多；材料有碳素钢、合金钢、不锈钢等。整车企业基本都会按各自的技术路线选用适合自己的批量化产品，经过通用化筛选后一般会控制在20~40种，除了一些特殊的使用环境，这些产品作为优先选用的类型，在不同的车型和平台上通用，可以规避设计风险并降低紧固件开发、采购及管理成本，以实现通用化、系列化和组合化，达到少品种大批量，以减少开发环节，有利于整车企业检测技术的管理和发展。

(2) 汽车紧固件普遍采用高强度零件，且有较高的产品质量稳定要求

随着环保法规推动导致的车辆燃油经济性问题突显，设计的汽车紧固件结构越来越紧凑，造成紧固件性能向越来越高强度发展，以达到提高产品可靠性和减轻重量的目的。目前，汽车上1/3以上的承载螺纹连接采用的外螺纹件在8.8级（螺母8级）及以上，主要集中在车辆底盘和发动机系统中；发动机或一些特殊结构采用的紧固件力学性能达到12.9级，个别高达14.9级；同时，以前车身系统大量采用的较低强度的焊接零件现在也因材料技术的发展实现强度提升，焊接螺栓基本实现8.8级。高强度零件的普及带来的是检测要求的全面提升，各类紧凑型设计中预留的安全余量也在减小，产品一致性突显。为确保产品性能稳定，对生产制造全过程进行检测，并搭建健全的检测能力是紧固件制造企业的迫切任务。

(3) 产品定制化开发

在汽车紧固件行业中，整车企业对紧固件的特性、质量等方面有着特殊的要求，因此，以满足客户需求为导向的定制化研发、设计、生产及检测成为紧固件行业特有的模式。在此模式中，整车企业首先提出产品需求，制造企业根据需求进行包括材料选择、技术工艺应用等在内的研发和设计，产品样品研制出后进行检测，判定各方面合格后交付整车企业使用。在很多时候，因设计需求的差异或特殊性，很多标准产品不能完全满足设计需求，整车企业往往联合紧固件制造企业进行联合开发，设计一些专用或专利产品来满足设计需求。检测方法多采用标准方法，但也有部分检测方法为定制方法，以验证质量特性的满足情况。

(4) 整车企业对紧固件要求不统一

国内整车企业不管是合资企业还是民营企业或其他类型的企业，因整车技术背景和管理方式的不同，有的企业的汽车紧固件产品标准依托于汽车行业标准，有的依托企业内部的紧固件产品体系，这必然导致对紧固件的要求千差万别。这种技术壁垒对于紧固件制造企业也是一种严峻的考验，在短期内很难实现统一，造成紧固件制造企业的产品品种数量远超单一整车企业对紧固件品种的需求，成规模的紧固件制造企业品种数量达到上千种已经比较常见。这些产品对应的检测技术可能各有不同，对企业检测技术的发展和成熟都有较大挑战。

1.3 汽车紧固件标准体系

紧固件生产制造及应用都是成体系运行的，一个完整的汽车紧固件体系应包含标准体系和业务流程体系两部分。标准体系可分为产品类标准和基础类标准；业务流程体系可分为设计选用（选用分析、理论计算、产品开发、数据申报等）、试验验证和数据管理等内容。从紧固件管理的全局角度和系统来看，对全部的标准和相关的规范文件进行分类管理，将相互关联的过程作为体系来管理，可以充分识别紧固件管理适用的法律法规、技术标准及其他技术规范等，通过分析比较紧固件在不同标准体系下的差异，来确定汽车行业相对适用的检测方法是非常必要的。本手册通过吸收整合、总结提炼、丰富扩展，形成了以产品标准为"主干"，基础标准为"根系"，测试内容为"枝叶"的体系。对于业务流程体系内容本手册不做阐述。

本手册在试验标准及规范的选用上遵循汽车行业、汽车工程学会、国家、国际、区域、企业的顺

序,以满足汽车行业大部分紧固件相关专业从业人员的需求。

1.3.1 汽车紧固件产品标准体系

产品标准是产品尺寸、力学性能、其他质量特性和检验方法的集合体,是产品质量的技术保障,是整车企业技术能力的综合反映。产品在市场上的竞争,是技术能力的较量,主要表现形式就是质量技术指标。对紧固件而言,紧固件质量的技术指标反映在安全性、可靠性、使用性、寿命及外观等方面,而紧固件产品标准不仅要体现上述技术指标,还要包含对实现上述技术指标要求进行的试验、检验等内容。

汽车紧固件产品涉及的标准主要包括:国际标准(ISO)、区域标准(如欧盟地区标准 EN)、国家标准(GB)、行业标准(如汽车行业标准 QC)、团体标准(如汽车工程学会团体标准 CSAE)、企业标准等,见图1-1。国内企业大都采用汽车行业标准,部分也会采用国家标准、其他国家或区域性标准,如 EN、DIN 等。

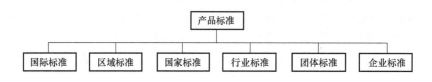

图 1-1 产品标准体系框架

目前,我国紧固件国家产品标准有300多个,紧固件检测方法大多与国际接轨,测量方式和方法基本遵循 ISO 规定。按照国际惯例,标准一般以单行本为载体,但由于紧固件标准数量较多,收集和查阅比较困难,故各类标准汇编出版物应运而生,如标准汇编、手册、指南、电子版标准等。汽车行业使用较多的是《汽车标准件件手册》2012版和国家标准汇编《机械基础件标准汇编 紧固件产品》第3版,比较全面地收录了汽车紧固件产品标准,因标准的改版等因素,标准出版物仅作为参考使用,使用时需关注标准的更新换代。

随着各整车企业技术进步,根据企业产品现状和发展趋势,使紧固件的型式、尺寸、规格和技术要求经济、合理、通用,以降低紧固件的制造、运输、储存、装配、管理、采购成本,减少设计工作,缩短产品开发周期,有必要建立符合企业技术特征的产品标准体系。主要因素如下:

1) 国家和行业标准是通用标准,其材料要求、产品类型、力学性能、表面处理、尺寸规格等技术要求范围较大,不利于企业品种控制。

2) 制定企业标准的企业内部环节简单,编制周期短,有利于汽车产品开发及技术协调,而国家和行业标准制定、修订不及时。

3) 国家和行业标准的修订、废止不受企业约束,不利于企业产品的贯标。

4) 国家和行业标准不能满足企业产品设计生产需要时,必须自行制定企业标准,企业标准会严于国家和行业标准。

因此,整车企业建立自己的产品标准体系,非常有利于企业紧固件管理体系的高效运行,从而全面提升整车紧固件质量和通用化效果,降低成本。

1.3.2 汽车紧固件基础标准体系

紧固件的开发和制造中,基础标准是构成紧固件产品的基石,在制定时不仅考虑了技术的进步和可实现性,也充分考虑了国家政策、行业发展、企业生产状况和经济效益、客户需求等因素,是汽车紧固件可以批量化制造和使用的前置条件。满足国家法规要求、满足客户需求前提下,整车企业和制造企业所付出成本较低,使客户在使用、管理和维护时产生的费用较低,有利于实现依规推广,规范研发技术,保证设计质量稳定、规范有序,增强紧固件产品制造企业竞争力,符合紧固件行业和企业发展的需要。紧固件的基础标准分为基础类、力学性能类、表面处理类、材料类、工作特性类五大类,见图1-2。

一个紧固件产品有众多的质量特性,一个或多个质量特性可能就对应一份基础标准,只有明白了基础标准规定的内容及要求,才可以更好地理解检测方法,开展一次合规的检测试验。紧固件因品种规格繁多,涉及的标准也较多,为方便读者查阅,本手册在附录中收录了本书涉及检测的全部基础标准信息。

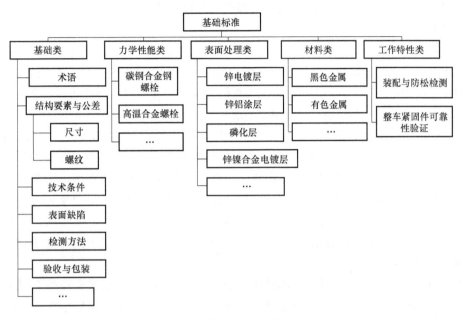

图 1-2　基础标准体系框架

1.3.3　汽车紧固件检测体系

汽车紧固件的检测主要依托于产品标准及基础标准,本手册按紧固件生命周期主要分为过程检测、成品检测和工作特性检测三个阶段,见图 1-3。紧固件检测穿插于各个阶段,在不同的阶段检测的侧重点也有所不同。过程检测和成品检测主要由紧固件制造企业完成,侧重于紧固件产品本身的质量特性检测;工作特性检测更多由整车企业完成,侧重于紧固件产品在整个连接系统中连接性能的表现。这两者也不是绝对的,现在越来越多的紧固件制造企业参与到了工作特性的检测领域,使紧固件制造企业在联合研发中的作用日益凸显。

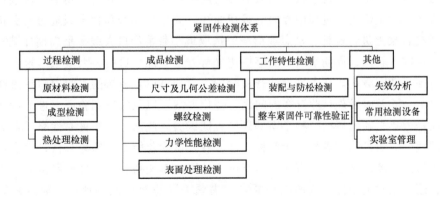

图 1-3　紧固件检测体系框架

1. 过程检测

产品的质量由生产过程决定,因此紧固件的过程检测是质量保证的重要环节,过程检测一般分为原材料检测、成型检测和热处理检测三个部分。原材料是紧固件力学性能实现的基础,整车企业一般仅检查材料化学成分的符合性,材料的其他参数指标主要影响产品制造稳定性和力学性能的最终实现,制造企业还须对材料的冷顶锻、脱碳层、非金属夹杂物、表面质量、拉伸性能、硬度、晶粒度、显微组织或其他项目进行检测。成型加工是对紧固件产品外貌的塑造，通常检测几何尺寸及形位公差（以下简称尺寸）、螺纹、金属流线和外观等。热处理一般不改变工件的形状和内部的化学成分，而是通过改变工件内部的显微组织，或改变工件表面的化学成分，赋予或改善工件使用性能，主要检测金相组织、增碳、脱碳、硬度、拉伸性能、保证载荷、表面缺陷等影响力学性能的关键参数。

2. 成品检测

成品检测就是产品质量符合性的检验，旨在验证生产批次中的产品质量特性是否符合相关标准或工艺图纸要求，主要包括尺寸、螺纹、力学性能、表面处理要求等。尺寸是紧固件表征质量的重要组成部分，主要影响紧固件连接的尺寸匹配，可能影响装配质量的达成。尺寸检测一般是非破坏性检测项目，尺寸的检测按产品结构要素分类，主要包括长度、头部或螺母、支承面、端部、内凹槽、十字槽、垫圈和组合螺钉用垫圈及相关形位公差检测。对于螺纹，本手册重点介绍普通公制螺纹，又称"米制普通螺纹"，主要测量螺纹的作用中径、单一中径、大径、小径、螺距、牙侧角等。力学性能是汽车紧固件的核心基础质量指标，检测项目有抗拉强度、屈服强度、保证应力、断后伸长率、断面收缩率、头部坚固性、硬度、渗碳、脱碳、保证载荷等。表面处理就是对紧固件的粉饰，不仅要"颜值"高，还要在经受风吹雨淋后依旧保持稳定性能，主要通过电化学、化学、涂覆、电泳、喷涂、热加工等工艺来实现，主要检测涂镀层厚度、耐腐蚀性、摩擦系数、抗氢脆性能、涂胶性能，以及配合环保法规要求方面的项目等。

3. 工作特性检测

前文介绍的都是基于紧固件产品本身的试验检测，优秀的产品设计需要合理的应用来体现产品的性能和价值，对于紧固件来讲，良好的工作特性检测试验是确定工艺质量，保证应用稳定可靠的基础。工作特性检测主要包含汽车紧固件装配与防松试验、整车紧固件可靠性验证两部分。

在汽车紧固件装配与防松试验阶段，核心就是紧固件轴力测试试验和拧紧工艺模拟装配试验，这两个试验通常同步进行。为保证紧固件连接夹紧力满足设计要求，在新车开发过程中需要对螺纹紧固件的装配工艺进行设定，输出整车紧固件装配工艺来指导制造，常用的测量螺栓夹紧力的方法有超声波测量法、应变片轴力测试法等。随着装配质量的逐步提高，拓展产生了抗滑移试验、紧固件摩擦系数试验、紧固件横向振动试验、螺栓疲劳试验等，通过上述试验对量产状态的紧固件连接状态进行拟态试验，验证紧固件静态装配及连接可靠性，提高紧固件应用质量，为后期的试装试制，乃至批量生产提供数据支撑。

在汽车紧固件装配与防松试验后，还须通过整车紧固件可靠性试验引入外部动态载荷，进一步验证紧固件连接受载后及长期使用后的耐久性和可靠性，一般分为台架试验和道路试验。台架试验是紧固件连接疲劳耐久的加速验证试验，通常按输入载荷分为随机载荷和动态载荷。其中，最接近工况的是随机载荷，这种载荷将实际车辆运行过程中提取的载荷曲线（路谱采集载荷信号或通过对路谱采集载荷信号迭代产生）加载在台架上进行验证；动态载荷一般选取最小载荷和最大载荷呈周期加载，这种加载方式设备最容易实现且成本较低，周期最短，能够快速进行方案验证。目前，大多数厂家台架试验就是把随机载荷谱简化为等幅动态载荷。在车辆设计开发阶段，台架可以在较短的时间内验证紧固件连接的强度是否达到设计要求，并及时发现试验存在的问题，优化方案可以及时得到验证，进而确保新车型的开发进度。道路试验是近年来新发展的一种紧固件连接验证试验。此前，整车可靠性路试对紧固件连接可靠性的评价多采用残余力矩检测和观察色标两种方法，有人认为色标不动即为合格，没有考虑长期使用的寿命问题，导致售后市场问题不断。现在，整车可靠性路试车辆搭载紧固件道路试验，不仅检测残余力矩和装配色标，还直接对紧固件连接的核心要素"夹紧力"进行检测和评价，通过采集可靠性路试各阶段的夹紧力数据，并分析其变化趋势，预测紧固件连接的可靠性，提前发现问题并及时改进，提高设计质量，减少售后市场质量问题。

4. 其他

（1）失效分析

紧固件是汽车中使用数量最多的零部件，近年来已发生的汽车质量问题中约30%都是由紧固件失效引起的，导致了整车企业的声誉损失，以及大量召回造成的财产损失，给用户带来了极大的不便甚至人身安全隐患。对紧固件进行失效分析是快速解决紧固件引起的各类设计和产品质量问题的最有效手段，本手册第10章将系统介绍失效分析手段，希望有助于相关工程技术人员的技能提升，有助于正确判断失效模式，了解失效机理，快速判定失效原因，帮助设计人员制定有效的优化方案，进而有效解决各类质量问题。

（2）常用检测设备

检测设备是开展检测工作的基础，检测设备按检测质量特性可以分为几何公差检测设备、化学成分检测设备、表面镀层检测设备、力学性能检测设备、金相分析检测设备、失效分析检测设备、模拟装配和分析工具等。从事检测工作的人员不仅要掌握检测方法，还要对设备的应用范围、工作原理有一定了解，进而准确操作设备完成检测工作，对设备的良好维护也可以提高设备的工作稳定性。

（3）实验室管理

检测设备在企业中基本都是集中管理，有统一的职能部门进行归口管理，归属在各类实验室之下。实验室不仅是设备的安置场所，还是整合检测程序实施和管理的主体，实验室通常遵照 GB/T 27025—2019《检测和校准实验室能力的通用要求》进行管理和评价，汽车行业还引入了 IATF 16949《汽车行业质量管理体系标准》的部分条款。对实验室的管理主要包含文件控制要求、内部审核要求、管理评审要求、预防和改进要求。对于整车企业和紧固件制造企业，完备的实验管理体系是不可或缺的，是保证产品质量的必要手段。

1.4 发展趋势及展望

随着汽车行业的高速发展，燃油车辆动力性和燃油经济性指标，以及客户质量要求的提高，加之新能源汽车的高续驶里程和轻量化要求，汽车紧固件已采用了大量的新材料、新工艺，如镁、铝合金、钛合金、镍基合金材质紧固件的应用，用于汽车铝合金连接的自冲铆接（SPR）、热熔旋转攻丝铆接（FDS）、摩擦塞铆焊钉等。伴随新材料的应用、制造工艺的开发，以及服役极限环境需求的改变，新材料紧固件的生产过程和产品检测将成为汽车紧固件检测的主要研究方向之一。

过去，人们习惯根据自身的经验来选定紧固件产品，而如今人们更加关注制造和批量投向市场前分析和确保产品使用性能的可靠性，故整车企业和紧固件制造企业对紧固件的质量特性检测已延伸到产品的应用领域，工作特性检测是国外汽车保密及技术封锁的核心部分。通过相关方的努力，我国的质量特性检测标准在逐步完善中，且试验范围正在逐步扩大，各家整车企业都在积累经验，通过全国各类技术论坛和交流活动，正逐步向统一方向发展，形成一系列的行业标准和技术规范指日可待。

随着紧固件检测贯穿紧固件整个生命周期，以及用户质量要求日益提升，整车企业对批量紧固件质量要求已超过了国标的质量保证要求，趋向质量"零缺陷"要求。"零缺陷"要求即不合格项目数为"0"的抽样方案，样本的"零缺陷"不意味着整批次产品总体中没有缺陷。总体零缺陷是很难做到的，受人员、设备、材料、工艺及检测仪器和检测方法的影响。过程控制和检测能有效减少生产过程的不合格数量，要达到总体"零缺陷"的要求，只能通过100%检测分选来实现。紧固件检测质量特性较多，传统的检测方式效率低下，已不能满足日益提升的检测要求，进而产生了精密机械、光、电和电子计算机等技术相结合的综合性技术，测量精度也提高很多。超声波、激光等技术的应用，使同时测量众多的质量特性变为可能，有效提升了测量效率。随着工业4.0的发展，大数据、互联网及人工智能等技术支持下的综合性测量技术已经大量应用，将自动检测集成在制造设备、成品检测设备，乃至整车制造企业的装配流水线中，实现紧固件全生命周期的智能化检测识别，大幅提高紧固件连接的可靠性。随着智能检测技术的发展，根据紧固件制造、产品和工作特性开发的自动化检测模块会逐步普及，进而提升整个汽车紧固件行业的产品质量，因此整车企业和紧固件制造企业应及时关注和更新生产设备，紧跟行业发展步伐。质量特性100%检测将是未来紧固件检测的发展方向之一，最终实现整批次产品总体中没有缺陷的质量要求。

第2章

汽车紧固件常用材料检测

2.1 概述

汽车紧固件具有生产批量大、装配节拍快、使用周期长和受力不均一等特点，这就使得汽车紧固件材料种类多，因此对汽车紧固件材料，特别是金属材料的性能稳定性、洁净度、尺寸精度、加工工艺适宜性以及表面质量特性提出了很高的要求。同时，紧固件所用的材料生产也存在过程长、工艺复杂等特点，这就要求紧固件制造过程和材料生产要实现对接，材料生产的各个工艺环节质量过程控制中应按汽车行业的要求进行。

本章主要介绍制造螺栓、螺母、螺钉、铆钉、卡箍等紧固件的材料，主要有碳钢、合金钢、不锈钢、铝合金和其他特殊用钢，如耐热钢、高温合金等。紧固件用钢按照紧固件成品生产工艺路线又可分为调质型、非调质型及表面硬化型。螺栓、螺钉和螺柱规格：粗牙螺纹为 M1.6~M39；细牙螺纹为 M8×1~M39×3。

2.1.1 紧固件用钢介绍

对于黑色金属紧固件，可以分为低碳钢、中碳钢和合金钢。

低碳钢碳含量（质量分数）一般小于 0.25%，并且不能通过热处理提升强度，只能通过冷加工（冷作硬化）来提升强度。相对来说，低碳钢很柔软，但具有明显的塑性和韧性，而且机加工和焊接成本较低。经常使用的材料包括 ML15、SWRCH10A、SWRCH15A、SWRCH22A 和 1022 等。

中碳钢碳含量为 0.25%~0.6%，可以通过淬火和回火（调质）来改善其力学性能[○]。普通中碳钢淬透性差，只在薄的区域和快速淬火冷却时才能成功进行热处理。因此，紧固件的最后性能受尺寸影响，强度性能随着直径的增大逐渐降低。普通中碳钢包括 SWRCH35K、SWRCH40K、ML35、ML40、SAE1035 和 SAE1038 等。

当锰（Mn）含量超过 1.65%、硅（Si）或铜（Cu）含量超过 0.6%，或铬（Cr）含量低于 4% 时，碳钢可以归类为合金钢；假如规定了铝（Al）、钛（Ti）、钒（V）、镍（Ni）的最小含量，或其他任何附加元素达到了特定成分比例，碳钢也可以归类为合金钢。增加铬（Cr）、镍（Ni）和钼（Mo），改善了合金钢的热处理性能，增加了更多的强度与塑性（屈强比）组合种类。10B21、ML20MnVB、ML20MnTiB、SCM435 和 SCM440 是合金钢紧固件的常用材料。

○ 力学性能又称机械性能。

2.1.2 金属紧固件材料生产工艺和质量要求

螺纹紧固件用钢生产流程见图2-1。

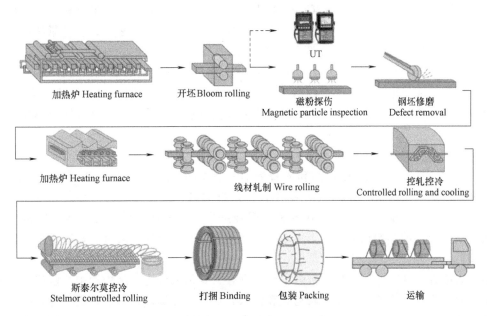

图2-1 螺纹紧固件用钢生产流程

紧固件用钢的质量要求包括以下方面：

1) 具有较高的塑性指标，伸长率、断面收缩率较高，在冷塑性变形中，材料的变形抗力小，加工硬化率低，屈强比值小，硬度适当。

2) 具有较高的表面质量。最重要的是表面无裂痕，要求表面光滑圆整，无凹凸折叠、结疤、麻点等缺陷。

3) 材料基本组织（除特殊要求外）是铁素体加珠光体（F+P）。除了10.9级以上螺栓合金钢线材要求晶粒为6~8级，以保证成品强韧性外，冷镦中碳钢线材晶粒度应控制在5~7级。当晶粒度级别低于5级时，线材的加工硬化率提高，不利于线材的拉拔；当晶粒度过细时，抗拉强度提高，性能超标。

4) 良好的材料纯净度。夹杂物是造成冷镦开裂的主要原因之一，夹杂物颗粒越大，越易开裂，距表面2mm以内的夹杂物应不大于0.15mm。一般认为，非金属夹杂物中B类（氧化铝）和D类（球状氧化物）夹杂物危害最大。技术要求应明确B类夹杂物不大于0.5级，D类夹杂物不大于1级，其他夹杂物不大于2级，夹杂物总和不大于3级。

5) 材料化学成分及其波动范围。冷镦线材的芯部碳偏析，原材料及退火过程中的表面脱碳层（铁素体脱碳层≤0.03mm，总脱碳层≤1%D），通条性能好。

2.1.3 合金元素对材料性能的影响

对于紧固件成型后需要进行热处理的零件，要求钢材有较好的淬透性和回火稳定性。钢材的元素对于紧固件热处理性能有很大影响。

1. 碳（C）

碳是影响钢材冷塑性变形的主要元素。含碳量越高，钢的强度越高，而塑性越低。实践证明，含碳量每提高0.1个百分点，其屈服强度约提高27.4MPa，抗拉强度提高58.8~74.4MPa，而伸长率则降低4.3%，断面收缩率降低7.3%。由此可见，碳含量对于钢材的冷塑性变形性能的影响是很大的。在生产实际中，冷镦用钢的含碳量大于0.25%时，要求钢材在拉拔前进行球化退火。但含碳量超过0.23%，会使紧固件的焊接性能恶化，因此用于焊接的紧固件含碳量一般不建议超过0.20%。含碳量高还会降低紧固件的耐大气腐蚀能力。此外，碳还会增加紧固件的冷脆性和时效敏感性。

2. 硅（Si）

在炼钢过程中会加入硅作为还原剂和脱氧剂，因此镇静钢含有 0.15%~0.30%的硅。如果钢中含硅量超过 0.50%~0.60%，硅就算合金元素。硅能显著提高钢的弹性极限、屈服点和抗拉强度，广泛用于弹簧钢。钢中含硅量增加 0.1 个百分点，抗拉强度提高 13.7MPa。经验表明，含硅量超过 0.17%且含碳量较高时，钢材的塑性会大幅降低。在调质结构钢中加入 1.0%~1.2%的硅，强度可提高 15%~20%。硅和钼、钨、铬等结合，有提高抗腐蚀性和抗氧化性的作用，可制造耐热钢。含硅 1%~4%的低碳钢，具有极高的导磁率，用于电器工业制造矽钢片。含硅量增加，会降低钢的焊接性能。高硅钢即使退火，也不会软化，冷塑性变形性能很差。因此，除非产品有高强度性能要求，否则冷镦钢总是要求尽量减少硅含量。

3. 锰（Mn）

在炼钢过程中，锰是良好的脱氧剂和脱硫剂，一般钢中含锰 0.30%~0.50%。在碳素钢中加入 0.70%以上的锰时就算"锰钢"，较一般的钢不仅有足够的韧性，还有更高的强度和硬度，提高了淬透性，改善了热加工性能。锰使钢的抗拉强度和屈服强度提高，塑性降低，对于钢的冷塑性变形是不利的。但是锰对钢变形力的影响仅为碳的 1/4 左右，因此除特殊要求外，碳钢的含锰量不宜超过 0.9%。

4. 磷（P）

磷在钢中固溶强化和冷作硬化作用极强，作为合金元素加入低合金结构钢中，能提高其强度和耐大气腐蚀性能，但会降低其冷冲压性能。磷与硫和锰联合使用，能提高钢的被切削性能，提高加工件的表面质量，常用于易切削钢，因此易切削钢含磷量较高。磷溶于铁素体，虽然能提高钢的强度和硬度，但最大的害处是偏析严重，会增加回火脆性，显著降低钢的塑性和韧性，致使钢在冷加工时易脆裂，发生"冷脆"现象。磷对焊接性能也有不良影响。磷是有害元素，应严加控制，对于 8.8 级以上的螺栓、螺柱和螺钉，要求磷含量控制在 0.025%以下。

5. 硫（S）

提高硫和锰的含量，可改善钢的被切削性能，在易切削钢中，硫作为有益元素加入。硫在钢中偏析严重，会恶化钢的质量，在高温下降低钢的塑性，是一种有害元素。它以熔点较低的 FeS 的形式存在，单独存在的 FeS 的熔点只有 1190℃，而在钢中与铁形成共晶体的共晶温度更低，只有 988℃。当钢凝固时，硫化铁析集在原生晶界处。钢在 1100~1200℃进行轧制时，晶界上的 FeS 会熔化，大幅削弱晶粒之间的结合力，导致钢的"热脆"现象。因此对硫应严加控制，对于 8.8 级以上的螺栓、螺柱和螺钉，要求硫含量不超过 0.025%。为了缓解硫导致的脆性，应加入足够的锰，使其形成熔点较高的 MnS。若钢中含硫量偏高，焊接时由于 SO_2 的产生，将在焊接金属内形成气孔和疏松。

6. 硼（B）

硼是在 2300℃熔化的非常硬的固体。硼的主要作用：在完全脱氧的钢中加入微量的硼（0.0005%~0.005%）能显著提高钢的淬透性，这是降低了冷却期间相转变速率所致；但当含碳量增加时，淬透性会下降，因此硼加入含碳量小于 0.6%的低碳或中碳钢中作用明显；若加入少量的硼，其他更昂贵的合金元素减少到一半的量，仍能使钢保持同样的转变速率。硼改善了钢的延展性能和力学性能，目前 8.8 级螺栓、螺柱和螺钉均使用硼钢作为原材料。

7. 铬（Cr）

铬的主要作用：在钢中含足够的碳时加入铬可以提高钢的硬度，含 1%碳的低铬钢是非常硬的；在低碳钢中加入的铬能够提高强度但延展性有所降低；铬可以提高钢的高温强度；铬可以提高中碳钢的淬透性；在高碳钢中，铬可以改善耐磨性能；当加入大量的铬，直到 25%时，钢的表面会形成保护性的氧化物层，进而改善耐腐蚀性能；铬与镍等元素配合能提高钢的抗氧化性和热强性，并进一步提高耐腐蚀性；铬能促进晶粒长大，导致钢的脆性增加。

8. 钼（Mo）

钼是强的碳化物形成元素，它形成硬而稳定的碳化物 Mo_2C，以及另外的复合碳化物，例如

Fe_4Mo_2C 和 $Fe_{21}MoC_6$。

钼的主要作用：少量的钼即可有效地降低转变速率；提高高温合金的高温强度和抗蠕变能力；提高不锈钢的耐腐蚀能力，特别是在盐酸溶液中；与钨有相似的作用，在高速工具钢中常以钼代钨，从而减轻含钨高速钢碳化物堆集的程度，提高了力学性能；钼是镍-铬-钼钢中的重要组成部分，这种钢具有较高的抗拉强度与良好的塑性；在铬钢中，钼的加入是为了改善加工性能和力学性能；在镍-钼钢中，钼可以提高钢的表面硬度。

9. 钒（V）

钒是强的碳化物形成元素，它形成碳化物 VC。钒以细小而弥散的碳化物和氮化物形式存在于钢中，它们在正常的热处理温度下不分解，能抑制晶粒长大。足够量的碳和在温度升高时可溶的钒会引起可观察到的最大二次硬化效果。

钒的主要作用：钒是非常重要的晶粒细化元素，它抑制奥氏体晶粒长大，0.1%的钒就会有效地抑制硬化过程中的晶粒长大，把钢加热到抑制晶粒长大的碳化物和氮化物粒子溶解的温度时，晶粒长大马上开始；钒即使少量溶解也会提高淬透性；可抵抗高温软化；在脱气铸锭的脱氧阶段，钒迅速与氧化物结合，常用作"清洗剂"或"清洁器"；铬-钒钢表现出比较高的屈服应力和断面收缩率；提高钢的强度和韧性，提高钢的耐磨性、热硬性以及回火稳定性，在高速工具钢中经多次回火有二次硬化的作用。

钒固溶于铁素体有极强的固溶强化作用，有细化晶粒作用，对低温冲击韧性有利。碳化钒是金属碳化物中最硬、最耐磨的，可提高工具钢的使用寿命。细小碳化钒晶粒弥散分布，可以提高钢的抗蠕变性能和持久强度。

10. 钛（Ti）

钛是非常强的碳化物形成元素，在固溶状态时，固溶强化作用极强，但同时会降低固溶体的韧性。

钛的主要作用：在中铬钢中，钛从固溶体中拉回碳并降低马氏体硬度及淬透性；在高铬钢中，钛阻止形成奥氏体；在奥氏体不锈钢中，钛在高温时从固溶体中拉回碳，并阻止晶界上生成铬的碳化物，避免局部的铬被用尽，造成晶界损失；在奥氏体高温合金中，钛促进沉淀硬化；在镇静高强度低合金钢中，钛可能提高钢的韧性；钛可用作脱氧剂；与钒有相似的作用，钛基合金钢有较小的密度、较高的高温强度；钛在镍铬不锈钢中有减少晶间腐蚀的作用；钛可提高耐热钢的抗氧化性和热强性；钛有防止和减轻不锈耐酸钢晶间和应力腐蚀的作用；由于细化晶粒和固定碳，钛对钢的焊接性有利。

11. 镍（Ni）

镍元素可以强化铁素体并细化和增多珠光体，提高钢的强度，对钢的塑性影响不显著。

含镍钢的碳含量可适当降低，从而使钢材的韧性和塑性有所改善；镍元素可以提高钢的疲劳抗力，减小钢对缺口的敏感性；由于对钢的淬透性和耐回火性的影响并不十分明显，镍对调质钢的意义不大。

2.2 紧固件性能等级介绍和材料要求

2.2.1 外螺纹紧固件性能等级介绍

碳钢、合金钢生产的外螺纹紧固件性能等级由小数点隔开的两部分组成：小数点左边的一或二位数字表示公称抗拉强度（Rm，1/100，MPa）；小数点右边的数字表示公称屈服强度（ReL，Min），或规定非比例伸长 0.2% 的应力（Rp0.2），或规定非比例伸长 0.0048d 的应力（RPf）与公称抗拉强度（Rm，Min）比值（屈强比）的10倍。例如：

```
                    ┌── 抗拉强度为 800MPa
              8.8 级
                    └── 这一等级的屈强比为 0.8
```

8.8级以下螺栓、螺钉、螺柱属于冷作硬化紧固件，产品可不经过调质处理；一般由原材料退火，再冷镦加工而成。

8.8级（含）以上螺栓、螺钉、螺柱须经过调质处理，其物理性能表现为硬度、强度与屈服点更高，塑性指标更低，能获得较好的综合机械性能。碳合金钢生产外螺纹紧固件的物理和机械性能见表2-1。

表2-1 外螺纹紧固件的物理性能和机械性能

序号	物理性能和机械性能			性能等级						8.8 $d\leqslant16mm$	8.8 $d>16mm$	9.8	10.9	12.9
				3.6	4.6	4.8	5.6	5.8	6.8					
1	公称抗拉强度 $\sigma_{b公称}/(N/mm^2)$			300	400		500		600	800	800	900	1000	1200
2	最小抗拉强度 $\sigma_{bmin}/(N/mm^2)$			330	400	420	500	520	600	800	830	900	1040	1220
3	维氏硬度 HV $F\geqslant98N$	Min		35	120	130	155	160	190	250	255	290	320	385
		Max		220					250	320	335	360	380	435
4	布氏硬度 HV $F=30D$	Min		90	114	124	147	152	181	238	242	276	304	366
		Max		209					238	304	318	342	361	414
5	洛氏硬度 HR	Min	HRB	52	67	71	79	82	89	—	—	—	—	—
			HRC	—						22	23	28	32	39
		Max	HRB	95.0					99.5	—	—	—	—	—
			HRC							32	34	37	39	44
6	表面硬度 HV0.3 Max			—						表面硬度应比芯部硬度高出30HV0.3				
7	屈服点 σ_s /(N/mm²)	公称		180	240	320	300	400	480	—	—	—	—	—
		Min		190	240	340	300	420	480	—	—	—	—	—
8	规定非比例伸长应力 $\sigma_{p0.2}$ /(N/mm²)	公称		—			—			640	640	720	900	1080
		Min		—			—			640	660	720	940	1100
9	保证应力	S_p/σ_s 或 $S_p/\sigma_{p0.2}$		0.94	0.94	0.91	0.93	0.90	0.92	0.91	0.91	0.9	0.88	0.88
		$S_p/(N/mm^2)$		180	225	310	280	380	440	580	600	650	830	970
10	破坏扭矩 $M_B/N\cdot m$ Min			—						按GB/T 3098.13—1996《紧固件机械性能 螺栓与螺钉的扭矩试验和破坏扭矩 公称直径1~10mm》规定				
11	断后伸长率 $\delta(\%)$ Min			25	22		20		—	12	12	10	9	8
12	断面收缩率 $\psi(\%)$ Min			—						52		48	48	44
13	楔负载			对螺栓和螺钉（不包括螺柱）实物进行测试										
14	冲击吸收功 A_{ku}/J Min			—		25				30	30	25	20	15
15	头部坚固性			不得断裂										
16	螺纹未脱碳层的最小高度 E			—						1/2H		2/3H		3/4H
	全脱碳层的最大深度 G/mm									0.015				
17	再回火后的硬度			—						回火前后硬度均值之差不大于20HV				
18	表面缺陷			按GB/T 5779.1—2000《紧固件表面缺陷 螺栓、螺钉和螺柱 一般要求》或GB/T 5779.3—2000《紧固件表面缺陷 螺栓、螺钉和螺柱 特殊要求》规定										

不锈钢生产的外螺纹紧固件性能等级由短划隔开的两部分组成。第一部分标记钢的组别，第二部分标记性能等级。

钢的组别（第一部分）标记由一个字母和一个数字组成，字母表示钢的类别，数字表示该类钢的化学成分范围。其中，A表示奥氏体钢，C表示马氏体钢，F表示铁素体钢。

性能等级（第二部分）标记由两位数字组成，表示紧固件抗拉强度的1/10。

示例：

1) A2-70：奥氏体钢、冷加工、最小抗拉强度为700N/mm² (700MPa)。
2) C4-70：马氏体钢、淬火并回火、最小抗拉强度为700N/mm² (700MPa)。

2.2.2 外螺纹紧固件材料要求

本节提到的外螺纹依据 GB/T 3098.1—2010《紧固件机械性能 螺栓、螺钉和螺柱》中规定了螺栓、螺钉、螺柱不同性能等级的碳钢、合金钢外螺纹紧固件的钢材化学成分的极限值和最低回火温度，化学成分须符合相关的国家标准，详见表2-2。

表 2-2 碳钢和合金钢材料要求

性能等级	材料和热处理	化学成分(质量分数)[a](%)					回火温度/℃ Min
		C		P	S	B[b]	
		Min	Max	Max	Max	Max	
4.6[c]	碳钢	—	0.55	0.05	0.06	无	—
4.8[c]		—	0.55	0.05	0.06		
5.6[c]		0.13	0.55	0.05	0.06		
5.8[c]		—	0.55	0.05	0.06		—
6.8[c]		0.15	0.55	0.05	0.06		
8.8[e]	碳合金钢(如硼、锰或铬)淬火并回火	0.15[d]	0.40	0.025	0.025	0.003	425
	中碳钢,淬火并回火	0.25	0.55	0.025	0.025		
	合金钢,淬火并回火[f]	0.20	0.55	0.025	0.025		
9.8[e]	碳合金钢(如硼、锰或铬),淬火并回火	0.15[d]	0.40	0.025	0.025	0.003	425
	中碳钢,淬火并回火	0.25	0.55	0.025	0.025		
	合金钢,淬火并回火[f]	0.20	0.55	0.025	0.025		
10.9[e]	碳合金钢(如硼、锰或铬),淬火并回火	0.20[d]	0.55	0.025	0.025	0.003	425
	中碳钢,淬火并回火	0.25	0.55	0.025	0.025		
	合金钢,淬火并回火[f]	0.20	0.55	0.025	0.025		
12.9[e,g,h]	合金钢,淬火并回火；中碳合金钢(如硼、锰、铬或钼),淬火并回火	0.28	0.50	0.025	0.025	0.003	425

a. 对紧固件成品进行分析。
b. 硼的含量可达0.005%，除非有效硼由添加钛和（或）铝控制。
c. 这些性能等级允许采用易切削钢制造，其硫、磷和铅的最大含量为：硫0.34%；磷0.11%；铅0.35%。
d. 含碳量低于0.25%的低碳硼合金钢，8.8级的锰最低含量可以为0.60%；9.8级和10.9级的可以为0.11%。
e. 该性能等级的材料应具有良好的淬透性，以保证紧固件螺纹截面的芯部在淬透后、回火前获得约90%的马氏体组织。
f. 该合金钢应至少包含下列元素中的一种，最低含量：铬0.30%，镍0.30%，钼0.20%，钒0.10%。凡元素中指定的两个、三个或四个组合，有合金元素含量低于上述比例的，极限值为该两个、三个或四个组合的单个元素极限值总和的70%。
g. 12.9级的表面不允许有能用金相法测出的白色磷化层，需要合适的测量方法。
h. 必须考虑12.9级的用途，需要考虑制造者的能力、扳拧方法和使用条件，以及环境因素可能引起紧固件的应力腐蚀破坏。

对于不锈钢生产的外螺纹紧固件，表2-3给出了适用的不锈钢材料的化学成分范围。在有晶间腐蚀倾向的场合，推荐按 ISO 3651-1 或 ISO 3651-2 的规定进行试验，在此情况下，推荐采用稳定型的A3和A5，或者采用含碳量不超过0.03%的A2和A4不锈钢。

2.2.3 外螺纹紧固件推荐材料清单

表2-4列出了根据材料热处理特性选择的部分适合不同等级的汽车行业成熟使用的外螺纹材料牌号，也可以参考第4章内容材料部分。

表 2-3 不锈钢材料要求

类别	级别	化学成分（质量分数）[a]（%）									注
		C	Su	Mn	P	S	Cr	Mo	Ni	Cu	
奥氏体	A1	0.12	1	6.5	0.2	0.15~0.35	16~19	0.7	5~10	1.75~2.25	b、c、d
	A2	0.1	1	2	0.05	0.053	15~20	—[e]	8~19	4	g、h
	A3	0.08	1	2	0.045	0.03	17~19	—[e]	9~12	1	i
	A4	0.08	1	2	0.045	0.03	16~18.5	2~3	10~15	1	h、j
	A5	0.08	1	2	0.045	0.03	16~18.5	2~3	10.5~14	1	i、j
马氏体	C1	0.09~0.15	1	1	0.05	0.03	11.5~14	—	1		j
	C3	0.17~0.25	1	1	0.04	0.03	16~18	—	1.5~2.5		
	C4	0.08~0.15	1	1.5	0.06	0.15~0.35	12~14	0.6	1		b、j
铁素体	F1	0.12	1	1	0.04	0.03	15~18	—[f]	1	—	k、l

a. 除已标明者外，均系最大值。
b. 硫可用硒代替。
c. 若镍含量低于 8%，则锰的最低含量必须为 5%。
d. 镍含量大于 8% 时，对铜的最低含量不予限制。
e. 钼含量可能在制造者的说明书中出现，但对某些使用场合，若有必要限定钼的极限含量，则必须在订单中由用户注明。
f. 钼含量可能在制造者的说明书中出现。
g. 若铬含量低于 17%，则镍的最低含量应为 12%。
h. 对最大含碳量达到 0.03% 的奥氏体不锈钢，氮含量最高可达 0.22%。
i. 为了稳定组织，钛含量应 ≥5×C%-0.8%，并按本表适当标志，或者铌和（或）钽含量应 ≥10×C%-1.0%，并按本表适当标志。
j. 对较大直径的产品，为达到规定的机械性能，在制造者的说明书中，可能有较高的碳含量，但奥氏体钢不应超过 0.12%。
k. 钛含量可能 ≥5×C%-0.8%。
l. 钛含量可能 ≥10×C%-1.0%。

表 2-4 推荐的汽车外螺纹材料牌号

序号	分类名称	性能等级	推荐材料
1	焊接螺栓、螺柱和螺钉	4.8~8.8	SWRCH22A
		8.8~9.8	ML20MnVB ML20MnTiB
2	双头螺柱	4.8~8.8	SWRCH22A SWRCH40K 10B21
		9.8~10.9	SCr440、 SCM435
		12.9	SCM440
3	六角头螺栓、六角法兰面螺栓、外十二角花形螺栓、方头螺栓	4.8~8.8	SWRCH22A SWRCH40K 10B21
		9.8~10.9	SCr440 SCM435
		12.9	SCM440
4	内六角圆柱头、内十二角圆柱头、内（花）六角沉头、盘头十字槽及其他螺钉	4.8~8.8	SWRCH22A SWRCH35K 10B21
		9.8~10.9	ML20MnVB ML20MnTiB
		12.9	SCM440

(续)

序号	分类名称	性能等级	推荐材料
5	自攻螺钉	—	SWRCH22A ML20MnVB ML20MnTiB

注：此表请配合螺栓规格使用，不同的螺栓规格选材会有差异。

2.2.4 内螺纹紧固件性能等级介绍

内螺纹依据 GB/T 3098.2—2015《紧固件机械性能 螺母》标准规定的公称高度≥0.8D（螺纹有效长度≥0.6D）螺母，用螺栓性能等级标记的第一部分数字标记；该螺栓应为可与该螺母相配螺栓中最高的性能等级，见表2-5。

表2-5 公称高度≥0.8D（螺纹有效长度≥0.6D）的螺母标记制度

螺母等级	相配的螺栓、螺钉和螺柱		螺母	
	性能等级	螺纹规格范围	1型	2型
			螺纹规格范围	
4	3.6、4.6、4.8	>M16	>M16	—
5	3.6、4.6、4.8	≤M16	≤M39	—
	5.6、5.8	≤M39		
6	6.8	≤M39	≤M39	
8	8.8	≤M39	≤M39	>M16 ≤M39
9	9.8	≤M16	—	≤M16
10	10.9	≤M39	≤M39	—
12	12.9	≤M39	≤M16	≤M39

注：一般来说，性能等级较高的螺母，可以替换性能等级较低的螺母。螺栓-螺母组合件的应力高于螺栓的屈服强度或保证应力是可行的。

0.5D≤公称高度<0.8D（0.4D≤螺纹有效长度<0.6D）的螺母，由两位数字标记：第二位数字表示用淬硬试验芯棒测出的公称保证应力的1/100（单位为N/mm^2）；第一位数字表示这种螺栓-螺母组合件的承载能力比淬硬试验芯棒测出的承载能力要小，同时也比2.2.1条规定的螺栓-螺母组合件的承载能力小。有效承载能力不仅取决于螺母本身的硬度和螺纹有效长度，还与相配合的螺栓抗拉强度有关，见表2-6。

表2-6 0.5D≤公称高度<0.8D的螺母标记制度

螺母性能等级	公称保证应力/(N/mm^2)	实际保证应力/(N/mm^2)
04	400	380
05	500	500

表2-7列举了螺母的物理和机械性能。

2.2.5 内螺纹紧固件材料要求

表2-8规定了螺母各性能等级使用的材料，材料的化学成分应符合有关材料标准规定。性能等级为5级、8级（>M16的1型螺母）、10级和12级的螺母应进行淬火并回火处理。

表2-9列出了不同性能等级的汽车行业常用螺母的材料牌号。

表 2-7 内螺纹（螺母）的物理和机械性能

螺纹规格		性能等级												
		04					05					4			
		保证应力 S_p/(N/mm²)	维氏硬度 HV		螺母		保证应力 S_p/(N/mm²)	维氏硬度 HV		螺母		保证应力 S_p/(N/mm²)	维氏硬度 HV		螺母	
>	≤		Min	Max	热处理	型式		Min	Max	热处理	型式		Min	Max	热处理	型式
—	M4	380	188	302	不淬火回火	薄型	500	272	353	淬火并回火	薄型	—				
M4	M7															
M7	M10															
M10	M16												510	117	302	不淬火回火	1
M16	M39															

螺纹规格		性能等级												
		5					6					8			
		保证应力 S_p/(N/mm²)	维氏硬度 HV		螺母		保证应力 S_p/(N/mm²)	维氏硬度 HV		螺母		保证应力 S_p/(N/mm²)	维氏硬度 HV		螺母	
>	≤		Min	Max	热处理	型式		Min	Max	热处理	型式		Min	Max	热处理	型式
—	M4	520	130	302	不淬火回火	1	600	150	302	不淬火回火	1	800	180	302	不淬火回火	1
M4	M7	580					670					855	200			
M7	M10	590					680					870				
M10	M16	610					700					880				
M16	M39	630	146				720	170				920	233	353	淬火并回火	

表 2-8 螺母材料要求

性能等级		化学成分(质量分数)(%)			
		C Max	Mn Min	P Max	S Max
4①、5①、6①	—	0.50	—	0.060	0.150
8、9	04①	0.58	0.25	0.060	0.150
10②	05①	0.58	0.30	0.048	0.058
12②	—	0.58	0.45	0.048	0.058

① 该性能等级可以用易切削钢制造（供需双方另有协议除外），其硫、磷及铅的最大含量为：硫 0.30%，磷 0.11%，铅 0.35%。
② 为改善螺母的机械性能，必要时可增添合金元素。

表 2-9 常用螺母的材料牌号

序号	分类名称	所有规格								
		4级/5级/6级		5级		8~9级		10级		12级	
		粗牙	细牙	粗牙	细牙	只要求保载不要求硬度	粗牙	只要求保载不要求硬度	粗牙	粗牙	细牙
1	六角螺母	SWRCH22A		SWRCH22A		SWRCH22A		SWRCH22A		ML20MnVB ML20MnTiB	ML20MnVB ML20MnTiB
2	六角法兰面螺母										
3	全金属六角锁紧螺母										
4	尼龙六角锁紧螺母										
5	焊接六角螺母										
6	焊接方螺母										
7	焊接异形螺母										

(续)

序号	分类名称	所有规格									
		4级/5级/6级		5级		8~9级		10级		12级	
		粗牙	细牙	粗牙	细牙	只要求保载不要求硬度	粗牙	只要求保载不要求硬度	粗牙	粗牙	细牙
8	铆螺母	SWRCH15A	—			SWRCH15A	—				
9	车轮螺母	—		SWRCH22A SWRCH15A						SWRCH15A ML20MnVB	

2.2.6 其他紧固件材料要求

随着汽车轻量化的不断发展，铝合金材料制作的紧固件也在汽车上逐步使用。但铝合金螺栓由于材料的原因目前强度仅相当于碳钢紧固件的6.8级左右，常用的材料主要是5系和6系铝，同时这两个牌号材料也是做抽芯铆钉的材料。部分塑料内嵌件的螺母在满足等级要求的基础上也有使用铝合金和铜材料的。

耐高温材料主要应用在具有较高温度的环境下，如排气管和涡轮增压器，温度大于700℃的使用环境主要使用的耐热紧固件材料为1.4980（X6NiCrTiMoVB25-15-2），对于温度范围相对较低的500~600℃的使用环境主要使用1.7709（21CrMoV5-7）材料。

弹性卡箍主要使用的是51CrV4材料，国内部分厂家也有使用65Mn来替代的，但65Mn热处理性能低于51CrV4，加工工艺不当容易造成零件断裂，因此推荐使用51CrV4。热处理工艺须使用等温淬火，防止产品出现断裂。蜗轮蜗杆卡箍根据使用部位和性能要求不同，主要使用304或430材料。

另外，对于非紧固件系列的标准件，如垫圈、挡圈、销、接头等，选择材料建议参考《机械设计手册》，在满足功能性基础上选择范围相对紧固件更宽泛。

2.3 紧固件原材料检测

2.3.1 目的

原材料质量关系到后续加工性能和终端产品的服役性能，因此要重视对原材料各项技术指标的检查和控制。作为汽车紧固件关键原材料的冷镦钢盘条，如果其表面存在划痕、裂纹等缺陷，则在后续冷镦时容易产生开裂，造成后续加工成本和检测成本升高，如果装配到汽车上使用，则可能造成紧固件过早失效，形成人身、财产安全隐患。

2.3.2 材料检测取样要求

汽车紧固件用冷镦钢热轧盘条，应进行化学成分、冷顶锻、脱碳层、表面质量和尺寸精度检测；根据客户特殊需求，还可进行拉伸试验以及非金属夹杂物、晶粒度、低倍组织、末端淬透性、硬度等项目的检测，各检测项目具体技术要求由供需双方协商确定，或执行相关的国家或行业标准。检测项目按批号（或炉号）进行取样和检测评价，每批（或每炉）钢材的检测项目、取样数量、取样方法及试验方法应符合表2-10所列规定，或由供货双方协商确定。

表2-10 钢材的检测项目、取样数量、取样方法及试验方法

序号	检测项目	取样数量	取样方法及部位	试验方法
1	化学成分	1个/炉	GB/T 20066—2006	GB/T 4336—2016
2	冷顶锻	3个/批	不同根(盘)钢材	YB/T 5293—2014

(续)

序号	检测项目	取样数量	取样方法及部位	试验方法
3	脱碳层	2个/批	不同根（盘）钢材	GB/T 224—2019
4	表面质量	逐根（盘）	—	目测
5	尺寸精度	逐根（盘）	—	千分尺、游标卡尺
6	非金属夹杂物	2个/批	不同根（盘）钢材	GB/T 10561—2005
7	低倍组织	2个/批	GB/T 226—2015	GB/T 226—2015、GB/T 1979—2001
8	末端淬透性	1个/炉	任一根（盘）钢材或钢坯，GB/T225—2006	GB/T 225—2006
9	晶粒度	1个/批	任一根（盘）钢材	GB/T 6394—2017
10	拉伸	1个/批	GB/T 2975—2018	GB/T 228.1—2021
11	硬度	3个/批	不同根（盘）钢材	GB/T 230.1—2018、GB/T 231.1—2018

2.3.3 化学成分检测

紧固件原材料的化学成分检测是通过炼钢过程中检测钢水的熔炼成分来实现的。钢材生产过程中，按照GB/T 20066—2006《钢和铁 化学成分测定用试样的取样和制样方法》的规定，通过取样器取中包熔炼钢水，制成饼样，通常要求饼样直径大于16mm，厚度大于2mm，应足够覆盖火花架激发孔径，并保证样品表面平整、洁净。饼样研磨设备可采用砂轮机、砂纸磨盘或砂带研磨机，亦可采用铣床等加工。研磨材料有氧化铝、氧化锆和碳化硅等，研磨材质的粒度通常为0.124mm~0.25mm；标准样品和分析样品应在同一条件下研磨，不得过热。制成的成分分析样，通常采用光谱法按照GB/T 4336—2016《碳素钢和中低合金钢 多元素含量的测定 火花放电原子发射光谱法（常规法）》的规定进行化学成分分析，确定钢材各元素精确含量。成品钢材的化学成分允许偏差应符合GB/T 222—2006《钢的成品化学成分允许偏差》的规定。一般情况下，化学成分仲裁分析采用GB/T 223系列中《钢铁及合金化学分析方法》规定的分析方法。

直读光谱仪应放置在清洁、防振的环境中，环境温度应保持在20~30℃，湿度小于80%。仪器分光光度计的一级光谱线的色散倒数小于0.6nm/mm，焦距为0.5~1.0m，波长为165.0~511.0nm，分光度计的真空度应在3Pa以下，或使用纯度不低于99.999%的惰性氩气保护，并且氩气压力和流量应保持恒定。激发电极应定期进行清理、更换，聚光镜必须定期清理，定期进行设备标准化。

采用直读光谱法进行成分分析具有快捷、准确的特点，因此在钢水冶炼环节得到广泛应用。钢材在工业生产过程中，要求钢水冶炼的每个工序进行成分样制取和分析，尤其是在成分精调环节，须取3~5次样，保证成品钢材成分控制精确和炉次间成分均匀一致，从而保证汽车紧固件用钢加工性能和热处理性能一致性。

汽车紧固件用钢的化学成分应符合GB/T 6478—2015《冷镦和冷挤压用钢》的要求或其他相关标准要求，亦可由供需双方协商确定。

2.3.4 冷顶锻检测及评价

紧固件用冷镦钢的冷顶锻试验依据YB/T 5293—2014《金属材料 顶锻试验方法》进行。冷顶锻试验通常在顶锻试验机、万能试验机、压力机、锻压机上完成，试验时要保证有足够刚性的支撑板和防止试样偏斜的夹具。冷顶锻试样制备时，应防止损伤试样表面，或由于过热、加工硬化等改变其性能；试样的高度应在相关产品标准中规定，若无具体规定，对于黑色金属采用试样横截面尺寸的1.5~2倍，推荐采用1.5倍。试样高度的允许偏差为±5%。冷顶锻试样端面应垂直于试样轴线。

螺栓冷镦成型效果受材料微观组织、变形速率、工具和工件尺寸形状及工具与工件之间摩擦等因素的交互影响，冷顶锻试验从精确模拟冷镦过程的角度来讲，存在一些缺点，如冷顶锻试验的变形速率明显低于实际冷镦过程、冷顶锻试验的摩擦条件与实际冷镦存在差异等。因此，冷顶锻试验通常更多用来揭示材料的外部和内部缺陷，而非钢材的塑性变形能力。

GB/T 6478—2015规定，公称直径5~40mm的钢材应进行冷顶锻试验，经冷顶锻试验后，试样表面不应出现裂纹。根据试样冷顶锻后与冷顶锻前的高度之比，钢材的冷顶锻性能分为：高级1/4；较高级1/3；普通级1/2。

含碳量≥0.30%的钢材或含合金元素的钢材，当要求高级或较高级冷顶锻性能时，试样可先球化退火。对于热轧状态交货的非热处理型钢材，为保证冷镦变形性能，一般要求热轧盘条满足1/3冷顶锻试验合格；对于高强度螺栓用中碳或低合金冷镦钢，由于盘条在改制过程中往往需要进行退火处理，热轧盘条一般进行1/2冷顶锻试验，当需方要求高级或较高级的冷顶锻性能时，应在合同中注明。

2.3.5 脱碳层检测及评价

钢的脱碳层深度测定法一般按照GB/T 224—2019《钢的脱碳层深度测定法》进行。脱碳层又分为部分脱碳和完全脱碳。完全脱碳层只有铁素体组织，一般以柱状铁素体形式存在。有效脱碳层深度是从产品表面到规定的碳含量或硬度水平的点的距离，规定的碳含量或硬度水平以不因脱碳而影响使用性能为准。

测定方法的选择及其准确度取决于产品的脱碳程度、显微组织、碳含量以及部件的形状，通常采用金相法、硬度法、化学法或光谱分析法测定碳含量的方法测定最终产品。各种测定方法都有相应的应用范围，采用何种方法测定，由产品标准或双方协议确定，无明确规定时采用金相法。金相法是在光学显微镜下观察试样从表面到基体随碳含量变化而产生的组织变化。

试样一般在供货状态下检测，不需要进一步热处理，特殊规定的除外。选取的试样检测面应垂直于产品纵轴。一般来说，观测到的组织差别，在亚共析钢中是以铁素体与其他组织组成物的相对量的变化来区别的；在过共析钢中是以碳化物含量相对基体的变化来区分的。对冷镦钢来说，一般是通过比较铁素体的含量变化来确定脱碳层的深度。放大倍数的选择取决于脱碳层深度。如果需方没有特殊规定，则通常采用放大倍数为100。

当过渡层和基体较难分辨时，可用更高放大倍数进行观察，确定界限。先在低放大倍数下进行初步观测，保证四周脱碳变化在进一步检测时都可发现，查明最深均匀脱碳区。

对每一试样，在最深的均匀脱碳区的一个显微镜视场内，应随机进行几次测量（至少需5次），以这些测量值的平均值作为总脱碳层深度。

一般情况下，对于汽车紧固件用钢的脱碳层，要求单边的脱碳层深度（铁素体+过渡层）不得大于公称直径的1.0%。

2.3.6 表面质量检测及评价

紧固件用钢材的表面缺陷除对模具有损害外，还会严重影响中间产品及最终产品的质量。紧固件厂生产统计表明，冷镦开裂中，约80%是由线材表面缺陷造成的。冶金厂的实践也表明，0.10mm以上的划伤往往造成1/2冷顶锻开裂，要保证1/3冷顶锻合格，局部划伤不应超过0.07mm。钢厂在生产中应重视对线材表面质量的控制，要求线材表面光滑圆整，不得有裂纹、折叠、耳子、结疤、分层及夹杂等，同时尽可能减少表面氧化层和脱碳层。对于线材，全长检查缺陷困难，通常是轧后在盘卷端部切取试样进行荧光粉探伤或酸洗后目视检查，或进行冷顶锻试验检查表面是否开裂。尽管开发了热轧后能够在线全长检测的热涡流探伤机，但其探伤效果明显低于冷探伤。通过大量冷镦生产实践，对汽车紧固件用冷镦钢热轧线材表面质量要求如下：

1) 钢材表面不应有裂纹、结疤、夹杂、耳子和折叠等影响使用的缺陷。
2) 钢材表面允许有深度不超过公差50%的个别划痕和麻点，以及深度不超过0.10mm的个别发纹。
3) 对于变形量较大或较为复杂的紧固件，经供需双方协商，可要求个别发纹深度不超过0.05mm。

2.3.7 尺寸检测及评价

轧制工序是控制尺寸精度的主要环节，而影响精度的主要因素有温度、张力、孔型设计、轧辊及工艺装备的加工精度、孔槽及导卫的磨损、导卫安装和轧机调整及轧机的基座刚度、调整精度、轧辊轴承的可靠性及电传控制水平和精度等。目前，高速线材的直径偏差可达±0.15mm，甚至可达±0.10mm，但盲目地过高要求不见得经济。高精度产品只能在轧制最佳的状态下生产，保证高精度除需常换轧辊外，还要在导卫、孔型、轧制、传动、电控等方面做许多工作。另外，下游紧固件厂家为保证冷镦原料的球化退火效果，通常采用较大减面率的粗抽工艺，因此过分追求热轧盘条高精度尺寸，反而无良好经济效果。冶金厂与线材改制厂家通常约定采用GB/T 14981—2009《热轧圆盘条尺寸、外形、重量及允许偏差》标准来规定热轧状态交货的盘条尺寸、外形、重量及允许偏差。其中，盘条尺寸精度符合GB/T 14981—2009标准中的B级及以上要求。

2.3.8 拉伸检测及评价

为满足汽车紧固件冷镦成型过程中较大的变形量，要求原材料具有良好的塑性。钢材强度决定了其变形抗力，较低的强度能够提升模具的使用寿命；而断面收缩率和断后伸长率的高低决定了材料能够承受的变形量大小。通过拉伸试验，可测得钢材的抗拉强度、屈服强度、断后伸长率和断面收缩率。因此，通常采用拉伸试验来检测和评价材料的强度和塑性指标。汽车紧固件用冷镦钢热轧盘条拉伸试验用样品取样应符合GB/T 2975—2018《钢及钢产品力学性能试验取样位置及试样制备》的要求，热轧盘条拉伸试验应按照GB/T 228.1—2021《金属材料拉伸试验 第1部分：室温试验方法》规定进行。

拉力机试验温度范围为10~35℃。试验机应按GB/T 16825.1—2008《静力单轴试验机的检测 第1部分：拉力和（或）压力试验机测力系统的检验和校准》进行检测，且优于1级准确度。为避免试样承受横向载荷，试验机的夹头应能自动定心。

为了降低冷镦原料的变形抗力，一般要求冷镦钢线材的强度尽可能低，且屈强比为0.5~0.65；为了避免在冷镦时引起裂纹，要求冷镦原料具有足够高的断面收缩率，一般要求低碳钢线材的断面收缩率不低于60%，中碳及低合金钢的断面收缩率不低于50%~60%，合金钢的断面收缩率不低于50%。目前，轧钢工装水平无法实现冷镦钢热轧盘条直接获得球化组织，因此，冷镦钢改制过程中往往需要进行退火处理，使钢材获得足够的塑性，以满足冷镦成型的要求。此时，调质型冷镦钢热轧盘条拉伸性能通常不检测。

2.3.9 硬度检测及评价

变形抗力是指材料在变形时所必需的应力，该加工力越大，越容易引起模具损耗及塑性变形和破坏。

汽车紧固件用冷镦钢热轧盘条硬度检测通常依据三个标准，分别为GB/T 230.1—2018《金属材料 洛氏硬度试验 第1部分：试验方法》、GB/T 231.1—2018《金属材料 布氏硬度试验 第1部分：试验方法》和GB/T 4340.1—2009《金属材料 维氏硬度试验 第1部分：试验方法》，其中以洛氏硬度试验和布氏硬度试验较为常用。

在冷镦成型过程中，材料往往要承受70%~80%的总变形量，因此要求原材料的塑性好，硬度尽可能低，通常要求冷镦原料的硬度不超过82HRB。对此，往往要在冷镦前进行球化退火处理，使钢材获得足够的塑性，以满足冷镦成型的要求。因此，调质型冷镦钢热轧盘条硬度指标通常不检测。

2.3.10 显微组织检测及评价

冷镦钢线材一般按照GB/T 13298—2015《金属显微组织检验方法》进行制样和检测金相组织。该标准规定了金属显微组织检测的试样准备、试样研磨、试样抛光、显微组织显示、显微组织检测、现场金相及试验记录。标准适用于金相显微镜检查金属组织的操作方法。

(1) 试样准备

冷镦钢线材取样时,通过截取一段线材,进行矫直后制备成横截面或纵截面的试样。最常用的镶嵌法是将试样镶嵌在树脂内。因树脂比金属软,为避免试样边缘磨圆,可以将试样夹在硬度相近的金属块之间,或用相同硬度的环状物包围。也可用保边型树脂,根据检测目的选择不同质量的树脂。树脂镶嵌法包括热镶法和冷镶法。热镶法较常见,将试样检测面朝下放入热镶机的模子中,倒入树脂应超过试样高度,封紧模子并加热、加压、固化、冷却,再打开模子,完成热镶。热镶的温度、压力、加热及冷却时间根据选用的树脂而定,一般加热温度不超过180℃,压力小于30MPa,建议冷却到30℃后再解除压力。

(2) 试样研磨

试样研磨分为机械研磨和手工研磨,机械研磨是将由粗到细不同粒度的砂纸或磨盘分别置于机械磨样机上依次磨制。市面上粒度型号从80#到1000#以上有多种,通常研磨需要3~5个从粗到细的砂纸。

(3) 试样抛光

试样抛光是抛去试样上的磨痕以达镜面光洁度,且无磨制缺陷。抛光方法可采用机械抛光、电解抛光、化学抛光、振动抛光、显微研磨等。机械抛光较常见,经砂纸磨光的试样,可移到装有尼纶、呢绒或细帆布等的抛光机上进行粗抛光。抛光剂可用微粒的金刚石、氧化铝、氧化镁、氧化铬、氧化铁、金刚砂等,类型有抛光悬浮液、喷雾抛光剂、抛光膏等。经粗抛光后的试样,可移至装有尼龙绸、天鹅绒或其他纤维细匀的丝绒抛光盘进行精抛光。根据试样的硬度,可选用不同粒度的细抛光软膏、喷雾抛光剂、氧化物悬浮液等。一般抛光到试样的磨痕完全除去,表面呈镜面时为止。抛光后用水冲洗,再用无水乙醇洗净吹干,使表面不致有水迹或污物残留。

(4) 显微组织显示

试样抛光后不经处理直接显示显微组织,或利用物理或化学方法对试样进行特定处理使各种组织结构呈现良好的衬度,得以清晰显示。常用方法有光学法、浸蚀法、干涉层法,其中浸蚀法最常见,使用化学试剂,使试样表面产生化学溶解或电化学溶解,以显示金属的显微组织。GB/T 13298—2015中介绍了常见钢种的浸蚀剂。

(5) 显微观察

使用金相显微镜观察浸蚀后的组织,一般先在低倍下观察试样全貌,然后根据检测目的,在不同的放大倍率下检测。根据研究需要,明场照明用于显微组织的常规观察检测,是最常用的观察方式。

通常可进行下列检测分析:

1) 钢的显微组织评定,对钢中游离渗碳体、珠光体、带状组织以及魏氏组织等进行金相评定。

2) 钢中非金属夹杂物的形态、分布及级别的分析。

3) 钢中碳化物级别的评定。

4) 表面淬火层、电镀层、脱碳层、渗碳层以及渗氮层厚度的测定。

钢的显微组织评定方法可以参考GB/T 13299—1991《钢的显微组织评定方法》[○]中的规定。该标准规定了钢的游离渗碳体、低碳变形钢的珠光体、带状组织及魏氏组织的金相评定方法、评定原则和组织特征等。

冷镦钢线材组织通常用横截面金相试样进行观察,而带状组织是通过纵截面试样观察的。碳素冷镦钢或低合金冷镦钢线材的组织以铁素体和珠光体为主,部分合金冷镦钢,如铬钼系列冷镦钢,可能含贝氏体或马氏体组织。

评定珠光体钢中的带状组织,要根据带状铁素体数量增加,并考虑带状贯穿视场的程度、连续性和变形铁素体晶粒多少的原则确定。带状组织的级别要求则由供需双方进行协商确定。

评定珠光体钢过热后的魏氏组织,要根据析出的针状铁素体数量、尺寸,以及由铁素体网确定的奥

○ GB/T 13299—2022《钢的游离渗碳体、珠光体和魏氏组织的评定方法》将于2023年2月实施。

氏体晶粒大小的原则确定，通常参考评价图确定。

贝氏体组织和马氏体组织通常需要一定经验的人员进行确认，通过参考金相图谱可以提高识别能力。

对于异常组织，一般没有特殊要求，需要时由供需双方协商确定。

2.3.11 晶粒度检测及评价

GB/T 6394—2017《金属平均晶粒度测定方法》规定了金属组织的平均晶粒度表示及评定方法。对于冷镦钢，除个别钢种或规定可以使用铁素体晶粒度外，一般所说的晶粒度是指奥氏体晶粒度。

由于冷镦钢多数都是铁素体钢，要显示奥氏体晶粒度，就需要进行特殊化处理。GB/T 6394—2017附录C中规定的铁素体钢的奥氏体晶粒显示方法有相关法、渗碳法、模拟渗碳法、铁素体网法、氧化法、直接淬硬法、渗碳体网法。

以直接淬硬法为例，碳含量通常在1.00%以下的碳素钢和合金钢，除非另有规定，一般碳含量（质量分数）≤0.35%的碳素钢的试样置于900℃下加热；碳含量（质量分数）>0.35%的试样，置于860℃下加热，保温1h，以能产生完全淬硬的冷却速度进行淬火，获得马氏体组织，经抛磨和浸蚀后，显示出完全淬硬为马氏体的原奥氏体晶粒形貌。浸蚀前可在230℃下回火15min，以改善对比度。

由于奥氏体化的方法不同，针对不同的显示方法，标准给出了不同的腐蚀试剂。仍以直接淬硬法为例，显示方法参考马氏体晶粒浸蚀，方法有二：一是1g苦味酸、5mL盐酸（HCl）和95mL乙醇；二是2g苦味酸、1g十三苯亚磺酸钠或其他缓蚀剂、100mL水。其他显示晶粒的方法如氧化法、渗碳体法等，可以用4%硝酸乙醇溶液或相应的苦味酸溶液浸蚀。

通过浸蚀后，对显示晶粒度的试样在显微镜下进行观察，标准中规定的测定方法是比较法、面积法、截点法。常用的是比较法，仲裁使用的是截点法。

比较法不需要计算任何晶粒、截点或截距。与标准系列评级图进行比较，评级图有的是标准挂图，有的是目镜插片。用比较法评估晶粒度时一般存在一定的偏差（±0.5级），评估值的重现性和再现性通常为±1级。

面积法是计算一定面积内晶粒个数，利用单位面积内晶粒数 N_A 来确定晶粒度级别数 G。该方法的精确度是所计算晶粒度的函数。通过合理计数可实现±0.25级的精确度。面积法的测定结果是无偏差的，重现性与再现性小于±0.5级。

截点法是计算已知长度的试验线段（或网格）与晶粒界面相交截部分的截点数，利用单位长度点数来确定晶粒度级别。截点法的精确度是计算的截点或截距的函数，通过有效的统计结果可达到±0.5级的精确度。截点法的测量结果是无偏差的，重现性和再现性小于±0.5级。同一精度水平，截点法测量比面积法快。

冷镦钢的晶粒度水平通常由供需双方协商确定，一般是5级以上，也可以规定铁素体晶粒度。对于非调质型冷镦钢，GB/T 6478—2015规定其铁素体晶粒度应为11级或更细。铁素体晶粒可以直接浸蚀显示，不需要奥氏体化，同一试样铁素体晶粒度级别高于奥氏体晶粒度。

2.3.12 非金属夹杂物检测及评价

钢中非金属夹杂物的评价方法很多，有直接测量和间接评价的方法，如钢中的全氧含量、小样电解法、金相法测量、Spark-DAT、重熔配合扫描电镜和阴极射线（矿物分析）、电镜自动扫描、超声波检测等。

GB/T 10561—2005《钢中非金属夹杂物含量的测定 标准评级图显微检测法》中给出了非金属夹杂物检测方法。该标准规定了用标准图谱评定压缩比≥3的轧制或锻制钢材中的非金属夹杂物的显微评定方法。将所观察的视场与标准图谱进行对比，并分别对每类夹杂物进行评级。根据夹杂物的形态和分布，标准图谱分为A、B、C、D和DS五大类。这五大类夹杂物代表最常观察到的夹杂物的类型和形态如下。

1) A类（硫化物类）：具有高延展性，有较宽范围形态比（长度/宽度）的单个灰色夹杂物，一般端部呈圆角。

2) B类（氧化铝类）：大多数没有变形，带角，形态比小（一般<3），黑色或带蓝色颗粒，沿轧制方向排成一行（至少有3个颗粒）。

3) C类（硅酸盐类）：具有高延展性，有较宽范围形态比（一般≥3）的单个呈黑色或深灰色夹杂物，一般端部呈锐角。

4) D类（球状氧化物类）：不变形，带角或圆形，形态比小（一般<3），黑色或带蓝色，无规则分布的颗粒。

5) DS类（单颗粒球状类）：圆形或近似圆形，直径≥13μm的单颗粒夹杂物。

用于测量夹杂物含量试样的抛光面面积应为200mm²（20mm×10mm），且平行于钢材纵轴，位于钢材外表面到中心的中间位置。试样抛光时，重要的是避免夹杂物的剥落、变形或抛光表面被污染，以便检测面尽可能干净且夹杂物的形态不受影响。当夹杂物细小时，上述操作尤其重要，用金刚石磨料抛光是适宜的。

GB/T 10561—2005 的附录A列出了每类夹杂物的评级图谱。评级图片级别 i 从 0.5 级到 3 级，这些级别随着夹杂物的长度或串（条）状夹杂物的长度（A、B、C类），或夹杂物的数量（D类），或夹杂物的直径（DS类）的增加而递增，具体划分界限见表2-11。各类夹杂物的宽度划分界限见表2-12。例如：图谱A类 $i=2$ 表示在显微镜下观察的夹杂物的形态属于A类，而分布和数量属于第2级图片。汽车紧固件用冷镦钢的夹杂物级别要求通常由供需双方协商确定。

表 2-11 评级界限最小值

评级图片 级别 i	夹杂物级别				
	A 总长度 /μm	B 总长度 /μm	C 总长度 /μm	D 数量 /个	DS 直径 /μm
0.5	37	17	18	1	13
1	127	77	76	4	19
1.5	261	184	176	9	27
2	436	343	320	16	38
2.5	649	555	510	25	53
3	898 (<1181)	822 (<1147)	746 (<1029)	36 (<49)	76 (<107)

表 2-12 夹杂物宽度

类别	细系		粗系	
	最小宽度/μm	最大宽度/μm	最小宽度/μm	最大宽度/μm
A	2	4	>4	12
B	2	9	>9	15
C	2	5	>5	12
D	3	8	>8	13

2.3.13 淬透性检测及评价

淬透性检测是为了给判断淬火时不同直径的钢材能否淬透提供依据。淬透性一般是指淬火后在钢的断面上获得马氏体组织的能力。淬硬性是指钢在淬火后所能获得的最大硬度，它主要取决于马氏体中的碳含量。淬透性取决于钢中过冷奥氏体的稳定性、钢材的断面尺寸及所使用的冷却介质。可以根据钢的 C 曲线比较其淬透性的高低，也可以根据淬火时的临界冷却速率，或以圆棒在某介质中冷却时芯部获得 100% 马氏体组织时的最大直径来评定淬透性的大小，目前相对便捷的方法是比较半马氏体的硬度，又称临界硬度。

测量钢淬透性常用的方法是末端淬火法（简称端淬法），也称 Jominy 法，GB/T 225—2006《钢　淬透性的末端淬火试验方法 (Jominy 试验)》对此有详细介绍，见图 2-2。端淬法测出的淬透性，根据 GB/T 225—2006 的规定，用 JHRC-d 表示，d 表示至水冷端的距离，HRC 为距离 d（mm）处的洛氏硬度值。测出端淬曲线后，可以利用半马氏体至端部的距离比较各种钢的淬透性。

Jominy 试验由以下步骤组成：

1）将一圆柱形试样加热至奥氏体区内某一规定温度，并按规定保温一定时间。

2）在规定的条件下对其端面喷水淬火。

3）在试样纵向磨制平面上规定位置测量硬度，根据钢的硬度值变化确定其淬透性。

4）试样直径为 25mm，长度为 100mm，一端留出凸缘以竖立固定，从另一端喷水。

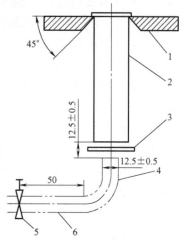

图 2-2　Jominy 法示意
1—试样定位对中装置　2—试样位置　3—圆盘　4—喷水管口　5—快速开关阀门　6—供水管

取样时，需要取直径 30～32mm 的样坯进行机加工，一般取热轧时中间道次的产品。样坯机加工前还应进行正火处理，但不能有脱碳痕迹。之后将样坯加工成直径 25mm 的圆棒，一端留出凸缘，并保证加工精度。之后在专用设备上进行 Jominy 试验，包括水冷喷头和支架、热处理炉。试样奥氏体化的加热时间不少于 20min，随后在规定的温度保温 30min。应减少脱碳和渗碳的情况，且避免较厚的氧化铁皮。试样出炉到喷水的间隔不超过 5s，到支架后应保持固定状态，喷水时间大于 10min。

试样淬火后，应磨削出两个相互平行的平面，用于测量硬度。磨削深度为 0.4～0.5mm。前 8 个测量点通常为距离水冷端 1.5mm、3mm、5mm、7mm、9mm、11mm、13mm、15mm。之后测量间距为 5mm，一般可以测量到 30mm 处的硬度。

各钢种的成分均有一定的波动范围，因此每种钢的端淬曲线均为一定波动的淬透性带。具体的范围可以由供方和需方协商确定。另外国标 GB/T 6478—2015、GB/T 5216—2014《保证淬透性结构钢》也给出了部分钢种的末端淬透曲线范围。但 GB/T 5216—2014 与 GB/T 6478—2015 标准中的钢种成分存在一些差异，因此个别钢种的数据仅供参考。

GB/T 5216—2014 标准规定了四种按照末端淬透性数据进行交货的方法，推荐 B 法，即距淬火端某一距离的最大和最小硬度值，以及另一距离的一个最大硬度值或最小硬度值作为交货条件。如 H 带 J34/45-9+J≤39-15 表示的要求是，满足距离水冷端 9mm 处的硬度值为 34～45HRC，并且距离水冷端 15mm 处的硬度值≤39HRC，即同时满足两个点处的要求。A 法是某一距离的最大和最小硬度值，应用也比较广泛，GB/T 6478—2015 标准采用的是 A 法。淬透性订货方法有 H 带、HH 带和 HL 带三个带别，通常以 H 带供货，冷镦钢一般可以参考 H 带交货。

2.3.14　低倍组织检测及评价

低倍组织是反映钢材内在质量的一项重要指标，均匀、致密的低倍组织是减少和杜绝钢材内在缺陷、提高钢材使用性能的基础保障。钢材的低倍组织缺陷主要有：一般疏松、中心疏松、锭型偏析、残余缩孔、皮下气泡、内部气泡、非金属夹杂物（目视可见的）及夹渣、白点等。

1）一般疏松产生原因：钢液在凝固时，各结晶核心以树枝状晶形式长大。在树枝状晶主轴和各次轴之间存在钢液凝固时产生的微空隙和析集一些低熔点组元、气体和非金属夹杂物。这些微空隙和析集的物质经酸腐蚀后呈现组织疏松。

2）中心疏松产生原因：钢液凝固时体积收缩引起的组织疏松，以及钢锭中心部位因最后凝固使气体析集和夹杂物聚集较为严重所致。

3）锭型偏析产生原因：在钢锭结晶过程中受结晶规律影响，柱状晶区与中心等轴晶区交界处的成分偏析和杂质聚集所致。

4）残余缩孔产生原因：钢液在凝固时发生体积集中收缩而产生的缩孔，且在热加工时因切除不尽而部分残留，有时也出现二次缩孔。

5）皮下气泡产生原因：钢锭模内壁清理不良和保护渣不干燥等原因所致。

6）内部气泡产生原因：钢中含有较多气体所致。

7）夹渣产生原因：冶炼或浇铸系统的耐火材料或脏物进入并留在钢液中所致。

8）白点产生原因：钢中氢含量高，经热加工变形后在冷却过程中因应力作用而产生的裂缝。

低倍组织检测方法有热酸腐蚀法和冷酸腐蚀法。汽车紧固件用钢的低倍组织检测一般采用热酸腐蚀法，腐蚀液成分为盐酸水溶液1∶1（容积比），溶液温度为70~80℃，碳素结构钢的浸蚀时间为5~30min，合金结构钢的浸蚀时间为15~30min。汽车紧固件用钢的低倍组织检测依据GB/T 226—2015《钢的低倍组织及缺陷酸蚀检测法》进行，低倍试样的切取应采用具有循环冷却水的设备，且检测面应经过磨光处理。

低倍组织缺陷评级依据GB/T 1979—2001《结构钢低倍组织缺陷评级图》进行。对汽车紧固件用钢材的低倍组织进行检测，应满足以下要求：在横向酸浸试片上不允许有目视可见的缩孔、气泡、分层、裂缝、夹杂和白点。酸浸低倍组织中一般疏松、中心疏松和锭型偏析均不大于2.5级。

2.4 成品丝材料检测

2.4.1 成品丝生产流程和质量控制

根据材料使用的不同，成品丝的生产流程也不相同，以目前汽车上常用的碳钢来说，成品丝的改制主要有剥壳、退火、酸洗、磷皂化、扎尖、拉拔等过程。根据材料牌号及不同性能要求，一般有五种典型的工艺流程，见图2-3。

在金相组织正常和拉拔减面率不大于35%的情况下，中低碳钢一般可不进行球化退火，而直接进行拉拔。但中碳合金钢应在退火后进行材料改制，当材料需要两次或两次以上拉拔时，第一次的拉拔比宜控制在20%~25%，最后一道拉拔前应进行中间退火处理，且拉拔比宜控制在15%~20%。

1）采用HD工艺流程的俗称"生料拉"，主要用于变形量较小的零件。

2）采用SAF工艺流程的称为一退一拉，适用中碳冷镦钢生产的螺母冷加工，变形量较小。

3）采用SAIP工艺流程的称为二拉一退，适用中碳钢或低合金钢生产的内六角螺栓、法兰面螺栓、10级螺母以及异形件。

4）采用第四和第五种工艺流程的称为二拉二退，一般第一拉安排25%~30%拉拔比，第二拉仅0.2%~0.4%轻拉，主要适用于合金钢紧固件、法兰面、沉头内六角异形件，以及需要在调质前调整好材料基本组织的线材。

1. 剥壳

对于表面氧化皮厚的热轧盘条，常用机械除锈的方式，也称剥壳。机械除锈是把线材穿过不同安置位置的滚轮（十字、交错、交叉），用机械方法除去外表的氧化皮，也可采用钢丝刷、喷砂等方式。还可以采用自然腐蚀的方式除去热轧盘条的氧化皮，这种方式对时间控制及经验要求较高，且会增加库存成本，也可以直接采用酸洗的方式。

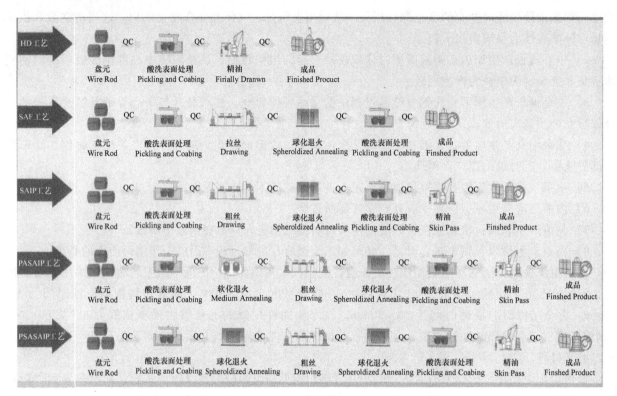

图2-3 典型材料改制工艺

2. 退火

退火是将金属缓慢加热到一定温度,保持足够时间,然后以适宜速度冷却(通常是缓慢冷却,有时是控制冷却)的一种金属热处理工艺。其目的是使经过铸造、锻轧、焊接或切削加工的材料或工件软化,改善其塑性和韧性,使其化学成分均匀化,去除残余应力,或得到预期物理性能。退火工艺因目的的不同而有多种,如重结晶退火、等温退火、均匀化退火、球化退火、去除应力退火、再结晶退火,以及稳定化退火、磁场退火等。

退火的一个主要工艺参数是最高加热温度(退火温度),大多数合金的退火加热温度选择是以其合金系的相图为基础的,如碳素钢以铁碳平衡图为基础,见图2-4。

各种钢(包括碳素钢及合金钢)的退火温度,视具体退火目的不同而在其钢种的Ac3以上、Ac1以上或以下的某一温度。各种非铁合金的退火温度则在其固相线温度以下、固溶度线温度以上或以下的某一温度。

退火也是紧固件材料改制的重要工艺,一般采用球化退火和再结晶退火,多选用真空退火炉或井式退火炉。

1)球化退火是只应用于钢的一种退火方法。将钢加热到稍低于或稍高于Ac1的温度,或使温度在Ac1上下周期变化,然后缓冷。其目的是使珠光体内的片状渗碳体及先共析渗碳体都变为球粒状,均匀分布于铁素体基体中(这种组织称为球化珠光体)。

2)再结晶退火是将经冷形变后的金属加热到再结晶温度以上,保持适当时间,使形变晶粒重新结晶成均匀的等轴晶粒,以消除形变硬化和残余应力,恢复金属或合金的塑性和形变能力。

退火过程关键控制点包括:

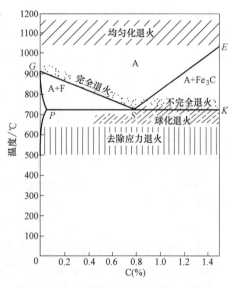

图2-4 碳素钢主要退火工艺在铁碳平衡图中的温度位置

① 炉温均匀性：炉内温度不均匀会导致材料晶粒粗大、硬度不均匀等问题。可按照 CQI-9（美国汽车工业行动集团的特殊过程：热处理系统评审）进行监控，严格按照要求进行热电偶的布置、更换，定期进行炉温均匀性检测。

② 炉内气氛：炉内气氛控制与材料需求不匹配，会导致材料表面增碳或脱碳。可按照 CQI-9 采用露点仪、三气体分析仪、光谱分析仪等仪器监控炉内碳势。

③ 保温温度。

④ 保温时间。

3. 酸洗

酸洗除锈、除氧化皮的方法是工业领域应用最为广泛的方法，利用酸对氧化物的溶解以及腐蚀产生氢气的机械剥离作用，达到除锈和除氧化皮的目的。酸洗中最常用的是盐酸、硫酸、硝酸。硝酸在酸洗时会产生有毒的二氧化氮气体，一般很少应用。盐酸酸洗适合在低温下使用，不宜超过 45℃，使用浓度 10%~45%，还应加入适量的酸雾抑制剂。硫酸在低温下的酸洗速度很慢，宜在中温使用，温度 50~80℃，使用浓度 10%~25%。磷酸酸洗的优点是不会产生腐蚀性残留物（盐酸、硫酸酸洗后或多或少会有 Cl^-、SO_4^{2-} 残留），比较安全，其缺点是成本较高，酸洗速度较慢，一般使用浓度 10%~40%，处理温度可由常温到 80℃。在酸洗工艺中，采用混合酸也是非常有效的方法，如盐酸-硫酸混合酸、磷酸-柠檬酸混合酸。

在酸洗过程中（不管是用硫酸、盐酸还是其他酸），都会有大量游离态的氢产生，氢原子会被钢中的铁基体所吸收，并沿晶格在基体中扩散，使钢的脆性增加，损害钢的冷变形性能，严重时会在拉拔过程中发生断裂，或在冷镦时发生开裂，甚至可能造成产品服役过程中的延迟断裂。

4. 磷皂化

钢丝直接拉拔时，钢丝与模子间会产生高热，模子快速磨损、钢丝性能下降且表面刮伤，不易获得稳定的尺寸、小的椭圆度、均匀的平直度。磷皂化是一种常用的润滑工艺，磷皂化后的钢丝与拉丝模不直接接触，得益于磷化膜特性，便于携带拉丝粉，极大地改善了拉拔条件，降低了模耗，降低了工人劳动强度，最终保证拉拔后的钢丝强度高、大盘重、通条性好。

酸洗后，需要进行材料的磷皂化处理。磷化处理就是将酸洗后的材料放到磷酸盐溶液里，使钢材表面生成一层均匀且多孔的可变形磷酸盐膜，见图 2-5。

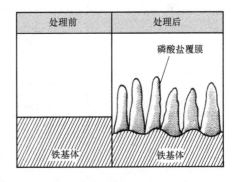

图 2-5 磷皂化前后对比

磷化膜有很强的附着力，在拉丝过程中不易破坏，有利于冷加工变形，它能使线材表面具有一定的粗糙度，便于携带皂粉，利于高速拉拔，减少断丝。磷化膜也会给材料带来不利影响，如拉丝后表面粗糙、残余磷层等。磷层需要在热处理前用强酸或强碱清理干净，如果清理不净，则会引起表层金属组织变化，形成渗磷层，这层组织会对产品造成脆性破坏。产品表面磷层见图 2-6。

皂化作为酸洗磷皂化线的最终处理工序，与磷化膜结合形成线材表面皮膜。这种润滑膜属于化学反应润滑膜，能随钢材一起变形，并在冷变形温度范围内保持化学稳定性。润滑膜在拉拔时（压缩率为 30% 时），金属表面的润滑膜层厚度仍然可以保留 78%。由于磷皂化膜是化学反应膜，已与材料表面结合为一体，拉拔后表面原有的磷酸盐结晶和金属皂在后序的冷镦加工中存在于工件表面和模腔内壁之间，提供了润滑性能。酸洗磷皂化处理工艺流程关键控制参数见表 2-13。

5. 扎尖

扎尖也称碾尖或轧头，是将材料在碾尖机中把一定长度的线头碾尖，减小直径尺寸，主要作用是穿过拉拔模的内孔作引导夹紧的线头。

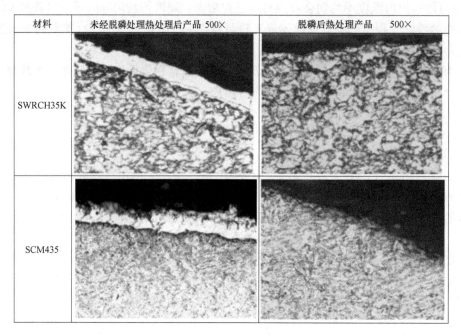

图2-6 产品表面磷层

表2-13 酸洗磷皂化处理工艺流程关键控制参数

工序	控制项目	工艺参数	表面质量	作用及注意事项
酸洗	酸液浓度	28%~31%	表面无氧化皮	注意季节、温度、表面氧化皮、厚度等,酸洗时间勿过长,防止氢脆危害
	酸洗时间	8~20min		
	酸洗温度	常温		
	酸液调整时间	1~2个月		
水洗	冲洗	—	—	避免酸液带入磷化池
温水洗	浸冲	—	—	提高材料温度,以免影响磷化反应效果
磷化	游离酸度	6~8Pt	均匀细致完整的黑灰色	增加材料表面积,为后续皂化做准备
	全酸度	36~60Pt		
	温度	60~75℃		
	时间	10~20min		
水洗	时间	10~30s	—	清除磷化液残余对后面工序的影响
中和	碱溶液	2~3	60~80	pH值为8~10
皂化	pH值	7~10	表面呈均匀的灰白色	材料表面润滑,为后续的拉拔和冷成型做准备
	温度	75℃		
	时间	3~6min		
干燥		风吹,烘干,自干燥		促使形成牢固的润滑膜

6. 拉拔

(1) 拉拔的原理

拉拔是钢丝线材由粗变细的一种加工形式,俗称拉丝。

拉拔是塑性变形中的压缩变形。变形也是由弹性变形开始,当外力作用到达金属内部组织时,晶格被迫改变其原有的平衡位置。如果金属所受的外力过大,发生了滑动移位,并且在拉拔模的约束下,在没有反拉力的情况下,向一个方向定向改变,则通过拉拔模的一端尺寸直径就会变小,达到预先设定的直径尺寸,实现了拉拔工序的加工目的。冷镦钢的拉拔就是利用了它有优良的塑性变形性能。

(2) 影响拉拔的一些因素

1) 材料的强度。含碳量高、含合金元素多的材料一般强度也高，抗拉能力强，硅含量高的材料冷作硬化率高。

2) 拉拔模变形区的锥角（一般5°~16°）在压缩率不变的情况下，角度小，接触面积大，阻力大，拉拔力大。反之，阻力小，一般粗线12°~16°，中粗线10°~12°，细线5°~8°。

3) 定径带的影响。带宽阻力大，工作稳定，耐用度高，但会发热烧坏润滑膜，入口处"结屑"会损坏产品表面光洁度。定径带宽度一般是拉拔尺寸的0.2~0.45d，细丝宽一点，粗丝窄一点。

4) 速度与温度。速度和温度也是影响拉拔的重要因素，基本规律是提高速度会改善金属塑性形变的摩擦系数，抵消一部分冷作硬化。温度过高会损坏润滑膜，降低线材性能，因此需要控制表面高温节结和烧伤，一般温度不超过300℃（φ16以上的控制在350℃以下）。

5) 拉拔时的设备高速起动和振动。起动时是冷态，静摩擦力变大，润滑膜还未起作用，易断头，进线位置和方向不适宜，模具加工缺陷都会产生振动。发生低频振动的情况下，易影响拉力和出线的表面质量，且易产生断线（超声波振动效应能减小摩擦系数、提高拉拔速度，是一种新技术，不在此例所涉范围内）。拉拔时钢丝和模具间的摩擦力见图2-7。

$$F = fN$$

式中，F为摩擦力；f为摩擦系数；N为正压力。

将上述单位摩擦力乘以接触面积即得实际摩擦力。

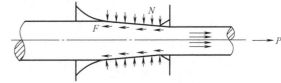

图2-7 拉拔时钢丝和模具间的摩擦力

需要注意的是，经拉拔后再进行中间退火的线材，退火前的拉拔压缩比必须避开临界压缩比，以防止中间退火时晶粒胀大、塑性降低，甚至报废。

不同材料的临界压缩比：A3钢7%~16%，35号钢8%~15%。

压缩比计算公式如下：

$$\sigma = \frac{原面积-拉拔后面积}{原面积} \times 100\%$$

2.4.2 硬度检测及评价

冷成型加工中，材料硬度至关重要。材料硬度不能过低，过低会造成成型时粘连模具；材料硬度也不能过高，过高不易于成型。根据产品形状的复杂程度及使用材料的种类，硬度要求也各不相同。

一般情况下，检测成品丝常用的方法有布氏硬度（HB）和洛氏硬度（HRB），中碳结构钢退火后的硬度不大于133HB（或80HRB），中碳合金结构钢退火后的硬度不大于151HB（或86HRB）。生拉的材料，成品丝可以不进行硬度检测，球化退火后还要进行再结晶退火的，球化退火后可以不进行硬度检测。

硬度的取样，按照炉内材料放置位置，取上、中、下三个位置的材料进行检测，每炉材料至少取三件进行检测。

硬度的检测，按照GB/T 231.1—2018和GB/T 230.1—2018进行，常用材料成品丝的硬度要求见表2-14。

表2-14 常用材料成品丝硬度要求

材料种类	材料牌号	硬度要求 HB
低碳钢	SWRCH22A、10B21	≤110
中碳钢	SWRCH35K、SWRCH40K	≤130
低碳合金钢	ML20MnVB、ML20MnTiB	≤140
合金钢	SCM435	≤150
合金钢	SCM440	≤160

2.4.3 金相检测及评价

显微组织分析是用光学显微镜或电子显微镜观察金属内部的组成相及组织组成物的类型,以及它们的相对量、大小、形态及分布等特征。材料的性能取决于内部的组织状态,而组织又取决于化学成分及加工工艺,热处理是改变组织的主要工艺手段,因此显微组织分析是材料及热处理质量检测与控制的重要方法。

紧固件成品丝显微组织分析主要是分析球化率、晶粒度、表面脱碳。

低、中碳钢的球化体根据球化率分为6级,1级球化率为0,6级球化率为100%。对于冷镦、冷挤压加工中的中碳钢和中碳合金钢,组织中的球化体使钢材塑性提升,冷镦时不易开裂,球化率要求满足4~6级(图2-8)。检测按照JB/T 5074—2007《低、中碳钢球化体评级》进行。

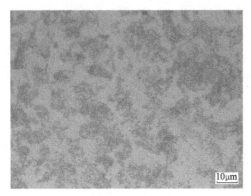 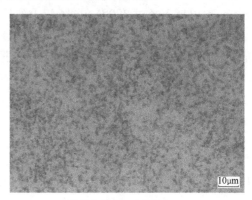

a) 球化率3级,不合格状态　　　　　　　　　b) 球化率4级,合格状态

图2-8 球化率状态

晶粒度是表示晶粒大小的尺度,它是材料重要的显微组织参量。GB/T 6394—2017规定,测量晶粒度的方法有比较法、面积法和截点法。比较法是与标准系列评级图进行比较,简单直观,适用于评定完全再结晶或铸态材料的晶粒大小,但精度较低。面积法是计算已知面积内晶粒的个数,利用单位面积的晶粒数来确定晶粒度级别,测量精度较高,结果无偏差。截点法是在给定的长度测试线上测出与晶界相交的点数来测定晶粒的大小,速度快、精度高,在有争议时可作为仲裁方法。

金属的晶粒大小对金属材料的机械性质有决定性影响。晶粒度的影响,实质是晶界面积的影响。晶粒越细小则晶界面积越大,对性能的影响也越大。对金属材料的常温力学性能来说,晶粒越细小,强度和硬度越高,同时塑性和韧性也越好。标准晶粒度共分12级,1~4级为粗晶粒,5~8级为细晶粒,9~12级为超细晶粒。紧固件用成品丝一般要求5级以上,见图2-9。

退火控制不当会造成材料表面脱碳,冷成型产品表面拉伤缺陷,严重时会导致最终产品疲劳强度降低。脱碳层的检测一般要求逐盘检测,至少抽检每炉上、中、下各一件,一般要求每边总脱碳层深度不大于直径的1.0%。评定方法参照GB/T 224—2019。

2.4.4 拉伸检测及评价

拉伸试验是最简单的力学性能试验,是在承受轴向拉伸载荷下测定材料特性的试验方法。拉伸试验有静态拉伸、高速拉伸等,拉伸试样分为比例试样和非比例试验两种,通过拉伸试验可以测得材料弹性变形、塑性变形和断裂过程中基本的力学性能指标(伸长率、断面收缩率、弹性极限等)。紧固件生产过程中,由于后续还会进行热处理,一般情况下成品丝不进行拉伸试验,只在进行材料认可或有特殊需求时才进行。拉伸试验取样方法参照GB/T 2975—2018,试验方法参照GB/T 228.1—2010。评价标准按照材料的性能要求制定。

2.4.5 表面质量检测及评价

成品丝表面应光滑,不得有裂纹、折叠、结疤、分层、拉痕、发纹和锈蚀等影响冷镦的表面缺陷;

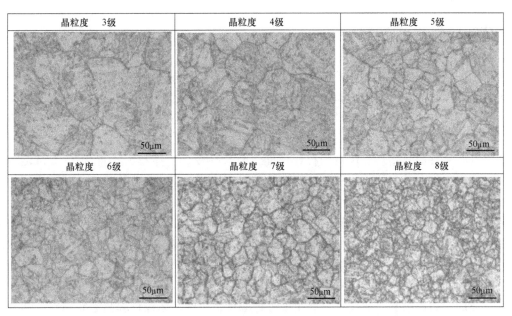

图 2-9 晶粒度级别

深度不超过直径公差 50% 的凹坑、凸面、压痕和划痕允许存在。材料表面磷皂化膜均匀连续。

成品丝的表面质量采用目测方式逐盘进行检查。

2.4.6 冷镦性能检测及评价

冷顶锻试验是金属材料在室温或热状态下沿试样轴线方向施加压力,将试样压缩,检测金属在规定的锻压比下承受顶锻塑性变形的能力,并显示金属表面缺陷,主要用来研究金属材料在大量生产模压件时的质量状况。

GB/T 6478—2015 根据试样冷顶锻后与冷顶锻前高度比,将金属材料的冷顶锻性能分为如下三种:高级 1/4;较高级 1/3;普通级 1/2。

试验完成后,材料表面不得有裂纹,试验标准参照 YB/T 5293—2014。

2.4.7 尺寸检测及评价

成品丝的直径允许偏差和圆度应符合表 2-15 所列要求。

表 2-15 成品丝的直径允许偏差和圆度　　　　　　　　　　(单位:mm)

钢丝直径	允许偏差	圆度
≤3	0 -0.025	≤0.025
3~6	0 -0.030	≤0.030
6~10	0 -0.036	≤0.036
10~18	0 -0.043	≤0.043
18~30	0 -0.070	≤0.070

成品丝尺寸的检测采用千分尺,每盘首尾各进行至少一次。

2.5 紧固件材料现状及展望

发达国家紧固件用钢产业已基本形成规模,重点是根据用户的要求改善紧固件用钢材料的质量性能。日本大同为降低紧固件材料成本和加工成本,推出了多种不锈钢螺栓和螺钉用钢。日本为适应建筑行业要求,开发了具有良好耐蚀和冷镦性能,通过淬回火硬化的马氏体紧固件用钢。爱知制钢公司开发了AUS系列冷锻用不锈钢,分为奥氏体(A)、铁素体(F)、马氏体(M)及沉淀硬化系列。发达国家特殊冷镦线材具有良好的强塑性、优良的拉拔性能,断丝率较低,晶粒大小仅为1~2沉淀。钢丝在热处理时仅加热到奥氏体和铁素体的双相区进行保温后再冷却至室温,奥氏体化温度低,保温时间短,热处理后的组织细小,渗碳体尺寸较小,厚度较薄,分布均匀,呈现出特殊的"双相组织"。

我国紧固件用原材料基本都是热轧状态,存在较大开裂风险,紧固件生产企业不得不在拉拔、退火工序进行材料改制。对于高强度紧固件,原材料冷镦成型后,还需进行最终淬回火处理,以提高性能。这些处理工序不但增加成本,而且污染环境,特别对于中小企业,由于不具备保护气氛热处理条件,经常会导致表面氧化和脱碳,严重影响紧固件质量。

从汽车行业的社会需求和工业技术发展角度进行分析,对汽车紧固件提出了轻量化、集约化、节能化的要求,节约能源、节省资源、保护环境已成为所有整车厂和紧固件企业研究的重要课题。在螺栓连接的机械传动中追求更加合理的紧固技术的同时,对使用的材料提出更高设计应力和轻量化的要求。为此,最有效的措施是工艺流程更趋合理和提高紧固件用钢的使用强度。结合紧固件绿色发展的走向,紧固件用材料发展方向为非调质钢、硼钢和超细晶粒钢,使用节能型非调质钢和免退火或简化退火的热轧线材、抗延迟断裂用钢等新型材料。

2.5.1 非调质钢

非调质紧固件用钢,组织上为低碳含锰的铁素体加珠光体型和贝氏体型,并添加微量合金元素(V、Ti、Nb和N等),细化晶粒和析出强化元素,采用炉外精炼减少夹杂物,通过控温轧制(锻制)、控温冷却,在铁素体和珠光体中弥散析出碳、氮化物为强化相,使钢在轧制(锻制)后不经调质处理即可获得中碳钢经调质后所达到的力学性能。非调质紧固件用钢通过采用微合金化、控轧控冷等强韧化方法,在加工紧固件过程中可省略冷拔前的球化退火和成型后的淬火回火处理,还可减少螺纹部分的脱碳倾向,提高成品率,因此经济效果十分明显。由于非调质钢在冷镦时的硬度较线材高,使得冷镦复杂形状的凸缘类螺栓时产生裂纹的概率较高,而且冷镦模具寿命也会降低。为此,非调质钢制造的螺栓主要为8.8级,加工量少的10.9级双头螺栓也可采用非调质钢制造,或是变形量小的双头型螺栓。日本8.8T级螺栓大都用微合金非调质钢制造。

非调质钢的化学成分见表2-16。

表2-16 非调质钢化学成分(质量分数)

材料牌号	C	Si	Mn	P	S	V	Nb
MFT8	0.16~0.26		1.20~1.60				添加
MFT9	0.16~0.26	≤0.30	1.20~1.60	≤0.025	≤0.015	或添加	添加
MFT10	0.10~0.28		1.30~2.20				或添加

细晶非调质钢紧固件材料牌号主要有MFT8、MFT9、MFT10,通过热机械轧制控温控冷生产的MFT8钢线材,组织是铁素体和珠光体,平均晶粒度为12级,尺寸约为5μm。

MFT8钢线材除具有高强度、高塑性外,还有优异的抗冲击韧性和抗低温疲劳性能,特别适合制造8.8级高强度螺栓。采用MFT8钢线材制造紧固件时,拉拔总压缩率控制在22%~35%,最佳总压缩率约30%,可省略前处理退火工序和调质处理工序,增加与表面处理相结合的稳定化时效处理工序,处理温度200~400℃,时间0.5~2h。

2.5.2 热轧双相钢

与铝等有色金属相比,钢的复杂相变机制为钢材组织控制、性能提高提供了巨大的空间。如果在与铝等金属材料的竞争中,能够发挥钢材的这一特点,充分利用相变过程进行材料性能的控制和高级性能的挖掘,必然能开发出丰富多样的新材料,解决目前钢材面临的诸多问题。在细化材料晶粒、实现细晶强化的过程中,材料的屈服强度会有明显的提高,但是抗拉强度的提高却远达不到屈服强度提高的水平,结果造成屈强比过高,失去了使用价值。国内外超级钢的研究都遇到了这样的问题。例如,日本利用 ABR 方法,通过大压下量温轧将低碳钢的晶粒细化到数百纳米,屈服强度达到 1000MPa。但是,此时材料几乎没有加工硬化的能力,在屈服的同时也发生了断裂,很难在实际中应用。在我国 400MPa 级超级钢板材和棒线材的开发中,也遇到了屈强比过高的问题。业内已经注意到钢材的这一特点,在碳锰细晶钢的开发中,在细晶化的基础上,通过冷却过程的控制,得到一定数量的贝氏体,提高了材料的抗拉强度,改善了材料的力学性能,推进了这一先进材料的实际应用。

降低屈强比(即提高材料的抗拉强度)最有效的方法是通过相变强化实现材料的复相化。在较软的铁素体基体上,分布一定数量的第二相质点,控制硬相和软相的比例,可以有效地控制抗拉强度。比利时 CRM 最近利用热轧带钢轧制后输出辊道上的超快速冷却,对材料的相变组织进行控制,在很大范围内控制了材料的性能。对 0.14%C-1.5%Mn 的碳锰钢,通过调整工艺制度,控制相组成和各相体积分数,对应得到 F+B、B+F、F+M、M+F、全 M 的组织,屈服强度可以在 463~933MPa 的范围内变化,抗拉强度可以在 570~1136MPa 的范围内变化,总延伸率可以在 7%~22% 的范围内变化,屈强比可以在 0.571~0.927 的范围内变化。这种通过相变组织控制实现柔性化生产的先进工艺对于高强度钢开发、简化炼钢过程、满足用户多样化需求均有重大意义,将给钢铁生产带来革命性变化。微合金元素及合金元素对相变过程有重要影响,因此,适当添加这些元素,再与冷却过程的控制相结合,可以在较大范围内调整材料的相组成,从而改变其性能。有些情况下,微合金元素的添加可以钝化相变过程对某些工艺过程参数的敏感性,从而放宽对这些工艺参数控制精度的要求。这样一来,新材料生产的可操作性大为提高,产品质量也易于保证。在利用层流冷却与后部超快速冷却技术配合进行高强复相钢的开发中,添加微量的 Ni、Ti、Cr 等,可以减缓两种冷却方式之间的中间温度对轧制过程的敏感性,大幅降低过程控制的难度,提高生产过程的稳定性。

2.5.3 硼钢

硼钢主要用于制造螺栓等紧固件,可代替原用的中碳钢、中碳铬镍钼钢。其优点是冷变形抗力小,可省去变形前的球化退火处理,提高生产率,降低成本,而且性能优良。这类钢的碳含量一般低于 0.25%,除硼外还可加入其他合金元素,主要为锰硼系,还有铬硼、锰铬硼系,有的还加入钒、镍、铜等元素。最早的型号是美国的 Q-Temp 系列,美、日、英、俄等国都有许多冷变形用硼钢牌号,热处理后可达 1400MPa 以上,已大量用于制造各种螺栓类零件,特别是汽车、拖拉机、建筑等需要的高强度螺栓。

为了增加紧固件的市场竞争力,在提高钢材性能和冶金质量的同时,还要求减少生产成本,省略或简化工序,降低对能源的消耗,因此开发了节约合金元素的低、中碳高强度硼钢。其成分设计的基本原则是降低含碳量,改善钢的冷变形能力,加入 0.0005%~0.0035% 的硼,以弥补降碳造成的强度和淬透性损失。另外,根据需要还可加适量 Cr、Mn、Ti 等合金元素,进一步提高淬透性。硼钢的特点是以少量硼代替大量合金元素,钢材成本降低,碳和合金元素含量低,热轧线材可以直接拉拔和冷镦加工,不需要预先球化退火处理,节约了紧固件的制造成本。硼钢作为高强度螺栓用的主要材料之一,淬火变形和开裂倾向小,可用水淬处理,热处理操作简便,改善了工作环境,不仅综合力学性能好,在相同强度水平下,韧性较中碳钢也有明显改善,且脱碳敏感性小。9.8 级和 10.9 级螺栓使用与 ML40Cr、ML35CrMo 相当的 ML35MnB、ML37CrB 硼钢制造,由于硼钢的抗回火软化能力小,其回火温度要比

SCM435、ML40Cr 低 60~80℃，因此用硼钢制造的 10.9 级高强度螺栓的延迟断裂敏感性大。开发出低碳硼钢的具体途经是提高硼钢中的 V 含量，同时降低 P、S 和 C 含量，从而改善硼钢的综合力学性能。我国于 1992 年成功研制了 ML15MnVB、ML20MnVB 钢，已列入 GB/T 6478—2015 标准。日本生产的高强度硼钢用于制造发动机连杆螺栓、缸盖螺栓以及摩托车用高强度螺栓，品质极佳，1000~1200MPa 强度范围内的耐延迟断裂性能、摩擦因数相当于或优于 SCM435 钢，见表 2-17。

表 2-17 日本高强度硼钢各成分质量分数

厂家	C	Si	Mn	P	S	Cr	其他
日本日铁	0.18~0.23	0.10~0.20	0.70~0.90	≤0.030	≤0.030	0.6~0.8	B：0.001~0.003
日本大同	0.25	0.03	1.00	0.010	0.002	0.30	适量添加 B、Ti
日本新日铁	0.20	0.05	0.50	0.010	0.005	增加	适量添加 B、Ti
日本神户	0.25	0.08	1.07	0.009	0.006	0.27	适量添加 B、Ti
MNB123H 实测值	0.259	0.18	0.87	0.006	0.032	0.14	Ti：0.026 B：0.003

2.5.4 超细晶粒钢

20 世纪 90 年代后期，日本、韩国、中国相继提出超细晶粒钢开发计划，将晶粒细化的作用提到更加显著的地位。在日本，官方支持的国立研究机构进行了晶粒细化的基础研究，探讨晶粒细化的极限。很多企业利用晶粒细化的思想，进行不同等级、满足不同性能要求的具体材料开发，已经开发出工业规模的不同性能和用途的超细晶粒钢等。韩国以 PSOCO 为代表，进行了高强、耐腐蚀、可焊接的新一代钢铁材料开发，已探索出工业应用的途径。我国于 1998 年底启动了国家重点基础研究发展计划项目（973 项目）"新一代钢铁材料的重大基础研究"，提出了均质化、纯净化、细晶化的技术路线，在 400MPa、800MPa、1500MPa 级超级钢的研究方面取得了重大进展，并率先在世界上进行了工业化生产和应用，引起了国际上的重视，标志着我国钢铁材料研究步入新阶段。

与此同时，欧洲也进行了卓有成效的应用研究。1999 年，欧洲煤钢联盟（ECSC）确立了一项为期 1 年的超细晶粒钢可行性研究项目，英国钢铁公司（British Steel，现 Corus）、曼彻斯特大学、比利时冶金研究中心（CRM）、德国亚琛工业大学（RWTH-Achen）和意大利材料研究中心（CSM）参与了这个项目。研究项目的目的是评价超细晶粒钢铁材料、评估超细晶粒钢的大规模生产和应用前景。随后，在 2001 年，欧洲又启动了名为"利用创新变形过程制造超细晶粒钢"的研究项目，目前尚在进行中。这个项目的目的是研究创新的变形过程，在工业规模上制造具有优良力学性能和使用性能，在后续加工中具有良好响应的新一代钢铁材料。该项目包括四个工作单元，分别涉及表面超细晶、低碳超细晶、中碳超细晶、高碳超细晶等重要钢铁材料，目前已取得重大进展。

高强度螺栓属于带缺口零件，具有很高的缺口敏感性，容易在缺口集中部位处、杆与头部的过渡处或螺纹根部产生延迟断裂。耐延迟断裂的具体措施之一是细化晶粒。为此，近年来，国内外都在进行广泛的研究，开发超细晶粒钢，如日本住友金属 ADS 系列、神户制铁 KNDS 系列、中国钢铁研究总院 ADF 等。

研究表明，当亚共析钢的原奥氏体晶粒因共析铁素体的超量析出而超细化至亚微米尺度时，随后发生的共析相变产物不论具有什么样的形态（包括片状）钢材，均可直接承受冷镦成型。大连钢厂在钢研总院的指导下，在 42CrMo 钢的基础上，通过降低 S、P、Si、Mn 的含量，成功开发出一种 1300MPa 级高强度螺栓钢 42CrMoVNb（ADF1），其综合力学性能有较大幅提高，在依维柯汽车和康明斯发动机上，用于制造 13.9~14.9 级高强度螺栓，突破了国际上最高只有 12.9 级螺栓的限制。近年来，大量采用的钢结构用紧固件抗拉强度超过 1200MPa，国外采用 KNDS2 钢制造 12.9 级螺栓（代替 SCM440 钢），延迟断裂有明显改善；国内采用 45CrNiMoTi 在 1500MPa 级钢结构连接副中使用，性能优于回火马氏体高强度紧固件。超细晶粒钢很少有（晶界）碳化物析出，避免了穿晶破坏导致的延迟断裂。

2.5.5 钛合金

在同样强度指标下，钛合金紧固件比钢的质量轻 70%，同时，钛合金的疲劳强度和对应力集中中的敏感性优于类似用途的钢,在各种气候条件下的抗腐蚀稳定性均优于同类钢质紧固件。

高强度螺栓是汽车、摩托车质量成本的标志性零件之一。随着螺栓高强度化的迫切需求,近年来国内外都十分重视这项技术的发展。由于我国汽车、摩托车机械基础件的基础薄弱,加之大部分企业调整为民营性质,研究开发符合我国资源情况的质优价廉的高强度螺栓钢,对我国标准化行业在国际市场竞争中取得优势具有重要作用。

2.6 典型检测案例

2.6.1 线材表面质量缺陷

紧固件表面开裂问题80%是线材表面缺陷造成的,0.10mm以上的划伤往往会造成1/2的冷镦开裂。表2-18列举了三种线材缺陷对紧固件的影响。

表2-18 线材缺陷对紧固件的影响

缺陷原因	缺陷产品	成品缺陷
产品表面划伤造成螺栓开裂(ϕ6.5mm Q10B21-C)	精线样品 精线样品	问题螺栓 裂纹金相样品
产品表面结疤造成开裂(ϕ8mm XG10B21)	 精线样品块状表面结疤	 结疤周围有轻微脱碳现象

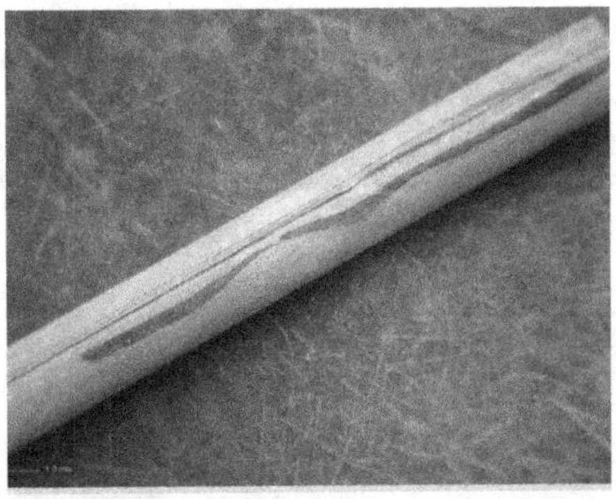

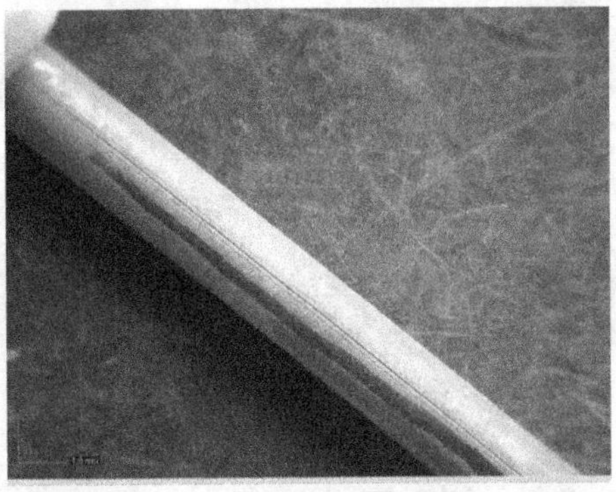

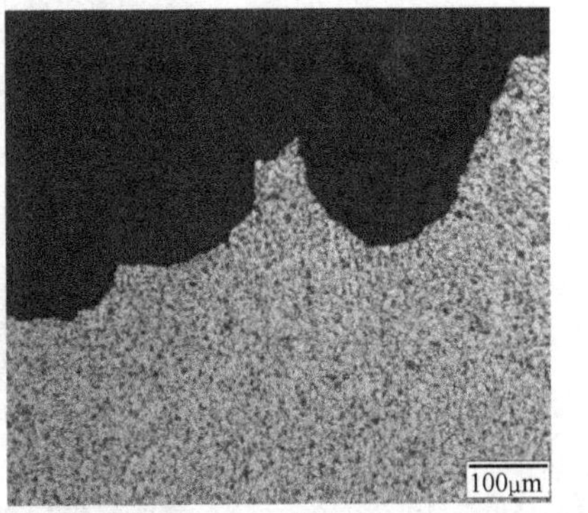

(续)

缺陷原因	缺陷产品	成品缺陷
线材表面存在裂纹缺陷，导致支撑销冷镦开裂（φ24mm XGML20Cr）	 精线样品表面裂纹	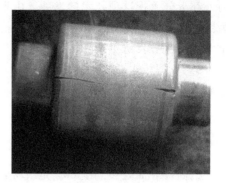 问题样品表面开裂

2.6.2 非金属夹杂物

随着近代精炼技术的发展，钢的"洁净度"大幅提高，夹杂物在钢中的含量虽然极微，但对钢的性能却有不可忽视的影响。非金属夹杂物在钢中破坏了金属基体的连续性，致使材料的塑性、韧性和疲劳性能降低，使钢的冷热加工性能甚至某些物理性能恶化。表2-19列举了线材内部夹渣造成的紧固件质量问题。

表2-19 非金属夹杂物缺陷

缺陷原因	成品缺陷	缺陷分析
裂纹内部存在夹渣，为钢坯缺陷遗传，夹渣造成成品杆中心裂纹（φ15mm XGSWRCH35K）	 成品杆中心裂纹  成品杆中心裂纹	 问题样品芯部横裂纹金相 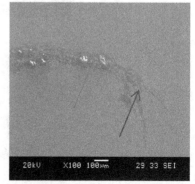 ESD成分分析，裂纹红色箭头处有Al、Mg和O等元素，蓝色箭头处有Al、Ca、Si、Mg、Na和O等元素

2.6.3 材料脱碳

脱碳后的线材会有表面强度下降并软化、冷成型产品表面拉伤等缺陷,严重时,会导致最终产品疲劳强度降低。表2-20展示了线材表面缺陷造成的质量问题。

表2-20 线材表面缺陷

缺陷原因	缺陷产品	金相组织
产品表面脱碳造成表面拉毛		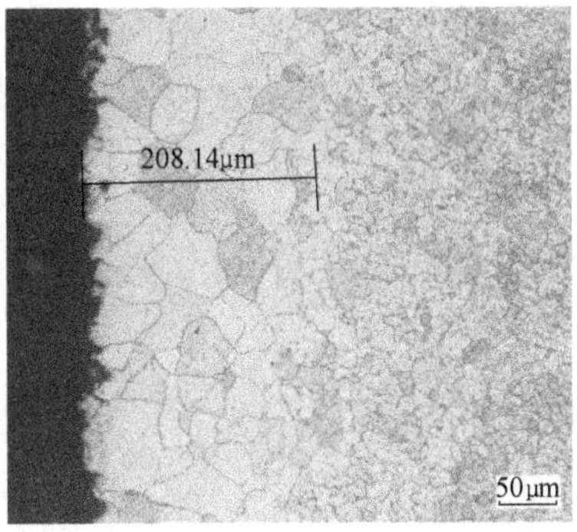

第3章

汽车紧固件成型检测

3.1 概述

生产汽车紧固件的方法很多，有冷成型、温成型、热成型、冲压成型、机械加工成型等。以上任何一种成型方式，其最终尺寸都必须进行检测。紧固件检测是指用一定的方法或手段对成型的成品或半成品进行检验，并将结果与预先规定量值进行比较，以确定其是否合格的活动。它不仅用于产品的质量控制，也可用于各种过程监测和各类自动化统计的原始数据获取，同样也可用于理论研究和进行过程控制。

随着汽车工业的高速发展，很多装配工序逐渐由人工装配转变为机器人自动装配，这样对产品的一致性要求也越来越高。作为紧固件的制造商，除了确保产品尺寸合格外，混杂品的检测也显得尤为重要。成型是紧固件生产的第一步，它的质量直接影响产品质量好坏和装配能力，对紧固件的成型管控是控制产品质量的第一步。

紧固件是批量生产的产品，各生产工序的生产节拍较快，生产速率从每分钟几十支到每分钟几百支不等，只有通过严格的生产过程监控检测，才能及时发现异常，以保证最低的不良率。"质量是制造出来的"这句话特别符合紧固件的成型过程检测控制理念。

本章结合作者所在的企业和用户的体验，从常规检测到未来的自动检测等方面对紧固件检测的相关知识进行介绍，希望对读者有所帮助。

3.1.1 成型检测常见检测设备

成型检测主要是针对产品的尺寸、几何公差、外观缺陷等的检测。常见的检测设备见表3-1，具体的检测设备及要求见本书第11章。

表 3-1 成型常见检测设备

序号	检测设备	精度	适用范围
1	游标卡尺	0.02mm	长度、内径、外径、深度
2	千分尺（螺旋测微器）	0.01mm	外径
3	投影仪	0.01mm	外尺寸
4	角度规	2′	外角 0°~320°　内角 40°~130°
5	高度尺	0.02mm	高度、相对高度
6	三坐标测量仪	0.002mm	球体、锥体、曲面

(续)

序号	检测设备	精度	适用范围
7	轮廓仪	0.01μm	直线度、角度、凸度、对数曲线、槽深、槽宽
8	塞尺	0.01mm	垂直度
9	通止规	6g	外螺纹
10	塞规	6H	内螺纹
11	螺纹综合测量仪	0.01μm	作用中径、单一中径、基本中径、大径、小径、螺距、牙型角、牙型半角、牙侧直线度、螺纹升角、锥度等
12	同轴度仪	0.1μm	同轴度
13	内径千分尺	0.01mm	孔径
14	体视显微镜	—	紧固件外观

3.1.2 成型工序主要质量特性

工序是产品制造过程的基本环节,也是构成生产的基本单位。这里的工序是指产品的加工工序,主要是产品的物理变化发生的过程。因此,它也是质量检验的基本环节。从现场质量管理的角度看,工序是指操作者、机器、材料、工艺方法和环境等在特定条件下的结合。一般而言,工序质量是指工序的结果符合设计、工艺要求的程度。工艺的划分主要取决于生产技术的客观要求,同时也取决于劳动分工及提高劳动生产率的要求。尽管相同的产品具有典型的工艺流程,但由于生产类型不同、条件不同,工序的划分也不尽相同。其中,冷成型、温成型、热成型、冲压成型、机械加工成型,它们的工序有类似也有不同。

1)冷成型就是在室温下,成品丝通过送料轮放置在上、下模之间,并施加一定压力,使坯料产生轴向压缩、径向扩展,经过若干道变形最终形成产品。其优点是精度高,镦后可以获得合理的金属流线,其组织和力学性能均得到改善和提高,材料利用率较高。其缺点是镦锻力大,对材料预备处理要求比较高,通常材料需要球化退火。目前根据设备的生产能力,它基本适合生产 M30 以下的产品。

2)温成型工艺是将材料加热到再结晶温度(约 600℃)以下进行压力加工的方法。其优点是镦锻力比冷成型小 25% 左右,成品精度与冷成型件类似,基本无氧化皮,模具寿命比冷成型显著提高。其缺点是控制温度需要精准,若过高则有些金属会出现脆断,若过低则影响模具的填充,同时也要选择特定的润滑剂。

3)热成型工艺是将金属加热到固相线以下 150~250℃,置于模具内,在压力作用下产生塑性变形,并获得所需尺寸。热成型工艺是在高温下进行的,高温下金属材料具有塑性好、变形抗力低、容易成型等特点,适用于加工批量小或异形件、不锈钢等冷成型难度大的紧固件。其缺点是加热温度较高,容易产生氧化皮和脱碳层,成品精度较差且加工余量大,材料利用率低。它适合生产 M30 以上的产品。

4)冲压成型是指靠压力机和模具对板材、带材、管材和型材等施加外力,使之产生塑性变形或分离,从而获得所需形状和尺寸的工件(冲压件)的加工成型方法。冲压的坯料主要是热轧和冷轧的钢板和钢带。汽车的车身、底盘、燃油箱、散热器片等都是冲压加工成型的。

5)机械加工成型是指通过一种或几种机械设备对工件的外形尺寸进行改变的过程。常见的机械加工方式为切削加工。常见的切削加工需要的机械设备有铣床、磨床、车床、电火花机、加工中心等。此加工方式一般用于外形比较复杂的工件,切削余量大,材料利用率低。

紧固件是用作紧固连接且在汽车行业应用非常广泛的机械零件,其每道加工工序都具有定量定性的质量要求,每道加工工序都能稳定地生产出合格的产品。紧固件出现问题,会给高速运行的汽车带来巨大灾难。作为紧固件制造商一定要清晰了解紧固件的质量特性,在制造过程中做到明确把控、缺陷防范,确保产品质量合格,批次稳定。表 3-2 总结了紧固件在成型工序的主要质量特征。

表 3-2 紧固件在成型工序的主要质量特征

序号	工序	主要质量特征
1	冷成型/温成型/热成型	金属流线、头下 R 角、垂直度
2	冲压成型	开裂、划痕、毛刺
3	机械加工成型	毛刺
4	螺纹成型	螺纹大径、螺纹中径、螺纹小径、牙底 R 角、牙纹折叠

3.2 产品成型检测

3.2.1 来料检测

来料检测特指对上道工序流转到下道工序的材料或外采材料通过抽样的方式做品质确认和查核,并判断是否接收这批产品。来料检测是生产前第一个控制品质的关卡,其目的是把质量问题发现在最前端,将质量控制点前移,减少质量成本。若把不合格品放到制程中,则会导致制程或成品的不合格,影响公司最终产品的品质。在制造业中,对产品品质有直接影响的主要是设计、来料、制程、储运四大主项,一般来说设计占 25%,来料占 50%,制程占 20%,储运占 1%~5%。来料检验对于公司产品质量来说至关重要,所以要把来料品质控制到一个绝对安全的水平,也为整个制程的品质打下一个坚实的基础。

在第 2 章已经详细介绍了线材的技术要求和检测要求,本章将简单介绍线材其他相关要求,同时详细介绍板材的来料检测。

1. 冷成型成品丝来料检测

在汽车行业,大多数紧固件的性能等级在 8.8 级及以上,材料的选择对产品的性能有直接的影响,也直接影响热处理的过程。在实际生产过程中,成品丝的管控显得尤为重要,特别是零头料的管理,建议对成品丝化学成分进行再确认,以保证性能合格。

线材的尺寸精度对于冷镦产品质量及工艺过程有很大影响。冷镦用线材和模具通常是专业化的,由不同生产厂家提供。若线材直径超出最大允许值,则镦锻时工件头部的金属会过多,将产生不良飞边或者使工件杆部弯曲,又或者因线材直径大于凹模模孔直径而使进料困难,以及工件杆部被凹模孔拉毛,在模孔内积聚形成金属瘤。若线材直径小于最小允许值,则在镦锻时金属不能完全充满模腔,会造成工件棱角不清。

钢在冶炼时,钢锭留有的气泡、缩孔等缺陷,经过热轧和冷拔,使线材带有比较严重的贯穿性纵裂,在镦锻时会明显地暴露在产品表面。原材料在轧制中的折叠、耳子、偏析、裂缝等缺陷,在冷镦中会造成严重危害,例如,螺栓的断头、螺母的开裂,以及工件在搓制螺纹时,螺坯被碾压成两半等。原材料在酸洗中处理不当,在钢材表面会产生麻点、锈蚀,如果麻点、锈蚀轻微,经过拉拔,凹坑被拉长,表面基本显不出痕迹,冷镦中不至于因此而出现裂口;如果凹坑严重就会形成裂口,裂口多呈现于工件变形量大的棱角处。材料表面裂缝等缺陷越深,冷变形性能越差。试验表明,无论冷拔还是冷镦,裂纹的形状对于变形程度的影响都不大,但是裂纹深度的影响是很大的。对于变形程度较大的冷镦材料,表面缺陷的临界深度是 0.04~0.05mm,更深的缺陷必须避免。

冷锻用钢要求表面润滑层摩擦系数低,能耐受高压,能随金属的流动一起变形,在整个冷变形过程中始终起到降低变形力、减少工模具磨损的作用。

总之,冷镦用钢材应具备适合冷镦工艺的化学成分、尺寸精度和表面润滑层。成品丝来料检测主要包括以下项目。

1) 常规检验:用于镦制成型的成品丝,在使用前须做如下内容检查:
① 化学成分是否符合设计要求。

② 尺寸是否符合冷镦工艺要求。
③ 线材表面质量是否符合冷镦工艺要求。
2) 变形量大或异形件增加以下项目:
① 硬度: 普通碳钢硬度≤85HRB; 合金钢硬度≤90HRB。
② 冷顶锻性能: 根据试样冷顶锻后与冷顶锻前高度比, 符合1/3或更高级。
3) 抽样检查方案包括如下内容:
① 化学成分: 每盘逐一检查, 核查吊牌材质是否符合要求, 并按照炉号每批次抽检不少于2件。
② 尺寸: 对每盘逐一检查。
③ 线材表面质量: 目测整盘材料的盘形和表面。
④ 硬度检测 (需要时): 沿整盘材料端部取样, 按退火批次抽检不少于2件。
⑤ 冷顶锻 (需要时): 沿整盘材料首尾两端部取样, 按退火批次抽检不少于2件。
4) 判定方法如下:
① 化学成分应符合国家标准或试验大纲要求。
② 尺寸应符合冷镦工艺成型要求。
③ 线材表面光洁并带有银灰色光泽, 无不良表面缺陷。
④ 硬度符合 (需要时): 普通碳钢硬度≤85HRB; 合金钢硬度≤90HRB。
⑤ 冷顶锻 (需要时): 1/3冷顶锻检测后无裂纹。
所有项目检验合格后即可判定合格。
5) 不良品处理:
若线材来料不合格, 则在来料包装或吊牌上粘贴红色不合格标签, 写明不合格现象, 同时上报主管部门并通知相关单位进行换货处理; 换货后, 再次进行检验确认; 当让步或降级接受时, 由相关工程师、主管评审确认。

2. 温成型成品丝来料检测

温成型成品丝的来料检测方法和冷成型成品丝相同, 参照执行即可。

3. 热成型成品丝来料检测

热成型是与现代工业相适应的发展较快的成型工艺, 主要适用于大规格、长规格类产品。由于热成型后基本都需要再次加工, 对材料的精度要求并不高, 一般都是毛料进行生产。

热成型成品丝对尺寸的控制相对粗放, 可以不进行确认; 其余参照冷成型成品丝来料检测方法进行。

4. 冲压成型来料检测

冲压成型零件的形状多种多样, 所采用的冲压工艺方法也是多种多样的。概括起来, 可以把全部的冲压工艺方法大致归纳为分离工序与成型工序两大类。分离工序的目的是通过冲压使板料沿一定的轮廓线相互分离, 同时, 分离断面质量也要满足要求。成型工序的目的是使毛坯在不产生破坏的条件下发生塑性变形, 以获得形状、尺寸和精度都满足要求的产品。

对于分离工序大类, 按材料变形部位产生断裂分离的机理不同, 将其分为冲裁、整修、精密冲裁 (精冲)、半精密冲裁 (半精冲) 等。对于成型工序大类, 按材料变形部位产生塑性变形力学特点的差别, 将其分为压缩类成型、拉伸类成型、复合类成型。

冲压成型所用到的板料包括金属板料、非金属板料。金属板料又分为黑色金属板料和有色金属板料。黑色金属板料主要用到薄钢板及不锈钢板, 有色金属板料主要用到铝及其合金板、铜及其合金板、钛及其合金板等。

(1) 尺寸检验

冲压成型所用的材料板 (带) 品种繁多, 常见的有普通钢板 (带)、优质钢板 (带) 和复合钢板。钢板 (带) 的状态有热轧和冷轧两种, 其厚度范围很广, 从0.3mm~120mm, 汽车中的常见厚度为

0.3~4mm。在来料检验时，用千分尺对板材在厚度方向任取 4 点进行测量，其尺寸公差见表 3-3。

表 3-3 钢板厚度尺寸公差　　　　　　　　　　（单位：mm）

钢板厚度	A	B	C	
	高级精度	较高精度	普通精度	
	冷轧优质钢板	普通和优质钢板		
		冷轧和热轧	热轧	
	全部宽度		宽度<1000	宽度≥1000
0.20~0.40	±0.03	±0.04	±0.06	±0.06
0.45~0.50	±0.04	±0.05	±0.07	±0.07
0.55~0.60	±0.05	±0.06	±0.08	±0.08
0.70~0.75	±0.06	±0.07	±0.09	±0.09
1.0~1.1	±0.07	±0.09	±0.12	±0.12
1.2~1.25	±0.09	±0.11	±0.13	±0.13
1.4	±0.10	±0.12	±0.15	±0.15
1.5	±0.11	±0.12	±0.15	±0.15
1.6~1.8	±0.12	±0.14	±0.16	±0.16
2.0	±0.13	±0.15	+0.15 −0.18	±0.18
2.2	±0.15	±0.16	+0.15 −0.19	±0.19
2.5	±0.15	±0.17	+0.16 −0.20	±0.20
2.8~3.0	±0.16	±0.18	+0.17 −0.22	±0.22
3.2~3.5	±0.18	±0.20	+0.18 −0.25	±0.25
3.8~4	±0.20	±0.22	+0.20 −0.30	±0.30

（2）化学成分

板材牌号符合设计要求，化学成分符合 GB/T 710—2008、GB/T 5213—2019、JIS G 4305：2005、JIS A 4343：1994、JIS H 3100：2018、JIS H 3130：2018、JIS H 4000：2006 等标准的要求，检测方法参照第 11 章。

（3）冲压性能

板料冲压性能是指板料对各种冲压加工方法的适应能力。它包括加工的简便程度，还有工件的质量、精度、强度、刚度、极限变形程度、冻结性、贴模性，以及模具寿命及加工能量消耗等。显然，这些指标好，表明板料的冲压性能高。

由于各类基本加工工序的变形机理不同，所以，其冲压成型性能的具体含义、构成与要求也不同。材料冲压成型性能之间的关系存在各种情况：有的相互一致，呈正相关关系；有的相互之间互为制约，表现出某种负相关关系；有的相互之间互不影响，表现为不相关关系。因此，不能期望板材的冲压性能高，各种评价的指标就同时都为最佳值。

由于两大类工艺方法的目的要求与变形机理有根本性的不同，板料冲压性能的构成可以由相对应的两类性能构成，即板料冲压分离性能和板料冲压成型性能。

板料冲压分离性能是指板料对冲压分离加工的适应能力。它主要包括加工的简便程度、工件的质量

(特别是工件断面质量)、精度、刚度与模具的寿命等。

冲压分离工序按其变形机理可分为 4 类：冲裁、精冲、半精冲和整修。据此，板料冲压分离性能也由相应的含义和内容构成。

反映板料冲裁性能的一些材料特征值有屈服极限、强度极限、屈强比、硬度、延伸率、断面收缩率、加工硬化指数、各向异形系数等。

一般而言，板材的延伸率越高，断面收缩率越小；冲裁件断面的剪切面比例越大，冲裁件的尺寸精度受材料的强度、硬度影响越大。

因此，检验冲裁的屈服极限、强度极限、屈强比、硬度、延伸率、断面收缩率是非常有必要的。

(4) 表面质量

1) 板材表面不得有气泡、裂纹、结疤、折叠和夹杂等对使用有害的缺陷；钢板不应有目视可见的分层。

2) 板材两面中较好的一面无目视可见的明显缺陷，另一面允许有少量不影响成型的缺陷，如小气泡、小划痕、轻微划伤及氧化色等。

3) 对于钢带，在连续生产过程中，由于局部的表面缺陷不易发现和去除，允许带缺陷交货，但有缺陷部分应不超过每卷总长的 6%。

(5) 抽样检查方案

1) 化学成分：每卷逐一检查，核查吊牌材质是否符合要求，并按照炉号每批次抽检不少于 2 件。

2) 板材厚度：对每盘逐一检查。

3) 板材表面质量：应目测整盘材料表面。

(6) 判定方法

1) 化学成分应符合国家标准或试验大纲要求。

2) 尺寸应符合冲压工艺成型要求。

3) 板材表面符合表面质量要求。

所有项目检验合格后即可判定合格。

(7) 不良品处理

若板材来料不合格，则在来料包装或吊牌上粘贴红色不合格标签，写明不合格现象，同时上报主管部门并通知相关单位进行换货处理。换货后，再次进行检验确认。当让步或降级接受时，由相关工程师、主管评审确认。

5. 机械加工成型成品丝来料检测

机械加工成型成品丝的来料检测方法和热成型成品丝相同，参照执行即可。

3.2.2 金属流线检测

金属塑性成型技术是金属加工方法之一。它是利用金属的塑性使金属在外力作用下成型的一种加工方法，也称金属塑性加工或金属压力加工。金属材料通常通过轧制、拉拔、挤压等方法来生产型材、板材、管材和线材，利用这些金属材料，通过锻造、挤压、冲压等方法来生产机器零件。

分析金属塑性成型时质点的流动规律，必须应用最小阻力原理。最小阻力原理：在塑性成型中，当金属质点有向几个方向移动的可能时，会向阻力最小的方向移动。这是力学的普遍原理，它可以用来定性地确定金属质点的流动方向。

当接触表面存在摩擦时，棱柱体镦粗时的流动模型如图 3-1 所示。压头作用于坯料端面的摩擦力为正。因为接触面上质点向自由表面流动的摩擦阻力和质点离自由表面的距离成正比，所以距离自由边界越近，阻力越小，金属质点必沿这个方向流动。这样就形成了四个流动区域，以四个角的二等分线和长度方向的中线为分界线，这四个区域内的质点到各自的边界线的距离都是最短距离。这样流动的结果，宽边方向流出的金属多于长边方向，因此镦粗后横截面呈椭圆形。随着不断镦粗，可以想象，必趋向于达到各向摩擦阻力均等的截面圆形。图 3-1b 显示了矩形截面棱柱体镦粗时的逐步变形情况。

在压力加工时，摩擦使应力及应变不均匀分布。坯料在镦粗时，距接触摩擦面的距离越远，金属流动阻力越小，金属向外流动越多。根据最小阻力原理，圆柱体的坯料在镦粗时，若侧面无约束，则将被镦粗成鼓形。因此，最小阻力原理是在冷镦工艺、模具的设计及试验时，作为考虑减小金属流动阻力和合理控制金属流动以得到理想金属流线的主要依据。

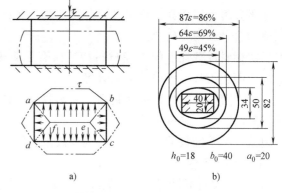

图 3-1 有接触摩擦时金属按最小阻力原理流动的模型

除了车削加工，成型都是按照晶粒流动模式和原理，尽可能使材料获得并保持没有急剧弯曲和折叠的连续金属流线。如果模具设计不合理或预成型不合理，则会导致材料向一侧纵向弯曲，最终在成品件上产生缺陷，因此检测产品的金属流线是非常必要的。

镦制成型后，紧固件截面流线分布状态可以使用低倍侵蚀的方法来检查。

1. 试验要求

1) 金属流线检测应在冷镦后或后续加工后、热处理前进行。

2) 成型工艺再设计或加工方法的变化都会对晶粒流动产生影响，这些变化包括换刀、换模、换料或换线等，因此需要对金属流线进行重新检测。

3) 头部和杆部应大致在中心线上剖切，杆部的最小长度为杆直径的 1.0 倍。

4) 采用宏观浸蚀的方法让晶粒流动充分显示，并在体视显微镜下进行观察。

2. 试验步骤和方法

金属流线检测按照以下步骤和方法进行，如图 3-2 所示。

1) 制样：将试样沿轴向剖切，经过预磨、抛光，表面粗糙度 $Ra \leq 1.6 \mu m$。

2) 浸蚀：将试样放入浓度为 30% 的盐酸与水 1:1 的混合液中，在电炉上加热至沸腾，保持 5~15min。

3) 处理：将试样取出，用无水乙醇冲洗、吹干。

4) 观察：用体视显微镜观察处理后的试样。

5) 判定标准：内部组织无裂纹，金属流线清晰、均匀、无断流、无死角。

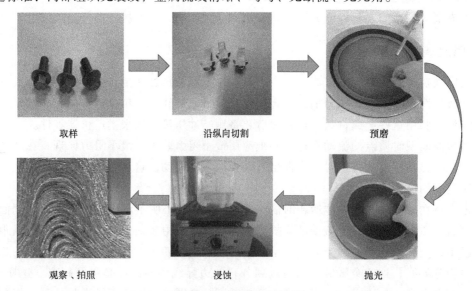

图 3-2 金属流线检测示意

3. 典型的金属流线图片

图 3-3 所示为标准的金属流线：整个产品中的金属流线应是连续且不间断的，除非是有特殊目的或特殊的飞边修整。金属流线在圆角和半径周围必须保持连续和不间断，但可以将其压缩。金属流线终止于头部到杆部的圆角、半径或杆部的表面。金属流线不允许在支承面以下有变形区，否则有断裂的危险。在图 3-3 中，金属材料的整个变形区应在杆部与头部交接的半径以上。图 3-3 显示了法兰头中典型的可接受的晶粒流线图形。但是，金属晶粒的流动应符合其本身的流动原理并适用于所有头部形状。

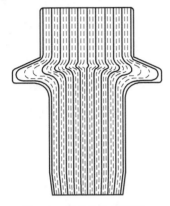

图 3-3 标准的金属流线

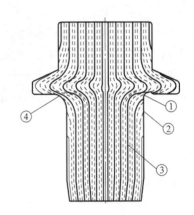

图 3-4 不可接受的金属流线

图 3-4 所示为不可接受的金属流线：整个产品中的金属流线有断流、紊流等；图中①为 R 角被模具切断；图中②为金属流线被截断；图中③为正常的金属流线；图中④为飞边修整的金属流线。

图 3-5、图 3-6 所示为正挤压实际成型可接受的金属流线。

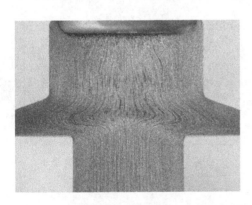

图 3-5 正挤压实际成型可接受的金属流线 1

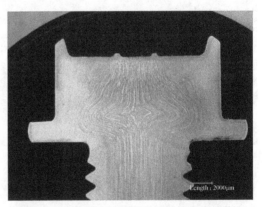

图 3-6 正挤压实际成型可接受的金属流线 2

图 3-7~图 3-9 所示为反挤压实际成型可接受的金属流线。

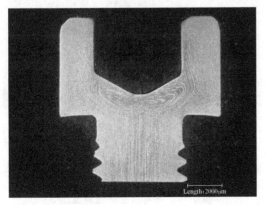

图 3-7 反挤压实际成型可接受的金属流线 1

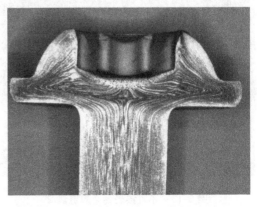

图 3-8 反挤压实际成型可接受的金属流线 2

图 3-10 所示为实际双向挤压成型可接受的金属流线。

图 3-9　反挤压实际成型可接受的金属流线 3

图 3-10　实际双向挤压成型可接受的金属流线

图 3-11 所示为实际挤压成型勉强可接受的金属流线。

4. 常见的金属流线缺陷

不可接受的金属流线，如图 3-12～图 3-17 所示。

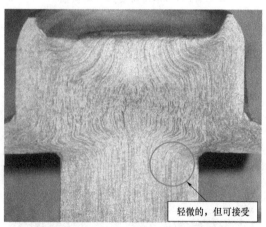

图 3-11　实际挤压成型勉强可接受的
金属流线（头下圆角部位）

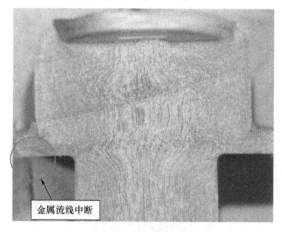

图 3-12　不可接受的金属流线 1

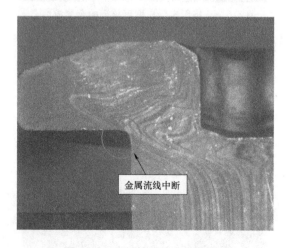

图 3-13　不可接受的金属流线 2

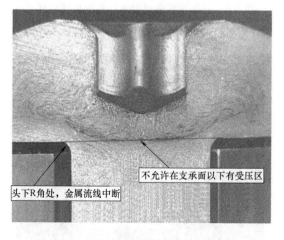

图 3-14　不可接受的金属流线 3

图 3-15　不可接受的金属流线 4

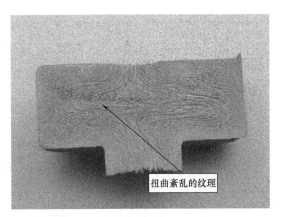

图 3-16　不可接受的金属流线 5

成型中不符合要求的流线（涡流、穿流、紊流）使基体纤维中断、组织突变，降低了紧固件的力学性能和疲劳强度，同时产生许多潜在的裂纹源，从而导致脆性、韧性断裂或应力腐蚀开裂。冷镦时工件调整不当或钢材硬度过低，容易在锻件内部变形量较大区域产生横向裂纹，严重破坏锻件组织的连续性，导致整体力学性能下降，甚至造成零件报废。例如：汽车用紧固螺栓在进行装配时螺母处发生断裂，断口用扫描电子显微镜检查发现微观形貌为解理、准解理特征，未发现严重冶金缺陷。经金相检查发现，螺栓处存在沿流线分布的横向冷镦裂纹，如图 3-18、图 3-19 所示。该裂纹不仅减小

图 3-17　不可接受的金属流线 6

了螺栓有效承载面积，还改变了装配过程中的应力分布，是导致螺栓装配掉头的主要原因。

图 3-18　冷镦裂纹纤维组织

图 3-19　冷镦裂纹微观形貌

3.2.3　几何尺寸检测

紧固件在生产过程中，冷镦工序的产品尺寸，最终会影响成品的尺寸，其中涉及关键和重要尺寸的控制，是 SPC 数据输入的重要来源，也是验证冷镦工艺可行性以及模具合格验收的重要依据之一。由于紧固件在选用过程中并不能完全做到通用化和标准化，不同类型的紧固件结构尺寸一般在各制造企业都有明确规定，以下列举一些常见类型紧固件的检测项目和检测方法，见表 3-4～表 3-13。

表 3-4　六角螺栓冷镦检验项目与方法

检验项目	检测设备	依据	检测方法	结果判定
对边	千分尺	工艺卡	用千分尺垂直于螺栓的轴心，测量 3 组对边面间的距离	符合要求

（续）

检验项目	检测设备	依据	检测方法	结果判定
头部厚度	游标卡尺	工艺卡	用游标卡尺外卡脚平行于螺栓的轴心,测量螺栓头部两个端面间的距离	符合要求
垫圈面直径	游标卡尺	工艺卡	用游标卡尺外卡脚垂直于螺栓的轴心,测量螺栓头部下端垫圈面的最大圆环直径	符合要求
杆径（半牙）	千分尺	工艺卡	用千分尺垂直于螺栓杆部的轴心,测量杆部截面的直径	符合要求
坯径	千分尺	工艺卡	用千分尺垂直于螺栓的轴心,测量毛坯处截面的直径	符合要求
长度	游标卡尺	工艺卡	用游标卡尺的端差面或深度尺,平行于螺栓的轴心,测量螺栓尾部至头部下端的距离	符合要求
牙长	游标卡尺	工艺卡	用游标卡尺的端差面或深度尺,平行于螺栓的轴心,测量螺栓尾部至螺杆部的距离	符合要求
倒角长度	游标卡尺	工艺卡	用游标卡尺的端差面或深度尺,平行于螺栓的轴心,测量螺栓尾部至倒角起始端的距离	符合要求
头部标志	目视	工艺卡	目视螺栓的工厂与等级标识	正确、清晰
外观	目视	工艺卡	用眼睛目测螺栓的表面状况	不可有偏头、歪头、头部开裂、弯杆、表面擦伤、严重麻点等影响使用的缺陷
标识	目视	标识管理规定	检查产品跟踪卡填写的内容	1. 产品跟踪卡上的材质、炉（批）号等必须与材料标签上的内容一致 2. 产品跟踪卡上的产品规格须与实物一致

表3-5 圆头内六角螺栓冷镦检验项目与方法

检验项目	检测设备	依据	检测方法	结果判定
头部直径	游标卡尺	工艺卡	用游标卡尺外卡脚垂直于螺栓的轴心,测量螺栓头部顶圆的直径	符合要求
头部厚度	游标卡尺	工艺卡	用游标卡尺外卡脚平行于螺栓的轴心,测量螺栓头部两个端面间的距离	符合要求
六角穴对边	游标卡尺	工艺卡	用游标卡尺内卡脚垂直于螺栓的轴心,深入凹穴内,测量六角凹穴3组对边面间的距离	符合要求
六角穴深度	游标卡尺	工艺卡	用游标卡尺的深度尺,平行于螺栓的轴心,深入凹穴内,贴紧穴壁测量螺栓头顶面至凹穴底部的距离	符合要求
六角穴对角	游标卡尺	工艺卡	用游标卡尺内卡脚垂直于螺栓的轴心,深入凹穴内,测量六角凹穴3组对棱间的距离	符合要求
杆径（半牙）	千分尺	工艺卡	用千分尺垂直于螺栓杆部的轴心,测量杆部截面的直径	符合要求
坯径	千分尺	工艺卡	用千分尺垂直于螺栓的轴心,测量毛坯处截面的直径	符合要求
长度	游标卡尺	工艺卡	用游标卡尺的端差面或深度尺,平行于螺栓的轴心,测量螺栓尾部至头部下端的距离	符合要求
牙长（半牙）	游标卡尺	工艺卡	用游标卡尺的端差面或深度尺,平行于螺栓的轴心,测量螺栓尾部至螺杆部的距离	符合要求
头部标志	目视	工艺卡	目测螺栓的工厂与等级标识	正确、清晰

(续)

检验项目	检测设备	依据	检测方法	结果判定
外观	目视	工艺卡	目测螺栓的表面状况	不能有毛刺、开裂等影响下道工序或使用的表面缺陷
标识	目视	标识管理规定	检查产品跟踪卡填写的内容	1. 产品跟踪卡上的材质、炉(批)号等必须与材料标签上的内容一致 2. 产品跟踪卡上的产品规格须与实物一致

表 3-6 六角法兰螺栓冷镦检验项目及方法

检验项目	检测设备	依据	检测方法	结果判定
对边	千分尺	工艺卡	用千分尺垂直于螺栓的轴心,测量3组对边面间的距离	符合要求
法兰直径	游标卡尺	工艺卡	用游标卡尺的外卡脚垂直于螺栓的轴心,测量法兰面的直径	符合要求
扳拧高度	游标卡尺	工艺卡	用游标卡尺的端差面或深度尺,平行于螺栓的轴心,测量螺栓顶面至法兰上端的距离	符合要求
法兰唇部厚度	游标卡尺	工艺卡	用游标卡尺的外卡脚平行于螺栓的轴心,测量法兰唇部间的距离	符合要求
对角	游标卡尺	工艺卡	用游标卡尺的外卡脚垂直于螺栓的轴心,测量3组对棱间的距离	符合要求
头部厚度	游标卡尺	工艺卡	用游标卡尺的外卡脚平行于螺栓的轴心,测量螺栓头部两个端面间的距离	符合要求
坯径	千分尺	工艺卡	用千分尺垂直于螺栓的轴心,测量毛坯处截面的直径	符合要求
长度	游标卡尺	工艺卡	用游标卡尺的端差面或深度尺,平行于螺栓的轴心,测量螺栓尾部至头部下端的距离	符合要求
牙长	游标卡尺	工艺卡	用游标卡尺的端差面或深度尺,平行于螺栓的轴心,测量螺栓尾部至螺杆部的距离	符合要求
倒角长度	游标卡尺	工艺卡	用游标卡尺的端差面或深度尺,平行于螺栓的轴心,测量螺栓尾部至倒角起始端的距离	符合要求
外观	目视	工艺卡	目测螺栓的表面状况	不能有毛刺、开裂等影响下道工序或使用的表面缺陷
头部标志	目视	工艺卡	目测螺栓的工厂与等级标识	正确,清晰
标识	目视	标识管理规定	检查产品跟踪卡填写的内容	1. 产品跟踪卡上的材质、炉(批)号等必须与材料标签上的内容一致 2. 产品跟踪卡上的产品规格须与实物一致

表 3-7 十字槽盘头螺钉冷镦检验项目及方法

检验项目	检测设备	依据	检测方法	结果判定
槽号	塞规	工艺卡	用对应的槽号塞规进行检测,通规顺利通过,止规到止规刻度线	符合要求
槽深	塞规	工艺卡	用对应的槽号塞规检测槽深	符合要求
头部直径	游标卡尺	工艺卡	用游标卡尺的外卡脚垂直于螺钉的轴心,测量头部的直径	符合要求
头部厚度	游标卡尺	工艺卡	用游标卡尺的外卡脚平行于螺钉的轴心,测量螺钉头部两个端面间的距离	符合要求
坯径	千分尺	工艺卡	用千分尺垂直于螺钉的轴心,测量毛坯处截面的直径	符合要求

(续)

检验项目	检测设备	依据	检测方法	结果判定
长度	游标卡尺	工艺卡	用游标卡尺的端差面或深度尺,平行于螺钉的轴心,测量螺钉尾部至头部下端的距离	符合要求
牙长	游标卡尺	工艺卡	用游标卡尺的端差面或深度尺,平行于螺钉的轴心,测量螺钉尾部至螺杆部的距离	符合要求
倒角长度	游标卡尺	工艺卡	用游标卡尺的端差面或深度尺,平行于螺钉的轴心,测量螺钉尾部至倒角起始端的距离	符合要求
外观	目视	工艺卡	目测螺钉的表面状况	不能有毛刺、开裂等影响下道工序或使用的表面缺陷
头部标志	目视	工艺卡	目测螺钉的工厂与等级标识	正确,清晰
标识	目视	标识管理规定	检查产品跟踪卡填写的内容	1. 产品跟踪卡上的材质、炉(批)号等必须与材料标签上的内容一致 2. 产品跟踪卡上的产品规格须与实物一致

表 3-8 双头螺栓冷镦检验项目及方法

检验项目	检测设备	依据	检测方法	结果判定
长度	游标卡尺	工艺卡	用游标卡尺之端差面,平行于双头螺柱的轴心,测量双头螺柱两端的距离	符合要求
粗杆直径	千分尺	工艺卡	用千分尺垂直于双头螺柱的轴心,测量粗杆处截面的直径	符合要求
坯径	千分尺	工艺卡	用千分尺垂直于双头螺栓的轴心,测量毛坯处截面的直径	符合要求
牙长	游标卡尺	工艺卡	用游标卡尺的端差面,平行于双头螺栓的轴心,测量双头螺栓尾部至螺杆部端的距离	符合要求
倒角长度	游标卡尺	工艺卡	用游标卡尺的端差面,平行于双头螺栓的轴心,测量尾部至倒角起始端的距离	符合要求
外观	目视	工艺卡	目测双头螺栓的表面状况	不能有毛刺、开裂等影响下道工序或使用的表面缺陷
头部标志	目视	工艺卡	目测双头螺栓的工厂与等级标识	正确,清晰
标识	目视	标识管理规定	检查产品跟踪卡填写的内容	1. 产品跟踪卡上的材质、炉(批)号等必须与材料标签上的内容一致 2. 产品跟踪卡上的产品规格须与实物一致

表 3-9 抽芯铆钉成型检验项目及方法

检验项目	检测设备	依据	检测方法	结果判定
铆体直径	千分尺	工艺卡	用千分尺垂直于抽芯铆钉的轴心,测量其横截面的直径	符合要求
铆体杆长	游标卡尺	工艺卡	用游标卡尺的端差面,平行于抽芯铆钉的轴心,测量铆体杆尾部至其端面的距离	符合要求
铆体帽直径	游标卡尺	工艺卡	用游标卡尺垂直于抽芯铆钉的轴心,测量其横截面的直径	符合要求
铆体帽厚	游标卡尺	工艺卡	用游标卡尺的外卡脚平行于螺钉的轴心,测量抽芯铆钉头部两个端面间的距离	符合要求
钉芯总长	游标卡尺	工艺卡	用游标卡尺的端差面,平行于抽芯铆钉的轴心,测量铆体尾部至头部的距离	符合要求

(续)

检验项目	检测设备	依据	检测方法	结果判定
钉芯外露尺寸	游标卡尺	工艺卡	用游标卡尺的端差面,平行于抽芯铆钉的轴心,测量钉芯外露尾部至铆体帽断面的距离	符合要求
外观	目视	工艺卡	目测双头螺栓的表面状况	不能有开裂等影响使用的表面缺陷
头部标志	目视	工艺卡	目测双头螺栓的工厂与等级标识	正确,清晰
标识	目视	标识管理规定	检查产品跟踪卡填写的内容	1. 产品跟踪卡上的材质、炉(批)号等必须与材料标签上的内容一致 2. 产品跟踪卡上的产品规格须与实物一致

表 3-10 六角螺母冷镦检验项目及方法

检验项目	检测设备	依据	检测方法	结果判定
对边	千分尺	工艺卡	用千分尺垂直于螺母的轴心,测量 3 组对边面间的距离	符合要求
对角	游标卡尺	工艺卡	用游标卡尺的外卡脚垂直于螺母的轴心,测量 3 组对棱间的距离	符合要求
厚度	游标卡尺	工艺卡	用游标卡尺的外卡脚平行于螺母的轴心,测量螺母两个端面间的距离	符合要求
孔径	孔径光滑塞规	工艺卡	将光滑塞规插入螺母内孔	符合要求
外倒角直径	游标卡尺	工艺卡	用游标卡尺的外卡脚垂直于螺母的轴心,在螺母的两个支承面上测量外倒圆的直径	符合要求
内倒角直径	游标卡尺	工艺卡	用游标卡尺的内卡脚垂直于螺母的轴心,在螺母的两个支承面上测量内倒圆的直径	符合要求
外观	目视	工艺卡	目测螺母的表面状况	不可有偏孔、表面倾斜、开裂、压伤、毛刺、内孔出铁等影响使用的缺陷
头部标志	目视	工艺卡	目测螺母的工厂与等级标识	正确,清晰
标识	目视	标识管理规定	检查产品跟踪卡填写的内容	1. 产品跟踪卡上的材质、炉(批)号等必须与材料标签上的内容一致 2. 产品跟踪卡上的产品规格须与实物一致

表 3-11 六角法兰螺母冷镦检验项目及方法

检验项目	检测设备	依据	检测方法	结果判定
对边	千分尺	工艺卡	用千分尺垂直于螺母的轴心,测量 3 组对边面间的距离	符合要求
法兰直径	游标卡尺	工艺卡	用游标卡尺的外卡脚垂直于螺母的轴心,测量法兰面的直径	符合要求
扳拧高度	游标卡尺	工艺卡	用游标卡尺的端差面或深度尺,平行于螺母的轴心,测量螺母顶面至法兰上端的距离	符合要求
法兰唇部厚度	游标卡尺	工艺卡	用游标卡尺的外卡脚平行于螺母的轴心,测量法兰唇部间的距离	符合要求
对角	游标卡尺	工艺卡	用游标卡尺的外卡脚垂直于螺母的轴心,测量 3 组对棱间的距离	符合要求
厚度	游标卡尺	工艺卡	用游标卡尺的外卡脚平行于螺母的轴心,测量螺母两个端面间的距离	符合要求
孔径	孔径光滑塞规	工艺卡	将光滑塞规插入螺母内孔	通端光滑塞规可插入内孔,止端光滑塞规不可插入内孔

(续)

检验项目	检测设备	依据	检测方法	结果判定
外倒角直径	游标卡尺	工艺卡	用游标卡尺的外卡脚垂直于螺母轴心,在螺母的两个支撑面上测量外倒圆的直径	符合要求
内倒角直径	游标卡尺	工艺卡	用游标卡尺的内卡脚垂直于螺母的轴心,在螺母的两个支承面上测量内倒圆的直径	符合要求
外观	目视	工艺卡	目测螺母的表面状况	不可有偏孔、表面倾斜、开裂、压伤、毛刺、内孔出铁等影响使用的缺陷
头部标志	目视	工艺卡	目测螺母的工厂与等级标识	正确,清晰
标识	目视	标识管理规定	检查产品跟踪卡填写的内容	1. 产品跟踪卡上的材质、炉(批)号等必须与材料标签上的内容一致 2. 产品跟踪卡上的产品规格须与实物一致

表 3-12 垫圈类成型检验项目及方法

检验项目	检测设备	依据	检测方法	结果判定
外径	游标卡尺	工艺卡	用游标卡尺的外卡脚垂直于垫圈轴心,卡住最外侧边缘检测外径的尺寸	符合要求
内径	游标卡尺	工艺卡	用游标卡尺的内卡脚垂直于垫圈轴心,卡住最内侧边缘检测内径的尺寸	符合要求
厚度	游标卡尺	工艺卡	用游标卡尺的外卡脚平行于垫圈的轴心,测量垫圈两个端面间的距离	符合要求
外观	目视	工艺卡	目测垫圈的表面状况	不能有开裂、毛刺、尖角等表面缺陷
头部标志	目视	工艺卡	目测垫圈的工厂与等级标识	正确,清晰
标识	目视	标识管理规定	检查产品跟踪卡填写的内容	1. 产品跟踪卡上的材质、炉(批)号等必须与材料标签上的内容一致 2. 产品跟踪卡上的产品规格须与实物一致

表 3-13 管接头类成型检验项目及方法

检验项目	检测设备	依据	检测方法	结果判定
端管接头旋入端支承面对旋入端螺纹轴线的垂直度	垂直度规	工艺卡	用手将螺纹通端环规拧到接头体旋入端螺纹上,测量接头体支承面到环规端面间隙 t 的最大差值	符合要求
螺母及接头扳拧部分对边宽度	游标卡尺	工艺卡	用千分尺垂直于管接头的轴心,测量3组对边间的距离	符合要求
管接头体角度 α	角度尺	工艺卡	使用角度尺对管接头体角度 α 进行测量	符合要求
卡套式管接头体的 d_3 尺寸	游标卡尺	工艺卡	用游标卡尺进行测量,至少相间90°测量点,两点均不能超过标准	符合要求
接头体 d_3 轴线对 d_2 轴线的同轴度	游标卡尺	工艺卡	用游标卡尺测量同一直径上两端处壁厚,计算两厚度之差	符合要求
卡套小端外径 D_2	千分尺	工艺卡	用游标卡尺的外卡脚垂直于卡套的轴心,测量卡套小端外径	符合要求
卡套通径	光滑塞规	工艺卡	使用极限光滑塞规进行测量	符合要求
外观	目视	工艺卡	目测管接头的表面状况	不能有开裂、毛刺、尖角等表面缺陷
头部标志	目视	工艺卡	目测管接头的工厂与等级标识	正确,清晰

(续)

检验项目	检测设备	依据	检测方法	结果判定
标识	目视	标识管理规定	检查产品跟踪卡填写的内容	1. 产品跟踪卡上的材质、炉（批）号等必须与材料标签上的内容一致 2. 产品跟踪卡上的产品规格须与实物一致

3.2.4 几何公差检测

产品几何公差检测按照表3-14所列方法执行。

表3-14 产品几何公差检测方法

序号	检测项目	检测方法	检测基准	适用性
1	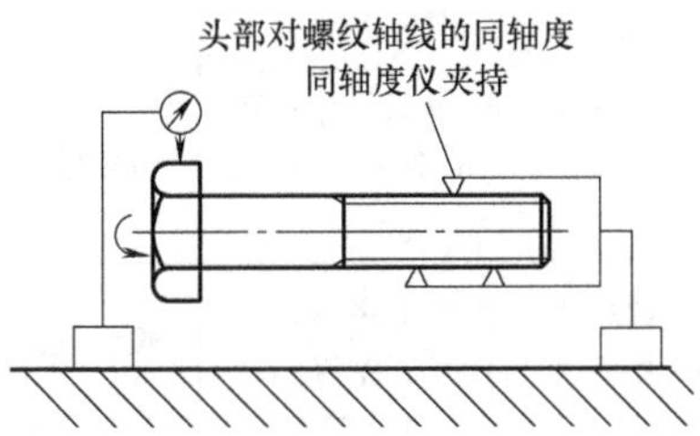 头部对螺纹轴线的同轴度	方法1：用同轴度仪夹持产品螺纹，用百分表打在头部外圆上，旋转产品一周，计算百分表读数差值	螺纹轴线	生产检测
		方法2：跳动检测仪	螺纹轴线	生产检测
2	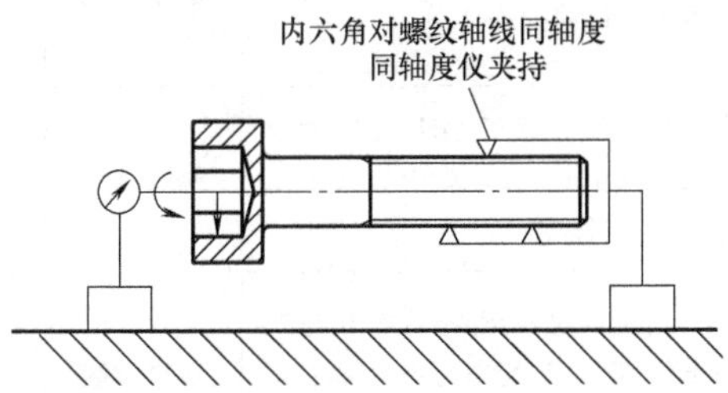 内六角对螺纹轴线同轴度	方法1：用同轴度仪夹持产品螺纹，百分表打在内六角上，旋转产品，记录每个六方上的最大读数值，然后计量其差值	螺纹轴线	仲裁检测
		方法2：用游标卡尺直接测量每个六方距外圆的最大壁厚值，然后计算6个壁厚值的差值	螺纹轴线	生产检测
3	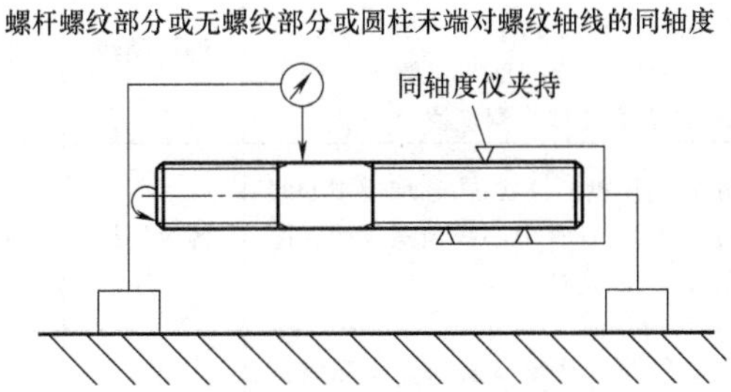 螺杆螺纹部分或无螺纹部分或圆柱末端对螺纹轴线的同轴度	方法1：用同轴度仪夹持螺纹，百分表打在光杆上，旋转产品一周，计算百分表读数最大值与最小值之差	螺纹轴线	仲裁检测
	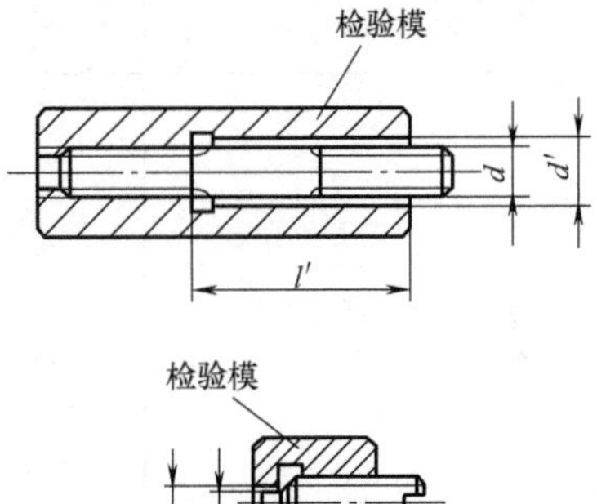 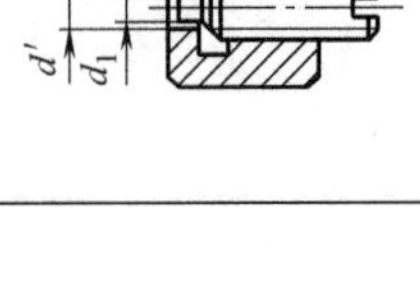	方法2：将螺杆旋入带内螺纹的专用检验模中进行检测	螺纹轴线	生产检测

（续）

序号	检测项目	检测方法	检测基准	适用性
4	螺母外圆或六角体对螺纹小径的同轴度 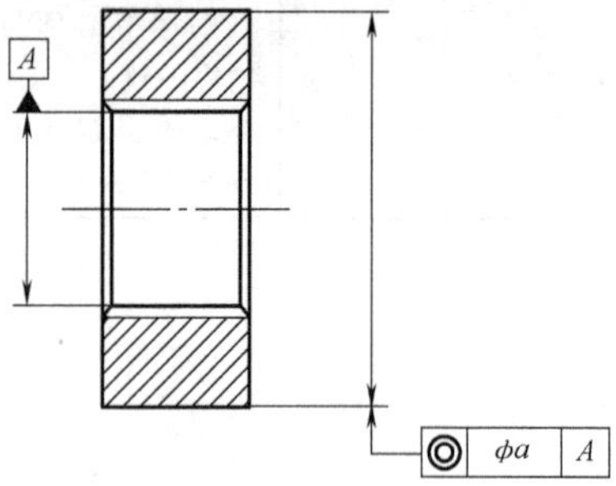	用游标卡尺测量螺母小径孔与扳手面或外圆之间的最大与最小壁厚值，然后计算二者之差，即为测定值	螺纹小径	生产检测
5	开槽对螺纹轴线的对称度 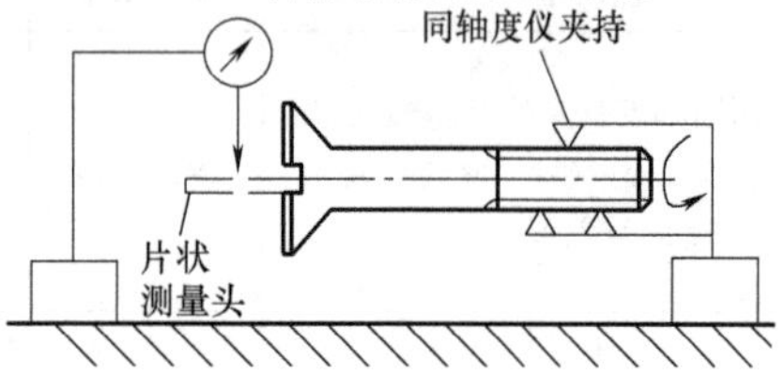	方法1：用同轴度仪夹持产品螺纹，再用百分表（片状测量头）或高度卡尺先测出槽的一面的读数，转动180°，再测出另一面的读数，二者之差即为测定值	螺纹轴线	生产检测
		方法2：用投影仪找正，选取一字槽中心线与螺纹中心线距离的2倍，即是对称度	螺纹轴线	仲裁检测
		方法3：用游标卡尺测量一字槽距外圆的两个最大值，然后计算其差值	螺纹轴线	生产检测
6	杆部开口销孔对螺杆轴线的对称度 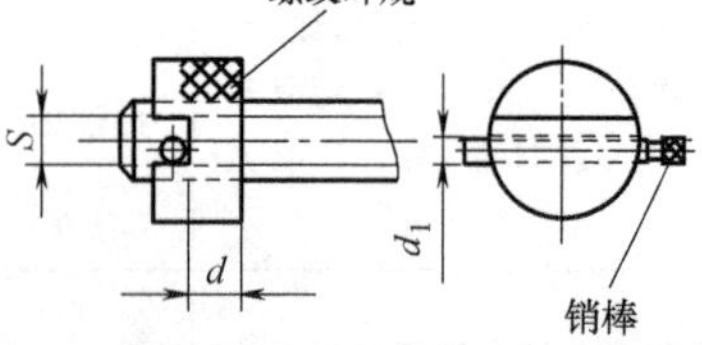	方法1：将螺杆旋入专用螺纹环规，销棒应能插入开口销孔内	螺纹轴线	生产检测
		方法2：用投影仪找正，选取一字槽中心线与螺纹杆中心线，计算中心线距离的2倍，即是对称度	螺纹轴线	仲裁检测
7	头部金属丝孔对螺杆轴线的对称度 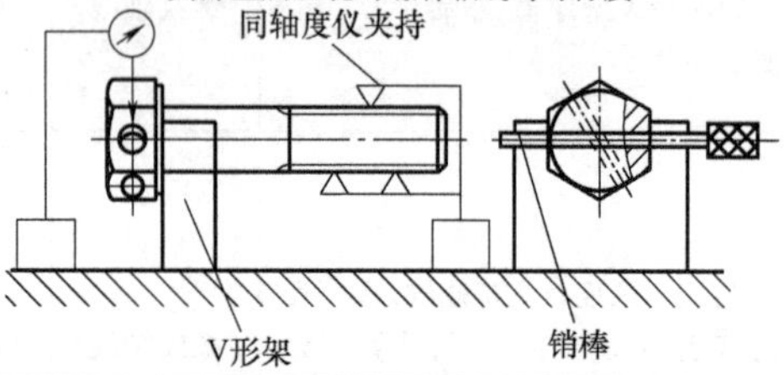	方法1：用投影仪找正，选取销孔与螺杆中心线，计算销孔到中心线距离的2倍，即是对称度	螺纹轴线	仲裁检测
		方法2：将销棒插入金属丝孔内，再将螺杆置于V形架上，用百分表测出销棒一面的读数，转动180°，再测另一面的读数，二者之差即为测定值	螺纹轴线	生产检测
8	开槽螺母槽对螺纹轴线的对称度 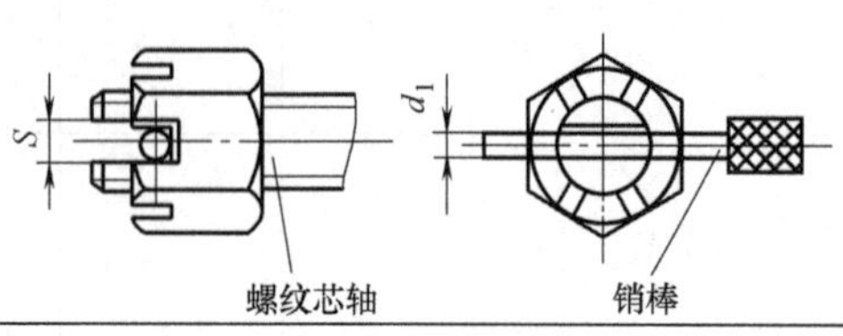	方法1：用投影仪找正，选取槽中心线与螺纹底孔，计算中心线到螺纹底孔距离的2倍，即是对称度	螺纹轴线	仲裁检测
		方法2：将开槽螺母旋入专用螺纹试棒，销棒应能插入开口销孔	螺纹轴线	生产检测
9	支承面与螺纹轴线的垂直度 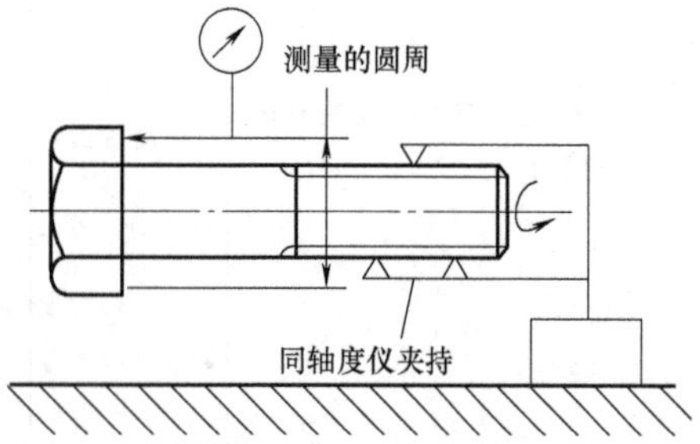	用同轴度仪夹持光杆，百分表打在支承面上，旋转产品一周，计算百分表最大与最小值之差	螺纹轴线	生产检测

（续）

序号	检测项目	检测方法	检测基准	适用性
10	沉头顶面与杆部轴线的垂直度 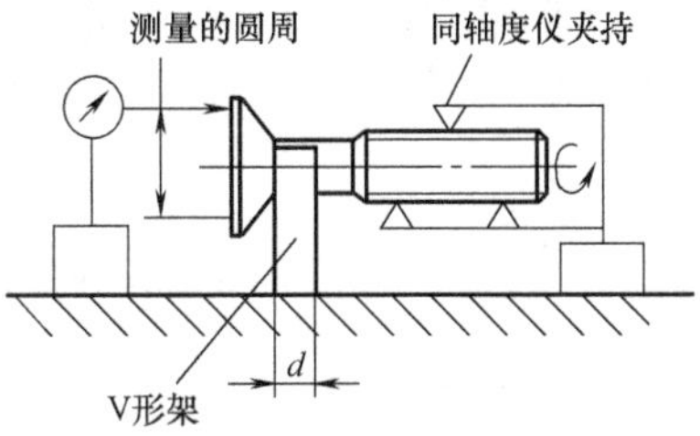	用同轴度仪夹持螺纹，V形架支承头下杆部，百分表打在头部顶面上，旋转产品一周，计算百分表最大与最小值之差	螺纹轴线	生产检测
11	紧定螺钉末端与螺杆轴线的垂直度 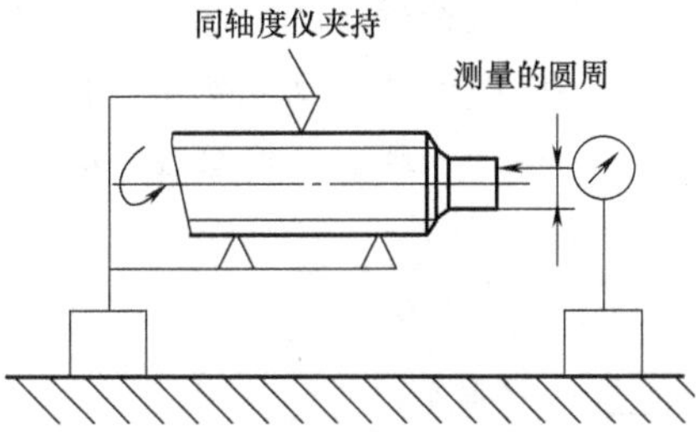	用同轴度仪夹持螺纹，百分表打在末端面上，旋转产品一周，计算百分表最大与最小值之差	螺纹轴线	生产检测
12	螺母支承面与螺纹轴线的垂直度 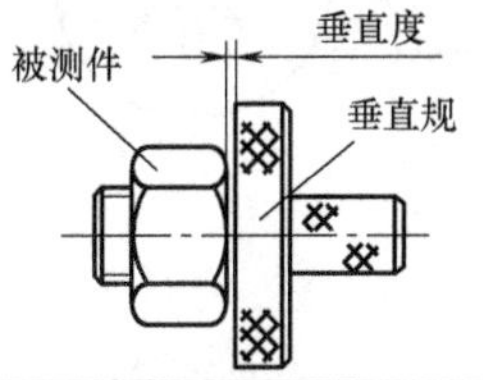	将被测螺母旋入专用垂直度规，用塞尺进行测量	螺纹轴线	生产检测
13	螺杆直线度 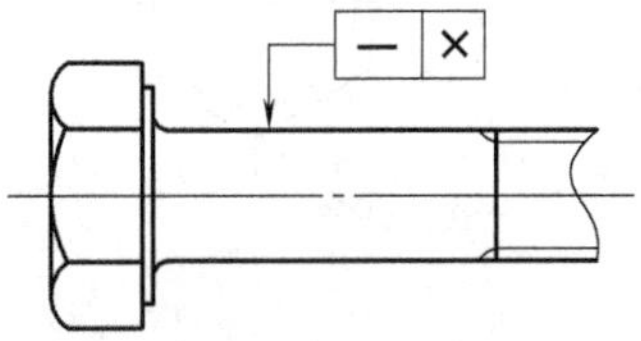	方法1：投影仪选取螺杆边线，计量其直线度	—	生产检测
13	螺杆直线度	方法2：用检验平台及塞尺进行测量	—	生产检测
14	沉头螺钉头部直径 d_k 的圆度 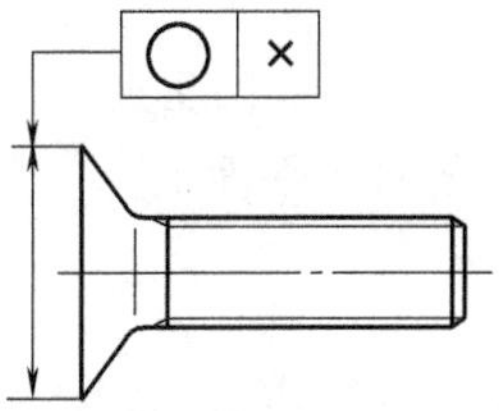	方法1：使用千分尺沿圆周测量一周，计算最大与最小外圆半径之差的一半，即为圆柱度	—	生产检测
14	沉头螺钉头部直径 d_k 的圆度	方法2：用投影仪选取圆，计量其圆度	—	仲裁检测

3.2.5 外观检测

1. 锻造裂缝

1）原因：锻造裂缝可能在切料或锻造工序中产生，且位于螺栓和螺钉的头部顶面。

2）外观：锻造裂缝外观如图3-20所示。

3)接受极限:锻造裂缝的长度 $l \leqslant d$;锻造裂缝的深度或宽度 $b \leqslant 0.04d$;d 为螺纹公称直径。

2. 锻造爆裂

1)原因:在锻造过程中可能产生锻造爆裂,如在螺栓和螺钉六角头的对角上,或在法兰面或圆头产品的圆周上,或在凹穴头部隆起部分出现。

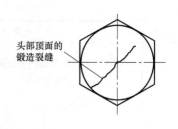

图 3-20 锻造裂缝外观

2)外观:锻造爆裂外观如图 3-21 所示。

3)接受极限:

① 六角法兰面螺栓和螺钉的法兰面上的锻造爆裂,不应延伸到头部顶面的顶圆(倒角圆)或头下支承面内;对角上的锻造爆裂,不应使对角宽度减小到低于规定的最小尺寸。

② 六角头螺栓和螺钉四穴头部隆起部分的锻造爆裂,其宽度不应超过 $0.06d$ 或深度低于凹穴部分。

③ 圆头螺栓和螺钉及六角法兰面螺栓的法兰面和圆头圆周上的锻造爆裂不应超过下列极限:

宽度 $\leqslant 0.08d_c$(或 $0.08d_k$)(只有一个锻造爆裂时);宽度 $\leqslant 0.04d_c$(或 $0.08d_k$)(有两个或更多的锻造爆裂时,其中一个允许到 $0.08d_c$ 或 $0.08d_k$);深度 $\leqslant 0.04d$(d——螺纹公称直径;d_c——头部或法兰直径;d_k——头部直径)。

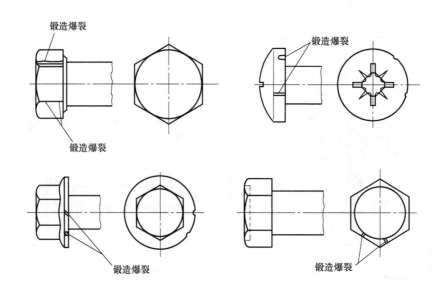

图 3-21 锻造爆裂外观

3. 剪切爆裂

1)原因:在锻造过程中可能产生剪切爆裂,如在圆头或法兰面产品的圆头或法兰面的圆周上出现,通常与产品轴心线成约 45°角。剪切爆裂也可能产生在六角头产品的对边平面上。

2)外观:剪切爆裂外观如图 3-22 所示。

3)接受极限:

① 六角头及六角法兰面螺栓和螺钉位于扳拧头部的剪切爆裂极限:宽度 $\leqslant 0.25mm + 0.02s$;深度 $\leqslant 0.04d$(s——对边宽度)。

② 六角法兰面螺栓和螺钉的法兰面上的剪切爆裂,不应延伸到头部顶面的顶圆(倒角圆)或头下支承面内。对角上的剪切爆裂,不应使对角宽度减小到低于规定的最小尺寸。

③ 螺栓和螺钉凹穴头部隆起部分的剪切爆裂,宽度不应超过 $0.06d$,深度不应低于凹穴部分。

④ 圆头螺栓和螺钉及六角法兰面螺栓的法兰面和圆头圆周上的剪切爆裂的宽度不应超过下列极限:宽度 $\leqslant 0.08d_c$(或 $0.08d_k$)(只有一个剪切爆裂时);宽度 $\leqslant 0.04d_c$(或 $0.08d_k$)(有两个或更多的剪切

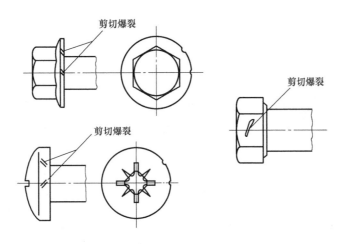

图 3-22 剪切爆裂外观

爆裂时,其中一个允许到 $0.08d_c$ 或 $0.08d_k$)。

4. 凹槽头螺钉的锻造裂缝

1)原因:在锻造和加工凹槽的过程中,由于剪切和挤压应力的作用,可能在圆周、顶面和凹槽(如内六角)等内、外表面上产生裂缝。

2)外观:凹槽头螺钉锻造裂缝外观如图 3-23 所示。

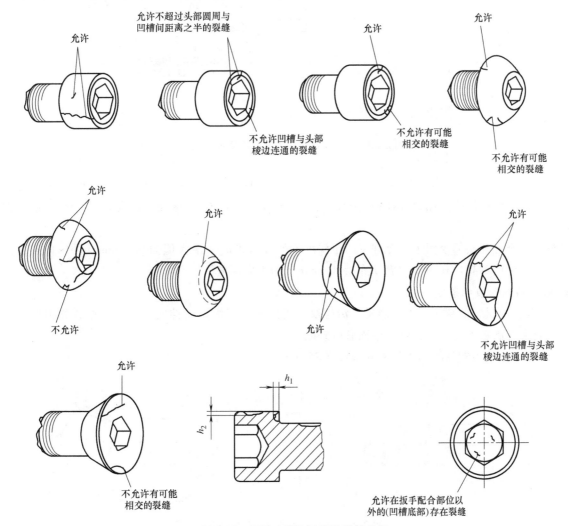

图 3-23 凹槽头螺钉的锻造裂缝外观

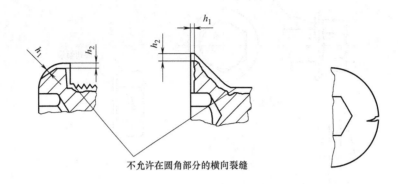

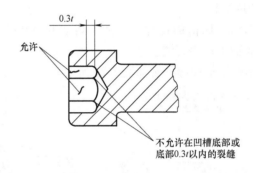

d_k — 头部直径 t — 凹槽深度

图 3-23　凹槽头螺钉的锻造裂缝外观（续）

3）接受极限：从凹槽内延伸到外表面，以及在横向可能相交的裂缝是不允许的。槽底 $0.3t$ 范围内不允许有裂缝。允许凹槽其他部位存在裂缝，但长度不应超过 $0.25t$，深度不应超过 $0.03d_k$（最大值为 $0.13\mathrm{mm}$）。

在头杆结合处和头部顶面上，允许有一个深度不超过 $0.03d_k$（最大值为 $0.13\mathrm{mm}$）的纵向裂缝。在圆周上允许有深度不超过 $0.06d_k$（最大值为 $1.6\mathrm{mm}$）的纵向裂缝。

5. 原材料的裂纹和条痕

1）原因：原材料的裂纹或条痕通常是沿螺纹、光杆或头部纵向延伸的一条细直线或光滑曲线。裂纹和条痕通常是制造紧固件的原材料中固有的缺陷。

2）外观：原材料的裂纹和条痕外观如图 3-24 所示。

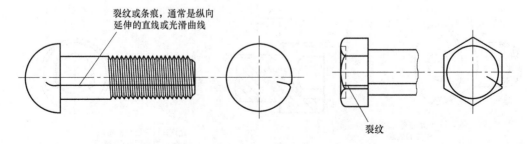

图 3-24　原材料的裂纹和条痕外观

3）接受极限：裂纹或条痕的深度≤0.015d+0.1mm（最大值为0.4mm）；如果裂纹或条痕延伸到头部，则不应超出对锻造爆裂规定的宽度和深度的允许极限。

6. 凹痕

1）原因：凹痕是在锻造或镦锻过程中，由于金属未填满而呈现在螺栓或螺钉表面上的浅坑或凹陷。凹痕是由切屑或剪切毛刺或原材料的锈层造成的痕迹或压印，在锻造或镦锻工序中未能消除。

2）外观：凹痕外观如图3-25所示。

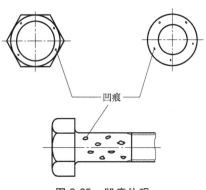

图3-25 凹痕外观

3）接受极限：凹痕的深度 $h \leqslant 0.02d$（最大值为0.25mm）；支承面上的凹痕面积之和，不应超过支承面总面积的5%。

3.3 螺纹成型检测

螺纹是紧固件最重要的特性，螺纹的精度和误差决定着产品的质量，也直接影响着产品的装配质量。紧固件在服役过程中最常见的断裂形式就是疲劳断裂。紧固件的疲劳断裂是指紧固件在循环负载（交变应力）作用下产生的断裂，断口通常由疲劳裂纹的形核（萌生）、疲劳扩展、最终瞬断区域组成。疲劳性能可使用 S-N 曲线来表征，应力幅 S 越小，疲劳寿命 N 越长，S 和 N 的关系类似于双曲线，这种关系是几乎所有材料疲劳强度的一般趋势。对于钢制件，只要设定循环应力低于一个门槛值，无论循环次数是多少，都不会发生疲劳断裂。处于这个门槛值的应力幅称为疲劳极限。

在螺栓的服役过程中，最容易发生疲劳断裂的区域包括与内螺纹啮合的尾部（第一扣前的牙底）、螺纹和光杆交界处以及头下圆弧过渡处。

根据相关国际标准对螺栓各区域尺寸要求计算出的应力集中系数，经对比不难发现，与内螺纹咬合尾部处应力集中系数较大，螺栓疲劳断裂最易发生在该区域。因此，螺纹成型质量是影响螺栓疲劳强度的重要因素。

外螺纹的主要加工方法有搓螺纹、滚压螺纹和车螺纹等，内螺纹的主要加工方法有丝锥攻螺纹、车螺纹等。其中，车螺纹较易实现，适用于各种材料、规格和精度紧固件的加工。但由于切削加工是将材料的多余部分切除而获得螺纹牙型的，加工中金属流线被切断（图3-26a），得到的螺纹通常强度不是很高，其疲劳寿命也有限。因此，这种方法不适用于批量大、性能要求高的螺纹紧固件。

关键紧固件的螺纹常见成型工艺是滚压，这种方法不仅效率较高，适合批量生产，更重要的是使得金属材料沿螺纹牙型重新分布，金属流线不被切断并在牙底处具有最大密度（图3-26b），使得螺纹紧固件的抗拉强度和疲劳强度大大提高。但需要指出的是，滚压成型和调质处理的先后顺序对疲劳强度有至关重要的影响。一般高强度螺栓都需要进行调质处理，如果先加工螺纹后进行调质处理，在热处理过程中要采取妥善措施，以避免加热后螺纹变形和表面脱碳。在对疲劳强度要求较高的场合，则须先调质处理后滚压螺纹，这样不仅可以避免螺纹根部脱碳，还可以使得牙底处存在残余压应力。例如高强度双头螺柱，其疲劳强度可因此提高200%，但该工艺滚丝轮的使用寿命较短，制造成本高。

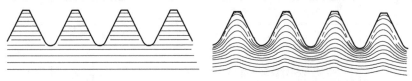

a）切削加工形成的螺纹金属流线　　b）滚压加工形成的螺纹金属流线

图3-26 螺纹部位金属流线

3.3.1 外螺纹检测

外螺纹检测项目和方法见表3-15。

表 3-15 外螺纹检测项目和方法

序号	检测项目	检测方法	适用性
1	外螺纹大径 d	方法1:用千分尺进行测量	生产检测
		方法2:用专用通、止规进行测量	生产检测
		方法3:使用螺纹综合测量仪进行检测	生产检测
2	外螺纹中径 d_2	方法1:使用三针及千分尺进行测量	生产检测
		方法2:使用螺纹千分尺进行测量	生产检测
		方法3:使用螺纹环规进行综合检测	生产检测
		方法4:使用螺纹综合测量仪进行检测	生产检测
3	外螺纹小径 d_1	方法1:使用投影仪检测螺纹小径尺寸	生产检测
		方法2:使用螺纹综合测量仪进行检测	生产检测
4	外螺纹牙底圆弧	方法1:投影仪检测螺纹牙底圆弧	生产检测
		方法2:轮廓仪检测螺纹牙底圆弧	生产检测
5	外螺纹牙型角及牙型半牙	方法1:投影仪检测螺纹牙型角及牙型半角	仲裁检测
		方法2:使用螺纹环规进行综合检测	生产检测
6	螺距 P	方法1:使用投影仪计量螺纹螺距	仲裁检测
		方法2:使用螺纹环规进行综合检测	生产检测

3.3.2 内螺纹检测

内螺纹检测项目和方法见表3-16。

表 3-16 内螺纹检测项目和方法

序号	检测项目	检测方法	适用性
1	内螺纹大径 D	方法1:用专用内螺纹大径测量仪器进行测量	生产检测
		方法2:使用硫黄印出内螺纹形状,旋出后投影计量大径尺寸	仲裁检测
2	内螺纹中径 D_2	方法1:使用专用内螺纹测量仪进行测量	生产检测
		方法2:使用硫黄印出内螺纹形状,旋出后投影计量中径尺寸量	仲裁检测
		方法3:使用螺纹综合测量仪进行测量	生产检测
		方法4:使用螺纹塞规进行综合检测	生产检测
3	内螺纹小径 D_1	方法1:使用游标卡尺或内径千分尺直接测量	生产检测
		方法2:使用光滑通、止规进行测量	生产检测
4	内螺纹牙底圆弧 R	方法1:使用硫黄印出内螺纹形状,旋出后投影计量 R	生产检测
		方法2:使用轮廓仪检测螺纹牙底圆弧	生产检测
5	内螺纹牙型角及牙型半牙	方法1:使用硫黄印出内螺纹形状,旋出后投影计量螺纹牙型角及牙型半牙	仲裁检测
		方法2:使用螺纹塞规进行综合检测	生产检测
6	螺距 P	方法1:使用硫黄印出内螺纹形状,旋出后投影计量螺纹螺距	仲裁检测
		方法2:使用螺纹塞规进行综合检测	生产检测

3.3.3 螺纹折叠检测

1. 外螺纹类

如图 3-27～图 3-35 所示,沿着螺栓纵向方向,经过抛光后,牙纹可能出现以下几种情况。

(1) 不允许的折叠的位置

1) 螺纹齿底位置。

2) 受载面:中径线以下;中径线以上折叠长度超过 $0.25H_1$(螺纹高度)。

3) 非受载面:中径线以下,折叠往齿底方向延伸或者往齿顶方向延伸且长度超过 $0.25H_1$;中径线以上,折叠长度超过 $0.25H_1$。

4) 齿顶位置长度超过 $0.25H_1$。

(2) 允许的折叠的位置

1) 受载面:中径线以上折叠长度不超过 $0.25H_1$。

2) 非受载面:中径线以下,折叠往齿顶方向延伸但长度不超过 $0.25H_1$;中径线以上,折叠长度不超过 $0.25H_1$。

3) 齿顶位置长度不超过 $0.25H_1$。

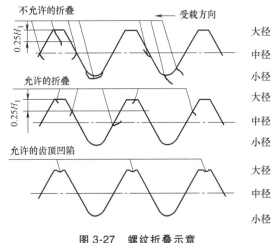

图 3-27 螺纹折叠示意

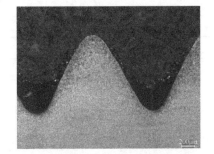

图 3-28 螺纹正常状态

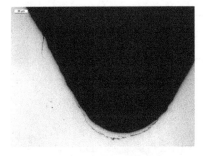

图 3-29 螺纹牙底折叠

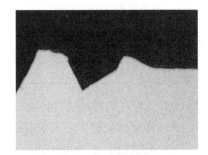

图 3-30 螺纹齿底不圆滑

图 3-31 螺纹顶部折叠

图 3-32 螺纹侧面折叠

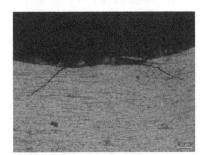

图 3-33 螺纹底部折叠

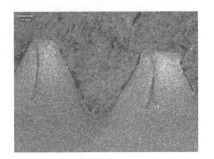

图 3-34 螺纹牙尖折叠

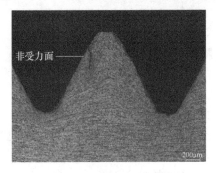

图 3-35 螺纹侧面折叠

2. 自攻钉

自攻钉螺纹折叠的情况如图3-36所示。自攻钉H_1尺寸见表3-17。

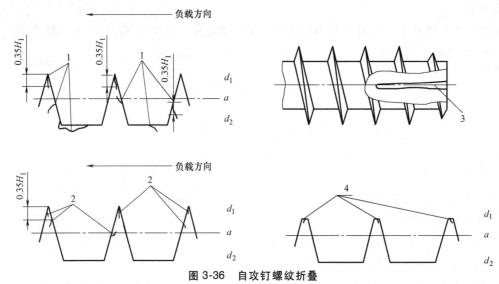

图3-36 自攻钉螺纹折叠

d_1—大径 d_2—小径 a—中径 H_1—螺纹高度 1、3—不允许的折叠 2—允许的折叠 4—允许的双牙尖

表3-17 自攻钉H_1尺寸

规格	H_1/mm	规格	H_1/mm
ST3	0.84	ST6	1.52
ST4	1.04	ST7	1.76
ST5	1.28		

（1）不允许的折叠

1）螺纹齿底位置：折叠长度>0.35H_1。

2）受载面：中径线以下；中径线以上折叠长度超过0.35H_1。

3）非受载面：中径线以下，折叠往齿底方向延伸或者往齿顶方向延伸且长度超过0.35H_1；中径线以上，折叠长度超过0.35H_1。

4）齿顶位置长度超过0.35H_1。

5）芯部位置。

（2）允许的折叠

1）受载面：中径线以上折叠长度不超过0.35H_1。

2）非受载面：中径线以下，折叠往齿顶方向延伸但长度不超过0.35H_1；中径线以上，折叠长度不超过0.35H_1。

3）齿顶位置长度不超过0.35H_1。

（3）牙纹示例

牙纹示例如图3-37、图3-38所示。

3. 螺母

螺母螺纹齿顶折叠的情况如图3-39所示。

（1）不允许的折叠

1）螺纹齿底位置。

2）受载面：中径线以下；中径线以上折叠长度超过0.25H_1。

3）非受载面：中径线以下，折叠往齿底方向延伸或者往齿顶方向延伸且长度超过0.25H_1；中径线以上，折叠长度超过0.25H_1。

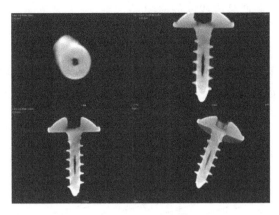

图 3-37 芯部折叠

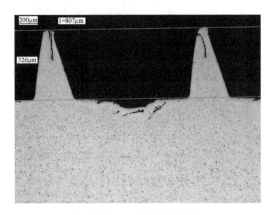

图 3-38 牙纹及牙底折叠

4）齿顶位置长度超过 $0.25H_1$。

（2）允许的折叠

1）受载面：中径线以上折叠长度不超过 $0.25H_1$。

2）非受载面：中径线以下，折叠往齿顶方向延伸但长度不超过 $0.25H_1$；中径线以上，折叠长度不超过 $0.25H_1$。

3）齿顶位置长度不超过 $0.25H_1$。

4）轻金属齿顶凹陷不超过 $0.25H_1$。

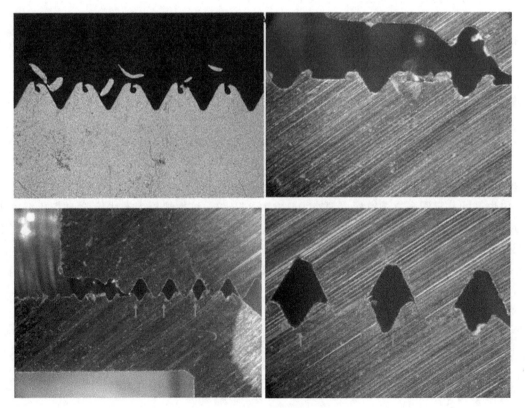

图 3-39 螺母螺纹齿顶折叠

3.4 其他工序检测

紧固件的完工一般都是成型和螺纹加工，但对于精密零件，还会有其他加工工序，例如磨削、机械加工、校直等。在这几个工序中，以下主要介绍磨削尺寸和产品直线度的检测。

3.4.1 磨削工序检测

磨削是专门针对高精度、高要求产品特别增加的工序。磨削一般在热处理后进行，磨削完成后表面的氧化皮、脱碳层均被磨掉，保证产品表面无缺陷，例如缸盖螺栓、连杆螺栓均采用磨削工序。另外，磨削完成后，表面尺寸精度保证在0.01mm，同时也满足了圆度。

检测磨削尺寸一般使用数显千分尺，精度为0.001mm，在垂直方向上检测两次，并沿着杆径方向，上中下各测量两次，以保证产品的精度和具体尺寸。

3.4.2 校直工序检测

长度大于直径10倍的产品称为长杆件。长杆件经过热处理，由于自身较长，很容易弯曲，不能满足使用要求。

首先计算出被测量产品的允许总弯曲，利用专用夹具的千分尺调整钢轨，将两根钢轨之间按照标准距离调整平行，并达到产品允许最大弯曲度。固定好夹具后，将螺栓放入平板中，

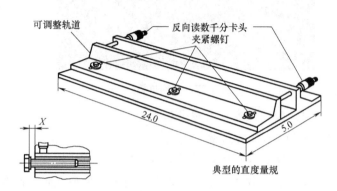

图 3-40 典型的直线度检测

允许头下留2倍直径的距离，旋转产品，观察螺栓是否能顺利旋转，如果不能则弯曲度不合格。同时，也可以慢慢调整，找螺栓弯曲的最大限度，然后利用千分尺，计算螺栓的弯曲度。图3-40所示为典型的直线度检测设备。

3.5 典型检测案例

3.5.1 圆头方颈螺栓掉头

1. 概况

某公司生产的一批圆头方颈螺栓，规格为3/8-16×3-1/2。该批螺栓生产线检验6°楔负载掉头，掉头概率约为20%，材料为ML08AlCK，等级为307A，生产标准为ASTM307，双模双冲成型。螺栓经400℃或800℃退火后，掉头问题得以解决。

另有三组同种规格、等级、材料的合格成品螺栓，分别编号为Ⅰ、Ⅱ、Ⅲ以该批次经400℃和800℃退火的螺栓各一个作为比对样品。

2. 试验方法比较

在严格控制拉伸速度与楔垫角度的情况下，通过对10个螺栓的6°楔负载试验（其中5个用方孔楔垫，5个用圆孔楔垫）两组螺栓分别有一个掉头，将两掉头螺栓标记为d1、d2。排除试验方法及设备造成螺栓掉头的可能性。

3. 化学成分分析

从该批螺栓中任取两个样品1号、2号，另从三组合格螺栓各取一个样品（Ⅰ-①、Ⅱ-①、Ⅲ-①）进行化学成分分析，结果见表3-18。

表 3-18 螺栓样品化学成分分析结果

	C	Si	Mn	P	S	Cr	Cu	Mo	Al
1号	0.068	0.060	0.399	0.018	0.018	0.022	0.007	0.006	0.024

(续)

	C	Si	Mn	P	S	Cr	Cu	Mo	Al
2号	0.069	0.059	0.399	0.019	0.018	0.021	0.007	0.006	0.023
Ⅰ-①	0.069	0.058	0.400	0.019	0.018	0.022	0.007	0.006	0.025
Ⅱ-①	0.066	0.058	0.399	0.019	0.018	0.021	0.007	0.006	0.024
Ⅲ-①	0.069	0.059	0.402	0.019	0.019	0.022	0.007	0.007	0.026

各螺栓化学成分均在材料标准范围内，且螺栓之间无明显的成分区别，基本排除材料成分差异造成掉头的可能性。

4. 断口宏观分析

d1、d2螺栓断口宏观形貌如图3-41所示。

头下有明显可见方颈印迹，断裂源约距头下方颈边1~2mm。

5. 微观分析

从该批螺栓中任取两螺栓，编为3号、4号，经400℃、800℃退火的螺栓编为400号、800号，另从三组合格螺栓中各取一个样品编号为Ⅰ-②、Ⅱ-②、Ⅲ-②，进行微观分析。

6. 头下圆角比较

头下圆角比较情况如图3-42所示。

a) d1头部

b) d2头部

图3-41 d1、d2螺栓断口宏观形貌

a) 3号螺栓头下

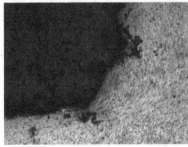
b) 4号螺栓头下

c) 400号螺栓头下

d) 800号螺栓头下

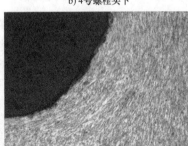
e) Ⅰ-②螺栓

f) Ⅱ-②螺栓

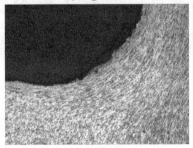
g) Ⅲ-②螺栓

图3-42 头下圆角比较情况

掉头批次螺栓（3号、4号、400号、800号）的头下圆角次于合格成品螺栓（I-②、II-②、III-②）。

7. 金相组织比较

金相组织比较情况如图3-43所示。3号、400号、I-②、II-②、III-②头部圆角处至芯部均为冷镦后纤维状组织，晶粒被压扁、压长，退火后冷镦纤维状组织得以消除，螺栓晶粒恢复到原材料晶粒组织形式。

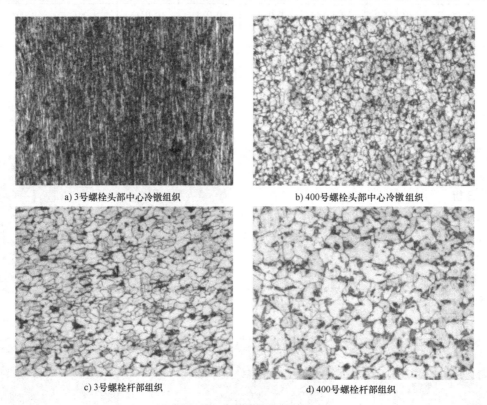

a) 3号螺栓头部中心冷镦组织　　　　b) 400号螺栓头部中心冷镦组织

c) 3号螺栓杆部组织　　　　d) 400号螺栓杆部组织

图3-43　金相组织比较情况

8. 头下折叠

头下折叠情况如图3-44所示。3号、4号、800号螺栓头下两侧，400号螺栓头下一侧距方颈1~2mm处均有折叠，折叠向头部中心方向沿伸，折叠长度经测均在1~2mm之间。

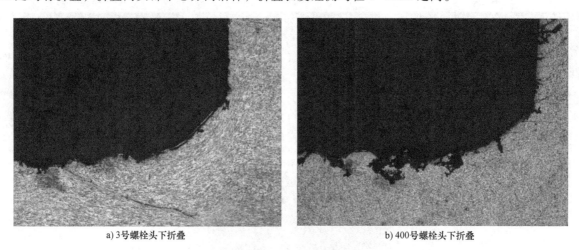

a) 3号螺栓头下折叠　　　　b) 400号螺栓头下折叠

图3-44　头下折叠情况

对合格成品螺栓I-②、II-②、III-②进行观察后发现，仅3号螺栓头下一侧有折叠，长度小于1mm。

9. 断口分析

对两掉头螺栓d1、d2镶样，进行50倍显微观察，断口情况如图3-45所示。

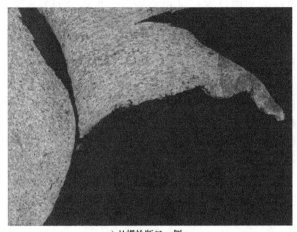
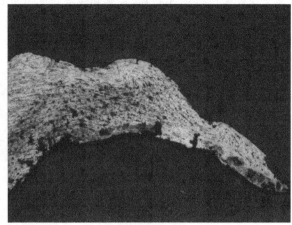

a) d1螺栓断口一侧　　　　　　　　　　　　b) d2螺栓断口一侧

图 3-45　断口情况

断裂在距方颈 2mm 处向内延伸，沿压扁纤维状组织解离。

10. 综合分析

综合以上试验结果进行分析，基本排除材料及检测方法引起掉头的可能性。

对 4 个该批次螺栓样品微观形貌与 3 个合格成品螺栓 3 样品微观形貌进行比较，发现该批次螺栓头下距方颈边 1~2mm 处，有明显较严重折叠，折叠所处位置与两掉头螺栓头部宏观断裂源所处位置吻合。结合断口微观形貌分析，基本确定该批次螺栓掉头由头下折叠引起，并与冷镦形成的纤维状组织共同作用，沿纤维方向解离断裂。

该批次螺栓经退火后，头下折叠仍然存在。头部冷镦后破坏晶粒重新形成，沿晶粒断裂的阻力增大，因此掉头问题得以有效解决。

宏观断口头下有明显的方颈印迹，合理解释为，一镦过量导致头下方颈部分冷作硬化过量。二镦成型时，上部材料较软，因此方颈印入上部材料形成此方颈印迹。

折叠由两部分材料形成，一是位于方颈处材料向外延伸至 1~2mm，二是上部材料向下扩展，与方颈处材料贴合形成折叠。

折叠可能成因分析如下：

1) 一镦过量导致方颈处材料过硬同时形成飞边，二镦过程中此部分材料不易变形扩展，而上部材料相对较软，因此空隙由上部材料向下填补，与飞边处材料贴合形成折叠。

2) 观察过程中发现，该批次螺栓头下防滑槽相对于合格成品批螺栓明显较深（还需进一步取样比较进行确定），因此推测防滑槽较深导致头下方颈部位材料向外扩展，进而增大了推进阻力，结合一冲冷作硬化，此处材料来不及扩展，上部材料向下扩展进行填补，形成折叠。

11. 解决方案及建议

根据以上分析，针对此类螺栓对厂家提出解决方案如下：

1) 对冲压模头下圆角倒角弧度进行控制，并以尽量靠近标准上限为原则。
2) 对一冲量进行控制，寻求方颈成型与冲量的最佳范围。
3) 控制头下防滑槽深度与弧度的关系。
4) 全面理解标准，严格按照标准工艺生产，要认识到标准的每一道工序规定都有其原因。

3.5.2　轮毂螺栓有裂纹

1. 概述

某紧固件生产厂商对其生产的汽车轮毂螺栓进行日常检测时，发现螺栓有裂纹，实物外观如图 3-46 所示。该螺栓材质为 SCM435，规格为 M22×1.5×125，性能等级为 10.9 级。螺栓裂纹为纵向裂纹，并贯穿整个螺栓长度（图3-47），头部和尾部端面可见裂纹深度方向已穿过螺栓中轴线。现需要对螺栓裂纹进行开裂原因分析，找出根本问题后整改，以避免不合格情况再次发生。

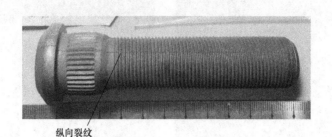

图3-46 送检螺栓外观

图3-47 螺栓头部及末端外观形貌

2. 理化检验

（1）宏观检验

经过对失效螺栓的宏观观察，螺栓裂纹沿螺栓轴线方向纵向开裂，裂纹整体平直、贯穿整个螺栓长度；深度方向可见裂纹刚劲有力，尾端尖细，且裂纹两侧耦合性好。综上特征可判定此裂纹与淬火裂纹特征吻合，初步判断为淬火裂纹。

（2）化学成分

采用直读光谱对螺栓进行化学分析，试验结果符合JIS G 4053：2003标准SCM435要求，见表3-19。

表3-19 螺栓化学成分

检测项目	碳（C）	硅（Si）	锰（Mn）	磷（P）	硫（S）	铬（Cr）	钼（Mo）
标准值	0.33~0.38	0.15~0.35	0.60~0.90	≤0.030	≤0.030	0.90~1.20	0.15~0.30
实测值	0.35	0.20	0.75	0.005	0.004	1.02	0.18

（3）洛氏硬度检测

采用洛氏硬度机对螺栓进行洛氏硬度检测，试验结果符合GB/T 3098.1—2010标准对10.9级的要求，见表3-20。

表3-20 螺栓洛氏硬度

检测项目	洛氏硬度（HRC）
标准值	32~39
实测值	35/35/37

（4）金相分析

如图3-48、图3-49所示，截取横向和纵向截面，对不同截面制样进行金相分析。

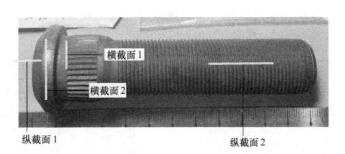

图 3-48 试样截取位置

图 3-49 头部和末端纵向截面位置

1) 横截面 1。图 3-50 所示为横截面 1 裂纹深度方向抛光态形貌，可见裂纹起始于花键齿底部，横向和纵向笔直扩展，裂纹整体刚劲有力，尾端尖细，形貌上与淬火裂纹类似。

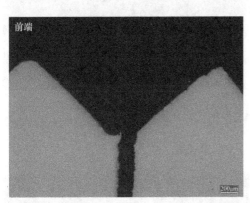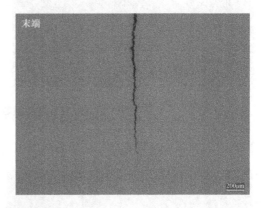

图 3-50 裂纹深度方向形貌特征（抛光态）

图 3-51 所示为抛光面经 4% 硝酸酒精溶液浸蚀后的显微形貌，可见淬火裂纹起始于花键齿底。

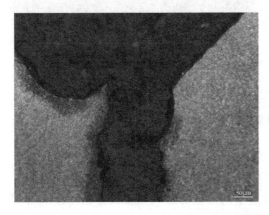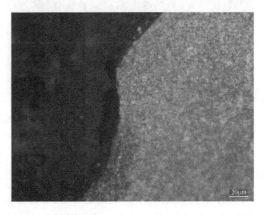

图 3-51 裂纹前端金相显微形貌（4% 硝酸酒精溶液）

图3-52、图3-53所示分别为临近花键齿底的横截面微观形貌，可见均存在与上述主裂纹类似的特征。

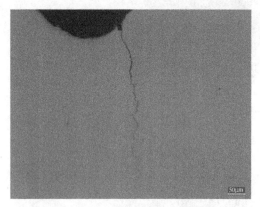 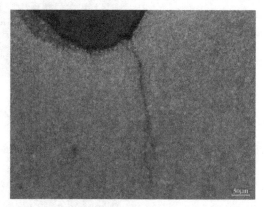

图3-52 临近花键齿底抛光态微观形貌　　　　图3-53 临近花键齿底显微组织（4%硝酸酒精溶液）

图3-54所示为无裂纹的花键齿底横截面微观形貌，齿底相对光滑，无缺陷。

 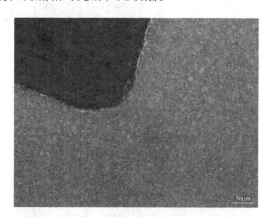

图3-54 无裂纹花键齿底横截面微观形貌（4%硝酸酒精溶液）

图3-55所示为该截面近表面和芯部显微组织，均为回火索氏体。

图3-55 截面近表面和芯部显微组织（4%硝酸酒精溶液）

2）纵截面1。图3-56、图3-57所示分别为头部纵截面宏、微观形貌，可见裂纹平直，尾端尖细，裂纹前端两侧组织未见脱碳现象。

图3-58所示为该截面上的不同金相观察位置，对应不同位置的近表面显微形貌如图3-59所示，可见所观察位置均存在半脱碳现象，其中位置4可见全脱碳特征。

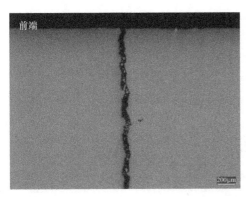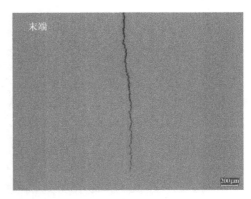

图 3-56　裂纹宏观形貌（抛光态）

图 3-57　裂纹微观形貌（4%硝酸酒精腐蚀）

图 3-58　金相观察位置

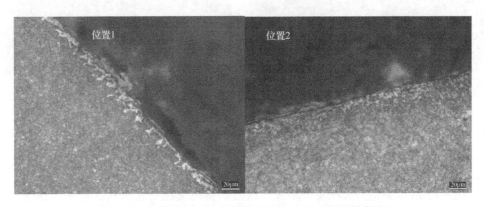

图 3-59　纵截面 1 不同位置微观形貌（4%硝酸酒精腐蚀）

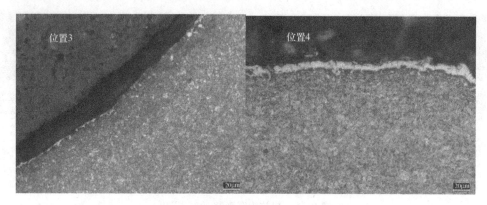

图 3-59　纵截面 1 不同位置微观形貌（4%硝酸酒精腐蚀）（续）

图 3-60 所示为螺栓非金属夹杂物显微形貌，根据 GB/T 10561—2005 标准判定，螺栓非金属夹杂物符合 C 类硅酸盐（细系）1 级要求。

图 3-60　非金属夹杂物显微形貌

3）横截面 2。图 3-61、图 3-62 所示分别为光杆处横截面宏、微观形貌，可见裂纹两侧耦合性好，前端未见机械划伤特征，裂纹前端两侧组织未见脱碳现象，外表面可见全脱碳特征。

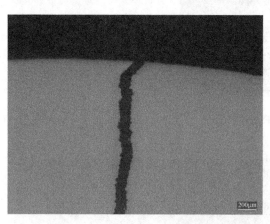

图 3-61　光杆处横截面抛光态宏观形貌

4）纵截面 2。图 3-63 所示为末端处纵截面微观形貌，可见螺纹存在半脱碳现象，螺纹非受力面中径以上存在折叠，折叠延伸至中径处。

（5）纵向金属流线检查

图 3-64、图 3-65 所示分别为头杆及末端部位纵截面金属流线低倍形貌，可见流线随外形分布，未见异常。

 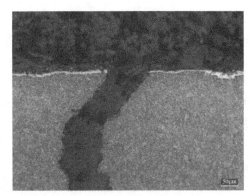

图 3-62　光杆处横截面微观形貌（4%硝酸酒精腐蚀）

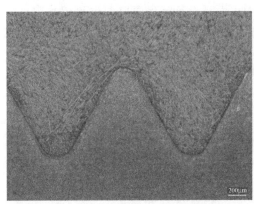 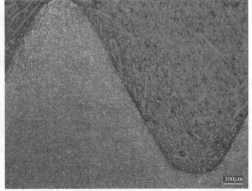

图 3-63　螺纹纵截面微观形貌（4%硝酸酒精腐蚀）

图 3-64　纵截面 1 金属流线宏观形貌　　　　图 3-65　纵截面 2 金属流线宏观形貌

图 3-66 所示为金属流线微观形貌，可见材料螺栓存在严重的带状组织偏析，裂纹方向与带状偏析方向一致。

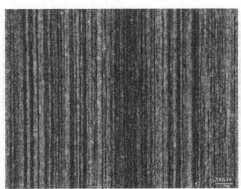 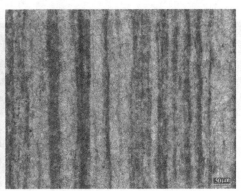

图 3-66　纵截面 2 金属流线微观形貌

3. 综合分析

送检螺栓裂纹为纵向裂纹，整体平直、贯穿整个螺栓长度，深度方向可见裂纹刚劲有力，尾端尖细，且裂纹两侧耦合性好，以上特征均与淬火裂纹相符。

螺栓淬火裂纹一般发生在易形成应力集中的地方，如头杆连接处、花键齿底部以及螺纹牙底，尤其是螺纹收尾处、花键齿底、锻造缺陷（折叠）、原材料表面划伤等部位。

由于送检螺栓的裂纹为纵向裂纹，而一般发生在头杆连接处及螺纹收尾处的裂纹均为横向裂纹，与实际不符；通过对光杆部位进行检查，未发现裂纹及附近表面存在划伤痕迹，因此也可以排除；未淬裂的花键齿底相对完好，因此也可以排除；尽管螺纹处有微小折叠，但热处理后未进行延伸。

螺栓发生淬火开裂可能还与组织缺陷有关，例如粗大马氏体组织、网状碳化物、粗大夹杂物、严重组织偏析、表面脱碳等，组织检查表明，前三项可以排除；金属流线检查表明，螺栓存在明显带状组织偏析，由于带状组织的存在，淬火时所受应力差异大；而且，花键齿底应力也比较集中，最终导致淬裂。结合螺栓裂纹主方向与偏析方向一致，裂纹笔直，刚劲有力，且贯穿整个螺栓长度，确定符合带状偏析导致开裂的形貌。

综上所述，送检螺栓淬火开裂的原因可能与带状组织偏析有关。

4. 结论

1）送检螺栓的裂纹性质为淬火裂纹。

2）淬火裂纹产生的原因与带状组织偏析有关。

5. 改善措施

1）针对带状偏析做出明确的合同规定。

2）按照合同进行来料检测。

3.5.3 轴承端盖螺栓断裂

根据螺纹成型所使用设备不同，螺纹可以分为滚压螺纹和搓丝螺纹。在螺纹制备过程中，工艺参数选择不当、材质不良或润滑不当，会导致螺纹处产生折叠、孔洞、局部受压破碎等缺陷。与淬火裂纹不同，这些缺陷难以通过无损检测的方法识别出来，容易混入成品中，形成使用中的潜在危险。而且，有些折叠深度足够深，很容易引起原始的疲劳裂纹或淬火裂纹。搓螺纹或滚压螺纹造成的折叠缺陷的特点是每个螺纹处折叠的位置与形态基本相同，并与流线方向有关。

螺纹折叠缺陷一般具有如下特征：①折叠在每个螺纹的位置与形态大致相同；②折叠开口处较圆滑，裂口较宽，两侧无冶金缺陷；③折叠走向与螺纹表面成一定夹角，并与流线方向有关。

折叠缺陷形成原因一般与材料过软或过硬、滚丝模表面有损伤或粘连氧化皮有关。某六角头螺栓的螺纹根部折叠缺陷如图3-67所示。该折叠位于螺纹根部，会大幅增大该区域的应力集中系数，从而降低螺栓疲劳强度。例如，35CrMo的六角螺栓在进行疲劳试验时发现早期开裂，经裂纹截面微观形貌检查发现，疲劳裂纹恰好起始于折叠缺陷处，如图3-68所示。

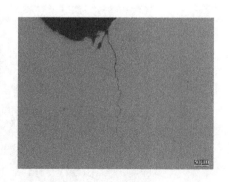

a) 螺纹根部放大照片　　b) 螺纹根部折叠缺陷截面微观形貌（放大倍率100）

图 3-67　螺纹根部的折叠缺陷　　　　图 3-68　从折叠缺陷处萌生的疲劳裂纹

1. 概况

某公司生产的轴承端盖螺栓在服役约 1 年半后突然断裂失效，给设备运行带来很大影响及危害。螺栓的规格为 M16，强度级别为 10.9 级，材料为 40Cr，表面采用磷化上油防腐处理，当时螺栓的装配力矩为 280N·m。

2. 理化检验

1) 宏观形貌分析。螺栓断裂处位于旋合螺纹第一扣处，断口附近未见明显塑性变形痕迹，如图 3-69 所示。断口上具有疲劳断裂特征的贝纹线清晰可见，疲劳源附近可以观察到由多次裂纹交汇形成的台阶，整个断口具有多源疲劳断裂特征，应力集中现象明显，6 点方向为瞬断区。

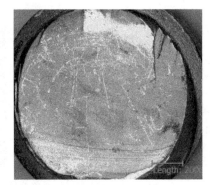

图 3-69 螺栓断裂位置及断口宏观形貌

2) 微观形貌分析。将螺栓断口放入扫描电子显微镜观察，其断面电镜低倍形貌如图 3-70 所示，可见明显的海滩花样，占整个断面面积的 80% 以上，呈疲劳断裂特征。

a) 螺栓断口疲劳区

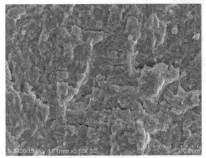

b) 螺栓断口扩展区1

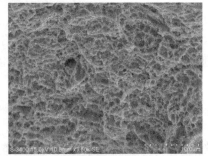

c) 螺栓断口扩展区2

图 3-70 螺栓断口疲劳区和扩展区微观形貌

3) 化学成分分析。对断裂螺栓取样进行化学成分检测，检测结果见表 3-21，可以看出，其化学成分符合 GB/T 3077—2015 标准中关于 40Cr 的技术要求。

表 3-21 螺栓的化学成分（质量分数）

元素	C	Si	Mn	P	S	Cr	Ni	Mo
标准	0.37~0.44	0.17~0.37	0.50~0.80	≤0.030	≤0.030	0.80~1.10	≤0.030	≤0.10
实测	0.40	0.21	0.75	0.005	0.005	1.02	0.02	0.03

4) 金相检查。图 3-71 所示为断裂螺栓基体的显微组织。其组织为回火索氏体，晶粒度约为 8 级，属于 40Cr 材料正常的调质组织。图 3-72 所示为裂纹源附近的微观形貌，螺纹底部过渡曲面质量较好，但值得注意的是螺牙底部存在线状缺陷，缺陷两侧存在内氧化现象。根据以上特征可以推断，该缺陷为螺纹滚制过程中的折叠缺陷。

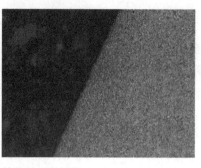
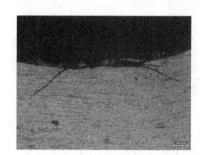

图 3-71　断裂螺栓基体的显微组织　　　　　　　图 3-72　裂纹源附近的微观形貌

3. 分析与讨论

疲劳断裂是承受动载荷螺栓的常见失效形式之一。该螺栓在设备运行过程中受到交变载荷作用，具备了螺栓疲劳断裂的服役载荷特征。断裂部位位于齿轮轴端面与盖板结合面，即螺栓螺纹受力的第一扣处螺纹底部，该部位是螺栓连接结构中应力集中最严重的部位。

引起疲劳断裂的原因一般为螺栓表面缺陷（如折叠）、应力集中（如牙底圆弧半径过小）或预紧力不规范（安装过松、过紧都会导致早期疲劳断裂）。从以上检测分析可知，断裂螺栓螺纹底部过渡曲面质量较好，但螺纹根部存在折叠、脱碳缺陷。在静载荷下服役，其性能可以满足使用要求，但当螺栓在振动或交变载荷下服役时，由于牙纹底部存在折叠缺陷，就会导致螺栓表面疲劳强度降低，易在螺纹牙底等应力集中处萌生疲劳断裂。

螺栓最终断裂区面积极小，表明螺栓在最终断裂时所承受的应力较小，这说明螺栓断裂前已经松动。在振动条件下工作的螺栓，如果没有采取有效的防松措施则很容易发生松动，松动后的螺栓受力更加复杂。在复杂交变应力作用下，已萌生的疲劳微裂纹容易进一步扩展，最终导致断裂。

4. 结论

1）该螺栓的断裂性质是多源高周疲劳断裂。

2）螺纹滚压工艺不当，螺纹根部存在折叠缺陷，折叠缺陷会加剧螺纹底部的应力集中现象，并在折叠处形成疲劳源。这是导致螺栓早期疲劳断裂的主要原因。

3）螺栓表面的脱碳层导致了螺栓表面的弱化，使得螺栓表面硬度和强度明显低于基体，加速了疲劳裂纹源的形成。这对螺栓发生早期疲劳失效具有促进作用。

5. 改进措施

1）加强螺纹成型工艺的控制，定制滚丝轮或搓丝板模具寿命，并实施监管。

2）定期清除冷却油杂质，尤其是附着在模具上的杂质。

3）加强螺纹成型首件检验，及时调整产品质量。

4）加强热处理过程控制，合理设置碳势范围，防止螺纹表面脱碳。

5）重要或特殊场合，可以采用先调质后滚压螺纹的工艺，这样可以增加牙底的残余压应力，提高疲劳寿命。

6）螺栓安装时要控制安装预紧力并涂抹螺纹放松胶，防止出现过紧或过松现象。

3.5.4　六角法兰面螺母冷镦过程中开裂

1. 概况

六角法兰面螺母采用SWRCH35K钢盘条经退火拉丝后冷镦而成。冷镦工序检验时，发现在冷镦过程中大量螺母的法兰面有开裂现象。

故障螺母开裂均发生在法兰面处，单个螺母的裂口数量不一，最多达3条，开裂故障件形貌如图 3-73 和图 3-74 所示。

图 3-73　开裂螺母形貌 1

图 3-74　开裂螺母形貌 2

2. 分析

采用光谱仪对开裂螺母进行化学成分分析，分析结果表明，化学成分符合 JIS G 3507-1：2005 标准中 35K 钢材料的要求。

对开裂螺母裂纹附近表面和裂纹开口处切取试样，制成金相试样经 4% 硝酸酒精溶液浸蚀后进行观察。螺母开裂裂纹由六方面表面向螺母中心区域扩展，裂纹附近表层组织发现有较严重的脱碳，全脱碳层深度为 0.20mm，总脱碳层深度为 0.30mm，如图 3-75 所示。裂纹开口位置的表层组织也有脱碳，在螺母裂纹开口处的起始位置，可以观察到一个大尺寸铁素体晶粒，如图 3-76 所示。

图 3-75　裂纹附近表层脱碳组织

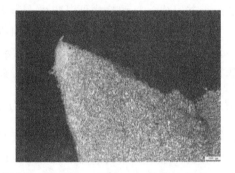

图 3-76　裂纹开口处脱碳组织

对开裂螺母使用的原材料进行金相检查。开裂螺母使用的原材料经拉丝后退火，表面有严重脱碳，在脱碳层的金相组织中也可以观察到有许多大尺寸晶粒存在。

该螺母冷镦变形量大，因此，要求螺母的原材料表面质量和强度必须满足螺母冷镦变形要求。如果螺母的原材料表面质量和强度达不到螺母的冷镦变形要求，则在冷镦过程中螺母就会产生开裂。

螺母原材料直径为 14mm，由于线材退火工艺不当，在退火过程中造成脱碳，金相检查时反映出线材表面显微组织有严重脱碳现象。

对开裂螺母裂纹附近表面和裂纹开口处金相组织进行检查，发现裂纹由六方表面向螺母中心区域扩展，并有分叉现象。在裂纹开口位置和裂纹附近表层组织中均发现表面有较严重的脱碳，全脱碳层深度为 0.20mm，总脱碳层深度为 0.30mm。

法兰面螺母的冷镦开裂均发生在法兰面处，越靠近法兰面外沿，裂纹的开口越大，这说明裂纹起始于法兰面的最外沿处，并逐步向螺母中心区域扩展，最终形成开口型。

由于采用的原材料表面有严重的脱碳层，脱碳层中有粗大的铁素体晶粒，使材料表层的强度降低。在冷镦变形时，法兰外沿处材料在充满模具前受到三向应力作用，即内部材料向外延展产生的挤压力，法兰外沿处的材料在延展时受到很大的切向应力作用。当材料变形达到极限时，大尺寸铁素体晶粒处强度较低，易最先发生裂纹，变形过程中于法兰面的外沿处裂纹扩展，进而撕裂开口。

六角法兰面螺母冷镦时法兰面变形较大，螺母的原材料表面脱碳超标以及表层大尺寸铁素体晶粒的存在，导致六角法兰面螺母冷镦时，在变形较大的法兰面开裂。

3. 结论

1）由于螺母的原材料表面脱碳超标以及表层大尺寸铁素体晶粒的存在，六角法兰面螺母冷镦时，在变形较大的法兰面开裂。

2）原材料退火时，操作过程一定要严格执行工艺标准，防止产生严重脱碳。

3）建议原材料在生产前进行金相脱碳检验。

3.6 发展趋势及展望

近年来，紧固件产品，尤其是汽车发动机紧固件等一些特殊部位产品的质量要求越来越高。这样，对产品检测的要求也趋于提高，例如，要求首件检测的方法与批产品的检测方法一致，要求对过程能力和过程稳定性进行测评并提供可接受的证据等。为适应紧固件制造的多样化特点，保证产品质量，提高生产效率和降低制造成本，在线检测和自动分选将逐步实现。

3.6.1 自动检测

随着5G、集成电路、集成芯片技术的广泛应用，自动检测技术也日趋成熟，未来的发展势必趋于自动化。自动检测技术是自动化科学技术的一个重要分支学科，是在仪器仪表的使用、研制、生产的基础上发展起来的一门综合性技术。自动检测在测量和检验过程中完全不需要或仅需要很少的人工干预就可自动进行并完成。自动检测可以减少人为干扰因素和人为差错，提高生产过程的可靠性及运行效率。自动检测的作用首先是根据检测结果做出相应的控制决策，实施在线自动控制；其次是通过自动检测筛选出不合格产品。自动检测技术的主要内容包括测量原理、测量方法、测量系统及数据处理。自动检测技术具有实时性强、一致性好、可靠性高、效率高的特点，适用于批量加工检测。

3.6.2 自动检测技术在紧固件行业的应用

在线检测就是将紧固件检测设备直接安装在生产线上，通过检测设备实时检测、反馈，以更好地指导生产。目前，紧固件在线检测系统可以应用在设备尾端或转序工序上。例如，在冷镦机台尾端连接光学筛选，可实现在线自动检测；在成型过程中，可通过影像投影进行比对、检测，检测后自动进行分选等。紧固件成品检测设备从信息的传输形式上看，主要有模拟式和数字式两种。

（1）模拟式检测设备

模拟式检测设备由传感器、信号调理器、显示/记录装置和/或输出装置组成。其原理是将被测产品放在上料振动盘上，通过上料定位机构，由伺服控制的多机械手（自动传输定位系统）送向高像素CCD进行自动模拟拍摄测量，再通过自动分选下料系统、智能化测控系统及计算机数据处理系统，根据产品的测量值自动分选出合格工件、废件、可返修工件，并将它们分别传送到合格品区、废品区和返修待处理区。

（2）数字式检测设备

数字式检测设备目前主要指带微型计算机的测量系统，由传感器、信号调理器、输入接口、中央处理器组件、输出接口和显示记录等外围设备组成，如图3-77所示。其原理是将被测产品通过伺服控制的多机械手（自动传输定位系统）送向激光测量区，再通过自动分选下料系统、智能化测控系统及计算机数据处理系统，根据产品的测量值自动分选出合格工件、

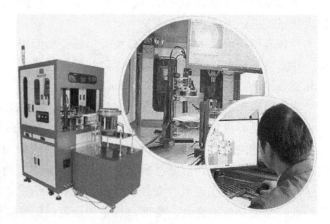

图3-77 紧固件自动筛选机

废件、可返修工件，并将它们分别传送到合格品区、废品区和返修待处理区。可将该设备直接连接在机床的产品出料口上，也可单独使用。

3.6.3　一键测量

汽车紧固件的种类繁多，需要检测的项目相对较多，检测也变成了一件繁琐的事。传统的二次元影像测量仪，采用光栅尺位移传感器作为精度标，因此二次元影像只能单个测量，虽然可以编程测量，但也有先后顺序并耗费较长时间。

随着检测技术的革新，一键式测量技术的优点也凸显出来。它采用新型的影像测量技术，不需要使用光栅尺，也不需要经过大焦距的镜头放大产品影像来保障测量精度。一键式测量仪的测量原理是通过一个大视角、大景深的远心镜头，将产品轮廓影像大幅缩小后传输至几百万像素的高分辨率CCD相机上做数字化处理，再由有着强大计算能力的后台绘图测量软件按照预编程指令快速抓取产品轮廓图，与以高像素相机微小像素点形成的标尺进行对比后，计算出产品尺寸，同时完成对尺寸公差的评价。一键测量仪可以做到多工件、多尺寸，仅用时 2~5s 就可完成全部测量。

第4章

汽车紧固件热处理检测

4.1 概述

热处理往往指金属热处理，它是汽车供应链中的关键工艺，在汽车产品质量体系和表面处理中均属于特殊工艺。与其他工艺相比，热处理一般不改变零件的形状、尺寸和化学成分，通过改变其内部的微观组织，或在表面渗入其他化学元素，赋予或改善其综合性能。热处理往往是改善零件的内在特征。为使汽车紧固件具有所需要的力学性能、物理性能和化学性能，除合理选用原材料和各种成型工艺外，紧固件热处理是必不可少且非常重要的工艺。

金属热处理基本可分为整体热处理、表面热处理和化学热处理三大类。根据加热介质、加热温度和冷却方法的不同，每一大类又可分为若干小类。同一种金属采用不同的热处理工艺，可获得不同的微观组织，从而具有不同的性能。热处理工艺一般包括加热、保温、冷却三个过程。有时只有加热和冷却两个过程，这些过程互相衔接且相互影响。加热是热处理的重要工序之一，金属加热时，由于设备和工艺控制、人员操作等方面的原因，常常发生过热、温度不均、脱碳（即钢铁零件表面碳含量降低）等质量缺陷，这对于热处理后零件的性能有很不利的影响。

紧固件作为汽车上数量众多的零件，其生产加工也往往应用了多种金属冷热加工工艺，如冷镦、冷锻、机加工、热处理、表面处理、焊接等。紧固件虽小，其工艺性和稳定性却不容忽视，尤其是热处理在紧固件生产中往往作为特殊工艺而具有重要作用，其设计、变更、评估、验收通常需要一定的流程，由跨团队、跨部门人员共同完成。

对汽车紧固件来说，由于碳钢材料和合金钢材料的普遍使用，热处理类型主要为调质（淬火加高温回火），但随着对新材料、新工艺的不断探索和应用，不锈钢、耐热钢、镍合金、铝合金紧固件也越来越多地应用在汽车上，因此催生了适用于这些原材料的不同于普通碳钢或合金钢的热处理工艺，如铁素体不锈钢紧固件的退火工艺、沉淀硬化型耐热钢紧固件的真空热处理（固溶处理和时效处理）工艺、铝合金螺栓的时效处理等。不同的原材料及热处理工艺决定了不同的检测方法和相应的质量标准。

4.1.1 热处理的质量控制

汽车紧固件热处理质量控制的目的是保证被处理紧固件的内在质量指标符合设计规定范围。通常来讲，热处理质量控制的内容应该包括：
- 紧固件设计中的参数控制。
- 热处理设备及热工仪表的质量控制。
- 热处理工艺设计中的参数控制。

- 热处理加工工序的质量控制。
- 紧固件材料及热处理工艺材料（如淬火油、分解气体）的质量控制。
- 热处理成品检验的质量控制。
- 操作者技能和责任控制等建立在热处理质量控制体系上的全过程质量控制。

热处理质量控制体系以保证和提高热处理质量为目标，遵照有关"标准""条例""规则""合同"要求，制定热处理质量控制的职责、工艺试验、工艺文件编制、设备与仪表控制、操作与记录，以及不符合项处理等程序和要求。

热处理的检测和其他检测一样，对最终产品质量有着重要意义，对整个紧固件产品生产加工来说，是为了保证不合格品不能流入下道工序，记录、分析和评价所得检验数据，为质量控制提供依据。热处理质量控制体系一般包括以下四个方面：

1）检验设备的质量控制。检验设备必须符合相应的标准规定，并定期经技术监督部门检定，保证其检测精度和测量数据的可靠性，检验结果应记录在档案中。

2）检验规程。热处理质量检验（包括硬度、金相、无损检测等）均必须编制相应的书面检验规程或检验工艺卡，检验文件应符合相应的标准和技术要求。

3）检验报告和记录。检验人员应按有关检验规程要求认真做好检验记录并编制检验报告，记录的草图、数据应清楚准确，并保证记录结果的可追溯性。

4）检验标识。经过检验的紧固件，应按规定做好标识，避免混淆。不合格零件应做好特定标识，放在规定地点，避免下道工序误用。

总体来说，产品设计、工艺设计及原材料控制是热处理质量控制的三大方面。由于篇幅有限，本章主要从热处理常用检测设备和工艺、常规检测项目等方面来阐述汽车紧固件热处理质量检测内容。

4.1.2 常用设备

汽车紧固件的热处理检测根据检测手段和方法可以大致分为力学性能检测和微观组织检测。要实现这些检测目标，正确而合适的检测设备和工艺是必不可少的。紧固件热处理检测设备主要有硬度计、光学显微镜、电子显微镜（含透射电子显微镜和扫描电子显微镜）、体式显微镜、拉伸试验机（含高温和低温）、疲劳试验机（含高温疲劳）等。详见本书第11章。

1. 硬度计

紧固件硬度检测常用的硬度计是洛氏硬度计、维氏硬度计、布氏硬度计。

（1）洛氏硬度计

洛氏硬度计可根据应用不同，分为一般洛氏硬度计、表面洛氏硬度计、综合型洛氏硬度计。工作原理：在规定条件下，将压头（金刚石圆锥、钢球或硬质合金球）分两个步骤压入试样表面；卸载主试验力后，在初试验力下测量压痕残余深度，以压痕残余深度 h 代表硬度值，详见11.5.2节内容。

（2）维氏硬度计

维氏硬度计主要通过步进电动机，使用菱形压头对工件表面进行挤压，再由读数显微镜测量压痕的对角线长度。另外，维氏硬度计可以安装维氏硬度计测量软件，通过计算机显示器来显示图像，操作更快捷，详见11.5.2节内容。

（3）布氏硬度计

布氏硬度计多用于原材料和半成品的检测，如铸件、锻件、供货状态的钢材、有色金属及经过调质热处理的半成品钢铁工件。它主要用于组织不均匀的锻钢和铸铁的硬度测试，锻钢和灰铸铁的布氏硬度与拉伸试验有较好的对应关系。布氏硬度试验还可用于有色金属和软钢，采用小直径球压头可以测量小尺寸和较薄材料，由于压痕较大，一般不用于成品检测，详见11.5.2节中布氏硬度试验原理相关内容。

2. 显微镜

显微镜根据成像原理，可以大致分为光学显微镜和电子显微镜。热处理检测中常用的金相显微镜和体视显微镜属于光学显微镜,扫描电子显微镜和透射电子显微镜属于电子显微镜。

(1) 金相显微镜

根据样品放置方式,金相显微镜可以分为正置和倒置两种,一般用于放大倍数1000以下的显微组织观察,放大倍数取决于目镜和物镜放大倍数的乘积,分辨率取决于物镜,一般为0.2~0.4μm。热处理后的紧固件的显微组织分析离不开金相显微镜,一般会搭配计算机进行图片的拍摄、编辑以及存储,详见11.6.2节金相显微镜相关内容。

(2) 体视显微镜

体视显微镜属于低倍光学显微镜,是一种具有正像立体感的目视仪器,是从不同角度观察物体,使双眼产生立体感的双目显微镜。对观察体无需加工制作,直接放入镜头下配合照明即可观察,像是直立的,便于操作和解剖,详见11.6.3节内容。

(3) 扫描电子显微镜

与金相显微镜不同,扫描电子显微镜(Scanning Electron Microscopl,SEM)通常用来对断口进行分析。扫描电子显微镜是介于透射电子显微镜与光学显微镜之间的一种微观形貌观察工具,可直接利用样品表面材料的物质性能进行微观成像,详见11.7.1节内容。

(4) 透射电子显微镜

透射电子显微镜(Transmission Electron Microscope,TEM)可以看到在光学显微镜下无法看清的小于0.2μm的细微结构,这些结构称为亚显微结构或超微结构。要想看清这些结构,就必须选择波长更短的光源,以提高显微镜的分辨率,详见11.7.3节内容。

3. 试验机

试验机主要指材料试验机,对汽车紧固件来说,常用的主要是拉伸试验机(含高温拉伸)、疲劳试验机(含高温疲劳)等。

(1) 拉伸试验机

拉伸试验机可以进行拉伸、压缩、剪切、弯曲等试验,一般的拉伸试验机具备试验过程的全自动控制、自动测量等功能,主要用于紧固件的原材料检测,也可实现紧固件成品的力学性能检测。对于耐热钢生产的高温连接紧固件,往往还需要检测原材料或成品紧固件的高温力学性能。高温拉伸试验机相比常规拉伸机,主要增加了一个移动式高温试验箱,一般采用双层隔热玻璃门,方便用户观察试验情况,详见11.5.1节内容。

(2) 疲劳试验机

疲劳试验机用于测定金属材料在室温或高温状态下的拉伸、压缩或拉压交变负荷疲劳特性、疲劳寿命、预制裂纹及裂纹扩展试验。对汽车紧固件产品而言,疲劳试验通过绘制金属材料或紧固件产品的疲劳曲线($S\text{-}N$曲线),观察疲劳破坏现象和断口特征,评估金属材料或紧固件产品的疲劳极限。对于耐热钢生产的高温连接紧固件,往往还需要检测原材料或成品紧固件的高温疲劳性能,详见11.5.4节内容。

4.1.3 常规检测项目

1. 硬度

如果紧固件是整体调质处理,则洛氏硬度是应用最广泛的硬度检测方法,它依靠测量压痕的深度来度量材料或工件的硬度。

如果紧固件是表面热处理,如渗碳、碳氮共渗工艺,则显微维氏硬度是应用最广泛的检测方法。表面热处理的紧固件一般需要检测三项指标:表面硬度、芯部硬度和硬化层深度。其中,硬化层深度往往要求采用显微维氏硬度梯度法进行测量,也可配合金相法。梯度硬度法通常作为仲裁检测方法。

2. 金相组织

金相观察往往是热处理中必不可少的检测手段,对汽车紧固件来说,采用整体调质处理的紧固件,其正常组织为索氏体组织（国外称回火马氏体），除微观组织观察外，还需要对表面裂纹、脱碳层、内氧化等热处理缺陷进行检测。

3. 无损检测

常见的无损检测手段主要有磁粉探伤、涡流探伤、渗透法探伤、超声波探伤以及 X 射线探伤。汽车紧固件一般不要求做无损检测。

4. 其他力学性能

在特殊情况下或客户要求时，热处理后的汽车紧固件成品可能会进行拉伸（含高温拉伸）、冲击、疲劳（含高温疲劳）等力学性能试验。

4.2 调质紧固件热处理检测

钢材经过淬火后进行高温回火的热处理工艺称为调质处理。调质处理主要用于中低碳钢制造的各种机械结构零部件，经过调质后一般可获得回火索氏体组织或回火屈氏体组织，工件基本消除了残余应力。调质处理使钢的强度、塑性和韧性得到很好的改善，具有良好的综合力学性能。调质是紧固件的重要热处理工艺，通过调质可以使紧固件获得设计所要求的硬度、强度、塑性、韧性和低缺口敏感性，以及较高的抗弯强度等综合力学性能，避免产生松弛或松动现象，从而保证紧固件的质量和可靠性。

紧固件连接通常要承受静态载荷和动态载荷。在静态载载荷条件下，要求螺栓的强度必须满足设计要求，才能避免变形、弯曲、断裂等失效事故的发生。许多汽车紧固件始终处于动态载荷状态，其受力方向、位置、角度、数值都会随时发生变化。紧固件始终处在交变载荷的作用下，其刚性和韧性指标都必须得到保证。调质工序的质量决定了紧固件的最终力学性能和一定工作条件下的安全寿命，对保证汽车安全有十分重要的作用。

紧固件调质处理最终获得的组织是回火索氏体组织或回火屈氏体组织，它们都是淬火马氏体组织回火分解形成的组织。在本质上，它们都是回火珠光体组织，只是由于回火温度不同，最终形成的珠光体片层间距有一定区别。回火索氏体是片状马氏体在 500~650℃ 区间回火得到的多边形铁素体和粗粒渗碳体的机械混合物，在光学金相显微镜下放大 500~600 倍才能分辨，它的铁素体基体内分布着碳化物（包括渗碳体）球粒，是铁素体与粒状碳化物的混合物。此时的铁素体已基本无碳的过饱和度，碳化物也为稳定型碳化物，常温下是一种平衡组织。回火索氏体组织的硬度一般为 200~350HV，这种组织能让零件获得强度、硬度、塑性和韧性都较好的综合力学性能，一般适用于 10.9 级及以下级别的紧固件。回火屈氏体是在 350~500℃ 温度下回火获得的组织，其硬度一般为 HRC（35~50），有较高的屈服强度、弹性极限和韧性，一般适用于 12.9 级及以上级别的紧固件。不同调质处理工艺的组织见表 4-1。

表 4-1　不同调质处理工艺的组织对比

转变产物	形成条件	相组成物	组织特征	强度/硬度	塑性/韧性
珠光体（P）	A_1~650℃	铁素体+渗碳体	由片层相间的铁素体片和珠光体片组成，片层较粗	力学性能取决于片层间距和珠光体团直径，珠光体的片间距和直径越小，钢的强度、塑性和硬度越高	
索氏体（S）	500~650℃		由片层相间的铁素体片和珠光体片组成，片层较细		
屈氏体（T）	350~500℃		由片层相间的铁素体片和珠光体片组成，片层极细		

常用的汽车紧固件调质设备有网带炉、多用炉、盐浴炉、真空炉等。其中，网带炉因自动化程度高、易实现大批量多批次连续生产、质量稳定、成本低，成为通用紧固件行业最常用的紧固件调质设备。紧固件调质处理常见设备见表 4-2。

表 4-2 紧固件调质处理常见设备

设备类型	工艺内容	紧固件类型	生产特点	成本与环保
网带炉 (图 4-1)	调质 浅层渗碳/碳氮共渗	中低碳钢、合金钢生产的螺栓/柱、螺钉、螺母、自攻螺钉	易实现大批量连续生产；产量大、质量稳定；自动化程度高，应用广泛	成本低、三废较少
多用炉 (图 4-2)	调质 渗碳/碳氮共渗		适用于不同材料不同要求小批量生产，工艺转换灵活	成本较高、三废少
盐浴炉 (图 4-3)	贝氏体等温处理	有一定弹性要求的垫圈、挡圈、弹片、卡箍等，常用 65Mn、65MnSi2、50CrVA、70#等材料	可实现自动化生产	成本高、硝盐对环境有污染
真空炉 (图 4-4)	调质 固溶、时效处理 渗碳/碳氮共渗	适用于各种材料各种类型的紧固件； 各种温度要求的工艺	适用于不同材料不同要求小批量生产，工艺转换灵活 自动化程度高	成本高、干净环保

图 4-1 网带炉

图 4-2 多用炉

图 4-3 盐浴炉

图 4-4 真空炉

紧固件调质一般都是连续式、大批量、多批次生产，要想保证每一批紧固件的热处理质量良好，就必须对紧固件在整个热处理过程中的一切影响因素实施全面控制，加强原材料质量检验及热处理调质工序的作业条件确认，如生产与检验设备精度、产能核算、热处理工程师的专业化要求，热处理车间管理人员的岗位要求和管理水平、操作人员的技能和责任心，热处理检验人员的要求等。只有每个过程严格按照作业标准执行，才能确保批量件质量良好。

紧固件调质质量特性通常是非直观的，是肉眼无法看到的内在质量（如金相组织、硬度、强度、伸长率等）。生产中为了保证热处理质量，一般要通过专门仪器设备（如各种硬度计、金相显微镜、各种力学性能试验机或仪器等），对紧固件或随炉试样进行检测，但受检验抽检率和检验部位的限制，对每一种规格的紧固件甚至每一炉次的紧固件来说，检验都是局部的或个别的，很难做到对热处理质量的

100%检测。因此,所有检测结果都不能完全反映整批紧固件或整个紧固件的热处理质量。

调质检验取样部位和数量应具有代表性,尽可能反映整批零件的质量状况。对淬火态零件检测,应从淬火槽至回火进料口之间取样,分别从同批次回火进料端的前段、中段、末段至少各取 1 件进行检验;回火态零件检测,应从完成全部调质工序的回火出料口处取样,每批次不少于 3 件。如果生产者不具备调质过程中在线检验的条件,则允许从完成全部调质工序的同批次件中随机抽取不少于 3 件进行检验。

紧固件的调质质量检验应由具备专业技能的专职检验人员完成,硬度、金相、拉力试验等检验过程对检验操作人员有一定的专业资质要求,必须经过专业培训和测评考试,具有正式资格证书,才能从事热处理检验工作。如果生产线的操作人员有自检要求,也应经过培训,在专职检验人员的认可或指导下进行自检活动。紧固件调质过程检验是破坏性的部分抽检,准确判定对整批产品质量判定和控制十分重要。因此,紧固件的调质检验应由热处理工程师或质量工程师编写标准的检验作业指导书,受控下发执行,主要包括检验操作指导书、检验项目和判定标准指导书、相关标准金相图谱及实物照片等。各类指导书应符合紧固件相关客户标准、行业标准、国家标准、国际标准等。

紧固件热处理质量决定了其最终力学和物理性能,热处理工序的检测项目见表 4-3,力学和物理性能检测请参阅第 7 章内容。

表 4-3 紧固件调质主要检测项目

检测项目		检测标准	检测设备
金相组织	淬火马氏体	GB/T 3098.1—2010《紧固件机械性能 螺栓、螺钉和螺柱》(以下简称 GB/T 3098.1—2010)	金相显微镜 硬度计
	回火组织级别	GB/T 13320—2007《钢质模锻件金相组织评级图及评定方法》(以下简称 GB/T 13320—2007)	
	铁素体含量	GB/T 4340.1—2009《金属材料 维氏硬度试验 第 1 部分:试验方法》(以下简称 GB/T 4340.1—2009)	
	未溶碳化物		
	磷层检测组织	硫酸铜试验或金相法	硫酸铜溶液浸泡 金相显微镜
脱碳和增碳	脱碳	GB/T 224—2019《钢的脱碳层深度测定法》(以下简称 GB/T 224—2019)、GB/T 3098.1—2010	金相显微镜 显微维氏硬度计
	增碳		
硬度	表面硬度		洛氏硬度计 维氏硬度计 显微维氏硬度计
	淬火态硬度		
	芯部硬度		
	芯表硬度差		
拉力测试	抗拉强度		拉力测试机

4.2.1 金相组织

金相组织检验就是用金相显微镜观察金属内部的组成相、组织组成物的类型,以及它们的相对含量、大小、形态及分布特征。材料的性能取决于内部的组织形态,而组织形态又取决于化学成分及加工工艺,热处理是改变组织的主要工艺手段,因此,金相分析是材料及热处理质量检验与控制的重要方法。下面简单介绍金相组织的基本概念。

表 4-4 列出了热处理常见组织。

表 4-4 热处理常见组织

名称	结构特点	存在条件	性能
奥氏体	面心立方晶格,多边形等轴晶粒,在晶粒内部往往存在孪晶亚结构	常存在于727℃以上,是铁碳合金中重要的高温相	强度和硬度不高,但塑性和韧性很好($R_m \approx 400$MPa, $z \approx 40\% \sim 50\%$,硬度为160~200HBS),易锻压成型;钢材热加工都在γ区进行
渗碳体	复杂斜方,铁与碳形成的金属化合物	高温下可分解,$Fe_3C \rightarrow 3Fe+C$(石墨)	渗碳体中碳的质量分数为6.69%,熔点为1227℃,硬度很高(800HBW),塑性和韧性极低,脆性大,是钢铁中的强化相
马氏体	C在α-Fe中的过饱和间隙式固溶体,具有体心立方点阵(C%极低钢)或体心正方(淬火亚稳相)点阵;板条、片状、蝴蝶状、薄板状及薄片状	淬火后组织;奥氏体快速冷却后的无扩散切变转变	高硬度和高强度
铁素体	碳在α铁中的固溶体,呈体心立方晶格,最大为0.02%	满足析出条件时,高低温都可存在	硬度和强度很低,80~120HB,R_m=250MPa;塑性和韧性很好,$z=50\%$,$\psi=70\%\sim80\%$
贝氏体	铁素体与碳化物的混合物铁素体呈针状,而碳化物呈极小的质点,以弥散状分布在针状铁素体内;呈黑色针状、羽毛状	过冷奥氏体在240~500℃等温转变后的产物	具有较高的硬度,40~55HRC,良好的塑性和很高的冲击韧性,综合机械性能比索氏体更好
珠光体	铁素体基本上分布着渗碳体的两相机械混合物;呈层片状、粒状	钢的退火或正火组织中	片间距减小,强度和硬度升高,同时塑性和韧性有所改善
索氏体	铁索体和较细的粒状渗碳体组成的组织	淬火钢重新加热到500~680℃回火后获得的组织	与细珠光体相比,在强度相同的情况下塑性及韧性都更高,随回火温度提高,硬度和强度降低,冲击韧性提高,硬度为23~35HRC,综合机械性能较好
屈氏体	铁索体和更细的粒状渗碳体组成的组织	淬火钢重新加热到350~450℃回火后获得的组织	硬度和强度虽然比马氏体低,但因组织很致密,仍具有较高的强度和硬度,并有比马氏体更好的韧性和塑性,硬度为35~45HRC

1. 金相试样

（1）取样

一般情况下,对于金相检验取样方式,根据零件结构及检验项目差异,一般分为纵向取样和横向取样。纵向取样指沿钢材锻轧方向取样,主要检验内容为非金属夹杂物的变形程度、晶粒度级别和晶粒畸变程度、碳化物网、变形后的各种组织形貌等组织情况。横向取样指垂直于钢材锻轧方向取样,主要检验内容为金属材料从表层到中心的显微组织结构状态与大小、表面缺陷深度（氧化层深度、脱碳腐蚀层深度、增碳腐蚀层深度及表面残存镀层厚度等）。

对缺陷或失效分析取样应围绕缺陷部位截取,应包括零件的缺陷部分在内,或在缺陷部分附近的正常部位取样。紧固件丝坯一般由冷镦成型,牙纹由滚丝或搓丝挤压成型。对紧固件调质检验来讲,最重要的项目是螺纹牙齿廓从表层到芯部的显微组织观察和表面缺陷检测,因此一般应沿螺纹中心线方向剖切取样,垂直于螺旋线方向横向切至少3个以上牙形,进行金相检验。

金相检验取样包括淬火态零件及回火态零件取样,一般取样数量参考如下：

1）连续式加热炉（如网带炉）：≥1件/批次 或 ≥1件/4h。

2) 不同批次零件材料变化时,每种材料至少1件。
3) 通常周期式加热炉(如井式炉、箱式炉):2~3件/炉。
4) 客户有特殊要求时,按客户特殊要求执行。

(2) 切样

切样前,如果样件表面进行过其他涂层或镀层处理,必须先将这些涂层或镀层去除干净后再进行切样检验;在距离螺纹末端的一个公称直径,沿螺纹轴线切取一纵向截面试件,步骤如下:

1) 根据试样选择切割长度。
2) 选择合适的卡具夹紧试样(试样松动容易使锯片破碎)。
3) 根据材料设定合适的切割参数。
4) 切割长度根据试样选择。
5) 转速为200~5000r/min,建议选择较低转速,减小对试样的损伤。
6) 进给速度受压力影响,对大多数材料而言,精密切割要求切割片转速较低,同时切割的压力也不能过高,以便将切割造成的表面损伤减到最小。

表4-5为切割机常用切割片比较。

表4-5 切割机常用切割片比较

类型	特性	应用	图片
碳化硅	硬、脆、有锋利棱角	一般用于非铁基材料,适合较软材料	
氧化铝	棕色:不如碳化硅硬但韧性好;白色:脆	一般用于铁基材料,适合较硬材料	
金刚石	最硬	适合较硬材料	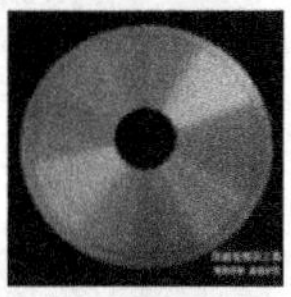
立方氮化硼	硬度与金刚石相近	在低转速下用于延性材料	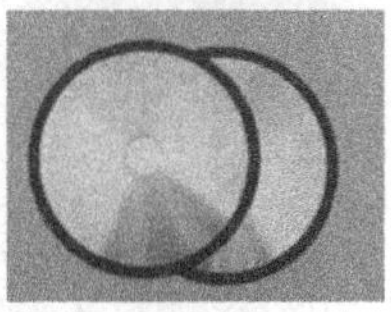

(3) 镶样

金相进行热塑镶样(截面为样块端面)时,一般加热至130℃保温5~10min,再降温至70℃以下即可取样,注意样品观察面塑粉必须压紧,热融固化完整。图4-5所示为金相镶样示意。

镶样的三类方法包括:加压热镶嵌(简称热镶嵌)、浇注冷镶嵌(简称冷镶嵌)、机械加持。

其主要步骤如下:

1) 根据试样要求选择合适的镶嵌方法。
2) 根据试样要求选择合适的镶嵌树脂。
3) 选择合适的加热温度、压力、加热时间、冷却时间参数。
4) 合适的树脂加入量(控制试样高度,防止树脂不够压坏模具)。

(4) 磨样

磨样是去掉损伤或变形层,获得仅有极小损伤的平的表面,一般分为粗磨、精磨两步。

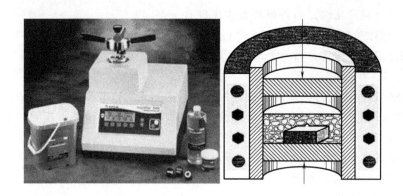

图 4-5 金相镶样示意

1）粗磨：用砂轮去除切割热影响或变形，使表面平整。

2）精磨：消除较深的磨痕，为试样抛光做准备；一般选用不同型号的碳氏硅（SiC）砂纸、金刚石磨盘等。碳化硅砂纸已经使用多年，但使用寿命较短。

磨光的定义为当试样表面以一定压力与固定在某种基底（例如砂纸）上的磨料颗粒产生相对运动时，产生了磨屑（即材料去除）并在表面留下磨痕，形成了具有一定深度的损伤层。图 4-6、图 4-7 所示为金相试样粗磨、精磨微观相。

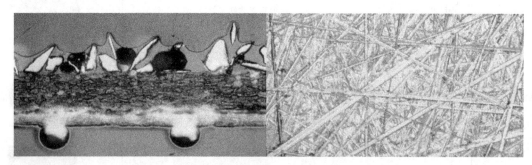

图 4-6 金相试样粗磨微观相（左）及划痕效果（右）

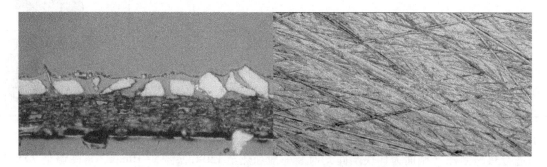

图 4-7 金相试样精磨微观相（左）及划痕效果（右）

（5）抛光

抛光是试样制备的最后一道工序，去除表面的细微磨痕成为光滑无瑕的镜面。由于磨料颗粒作用在试样表面上的应力较小，不会产生像磨光过程那样明显的材料去除效应，也不会出现肉眼可见的磨痕，而更像是一个连续进行、动作极为微小的显微切削过程，从而将留下的极细磨痕去除，这一过程称为抛光。用柔性织物（如细软绒布）抛光剂抛光样品观察面，直至金相显微镜下无粗大划痕。金相制样中的抛光可分机械抛光、电解抛光和化学抛光。抛光面质量对金相组织的详细观察有较大影响。图 4-8、图 4-9 所示为长绒抛光织物、短绒抛光织物。

图 4-8　长绒抛光织物

图 4-9　短绒抛光织物

（6）组织腐蚀

组织腐蚀是使试样表面有选择地溶解掉某些部分，使组织细节显露出来并产生适当的反差，例如晶粒与晶界、不同取向的晶粒、不同的相、成分不均匀的相（偏析）等，目的是显示真实、清晰的组织结构。

化学腐蚀剂的基本组成包括：腐蚀剂（盐酸、硫酸、磷酸、醋酸）、缓冲剂（乙醇、甘油）、氧化剂（过氧化氢、Fe^{3+}、Cu^{2+}）。

腐蚀需注意的事项如下：

1）选择并配置合适的腐蚀剂。

2）腐蚀时间控制。

3）腐蚀后试样一定要清洗干净并干燥。

对普通中低碳钢、合金钢组织进行化学腐蚀，将抛光样品放入 2%~4% 的硝酸乙醇腐蚀液中 4~10s，用纯乙醇滴吹腐蚀面，并用吹风机吹干腐蚀面，以显微镜下组织清晰为好。如果组织看起来太浅或过腐蚀，可以重新抛光，重新腐蚀到清楚为止。

2. 金相检验

由于紧固件一般具有大批量、连续式生产的特点，调质后产品金相检验非常重要，金相组织的优劣决定了性能的好坏，检验的结果直接决定了产品的合格与否，必须经过金相检验专业技能培训才能从事此工作。金相组织检验项目及标准见表 4-6。

表 4-6　金相组织检验项目及标准

检测项目	标准	技术要求	设备	检测频次	检验责任人
淬火组织	JB/T 9211—2008《中碳钢与中碳合金结构钢马氏体等级》	马氏体量≥90% 马氏体级别：碳钢3~6级；合金钢3~5级（根据金相图谱）	金相显微镜	1件/(班·炉)	热处理检验员
回火组织	GB/T 13320—2007	火索氏体级别（1~4级） 回火屈氏体级别（1~4级） 无网状游离铁素体含量（根据金相图谱）		1件/(炉·批次)	
δ-铁素体（富磷层）	GB/T 3098.1—2010	热处理前须去除磷化层			
脱碳层	GB/T 224—2019 GB/T 3098.1—2010	全脱碳层深度≤0.015mm，未脱碳层高度符合E值要求；不允许有增碳现象（金相法和显微硬度法）			
增碳层	GB/T 3098.1—2010	不允许有增碳现象（金相法和显微硬度法）			
渗碳层深度	JB/T 7710—2007《薄层碳氮共渗或薄层渗碳钢件 显微组织检测》	按渗碳工艺检验作业指导书要求			

淬火马氏体组织级别及判定标准见表4-7。

表4-7 淬火马氏体组织级别及判定标准

级别	金相组织	对应晶粒度	判定
1级	隐针马氏体,细针马氏体,铁素体≤5%	1级	不合格
2级	细针马氏体,板条马氏体	3级	不合格
3级	细针马氏体,板条马氏体	6~7级	合格
4级	板条马氏体,细针马氏体	8~9级	合格
5级	板条马氏体,针状马氏体	9~10级	合格
6级	板条马氏体,针状马氏体	10级	合格
7级	板条马氏体,粗大马氏体	10级	合格
8级	板条马氏体,粗大马氏体	10级	不合格

碳素结构钢淬火马氏体组织评级见图4-10。

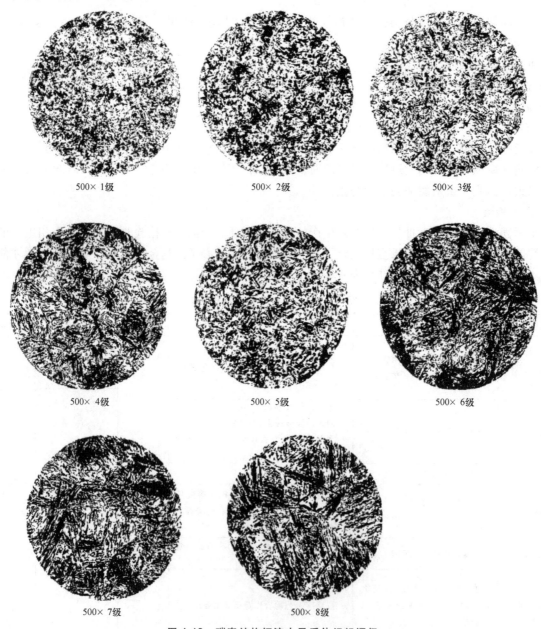

图4-10 碳素结构钢淬火马氏体组织评级

碳素结构钢调质回火索氏体组织级别及判定标准见表4-8。

表4-8 碳素结构钢调质回火索氏体组织级别及判定标准

级别	金相组织	判定
1级	回火索氏体	合格
2级	回火索氏体+极少量屈氏体+极少量铁素体	合格
3级	回火索氏体+极少量屈氏体+少量铁素体	合格
4级	回火索氏体+极少量屈氏体+部分条状铁素体	合格
5级	回火索氏体+屈氏体+条状铁素体	不合格
6级	回火索氏体+屈氏体+条状及网状铁素体	不合格
7级	回火索氏体+屈氏体+条状及块状铁素体	不合格
8级	回火索氏体+屈氏体+断续网状铁素体	不合格

碳素结构钢调质回火索氏体组织评级见图4-11。

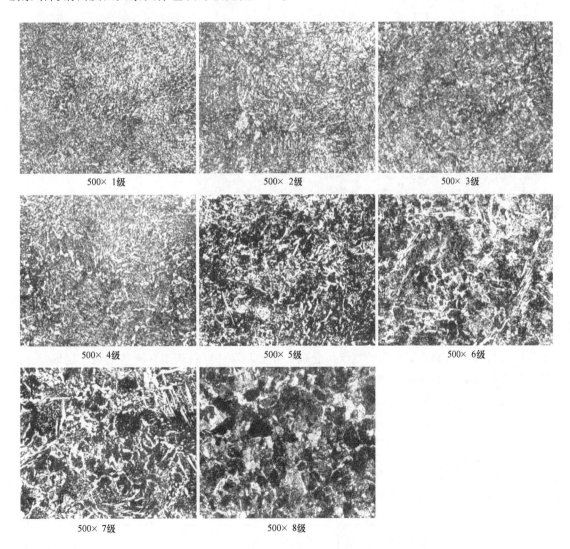

图4-11 碳素结构钢调质回火索氏体组织评级

碳素结构钢调质后芯部铁素体组织级别及判定标准见表4-9。

表 4-9 碳素结构钢调质后芯部铁素体组织级别及判定标准

级别	金相组织	判定
1级	无游离铁素体	合格
2级	微量游离铁素体	合格
3级	少量游离铁素体	合格
4级	中等量游离铁素体	合格
5级	较多游离铁素体	不合格

碳素结构钢调质后芯部铁素体组织评级见图 4-12。

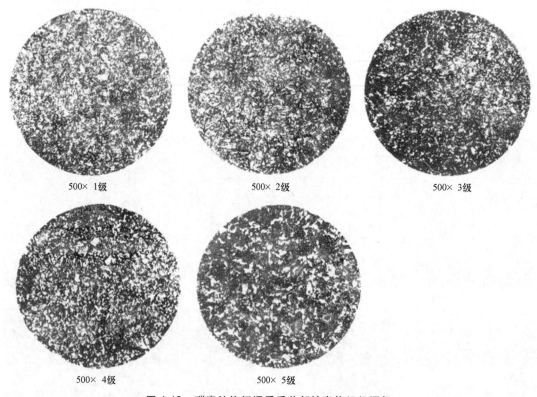

500× 1级　　　　500× 2级　　　　500× 3级

500× 4级　　　　500× 5级

图 4-12　碳素结构钢调质后芯部铁素体组织评级

4.2.2　脱碳和增碳

紧固件调质过程中，如果炉内保护气氛不合理，碳势与零件材料表面含碳量达到一定偏差，通常情况下，就会使零件表面发生脱碳或增碳现象，详见本书 7.2.4 节和 7.2.5 节内容。

紧固件脱碳和增碳的检验方法见表 4-10。

表 4-10　紧固件脱碳和增碳的检验方法

不合格项目	金相法			硬度法		
	判定标准	检验方法	检验设备	判定标准	检验方法	检验设备
脱碳	GB/T 3098.1—2010 第 9.10.1 条	由于碳的损耗使回火马氏体轻度变色	切样机 磨样机 抛光机 金相显微镜	GB/T 3098.1—2010 第 9.10.3 条	芯部硬度比表面硬度高 30HV(0.3)	切样机 磨样机 抛光机 显微硬度计
增碳	GB/T 3098.1—2010 第 9.11. 条	由于碳的增加，金相组织中一定深度的回火索氏体颜色明显比次表层要深		GB/T 3098.1—2010 第 9.11.3 条	芯部硬度比表面硬度低 30HV(0.3)	

1. 脱碳

紧固件热处理过程发生脱碳主要有两种机理：

第一种机理是零件表面的碳与加热炉保护气氛中存在的脱碳气体（氧、氢、二氧化碳、水蒸气等）发生化学反应而损失，造成零件表面碳含量降低。在这种情况下，一般会使零件表面的碳全部损失，表层组织全部为柱状纯铁素体组织，称为全脱碳。

第二种机理是保护炉气氛中的碳势（活性碳原子含量）低于零件表面，造成零件表面碳原子扩散到保护炉气氛中，使零件表面碳含量降低。这种机理下，零件表面的碳一般不会完全损失，但会使零件表面碳含量低于材料本身的平均碳含量，这种情况称为半脱碳。图4-13所示为全脱碳组织和半脱碳组织。

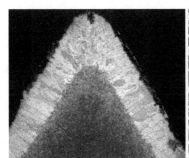
50× 牙尖全脱碳

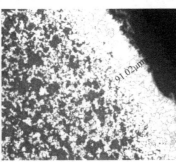
500× 牙尖全脱碳

200× 牙槽半脱碳

图 4-13 全脱碳组织和半脱碳组织

脱碳后，析出的铁素体在不同热力学条件下，会现出不同的晶体形状，当脱碳不十分严重时，如半脱碳或浅层脱碳时，主要形成粒状铁素体晶粒；当发生严重的全脱碳而且深度较深时，会出现柱状铁素体晶粒，见图4-14、图4-15。

图 4-14 粒状晶脱碳

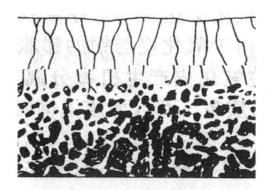
图 4-15 柱状晶脱碳

对紧固件热处理来讲，不管全脱碳还是半脱碳，都是比较严重的热处理缺陷，其结果是零件表面碳含量低于次表层及内部碳含量，而表面碳含量的降低，会造成零件表面材料淬透性下降及淬火马氏体硬度下降，淬透性下降会导致表层淬火组织中产生铁素体组织，或表层马氏体组织中碳的过饱和度下降，这会造成表面硬度比次表层及芯部硬度低。低硬度会造成螺牙表面强度和耐磨性下降，疲劳强度下降，螺纹在拧紧过程中存在滑牙风险或脱扣风险。研究表明，在受剪切力或冲击载荷作用下，牙纹表面非马氏体组织处会产生微小裂纹，这些微小裂纹对零件而言是重大内在安全隐患。在一定条件下，这些微小裂纹可能会扩展，造成紧固件使用过程中发生断裂。

2. 脱碳的检测

脱碳的检测按 GB/T 3098.1—2010 标准第 9、11 条执行。检测方法主要有金相法和硬度法。

（1）脱碳的金相法检测

该方法适用于所有规格及等级的紧固件脱碳检测。金相样件的制备要求与本节中描述的内容相同。需要注意的是，如果样件表面进行过其他涂层或镀层处理，则必须先将这些涂层、镀层去除干净，才能进行金相法检测；如果组织看起来太浅或过腐蚀，则重新抛光到清楚为止，详见 7.2.4 节内容。

（2）脱碳的硬度法检测

该方法适用于具有以下规格的紧固件：螺距 $P \geq 1.25\text{mm}$；性能等级 8.8~12.9。虽然试样应根据 4.2.1 节中描述的方法制备，但不必浸蚀和去除表面涂层，详见 7.2.4 节内容。

3. 增碳

紧固件调质过程中，表面发生增碳的根本原因是炉气中的碳势（活性碳原子含量）高于零件表面，造成炉气中的活性碳原子渗入并扩散到零件表面。导致零件表面碳含量高于材料芯部碳含量。

增碳的本质是零件表面发生了渗碳化学反应，其主要步骤如下：

1）渗碳介质的分解。由介质中分解出活性碳原子。渗碳气氛在高温下分解出活性碳原子［C］，即气氛发生了如下反应：

$$CH_4 \longrightarrow 2H_2 \uparrow + [C]$$
$$2CO \longrightarrow CO_2 \uparrow + [C]$$
$$CO + H_2 \longrightarrow H_2O + [C]$$
$$2CO \longrightarrow O_2 \uparrow + 2[C]$$

2）碳原子的吸收。工件表面吸收活性碳原子，也就是活性碳原子由钢的表面进入铁的晶格，进而形成固溶体或特殊化合物。

3）碳原子的扩散。被工件吸收的碳原子在一定温度下由表面向内部扩散，形成一定厚度的渗层。

对紧固件来讲，除有特殊要求的零件（如自攻螺钉渗碳工艺）外，表面增碳也是一种严重的热处理缺陷，会使其部分机械性能恶化，如表面硬度比芯部硬度高出较多，表面脆性增大，虽然牙纹表面强度和耐磨性增高，但脆性大幅增大，造成螺纹在拧紧过程中存在牙纹崩裂风险，以及紧固件使用过程中表面诱生裂纹后的断裂风险。因此，除非有特殊要求，否则紧固件牙纹表面增碳也是不允许的。

4. 增碳的检测

（1）增碳的金相法检测

该方法适用于所有规格及等级的紧固件增碳检测。金相样件的制备要求与本节描述的相同，需要注意的是，如果样件表面进行过其他涂层或镀层处理，则必须先将这些涂层、镀层去除干净，才能进行金相法检测。如果组织看起来太浅或过腐蚀，则重新抛光到清楚为止。牙纹增碳见图 4-16、图 4-17。

图 4-16　牙纹增碳 100×

图 4-17　牙纹增碳 200×

（2）增碳的硬度法检测

硬度法是通过比较基材硬度（芯部硬度）与表面硬度的差值来判定零件表面层是否增碳，以及增碳是否会引起表面硬度升高及脆性增加。需要注意增碳导致的硬度增加与表面热处理或冷处理导致的硬度增加的区别。

增碳可以通过以下两种硬度检测方法之一，或其他指定的硬度检测方法进行检测：

1) 横截面硬度法，适用于具有以下规格的紧固件：螺距 $P \geq 1.25$；性能等级 8.8~12.9。虽然试样应根据 4.2.1 节描述的方法制备，但不必浸蚀和去除涂层。

2) 表面硬度法，适用于具有以下规格的紧固件：所有尺寸；性能等级 8.8~12.9。表面硬度测量点位置包括：①外螺纹零件的轴部；②外螺纹端面；③螺栓的六角平面或端面（螺母的测量位置为端面）。

关于这部分内容，详见本书 7.2.5 节。

4.2.3 硬度

硬度用于衡量金属材料抵抗局部变形，特别是塑性变形、压痕或划痕的能力。硬度测定方法有压入法、划痕法、回弹高度法等。紧固件检验中常用的是压入法。紧固件硬度检测适用于所有尺寸和所有性能等级。硬度是紧固件热处理中最重要的质量检验指标，对于结构特殊的零件，有时还是唯一能直接测量的技术指标。紧固件硬度检测的意义在于：对不能实施拉力试验的紧固件，通过测量硬度值来评判其强度是否符合要求；对能实施拉力试验的紧固件，测量其最高硬度是否符合要求。紧固件最高硬度值的测量除考虑与其对应的最大抗拉强度外，还要考虑其他性能，如避免脆断。螺栓、螺柱、螺钉的硬度要求见表 4-11。

表 4-11 螺栓、螺柱、螺钉的硬度要求

硬度测量		性能等级					8.8	8.8	9.8	10.9	12.9/12.9
		4.6	4.8	5.6	5.8	6.8	$d \leq$ 16mm	$d >$ 16mm	$d \leq$ 16mm		
维氏硬度，HV $F \geq 98N$	最小值	120	130	155	160	190	250	255	290	320	385
	最大值	220				250	320	335	360	380	435
布氏硬度，HBW $F = 30D^2$	最小值	114	124	147	152	181	245	250	286	316	380
	最大值	209				238	316	331	355	375	429
洛氏硬度，HRB	最小值	67	71	79	82	89	—	—	—	—	—
	最大值	95.0				99.5	—	—	—	—	—
洛氏硬度，HRC	最小值	—	—	—	—	—	22	23	28	32	39
	最大值	—	—	—	—	—	32	34	37	39	44
表面硬度，HV0.3	最大值	—	—	—	—	—	—	—	—	390	435
再回火后硬度降低，HV	最大值						20				

注：以 HV0.3 确定表面硬度和基材硬度时，表面硬度不应比基材硬度高出 30 个以上维氏单位。

紧固件硬度检测中常用的硬度计主要有洛氏硬度计、布氏硬度计、维氏硬度计和显微维氏硬度计，详见 4.1.2 节内容。

通常连续式加热炉（如网带炉）应在连续生产的网带淬火后回火前、回火后入料框前的网带上抽检 3~5 件/h，且及时做检验记录。若发现硬度超差，则应及时做检验记录，并进行工艺参数调整，对该批次零件进行隔离处理（如返工、逐检）。

对于周期式加热炉（如井式炉、箱式炉），应在淬火后、回火后从料框的上、中、下部抽检 6~9 件/炉，并及时做检验记录。若发现硬度超差，则应及时进行工艺参数调整，并对该炉次的零件进行隔离处理（如返工、逐检）。

(1) 外螺纹芯部硬度的检测

要求用洛氏硬度法测量芯部硬度时，应按 GB/T 230.1—2018《金属材料 洛氏硬度试验 第 1 部分：试验方法》执行；硬度测量前应对洛氏硬度计进行校准，选用零件图样或检验标准所规定的载荷力检测。硬度值的表示方法应与上述规定方法一致。

要求用维氏硬度法测量芯部硬度时，应按 GB/T 4340.1—2009 执行。测量前应对维氏硬度计进行校

准，选用零件图样或检验标准所规定的载荷力检测。硬度值的表示方法应与上述规定方法一致。

（2）外螺纹表面硬度的检测

按照客户要求或检验标准指导书要求，选择合适的硬度测量方法，检测前必须去除表面涂层和氧化层。

（3）螺母的硬度检测

螺母硬度常规检查应在一个支承面上进行，并取120°间隔的三点硬度平均值作为该螺母的硬度值。若有争议，则通过螺母轴心线纵向剖面，在螺母厚度约1/2且尽量靠近螺纹大径处测量硬度。用98N维氏硬度法测量。维氏硬度试验为仲裁试验，应采用HV30的试验力。螺母硬度的检测见图4-18。

规定性能等级螺母的硬度要求应符合GB/T 3098.2—2015《紧固件机械性能 螺母》第7条中表6、表7的规定，客户有特殊要求的螺母硬度应按特殊要求执行。

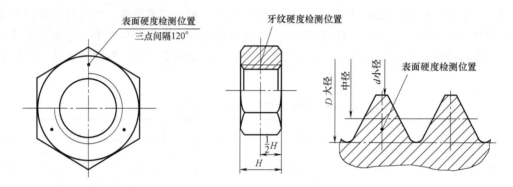

图4-18 螺母硬度的检测

维氏硬度试验按GB/T 4340.1—2009执行；洛氏硬度试验按GB/T 230.1—2018执行；布氏硬度试验按GB/T 231.1—2018《金属材料 布氏硬度试验 第1部分：试验方法》执行。

（4）其他紧固件的硬度测量

销类应根据直径大小，测量芯部硬度或表面硬度，测量位置见图4-19。平垫和弹簧垫圈直接测量表面硬度，见图4-20。有特殊要求的零件的硬度检测应按特殊要求执行。

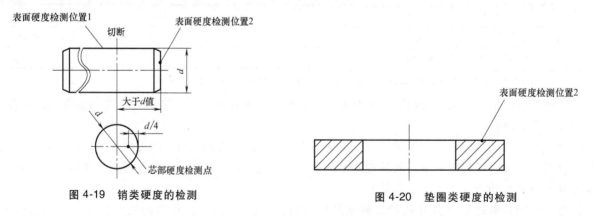

图4-19 销类硬度的检测　　　　　图4-20 垫圈类硬度的检测

（5）再回火硬度检测

对于8.8级及以上性能等级（或低于8.8级但有热处理要求）紧固件一般需要进行调质处理。再回火硬度检测旨在检查热处理过程中是否已达最低回火温度。该测试是出现争议时采用的仲裁试验，适用于所有尺寸和性能等级8.8~12.9的紧固件测量维氏硬度。在低于GB/T 3098.1—2010中表2规定的最低回火温度10℃的部件温度下，在30min内通过固定对紧固件进行重新淬火处理。重新淬火处理后，应通过读取相同紧固件的三个新读数，在与首次确定相同的区域确定维氏硬度。对重新淬火前后三个硬度读数的读取方式进行比较，重新淬火后的硬度减小值应小于20个维氏单位。

4.2.4 拉力

紧固件热处理后的拉力检测实质上主要反映了零件在机械性能和物理性能上是否满足设计指标和工作可靠性要求。拉力性能指标值应满足 GB/T 3098.1—2010 第 7 条的规定；检测及试验方法应按 GB/T 3098.1—2010 第 9 条的规定执行。螺栓、螺柱、螺钉的机械性能见表 4-12。

表 4-12 螺栓、螺柱、螺钉的机械性能

机械或物理性能		性能等级									
		4.6	4.8	5.6	5.8	6.8	8.8 $d\leqslant$16mm	8.8 $d>$16mm	9.8 $d\leqslant$16mm	10.9	12.9/12.9
抗拉强度，R_m/MPa	公称	400		500		600	800		900	1000	1200
	最小值	400	420	500	520	600	800	830	900	1040	1220
下屈服强度，R_{eL}/MPa	公称	240	—	300	—	—	—	—	—	—	—
	最小值	240		300							
规定非比例延伸的应力，$R_{p0.2}$/MPa	公称						640	640	720	900	1080
	最小值						640	660	720	940	1100
紧固件实物的非比例延伸 0.0048d 的应力，R_{pf}/MPa	公称	—	320	—	400	480					
	最小值		340		420	480					
保证应力 S_p/MPa	公称	225	310	280	380	440	580	600	650	830	970
保证应力比 $S_{p,nom}/R_{eL,min}$ 或 $S_{p,nom}/R_{p0.2min}$ 或 $S_{p,nom}/R_{pf,min}$		0.94	0.91	0.93	0.90	0.92	0.91	0.91	0.90	0.88	0.88
机械加工试件的断后伸长率 A(%)	最小值	22	—	20	—	—	12	12	10	9	8
机械加工试件的断面收缩率 Z(%)	最小值	—					52	48	48	44	
紧固件实物断后伸长率 A_f	最小值	—	0.24	—	0.22	0.20	—	—	—	—	—
头部坚固性		不得断裂或出现裂缝									
破坏扭矩 M_B/N·m	最小值	—					依据 GB/T 3098.13—1996《螺栓与螺钉的扭矩试验和破坏扭矩 公称直径》				
吸收能量 K_V/J	最小值			27			27	27	27	27	
表面缺陷		GB/T 5779.1—2000《紧固件表面缺陷 螺栓、螺钉和螺柱 一般要求》					GB/T 5779.3—2000《紧固件表面缺陷 螺栓、螺钉和螺柱 特殊要求》				

注：如果不能确定下屈服强度 R_{eL}，则可在 0.2% 的非比例伸长率 $R_{p0.2}$ 下测量验证应力。对于性能等级 4.8、5.8 和 6.8，$R_{pf,min}$ 的数值处于调查中。GB/T 3098.1—2010 中的数值仅用于计算试验应力比率，不是测试值。

一般情况下，热处理调质后，拉力测试主要有楔负载拉力测试和抗拉强度拉力测试，详见 GB/T 3098.1—2010。本节只对这两个测试做说明，其他机械性能测试项目参见第 7 章有关内容。

1. 楔负载拉力

楔负载拉力测试的目的在于确定：①螺栓和螺钉成品的拉伸强度 R_m；②头部与无螺纹螺杆或螺纹部分交接处的牢固性。

该测试适用于所有性能等级，具有以下规格的有或无法兰的螺栓和螺钉：平支撑表面或锯齿形表面；头部承载能力强于螺纹杆部；头部承载能力强于无螺纹杆部；无螺纹螺径，$d_s>d_2$ 或 $d_s\approx d_2$；标称长度 $l\geqslant$ 2.5d；螺纹长度 $b\geqslant 2.0d$；结构螺栓，$b<2d$，3mm$<d<$39mm。螺栓和螺钉成品楔负载拉力测试见图 4-21。

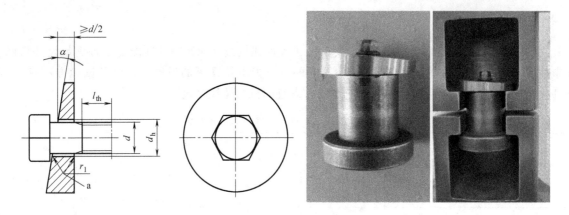

图 4-21　螺栓和螺钉成品楔负载拉力测试

试验用拉力试验机应符合 GB/T 16823.1—1997《螺纹紧固件应力截面积和承载面积》要求，不得使用自动定心装置或具有改变垫楔角 α 功能的工具。夹具、楔垫和螺纹夹具应符合以下要求：①夹具硬度≥45HRC；②内螺纹夹具的螺纹符合表 4-13 所列要求；③通孔直径 d_h 符合表 4-14 所列规定；④楔垫符合表 4-15 所列规定。

表 4-13　内螺纹适配器螺纹公差等级

紧固件成品	螺纹公差等级	
	任何表面涂覆前紧固件的螺纹公差等级	内螺纹适配器的螺纹公差等级
不经表面处理	6h 或 6g	6H
符合 GB/T 5267.1—2002《紧固件　电镀层》要求	6g 或 6e 或 6f	6H
符合 GB/T 5267.2—2021《紧固件　非电解锌片涂层》要求	6g 或 6e 或 6f	6H
符合 GB/T 5267.3—2008《紧固件　热浸镀锌层》热浸镀锌、加大攻丝尺寸的螺母螺纹 —6H —6AZ —6AX	6az 6g 或 6h 6g 或 6h	6H 6AZ 6AX

表 4-14　楔垫孔径和半径　　　　（单位：mm）

螺纹公称直径 d	$d_h^{a,b}$ 最小值	$d_h^{a,b}$ 最大值	r_1^c	螺纹公称直径 d	$d_h^{a,b}$ 最小值	$d_h^{a,b}$ 最大值	r_1^c
3	3.4	3.58	0.7	16	17.5	17.77	1.3
3.5	3.9	4.08	0.7	18	20	20.33	1.3
4	4.5	4.68	0.7	20	22	22.33	1.6
5	5.5	5.68	0.7	22	24	24.33	1.6
6	6.6	6.82	0.7	24	26	26.33	1.6
7	7.6	7.82	0.8	27	30	30.33	1.6
8	9	9.22	0.8	30	33	33.39	1.6
10	11	11.27	0.8	33	36	36.39	1.6
12	13.5	13.77	0.8	36	39	39.39	1.6
14	15.5	15.77	1.3	39	42	42.39	1.6

a. 符合 GB/T 5277—1985《紧固件　螺栓和螺钉通孔》的中等装配系列。
b. 对于方颈螺栓，该孔应能与方颈相配。
c. C 级产品，圆角 r_1 按下式计算：

$$r_1 = r_{max} + 0.2$$

式中，$r_{max} = (d_{a,max} - d_{s,min})/2$。

表 4-15 楔负载试验用楔垫角度 α

螺纹公称直径 d/mm	性能等级			
	螺栓或螺钉的无螺纹杆部长度 $l_s \geq 2d$		全螺纹螺钉、螺栓或螺钉无螺纹杆部长度 $l_s < 2d$	
	4.6、4.8、5.6、5.8、6.8、8.8、9.8、10.9	12.9/12.9	4.6、4.8、5.6、5.8、6.8、8.8、9.8、10.9	12.9/12.9
	$\alpha \pm 30'$			
$3 \leq d \leq 20$	10°	6°	6°	4°
$20 < d \leq 39$	6°	4°	4°	4°

楔负载试验结果的判定标准如下：

1) 不应断裂在头部。
2) 楔负载拉力试验所测出的抗拉强度 R_m 应符合表 4-12 所列规定。
3) 最小拉力载荷 $F_{m,min}$ 值应符合 GB/T 3098.1—2010 中表 4 或表 6 的规定。

满足以上三项时判定楔负载试验合格。

有关楔负载拉力试验的抗拉强度的理论计算可参阅 GB/T 3098.1—2010 中第 9.1.6 节内容。

2. 抗拉强度

此拉伸测试旨在确定成品紧固件的抗拉强度 R_m。

试验所用拉力试验机应符合 GB/T 16823.1—1997 要求。成品抗拉强度拉力测试装置见图 4-22，夹具和螺纹夹具应符合以下要求：①夹具硬度≥45HRC；②内螺纹夹具螺纹符合表 4-13 所列要求；③通孔直径 d_h 符合表 4-14 所列要求。

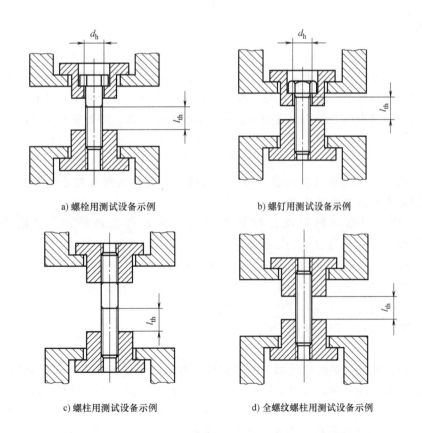

a) 螺栓用测试设备示例　　　　　b) 螺钉用测试设备示例

c) 螺柱用测试设备示例　　　　　d) 全螺纹螺柱用测试设备示例

图 4-22 螺栓、螺钉和螺柱成品抗拉强度拉力测试装置

拉力试验结果的判定标准如下：

1) 紧固件应断裂在未旋合螺纹的部位或无螺纹杆部。

2)全螺纹螺钉,若断裂始于未旋合螺纹的部位,则允许在拉断前已延伸,或扩展到头部与螺纹交接处,或进入头部。

3)拉力试验测出的抗拉强度 R_m 应符合表 4-12 所列要求。

4)最小拉力载荷 $F_{m,min}$ 值应符合 GB/T 3098.1—2010 中表 4 或表 6 的规定。满足以上四项时判定拉力试验合格。紧固件成品抗拉强度拉力测试见图 4-23。

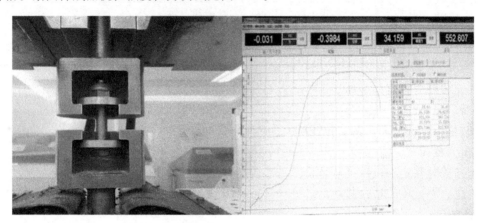

图 4-23 螺栓、螺钉和螺柱成品抗拉强度拉力测试

小直径情况下,与有效应力区相比,标称应力区间的差异有所增加。硬度适用于过程控制时,特别是对于直径较小的情况,必须使硬度增加超过标准规定的最小值,以达到最小极限拉伸负荷。

有关楔负载拉力试验的抗拉强度理论计算,可参阅 GB/T 3098.1—2010 中第 9.1.6 节的内容。

4.2.5 富磷层

当金属加工通过塑性变形来达到尺寸和强度要求时,材料一般是通过模具孔或模腔进行挤压塑性变形来获得想要的加工尺寸。材料的表面层需要通过模具的表面挤压塑变,要求模具和材料表面具有良好的润滑性,否则材料与模具之间会产生高热,模具会很快磨损而失去精度,而且磨损的模具会将材料表面刮伤和拉伤。由于材料表面光滑,润滑剂不能很好地附着在表面,需要先对材料进行富磷处理。富磷工序会在材料表面生成一层富磷膜,这是一层疏松、多孔、粗糙的薄膜,为材料表面提供了多孔性和粗糙度,润滑剂会填充其中。这样,经过富磷处理的材料表面能携带并保持所需要的润滑剂,使材料和模具表面并不会直接接触,而是通过富磷层使材料顺利通过模具,从而极大地改善了材料挤压塑变的性能。同时,富磷膜还有一定的防锈功能。

在紧固件的生产中,原材料钢丝在拉丝工序前必须进行富磷处理。富磷膜的主要成分是 $Fe_3(PO_4)_2+FePO_4+ZnHPO_4$ 的复合结晶层。富磷膜的生产机理如下:

水解:$Zn(H_2PO_4)_2 \rightarrow Zn(HPO_4)_2 \rightarrow +H_3PO_4 \rightarrow H^+ +H_2PO_4$

酸蚀:$Fe+2H_3PO_4 \rightarrow Fe(H_2PO_4)_2+H_2\uparrow$

成膜:$Zn(H_2PO_4)_2(总酸) \rightarrow Zn_3(PO_4)_2+H_3PO_4$

$Fe(H_2PO_4)_2 \rightarrow Fe(PO_4)_2+H_3PO_4$

1. 脱磷工序

经富磷拉丝、冷镦成型、搓丝滚丝加工的紧固件,在热处理前需要进行脱磷处理,对 10.9 级及以上高强度紧固件,热处理前必须进行脱磷处理,而且在热处理检验中必须有磷层检验项目,金相显微镜 500 倍下,紧固件表面不允许存在磷层。如果不对高强度紧固件进行脱磷处理或脱磷不干净,则调质后的零件表面金相组织中会存在磷层,形成富磷层。这种富磷层会使紧固件的疲劳性能下降,即产生磷脆;同时,磷层会对后续的表面处理工序的涂层或镀层产生不良影响。

2. 富磷层检验

紧固件磷层的检验方法有指示剂法和金相检验法两种。

指示剂法一般用于调质生产线自检,金相检验法一般由热处理检验人员采用。金相法是判定磷层是否合格的仲裁检验方法。

(1) 指示剂检测法

取样:取热处理脱磷清洗后的产品,3件/4h,用抹布擦干净零件表面。

脱磷快检:用滴管取钒酸-钼酸试剂,滴2~3滴在紧固件牙纹处,目视牙纹底部必须被试剂浸蚀(无牙纹的滴在光杆处)。

钒酸-钼酸试剂有效期一般为2个月;车间应指定专人负责试剂的更换工作,每2个月更换一次,新试剂加入量约100mL,每次更换完后应立即做好更换日期和标签标记,以便现场点检并及时更换;钒酸-钼酸试剂具有强腐蚀性,可引起严重的皮肤灼伤和眼睛损伤,检验操作时应戴好橡胶手套、护目镜,防止皮肤接触试剂,不要正对试剂呼吸,接触皮肤后应立即用清水清洗。富磷层检测指示剂见图4-24。

钒酸-钼酸试剂;品牌为德国MERCK

装入100mL试剂瓶;
液面在刻度范围

贴上试剂名称;标注有效时间;
使用有效期为2个月

图4-24 富磷层检测指示剂

结果判定:试剂滴落后,迅速观察零件上试剂处颜色变化情况。

1)脱磷合格:若试剂处零件表面呈微绿色或黄色,则判定零件表面无磷层,见图4-25。

图4-25 富磷层指示剂法检测合格

2)脱磷不合格:若试剂处零件表面呈绿色或蓝色,则判定零件表面存在磷层,见图4-26。

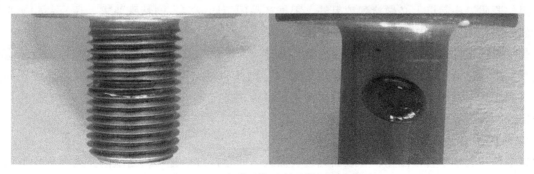

图4-26 富磷层指示剂法检测不合格

（2）金相检测法

取样制样：与4.2.1节中所述金相组织检验取样制样操作要求相同，在金相组织检验时直接进行磷层检验。

结果判定：

1）合格：金相显微镜500倍下零件表面组织中无可见白亮磷层，见图4-27。

2）不合格：金相显微镜500倍下零件表面组织中存在可见白亮磷层，见图4-28。

图4-27　表面无磷层

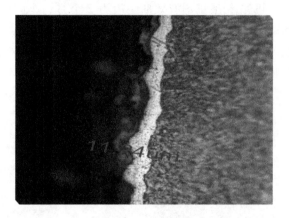

图4-28　表面有磷层

注意区分脱碳造成白色铁素体组织和白色磷层，在光镜下，磷层是纯白色，磷层沿表面厚度有不均匀现象，磷层与零件表面之间界限分明，无过渡层，见图4-29；而铁素体层厚度均匀，铁素体组织从零件表面向里颜色逐渐变灰变深，见图4-30。

图4-29　表面磷层

图4-30　表面脱碳组织

4.2.6　其他检测

紧固件调质工序除以上必做检测项目外，根据产品的不同或客户的特殊要求，还有一些非必做检测项目，如无损探伤检测、变形检测、外观检测等。

一些材料的工件在冷镦过程中因形变比大、塑性变形不均匀或模具内腔粗糙度超差，表面会产生发纹，这些发纹在热处理淬火过程中可能扩展成裂纹。因此，对结构特殊的10.9级及以上级别的高强度紧固件，调质后可以根据客户要求或内部质量控制目标，进行无损探伤检测，主要有磁粉探伤检测、涡流探伤检测、超声波探伤检测等手段。

1. 磁粉探伤

钢铁零件在磁场中会被磁化，有表面或近表面缺陷的零件被磁化后，当缺陷方向与磁场方向成一定角度时，由于缺陷处的磁导率变化，磁力线逸出零件表面，产生漏磁场，吸附磁粉形成磁痕。磁粉检测零件表面裂纹,与超声波和射线检验比较,灵敏度高、操作简单、结果可靠、重复性好、缺陷易辨认,见图4-31。这种方法仅适用于检测铁磁性材料的表面和近表面缺陷。磁粉检测的操作要点包括：①荧光磁粉液的配制；②标准试片灵敏度检测；③磁化电流的选择；④合理充磁时间的确定；⑤荧光灯的辐照度校准；⑥零件的荧光磁粉检测；⑦零件磁化后的退磁；⑧标样制作。

图4-31 紧固件的磁粉探伤检测

检验结果的判定标准如下（以某公司的磁粉探伤检测标准为例,供参考）：

1) 发纹长度合格范围及计算：≤6mm；在同一产品上2条发纹间距小于2mm,不论其长度均应作为1条计算。

2) 每个螺栓发纹数最多3条。

3) 若有异议,以酸浸法为准。

2. 涡流探伤

涡流探伤检测是使用交流电磁线圈在金属构件表面感应产生涡流的无损探伤技术,见图4-32。当交流电通入电磁线圈时,若所用的电压及频率不变,则通过电磁线圈的电流也不变。如果在电磁线圈中放入一金属管,则管表面感生周向电流,即涡流。涡流磁场方向与外加电流的磁化方向相反,因此会抵消一部分外加电流,从而使电磁线圈的阻抗、通过电流的大小相位均发生变化。金属管的直径、厚度、电导率和磁导率的变化以及有缺陷存在时,均会影响电磁线圈的阻抗。若保持其他因素不变,仅将缺陷引起阻抗的信号取出,经仪器放大并检测,就能达到探伤目的。涡流信号能给出缺陷大小,此外,可以根据表面下的涡流滞后于表面涡流一定相位的特点,通过相位分析判断出缺陷的深度。

图4-32 紧固件的涡流探伤检测

在涡流检验中,为了适应不同探伤目的,按照检测线圈和被检构件的相互关系,可将检测线圈分为穿过式线圈、内通式线圈和放里式线圈三类。按照检测线圈的使用方式,可分为绝对线圈式、标准比较线圈式和自比较式三种形式。只用一个检测线圈称为绝对线圈式；用两个检测线圈接成差动形式,称为标准比较线圈式。基本电路由振荡器、检测线圈信号输出电路、放大器、信号处理器、显示器和电源等部分组成。

涡流探伤适用于导电材料，包括铁磁性和非铁磁性金属材料构件的缺陷检测。由于它在检测时不要求线圈与构件紧密接触，也不用在线圈与构件间充满耦合剂，容易实现检验自动化。涡流分选可以作为一些高强度、高要求的紧固件热处理后的无损检测手段。

涡流探伤操作要点包括：①标准样件的制作；②感应线圈的选择；③用标准样件对参数极限值的标定；④通道和灵敏度的选择；⑤警告范围值的标定；⑥不合格件的自动剔除等。

检验结果的判定标准如下（以某公司的涡流探伤检测标准为例，供参考）：

1）标样标定设备对极限偏差件的检测范围和灵敏度，由设备自行判定。

2）设备自动剔除的不合格件判定为不合格。

3）若有异议，可用其他检测方法对不合格件做检测确认。

4.3 非调质紧固件热处理检测

4.3.1 表面热处理

表面热处理是先通过表面加热获得硬度很高的马氏体（即表面淬火），再通过低温回火使零件表面形成高硬度回火马氏体，从而保留芯部韧性和塑性的热处理工艺。

这里所说的表面热处理主要指感应热处理和火焰淬火处理，而零件有表面成分改变的热处理统一归于 4.3.2 节的化学热处理范畴。

1. 感应热处理

感应加热热处理，指先利用电磁感应、集肤效应、涡流和电阻热等电磁原理，使工件表层快速升温，并快速冷却淬火，一般再进行低温回火的热处理工艺，见图 4-33。将金属导体放在通有交变电流的线圈中，根据电磁感应原理，在交变磁场的作用下，导体中会产生与线圈中电流的方向相反、大小相等、频率相同的感应电流（涡流），利用在导体中产生的感应电流进行加热的方法称为"感应加热"。感应加热表面淬火时，将工件放在铜管制成的感应器内，当一定频率的交流电通过感应器时，处于交变磁场中的工件产生感应电流，由于集肤效应和涡流的作用，工件表层的高密度交流电产生的电阻热，迅速加热工件表层，很快达到淬火温度，随即喷水冷却，使工件表层淬硬。

感应加热时，感应电流在工件上会产生以下效应：集肤效应、邻近效应、圆环效应、尖角效应、槽口效应。

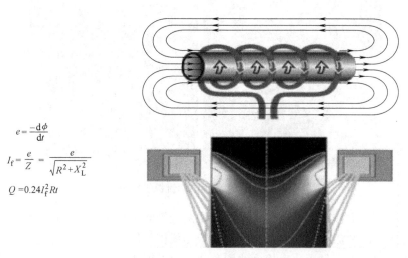

$$e = \frac{-\mathrm{d}\phi}{\mathrm{d}t}$$

$$I_\mathrm{f} = \frac{e}{Z} = \frac{e}{\sqrt{R^2 + X_\mathrm{L}^2}}$$

$$Q = 0.24 I_\mathrm{f}^2 R t$$

图 4-33 感应加热示意

工件截面上感应电流的分布状态与电流频率有关。电流频率越高，集肤效应越强，感应电流集中的表层就越薄,加热层深度与淬硬层深度也越薄。因此,可通过调节电流频率来获得不同的淬硬层深度。表 4-16 列出感应加热种类及应用范围。

表 4-16 感应加热种类及应用范围

感应加热种类	常用频率	一般淬硬层深度/mm	应用范围
高频	200~1000kHz	0.5~2.5	中小模数齿轮及中小尺寸的轴类零件
中频	1~10kHz	2~10	较大尺寸的轴和大中模数齿轮
超声频	30~36kHz	淬硬层能沿工件轮廓分布	中小模数齿轮
工频	50Hz	10~20	较大直径零件穿透加热,大直径零件表面淬火

感应热处理加热速度快,能获得细化或超细化的奥氏体晶粒。许多研究资料表明,在铁素体向奥氏体转变时,提高加热速度能使成核率提高,从而使奥氏体的起始晶粒尺寸明显减小,因此其奥氏体晶粒更为细小。淬火后得到细致的马氏体组织,再经回火后得到高度弥散的回火组织。晶界的强化作用使零件的强度和韧性得到明显提高。感应加热表面淬火零件,由于淬硬层中马氏体比容增大,能形成相当大的残余压应力,可达 539~784MPa。实践证明,零件的疲劳强度与其表面压应力值有明显的对应关系,一般情况下,压应力越大,疲劳强度和疲劳寿命越高。

由于感应加热速度快、时间短、温度难以精确控制,感应热处理质量与设备的调试水平关系密切,调整工艺时应注意下列参数:①感应器的精度和质量;②感应器位置;③感应加热时的功率因数(电流、电压、频率);④感应加热淬火时间;⑤感应淬火冷却系统;⑥化学成分的影响。

常用的感应淬火零件材料一般为中碳钢(如 45#和 40Cr),影响感应淬火质量的主要成分是碳,碳含量是决定感应加热淬火后的硬度高低和能否淬裂的主要因素。当钢中碳含量低于 0.4%时,感应加热淬火后硬度低于 55HRC。当钢中碳含量超过 0.5%时,感应加热淬火后硬度高于 55HRC,可能产生裂纹。原材料表面的脱碳层会使淬火后的零件表面硬度降低或局部形成软点。还有原始组织的影响,预先经过调质处理的零件感应加热时,在较低的温度下可获得均匀的奥氏体组织,因此淬火后能得到较细的马氏体。经过正火且得到 P+F 的零件,在感应加热时,由于开始转变为奥氏体的温度较高,要获得均匀的奥氏体组织,必须提高加热温度,这样淬火后得到的马氏体就比较粗大。

紧固件感应热处理相对调质工艺应用不多,见图 4-34。紧固件感应淬火常用的材料包括中低碳碳素钢、中低碳合金钢、结构钢,如 SWRCH35K、SWRCH40K、SWRCH45K、SCM435、SCM440 以及其他性能相当的材料。

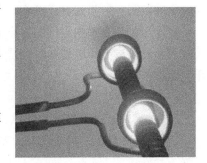

图 4-34 螺栓感应加热示意

2. 表面硬度

普通零件感应淬火后,表面硬度检验可分为硬度计检验和标准锉刀检验两种。

(1)硬度计检验

硬度计检验多用洛氏硬度计(HRC 或 HRA)检验。但对于无法用洛氏硬度计直接检测表面硬度的零件,须制成样品,在有关技术文件规定的位置进行检验。为了方便现场检验,有时也使用便携式里氏硬度计。硬度计检验可以得到较准确的表面硬度值,但检验数量受限。

(2)标准锉刀检验

因操作简单、易于携带、受工件形状影响较小,该方法多用于现场检验。尽管不能得到准确的表面硬度值,但对要求较低的感应热处理件,锉刀检验能在大批量生产中对零件质量进行有效的总体控制。

对于紧固件感应淬火区域的表面硬度,使用硬度计检测,可以参阅 4.2.3 节内容。

3. 有效硬化层深度

有效硬化层深度检测有硬度法和金相法两种，可以参考 GB/T 5617—2005《钢的感应淬火或火焰淬火后有效硬化层深度的测定》执行。

（1）硬度法

硬度法是将零件在感应淬火区内最具代表性的位置，垂直于硬化层表面取样，经磨平、抛光制备成符合检验标准的样品，使用维氏硬度 HV（9.8N 试验力），从硬化层表面向芯部测量至规定的硬度值（界限硬度值）处的垂直距离。在未明确规定界限硬度值的情况下，可以将所规定硬度范围下限值的 0.8 倍作为界限硬度值进行测量。目前，该方法是国际通用的有效硬化层检验方法。界限硬度值是指零件要求的表面硬度下限值的函数，见表 4-17，由以下公式确定：

$$界限硬度值(HV) = 0.8 \times 表面硬度下限值(HV)$$

表 4-17 有效硬化层的界限硬度值

钢的含碳量（%）	界限硬度值/HV	相当于洛氏硬度/HRC	钢的含碳量（%）	界限硬度值/HV	相当于洛氏硬度/HRC
$0.23 \leq C < 0.33$	350	36	$0.43 \leq C < 0.53$	450	45
$0.33 \leq C < 0.43$	400	41	$C \geq 0.53$	500	49

注：引用自 JIS G 0559—2008 Steel-Determination of case depth after flame hardening or induction hardening。

（2）金相法

金相法是将零件在感应淬火区内最具代表性的位置，垂直于硬化层表面取样，经磨平、抛光、腐蚀制备成符合检验标准的样品，用金相显微镜从硬化层表面向芯部测量至 50% 马氏体处的垂直距离。如果 50% 马氏体处铁素体含量大于 20%，则测至 20% 铁素体处。这种方法有一定误差，因为预先正火处理的组织为 P+F，经感应加热后过渡区域往往较厚，而预先调质处理的组织为 S，经感应加热后过渡区域往往较薄。作为硬度法的一种补充，该方法仍在广泛使用。对于有效硬化层深度要求不深、淬火过渡区较短的中碳钢和中碳低合金钢质零件，两种方法的检验结果差别不大。

4. 有效硬化区范围

有效硬化区范围主要是指有效硬化区的长度，根据图纸或检验作业指导书标定，用硬度法测量。有效硬化区范围一般指加热区两端，有效硬化层硬度界限值两点之间的最大长度。

硬化区范围是根据零件的服役条件、几何形状及结构尺寸的规定进行强化的区域。合理地规定硬化区范围和硬化层分布，使其过渡层不出现在工作应力的集中部位，对提高零件的强度和防止淬火变形及开裂非常重要。

一般需要注意以下问题：

1）在轴端部，可以保留 2~8mm 的不淬硬区，以免在轴端产生淬火裂纹。

2）同一零件上的两个相邻的淬硬区应保持足够大的距离，以免在交接过渡且带有法兰的区域产生裂纹。

3）淬硬区内有孔，孔应倒角；工件轴径与法兰的过渡部分应规定相应的有效硬化层深度。

4）对紧固件来讲，除有特殊要求外，螺纹部分一般不进行淬硬处理，而没有螺纹的部分要进行淬硬处理，以防止螺纹脆性大，使用中脆断，如球头螺栓。

5）在带螺纹的零件经过整体硬化，如渗碳、渗氮等高硬度热处理后，为防止螺纹在使用过程中脆断，通常使用感应退火的方法将螺纹部分的硬度降低，以满足使用要求。

5. 金相

对金相的检验可以参考 JB/T 9204—2008《钢件感应淬火金相检验》执行。金相制样方法请参阅 4.2.1 节的相关内容，钢件感应淬火马氏体级别及判定标准见表 4-18，钢件感应淬火马氏体评级见图 4-35。

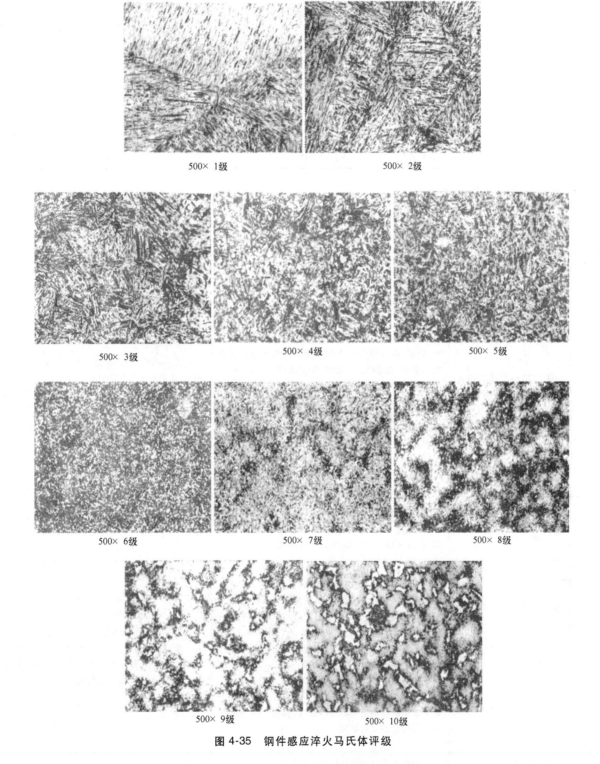

图 4-35 钢件感应淬火马氏体评级

表 4-18 钢件感应淬火马氏体级别及判定标准

级别	金相组织	晶粒平均面积/mm²	对应晶粒度	判定
1级	粗大马氏体	0.06	1级	不合格
2级	较粗大马氏体	0.015	3级	不合格
3级	马氏体组织	0.001	6~7级	合格
4级	较细马氏体	0.00026	8~9级	合格

(续)

级别	金相组织	晶粒平均面积/mm^2	对应晶粒度	判定
5级	细马氏体	0.00013	9~10级	合格
6级	细马氏体	0.0001	10级	合格
7级	微细马氏体	0.0001	10级	合格
8级	微细马氏体+少量屈氏体+少量铁素体	0.0001	10级	不合格
9级	微细马氏体+网状极细屈氏体+未溶铁素体	0.0001	10级	不合格
10级	微细马氏体+网状极细屈氏体+大块未溶铁素体	0.0001	10级	不合格

6. 常见不合格原因及对策

钢件感应淬火不合格原因及对策见表4-19。

表4-19 钢件感应淬火不合格原因及对策

序号	不合格项目	原因分析	对应措施
1	零件结构引起的淬火裂纹	零件的淬火区域内形状复杂,存在台阶、端头、尖角、键槽、孔洞和油道等结构,感应加热时导致感应电流集中,使这些部位过热,加热过深,在接下来的淬火冷却中其表面很快形成了马氏体薄层,在随后的继续冷却中,薄层内部的奥氏体不断转变为马氏体,比容增大向外扩张,使最初形成的马氏体在拉应力的作用下剥落,产生淬火裂纹	1)在不影响总体结构和使用性能的情况下,将台阶或断头的尖角去掉,对孔洞的出口处进行倒角; 2)严格控制淬火区域; 3)在孔洞处打入紫铜销,销的顶面与孔表面平齐,改善温度的均匀性; 4)孔洞内塞入湿软木屑或石棉绳,减缓边缘处的冷却速度; 5)将零件的孔洞对应感应器有效圈处的喷水孔堵塞,改善冷却条件; 6)在感应器有效圈对应零件空洞的部位,嵌入合适的导磁材料,改善电流的分布
2	零件表面质量引起的淬火裂纹	零件的表面粗糙度太高,残留刀痕,在冷却过程中,在应力集中的作用下将以刀痕的尖部作为裂纹源,向淬硬层纵深发展,形成淬火裂纹	改善零件的表面粗糙度,加工时刀锋不宜过尖
3	冷却条件不良引起的淬火裂纹	感应淬火时,冷却速度和冷却均匀性是十分重要的参数,如果淬火介质的冷却性能不良或冷却方式不当,则会引起淬火裂纹和其他缺陷。感应淬火一般是零件的表层淬火,淬火冷却速度应该很快,否则达不到表面淬火的目的,为此多采用喷射冷却方式。但冷却速度也不宜过分激烈,否则将产生淬火裂纹和变形。理想的淬火介质的冷却性能,应该是在钢的奥氏体等温分解曲线的临界温度具有大于或等于临界冷却速度的冷却速度,而在临界温度以下具有较低的冷却速度	根据零件的材料及工艺成本选用合适的淬火介质,如聚乙烯醇水溶性淬火介质,以及UCON、豪富顿251、贝多非亚等聚醚类水溶性淬火介质,具体浓度根据使用说明配制
4	感应器与零件间隙对淬火裂纹的影响	间隙的大小对淬火裂纹的影响较大,间隙增大能显著减小淬火裂纹的倾向性	感应器间隙对淬火裂纹的影响
5	喷射压力对淬火裂纹的倾向性影响	喷射压力越大,淬火裂纹情况越严重,随着喷射压力的提高,喷出的水柱水量越大,冷却的均匀性越差,淬火裂纹倾向性越大	1)根据零件的形状、结构尺寸及材料,选择合适的感应器与零件间隙,一般选用2.5~4mm的间隙; 2)根据零件的形状、结构尺寸及材料,选择合适的淬火水喷射压力,一般为0.1~0.3MPa

(续)

序号	不合格项目	原因分析	对应措施
6	材料因素引起的淬火裂纹	感应淬火零件的材料成分、毛坯质量都直接影响零件的感应淬火裂纹的倾向性； 碳（C）主要决定零件的淬火硬度，随着碳含量的增加，淬火硬度随之提高，但会明显增加淬火裂纹的敏感性，为充分体现感应淬火的作用，含碳量一般为 0.35%～0.5%； 锰（Mn）能够提高钢的淬透性，锰含量大于 1.5%时，淬火裂纹的敏感性增大，作为合金元素一般控制在 1.1%～1.4%比较合适； 铬（Cr）在钢中多以碳化物的形式存在，在提高淬透性的同时，增加淬火裂纹的敏感性，一般控制在 1.5%以下； 钼（Mo）是强烈形成碳化物元素，主要作用是提高钢的淬透性，但对淬火裂纹倾向性的影响非常大，即便是微量（<0.01%），也会强烈增加钢的淬火裂纹敏感性，因此应尽量避免使用含钼的合金钢	在能够满足零件使用性能的前提下尽量选用合金元素含量低的中碳材料，改善零件的毛坯质量，在感应淬火前消除材料应力
7	感应淬火零件表面硬度不足和软点问题	1）零件表面脱碳引起的表面硬度不足； 2）材料的组织粗大或有严重的带状组织，按正常的工艺参数进行感应淬火时，由于加热的时间短、速度快，其中碳没有充分的时间和条件进行扩散，导致奥氏体中存在未溶铁素体，冷却后保留下来造成硬度不足及软点； 3）加热温度不足使奥氏体化不充分，淬火组织除马氏体外还有屈氏体或铁素体，造成硬度偏低，其原因是加热时间短、功率不足、感应器间隙过大或设计不合理，感应器内有存水，加热时水流到零件上导致加热温度不足，淬火后出现硬度偏低及软点； 4）冷却速度较慢使零件淬火后在马氏体的晶界周围有屈氏体析出，甚至有形态较瘦的铁素体出现，与屈氏体一同沿晶界分布，其原因是淬火液喷射压力不足、淬火液流量小、淬火液温度过高、喷水孔堵塞或喷水器设计不合理，喷出的水柱没有直接射到零件表面，水柱与水柱之间互相作用减缓了冷却速度，引起硬度偏低	1）控制原始组织中的过热粗大组织； 2）控制零件表面脱碳倾向； 3）红外线监测感应加热零件表面； 4）感应加热时间、输出功率、感应器间隙设置合理； 5）保证零件表面感应加热区完全奥氏体化； 6）控制冷却速度； 7）监控淬火液喷射速度、压力； 8）监控淬火液温度

4.3.2 化学热处理

化学热处理是将金属或合金工件置于一定温度的活性介质中保温，使一种或几种元素渗入工件表面，从而改变表面层的化学成分、组织和性能的热处理工艺。常见的化学热处理分类见表 4-20。

化学热处理的作用是强化表面（高硬度、高强度、高耐磨、高疲劳强度）和保护表面（耐腐蚀）。

化学热处理的基本工艺过程分为五个：渗剂中的反应、渗剂中的扩散、相界面反应、金属工件中的内扩散、金属中的反应。

表 4-20 化学热处理分类

按渗入元素分	渗入非金属	单元素渗入 C、N、B、S 等	按性能分	耐磨	C、N、B、V
		多元素渗入 C+N、O+N 等		耐高温	Al、Cr
	渗入金属	Al、Cr、Ti、V 等		耐腐蚀	N、Si、Zn

在钢铁零件中，最常见的化学热处理是渗碳和渗氮、碳氮共渗、氮碳共渗工艺。作为汽车紧固件，一般的热处理工艺为调质，有化学热处理工艺要求的情况并不常见。本手册介绍通用化学热处理件的检测，不局限于紧固件。

渗碳工艺包括固体渗碳、液体渗碳、气体渗碳，见图 4-36。

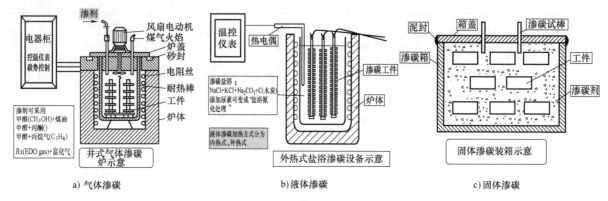

图 4-36 三种渗碳工艺示意

可以渗碳的钢一般是碳质量分数为 0.1%~0.25% 的低碳钢或低碳合金钢,如#20、20Cr、20CrMnTi、20CrMnMo、18Cr2Ni4W 等。三种渗碳工艺化学反应原理见表 4-21。

表 4-21 三种渗碳工艺化学反应原理

渗碳方式	化学反应式
气体渗碳	$2CO = [C] + CO_2$ (1) $CO + H_2 = [C] + H_2O$ (2) $CH_4 = [C] + 2H_2$ (3) $C_2H_6 = [C] + CH_4 + H_2$ (4) $C_3H_8 = [C] + C_2H_6 + H_2$ (5) 此处析出的碳为活性碳原子[C],它渗入钢中扩散。高级碳化氢以式(4)、式(5)的反应依序分解,成为低级碳化氢,最后成为 CH_4,进行式(3)的分解,式(4)、式(5)的分解速度比式(3)快。这些反应还会引起下列副反应: $H_2 + CO_2 = CO + H_2O$ (6) $CH_4 + CO_2 = 2CO + 2H_2$ (7) $CH_4 + H_2O = CO + 3H_2$ (8) 以上为气体渗碳的基本反应 前述反应与铁(Fe)组合成渗碳反应 $2CO + \gamma Fe \rightarrow Fe[C] + CO_2$ 或 $CH_4 + \gamma Fe \rightarrow Fe[C] + 2H_2$
液体渗碳	液体渗碳反应利用氰化物(NaCN)分解,先在浴面与空气中的氧、水、二氧化碳反应生成氰酸盐 $NaCN + O_2 = 2NaCNO$ (1) $NaCN + CO_2 = NaCNO + CO$ (2) 氰酸盐再高温分解生成 CO 或 N $4NaCNO = 2NaCNO + Na_2CO_3 + CO + 2N$ (3) 在较低温时反应如下: $5NaCNO = 3NaCNO + Na_2CO_3 + CO_2 + 2N$ (4) 生成的 CO 及 N 与 Fe 反应进行渗碳及氮化 $Fe + 2CO = \{Fe-C\} + CO_2$ $Fe + N = \{Fe-C\}$
固体渗碳	固体渗碳的渗碳机构以气体渗碳为基础,即箱内的固体渗碳剂与箱内空气中的氧反应,生成二氧化碳(CO_2),CO_2 再与[C]反应,生成一氧化碳(CO) $C + O_2 = CO_2$ (1) $C + CO_2 = 2CO$ (2) CO 在钢表面分解,析出碳[C] $2CO = [C] + CO_2$ (3) [C]不同于普通的碳,这种在钢表面分解的原子状碳(Atomic Carbon)称为活性碳或初生态碳(Nascent Carbon),本手册写为[C];另一方面,钢材表面产的 CO_2 再在固体渗碳剂表面依式(2)生成 CO,依式(3)分解析出[C],此反应连续反复进行,碳从钢材表面浸入扩散 前述反应与铁(Fe)组合成渗碳反应 $Fe + 2CO = \{Fe-C\} + CO_2$ (4)

渗碳热处理检验项目及标准见表 4-22。

表 4-22 渗碳热处理检验项目及标准

检验项目	标准	技术要求	设备	检验频次	检验责任人
外观		工件表面无氧化、锈蚀、剥落、碰伤、裂纹等	目视		热处理检验员
表面硬度		常规 57~62HRC 82~82.2HRA 有特殊要求时按要求执行	洛氏硬度计；维氏硬度计	3 件/炉或 3 件/批	
芯部硬度		常规 25~45HRC			
渗碳层深度（有效硬化层深度）	GB/T 9450—2005《钢件渗碳淬火硬化层深度的测定和校核》	断口法： 表面至白色瓷状断口交界处	体视镜	1 件/炉或 1 件/批	
		金相法：100× 低碳钢淬火试样要进行正火，磨抛后用4%硝酸酒精浸蚀； 过共析+共析+亚共析 1/2 处； 低碳合金钢淬火试样要进行等温退火（或渗碳后缓冷试样），磨抛后用4%硝酸酒精浸蚀； 过共析+共析+亚共析（测至芯部组织不变处）	金相显微镜		
		硬度法：HV(0.3)； 表面至 550HV(0.3) 硬度处距离； 界限值有特殊要求时，按要求执行	维氏硬度计		
渗碳层金相组织	QC/T 262—1999《汽车渗碳齿轮金相检验标准》	马氏体+残奥级别，共 8 级，1~5 级合格	金相显微镜		
		碳化物级，1~4 级合格			
		其他组织评定（如内氧化/非马组织<0.02）			
芯部组织		马氏体组织级别，1~6 级合格			
		芯部不允许有未溶的游离铁素体			

1. 表面硬度

常用洛氏硬度计或表面洛氏硬度计、维氏硬度计进行表面硬度检测，常规渗碳件的渗碳层表面硬度为 58~62HRC 或 89~92HRA。

（1）测量部位的选择

应优先选择零件的平面、端面测量表面硬度，其次可选择外圆表面测量；对于结构特殊件，可以选择切样检测。被测表面应该先用砂纸对渗碳处表面轻轻打磨。

（2）测量载荷的选择

测量渗碳件表面硬度时，应根据有效硬化层深度（DC）范围选择不同载荷测量，防止渗层较薄时，过大载荷击穿有效硬化层，产生测量误差。以下推荐值可以参考：

1）DC<0.3mm 时，选用表面洛氏硬度计（15kg 载荷测量）。
2）0.3mm≤DC<0.6mm 时，选用 HRA（60kg 载荷测量）。
3）DC≥0.6mm 时，选用 HRC（150kg 载荷测量）。

每批零件至少测 3 件，每件至少测 3 点；检测频率按规定执行；硬度不合格时，应加倍抽检，仍不合格则评审进行返工处理或判报废。

2. 芯部硬度

常用洛氏硬度计或维氏硬度计进行芯部硬度检测，常规渗碳件的芯部硬度为 25~45HRC。

(1) 测量部位的选择

应优先选择零件的离端面至少 1 倍直径距离的横截面轴线位置，或 1/2 半径处位置进行芯部硬度检测。

(2) 测量载荷的选择

选用 HRC（150kg 载荷测量），检测频率按规定执行。硬度不合格时，应加倍抽检，仍不合格则评审进行返工处理或判报废。

3. 有效硬化层深度

(1) 断口目测法

将渗碳工件淬火后打断，观察断口形貌。渗碳层呈白瓷状，中心未渗碳部分呈灰色纤维状断口，见图 4-37。

(2) 硬度测量法

根据 GB/T 9450—2005《钢件渗碳淬火硬化层深度的测定和校核》标准中的规定方法进行测量，见图 4-38。

图 4-37 断口目测法

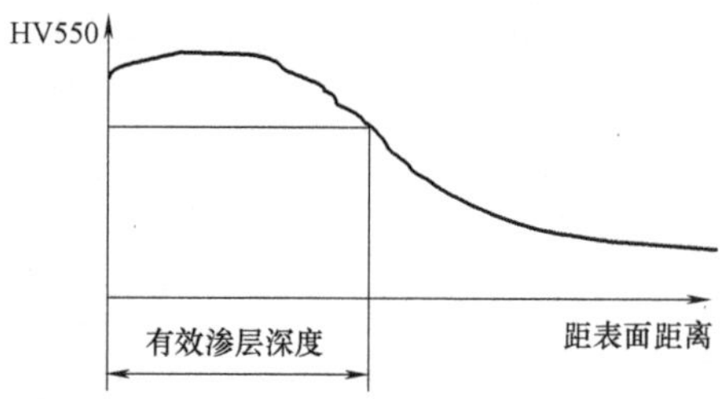

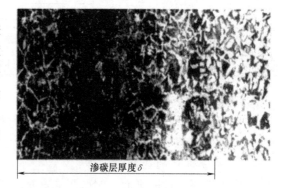

图 4-38 硬度法

(3) 金相测量法

渗碳缓冷后的试样经磨制、腐蚀后，在显微镜下进行测定。碳钢的渗碳层深度是从表面垂直量至 1/2 过渡区，其渗碳层包括过共析层+共析层+1/2 过渡区，并要求过共析层与共析层之和应占总层深的 75% 以上。合金钢渗层深度是从表面垂直量至出现芯部原始组织为止，包括过共析层+共析层+全部过渡区，并要求过共析层与共析层之和应占总层深的 50% 以上，见图 4-39。

(4) 剥层化学分析法

剥层化学分析法是将 $\phi 20 \sim 40 mm \times 80 mm$ 的随渗试样，进行 $0.05 \sim 0.1 mm$ 的分层剥离，然后进行定碳分

图 4-39 金相法

析。根据分析的数据制作含碳量与表面距离的分布曲线，该曲线反映出渗层浓度分布情况。该方法精确可靠，但取样和分析较麻烦，生产中很少采用。

4. 金相组织

金相制样方法按 4.2.1 节中描述的金相试验要求执行。由于不同行业、用途的零件对性能的要求不尽相同，齿轮、轴承等行业对渗碳层淬火马氏体及残余奥氏体级别的标准评级组织要求也不尽相同。推荐参阅齿轮行业标准 QC/T 262—1999《汽车渗碳齿轮金相检验标准》中的评级图：

1) 渗碳层淬火马氏体及残余奥氏体级别 1~5 合格。
2) 渗碳层碳化物 1~4 级合格。
3) 渗碳层非马氏体组织≤0.02mm。

4) 芯部马氏体组织 1~6 级合格。
5) 芯部不允许存在游离的块状铁素体。

以下介绍的是美国某公司轴类零件渗碳后的组织评级图，仅供参考。

1) 渗碳层淬火马氏体及残余奥氏体级别见图 4-40，一般推荐 1~4 级合格。

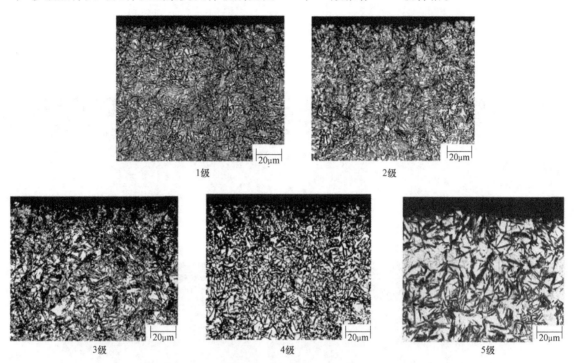

图 4-40　渗碳层淬火马氏体及残余奥氏体级别

2) 渗碳层碳化物级别见图 4-41，一般推荐 1~3 级合格。

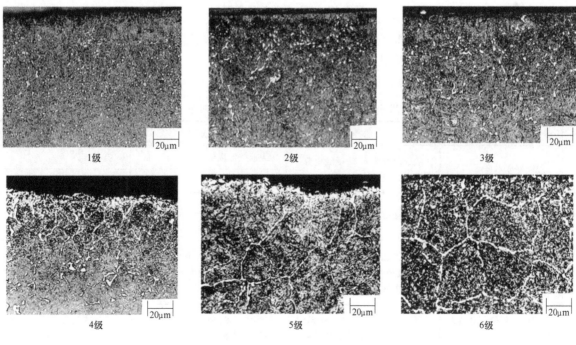

图 4-41　渗碳层碳化物级别

3) 非马氏体组织级别见图 4-42，一般推荐 1~3 级合格。
4) 芯部马氏体组织级别见图 4-40，一般推荐 3~5 级合格。

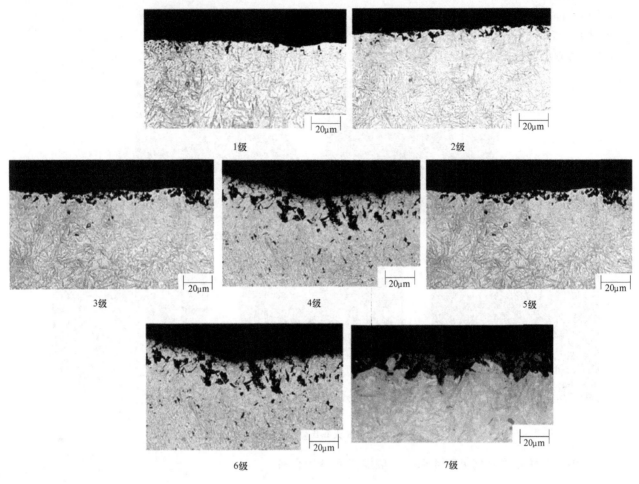

图 4-42 非马氏体组织级别

5）芯部铁素体组织级别：芯部不允许有未溶的游离铁素体存在。

5. 常见渗碳处理不合格原因及对策

常见渗碳处理不合格原因及对策见表 4-23。

表 4-23 常见渗碳处理不合格原因及对策

序号	不合格项目	危害	产生原因	解决方法
1	表面硬度不足	表面耐磨性下降,接触疲劳强度及弯曲疲劳强度下降	表面碳浓度低	提高碳势
			回火温度高	降低回火温度
2	渗层组织马氏体针过大	表面硬度不均,脆性增大	渗碳加热时过热;钢晶粒度过大	二次加热淬火返工,选用本质细晶粒钢
3	渗碳层中有网状或大块状碳化物	增加了表面脆性,渗碳层易剥落,缩短使用寿命;零件在淬火或磨削中易产生裂纹	碳势过高,使表面含碳量过高;渗碳后冷速过慢,预冷温度过低	进行 A_{C_m} 以上的高温淬火或正火
4	渗碳层中有大量残余奥氏体	降低表面硬度和接触疲劳、弯曲疲劳性能,淬火易变形	碳势过高,使表面含碳量过高;淬火温度过高	进行高温回火后,重新加热淬火或冷处理
5	表面含碳量过低,渗碳层深度不足	降低表面硬度、耐磨性和疲劳强度	碳势过低,渗碳温度低,时间短,炉子漏气,零件表面沉积炭黑,装炉量过多,排气不充分	补渗

(续)

序号	不合格项目	危害	产生原因	解决方法
6	渗碳层过深	淬火应力及脆性增加,韧性降低	渗碳温度偏高,时间过长	对严格要求渗碳层的产品只能报废
7	渗碳层不均匀	性能不均,缩短使用寿命	零件表面不清洁或积炭,炉温不均,气氛循环不良或漏气,原材料带状偏析严重	补渗,为避免层深增加过多,可适当取低点的渗碳温度
8	非马氏体组织超标	降低表面硬度和耐磨性,缩短零件使用寿命	渗碳介质中的氧向钢内扩散,在晶界处形成铬、锰、钛、硅的氧化物,使晶界处合金元素贫化,造成局部淬透性下降,出现奥氏体分解产物(屈氏体等)	减少氧化性气氛,增加炉子的密封性,排气充分,提高冷速;已形成的可做喷丸处理
9	芯部硬度不足	芯部韧性有余,强度不足,缩短工件的疲劳寿命	加热与冷却不足	重新加热淬火,提高预冷温度
10	芯部硬度过高	芯部韧性不足,增加脆断风险	选材不当,材料淬硬性过高;淬火油选择不当,冷速过高	更换材料,选用较低冷速的淬火油
11	变形大	尺寸精度降低,影响使用	选材不当,装夹不当,冷速过快	改进夹具,调整热处理工艺

4.3.3 其他热处理

紧固件的其他热处理方式有去应力处理、稳定化处理等。去应力处理实质上是通过一定的加热速率和加热温度,使零件中存在的应力集中、缓慢得到释放,可以是低温退火或中高温退火。这种退火主要用来消除铸件、锻件、焊接件、热轧件、冷拉件等的残余应力。如果这些应力不消除,则会引起钢件在一定时间以后,或在随后的切削加工、热处理过程中产生变形或裂纹。

较大规格全螺纹螺栓的螺纹收尾处在螺栓头下,无论采用滚压加工还是搓丝实现牙纹成型,螺纹收尾处的应力集中都比较明显。还有些特殊结构的螺栓,在丝坯冷镦过程中,大直径法兰面需要较大的冷变形才能成型,较大变形也会在法兰面外圆,以及法兰面与螺纹杆部头下 R 处形成较大应力集中。如果热处理工艺不当,比如加热速度过快或冷却速度过快,淬火过程中可能在这些应力集中的部位产生淬火裂纹。这种淬火裂纹可能是较大的裂纹,也可能是微小的内部裂纹。在大批量生产条件下,这些淬火过程中产生的裂纹无法被100%探测出来,是紧固件早期失效的隐患。因此,对有特殊要求的螺栓,可以在热处理前增加一道去应力退火,以消除加工残余应力,防止热处理时在应力集中处产生淬火裂纹。

对一些性能等级较低的不进行热处理强化的紧固件,比如6.8级以下的螺栓类产品,为消除较大变形过程中产生的应力集中,也可以采用去应力处理或稳定化处理工艺。

钢质零件去应力处理温度一般为250~550℃,根据需要选择合适温度。

钢、铝、钛合金等较特殊材料的紧固件在形变加工过程中,为了及时消除上道加工过程的形变硬化效应,避免下道加工过程中材料开裂,应在下道工序前及时进行去应力退火处理或固溶处理,具体参见4.4节、4.5节相关内容。

4.4 高温连接紧固件热处理检测

高温连接紧固件是指在高温(300~550℃)或超高温(高于550℃)环境下使用的紧固件,一般应用于汽车高温工作区的连接,如排气歧管与缸盖连接区、涡轮增压器与排气歧管连接区、三元催化转化器与增压器连接区、排气歧管与三元催化转化器连接区等。这些区域的零部件及总成负责汽车驱动力的能量产生与转变、动能输出、燃料输送和高温排放气体的高速流动及循环。

高温连接紧固件为满足使用条件，需要保证材料具有下列性能：

1）优异的高温力学性能。即材料需具有优良的抗蠕变性能、足够的高温持久强度、良好的高温疲劳性能、适当的高温塑性等，以保证紧固件在服役期间安全工作，具备应有的使用寿命。

2）良好的耐高温腐蚀性能。紧固件在受力或不受力的高温工作环境中，要具有耐高温氧化、耐高温硫化或耐混合气氛中的高温腐蚀等性能。

汽车用高温连接紧固件根据使用部位状态，需承受300~800℃甚至更高的环境温度。为保证其高温性能，通常使用耐热钢和高温合金钢制造。高温连接紧固件的组织、性能与热处理有密切关系，通过适当的热处理工艺，可充分发挥材料潜力。高温连接紧固件常用材料分类见表4-24。

耐热钢是指在高温下具有良好化学稳定性和较高强度的特殊钢。常用耐热钢包括珠光体型耐热钢、铁素体型耐热钢、马氏体型耐热钢，产品可在300~550℃高温环境下服役。

高温合金钢是指以铁、镍、钴为基体，能在600℃以上的高温及一定应力作用下长期工作的一类特殊钢。

表4-24 高温连接紧固件常用材料分类

种类	材料类型	常用牌号	热处理方式	最高服役温度
耐热钢	珠光体型耐热钢	21CrMoV5-7	淬火+回火	550℃
		41CrMoV4-6(SNB16)	淬火+回火	550℃
	铁素体型耐热钢	409CB	退火	650℃
	马氏体型耐热钢	SUS431	淬火+回火	600℃
高温合金钢	沉淀硬化型	A286/SUH660	固溶+时效	650℃
	镍合金钢	GH4080A	固溶+时效	800℃

固溶处理是指将工件加热至适当温度并保温，使过剩相充分溶解，然后快速冷却以获得过饱和固溶体的热处理工艺，具体参见GB/T 7232—2012《金属热处理工艺术语》。固溶处理可得到适宜的晶粒度，改善钢材的塑性和韧性，消除应力与软化材料，以便后续加工成型，并为沉淀硬化处理做好准备。典型材料固溶处理参数见表4-25。

表4-25 典型材料固溶处理参数

材料牌号	固溶处理	设备	固溶处理后材料性能	
			抗拉强度/MPa	硬度
A286	970~990℃×1h 油冷或水冷	真空炉	≤650	≤100HRB
GH4080A	1050~1080℃×8h 空冷	真空炉	≤950	≤25HRC

时效处理是指工件经固溶处理或淬火后，在室温或高于室温的适当温度下保温，以达到沉淀硬化的目的。沉淀硬化处理是在过饱和固溶体中形成溶质原子偏聚区和（或）析出弥散分布的强化相，从而使金属硬化的热处理。通常是在高于室温的适当温度下保温，以达到沉淀硬化的目的。沉淀硬化处理作为紧固件产品的最终热处理，决定了产品的最终性能，直接影响产品的使用。沉淀硬化处理通常需要较长时间保温，常用的热处理设备为真空炉。沉淀硬化型耐热钢和镍基高温合金通常使用时效处理作为产品最终热处理方式。典型材料时效处理参数见表4-26。

珠光体型耐热钢和马氏体型耐热钢使用调质处理作为最终热处理方式。铁素体型耐热钢不能通过热处理强化，只能在950℃下进行退火处理，退火后须快速冷却以避免475℃脆性。

表 4-26 典型材料时效处理参数

材料牌号	时效处理	热处理设备	时效处理后材料性能	
			最小抗拉强度/MPa	硬度 HRC
A286	710~730℃×16h	真空炉	900	22~38
GH4080A	1) 840~860℃×24h 2) 690~710℃×16h	真空炉	1000	32~42

4.4.1 沉淀硬化型不锈钢热处理

沉淀硬化型耐热钢指在不锈钢化学成分的基础上添加不同类型、数量的强化元素，通过沉淀硬化过程析出不同类型和数量的碳化物、氮化物、碳氮化物和金属间化合物，既提高钢的强度、又保持足够韧性的一类高强度不锈钢。沉淀硬化不锈钢根据基体的金相组织可分为马氏体型、半奥氏体型和奥氏体型三类。各类沉淀硬化型不锈钢金相图谱见图 4-43。汽车紧固件常用的沉淀硬化型不锈钢代表材料为奥氏体型沉淀硬化不锈钢 06Cr15Ni25Ti2MoAlVB（GH2132），对应国外牌号是 SUH660/A286/1.4980。此材料可通过固溶处理改善塑性和韧性，为沉淀硬化处理做好准备，同时使过剩相充分溶解，强化固溶体，并提高韧性及抗腐蚀性能，消除应力与软化，以便继续加工或成型。成型后的紧固件通过时效处理，达到沉淀硬化目的，满足装配和高温使用要求。

马氏体型

半奥氏体型

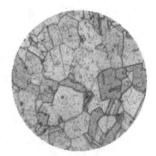
奥氏体型

图 4-43 各类沉淀硬化型不锈钢金相图谱

沉淀硬化型耐热钢产品因其材料特性，检测项目与常规碳钢和合金钢产品有差异，具体见表 4-27。

表 4-27 沉淀硬化型耐热钢产品检测项目

热处理类型	检测项目		检测标准	检测设备
固溶	硬度		GB/T 230.1—2018	硬度计
	抗拉强度		GB/T 228.1—2010《金属材料拉伸试验 第 1 部分：室温试验方法》（以下简称 GB/T 228.1—2010）	拉力试验机
	屈服强度		GB/T 228.1—2010	拉力试验机
	延伸率		GB/T 228.1—2010	拉力试验机
	断面收缩率		GB/T 228.1—2010	拉力试验机
	晶粒度		GB/T 6394—2017《金属平均晶粒度测定方法》	金相显微镜
	冷顶锻		YB/T 5293—2006《金属材料 顶锻试验方法》	万能试验机
固溶+时效	硬度	洛氏硬度	GB/T 230.1—2018	洛氏硬度计
		维氏硬度	GB/T 4340.1—2009	显微维氏硬度计
	抗拉强度		GB/T 228.1—2010	拉力试验机

(续)

热处理类型	检测项目	检测标准	检测设备
固溶+时效	金相组织	GB/T 13298—2015《金属显微组织检验方法》（以下简称 GB/T 13298—2015）	金相显微镜
	高温强度试验	GB/T 228.2—2015《金属材料 拉伸试验 第2部分：高温试验方法》（以下简称 GB/T 228.2—2015）	高温拉伸试验机
	高温持久强度试验	GB/T 2039—2012《金属材料单轴拉伸蠕变试验方法》（以下简称 GB/T 2039—2012）	高温蠕变试验机
	材料蠕变性能试验	GB/T 2039—2012	高温蠕变试验机

注：硬度、抗拉强度、屈服强度、延伸率、断面收缩率、冷顶锻与常规紧固件检测方式相同，本节不再详细说明，本节主要介绍耐热紧固件金相检测、高温强度试验、高温持久强度试验、蠕变试验的相关内容。

1. 金相组织

钢的显微组织是指金相组成和结构。不同类型的显微组织对高温性能有很大影响。组织结构是决定耐热钢和高温合金耐热性能的重要因素之一。当钢的化学成分确定后，固溶体中合金元素的固溶程度、显微组织的变化、晶粒度尺寸，以及析出的强化相种类及其弥散度等因素，都将对钢的热强性产生重大影响。组织结构因素对热强性的影响是一个极其复杂的问题，特别是在高温、应力和长期工作条件下，其变化更为复杂。高温强化与低温强化不同，晶界在高温形变时为薄弱环节，因此在破断时其特征为晶间断裂。晶界的晶体结构不规则，原子排列杂乱，晶格歪曲，同时又有各种缺陷（如位错、空洞等）存在。在室温快速变形时，由于晶界基本不参与形变，并且可以阻止晶内滑移的贯穿，有利于合金强化。可以认为，在某种程度上，室温下晶界强化比晶内高，但晶界强度随温度的升高而迅速下降，在某一温度区间内晶界强度与晶内强度大致相当。温度继续升高，达到等强温度时，晶界强度会比晶内强度低。高温合金多在等强温度左右使用，因此合金中应避免含有使晶界弱化的杂质元素，而应含有能有效强化晶界的微量元素。

晶粒大小及其与部件厚度比对力学性能有重要影响。大晶粒材料一般有较高的持久强度与蠕变强度，较小的蠕变速率。小晶粒材料则表现出较高的抗拉强度与疲劳强度。在高温静态下工作的材料晶粒可以控制得大一些，而在中温动态下工作的材料晶粒则可控制得小一些。

在金相显微镜下看到的金属材料的内部结构称为显微组织或金相组织。金相检验主要是采用定量金相学原理，对合金成分、组织和性能间的定量关系进行研究。从某种意义上讲，金相检验就是人们对金属内部结构的研究与分析，将物理冶金学理论运用到实际操作过程中，针对金属及合金成分进行检验以及性能分析。

沉淀硬化型耐热钢基体通常为奥氏体或马氏体组织，汽车紧固件常用的沉淀硬化型耐热钢SUH660的基体为奥氏体组织，试样经镶嵌、抽样、磨光、抛光、浸蚀后在金相显微镜下显现组织结构。SUH660材料金相检验取样、切样、镶样、磨样过程参见4.2.1节，抛光与显微组织显示过程按本节介绍的步骤完成。

(1) 试样抛光

抛光的目的是抛去试样上的磨痕以达到镜面光洁度，且无磨制缺陷。抛光方法可采用机械抛光、电解抛光、化学抛光、振动抛光、显微研磨等，其中最常用的是机械抛光。但针对沉淀硬化型耐热钢材料，采用化学抛光或电解抛光效果更好，因此对于SUH660材料金相检测推荐使用化学抛光或电解抛光制样。

1) 电解抛光。电解抛光是将金属作为阳极插在电解槽中，其表面因电解反应而发生选择性腐蚀，从而使其表面抛光。在电解抛光液中，以待抛光的试样作为阳极，不溶性金属作为阴极，两极之间加电压，阴阳极之间有电流通过，阳极即待抛光试样表面的微观凸起部分，发生选择性溶解，从而形成平滑表面。电解时，为防止电解液过热，往往需要对电解液进行搅拌或冷却。图4-44所示为电解抛光装置示意。

2) 化学抛光。化学抛光是靠化学试剂对试样表面不均匀溶解，逐渐得到光亮表面。这种方法只能使试样表面光滑，不能达到表面平整的要求。沉淀硬化型耐热钢推荐抛光液试剂成分为：盐酸30%，硫酸40%，四氯化钛5.5%，水24.5%。将试样放置在55~80℃的试剂中，通过试剂对试样表面的溶解，达到抛光目的。

（2）显微组织显示

试样抛光后，利用物理或化学方法对试样进行特定处理，使各种组织结构呈现良好衬度，得以清晰显示。常用的方法有光学法、浸蚀法、干涉层法，耐热钢常用浸蚀法使显微组织显示。

1）化学浸蚀。化学浸蚀是使用化学试剂与试样表面发生化学溶解或电化学溶解的过程，以显示金属显微组织。沉淀硬化型不锈钢材料推荐的化学浸蚀剂包括：王水（硝酸：盐酸＝1:3，体积比）、硫酸铜盐酸酒精溶液（硫酸铜1.5g、盐酸40mL、酒精20mL）。

使用以上溶液浸蚀数分钟以显示显微组织，不同溶液浸蚀时间略有差异，以清晰显示为准。

2）电解浸蚀。将试样作为电路的阳极，浸入合适的电解浸蚀液中，通入较小电流进行浸蚀，以显示金属显微组织。沉淀硬化不锈钢材料推荐使用电解液为草酸10g、水100mL，电流密度为0.1~0.3A/cm^3，使用铂作为阴极进行电解浸蚀。化学浸蚀与电解浸蚀两种方式都可以使显微组织显示出来，建议首选化学浸蚀法。图4-45所示为沉淀硬化型耐热钢经过抛光、浸蚀后显现的奥氏体金相组织。金相试样浸蚀处理后应充分清洗、吹干。

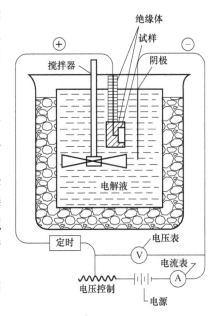

图4-44　电解抛光装置示意

2. 高温拉伸试验

在高温环境使用的紧固件，为了验证其在高温时的强度性能，通常使用高温拉伸试验进行检测。

高温拉伸试验是在室温以上的高温下进行的拉伸试验。进行高温拉伸试验时，除考虑应力和应变外，还要考虑温度和时间两个参数。温度对高温拉伸性能影响很大，因此对温度的控制要求很严格。以下介绍高温拉伸试验过程。

（1）测试条件

高温拉伸试验测试设备使用的高温拉伸试验机见图4-46。高温拉伸试验机须配备加热及保温装置、引伸计系统；试验机应能以可控速率施加拉伸载荷；在试验机允许力值范围内，示值相对误差不应超过±1%；试验机力值按规定检定。

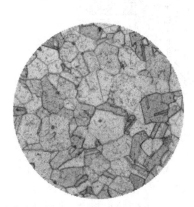

图4-45　SUH660奥氏体金相组织

图4-46　高温拉伸试验机

1）加热装置。加热炉应保证在整个试验期间测量温度T_i和规定温度T的允许偏差，以及温度梯度符合表4-28所列规定，温度应自动记录，测量温度的仪器灵敏度不应超过1℃。

表 4-28　温度的允许偏差和温度梯度

规定温度 T /℃	T_i 和 T 的允许偏差 /℃	温度梯度 /℃	规定温度 T /℃	T_i 和 T 的允许偏差 /℃	温度梯度 /℃
$T \leqslant 600$	±3	3	$800 < T \leqslant 1000$	±5	5
$600 < T \leqslant 800$	±4	4	$1000 < T \leqslant 1100$	±6	6

注：温度梯度是指由加热装置等产生的沿试样轴向存在的固定的温度差值。

2）温度测量。高温拉伸试验过程温度测量使用热电偶完成。热电偶丝应按规定检定，热电偶测温端应与试样表面有良好的热接触，并避免加热体对热电偶直接热辐射。为保证测量准确性，推荐当试样标距<50mm时，在试样平行长度的两端分别固定一支热电偶；当标距≥50mm时，应在试样平行长度的两端及中心位置各固定一支热电偶。如果根据经验得知加热装置与试样的相对位置可确保试样温度的变化符合表4-29所列规定，则热电偶的数量可以减少。但是，至少要在试样上固定一支热电偶测量温度。温度测量装置的最低灵敏度为1℃，允许误差应在±0.4%或±2℃内，取最大值。温度测量系统应在试验温度范围内检验和校准，其检验方法应溯源到国际单位。

3）试验夹具。试验夹具应能在试验温度下承受试验载荷，不产生永久变形，固定试样的夹具安装孔基本直径为紧固件杆部最大直径加0.025mm，极限偏差为0~+0.10mm。高温试验要注意防止紧固件受热膨胀而受剪切力。

图4-47所示为螺柱产品的夹具示意，图4-48所示为螺栓产品的夹具示意，图4-49所示为螺母替代试棒的夹具示意。

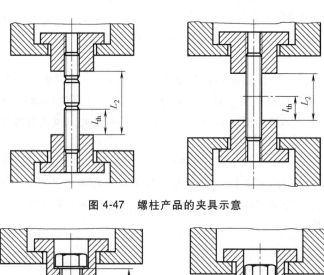

图 4-47　螺柱产品的夹具示意

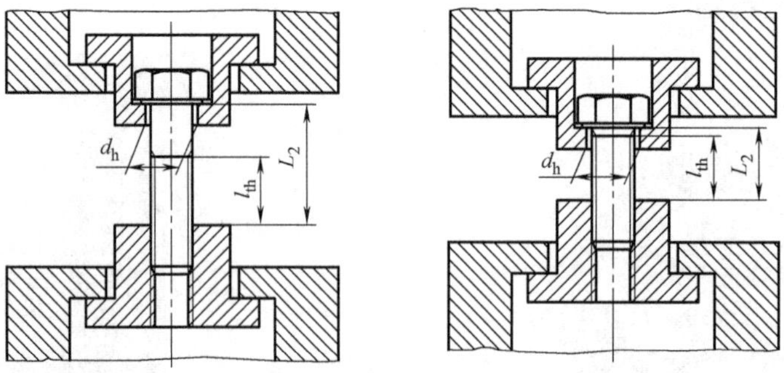

图 4-48　螺栓产品的夹具示意

4）试样。高温拉伸试验试样按照GB/T 3098.1—2010规定，对于长度$L \geqslant 2.5d$的螺栓、螺柱，进行实物高温拉伸试验。对于长度<2.5d或结构不能做实物测试的螺栓和螺母，可参考GB/T 3098.1—2010第8.1条和GB/T 228.2—2015，采用与产品同批材料同炉热处理的圆形截面光滑试样替代实物进行高温试验，试验方法和条件与实物试样一致。试样的尺寸和结构见图4-50。

（2）试验过程

1）设定试验力零点。在试验加载链装配完成后，试样两端被夹持前，应设定力测量系统的零点。

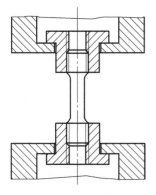

图 4-49　螺母替代试棒的夹具示意

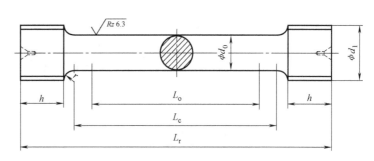

图 4-50　圆形截面光滑试样

一旦设定了力值零点,试验期间力测量系统将不能再发生变化。在室温下将引伸计按标距长度装卡在试样上,在试验温度下测量延伸,再通过室温下的引伸计标距计算延伸率。不考虑试样的热延伸。

2)试验速率。通常,高温拉伸试验的试验速率对力学性能的影响比室温影响更大,因此故高温拉伸试验的力学性能测试采用比室温拉伸试验低的应变或应力速率。在测定上屈服强度、下屈服强度和规定非比例延伸强度时,试验速率规定:试验开始至达到屈服强度期间,试样的应变速率应为 0.001～0.005/min,尽可能保持恒定,仲裁试验采用中间应变速率。当试验系统不能控制应变速率时,应调节应变速率,使整个弹性范围内试样应变速率保持在 0.003/min 以内。任何情况下,弹性范围内的应变速率不得超过 300（N/mm²）/min。若仅测定抗拉强度,则试样的应变速率应为 0.02～0.20（N/mm²）/min,尽量保持恒定,仲裁试验采用中间应变速率。若同一试验也测定屈服强度,则从低应变速率到高应变速率的改变应均匀连续。

3)试验实施。在施加试验力前,将试样加热至规定温度 T,并至少保温 10min。应在引伸计输出稳定后施加载荷。通常,使试样的整个横截面都升至试验温度需要较长时间。加热过程中,试样的温度不应超过规定温度的偏差上限。应对试样无冲击地施加力,力的作用应使试样连续产生变形。试验力轴线应与试样轴线一致,以使试样标距的弯曲或扭转减至最小。

高温试验过程中要注意夹具和紧固件产品发生螺纹粘合咬死的情况,试验前可在螺纹上涂高温黏结剂,按 4.2.4 节所述规定进行拉伸试验。沉淀硬化型耐热钢高温拉伸要求值见表 4-29。

表 4-29　SUH660 沉淀硬化型耐热钢高温拉伸要求值

热处理状态	机械性能		温度											
			50℃	100℃	150℃	200℃	250℃	300℃	350℃	400℃	450℃	500℃	550℃	600℃	650℃
AT+P	R_m/MPa	min	—	—	—	—	—	—	—	720	710	700	690	670	—
	$R_{p0.2}$/MPa	min	592	580	570	560	550	540	530	520	510	490	460	430	380

注:参见 GB/T 14992—2005《高温合金和金属间化合物高温材料的分类和牌号》。

3. 高温持久试验

高温持久试验是指材料在指定温度下受恒定载荷作用时,在规定的持续时间内不引起断裂的最大应力的一种材料机械性能试验。高温持久试验是耐高温紧固件设计选材的重要依据。高温持久试验测试指标包括持久强度和持久塑性。

持久强度是试样在规定温度和时间内拉断时能承受的最大应力。

持久塑性用试样断裂后的延伸率和断面收缩率来表示。它表示材料在温度、应力共同作用下,在规定的持续时间内的塑性。持久塑性是衡量材料蠕变脆性的一项重要指标,过低的持久塑性会使材料在使用中产生脆性断裂。试验表明,有些材料在高温短期试验时可能具有良好的塑性,但经高温长期试验后,其塑性可能明显降低,有的持久塑性仅为 1% 左右。因此,对于需长期在高温环境中使用的高温紧固件，持久塑性试验很有必要。

持久断后伸长率 δ 是持久试样断裂后，在室温下计算长度部分的增量 $L-L_0$ 与原始长度 L_0 之比。

$$\delta = \frac{L-L_0}{L_0} \times 100\%$$

持久断面收缩率 ψ 是持久试样断裂后，在室温下计算横截面积的缩减量 S_0-S 与原始截面积 S_0 之比。

$$\psi = \frac{S_0-S}{S_0} \times 100\%$$

(1) 试验条件

高温持久试验使用高温蠕变持久试验机进行，见图 4-51。高温蠕变持久试验机须配备加热及保温装置、引伸计系统。试验机应能提供轴向试验力，并使试样上产生的弯矩和扭矩最小。试验前应对试验机进行外观检查以确保试验机的加力杆、夹具、万向节和连接装置都处于良好状态。试验力应均匀、平衡、无振动地施加在试样上。

图 4-51　高温蠕变持久试验机

1) 试样的加热。试样应加热至规定的试验温度；试样、夹持装置和引伸计都应达到热平衡；试样应在试验力施加前至少保温 1h，卸载后试样保温时间不得超过 1h。升温过程中，任何时间试样温度不得超过规定温度 T 所允许的偏差。

采用加热装置加热试样至规定温度 T，规定温度 T 与显示温度 T_i 之间的允许偏差和温度梯度见表 4-30。

表 4-30　温度的允许偏差和温度梯度

规定温度 $T/℃$	T_i 和 T 的允许偏差/℃	温度梯度/℃	规定温度 $T/℃$	T_i 和 T 的允许偏差/℃	温度梯度/℃
$T \leqslant 600$	±3	3	$800 < T \leqslant 1000$	±5	5
$600 < T \leqslant 800$	±4	4	$1000 < T \leqslant 1100$	±6	6

2) 试验力的施加。施加试验力应保证试样轴向产生最小的弯矩和扭矩；试验力至少应准确到 ±1%；试验力的施加过程应无振动且尽可能快。当初始应力对应的载荷全部施加在试样上时，持久试验开始 ($t=0$) 并记录时间。

3) 试样。一般情况下，试样加工成圆形比例试样 ($L_0 = k\sqrt{S_0}$)，见图 4-52。k 值应大于或等于 5.65，并在试验报告中记录，例如 $L_0 \geqslant 5D$。

为了测量在较大应力集中的条件下材料性能的特征，例如螺纹根部、零件截面急剧变化等，常使用环形缺口试样进行测量。通常采用的是同一试样上的较大直径处，加工出与试样平行段具有相同横截面积的缺口的复合试样，见图 4-53。

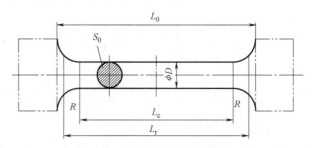

图 4-52　圆形比例试样

(2) 试验过程

使用高温蠕变持久试验机进行高温持久强度试验，将实物或试棒安装在高温蠕变持久试验机上；温度升高至指定温度，加载轴向拉应力到规定值后，保持规定时间，螺栓在保持时间内不得发生断裂，不得有明显的变形和伸长；然后继续加大拉应力，直到试样断裂，降到室温时，测量其断后伸长率不得小于规定值。进行高温持久强度试验的试样须保证室温时强度满足要求，沉淀硬化型不锈钢紧固件 SUH660 的高温持久强度性能要求见表 4-31。

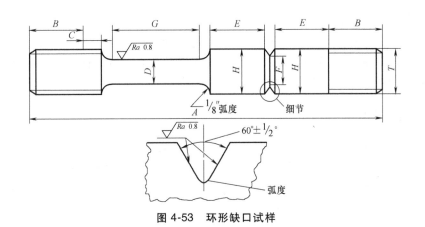

图 4-53 环形缺口试样

表 4-31 SUH660 高温持久强度性能

牌号	室温性能					高温持久性能			
	抗拉强度 R_m/MPa	规定非比例延伸强度 $R_{p0.2}$/MPa	断后伸长率 $A(\%)$	断面收缩率 $Z(\%)$	硬度/HRC	试验温度/℃	试验应力 σ/MPa	时间/h	断后伸长率 $A(\%)$
	不小于						不小于		
SUH660	900	590	15	20	24~37	650	450	23	5
							390	100	3

4. 蠕变试验

高温蠕变现象是指金属在高温和低于材料屈服强度的应力下发生的与时间相关的缓慢的塑性变形。材料在较低温度下虽然也可能有蠕变现象，但变形量较小，一般不会单独由低温蠕变导致构件的破坏。蠕变行为强烈地依赖温度等环境因素，当温度升高到 $0.3T_m$（即绝对温度表示的金属熔点温度的约 1/3），材料所承受的应力远低于屈服强度的应力时，随着加载时间的持续增加会产生缓慢的塑性变形。通常用蠕变曲线来描述材料的蠕变规律，根据变形速率随时间的变化，可将蠕变曲线分为三阶段，见图 4-54。

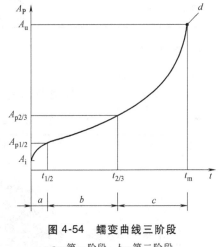

图 4-54 蠕变曲线三阶段

a—第一阶段　b—第二阶段
c—第三阶段　d—断裂

1) 第一阶段：蠕变的减速阶段。在此阶段内，施加应力瞬间产生弹性应变 ε_0 后，随时间的增加，在蠕变速率不断降低的条件下产生的连续变形。

2) 第二阶段：恒定蠕变阶段。此时，蠕变速率随加载时间的延长而保持不变。在此阶段内的蠕变速率极小且稳定，故称为最小蠕变速率或稳态蠕变速率 ε_S。

3) 第三阶段：蠕变的加速阶段。随着蠕变过程的进行，蠕变速率显著增加，当达图 4-54 中 d 点时，蠕变速率失控，最后导致系统破裂或断裂。此时，对应的蠕变断裂时间是 t_r，ε_r 是总的蠕变变形量。汽车紧固件用材料常用条件蠕变极限作为材料选用时的参考数据。条件蠕变极限是指以一定变形速率，在规定时间内获得一定总变形量的应力值，如 10^5h 内材料变形为 1% 时的应力。

蠕变试验是将试样加热到规定温度，沿试样轴线方向施加拉伸力并保持恒定，测定试样的伸长率与时间的关系。蠕变试验时间可能是几十小时，也可能延续几千甚至数万小时。

测定金属材料蠕变极限所采用的试验设备为高温蠕变持久试验机。蠕变试验用试样的形状、尺寸及制备方法、试验程序和操作方法如下：

蠕变试验的试样有圆形和板状试样两种，在特殊情况下，允许采用其他形状和尺寸的试样；试样制备时，注意不要使试样因受热或加工硬化而改变材料性能；试样形状和尺寸的确定应有利于精确地测定试样的伸长率和载荷，并能适合所用伸长仪的类型。

对比蠕变和持久试验的特点，它们通常都需要在恒温和恒载荷条件下进行。蠕变试验中需要获得蠕变速率，因此对试样的应变测试精确度要求较高，造价相对较高；持久性能试验主要关注持久断裂时间，因此只要得到机构的总变形量即可，造价相对较低。

4.4.2 马氏体型耐热钢热处理

马氏体型耐热钢是基体为马氏体组织，有磁性，通过热处理可调整力学性能的不锈钢。马氏体型耐热钢能在退火、硬化与回火的状态下焊接，经过焊接后会在邻近焊道处产生一个硬化的马氏体区，因此马氏体型耐热钢常用于焊接类紧固件。

马氏体型耐热钢的通常碳含量为 0.08%～1.20%，并在基础元素铬（Cr）的基础上增加镍（Ni）、硅（Si）、钼（Mo）等提高热强性与高温抗氧化性的成分。马氏体型耐热钢材料经过热处理后可获得优良的综合力学性能、较好的热强性、耐腐蚀性，适用于对强度、硬度及耐磨性等要求较高并兼有一定耐腐蚀性要求的紧固件。汽车紧固件常用的马氏体型耐热钢代表为 17Cr16Ni2（对应国外牌号 SUS431）和 40Cr10Si2Mo，通常用于生产焊接螺栓等零件。其热处理制度及力学性能见表 4-32。

表 4-32 马氏体型耐热钢热处理制度及力学性能

牌号	热处理方式	热处理温度	R_m/MPa	$R_{p0.2}$/MPa	δ(%)	硬度/HRC
17Cr16Ni2（SUS431）	淬火+回火	1010℃±28℃，空冷或油冷，最低 565℃空冷	≥861	≥689	≥15	25～32
40Cr10Si2Mo	淬火+回火	1000～1050℃，空冷或油冷 700～780℃空冷	≥880	≥680	≥10	26～34

1. 金相检测

马氏体型耐热钢在高温状态的组织为奥氏体，经过淬火后，奥氏体转变为马氏体，故称马氏体不锈钢。马氏体型耐热钢 SUS431 各状态金相图谱见表 4-33。

表 4-33 马氏体型耐热钢 SUS431 各状态金相图谱

材料状态	显微组织组成	对应图谱	材料状态	显微组织组成	对应图谱
淬火	马氏体+少量铁素体		淬火+回火	回火马氏体+铁素体	

（1）金相制样

金相制样过程、磨光过程注意事项与沉淀硬化型耐热钢一致，此处不再赘述。抛光过程可采用机械抛光、化学抛光或电解抛光三种方式进行，推荐采用化学抛光或电解抛光，效果更好，抛光方式及抛光液参见 4.4.1 节内容。

（2）组织显示

对马氏体型耐热钢进行金相显示的浸蚀，推荐使用氯化铁盐酸水溶液（氯化铁、盐酸各 50mL、水 100mL）浸蚀 3～10s。

2. 高温拉伸试验

高温拉伸强度试验方法参见 4.4.1 节内容，常用马氏体型耐热钢 SUS431 高温拉伸强度见表 4-34。

表 4-34　SUS431 高温拉伸强度

热处理状态	机械性能		温度								
			150℃	200℃	250℃	300℃	350℃	400℃	450℃	500℃	550℃	600℃
QT	R_m/MPa	min	780	760	730	715	695	665	630	565	480	350
	$R_{p0.2}$/MPa	min	647	631	608	593	577	554	523	470	400	293

4.4.3　珠光体型耐热钢热处理

珠光体型耐热钢是以铬、钼、钒为主要元素的合金结构钢，在室温和使用温度条件下这类钢的组织是珠光体（或主要是珠光体和少量铁素体）。

铬是耐热钢抗高温氧化的主要元素之一，由于它的熔点高，本身具有优异的抗蠕变性能，含 1% 铬和 0.5% 钼的低合金耐热钢就具有较高的热强性。当铬含量超过 1.5% 时，不仅无法改善铁素体低合金钢的热强性，反而有不利影响。铬是耐热钢及合金钢中极重要的元素，当钢中含铬量足够高时，其表面会形成一层致密的 Cr_2O_3 膜。这种氧化膜在一定程度上能阻止氧、硫、氮等腐蚀性气体向钢中扩散，也能阻碍金属离子向外扩散，在一定的温度范围内还能形成一层保护性良好的尖晶石型复合氧化膜，增强了钢的抗高温氧化能力。

钼和钒都属于难熔金属，它们的熔点高，与铁的二元合金具有最佳的强化作用。钼在铁中可显著地抑制铁的自扩散，提高固溶体的再结晶温度。在含钼的低合金耐热钢中，钼的作用是强化固溶体及形成性质优良的细小的碳化物相。钒的碳化物十分稳定，这类细小的碳化物在耐热钢中可提高热强性，并大幅提升耐热钢的抗蠕变性能。珠光体型耐热钢经过淬火加高温回火后，可保证在 600℃ 以下时具有良好的高温强度。汽车紧固件常用的珠光体型耐热钢代表有 21CrMoV5-7、25Cr2Mo1V、40CrMoV4-7（SNB16）等。珠光体型耐热钢热处理制度及力学性能见表 4-35，珠光体型耐热钢检测项目见表 4-36。

表 4-35　珠光体型耐热钢热处理制度及力学性能

牌号	热处理方式	热处理温度	R_m/MPa	$R_{p0.2}$/MPa	δ(%)	硬度/HRC
21CrMoV5-7	淬火+回火	900~950℃淬火+680~720℃回火	≥700	≥550	≥16	225~272
40CrMoV4-7(SNB16)	淬火+回火	880~950℃淬火+670~720℃回火	≥850	≥640	≥14	272~320

表 4-36　珠光体型耐热钢检测项目

热处理类型	检测项目		检测标准	检测设备
淬火+回火	硬度	洛氏硬度	GB/T 230.1—2018	洛氏硬度计
		维氏硬度	GB/T 4340.1—2009	显微维氏硬度计
	抗拉强度		GB/T 228.1—2010	拉力试验机
	金相组织		GB/T 13298—2015	金相显微镜
	脱碳		GB/T 224—2019	金相显微镜
			GB/T 4340.1—2009	显微硬度计
	高温强度试验		GB/T 228.2—2015	高温拉伸试验机
	高温持久强度试验		GB/T 2039—2012	高温蠕变试验机
	材料蠕变性能试验		GB/T 2039—2012	高温蠕变试验机

珠光体型耐热钢金相检测参照 4.2.1 节描述的方法执行，常见材料金相图谱见图 4-55、图 4-56。

珠光体型耐热钢高温拉伸性能试验检测方法见 4.4.1 节相关内容，常用材料高温拉伸性能见表 4-37。

图 4-55　21CrMoV5-7 金相图谱

图 4-56　40CrMoV4-7 金相图谱

表 4-37　珠光体型耐热钢高温拉伸性能（参考 DIN EN 10269）

牌号	热处理状态	机械性能		温度										
				50℃	100℃	150℃	200℃	250℃	300℃	350℃	400℃	450℃	500℃	550℃	600℃
21CrMoV5-7	QT	$R_{p0.2}$/MPa	min	542	530	515	500	480	460	435	410	380	350	—	—
40CrMoV4-7	QT	$R_{p0.2}$/MPa	min	631	612	591	577	556	542	528	507	479	429	366	268

4.4.4　镍基合金型耐热钢热处理

镍基高温合金的基体元素是镍，镍具有较高的化学稳定性，在 500℃ 以下几乎不氧化，常温下不易受水及某些盐类水溶液的浸蚀。镍基高温合金在航空领域中应用最为广泛，主要原因在于：一是它可以溶解较多合金元素，且能保持较好的组织稳定性；二是它可以形成共格有序的 A3B 型金属间化合物 γ[Ni3（Al，Ti）] 相作为强化相，使合金得到有效的强化，获得比铁基高温合金和钴基高温合金更高的高温强度；三是含铬的镍基合金具有比铁基高温合金更好的抗氧化和抗燃气腐蚀能力。镍基合金含有十多种元素，其中，铬主要起抗氧化和抗腐蚀作用，其他元素主要起强化作用。根据它们的强化作用方式可分类为：固溶强化元素，如钨、钼、钴、铬和钒等；沉淀强化元素，如铝、钛、铌和钽；晶界强化元素，如硼、锆、镁和稀土元素等。

镍基合金型耐热钢的镍含量在 50% 以上，在高温下有较高的强度与一定的抗氧化腐蚀能力。材料经过固溶和时效处理后可满足高温使用环境下的强度要求，汽车紧固件常用的材料有 GH4080A，该材料可满足 800℃ 工作环境下的使用要求，其热处理温度及力学性能见表 4-38，常用检测项目见表 4-39。

表 4-38　镍基高温合金 GH4080A 热处理温度及力学性能

牌号	热处理方式	热处理温度	R_m/MPa	$R_{p0.2}$/MPa	δ(%)	硬度/HV
GH4080A	固溶+时效	固溶：1050~1080℃ 时效：840~860℃×24h，690~710℃×16h	1000~1300	≥600	≥12	320~417

表 4-39　镍基高温合金常用检测项目

热处理类型	检测项目		检测标准	检测设备
固溶+时效	硬度	洛氏硬度	GB/T 230.1—2018	洛氏硬度计
		维氏硬度	GB/T 4340.1—2009	微维氏硬度计
	抗拉强度		GB/T 228.1—2018	拉力试验机
	金相组织		GB/T 13298—2015	金相显微镜
	高温强度试验		GB/T 228.2—2015	高温拉伸试验机
	高温持久强度试验		GB/T 2039—2012	高温蠕变试验机
	材料蠕变性能试验		GB/T 2039—2012	高温蠕变试验机

镍基合金材料高温拉伸性能试验检测方法见 4.4.1 节相关内容，常用材料高温拉伸性能见表 4-40。

表 4-40 镍基合金材料高温拉伸性能

牌号	热处理状态	机械性能		温度											
				50℃	100℃	150℃	200℃	250℃	300℃	350℃	400℃	450℃	500℃	550℃	600℃	650℃
GH4080A	QT	R_m/MPa	min	1070	1044	1017	990	966	942	932	922	903	883	859	834	—
		$R_{p0.2}$/MPa	min	595	586	577	568	564	560	550	540	530	520	510	500	480

4.4.5 铁素体型耐热钢热处理

铁素体型耐热钢是以铬为主要合金元素，在高温和常温下均以体心立方晶格的铁素体为基体组织的不锈钢。这类钢一般不含镍，有的含有少量钼、钛或铌等元素，具有良好的抗氧化性和耐高温气体腐蚀能力，但高温强度较低，焊接性较差。为满足铁素体型耐热钢材料的冷加工成型性能，通常在低于形成奥氏体的温度下对铁素体进行退火，退火温度随化学成分的变化而定，通常最高为950℃。铁素体型耐热钢材料虽不能通过热处理的方式提升强度，但冷作硬化可明显提高强度，故铁素体型耐热钢材料通常用来生产螺母。

汽车紧固件常用的铁素体型耐热钢紧固件为022Cr11Ti（409CB）。该材料生产的紧固件一般不做热处理，其力学性能要求参考原材料性能要求。

4.5 其他紧固件材料热处理检测

为满足汽车不同连接部位的需求，通常会用到不同材料的紧固件。例如，一些需外露的紧固件会使用外观状态好、经久耐用，且抗腐蚀性能好的不锈钢紧固件；当需要考虑接触腐蚀或在不同材料连接的情况下考虑膨胀系数等问题时，可能会用到铝合金紧固件；在一些需要密封的部位，会使用铜合金或铝合金垫片作为防泄漏手段。

4.5.1 不锈钢热处理

不锈钢指耐空气、蒸汽、水等弱腐蚀介质，以及酸、碱、盐等化学浸蚀性介质腐蚀的钢，又称不锈耐酸钢。不锈钢常按组织状态分为马氏体不锈钢、铁素体不锈钢、奥氏体不锈钢、奥氏体-铁素体（双相）不锈钢及沉淀硬化不锈钢等。不锈钢紧固件基本涵盖了所有的紧固件范畴，包括螺栓、螺钉、螺柱、螺母、自攻螺钉、垫圈、铆钉、销钉、挡圈、焊接螺钉等。由于铁素体不锈钢、奥氏体不锈钢材料不能通过热处理来提升强度，用其生产的紧固件通常只检测强度。紧固件最常用的奥氏体不锈钢材料为SUS304、SUS316，这类材料通常为满足紧固件成型性能，在线材改制时进行固溶处理，紧固件成型后不再进行相关热处理。

不锈钢性能等级有45、50、60、70、80、110，主要包括：奥氏体不锈钢（18%Cr、8%Ni），耐热性好，耐腐蚀性好，可焊性好，用代码A1、A2、A3、A4、A5表示；马氏体不锈钢（13%Cr），耐腐蚀性较差，强度高，耐磨性好，用代码C1、C3、C4表示；铁素体不锈钢（18%Cr），镦锻性较好，耐蚀性强于马氏体不锈钢，用代码F1表示。

奥氏体不锈钢与铁素体不锈钢不能通过热处理提升强度，马氏体不锈钢可以通过淬火、回火提升强度。

4.5.2 铝合金材料热处理

随着汽车轻量化的不断推进，一些轻金属材料，如铝合金材料、镁合金材料等逐步应用到汽车发动机、车身、车架等部位。为解决使用传统钢质紧固件连接存在的问题，如不同材料之间由于电位差导致的电化学腐蚀，以及不同材料膨胀系数差异导致的松动等，开始使用铝合金材料紧固件代替钢质材料紧固件。铝合金紧固件的重量是同类钢质紧固件重量的1/3，就强度重量比而言，铝合金紧固件比其他任何一种工业用材料制成的紧固件都要高;铝的热电传导性很好,约为同体积下铜的 2/3;铝有很好的加工特性,易于冷成型和热锻;铝是不可磁化的。现阶段,汽车行业常用 5 系和 6 系铝合金材料制造紧固件。5 系是以镁为主要合金元素的铝合金材料,这类材料不可通过热处理进行强化,通常用于制造焊接螺栓等低强度螺栓;6 系是以镁和硅为主要合金元素并以 Mg_2Si 为强化相的铝合金材料,可以通过热处理进行强化。

本节以 6 系铝合金紧固件为例,介绍其热处理相关检测要求。6 系铝合金紧固件热处理制度及性能见表 4-41。

表 4-41 6 系铝合金紧固件热处理制度及性能

牌号	热处理方式	热处理温度	R_m/MPa	$R_{p0.2}$/MPa	$\delta(\%)$
6056	固溶+时效	固溶:510℃×1h 时效:180℃×24h	400	≥350	≥7

铝合金螺栓检测项目包括硬度、抗拉强度、晶粒度、晶间腐蚀等,其中,硬度、抗拉强度检测方式与钢质紧固件相同,分别按 4.2.3 节和 4.2.4 节中介绍的相关要求执行。

1. 铝合金材料晶粒度

就金属的常温力学性能而言,一般是晶粒越细小,强度和硬度越高,同时塑性和韧性也越好。因为晶粒越细,塑性变形就会分散在更多的晶粒内进行,使塑性变形更均匀,内应力集中更小;晶粒越细,晶界面越多,晶界越曲折,晶粒与晶粒间交错的机会就越多,越不利于裂纹的传播和发展,彼此越紧固,强度和韧性越好。在铝合金螺栓上,希望通过控制晶粒度大小最终改善产品性能。铝合金晶粒度检测可参照 4.2.1 节介绍的方法,浸蚀剂可使用氢氟酸 1mL 加水 200mL,用棉球擦拭 15s 以显示显微组织。

2. 铝合金晶间腐蚀

晶间腐蚀是局部腐蚀的一种,是沿金属晶粒间的分界面向内部扩展的腐蚀,主要因晶粒表面与内部的化学成分差异以及晶界杂质或内应力的存在而产生。晶间腐蚀破坏晶粒间的结合,大幅降低金属的机械强度,而且腐蚀发生后金属和合金的表面仍保持一定的金属光泽,看不出被破坏的迹象,但晶粒间结合力显著减弱,力学性能恶化,因此是一种很危险的腐蚀。为避免产品因晶间腐蚀造成强度降低,需对产品晶间腐蚀做系统研究。在常规使用条件下,晶间腐蚀的过程是缓慢的,本节介绍的方法可以快速测试铝合金产品晶间腐蚀情况。

将按规范制备的试样浸入配置好的化学溶液中一定时间,然后取出试样后在金相显微镜下进行评估。

(1)取样

选择足够的样本量且包括产品整个截面,以保证试验结果的完整性。

(2)溶液配置

6 系铝合金试样测试溶液的组成:1000mL 水、20g 氯化钠(NaCl)、100mL 盐酸(HCL)(25%)。

2 系、7 系铝合金试样测试溶液配置:取氯化钠溶液 57g 置于烧杯中,加入 1L 水(蒸馏水或去离子水)混匀。按每升溶液含 10mL 过氧化氢(H_2O_2)(10g/mL)的量,将过氧化氢加入混匀。

5 系铝合金试样测试溶液配置:取氯化钠溶液 30g 置于烧杯中,加入 1L 水(蒸馏水或去离子水)混匀。按每升溶液含 10mL 盐酸(19g/mL)的量,将盐酸加入混匀。

(3)试样腐蚀

试验需在 35℃±2℃ 的恒温下进行。将试样用塑料线悬挂,并完全浸入刚配置好的试验溶液中。试样表面积与试验溶液体积之比要小于 20mm²/mL。不同合金试样不能放入同一容器,试样与容器及试样之间不能相互接触。

2 系、7 系铝合金试验时间为 6h,5 系铝合金试验时间为 24h,6 系铝合金试验时间为 2h。从试验溶液中取出试样后,必须立即用流动的清水清洗,不得使用机械辅助设备(如刷子)清洗。测试溶液只能使用一次。

（4）金相检验

按金相试样制备方法对试样磨制和抛光（防止倒角），不经浸蚀，通过金相显微镜（放大100~500倍）观察，若有网状晶界出现则为晶间腐蚀，典型晶间腐蚀见图4-57、图4-58，测量其晶间腐蚀最大深度。

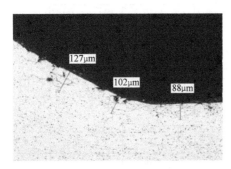

图4-57　头杆结合处晶间腐蚀

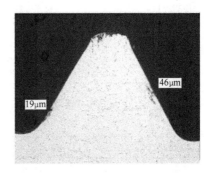

图4-58　螺纹牙部晶间腐蚀

4.5.3　铜合金材料热处理

纯铜、黄铜、锌铜合金均为常用材料，市场上主要用H62、H65、H68铜做标准件。汽车上常用纯铜垫片作为油管或水管接头防泄漏件。以纯铜板冲压而成的垫片，具有低硬度和良好的变形性能，可以填补连接组件表面的不平整，起到防泄漏的作用。

纯铜垫片在成型后做固溶处理以满足使用要求，纯铜垫片热处理制度及性能见表4-42。

表4-42　纯铜垫片热处理制度及性能

牌号	热处理方式	热处理温度	硬度
T2	固溶	810℃	≤45HB

4.6　典型检测案例

下面给出螺栓螺牙维氏硬度及脱碳层检测错误导致装配滑牙的案例。某用户在汽车装配线上，发现某焊接销钉力矩达不到20N·m的设定值，装配转角超60°，最大达200°，拆卸后，发现螺钉螺纹有滑牙现象，见图4-59。

零件名称：焊接螺栓销钉；规格：M8×1×25；螺栓材料：SWRCH22A，8.8级。

客户初次对失效件做了相关分析后，认为该批次零件牙纹芯部硬度低于标准要求，牙纹表面存在一定深度脱碳，见图4-60，造成牙纹硬度偏低，强度不足，这是造成滑牙的根本原因。追查到该批次零件的热处理工序检验报告，发现所测牙纹硬度符合GB/T 3098.1—2010中8.8级螺栓的硬度要求（HV250~

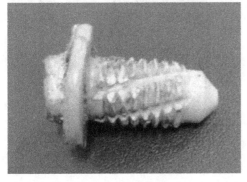

图4-59　装配滑牙件

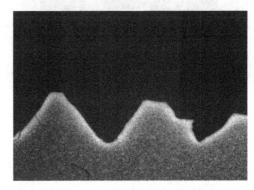

图4-60　滑牙件表面脱碳

320),但偏下极限值;牙纹表面存在一定富磷层,但 GB/T 3098.1—2010 对 8.8 级螺栓并不强制要求去除磷层,因此判定该批次零件热处理过程检验合格,产品正常入库。表 4-43 为客户与供应商检测结果对比。

表 4-43 客户与供应商检测结果对比

序号	检测项目	检测方法	客户的检测结果		供应商的检测结果	
			检测结果	结论	检测结果	结论
1	化学成分分析	GB/T 4336—2016《碳素钢和中低合金钢 多元素含量的测定 火花放电原子发射光谱法(常规法)》	符合	合格	符合	合格
2	牙纹芯部硬度	GB/T 4340.1—2009 GB/T 3098.1—2010	247HV10 242HV10 243HV10	不合格	255HV10 262HV10	合格
3	金相组织分析	GB/T 13320—2007	回火索氏体	合格	回火索氏体	合格
4	脱碳检测	GB/T 3098.1—2010	0.25mm	不合格	无	合格
5	表面磷层	GB/T 3098.1—2010	无	合格	0.18mm	合格

从双方检测结果中可以看出,双方对牙纹芯部硬度检测值、牙纹表面是否脱碳,表面是否允许有磷层的结论不一致。

为此,双方工程师组成了联合分析小组,在供应商的热处理检验现场,针对该批次零件再次进行了检测,双方对检测操作过程进行了确认,并对结果进行了误差分析,最终检测结果与客户的检测结果吻合,发现供应商检验员在该批次零件热处理工序检验中存在两个项目的检测判断错误,导致将不合格零件当作合格零件入库发货。

(1)维氏硬度检测值误差过大

由于样块在夹具中夹紧时相对夹具底面有一定偏斜,在载物台上测量时,维氏硬度计压头与零件检测面并不垂直,而是有一定偏斜,因此压出的压痕形状并不接近正四棱形,而是有较大变形的不规则四边形。光镜下,压痕四条棱边很难调节清晰,测量线在找对角线顶点位置时,存在较大随意性,因此测出的对角线长度存在较大误差,导致维氏硬度值偏差较大。

图 4-61 所示维氏硬度压痕方正,测量值准确。图 4-62 所示维氏硬度压痕变形大,测量值误差大。造成压痕变形大的根本原因见图 4-63,试件夹具未调整水平,压头与测量面不垂直。

图 4-61 压痕方正

图 4-62 压痕变形大

图 4-63 压头与测量面不垂直

(2)牙纹表面脱碳误判为牙纹表面磷层

图 4-64 所示为典型的牙纹表面磷层,图 4-65 所示为典型的牙纹表面脱碳,相比同样显示白亮的磷

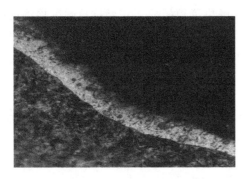 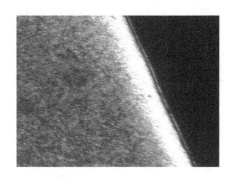

图 4-64　牙纹表面磷层　　　　　　　　　图 4-65　牙纹表面脱碳

层，脱碳层和基体有明显的过渡区域。

供应商检验人员将牙纹表面全脱碳层误判为富磷层，认为符合标准要求，判定放行。全脱碳层的存在导致牙纹表面硬度和强度下降，造成滑牙。该批次产品硬度低及表面产生脱碳的原因是调质过程中工艺参数异常或设备异常，炉内气氛碳势偏低，淬火异常或回火温度偏高，需要热处理工程师对热处理工艺过程进行分析排查，找到原因并整改后再生产。

改善措施如下：
1）加强热处理检验人员的专业培训和实践培训。
2）检验结果必须有专业人员校对。
3）热处理生产管理人员和热处理工艺人员须及时关注热处理过程检验结果，在发现异常时及时排障再生产。

根据上述结果，零件供应商热处理生产管理人员和工程师对设备进行了排查，对气氛管路、碳势保证和检测系统、温度控制系统进行了维护和校准，对热处理工艺参数再次进行试验验证，对试检件进行了认真检测，全部符合质量要求，产品送客户使用后装配正常。供应商管理层深刻认识到热处理过程检测的专业性和重要性，并为全体检验人员制订了详细的培训计划并实行考证上岗制，再未发生类似事件。

4.7　发展趋势及展望

随着终端客户全新设计及技术要求的提升，紧固件制造厂往往会面对一些新的检测项目和检测指标，这些检测往往伴随着新的材料应用和新的工艺开发以及新的工况环境。汽车紧固件的热处理检测是产品检测中最重要的一个检测项目。热处理检测除了传统的金属学常规检测手段之外，一些新的检测思维和检测手段日渐频繁地在实际生产中得到应用，热处理的生产与质量管控也与汽车整车一起进行着革新，其主要发展方向如下。

（1）检测项目集成化

随着客户要求的不断提升，为满足对产品技术深度和广度的需求，紧固件厂家需要检测的项目越来越多。若每种检测都按要求配置相应的设备，无论从成本控制、设备管理，还是场地布局方面都很不经济。可以检测多种项目的集成化设备应运而生，例如，力学检测方面可以将抗拉强度试验、蠕变试验、弹性模量试验、松弛试验、疲劳试验、氢脆试验等集成在一台试验设备上完成；也可以将常温下的相关试验与高温（或低温）时的相关试验集成在一台试验设备上完成。这样只需要购买一台检测设备就可以满足紧固件生产厂家的多方面试验需求，能有效地提升紧固件厂家的探测能力，并最大限度地节约成本。

（2）替代试验

从试验需求来看，快速、便捷的试验是许多客户或检验场所的需求。在客户工厂等紧固件使用场所配备全部检测设备显然是行不通的，此时需要一些替代检测，例如，可以通过检测硬度获得产品的力学性能,这样只需一台硬度计,就可以获得产品的抗拉强度,解决了短螺栓无法做抗拉强度检测的问题。但是,硬度并不能简单地转换为抗拉强度,需要大量的分析手段和数据验证支持。同样,可以对使用现场无法检测的项目用相关的相对简单的试验替代,使紧固件客户能够清楚了解紧固件的真实状态,更好地应用紧固件。

(3) 检测能力鉴定与结论互认

在紧固件认证检测环节,依然存在着重复性的测试工作,这类重复性测试耗时耗力,在一定程度上浪费了很多资源。重复性测试主要体现为以下两类:

1) 不同客户针对同一产品的各类测试要求。

2) 同一客户针对同一产品的各个交货阶段或项目阶段的测试要求。

在不久的将来,行业平台或政府部门统一协调部署,完善体系和建立标准,相信能力鉴定和检测结果的互认会成为汽车行业降本增效的一个重要组成部分。

热处理是一个古老但又充满活力的行业,热处理是汽车紧固件生产制造中重要的工艺之一,针对热处理的检测更是紧固件生产制造和流通环节所不可或缺的。未来,在各汽车主机厂、紧固件厂、科研院所、热处理设备制造厂、实验室检测设备制造厂的共同努力下,热处理检测在广度和深度上都会更进一步,精细化的检测手段和标准化的检测项目必定会更快、更好地服务于快速发展的汽车行业。

第5章

汽车紧固件表面处理检测

5.1 概述

零件表面处理一般分为表面保护处理和表面功能性处理。表面保护处理顾名思义就是为了保护金属、非金属或合成材料等基材不受所在环境的侵害,主要是耐腐蚀、耐摩擦、耐光照、耐高低温、耐老化,以及耐溶剂或特殊气体等。而表面功能性处理是为了让零件能得到某种功能所做的处理,如导电性、导热性、绝热性、阻燃性等。其本质就是在基体材料表面上人工形成一层与基体材料的机械、物理或化学性能不同的表层的工艺方法,目前主要通过电化学、化学、涂覆、电泳、喷涂、热加工等工艺来实现。

表面处理在汽车制造技术中是不可或缺的,随着汽车制造技术的快速发展,其地位也在不断攀升。而作为汽车零部件连接媒介的紧固件,其表面处理更是重中之重,所有的紧固件都需要进行表面处理,如果处理不当就很有可能会发生断裂、锈蚀、紧固力矩衰减等情况,严重的会危害到车上人员的生命。另外,紧固件在整车零部件中占了很大比例,几乎每个角落,每个位置都有紧固件,因此用户对紧固件的抱怨概率也是最大的,一点锈蚀就可能带来用户的抱怨,而且绝大多数的抱怨都和表面处理的质量有关。由此可见,表面处理的检测对于紧固件尤为重要。

紧固件在表面处理选择上也是很有讲究的,需要根据其在车上的位置、所处的环境、连接对手件的情况、功能性要求等来综合考虑。例如,对于一些高强度的螺栓,就不建议选择电镀工艺,因为电镀后的零件容易产生氢脆,有断裂的风险;对于白车身上的紧固件,建议使用电镀锌的工艺,这样既能保证防腐蚀要求,也能满足后续的预处理及电泳要求;如果是小于M6的螺栓、厚度很薄的垫片、小牙槽螺栓等零件,则不建议使用锌铝涂覆工艺,因为涂覆会有溶液堆积的风险;接地螺栓出于功能性考虑,一般会使用锡锌合金、镀铜等涂层,保证其导电性能;表面处理还具有调节摩擦系数、预防接触腐蚀等功能,在选择的时候也不能忽视。对于同一种工艺,也有很多不同功用,以电镀锌为例,按照防腐能力,可以分为镀纯锌、镀锌后加钝化处理、钝化后再加封闭处理。后处理越多,防腐能力越强,具体如何选择要根据实际情况进行评估。在某些情况下,不是防腐能力越强就越适合,表面工艺的选择要做得恰到好处,避免防腐过量导致生产成本的无谓增加。

要对做完表面处理的零件进行检测,标准是评判其质量的依据。目前,检测标准体系很复杂,除了各种行业标准、地方标准外,几乎每家主机厂都会有自己的标准。因此,对紧固件的表面处理检测需要明确标准,图样中绝对不能出现两种标准或者定义含糊的情况,否则就无法客观准确地进行评判。

表面保护的检测方式多种多样,最简单直接的就是裸眼检测,通过目视就能分辨零件表面是否有缺陷,如划伤、磕碰、脱落等,从防腐角度这些都是不允许的,保护层一旦被破坏就起不到保护基材的作用。另外，大部分表面工艺通过裸眼就能分辨，是否满足图样要求，看一眼就能知道。镀锌、锌铝涂覆、油漆等表面都很有特点，因此裸眼检测虽然简单，但在表面检测工作中是十分重要的手段。表面检测更多还是需要通过专业仪器和设备来检测，这样能更客观地评价表面质量。裸眼只能宏观地检测表面，如果需要看微观表面，就要借助电子显微镜、扫描电镜等仪器。例如磷化的质量就不能光靠裸眼来评判，还要通过微观的结晶质量来评判。紧固件因为有其特有的属性，表面检测也是有相应特点的，螺栓的螺纹处和头部位置评判方式就有所区别，螺纹处的防腐性能一般要低于头部位置，两者要分开评判。

运用于表面的检测原理近年来发展迅速，一种表面工艺可以通过多种原理来检测。以电镀工艺的测厚来说，金相法是最直观的物理方法，通过显微镜，可以直接测量出镀层的厚度，而且适用于所有表面工艺。但是金相法也有缺点，首先是只能检测零件的某一位置厚度，如果需要检测多个位置，就需要重复制样；其次是检测时间长，制作样品的成本也高，一般金相法只在最终评判的时候使用。为了寻求更快、更有效的检测方法，已有多种原理用于检测镀层厚度，例如，磁性法通过磁铁探头和基体金属之间存在覆盖层会导致磁力变化或者磁阻变化来测试镀层厚度；X荧光测厚法基于原子物理学原理，每一种化学元素的原子都有特定的能级结构，它被激发后跃迁时放出的X射线的能量也是特定的，通过测定其能量，就可以换算其表面镀层的含量及厚度；涡流法由检测头发出高频电磁场，使下面的基材产生涡流，该涡流产生的交变磁场会改变检测头参数，通过测量检测头的参数变量就能得到镀层的厚度。这三种方法都是无损检测，具有高效、快捷等特点，但也存在一些缺点，例如X荧光测厚法会产生辐射，对人体有危害。

设备在表面检测中至关重要，直接影响到检测数据的准确性。同样一台盐雾箱，且都满足盐雾的检测标准，但两者的稳定性可能完全不一样，温湿度的控制是否恒定、盐雾沉降量是否稳定、箱体里的盐喷雾是否均匀等，都会直接影响最终的检测结果，因此设备差异是不容忽视的。紧固件具有体积小、形状不规整的特点，尤其是螺纹处和头部位置，完全是两种形状，需要选择适合紧固件的仪器和设备。

紧固件表面处理检测是紧固件检测工作中重要的一环，本章会以磷化工艺、电镀工艺、锌铝涂覆工艺等常用紧固件表面处理工艺为主，还有一些紧固件特有的摩擦系数、氢脆、涂胶等特殊检测及功能性检测，配合ELV等法律法规方面的检测，系统地对表面处理检测进行介绍，对于典型的紧固件检测案例也会做相应介绍，最后会对未来紧固件表面处理检测的发展进行展望。

5.2 磷化层检测

磷化是一种化学与电化学反应形成磷酸盐化学转化膜的过程，所形成的磷酸盐转化膜称为磷化膜。磷化简单可靠、费用低廉、操作方便，因此广泛应用在实际生产中。磷化的主要目的：给基体金属提供保护，在一定程度上防止金属被腐蚀；用于涂漆前打底，提高漆膜层的附着力与防腐蚀能力；在金属冷加工工艺中起到减摩润滑使用。

磷化膜用作钢铁的防腐蚀保护膜已有约150年的历史，磷化技术的发展重心从英国转移至美国后，磷化工艺有了飞速发展，19世纪初诞生了第一种锌系磷化液。然而最近的几十年，磷化工艺已经很少有突破性的进展，生产工艺、药水等技术要点也只有稳步的完善。磷化广泛应用于防腐蚀技术，在紧固件上也大量使用，因为其力矩-预紧力一致性很好，装配时能保证达到设计所预期的紧固要求，特别是一些重要零部件的连接，都会使用具有磷化工艺的紧固件。

磷化工艺流程一般为：脱脂→水洗→除锈和氧化皮→表面调整→磷化→水洗→烘干。

脱脂的目的在于清除工件表面的油脂、油污，包括机械法、化学法两类。机械法主要是有手工擦刷、喷砂抛丸、火焰灼烧等；化学法主要有溶剂清洗、酸性清洗剂清洗、强碱液清洗、低碱性清洗剂清洗等。脱脂质量主要取决于脱脂温度、脱脂时间、机械作用和脱脂剂四个因素。

在磷化之前还要求做表面调整工序，使金属表面具备一定的"活性"，这样才能获得均匀、细致、密实的磷化膜，达到提高漆膜附着力和耐腐蚀性的要求。因此，磷化前处理是获得高质量磷化膜的基础。表面调整剂主要有两种，一种是酸性表调剂，另一种是胶体钛。

在磷化工序中，由于各个磷化液生产厂家和应用厂家基于不同的性能要求，因此磷化液的配方及磷化的类型需要按照实际情况进行调整。

影响紧固件磷化的主要因素如下：

1) 溶液成分配比不佳。溶液的组成与配比对磷化质量有很大影响，采用自调整的钙盐磷化液进行生产时，工件表面形成的磷化膜结晶粗大、挂灰多，产品外观质量差。

2) 酸比不正确。酸比是指游离酸度与总酸度的关系，游离酸度过高，与钢铁件的作用速度快，会大量析氢，使界面层磷酸盐不易饱和，导致晶核形成困难，膜层结晶粗大、疏松多孔，耐腐蚀性能低，磷化时间也会相应延长；游离酸度过低，会导致磷化膜薄，甚至没有磷化膜生成。

3) 磷化前处理方式的影响。小型紧固件采用篮装，工件容易相互接触，在磷化过程中难以保证其充分磷化，接触部位难以形成完整的磷化膜，因此耐中性盐雾性能差。

4) 溶液温度的影响。磷化液温度升高，可提高磷化的结合力、硬度、耐蚀性。但是温度也不宜过高，否则会使 Fe^{2+} 氧化成 Fe^{3+}，并使沉淀物增多，溶液挥发快，导致溶液不稳定。

磷化处理是一种高污染和高危害的工艺，磷化废水中包含大量的有害因子，且具有较强的腐蚀性，容易对环境产生一定的危害。如果不加治理直接排放，会腐蚀灌渠和建筑物。排入水体，会改变水体的酸碱度。大量的磷会使水体中的藻类植物泛滥，让河流生出蓝藻，干扰并影响水生植物的生长和渔业生产。排入农田，会改变土壤的性质，使土壤酸化或盐碱化，严重危害农作物的生长。此外，酸碱原料的流失也是一种浪费。目前，除磷方法主要有生物法、化学法、物理化学法，以及这些方法的综合运用。化学法和生物法是目前应用比较广泛的方法，其中，化学法具有处理效率高、效果稳定、简单易行等优点，是处理高浓度含磷废水的有效方法之一。

5.2.1 紧固件磷化的类型

紧固件磷化常用类型有两种：锌系磷化和锰系磷化。锌系磷化润滑性能比锰系磷化好，锰系磷化抗腐蚀性、耐磨性比锌系磷化好。

锌系磷化槽液主体成分有 Zn^{2+}、$H_2PO_4^-$、NO^{3-}、H_3PO_4、促进剂等。形成的磷化膜主体组成为 $Zn_3(PO_4)_2 \cdot 4H_2O$ 和 $Zn_2Fe(PO_4)_2 \cdot 4H_2O$。磷化晶粒呈树枝状、针状，孔隙较多。

锰系磷化槽液主体组成为 Mn^{2+}、NO^{3-}、$H_2PO_4^-$、H_3PO_4，以及其他一些添加物。在钢铁件上形成磷化膜主体组成为 $(Mn, Fe)_5H_2(PO_4)_4 \cdot 4H_2O$。磷化膜厚度大、孔隙少，磷化晶粒呈密集颗粒状。

按磷化膜厚度（磷化膜重）分，磷化可分为次轻量级、轻量级、次重量级、重量级四种。次轻量级膜重 $0.1\sim1.0g/m^2$；轻量级膜重 $1.1\sim4.5g/m^2$；次重量级膜重 $4.6\sim7.5g/m^2$；重量级膜重大于 $7.5g/m^2$。

按处理温度，磷化可分为常温、低温、中温、高温四类。常温磷化就是不加热磷化，温度范围控制在 $5\sim30℃$。低温磷化的处理温度是 $30\sim45℃$，在有些情况下即使温度偏高或偏低一点，也认为是低温磷化。常温及低温锌系磷化一般需要胶体钛表面预处理，一能细化磷化晶粒形成薄型磷化膜，二能提高磷化成膜速度。常温及低温磷化与各类涂漆均具有很好的配套性。中温磷化温度为 $60\sim70℃$，中温锌系磷化是所有磷化工艺中应用最普遍的一种。高温磷化一般大于 $80℃$。温度划分法本身并不严格，有时还有亚中温、亚高温之说，不同厂家的标准也不尽相同，但一般还是遵循上述划分法。

按处理方法，磷化可分为化学磷化和电化学磷化两种。化学磷化就是将工件浸入磷化液中，依靠化学反应来实现磷化，目前应用广泛。电化学磷化是在磷化液中，工件接正极、钢铁接负极进行磷化。

按施工方法，磷化可分为浸渍磷化、喷淋磷化和刷涂磷化。浸渍磷化适用于高、中、低温磷化，其特点是设备简单，仅需加热槽和相应加热设备，是紧固件最常用的方法。喷淋磷化和刷涂磷化一般不会用于紧固件的磷化。

5.2.2 磷化层结晶结构检测

紧固件磷化的外观要求遵照 GB/T 11376—2020《金属及其他无机覆盖层 金属的磷化膜》和 GB/T 6807—2001《钢铁工件涂装前磷化处理技术条件》标准执行,与磷化的种类有关。锌系磷化后的零件表观呈浅灰色至深灰色,并呈结晶态;锰系磷化后表观也呈浅灰和深灰色,并呈结晶态,与锌系磷化无法具体区分。另外,从外观检测只能得到一个最初的主观判断,无法判断磷化的质量。一般磷化的缺陷,如磷化膜结晶粗糙多孔、磷化膜未形成以及磷化不均等,需要用扫描电镜来观察,而且通过扫描电镜可直接得到磷化晶体的晶粒大小。

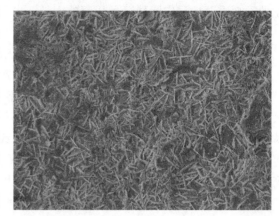

图 5-1 螺栓锌系磷化后头部结晶结构(放大倍率 500)

磷化的结晶情况取决于磷化方式、生产方式、表面活性剂、调整剂等因素。需要特别指出的是,由于磷化膜是一种基材表面的转化膜,基体金属的材料也会影响磷化的结晶,因此紧固件的不同位置磷化结晶的结构是不同的,目前主要考察头部的结晶情况。图 5-1 所示为螺栓锌系磷化后的头部结晶结构。

5.2.3 磷化层单位面积质量检测

磷化层单位面积质量检测遵照 GB/T 9792—2003《金属材料上的转化膜 单位面积膜质量的测定 重量法》标准中的重量法执行。

总表面积应大到足以使退膜前后的质量损失能以满足要求的感量称量出来,而且应符合相关材料或产品规范的要求。为使测量结果有满意的精准度,磷化膜单位面积质量和总表面积对照见表 5-1。

表 5-1 磷化膜单位面积质量和总表面积对照

预计的单位面积转化膜层质量 $m_A/(g/m^2)$	零件的最低总表面积 A/cm^2	预计的单位面积转化膜层质量 $m_A/(g/m^2)$	零件的最低总表面积 A/cm^2
$m_A<1$	400	$25<m_A\leq 50$	50
$1\leq m_A\leq 10$	200	$m_A>50$	25
$10<m_A\leq 25$	100		

(1)磷酸锰膜

取紧固件(表面积为 A),用分析天平称量质量(m_1);浸渍零件于三氧化铬中,在(75±5)℃下保持 15min;取出零件立刻在洁净的流动水中漂洗,再用蒸馏水漂洗;迅速干燥,然后称量。重复上述步骤,直至达到恒定质量为止(m_2)。

(2)磷酸锌膜

取紧固件(表面积为 A),用分析天平称量质量(m_1);浸渍零件于溶液中,其中包括氢氧化钠(100g/L)、二水合乙二胺四乙酸四钠[EDTA 四钠(二水)]盐(90g/L)、三乙醇胺(4g/L),在(75±5)℃下保持 15min;取出零件立刻在洁净的流动水中漂洗,再用蒸馏水漂洗;迅速干燥,然后称量。重复上述步骤,直至达到恒定质量为止(m_2)。

单位面积质量为 $m_A(g/m^2)$,计算式如下:

$$m_A = 10\times(m_1-m_2)/A$$

式中,m_1 为初始状态质量,单位为 mg;m_2 为溶液退膜后的紧固件质量,单位为 mg;A 为紧固件膜表面的面积，单位为 cm^2。

试验重复三次，取平均值。

5.2.4 磷化层耐腐蚀性能检测

磷化工艺与电镀、锌铝涂覆等其他表面处理工艺相比，耐腐蚀性能较弱，以盐雾试验为例，一般只能耐受几个小时。检测磷化膜耐腐蚀能力的试验主要分为硫酸铜点滴法、氯化钠盐水浸泡法和盐雾试验法。

（1）硫酸铜点滴法

磷化膜主要成分是磷酸盐，当 $CuSO_4 \cdot 5H_2O$ 溶液与磷化膜接触时，磷酸盐被分解，生成硫酸盐和氯化物。硫酸盐进一步在空气中风化，失去一部分水，被氧化成碱式硫酸盐。而氯化物受氧气和二氧化碳的影响，形成二价或三价铁的氢氧化物，较长时间后，会生成二价或三价铁的碱式碳酸盐。碱式硫酸铁是黄褐色的，与无水卤化物（$MnCl_2$）及硫酸铜溶液共晶，并与铁氧化物的水合物混合，最终变成了土黄色或土红色。具体操作方式为：用酒精擦拭磷化膜表面，除去紧固件表面的杂质、尘埃以及油脂；待酒精挥发后，在磷化膜表面滴几滴 $CuSO_4 \cdot 5H_2O$ 溶液，同时记下溶液由天蓝色变成土黄色或土红色的时间；时间为 1min 为合格，3min 为良好，5min 为优秀，时间越长，表明耐腐蚀性能越好。

这种方法操作方便、安全，经济性和准确性好，是一种高效的磷化膜耐腐蚀检测手段。

（2）氯化钠盐水浸泡法

盐水浸泡法是将紧固件直接放置在3%的氯化钠水溶液中，在15~25℃室温下，保持一定的时间；取出样品后，进行清洗及吹干；目视检查磷化表面是否出现腐蚀现象，有红锈产生则判定不合格。

此方法利用了磷化膜孔隙中的金属与氧形成的原电池反应，主要是考察磷化膜的孔隙率，操作相对简单、方便，但相对硫酸铜点滴法更耗时。

（3）盐雾试验法

盐雾试验（GB/T 10125—2021《人造气氛腐蚀试验 盐雾试验》）是一种在国际上最常用的考查零件耐腐蚀性能的方法，将零件直接放置在盐雾箱中，在规定的时间内，通过目视来判断零件是否出现腐蚀。

对于不同的磷化工艺考查时间是不同的，非涂油的磷化膜考查时间一般为2h，涂油的磷化膜考查时间为6h。对紧固件而言，头部和螺纹区域需要分开考查，螺纹区由于盐雾容易堆积，更容易腐蚀，因此涂油的磷化膜考查时间为4h，比头部要少一些。

5.2.5 特殊性能检测

（1）开路电位与时间关系曲线测试

开路电位受电解液的影响较大，当磷化膜浸入电解液中时，电解液会使磷化膜的性质发生变化，孔隙率增大或减小，甚至会使基体金属和磷化膜的界面结构发生改变，进而破坏磷化膜。

磷化膜在电解液中的开路电位随着时间的推移会产生拐点，因为磷化膜在电解液中浸泡一定时间后，受到电解液的侵蚀作用露出基体金属。成分、组织、结构上的差异导致在开路电位与时间关系曲线上出现拐点，拐点出现的时间点越晚，磷化膜的质量越好。通过这种方法能快速、高效地判断磷化膜的质量好坏。

（2）其他特殊性能

磷化膜除了常规的外观、膜重和耐腐蚀等性能外，还有许多特殊性能。例如，对于起润滑作用的磷化膜，需要测定摩擦系数；对于耐磨减摩磷化膜，需要有较高的硬度和抗擦伤性能；对于电绝缘磷化膜，需要检测单位面积上的表面电阻；另外还有装饰性方面的检测。这些特殊性能的检测方法和控制范围需要特殊定义，一般在企业标准或图样中会有具体说明。

5.3 电镀层检测

金属电镀就是利用电解作用使金属样件的表面附着一层金属膜的工艺,能起到防止金属基材氧化(如锈蚀),提高耐磨性、导电性、反光性、抗腐蚀性及增加美观度等作用。电镀时,镀层金属或其他不溶性材料作阳极,待镀的工件作阴极,镀层金属的阳离子在待镀工件表面被还原形成镀层。为排除其他阳离子的干扰,并使镀层均匀、牢固,须用含镀层金属阳离子的溶液作电镀液,以保持镀层金属阳离子的浓度不变。电镀的目的是在基材上镀金属镀层,改变基材表面性质或尺寸。在紧固件表面保护工艺中,电镀也是一种广泛使用的表面处理技术,其中,电镀锌和锌合金使用最为广泛。

电镀过程是镀液中的金属离子在外电场的作用下,经电极反应还原成金属原子,并在阴极上进行金属沉积的过程。因此,这是一个包括液相传质、电化学反应和电结晶等步骤的金属电沉积过程。电镀原理包含四个方面:电镀液、电镀反应、电极与反应原理、金属的电沉积过程。

电镀需要一个向电镀槽供电的低压大电流电源,以及由电镀液、待镀零件(阴极)和阳极构成的电解装置。其中,电镀液成分视镀层不同而不同,但均含有提供金属离子的主盐、能络合主盐中金属离子形成络合物的络合剂、用于稳定溶液酸碱度的缓冲剂,以及阳极活化剂和特殊添加物(如光亮剂、晶粒细化剂、整平剂、润湿剂、应力消除剂和抑雾剂等)。

图 5-2 所示为电镀装置示意,被镀零件为阴极,与直流电源的负极相连,金属阳极与直流电源的正极连接,阳极与阴极均浸入镀液中。当在阴阳两极间施加一定电位时,阴极发生如下反应:一方面,从镀液内部扩散到电极和镀液界面的金属阳离子从阴极上获得电子,还原成金属沉积在被镀零件上形成镀层;另一方面,在阳极发生与阴极完全相反的反应,即阳极界面上发生金属溶解,释放电子生成金属阳离子。

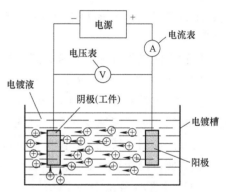

图 5-2 电镀装置示意

电镀工艺流程一般包括电镀前预处理、电镀及电镀后处理三个阶段。具体可以细分为:磨光→抛光→上挂→脱脂除油→水洗→(电解抛光或化学抛光)→酸洗活化→(预镀)→电镀→水洗→(后处理)→水洗→干燥→下挂→检验包装。电镀前处理是通过化学或者物理方法除去零件表面的氧化皮和油脂等,使零件表面清洁,为后续电镀过程做准备;电镀后处理一般有钝化、封闭、润滑等,能进一步提高镀层的耐腐蚀能力和其他表面性能。对于紧固件,可以通过封闭和润滑处理来调节摩擦系数。

电镀工艺不适用于高强度钢的表面保护,抗拉强度大于 1000MPa 或者 10.9 级以上的紧固件进行电镀处理存在一定的氢脆风险,可以使用锌铝涂覆等其他工艺替代电镀工艺。

5.3.1 紧固件电镀层的类型

在紧固件电镀工艺中,根据不同的使用要求可以有不同的镀层类型。在防腐蚀上,最常见的是镀锌和镀锌镍(Zn-Ni)合金,也有零件是镀锌铁合金。镀锌主要分为热镀锌、电镀锌和机械镀锌等。对钢铁基体来说,锌镀层属于阳极性镀层,它主要用于防止钢铁的腐蚀,其防护性能的优劣与镀层厚度关系很大。锌镀层经钝化处理、染色或涂覆护光剂后,其防护性和装饰性会显著提高。

锌的电极电位低于基材铁,因此锌层会优先被腐蚀,从而保护基材。然而由于锌的电位太低,锌镀层与钢铁基体组成的原电池电位差太大,锌层会很快遭到腐蚀,因此不适用于高腐蚀环境。而锌铁和锌镍合金等合金镀层则有更为优异的防腐蚀性能,适用于高腐蚀环境,因此电镀锌镍合金在紧固件上得到了广泛的应用。锌镍合金电镀工艺主要有酸性和碱性两种体系,电镀层 Ni 含量一般为 10%~16%,可获得优良的防腐蚀性能。碱性电镀锌镍合金的首要优点是均匀性好,其次是镀液的腐蚀性较弱。它的缺点是电流效率低,镀层沉积速度慢,以及镀层耐腐蚀性、光亮性等不如酸性电镀锌镍合金镀层。此外,碱性锌镍镀层不能应用于高碳钢、铸造零部件的表面。与此相比，酸性锌镍电镀的优点是电流效率高，镀层沉积速度快，镀层耐蚀性好，光亮性较碱性电镀高，而且同样适用于高碳钢、铸造件。锌镍合金的耐腐蚀性机理可以概括为以下方面：①锌镍合金镀层对钢铁来说是阳极镀层，具有良好的电化学保护作用；②锌镍合金镀层的腐蚀产物主要是 $ZnCl_2 \cdot 4Zn(OH)_2$，该产物均匀致密地覆盖在镀层表面上，且不易导电，对镀层起到保护作用；③合金中的镍对腐蚀反应过程和腐蚀产物产生了有利影响，使腐蚀反应更易形成，同时使氧的还原电位提高，抑制阴极反应，进而提高耐腐蚀性。

另外，对于一些有特殊功能或者装饰要求的紧固件也有相应的镀层类型。例如，对于需要耐高温的紧固件，可以采用铜镀层保护；对于有导电功能需要的紧固件，采用锡、银等镀层；一些有装饰或者耐磨要求的零件会采用镀铬处理。常见的电镀类型及其用途和标准见表5-2。

表 5-2 常见的电镀类型及其用途和标准

镀层金属		种类	紧固件镀层的主要用途	标准
符号	元素			
Zn	锌	金属	P/D/F	ISO 2081:2018,ISO 19598:2016,GB/T 9799:2011
Zn-Ni	锌-镍	合金	P/D/F	ISO 15726:2009,ISO 19598:2016
Zn-Fe	锌-铁	合金	P/D/F	ISO 15726:2009,ISO 19598:2016
Cd	镉[a]	金属	P/F	ISO 2082:2008,GB/T 13346:2012
Ni	镍	金属	D/F	ISO 1456:2009,GB/T 9797:2005
Ni-Cr	镍-铬	多层	D	ISO 1456:2009,GB/T 9797:2005
Cu-Ni	铜-镍	多层	D	ISO 1456:2009,GB/T 9797:2005
Cu-Ni-Cr	铜-镍-铬	多层	D	ISO 1456:2009,GB/T 9797:2005
Cu-Zn	黄铜	合金	D	—
Cu-Sn	铜-锡（青铜）	合金	F	
Cu	铜	金属	F/D	
Ag	银	金属	F/D	ISO 4521:2008
Cu-Ag	铜-银	合金	F	
Sn	锡	金属	F	ISO 2093:1986
Sn-Zn	锡-锌	金属	F/P	

注：P 代表防腐；F 代表功能性质；D 代表装饰性质（颜色、外观）。
a. 许多应用都限制或禁止使用镉。

5.3.2 镀层外观检测

电镀过程是金属离子在工件上缓慢沉积的过程，因而会形成均匀致密的镀层，在外观上表现为光滑且有金属光泽。电镀成品零件应当满足以下表观要求：

1）电镀后零件表面呈现均匀的亮银或暗银色。镀锌层表面一般为光亮的银色，锌镍层表面为暗银色；后续电镀件经过钝化和转化膜等工艺处理，可呈现淡蓝色或五彩色，特殊的后处理可呈现黑色。成品零件的具体颜色视客户要求而定，应当保证不同批次颜色一致。

2）镀层不能有孔洞、裂纹、刮痕、起泡和其他缺陷或损伤，保证镀层的防腐蚀性能不受影响。镀层厚度应当均匀一致，不能有未镀到的区域或者过厚的区域。

5.3.3 镀层厚度检测

镀层厚度对可测量性和装配性有显著影响，特别是对于紧固件，应考虑螺纹的公差和间隙。对于外螺纹，镀层不应超过零线（基本尺寸，即 h/H）；对于内螺纹，镀层也不应低于零线。GB/T 5267.1—2002《紧固件 电镀层》中有推荐的公称镀层厚度，以及相应的局部镀层厚度和批平均镀层厚度，见表5-3。为降低镀层厚度导致螺纹装配干涉的风险，镀层厚度不能超过 1/4 螺纹基本偏差，详情参见 GB/T

5267.1—2002。紧固件一般会根据不同的保护等级或者功能设计不同的镀层厚度，如汽车用紧固件一般镀层厚度为 3~30μm，其中，焊接螺栓螺母会降低一些厚度以防影响焊接性能。

表 5-3　镀层厚度要求　　　　　　　　　　　　　　　　　　　　　　　（单位：μm）

公称镀层厚度	有效镀层厚度			公称镀层厚度	有效镀层厚度		
	局部厚度	批平均厚度			局部厚度	批平均厚度	
	min	min	max		min	min	max
3	3	3	5	15	15	14	18
5	5	4	6	20	20	18	23
8	8	7	10	25	25	23	28
10	10	9	12	30	30	27	35
12	12	11	15				

镀层厚度的测量有很多种方法：①X 射线荧光测厚法，根据 GB/T 16921—2005《X 荧光镀层测厚仪》；②显微镜测厚法，根据 GB/T 6462—2005《金属和氧化物覆盖层　厚度测量　显微镜法》；③磁感应测厚法，根据 GB/T 4956—2003《磁性基体上非磁性覆盖层　覆盖层厚度测量　磁性法》；④涡流测厚法，根据 GB/T 4957—2003《非磁性基体金属上非导电覆盖层　覆盖层厚度测量　涡流法》；⑤库仑测厚法，根据 GB/T 4955—2005《金属覆盖层　覆盖层厚度测量　阳极溶解库仑法》。在电镀层的厚度测量方法中，X 射线荧光测厚法是最常用的方法。此方法可以无损快速检测镀层厚度以及合金镀层中的元素含量，而且测量结果精确度高。很多紧固件厂和电镀厂现在都采用此方法，其缺点是设备相对昂贵一些。其他测试方法使用较少，如磁感应测厚法在测量精度上低于 X 射线荧光测厚法。在遇到争议时，显微镜测厚法经常作为仲裁方法。

紧固件一般是在滚筒中进行电镀的，由于零件不同位置电镀时的电流密度不同，不同的位置会存在厚度差异，并随着零件的尺寸增加和形状复杂性提高而增大。在厚度检测过程中，螺栓通常对头部位置的镀层厚度进行测量，螺母在扳手面进行测量。图 5-3 所示为一些紧固件厚度测量的参考位置。

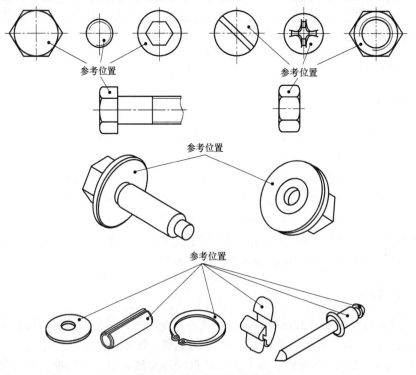

图 5-3　厚度测量参考位置

一般汽车企业对紧固件镀层厚度都有自己的标准要求。对于镀锌层，一般会设定不同的等级，规定了镀层厚度和后处理工艺。例如，GB/T 9799—2011《金属及其他无机覆盖层 钢铁上经过处理的锌电镀层》根据镀层厚度、后处理工艺及外观，规定了不同的镀锌工艺种类。如果在铬酸盐转化膜上再进行其他辅助处理，那么膜厚 25μm 的锌电镀层标识为 Fe/Zn25/X/Y，其中，X 是铬酸盐转化膜代号；Y 是其他辅助处理膜层代号。铬酸盐转化膜的类型和外观见表 5-4。

表 5-4 铬酸盐转化膜的类型和外观

类型		典型外观	类型		典型外观
代号	名称		代号	名称	
A	光亮膜	透明，透明至浅蓝色	D	不透明膜	橄榄绿
B	漂白膜	带轻微彩虹的白色	F	黑色膜	黑色
C	彩虹膜	偏黄的彩虹色			

对于紧固件的电镀表面保护，目前很多都采用电镀锌镍合金，以提高零件的防腐蚀性能。各大车企对电镀锌镍合金都有自己的标准，一般对电镀锌镍合金镀层的最小厚度要求是 8μm。另外，电镀锌镍合金对镀层中镍含量有明确的要求，一般为 10%～15%，镍含量在此区间内，镀层的防腐蚀性能最好。采用 X 射线荧光测厚法，可以在测量镀层厚度的同时测量镀层的镍含量，因此该方法非常适用于电镀锌镍合金镀层的检测。

5.3.4 镀层附着强度检测

电镀层是金属离子沉积形成的，与基体金属有良好的结合力。电镀层结合强度的检测，可以参考 GB/T 5270—2005《金属基体上的金属覆盖层 电沉积和化学沉积层 附着强度试验方法评述》。试验类型有摩擦抛光试验、钢球摩擦抛光试验、喷丸试验、剥离试验、锉刀试验、缠绕试验和热震试验等。不同的金属镀层适用的试验类型见表 5-5。

表 5-5 不同的金属镀层适用的试验类型

附着强度试验	金属覆盖层									
	镉	铬	铜	镍	镍-铬	银	锡	锡-镍	锌	金
摩擦抛光	··		··	·		·	·	·	·	·
钢球摩擦抛光			·	·						·
剥离（焊接法）			·				·		·	
剥离（胶粘法）			·	·						
锉刀				·						
凿子			·	·						
划线、划格	·		·	·	·	·		·	·	·
弯曲和缠绕	·		·	·		·	·	·	·	·
磨、锯			··	··						
拉力			·	·						
热震	·	·	·	·					·	
深引（杯突）	·		·	·		·	·		·	
深引（凸缘帽）	·		·	·		·	·		·	
喷丸			·	·						
阴极处理			·	·						

紧固件镀层附着强度一般常采用热震法，试验件在规定的高温下存放一定时间，然后置于室温的水

中骤冷，观察镀层有无起泡或者剥落。该试验利用的原理是镀层与基体金属之间的热膨胀系数不同，具体要求见表5-6。

表5-6 热震试验温度

基体金属	金属覆盖层		基体金属	金属覆盖层	
	铬,镍,镍-铬,铜,锡-镍	锡		铬,镍,镍-铬,铜,锡-镍	锡
钢	300℃	150℃	铜及铜合金	250℃	150℃
锌合金	150℃	150℃	铝及铝合金	220℃	150℃

5.3.5 镀层耐腐蚀性能检测

1. 盐雾试验

紧固件常见镀层的主要作用都是防止基体金属腐蚀，如常见的镀锌和镀锌镍层。不同使用环境和镀层种类，很多车企都有自己的防腐蚀要求和检测方法。其中，盐雾试验是使用最广泛的方法。

盐雾试验是在实验室的试验箱内人工模拟海洋大气环境，形成含有氯化物的弥散气雾系统，考核车身和零部件在盐雾腐蚀气体环境条件下的耐腐蚀性能。盐雾试验是目前检验涂层耐腐蚀性能的常用方法，主要有中性盐雾试验（NSS）、醋酸盐雾试验（AASS）、铜加速醋酸盐雾试验（CASS），其中，中性盐雾试验在涂料耐盐雾试验中应用最普遍。相关国内标准是GB/T 10125—2021。

中性盐雾试验的喷雾溶液是（50±5）g/L的氯化钠（NaCl）溶液，盐雾收集液在（23±2）℃下pH值为6.5~7.2。醋酸盐雾试验是在NaCl盐溶液中加入适量的冰醋酸，调节盐雾收集液pH值为3.1~3.3。铜加速醋酸盐雾试验是在NaCl溶液中加入（0.26±0.02）g/L的氯化铜（$CuCl_2 \cdot H_2O$），然后加入醋酸调节pH值，使盐雾收集液的pH值达到3.1~3.3。GB/T 10125—2021标准中三种盐雾试验的试验参数见表5-7。

表5-7 三种盐雾试验的试验参数

试验方法	中性盐雾试验	醋酸盐雾试验	铜加速醋酸盐雾试验
温度	35℃±2℃	35℃±2℃	50℃±2℃
$80cm^2$水平收集面积的平均沉降率	1.5mL/h±0.5mL/h		
氯化钠溶液浓度（收集溶液）	50g/L±5g/L		
pH值（收集溶液）	6.5~7.2	3.1~3.3	3.1~3.3

GB/T 10125—2012标准中对试验设备、试验参数、操作要求和评价方法都有详细描述。另外，标准中对盐雾箱腐蚀性能的评价方法也有明确规定。

试验设备要求：盐雾箱的容积不小于$0.4m^3$，因为更小的容积难以保证喷雾的均匀性；对于大容积的箱体，需要确保在盐雾试验期间盐雾均匀分布；箱体顶部要避免试验时聚集的溶液滴落到试样上；喷雾装置是盐雾箱的一个重要部分，由一个压缩空气供给器、一个盐水槽和一个或者多个喷雾器组成；供应到喷雾器的压缩空气应通过过滤器，去除油质和固体颗粒；喷雾压力应控制在70~170kPa范围内，保证箱体内的盐雾沉降量在1.0~2.0mL/h。

相关标准对盐雾箱性能的评价方法进行了详细描述，需要定期对设备进行钢制样板的腐蚀失重试验，验证试验设备的腐蚀性能。对于中性盐雾试验，准备4~6块符合ISO 3574：2012《商用和拉拔品质冷轧碳钢薄板》的CR4级钢制参比试样，试样厚度为（1±0.2）mm，尺寸为150mm×70mm，表面基本无缺陷。试验前，用合适的有机溶剂对样板进行清洗，可以使用干净的软刷或者超声清洗装置，彻底去除表面的污物、油渍等。将4块钢制试样放置于盐雾试验箱中的四角，未受保护的一面向上，并与垂直方向成20°±5°。参比试样的支架应由塑料等惰性材料制成。参比试样的下部边缘应与盐雾收集器的顶部处于同一水平面，试验持续进行48h。在验证操作时，不得在试验箱中放置与参比试样不同类型的试样。试验结束后，立即将参比试样从盐雾箱中取出并去除保护膜，按 ISO 8407：2009《金属和合金的耐腐蚀性—腐蚀试样中腐蚀生成物的清除》要求，用机械和化学清洁的方法清除腐蚀产物。通常使用 20%的柠檬酸二铵进行化学清洁。对参比试样进行称重，精确到 1mg。用测得的质量损伤除以参比试样暴露的表面部分的面积，评定每平方米参比试样金属质量的损失。每块参比试样质量损失为（70±20）g/m² 时，说明试验设备的耐腐蚀性能满足要求。

盐雾试验的操作步骤和注意事项如下（这里仅对中性盐雾试验方法进行介绍，其他具体内容参见相关标准文件）。

1）设备：盐雾试验箱的体积不小于 0.4m³，试验箱温度恒定在（35±2）℃，喷雾装置压力控制在 70~170kPa 范围内，保证箱体内盐雾均匀分布，盐雾沉降量为（1.5±0.5）mL/h。

2）试验溶液：氯化钠为化学纯或化学纯以上，蒸馏水或去离子水溶液在（23±2）℃时的电导率不高于 20μS/cm，配制浓度为（50±10）g/L，盐雾收集液在（23±2）℃时 pH 值为 6.5~7.2。

3）试验样品：样品试验前需要进行清洁，清除表面的油污和灰尘等。

4）试样放置：试样相互不能接触，试样的被测试面朝上，与垂直方向成 15°~25°，试样可以分层放置于盐雾箱的不同水平面上，但是要避免盐溶液从上层样品或支架上滴落到下层样品上。对于紧固件测试，零件要倾斜放置，避免有内槽的螺栓头部积液。

5）试样检查：样品按照具体的试验周期要求进行目测检查，检查时间应尽可能短。在规定试验周期结束后，取出试样后用清洁水冲洗，除去其表面残留的试验溶液，立即检查试样表面的腐蚀现象，如白锈和红锈等。

镀锌和镀锌镍零件，一般都会规定锌腐蚀出现的时间（白锈出现）和等级，特别是对经黑色钝化处理的零件。因为白锈的出现会影响零件的外观，可能引起用户抱怨。白锈是镀层金属腐蚀的产物，白锈的出现意味着镀层开始被腐蚀，一旦镀层被腐蚀，就会出现基体铁基金属的腐蚀，即出现红锈。白锈一般为白色粉状，在零件湿润和干燥状态下都能明显观察到。DIN 34804—2020 标准中，将紧固件锌腐蚀的程度分为 S0 到 S10 共 11 个等级，S0 为原始状态，S1~S10 为不同的白锈腐蚀程度，图 5-4 所示为 S1~S4 等级状态。

a）S1　　　　b）S2　　　　c）S3　　　　d）S4

图 5-4　盐雾试验目视评判要求（S1~S4）

锌或锌合金镀层在初始阶段的腐蚀测试中，可能会出现轻微的白色薄膜，一般称为白雾或"灰色面纱"，如图 5-5 所示。白雾是由测试介质与锌的轻微反应生成的，主要出现在金属层和/或钝化层的自然微裂纹中。对于锌镍合金层，白雾停止进一步腐蚀，是高腐蚀稳定性的表现。与白锈不同的是，白雾不是大量的，在潮湿状态下是不可见的，仅在干燥零件上可见。白雾是一种特殊的有关锌镍层的自然现象，一般情况下是允许存在的。如果对装饰品/装饰外观要求较高，建议与供应商签订书面协议。

对于电镀锌零件，在加速腐蚀试验中，有时会在镀层开始发生腐蚀前出现黑点。造成这种现象的主要原因是基体金属和/或涂层金属有微缺陷。腐蚀介质可以在基体金属中迁移或被埋入，并在缺乏氧气的情况下导致腐蚀，形成黑色腐蚀产物。其他黑点的成因目前尚未充分调查。通常不认为出现黑点是镀层发生腐蚀的标志现象，它一般不会影响耐腐蚀性能。图 5-6 所示为彩虹色钝化锌层盐雾试验中出现的黑点。

a) 锌-镍合金在72h NSS试验后的白雾　　b) 锌-镍合金在1000h NSS试验后的白雾

图 5-5　白雾示意

对于电镀层的耐盐雾试验性能，各大汽车生产企业都有自己的标准，基本上都是考核在一定盐雾试验时间后，零件出现白锈和红锈的情况。电镀锌零件有钝化或者转化膜等后处理工艺的镀层，一般都会设定白锈出现的最小试验时间，考核后处理工艺对镀层本身的保护能力。只有镀层未做后处理的零件才测试出现红锈的时间。

锌合金，特别是锌镍合金镀层，相对镀锌有着更佳的防腐蚀性能。紧固件电镀锌镍工艺一般都是电镀锌镍加钝化封闭等后处理工艺，可以经受超过1000h的盐雾试验。

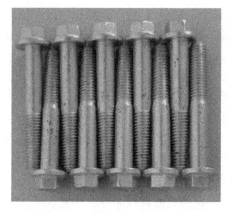

图 5-6　彩虹色钝化锌层盐雾试验中出现的黑点

特别要注意的是，试验前，应在标准环境（温度23℃±3℃，相对湿度45%±10%）下将零件存放至少24h。另外，在一些汽车企业标准中，还应对热存放后的零件进行测试。例如，某美国车企要求，零件在150℃环境下存放24h后依然要满足盐雾试验要求；某德国车企要求，零件在120℃环境下存放24h后依然要满足盐雾试验要求。

螺纹紧固件在试验评价中，由于螺牙尖端位置容易发生腐蚀，可以适当对螺纹区域降低要求。一般可以将螺纹区域的盐雾试验要求降低至头部位置的2/3或者螺纹腐蚀面积≤5%螺纹部分总面积。

2. 循环腐蚀试验

循环腐蚀试验是一种用于模拟车辆在自然使用状态下的腐蚀情况的综合性试验，试验包含盐雾喷射、湿热存放、干燥等过程，并进行循环试验。单一的盐雾试验在之前的很多研究中被证明和实际情况的相关性较差，目前汽车行业越来越多采用循环腐蚀试验。各大汽车主机厂都有自己的循环腐蚀试验标准，具体可以参见相关企业标准。

（1）美国某汽车企业的循环腐蚀试验

该循环腐蚀试验适用于底盘件、发动机件、内饰件和外饰件等。标准中，每个循环分为室温环境、湿度环境、干燥环境3个存放阶段：

1）室温环境阶段（8h）：温度（25±3）℃，相对湿度（45±10）%。

2）湿度环境阶段（8h）：温度（49±2）℃，相对湿度100%。

3）干燥环境阶段（8h）：温度（60±2）℃，相对湿度≤30%。

盐溶液组成为0.9% NaCl、0.1% $CaCl_2$、0.075% $NaHCO_3$。在每个循环过程中，要进行数次喷盐雾过程，使零件表面被盐雾浸润。通常每循环进行4次喷盐雾过程，在第一阶段存放开始时进行第一次喷盐雾过程。相关标准中规定了汽车不同位置的零件的循环次数和评判要求。对于电镀锌镍合金零件，要求试验后不能出现红锈，在评价区域白锈不能超过50%。

（2）国际汽车工程师学会汽车腐蚀与防护委员会制定的循环试验标准

该标准适用于特殊的涂装系统、基材、工艺或设计性涂装腐蚀试验。标准分为湿度环境、盐雾环境、干燥环境3个试验阶段：

1) 湿度环境阶段（6h）：温度 50℃，相对湿度 100%。
2) 盐雾环境阶段（15min）：盐溶液组成为 0.5% NaCl、0.1% $CaCl_2$、0.075% $NaHCO_3$。
3) 干燥环境阶段（17.75h）：温度 60℃，相对湿度 50%。

循环腐蚀试验一般针对抗腐蚀能力较高的锌镍镀层，特别是后续进行了钝化和封闭处理的零件。循环腐蚀试验相对严苛，考验零件涂层耐盐雾及温度和湿度变化的能力，对钝化和封闭处理提出了更高的要求。

5.3.6 特殊性能检测

（1）接触腐蚀

随着汽车轻量化的发展，铝合金材料在汽车上得到了广泛应用，甚至镁合金也出现在汽车上。铝和镁具有较高的化学和电化学活性，铝镁相对于铁电位较低（标准电势：铝为-1.66，镁为-2.40，铁为-0.44）。因此，铝、镁与钢铁接触时容易形成原电池，发生接触腐蚀，腐蚀的倾向与速率取决于材料的电位序或电偶序、阴阳极面积比和表面膜状态等因素。

为防止接触腐蚀，一般会在铝、镁表面进行一些处理，如氧化膜、封闭、电镀锌/锌镍和涂装等。对接触腐蚀的检测，可以将测试样品接触连接后置于电解液中，通过外观检测和腐蚀失重等方法进行评估。

（2）导电性能

一些有特殊导电功能的零件，如汽车上的搭铁螺栓，除了外观、力矩和表面保护测试外，还有相应电性能检测要求，如普通连接电压降测试、接地电阻测试等。

（3）耐化学品性能

在镀层体系首次认可时，需要进行相应的耐化学品测试，如汽油、柴油、机油和制动液等。某美系车企要求按照 ASTM D543—2014《评定塑料耐化学试剂的标准实施规程》Practice B 进行测试，零件表面不能有可视的变化。

（4）耐温性能

对于镀层的耐高温性能，根据使用环境要求可以进行对应的高温测试。例如，美国某电动汽车公司要求，镀层在经过 180℃/3h 的连续存放后不能出现任何锈蚀，包括白锈。

5.4 涂覆层检测

1973 年，美国 Diamond Shamrock 公司申请了由金属粉和铬酸、表面活性剂、pH 调节剂、分散剂和还原剂等组成的涂料专利。1976 年，该公司把这项专利技术转让给了法国的 DACRO 公司和日本的 NDS 公司。我国于 1993 年从日本 NDS 公司引进该技术。这项技术具有诸多传统电镀无法比拟的优点，因此迅速得到推广。近些年，随着世界各国的 VOC 法规和汽车行业环保要求的提高，无铬锌铝涂层逐渐被汽车制造行业认可和接受。目前，所有汽车生产企业均已采用锌铝涂覆技术，并明确指定某些零件只能使用锌铝涂层防腐。锌铝涂覆的涂料以溶剂性为主，在生产过程中溶剂挥发会产生大量的废气，从而对环境产生破坏，现在的解决方案是用水溶性涂覆材料取代溶剂性涂料，这样可以大幅降低环境危害，在生产过程中也可以进一步保护工作人员。水溶性涂覆材料的防腐性能也比传统材料有了很大提升，中性盐雾试验可以达到 1000h 左右，完全可以满足各大汽车厂商的防腐要求。

（1）锌铝涂层的防腐机理

锌铝涂层的外观一般呈亚光银灰色和黑色，是一种将超细锌鳞片和铝鳞片叠合包裹在特殊黏结剂中的无机涂层。锌铝涂层的防腐机理目前主要认为有物理屏蔽、阴极保护、锌粉钝化、自我修复等，这些机理综合作用，为钢铁基体提供保护。

1) 物理屏蔽：在涂料成膜过程中，表面张力相对低的物质会向涂料表面运动，片状锌粉和铝粉会漂浮并与表面平行取向，排列形成层层相叠的状态，其间有非晶态黏结剂填充。这样的结构形成多层几乎连续的屏障，有效地阻止了腐蚀介质到达基体，能显著提高涂层的防腐能力。

2）阴极保护：由于锌铝电位比铁低，锌铝和钢铁基体之间存在电极电位差，可作为阴阳极形成原电池，片状锌、铝片会作为牺牲阳极，为钢铁基体提供阴极保护。另外，以锌片为主的涂层中间聚合了铝片，而铝的电极电位比锌的电极电位低，使涂层具有双金属防护能力，减缓了锌的消耗速度，增强了保护能力。

3）锌粉钝化：涂层中的钝化剂能在金属表面形成致密的氧化膜，使金属表面钝化，使锌和基体的腐蚀速度大幅降低。

4）自我修复：当涂层因外力划伤受损时，一方面可能有残留的钝化剂使裸露的锌铝表面氧化形成钝化膜；另一方面，附近的片状锌可能与腐蚀介质反应形成不溶性的锌盐，如氧化物、氢氧化物和碳酸盐等，这些物质会填充细小的涂层损失，并作为腐蚀抑制剂阻止涂层的进一步破坏。

（2）锌铝涂覆工艺

锌铝涂覆工艺较简单，主要包括零件表面清理、涂覆和固化。对于紧固件，用途和工作环境不同，防腐要求也不同，因此涂覆方式、烘涂次数等也有所区别，紧固件锌铝涂层的主要涂覆方式为浸渍-甩干。

1）零件表面清理：一般有化学清理和机械清理。碱清洗油脂即碱性水溶液浸没或喷淋清洗零件表面油脂。机械清理是在清洗表面油脂后，清除零件表面热处理氧化皮和红锈，典型且使用最广泛的方法是抛丸。

2）涂覆：紧固件的涂覆采用浸涂-旋转离心法。

3）固化：一般先在较低的温度下烘烤预固化，使涂料形成涂层，形成高附着力和平整度，然后在较高的温度下烘烤至完全反应固化。

（3）锌铝涂覆的主要优点

1）优异的耐腐蚀性能：通常大于 $8\mu m$ 的涂层，可以达到中性盐雾试验1000h无金属基体腐蚀且无氢脆风险，特别适用于高强度紧固件，是目前汽车底盘连接用紧固件最常用的工艺。在涂覆的过程中，被涂覆的紧固件不会吸收氢原子。若采用的预处理方法不产生新生态氢，则在该工序中不会带来氢脆。如果采用的预处理方式会导致基材吸收氢（如酸洗），那么对硬度大于365HV的紧固件，在涂覆过程中，应对会产生氢脆的工序进行控制，这一点可以按照GB/T 3098.17—2000《紧固件机械性能 检查氢脆用预载荷试验 平行支承面法》的要求采用预载荷试验法。

2）优异的耐热性能：瞬时耐高温达到300℃，可以在250℃的环境温度下连续工作，是汽车发动机舱内的紧固件常使用的表面保护工艺。

3）环境污染小：全流程封闭，不会向外界排放有害废气和废水。

4）生产线占地面积小：有利于工业化推广。

5）多种颜色：除了通常的银灰色和黑色外，还可以通用调整面涂层，来获得其他颜色，有一定提升美观度的作用。

锌铝涂覆并不适合所有紧固件，根本原则是锌铝涂层生产过程中处理的温度不能影响紧固件本身的材料性能，某一过程中的温度过高会导致基材的金相组织发生变化。另外，锌铝涂覆对于尺寸及功能方面也有明确的要求，锌铝涂覆不适用于搭铁用紧固件；由于锌铝涂覆的片层结构容易脱落，发动机内部使用的紧固件也不能采用；尺寸方面，M6以下的紧固件不建议采用锌铝涂覆，因为可能导致积液，使螺纹淹没。同理，紧固件头部位置的螺槽不能过小。紧固件的垫片尺寸要大于1.5mm，以保证涂覆过程中不会相互贴合。

锌铝涂层的耐腐蚀性能主要由其底涂层决定，摩擦系数及外观颜色主要由其面涂层决定。因此，在选择该工艺作为紧固件表面处理工艺时，需要根据紧固件客户端的耐腐蚀、摩擦系数和外观要求，综合选定合适的底涂层及面涂层。

(4）涂料对涂层性能的影响

1）涂层 pH 值对耐腐蚀性能的影响：涂层 pH 值对涂料和涂层的性能影响较大，不仅影响涂料的保存时间，还影响涂层的耐腐蚀性和结合力，pH 值过高或过低都会对涂层的耐腐蚀性造成不良影响。当涂层 pH 值保持在 4.0~4.5 之间时，在同等涂层厚度和同等工艺的情况下，涂层耐盐雾性能最佳。

2）锌粉粒径对耐腐蚀性能的影响：通常在配置涂料时选用片状锌粉，形成层状结构，选用粒径较大（≥10μm）的鳞片状锌粉，锌粉和铝粉之间会形成良好的层状叠加结构。锌粉粒径越大，膜厚越大，涂覆量越大，耐腐蚀性能越好。

3）铝粉含量对耐腐蚀性能的影响：铝粉是涂料的主要组分之一，它有两个作用，其一是阴极保护作用，当腐蚀介质到达涂层时，铝粉先于基体被氧化，且其自身具有钝化作用，容易形成钝化膜，降低腐蚀速率；其二是铝粉可以改善涂层的外观，随着铝粉含量的增加，涂层更加光亮。少量铝粉可以增加涂层的耐腐蚀性，比纯锌涂层的耐腐蚀性要好，但当铝粉含量超过金属粉总量一半时，涂层的耐腐蚀性能和牺牲阳极持续作用时间，均会出现先升后降的趋势。

(5）涂覆工艺对涂层性能的影响

1）烧结温度及时间：当涂层涂覆到基材上后，进行干燥，烘烤后成膜，烘烤温度和时间会对涂层的成膜质量产生很大影响。温度过低，固化成膜质量较差，涂层和基材的结合不牢固，易发生脱落；温度过高，会使大部分锌铝在烘烤时被氧化，降低防腐效果，且会使涂层紧缩严重，产生微裂纹。因此，根据涂层特性，控制烧结温度在合适范围内显得尤为重要。

2）前处理：在涂覆之前，首先要对基材进行预处理，使涂层与基材更好地结合在一起。通常需要对基体表面进行去污处理，干燥后再对基材进行抛丸处理。经过抛丸处理，可以提高基材表面粗糙度，提高基材与涂料的结合力。还有一种更好的满足附着力要求的方法，就是在涂覆之前对紧固件进行磷化处理，使紧固件的表面粗糙度提高，并起到一定的防腐效果，不会在涂覆之前产生氧化皮等杂质，影响后续的涂覆。

紧固件在使用过程中，其涂层可能会遇到划伤或者磕碰的情况，特别是在拧紧或拧松过程中。当损伤到达基材时，划痕越宽，自腐蚀电流强度越大，涂层腐蚀越快。当划痕宽度≤1mm 时，极化规律差异不大；划痕宽度大于 1mm 时，耐腐蚀性能明显下降。紧固件还存在涂层自剥落的情况，这种在不受机械外力下的涂层剥落，通常是自然环境下的剥落，是基材和底涂层之间的附着力不足导致的，前处理或者涂层匹配性是主要影响因素。由于锌铝涂层的附着力没有锌镍好，因此在受到机械外力时会有少许剥落。如果是大面积剥落或者导致底涂层和基材间剥落，则需要排查的因素除了前处理、涂层匹配性外，还有机械工具的型号、有无枪头磨损等。

5.4.1 紧固件涂覆层的类型

紧固件锌铝涂覆的分类按照涂覆次数可以分为一底一面、两底一面、两底两面等，每增加一次底涂就增加了紧固件的防腐能力，目前锌铝涂覆的盐雾试验可以达到 1000h 以上。增加面涂可以调节摩擦系数，并增加表观质量，当然也有紧固件无面涂的要求。

锌铝涂覆面涂按工艺设计要求可分为有机面涂、加润滑剂的有机面涂，要根据摩擦系数的要求选用不同的面涂材料。

为了不影响螺栓的机械性能，固化温度不同所用的涂料也是不同的。同理，紧固件使用环境的要求不同，涂料也会不同。因此，总体来说需要根据紧固件的实际情况选择适合的涂料进行涂覆。

由于存在不同的涂覆要求和使用环境，一般涂料厂商会提供不同的产品来满足紧固件图样的要求，目前各大汽车厂商使用较多的有德系、美系、日系等国外涂料，其产品稳定，服务高效。目前，国产产品也在研制之中，但从成品来看，产品的稳定性、耐腐蚀性、表观质量还有待提高。

5.4.2 涂覆层外观检测

涂覆层的外观检测主要从色泽和粗糙度两个方面进行。涂层的基本色调呈银灰色，其颜色会因为配液过程中组分的变化而略有变化，但都与基本色调相近。当涂层呈银白色，有明显金属光泽时，色泽最优。此外，涂层的其他色彩和减摩性能可以通过附加涂层或在涂料中加入适当的添加物获得。

表面粗糙度是工件表面具有的较小间距和微小峰谷不平度，会影响零件的耐磨性和抗腐蚀性。粗糙度越大，配合表面间的有效接触面积越小，压强越大，磨损就越快；腐蚀性气体或液体容易通过表面的微观凹谷渗透到涂层内部，造成表面腐蚀。

涂层应均匀、连续，无漏涂、气泡、剥落、裂纹、麻点、夹杂物等缺陷，无明显的局部过厚现象。涂层不应变色，但允许有轻微的色差。

5.4.3 涂覆层附着力检测

进行附着力检测，涂覆层不得剥落或露底，但允许胶带变色，或粘有少许锌、铝粉粒。涂层与基材结合力的实质是界面间的作用力，是涂层通过物理和化学作用结合在一起的坚固程度。涂层结合力直接影响涂层的防腐性能。影响结合强度的因素是多方面的，主要是基体的表面预处理，包括除油、喷丸、钝化等工艺。为了得到更好的附着力，也可以做磷化处理，使表面的微观结构更致密，使涂覆后的附着力更大。

除了基材和涂覆层之间的附着力，底涂与面涂间的附着力也不可忽视，做好底涂后的零件要防止再次污染，应尽可能快地做之后的面涂工艺。

使用胶带试验法检测附着力强度，按照 GB/T 5270—2005 标准的要求进行。

采用磨为 30°锐刃的硬质钢划刀，相距 2mm 划两条平行线。在划平行线时，应当以足够的压力一次刻线，即穿过覆盖层切割到基体金属。如果两线之间的任一部分的覆盖层从基体金属上剥落，则认为覆盖层未通过试验。另一种试验是划边长为 1mm 的方格，同时观察此区域的覆盖层是否从基体金属上剥离。

相关国际标准规定了划格刀的尺寸要求，间隔为 1mm，6 把刀并排，先在水平方向划一刀，然后在垂直方向划一刀，要求划到基材，通过涂层的剥离情况来判断。有些会要求用胶带粘一下后评判，不允许有大面积剥离。

紧固件由于形状特殊，没有足够大的平面来做划格试验，因此可以通过模拟划格来考核，并且可以用 10N 的胶带粘一下。

5.4.4 涂覆层耐腐蚀性能检测

1. 中性盐雾试验

锌铝涂覆的耐腐蚀性能普遍使用盐雾试验来评判，根据 GB/T 26110—2010《锌铝涂层 技术条件》划分不同等级的涂层，经盐雾试验后，出现红锈的时间要求见表 5-8。

表 5-8 耐盐雾腐蚀试验要求

涂层等级	1	2	3	4	5
出现红锈时间/h	120	240	480	720	960

注：盐雾试验按照 GB/T 10125—2021 规定的中性盐雾试验要求进行。

2. 冷凝水试验

除了盐雾试验，冷凝水试验也可以评判涂覆层的耐腐蚀能力。按照 ISO 6270-2：2017《色漆和清漆 耐湿性的测定 第 2 部分：在冷凝水气中暴露试样》要求，冷凝水试验可以分为常态气候条件和交变气候条件，锌铝涂覆选用常态气候条件来检测，试验室的温度为 40℃，相对湿度为 100%。锌铝涂覆冷凝水试验的测试时间有 240h、480h 或者 720h，还有以 24h 为一个循环的检测方式，一般可分为 5 循环、10 循环、20 循环、30 循环。测试要求在试验结束时，紧固件表面没有红锈，没有涂覆层的脱落，并且需要同时满足附着力划格试验要求。

冷凝水试验箱是一个密闭的人工模拟实验室，其内壁应是耐腐蚀材料，一般选用塑料或者不锈钢材料,并且不允许对受试体产生影响。试验箱通常需要一个料槽,用于吸纳试验过程中的冷凝水。通过对料槽内的水进行加热来对试验室内升温加湿。

5.4.5 特殊性能检测

1. 涂层厚度

锌铝涂层对于涂层的涂覆量指标通常是 mg/dm^2,涂覆量是涂层及技术要求的仲裁值,涂层厚度是参考值。

将涂覆量换算成涂层厚度的方式见表5-9,其中所列的涂层厚度是根据 $32mg/dm^2 = 1\mu m$ 换算得到的。由于存在是否在涂层中加入铝片和加入多少等因素,涂层密度不尽相同,涂层厚度仅为参考值。当被涂工件形状复杂、表面积不易确定时,可参照涂层厚度对涂层进行分级。

表5-9 不同等级涂层的涂覆量和涂层厚度

涂层等级	涂覆量/(mg/dm^2)	涂层厚度/μm
1	≤130	≤4.1
2	130~190	4.1~5.9
3	190~260	5.9~8.1
4	260~320	8.1~10.0
5	320~380	10.0~11.9

注:除了通过涂覆量换算,也可以通过显微金相法直接观察涂层来获得其厚度,需要注意的是样品的制作。

(1) 金相测厚

金相制样是一个繁琐的过程,首先是对紧固件进行切割,由于紧固件尺寸的关系,需要配备不同的工装夹具。另外,完美的金相切割应该避免热损伤及变形,同时保持必要的精度和速度。切割机以及切割轮必须符合样品的几何尺寸及材料特性。切割完后要对零件进行镶嵌,镶嵌料的选择是针对各种不同的制样材料和环境设计的。将样品更安全地埋入树脂,更易于处理并得到理想的效果。有两种不同的镶嵌树脂可选,即热镶嵌树脂和冷镶嵌树脂,金属基材的紧固件一般用热镶嵌树脂,而非金属使用冷镶嵌树脂。镶嵌之后就是研磨,合适的研磨能够消除材料表面的损伤和变形,同时也会带来一定的细微损伤供下一步磨削。研磨的效果与设备及耗材的使用有很大关系,为了消除研磨带来的细微损伤,对在显微镜下观察的样品必须进行抛光处理。抛光是由不同回弹性的抛光布以及不同的研磨颗粒实现的,常用两个步骤完成,即金刚石抛光和氧化物抛光。

金相测厚具体操作如下:

1) 将零件上需要测量的点切下,放入金相制样机中镶嵌。切记零件要垂直镶嵌,这样得到的厚度才是最精确的。

2) 取出样品,在磨样机上将样品打磨抛光。

3) 用水将样品上的磨样膏冲洗干净,再用酒精冲洗,最后用电吹风将样品吹干,至此金相样品就完成了。

4) 通过金相显微镜测量厚度。

(2) 磁性测厚

对于紧固件涂层膜厚的测量位置,根据GB/T 5267.2—2021规定,如果规定了最小局部涂覆厚度,则可以使用磁性测厚仪或X光荧光侧厚仪来测量。有争议时,以金相显微镜法作为仲裁方法。厚度测量的表面测量部位如图5-7所示。

磁性测厚是检测金属基材涂覆层的一项重要方法。涂覆磁感应设备一般由内外磁铁、套筒、线绳、拉簧组成,其原理是内外磁块S、N极相互吸引,当测试物体放入内、外磁块之前,内外磁块间形成固定间隙,间隙大小就是物体的厚度。磁性测厚误差小、可靠性高、稳定性好、操作简便,现在主要用于测量铁基材和铝基材上油漆层的厚度。

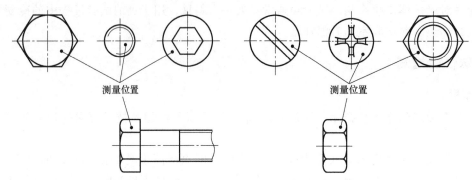

图 5-7　螺纹紧固件局部涂锌层厚度测量位置

磁性测厚操作步骤如下：

1）打开磁性测厚仪，选择对应的测试程序模式，不同的基材有不同的程序模式。

2）根据零件的基材做校正，设备配有标准片。

3）校正结束，将探头垂直对准零件表面，此时测试得到的厚度会显示在设备屏幕上，同批次紧固件需多次测试。

（3）X 光荧光测厚

X 光荧光分析又称 X 射线荧光分析（XRF），利用初级 X 射线光子或其他微观粒子激发待测样品中的原子，使之产生荧光（次级 X 射线），从而进行物质成分分析和化学形态研究。

X 光荧光测厚的特点包括：分析速度快，通常每个元素分析在 2~100s 内即可完成；非破坏性，不需要破坏零件就能完成对零件的检测；分析样品范围广，可以对元素周期表上的多种元素进行分析，并可直接测试各种形态的样品；分析样品浓度范围宽，可分析含量在 0.0001%~100% 范围内的组分含量；分析精度高，重现性好。

X 光荧光测厚操作步骤如下：

1）依次打开 X 光荧光测厚仪、计算机测试软件。

2）打开高压钥匙，将机器预热 30min。

3）将样品放入测厚仪，先手动对焦，然后自动对焦。X 射线须垂直打在样品上。

4）选择对应的测量程序，启动测量即可。对于不同的基材和镀层，测试的时间是不同的，测试时间短会影响测量精度。

2. 涂层耐水性

将样品放入（40±1）℃的去离子水中，连续浸泡 360h，将样品取出后在室温下干燥，再进行附着力测试。具体测试及评价方法见 5.4.3 节相关内容。需要注意的是，附着力测试应在样品从去离子水中取出 2h 后进行。

3. 涂层耐湿热性

湿热试验在湿热试验箱中进行，湿热试验箱应能调整和控制温度及湿度。

将湿热试验箱的温度设定在（40±2）℃，相对湿度（95±3）%。将样品垂直挂于湿热试验箱中，样品间不应相互接触。当湿热试验箱达到设定温度和湿度时，开始计算试验时间。首先每隔 48h 检查一次，检查样品是否出现红锈。检查两次后，再每隔 7h 检查一次。每次检查后，样品应变换位置，360h 时检查最后一次。在最后一次检查时，样品表面不应出现红锈。

4. 涂层耐热性

按照 GB/T 1727—2021《漆膜一般制备法》或需方产品的规定，在四块样板上制备涂层，涂层完全固化后，将其中三块涂层样板置于 300℃ 的鼓风恒温烘箱内，另一块样板留样做比较。3h 后，将三块样板取出，冷却至（25±1）℃，要求涂层无变色、气泡、剥落、裂纹等缺陷。经耐热试验后，涂层仍要满足附着力测试要求和耐腐蚀性测试要求。

5. 涂层硬度

涂层硬度按照 GB/T 6739—2006《色漆和清漆：铅笔法测定漆膜硬度》中测定漆膜硬度的要求进行。试验时，铅笔固定，这样铅笔能在 750g 的负载下以 45°角向下压在涂层表面上，逐渐增加铅笔的硬度直到涂层表面出现缺陷。

缺陷定义如下：
1）塑性变形，涂层表面永久压痕，但没有内聚破坏。
2）内聚破坏，涂层表面存在可见的擦伤或划破。
3）塑性变形和内聚破坏的结合。

测试要求涂层硬度不低于 9H。

5.5 氢脆测试

5.5.1 氢脆的产生

氢脆现象是指氢原子/离子进入钢基体后，在应力作用下会引起基材的韧性或承载能力降低，从而发生断裂失效。氢对金属材料的力学性能有显著影响，它能降低金属的塑性、断裂强度等力学性能。对于紧固件，特别是高强度紧固件，氢脆断裂是最常见的失效形式之一。

在紧固件生产过程中，冷镦成型、机械加工、热处理、酸洗和电镀等工序中都会产生氢，特别是在表面处理过程中。电镀是紧固件最常用的表面处理方法之一，也是紧固件最主要的吸氢途径。电镀时，零件作为阴极，阳极的金属正离子向阴极聚集，沉积在零件表面形成镀层，同时，槽液中的氢离子向阴极聚集吸附在零件表面。氢离子在阴极一部分形成氢气逸出，另一部分则渗入镀层及基体材料中。在酸洗过程中，酸溶液中的氢离子也会进入金属基材中。氢脆的多源性决定了其不可控性，即使后续采用一些去氢工艺，也不能保证终端产品完全没有氢脆风险。

关于氢脆的机理，一般认为有以下几种：
1）氢压理论：金属中过饱和的氢原子会向缺陷处聚集结合成氢分子，从而产生巨大的内压，使其周围的金属发生变形甚至开裂。
2）位错理论：在应力梯度作用下，氢原子向位错集中区域扩散，由于氢和金属原子之间的交互作用使金属原子间的结合力减小，在氢聚集位置会生出裂纹并扩展，导致脆断。
3）氢降低表面能理论：聚集吸附在金属微裂纹内的氢会降低表面能，导致裂纹更易扩展。
4）晶格脆化理论：应力集中区聚集的高浓度氢与金属原子结合生成氢化物，氢化物是一种脆性相组织，在外力作用下容易成为断裂源，从而导致脆性断裂。

由于氢脆断裂具有不可预期的延迟性，即使安装过程中未发生断裂，也有可能在后期使用过程中发生氢脆断裂，因此紧固件的氢脆断裂带来的危害要比其他原因造成的断裂大得多。为了降低高强度紧固件的氢脆风险，运用科学有效的检测方法对紧固件进行氢脆检验是行之有效的途径。

5.5.2 氢脆的检测

在紧固件的使用中，氢脆是一个很大的潜在风险，特别是对于高强度紧固件。因而，建立材料氢脆的检验体系，可以提前发现氢脆风险，避免后期使用中发生断裂等失效情况。关于评估材料氢脆的试验方法，目前还未形成统一的国际标准，但已有多种方法可以进行不同程度的氢脆风险评估。常用的氢脆检测方法根据不同的原理及过程，可以分为氢探测法和力学检测法。

1. 氢探测法

氢探测法是通过物理或者化学方法测定产品或工艺过程中的氢原子含量，从而实现对氢脆风险的控制。这种方法只反映了氢在材料中扩散能力的大小，而测量结果未与材料发生低应力断裂的特点联系起来,因此无法以此直接评定高强度结构钢发生氢脆致断的危险性。根据实施途径的不同,氢探测法又可分成物理法和电化学法两种。

物理法一般是在产品上取样,通过高温熔化和真空提取来测定氢原子含量,测量设备有压力氢探测仪、真空氢探测仪和劳伦斯测氢仪等。此方法及技术要求目前主要用于航空工业,在钛合金螺栓的标准或规范中规定了氢含量,如 ISO 9152:1998《航空航天 强度等级为 1100MPa 的钛合金 MJ 螺纹螺栓》中规定钛合金 Ti6Al4V 的氢含量 $<125\times10^{-6}$。合金钢中含有 $(5\sim10)\times10^{-6}$ 的氢就有可能发生氢脆,但相关研究发现一般合金钢紧固件的氢含量在 5×10^{-6} 以下。此外,受零件形状、结构尺寸和材料缺陷的影响,很难以含氢量作为判定合金钢螺栓是否会发生氢脆断裂的依据,因此,氢含量检测法不适合用于钛合金材质以外的紧固件。

电化学法针对特定工艺环节,例如电镀过程,通过测定氢压电流,将氢含量的检测转化为氢压电流的检测,典型标准是 ASTM F326:2017《电镀镉工艺氢度化电子测量的标准试验方法》,对电镀镉工艺造成的氢脆作电子测量。

2. 力学检测法

力学检测法根据加载方式和检测过程不同可分为五类:缺口拉伸试验、应力持久试验、慢应变速率拉伸试验、弯曲试验、逐级加载试验。

(1) 缺口拉伸试验

美国材料与试验协会标准 ASTM F519:2013《电镀过程和飞机维护用化学制品的机械氢脆试验方法》规定了常温条件下金属试棒的缺口拉伸试验。欧盟标准 EN2832:1993《航空系列:缺口试样试验测量钢的氢脆》和我国的航空行业标准 HB 5067—1985《氢脆试验方法》等效采用了 ASTM F519:2013。

ASTM F519:2013 中的试验方法介绍了 6 种不同形状的试样,每次试验至少需要 4 个试样,试验时将试样夹在标定过的应力环上,对试样加载 75% 缺口抗拉强度(NFS)后保持 200h,若试样没有断裂则说明没有氢脆倾向。

HB 5067—1985 相对 ASTM F519:2013 进行了简化,采用缺口拉伸试样,如图 5-8 所示,缺口应力集中系数等于 4,截面积约等于其他部位的 48% 或 42.5%。

试验时施加一定的载荷(正常试棒的 75%)持续 200h。若每组的所有试样都不发生断裂;则认为该批

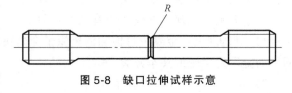

图 5-8 缺口拉伸试样示意

材料不会发生氢脆断裂;若有一个试样发生断裂,则说明该批次存在氢脆风险。这种方法很严格,要求加工好后立即进行试验,适用于试验室鉴定金属材料氢脆性,而且试样的形状与零件形状有较大差别。因此该方法不适用于螺栓氢脆断裂风险的判定。

(2) 应力持久试验

应力持久试验的特点是对试样持续施加一定时间的应力,检测试样在持续应力作用下的氢脆断裂风险。应力大小和加载时间是这类试验的关键技术指标,见表 5-10。另外,不同的应力持久试验标准还存在加载方式和夹具支承面方面的差异。加载方式可以分成直接拉伸加载和力矩加载两种形式;夹具支承面可以分成平行面和斜楔面两种形式。表 5-10 中列举了常用的试验标准及主要技术指标。

平行支承面法是紧固件氢脆检测的常用方法,国内采用 ISO 15330:1999《紧固件 检查氢脆用预载荷试验 平行支承面法》制定了标准 GB/T 3098.17—2000。试验时,将一组螺栓同时装在试验夹具上(图 5-9),拧紧螺母或螺栓,使螺栓承受的应力小于其屈服强度或破坏力矩,力矩既可通过匹配螺母(或螺栓)施加,也可通过在钢板上扭转螺栓施加。达到规定的试验力后,保持载荷不变持续 48h 以上,也可无限制持续。在保载过程中,每隔 24h 重新拧紧到初始应力或者初始力矩,防止螺栓松动降低加载的试验力,同时检查螺栓是否因氢脆已发生破坏。如果至少有一件紧固件的力矩损失超过 50%,则试验应在相同的紧固件上重新开始。

表 5-10　应力持久试验标准及技术指标

序号	标准	加载方式	夹具支承面	载荷值	加载时间
1	GB/T 3098.17—2000《紧固件机械性能　检查氢脆用预载荷试验　平行支撑面法》	直接拉伸加载或力矩加载	平行面	直接拉伸：<屈服强度　安装力矩：<破坏力矩	≥48h
2	GJB 715.12—90《紧固件试验方法应力持久性》			破坏拉断力的75%	—
3	HB 5067.1—2005《镀覆工艺氢脆试验　第1部分：机械方法》	直接拉伸加载		缺口拉断力的75%	≥200h
4	SAE ASM-QQ-P-416《电镀　镉》		斜楔面		≥72h
5	ASTM F606《内外螺纹紧固件机械性能试验方法　斜楔法》			破坏拉力的75%	≥48h
6	GB/T 26107—2010《金属与其他无机覆盖层 镀覆和未镀覆金属的外螺纹和螺杆的残余氢脆试验　斜楔法》/ISO 10587	力矩加载		破坏拉力的(75±2)%	48h　96h　200h

由于预载荷试验的灵敏度取决于试验的开始时间，因此试验应尽快进行，最好在制造过程结束后的24h内进行。一般紧固件氢脆断裂发生在装配后的24h内，试验加载时间持续48h以上基本可以达到判定氢脆的目的。

(3) 逐级加载试验

逐级加载法是在应力持久法基础上发展而来的一种试验方法，可以快速测量钢的氢脆临界值。逐级加载法的原理是逐级降低施加在试样上的加力速率，使氢扩散并使试样产生裂纹，在位移保持不变的情况下，施加的力将随裂纹的产生而减小，通过载荷和时间曲线得到氢脆临界应力值。其机理是在应力诱导的作用下，材料中的氢会向应力集中区域聚集，氢偏聚所消耗的时间为停顿时间，当偏聚浓度达到临界值时发生裂纹扩展，然后再次发生氢偏聚，再次扩展，如此循环，直至裂纹扩展达到失稳状态时发生断裂。现行有效的试验方法标准为 ASTM F1624-2009。

逐级加载法实际上是持续加载和慢应变加载的混合加载法，对试样施加一定试验力后需保持一段时间再进行加载，也可称为梯度加载。具体试验步骤如下：

准备 5~10 个试样，在实施逐级加载试验前先按常规室温拉伸试验方法，即 GB/T 228.1—2021 《金属材料　拉伸试验　第1部分：室温试验方法》测出整个拉伸试验过程中的最大力 F_m，然后用逐级加载法对其余试样逐级施加试验力并达到 F_m，每级增加的试验力相同并保持规定的时间。每级增加的力值可根据要求的试验准确度来确定，一般选为 $5\%F_m$，即将 F_m 分成20等分逐级加载。1#试样每级试验力的保持时间一般为1h。随后的试样每级试验力的保持时间一般为前一个试样的2倍，图 5-10 所示的2#和3#试样，保持时间分别为2h和4h。为节省试验时间，当试验力超过 $0.5F_{in}$ 时，可对每级的试验力保持时间加倍，如图 5-10 所示的4#试样。记录每个试样的试验力-时间曲线，从曲线上观察到试验力的下降量超过试验的准确度时，记录此时裂纹萌生时的试验力 F_{i1}。

$F_{in}(n=1, 2, 3, \cdots\cdots)$ 的确定方法如下：

1) 如果试验力下降时，试验力-时间曲线形状呈凸形，即试验力下降速率是逐渐增加的，则可认为此时裂纹开始在试样中扩展，试验力开始下降时的值为裂纹形成的试验力 F_{in}（图 5-11a）。

2) 如果试验力下降时，试验力-时间曲线形状呈凹形，即试验力下降速率是逐渐降低的，则不能认为是裂纹形成时的试验力 F_{in}（图 5-11b）。这种现象是裂纹尖端应力大于或等于试样的屈服强度，使试样产生塑性变形、蠕变，或试验设备等因素造成的。

3) 如果试验力下降时，试验力-时间曲线形状是从凹到凸的，即试验力下降速率从恒定不变或逐渐下降过渡到逐渐增加，则曲线拐点处的力值也可定义为裂纹形成的试验力 F_{in}（图 5-11c）。

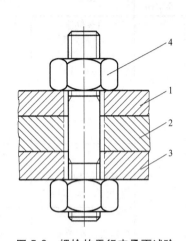

图5-9 螺栓的平行支承面试验
1—上压板 2—垫板 3—下压板 4—螺母

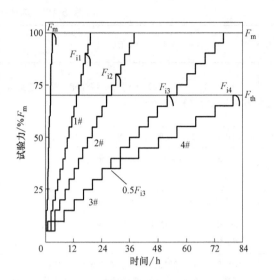

图5-10 逐级加载法确定临界试验力示意1

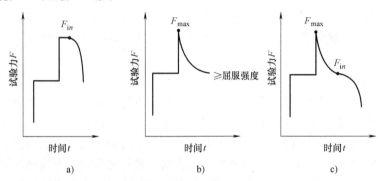

图5-11 逐级加载法确定临界试验力示意2

随后的样品采取相同的加载级数，但每级试验力的保持时间较前一个试样加倍，由此可得出更低的裂纹萌生时的试验力 F_{in}。试验时的应变速率应在 $10^{-8} \sim 10^{-5} \mathrm{s}^{-1}$ 之间，按照 GB/T 15970.7—2017《金属和合金的腐蚀 应力腐蚀试验 第7部分：慢应变速率试验》的规定进行。

采用逐级加载法既可以对加工后的力学试样（如断裂力学试样）进行试验，也可直接将产品作为试样进行试验。对于螺栓来说，由于可以不进行机加工就直接对螺栓产品进行试验，避免了机加工对螺栓产品性能的改变（如表面加工去除的原表面处理层），同时，还可以定量给出螺栓的氢脆临界值，从而为螺栓的氢脆断裂判定提供更加直接的依据。

逐级加载法适用于螺栓氢脆的验收检验，但由于一个试样必须对应一台应力持久试验机，不适用于试验量较大的场合。

（4）弯曲试验

弯曲试验可直接测定螺栓的氢脆敏感性，欧盟标准 EN 2831：1993《钢的氢脆性 慢速弯曲试验》和美国材料与试验协会标准 ASTM A143/A143M：2007《热浸镀锌结构钢产品的脆性防护和脆性检测程序的标准规程》都采用了弯曲试验测量氢脆敏感性。EN 2831：1993 主要用于表面处理工艺所导致的氢脆敏感性试验，采用对比试验对不同工艺处理后的薄板试样进行弯曲试验，比较不同试样开始产生裂纹时的弯曲角度，角度越小则氢脆敏感性越高。由于是对工艺效果进行判定，因此对试验开始时间有严格要求，标准规定试样表面处理后 1h 内就必须进行试验。

弯曲试验方法是比较简单的氢脆敏感性定性试验方法，对试验设备要求不高，操作简便，但标准中没有详细规定弯心直径和试验时的弯曲速率，弯曲角和裂纹多少的判定带有一定的主观性，因此无法作为定量的试验方法。

5.5.3 氢脆的预防及消除

氢脆主要通过以下途径进行预防及消除：

1）对电镀后的零件进行严格的除氢处理。通过对紧固件在一定温度烘烤一定时间，加强氢原子的热运动，使聚集于材料表面的氢原子逸出或在材料内部扩散，降低局部浓度，减轻氢原子的聚集，以防止氢脆断裂。根据 ISO 4042：2018《紧固件-电镀涂层系统》要求，硬度高于 390HV 的紧固件，必须进行烘烤除氢处理。对于高强度紧固件，应在电镀后 2h 内及时进行除氢处理。根据材质及镀层的不同，除氢工艺也不同。例如，普通电镀锌的低碳合金钢紧固件的除氢烘烤温度为 190~210℃，烘烤时长为 4~24h。

2）控制电镀工艺，减少氢的产生。在酸洗前处理工艺中，应尽量采用稀释的盐酸并加入缓蚀剂/表面活性剂，严禁用强酸。另外，也可以采用喷丸等机械手段代替酸洗，排除酸洗处理带来的氢脆。电镀过程中的电流密度、溶液温度和 pH 值对材料渗氢量均有影响，可以考虑降低电流密度，减少氢原子的吸附量，降低氢脆风险。

3）采用无氢脆的表面保护工艺。随着紧固件强度的提高，吸氢更容易但除氢更困难，产生氢脆的风险也更高。对于抗拉强度大于 1000MPa 的高强度紧固件，可以选择无氢脆风险的表面保护工艺，如机械镀锌、粉末渗锌和锌铝涂覆等工艺。锌铝涂覆工艺在涂覆过程中不会产生氢脆风险，而且涂层也有优异的耐腐蚀性能，目前在汽车紧固件上得到了广泛应用。

4）改变材料本身的结构，例如加入微量元素、热处理、老化处理、固溶退火处理等技术工艺，加强材料的抗氢脆性能。消除残余应力越充分，镀后除氢效果越好，螺栓氢脆断裂的阈值也越高。焊接工艺必须适当，防止热影响产生冷裂纹和脆化，制定合理的焊接工艺，如焊前预热、焊后保温等措施，严格控制焊条烘干温度。

5.6 禁用物质检测

禁用物质检测是为了适应国家发展循环经济，保护环境和人体健康，建设资源节约型、环境友好型社会的要求，提高国内销售车辆的技术水平而制定的国家法规性检测。

目前明确禁止使用的物质特指六种物质：铅及其化合物、汞及其化合物、镉及其化合物、六价铬、多溴联苯（PBBs）和多溴联苯醚（PBDEs）。

5.6.1 铅和镉的检测

铅元素对人体会造成毛细血管损害及血管痉挛，导致神经系统、消化系统、血液系统及肾脏的功能紊乱和病理改变；镉元素会损害人的肾功能，并抑制维生素 D 生成，造成骨质疏松和软化。检测按照 QC/T 943—2013《ELV 中铅、镉的检测方法》标准执行。

1. X 射线荧光光谱法

此法适用于筛选和快速判定汽车材料中铅、镉的含量。

将制备好的样品置于 X 射线荧光光谱仪样品室内，按所选定的分析模式对样品中的铅、镉含量进行 X 射线光谱分析，并根据筛选限值判断样品中铅、镉的含量是否合格，以及是否需要进行精确测定。

紧固件尺寸都不大，可以直接置于光谱仪测定，但是必须选取平整的位置，保证数据的准确性。每个样品至少分析两次。

铅、镉限值质量分数分别为 0.1% 和 0.01%（1000mg/kg 和 100mg/kg）。根据表 5-11 中的铅、镉元素的筛选限值进行筛选。

2. 光电直读光谱法

此法适用于定量检测汽车材料中钢铁、铜及铜合金、铝及铝合金棒状或块状材料中的铅、镉含量。铅、镉的测定范围见表 5-12。

表 5-11　不同基材铅、镉筛选限值　　　　　　　　　　　　　　　（单位：mg/kg）

元素	聚合物材料	金属材料	其他材料
镉（Cd）	$P \leq (70-3S) < X < (130+3S) \leq F$	$P \leq (70-3S) < X < (130+3S) \leq F$	$LOD < X < (150+3S) \leq F$
铅（Pb）	$P \leq (700-3S) < X < (1300+3S) \leq F$	$P \leq (700-3S) < X < (1300+3S) \leq F$	$P \leq (500-3S) < X < (1500+3S) \leq F$

注：1. S 为分析结果的标准偏差。
2. 铅、镉元素的测定值位于 P 区，结果为合格；位于 X 区为不确定；位于 F 区为不合格。

表 5-12　铅、镉的测定范围

材质	元素	测定范围（质量分数）（%）
钢铁	铅（Pb）	0.005～0.5
铜及铜合金	铅（Pb）	0.001～5.00
	镉（Cd）	0.001～0.1
铝及铝合金	铅（Pb）	0.001～1.00
	镉（Cd）	0.001～0.20

样品经光源激发后，所辐射的光经入射狭缝到分光系统色散成光谱。对选定的光谱线经光电转换系统及测量系统进行光电转换并测量谱线强度，依据相应的标准物质制作的工作曲线测出样品中铅、镉元素的质量分数。每个样品至少测试两次。

3. 原子吸收光谱法、电感耦合等离子体原子发射光谱法或电感耦合等离子体质谱法

取适量试料，用溶解酸将样品消解完全，制成均匀溶液，通过原子吸收光谱、电感耦合等离子体原子发射光谱法，或电感耦合等离子体质谱法测试溶液中的铅、镉浓度。

首先将标准溶液工作曲线的溶液或标准物质工作曲线的溶液，按低浓度到高浓度的顺序，在原子吸收光谱仪、电感耦合等离子体原子发射光谱仪、电感耦合等离子体质谱仪上测定铅、镉吸光度或强度值，绘制工作曲线。

按照工作曲线及稀释系数等参数计算样品中铅、镉的质量分数。

5.6.2　汞的检测

汞会使人的神经系统失调，对肾脏、肝脏构成威胁，甚至会造成不孕不育。含汞产品被废弃之后，如果处置不当，会造成二次污染，引发各类环境问题。对汞的检测按照 QC/T 941—2013《汽车材料中汞的检测方法》标准执行。

汞的检测方法主要有三种：①X 射线荧光光谱法；②冷原子吸收光谱法、原子荧光光谱法、电感耦合等离子体原子发射光谱法或电感耦合等离子体质谱法；③直接测汞法。

由于第①和第②种方法已在前文做过介绍，此处不再具体介绍。汞元素的限值为质量分数不超过 0.1%，其筛选限值见表 5-13。

表 5-13　汞元素筛选限值　　　　　　　　　　　　　　　　　　（单位：mg/kg）

元素	聚合物材料	金属材料	其他材料
汞（Hg）	$P \leq (700-3S) < X < (1300+3S) \leq F$	$P \leq (700-3S) < X < (1300+3S) \leq F$	$P \leq (500-3S) < X < (1500+3S) \leq F$

注：1. S 为分析结果的标准偏差。
2. 汞元素的测定值位于 P 区，结果为合格；位于 X 区为不确定；位于 F 区为不合格。

直接测汞法的操作方法为：取适量样品，放入仪器氧化分解炉中，利用热和化学作用分解样品，通过选择性吸附样品中的汞，再加热释放出来，用单波长原子吸收分光光度计检测样品中的汞。

按浓度由低到高的顺序，测量系列标准中汞的吸收强度读数，以校准溶液的浓度为横坐标，以汞的吸收强度为纵坐标绘制校准曲线。汞含量的计算公式如下：

$$\omega_{(Hg)} = \frac{(C_1 - C_2) \times d}{m}$$

式中，$\omega_{(Hg)}$ 为样品中汞的含量，单位为 mg/kg；C_1 为在校准曲线上查得试液中的汞元素浓度，单位为 μg；C_2 为在校准曲线上查得试剂空白液中的汞元素浓度，单位为 μg；d 为样品溶液的稀释倍数；m 为样品质量，单位为 g。

5.6.3 六价铬的检测

金属铬无毒，化学性质稳定，但铬的化合物有毒，其中以六价铬毒性最强。六价铬可诱发癌症，是一种高度危险的毒性物质。六价铬的检测按照 QC/T 942—2021《汽车材料中六价铬的检测方法》标准执行。

1. X 射线荧光光谱法

X 射线荧光光谱法能筛选和快速判定汽车材料中六价铬的含量，但值得注意的是，此方法得到的结果是样品所含铬的总量，并非只有六价铬。六价铬的限值为 0.1%（1000mg/kg），其筛选限值有两种情况，具体见表 5-14。

表 5-14 六价铬筛选限值　　　　　　　　　　（单位：mg/kg）

元素	聚合物材料	金属材料	其他材料
六价铬（Cr^{6+}）	$P ≤ (700-3S) < X$	$P ≤ (700-3S) < X$	$P ≤ (500-3S) < X$

注：1. S 为分析结果的标准偏差。
　　2. 六价铬元素的测定值位于 P 区，结果为合格；位于 X 区为不确定，需要进行六价铬的测定。

2. 金属防腐镀层中六价铬的定性试验

金属防腐镀层中的六价铬与二苯碳酰二肼反应生成紫红色络合物，定性显示金属防腐镀层中有六价铬存在。

试验时表面应无污染、指印和其他外来污点，确保表面的干净及干燥条件。如果有聚合物涂层，则需用有效的方法去除表面涂层，但不能伤及防腐镀层。试验先采用点滴试验法，当点滴试验不能确定结果，或者结果为阴性但背景中存在颜色干扰时，采用沸水萃取法确认。对于紧固件，可将样品置于一小容器中，滴加显色液至容器内，如果几分钟内出现红色或紫红色，就表明有六价铬存在。如果使用沸水萃取法，在紧固件的表面积不能达到（50±5）cm^2 时，可以选用适当数量的零件。试样要在水沸腾状态下浸洗 10min。取出样品，冷却萃取液至室温，在萃取液中加入显色液，如果变红，则表明有六价铬存在。

3. 金属防腐镀层中六价铬的含量测定

采用沸水法萃取金属防腐镀层样品中的六价铬。调节萃取液的 pH 值，在酸性条件下加入二苯碳酰二肼溶液，萃取液中的六价铬与二苯碳酰二肼反应生成紫红色络合物，在波长 540nm 处进行比色法定量。

在测定六价铬含量之前，需要进行校准曲线的绘制，以吸光度和标准溶液中六价铬浓度为坐标。测定时，用分光光度计在 540nm 处测定吸光度，吸光度值减去空白试验值，根据校准曲线测定六价铬浓度。镀层单位面积质量需要单独测定，将已知表面积的镀层溶解于具有缓蚀作用的退镀溶液中，称量试样在镀层溶解前后的质量，按称量的质量差值和镀层面积计算出单位面积上的镀层质量。

具体六价铬含量的计算公式如下：

$$\omega_{(Cr^{6+})} = \frac{X \times V \times N \times 10^3}{S \times m}$$

式中，$\omega_{(Cr^{6+})}$ 为样品中六价铬的含量，单位为 mg/kg；X 为测定的萃取液中六价铬的浓度，单位为 μg/mL；V 为萃取液定容积，单位为 mL；N 为萃取液稀释倍数；S 为镀层面积，单位为 cm^2；m 为镀层单位面积质量，单位为 mg/cm^2。

5.6.4 多溴联苯和多溴联苯醚的检测

多溴联苯和多溴联苯醚的毒性主要是影响人体的内分泌系统以及胎儿的生长，其废弃物燃烧会产生致癌物质，并可造成土壤、水及空气的范围广泛的严重污染。这两种物质主要存在于非金属材料中，紧固件主要是金属材质，但也有非金属材料的运用，因此多溴联苯和多溴二苯醚也需要在此介绍。两者的检测按照 QC/T 944—2013《汽车材料中多溴联苯（PBBs）和多溴二苯醚（PBDEs）的检测方法》标准执行。

1. X 射线荧光光谱法

X 射线荧光光谱法适用于筛选和快速判定汽车材料中溴的含量。由于此方法测得的是总溴含量，如果需要进一步判定是否合格，则需要进行精确测定。

试验时将制备好的样品置于 X 射线荧光光谱仪中，按选定的测试模式对样品进行分析。多溴联苯和多溴联苯醚的限值为 0.1%（1000mg/kg），其筛选限值有两种情况，具体见表 5-15。

表 5-15 溴元素筛选限值　　　　　　　　　　　　（单位：mg/kg）

元素	聚合物材料	金属材料	其他材料
溴（Br）	$P \leqslant (700-3S) < X$	$P \leqslant (300-3S) < X$	$P \leqslant (250-3S) < X$

注：1. S 为分析结果的标准偏差。
　　2. 溴元素的测定值位于 P 区，结果为合格；位于 X 区为不确定，需要进行多溴联苯和多溴联苯醚的测定。

2. 气相色谱-质谱（GC-MS）联用法

试样以甲苯为溶剂经索氏提取，提取液定容到适当体积后，使用气相色谱-质谱（GC-MS）全扫描模式（SCAN）与选择离子检测模式（SIM），定性和定量测试提取液中的多溴联苯和多溴联苯醚，然后计算出其中的含量。

由于多溴联苯和多溴联苯醚种类众多，需要配制多种标准溶液用于绘制校准曲线。以校准标准溶液浓度为横坐标、校准标准液的色谱峰面积为纵坐标建立校准曲线。测定样品时，按照离子峰确定样品中含有的多溴联苯和多溴联苯醚，再按照峰面积从校准曲线上计算出相对应的多溴联苯和多溴联苯醚的含量。

具体多溴联苯和多溴联苯醚计算结果如下：

$$X_i = \frac{(C_i - C_0) \times V_i \times d}{m_i}$$

式中，X_i 为样品中多溴联苯和多溴联苯醚含量，单位为 mg/kg；C_i 为样品提取液中多溴联苯和多溴联苯醚的含量，单位为 mg/L；C_0 为空白液中多溴联苯和多溴联苯醚的含量，单位为 mg/L；V_i 为样品提取液定容体积，单位为 mL；d 为提取液的稀释倍数；m_i 为试样量，单位为 g。

5.6.5 禁用物质检测发展趋势

禁用物质管理要求自实施以来，我国汽车有害物质管控迈出了重要一步，实施几年来，取得了显著成效。接下来的管理趋势还会继续沿着深化绿色的道路发展、强化事中事后监管的方向推进，同时为适应行业技术发展趋势，管控内容和范围也将与时俱进。

随着环保技术的推广应用，汞、多溴联苯和多溴联苯醚已基本不存在于新产品中。目前来看，铅是汽车新产品中主要存在的有害物质。传统汽车整车铅含量较高，除蓄电池外，铅大部分分布于铝材中，铝材主要应用于发动机、变速器等动力部件。随着汽车轻量化的推进，铝材越来越多地运用于整车中，因此需要重点关注铅的检测。紧固件方面需要着重对六价铬进行检测，因为在表面处理工艺中，钝化是一种含铬的工艺，虽然三价铬没有被禁用，但是铬元素氧化就有可能生成六价铬。

随着汽车绿色设计理念的深化和环保材料的不断创新发展，部分高关注零部件已不含有禁用物质。为确保高关注零部件的代表性和针对性，高关注零部件清单更新替代将会是禁用物质管理的一个持续的动态任务。

目前除《汽车禁用物质要求》中列出的六类有害物质外，多个物质可能成为禁用物质管控的新对象，如多环芳烃和石棉。多环芳烃是煤、石油、木材、烟草、有机高分子化合物等有机物不完全燃烧时产生的挥发性碳氢化合物，具有致癌性，广泛分布于环境中。石棉是天然的纤维状硅酸盐类矿物质的总称，能引发石棉肺、胸膜间皮瘤等疾病，具有致癌性。另外，《汽车禁用物质要求》中部分豁免范围目前相对宽松，不利于提升我国汽车产品有害物质管控水平和国际竞争力。

5.7 其他表面处理检测

5.7.1 铝材紧固件的表面处理检测

目前，全球对于环保节能的呼声越来越高，温室效应对地球的影响也越来越大，如果想要降低二氧化碳的排放量，考虑到汽车的生命周期和资源回收性，铝显然优于钢。另外，对于同一零件，铝材相比于钢材，重量不仅更轻，抗腐蚀能力也更优。

对于同一紧固件，采用铝材的重量是采用钢材的1/3，而且铝的热电传导性很好，约为同体积下铜的2/3。铝有很好的加工特性，易于冷成型和热锻。

铝材本身有很好的防腐蚀性能，与铁不同，铝的氧化产物能在铝基材表面形成致密的氧化膜，在正常使用过程中能很好地隔绝空气，从而起到防腐作用。为了得到更好的防腐蚀性能，铝材也会做表面处理，常用的有钝化、喷漆、电镀、阳极氧化和电泳等工艺。对于紧固件，一般会使用阳极氧化工艺。

铝阳极氧化处理是一种利用电解作用在金属表面形成氧化膜的电加工工艺。将铝材作为阳极，然后置于电解液中，在特定条件和外加电流作用下进行电解，从而得到一层氧化膜。阳极氧化膜具有较高的硬度和耐磨性、极强的附着力、较强的吸附力、良好的抗腐蚀性和电绝缘性，以及高热绝缘性，解决了铝本身硬度低、耐磨性能差等缺点。

（1）膜厚检测

铝材紧固件的膜厚使用显微金相法来检测，通过零件切割—镶嵌—打磨—抛光—显微镜拍照—测量厚度，得到氧化膜膜厚。需要注意的是，紧固件膜厚以头部位置为准，一般厚度为$0\sim200\mu m$。

（2）耐腐蚀试验

铝氧化耐腐蚀试验有两种：盐雾试验和二氧化硫试验。盐雾试验一般可以达到500h，要求试验后氧化膜表面没有变化，具体试验时间根据不同的阳极氧化工艺来评定。

二氧化硫试验是一种循环交变试验，分为两种，就是在300L的设备容积里加入1L或者2L的二氧化硫。试验分为两个阶段，第一阶段时间为8h，包括加热，试验条件为$(40\pm3)℃$，相对空气湿度100%；第二阶段时间为16h，包括冷却，试验条件为$18\sim28℃$，相对空气湿度<75%。因此，24h为一个循环，对于阳极氧化需要进行5个循环的试验。要求在试验结束后氧化膜表面没有变化。

（3）热稳定性试验

热稳定性试验用于考察氧化膜在高温条件下的稳定性，试验条件为温度100℃、时间1h，要求氧化膜没有裂纹。

（4）表面硬度试验

表面硬度试验主要针对硬质铝氧化膜，按照维氏硬度法，要求达到450~550HV。

5.7.2 紧固件电泳工艺检测

目前，汽车紧固件的表面处理工艺主要有氧化（发黑）、磷化、电镀（锌、锌镍合金、装饰铬）、达克罗涂覆等。这些处理工艺中，氧化处理存在能耗大、工艺不稳定、耐腐蚀性能差等问题；磷化膜的耐腐蚀性差；电镀工艺污染相对较大，废液处理成本高；达克罗涂层耐磨性较差。电镀锌镍和达克罗涂层耐腐蚀性能较好，可以满足中性盐雾试验500~1000h的要求，甚至更高要求，但目前成本较高，膜层耐湿润性也较差。为了满足紧固件表面处理质量并符合环保法规的要求，除了上述表面处理工艺外，美国的通用和福特汽车公司还会采用阴极电泳涂装工艺对螺栓等进行表面处理。根据对紧固件不同的质量要求，采用不同的工艺方案，其耐盐雾试验可以达到 240~1000h 及以上，且漆膜摩擦系数适宜，不影响产品装配。

阴极电泳涂装自动化程度高，环保，漆膜具有优异的耐腐蚀性能，在白车身涂装和很多零件，如座椅骨架、减振器外筒、保险杠横梁、副车架、后盖气压弹簧支座、散热器前围板、前盖锁夹板上得到了广泛的应用，但是在紧固件上的应用在国内还是很少。由于紧固件体积小，而且对漆膜厚度和均匀性的要求高，电泳工艺目前很少在紧固件领域应用，属于有待开拓的新领域。

涂装是一个系统工程，包括涂装前对零件表面的处理（预处理）、涂装工艺和干燥三个基本工序。为了把金属零件表面所附着的各种异物（如油污、灰尘等）去除，提供符合涂装要求的良好基底，增强涂层的附着力，延长涂层的使用寿命，在涂装之前必须对金属零件表面进行预处理。预处理工艺对电泳质量有重要影响，一般包括脱脂、表调和磷化等。

1）脱脂：以碱性溶剂为主的一种用于洗去金属零件表面的油污、焊渣等污垢的工艺。脱脂剂一般包括 $NaOH$、Na_2CO_3、Na_3PO_4、Na_2HPO_4 等碱性物质。

2）表调：在磷化前对金属零件表面进行化学处理，改变零件表面的微观结构，在零件表面形成一层均匀的结晶核，有利于磷化膜的生成。

3）磷化：在含有锌、镍、锰等金属的磷酸盐溶液中，通过化学反应在零件表面生成一层难溶于水的金属盐薄膜的过程。磷化可以提高涂层的附着力和防腐蚀性能。

涂装工艺决定了漆膜质量，目前大部分厂商都采用阴极电泳漆，在外加直流电源的作用下，油漆胶体微粒在分散介质里向阴极定向移动，在工件表面沉积形成漆膜，最后经过烘烤固化。

紧固件电泳工艺的表面性能检测一般包括漆膜厚度、漆膜附着力、耐腐蚀性能、耐湿热性能和装配性能等项目。

1. 漆膜厚度检测

漆膜厚度的检测可以采用磁感应测厚法和金相测厚法。磁感应测厚法相对金相测厚法具有检测速度快和不破坏测试零件的优点，但是测量的精度相对较低。在实际检验中可以根据情况选择合适的方法进行检测。紧固件电泳对漆膜厚度的要求较高，厚度要均匀且一般控制在 $10\mu m$ 左右，不能影响紧固件的装配。

磁感应测厚在漆膜厚度测量中运用最为广泛，其可靠性高、稳定性好、操作简便而且不损伤测试样品。磁感应的原理是利用测头经过非铁磁涂层流入基材的磁通量来测定。在每次开启设备测量前，都应当对设备进行校准，保证测量结果的准确性。对于基材比较粗糙的零件，应在测试前通过基材来重新确定零点。对于尺寸比较小的紧固件，测头无法贴合零件表面，磁感应测厚仪无法进行测量，可以选择金相显微镜测厚法。需要注意的是，金相测厚一定要保证样品油漆层垂直于截面，否则测量厚度会大于实际值。另外，漆膜在金相显微镜下显示为深色，应当将光源亮度调高，保证能清晰地观测漆膜。

漆膜的测量位置也是紧固件的头部区域，具体位置可以参见 ISO 4042：2018 标准中对紧固件电镀层的要求。

2. 漆膜附着力

漆膜的附着力是评价漆膜质量的重要评价指标，直接影响漆膜的防腐蚀性能和外观。对于金属涂装，良好的漆膜附着力能有效地阻挡外界电解质溶液对基材的渗透，并有效地阻止腐蚀产物向阴极区域扩散。

漆膜附着力一般采用划格测试法检测，按照 GB/T 9286—2021《色漆和清漆 划格试验》的规定执行。划格刀采用间距 1mm 的刀头，划格后用规定的胶带粘附，然后以一定的角度迅速剥离，根据划格处漆膜的剥离程度来进行评判。按照表 5-16 进行评判，总共分为五级，分别是 Gt0~Gt5，剥离程度由低至高。

对漆膜体系进行测评时，由于紧固件体积很小，表面不平整，可以同批次制作测试样板，在样板上进行漆膜附着力测试。测试时，至少在样板上进行三个不同位置的试验，且样板在标准环境里至少放置

16h，切割图形每个方向的切割数为 6。

操作步骤如下：

1）将样板放置在坚硬、平直的物面上。

2）握住切割刀具，使刀垂直于样板表面，对切割刀具均匀施力，用均匀的切割速度在涂层上形成规定的切割数。所有切割都应划透至基材。

3）重复上述操作，再做相同数目的平行切割线，与原切割线成 90°角相交，以形成网格图形。

4）用软毛刷沿网格图形每一条对角线，轻轻向后扫几次，再向前扫几次。

5）剪下约 75mm 的胶带，把胶带的中心点放在网格上方，然后用手指将胶带在网格上方的部位压平。

6）在贴上胶带 5min 内，拿住胶带一端，并以尽可能接近 60°的角度，在 0.5~1.0s 内平稳地撕离胶带。

表 5-16 划格试验评价分级

分级	说明	图示
Gt0	切割边缘完全平滑，无一格剥落	
Gt1	在切口交叉处涂层有少许薄片剥落，但划格区受影响明显不大于 5%	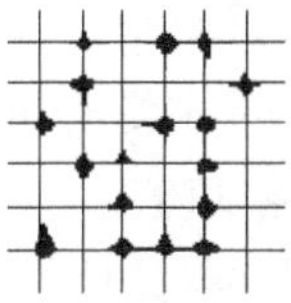
Gt2	切口边缘或交叉处漆膜剥落明显大于 5%，但受影响明显不大于 15%	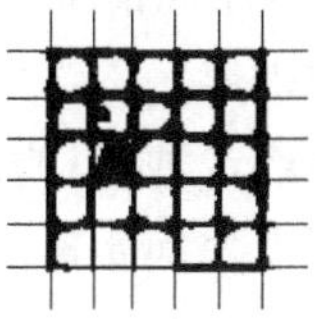
Gt3	漆膜沿切割边缘，部分或完全以大片剥落，或在格子不同部位上，部分或全部剥落，明显大于 15%，但受影响明显不大于 35%	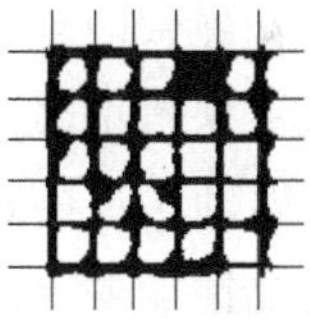
Gt4	漆膜沿切割边缘，大碎片剥落，或在一些方格部分或全部出现剥落，明显大于 35%，但受影响明显不大于 65%	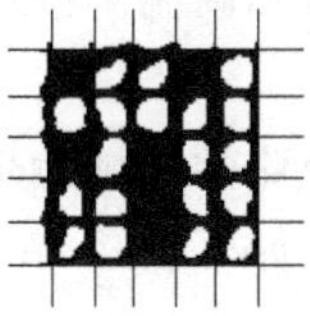
Gt5	大于 Gt4 级的严重剥落	

对于尺寸很小的紧固件，不能划格测试的，也可以根据 GB/T 10125—2021 标准的要求划线，然后进行胶带剥离测试。

检测漆膜附着力也可以采用落锤试验。落锤试验是冲击试验的一种，参考标准为 GB/T 20624.2—2006《色漆和清漆快速变形（耐冲击性）试验 第 2 部分：落锤试验（小面积冲头）》，通过冲击来考察漆膜的附着力及柔韧性。在测试设备上安装规定的冲头，将试板放在试验装置上，确保试板平贴在底座的支承面上，让冲头和试板的上表面接触，将重锤放在冲头上，调节导管，使升降销钉在零刻度上，将重锤提升到导管上部一定高度，释放重锤使其下落在冲头上，观察漆膜受冲击区的开裂情况。

对于紧固件，受尺寸和形状影响，选用划格方法直接在零件上检测可操作性更强。

3. 漆膜石击试验

石击试验可测试油漆涂装零件耐碎石冲击的能力。特别是对于底盘零件和车身油漆，石击试验是重要的测试项目。汽车在路面，特别是非铺装路面上行驶时，路面的砂石会被带起飞溅，10g砂石的速度可以达到80km/h，可以击破30μm以下的涂层，因此抗石击能力是漆膜抗破坏能力的重要指标，是漆膜综合力学性能的体现，包括附着力、柔韧性、配套性等。

漆膜石击试验通过石击仪，使大量小的、带有锋利边缘的钢丸或碎石在短时间内撞击漆膜表面。钢丸或碎石被压缩空气以一定的角度喷射到漆膜表面，漆膜的破坏程度由喷射角度、喷射压力、钢丸或碎石的质量、冲击时间等共同决定。

目前，国内外的抗石击试验标准主要以ISO体系和SAE体系为主。

ISO体系参考标准为DIN EN ISO 20567-1：2017《涂料和清漆 涂层的耐石片划痕的测定 第1部分》，其中的多次石击试验是用500g的钢丸在一定的空气压力下，每次以10s的时间冲击试板表面两次，夹角为54°±1°。而SAE体系参考标准为SAE J400：2002《汽车表面涂层的抗碎石测试》，与ISO体系相比，其所用钢丸或碎石的质量、尺寸、空气压力、冲击时间、冲击角度、冲击次数等都不相同。

两者评价的方式也不一样，ISO体系主要依据标准的特性值图像，确定特性值级别，并描述石击破坏程度和涂层的剥离状态。而SAE体系是依据石击点的大小和剥离面积的计算，根据计算出的石击后的平均剥离面积和最大剥离面积来确定等级。

单次冲击试验是一次冲击试样表面来评判漆膜的抗石击能力，在DIN EN ISO 20567-1：2017和SAE J400：2002标准中都有单次试验的方法和评判准则。

4. 耐腐蚀试验

对于紧固件电泳后的耐腐蚀能力检测，最常见的是中性盐雾试验，具体试验方法可以参考标准GB/T 1771—2007《色漆和清漆 耐中性盐雾性能的测定》。盐雾试验的试验条件和操作方法参见5.3.5节关于盐雾试验的内容。

成品零件或者油漆样板进行试验前需要进行划痕刻制。在测试零件尺寸允许的情况下，划痕与测试零件边缘及划痕之间距离要在25mm以上。划痕须透过漆膜划至基材，划痕的宽度为0.3~1mm，另有规定者除外。

测试零件在规定的盐雾试验时间后，观察零件表面是否有基体金属腐蚀和漆膜起泡甚至剥落，对于螺纹区域可以根据情况降低要求。在尺寸和形状允许的情况下，还可以试验前在零件上划线，检测盐雾试验后划线处腐蚀扩展的宽度。

随着防腐蚀性能要求的提高，很多汽车企业采用循环交变腐蚀试验，能更好地模拟实际使用环境。通过盐雾环境和高温高湿环境，考验漆膜的耐环境腐蚀性能。目前，各大汽车主机厂都有自己的循环腐蚀试验标准。

某汽车企业循环试验是不同气候和/或腐蚀负荷的循环变化的组合，一个试验循环（24h）包括三组，具体要求如下：

1）4h的盐雾试验，按照GB/T 10125—2021标准执行。
2）4h的标准气候，按照DIN 50014：1985《气候及其技术应用 标准环境》标准执行。
3）16h的湿热存放，按照ISO 6270-2：2017标准执行，温度为(40±3)℃，空气湿度100%。

每5个循环后是2天在标准气候下的静止状态。在这种特定的腐蚀条件下，可以对不同的防腐涂层进行对比评价。一般在5、15、30、60、90循环后对零件进行评价，包括腐蚀种类（涂层或基体金属腐蚀）、腐蚀形式（平面腐蚀或边缘腐蚀）、腐蚀开始和腐蚀进展，以及有关防腐蚀涂层的其他变化，如腐蚀宽度、气泡等。对于腐蚀宽度，在做试验前一般会使用划线刀在零件上划一条75mm左右的线，要求划到基材。等到15、30或60循环后评判腐蚀宽度时，将因腐蚀剥落的油漆去除，头尾各去除10mm，剩下的长度取6等分，量取6个宽度值，再取平均值，即可得零件的腐蚀宽度。

5. 耐湿热试验

电泳漆是一种有机涂层，温湿度对其有一定影响。可以通过耐湿热试验对其进行检测，在国内，测试要求可参见GB/T 1740—2007《漆膜耐湿热测定法》。该标准采用的是恒温恒湿试验周期法，温度为

（47±1）℃，相对湿度（96±2）%。另外，也可以参考 ISO 6270-2：2017 标准中恒温恒湿冷凝环境要求进行检测。试验评价是在规定的试验时间后，观察漆膜有无起泡、生锈和脱落。在耐湿热试验后，室温放置 30min，然后按照附着力测试方法进行漆膜附着力测试，评估耐湿热试验后零件电泳漆的附着强度。

6. 装配测试

装配性能对于紧固件是很重要的，需要进行摩擦系数测试和模拟装配检测，具体摩擦系数和装配测试要求由客户提出。

5.7.3 紧固件涂胶工艺检测

为了实现防止紧固件松脱、增加密封功能、调节摩擦系数等目的，紧固件需要在最终工序涂一层胶。对于标准涂层，除非另有要求，否则涂层需要有一定的区域，从螺栓的尾部开始测量，前 2~3 牙的螺纹不进行涂层处理以方便螺栓连接。在不影响螺栓连接的情况下，允许在此留有一定量的残余。而对于非标准涂层，应指定涂胶的长度，以方便螺栓的拆装。在必要的情况下，可通过测试来确定涂层理想的长度与区域。除了涂胶区域，涂胶的量以及胶材也对紧固件的功能性有影响，但是图样中一般没有硬性要求，因此涂胶的质量需要通过最终的力矩测试、摩擦系数测试、耐温测试、耐腐蚀测试来检测。

胶材可分为重复使用和非重复使用两种，参考标准分别为 GB/T 35480—2017《紧固件　螺栓、螺钉和螺柱预涂微胶囊型粘合层技术条件》、QC/T 597.1—2017《螺纹紧固件预涂粘附层技术条件　第 1 部分：微胶囊锁固层》。重复使用的胶材按照连接类型又可分为预紧连接和无预紧连接两种。

1. 力矩测试

力矩测试按照图 5-12、图 5-13 所示装配。

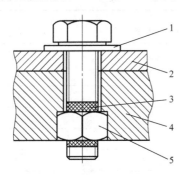

图 5-12　力矩测试装配图 1

1—测试垫圈　2、4—测试板　3—涂胶层　5—测试螺母

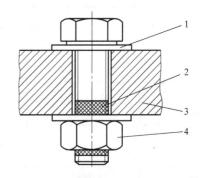

图 5-13　力矩测试装配图 2

1—测试垫圈　2—涂胶层　3—测试套筒　4—测试螺母

对于测试中所用的测试工具，都有明确的要求。

1）测试螺栓：符合 GB/T 5783—2016 规定的 M10×40，8.8 级镀锌钝化六角头螺栓。

2）测试螺母：符合 GB/T 6170—2015《1 型六角螺母》规定的 M10，不小于 8 级镀锌钝化的六角螺母。

3）测试垫圈：符合 GB/T 97.1—2002《平垫圈 A 级》的规定，硬度等级为 200HV，并且不得粘有油、油脂类润滑材料。

4）测试板：硬度大于 35HRC。

5）测试套筒：外径≥2d，d 为螺纹公称直径，硬度大于 35HRC。

6）使用设备：测试范围为测量上限的 50%~100%。

非重复使用预紧螺栓连接的力矩值，适用于室温（23℃±5℃，相对湿度不大于 65%）及高温（100℃和 150℃）条件下，见表 5-17。

非重复使用无预紧螺栓连接的力矩值，适用于室温（23℃±5℃，相对湿度不大于 65%）及高温（100℃和 150℃）条件下，见表 5-18。

表5-17 非重复使用预紧螺栓连接的力矩值　　　　　　　　　　　　　　　（单位：N·m）

螺纹尺寸		紧固力矩 T_A		松动力矩 $T_{LB} \geq 0.9 T_A$		拧出力矩 T_{out}
		5.6;5.8	8.8;10.9;12.9	5.6;5.8	8.8;10.9;12.9	Max
M3		0.6	1.2	0.5	1.1	1.5
M4		1.3	2.8	1.2	2.5	3.0
M5		2.6	5.5	2.3	5.0	6.5
M6		4.5	9.5	4.1	8.6	10
M8	M8×1	11	23	9.9	20.7	26
M10	M10×1.25	22	46	19.8	41.4	55
M12	M12×1.25 M12×1.5	38	79	34.2	71.7	95
M14	M14×1.5	60	125	54	112.5	160
M16	M16×1.5	90	195	81	175.5	250
M18	M18×1.5 M18×2	128	280	115	252	335
M20	M20×1.5 M20×2	176	390	158	351	500
M22	M22×1.5 M22×2	240	530	216	477	800
M24	M24×2	310	670	279	603	1050

表5-18 非重复使用无预紧螺栓连接的力矩值　　　　　　　　　　　　　　　（单位：N·m）

螺纹尺寸		拧入力矩 T_{in} Max	松动力矩 T_{LB} Min	拧出力矩 T_{out} Max
M3		0.1	0.2	1.5
M4		0.2	0.4	3.0
M5		0.5	1.0	6.5
M6		0.8	1.8	10
M8	M8×1	1.5	4.0	26
M10	M10×1.25	3	10	55
M12	M12×1.25 M12×1.5	5	16	95
M14	M14×1.5	9	22	160
M16	M16×1.5	11	35	250
M18	M18×1.5 M18×2	12	40	335
M20	M20×1.5 M20×2	14	45	500
M22	M22×1.5 M22×2	16	65	800
M24	M24×2	18	90	1050

重复使用预紧螺栓连接的力矩值，适用于室温（23℃±5℃，相对湿度不大于65%）及高温（120℃、150℃和2000℃）条件下，见表5-19。

表 5-19 重复使用预紧螺栓连接的力矩值　　　　　　　　　　　　（单位：N·m）

螺纹尺寸		拧入力矩 T_{in}	紧固力矩 T_A		拧出力矩 T_{out}	
		第一次	5.6；5.8	8.8；10.9；12.9	第一次	第三次
		Max			Min	Min
M3		0.43	0.6	1.2	0.1	0.08
M4		0.9	1.3	2.8	0.12	0.1
M5		1.6	2.6	5.5	0.18	0.15
M6		3	4.5	9.5	0.35	0.23
M8	M8×1	6	11	23	0.85	0.45
M10	M10×1.25	10.5	22	46	1.5	0.75
M12	M12×1.25 M12×1.5	15.5	38	79	2.3	1.6
M14	M14×1.5	24	60	125	3.3	2.3
M16	M16×1.5	32	90	195	4	2.8
M18	M18×1.5	45	128	280	4.7	3.2

涂覆在螺栓上的粘附层需要经过不少于24h的室温（23℃±5℃）固化，以不超过30r/min的速度将螺栓拧入螺帽，直至达到相应的输入力矩值为止。再经过一轮固化后，以不超过30r/min的速度从试验螺母中拧出，测得的松动力矩 T_{LB}、拧出力矩 T_{out} 数据应满足表5-17~表5-19所列要求。需要注意的是，高温条件下要求从高温箱中取出10s内开始测试。

2. 抗腐蚀测试

抗腐蚀性测试需要满足四种抗腐蚀条件：①室温（23℃±5℃）下在燃油中放置7天；②90℃冷却液、水、乙醇中放置7天，再冷却至室温（23℃±5℃）；③120℃的燃油、润滑油、液压油中放置7天，再冷却至室温（23℃±5℃）；④90℃制动液中放置7天，再冷却至室温（23℃±5℃）。抗腐蚀性测试只针对非重复使用预紧螺栓连接，因此力矩值需要满足表5-17所列要求。

3. 密封测试

按照图5-14所示，将涂胶的螺栓和螺母旋合后保持15min，装在盛有肥皂水的测试装置上，通入压缩空气，应在0.1MPa压力下保持2min不泄漏。

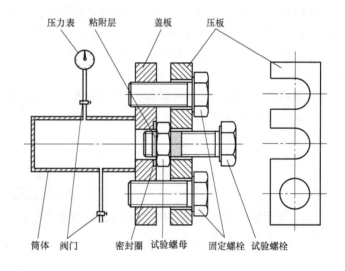

图 5-14 密封测试装配图

5.7.4 紧固件润滑剂检测

在没有润滑剂的情况下，螺栓在紧固的过程中有螺纹之间的摩擦、螺栓头部与垫片的摩擦，真正转换为轴向力的力矩仅为15%左右，其余力矩被摩擦力所消耗。而且紧固件生产厂的生产设备、加工工艺、表面处理技术及制作人员技术的不同，导致生产的同规格螺栓具有不同的力矩系数，同一个厂家不同规格的紧固件或者相同规格的紧固件力矩系数也有一定的差异。因此，为了提高力矩利用率以及减小因为各种因素导致的力矩系数差异，必须选用合适的螺栓润滑剂以尽量减小力矩系数差异率，以获得均匀稳定的螺栓轴向预紧力。

紧固件常用的润滑剂有中性润滑剂加油膏、二硫化钼、石墨和极性蜡等。其中，中性润滑剂是最普通、应用最广的螺纹润滑剂,它在润滑方面有非常好的效果,它的缺陷是使用温度不能超过120℃,否则油膏会熔化和蒸发,此外还不能用于真空环境。二硫化钼是常用的一种干膜润滑剂,以干薄膜形态牢固地粘结在成品锁紧螺母上,因此安装锁紧螺母时不必再添加额外的润滑剂。此外,它还能用于真空环境,但使用温度不能超过400℃,因为高温会使二硫化钼转化成三硫化钼,三硫化钼是对螺纹连接有害的研磨剂,大幅降低了力矩利用率。干石墨粉加油、油膏(如凡士林)或水,润湿后成为良好的螺纹润滑剂,它的最高使用温度受油或水的沸点所限。干石墨是研磨剂,在液体蒸发后,干石墨会对螺纹造成损害。极性蜡是指十六醇、十八醇等蜡类润滑剂,它带有极性,因此能以干薄膜的形态粘附在成品螺母上。极性蜡的润滑功能极佳,它能使旋合螺纹的摩擦系数降低60%以上,因此能显著降低并稳定全金属锁紧螺母的第1次拧入最大力矩,并提高多次装拆后的最小拧出力矩。它对稳定紧固系统的扭-拉关系也有良好效果。与黑色的二硫化钼不同,极性蜡的干膜层是透明的,不影响紧固件强度区分标志,以及安全等使用要求所必需的螺母着色。极性蜡的熔点为49~50℃,因此只适用于常温条件。

紧固件润滑剂主要用于调节螺栓的摩擦系数,不同螺栓对紧固件的摩擦系数要求不尽相同,因此润滑剂的检测还是以最终摩擦系数的数值来考核,按照各汽车厂商摩擦系数的要求来选择适合的润滑剂。

5.7.5 紧固件摩擦系数检测

紧固件通过螺纹把两个甚至多个部件连接,通过对紧固件施加一定的力矩,在螺栓上产生相应的预紧力,从而保证被连接件牢固地连接在一起不松动。夹紧力是保证连接质量的重要因素,必须将其控制在一个合理的范围内。螺栓拧紧的过程其实是一个克服摩擦力的过程,影响夹紧力的主要因素除了使用的工具及拧紧方法外,就是摩擦系数。紧固件的摩擦系数与摩擦面的材质、表面状态和尺寸公差有关,摩擦系数是轴向夹紧力与力矩间的桥梁,是紧固件装配的重要因素。紧固件摩擦系数的测量在国际上按照 ISO 16047:2013《紧固件 紧固力矩-轴向预紧力试验》标准执行,国内等效标准有 GB/T 16823.3—2010《紧固件 扭矩-夹紧力试验》、T/CSAE 74—2018《紧固件摩擦系数试验方法》。另外,许多汽车企业都有自己的企业标准,在实际测量中应了解不同车企的摩擦系数要求,不同的测试要求会使测量结果产生差异。

摩擦系数定义有总摩擦系数 μ_{tot}、螺纹摩擦系数 μ_{th} 和头部摩擦系数 μ_b。总摩擦系数可由拧紧力与轴向夹紧力的比值得出。

总摩擦系数的计算如下:

$$\mu_{tot}=\frac{\frac{T}{F}-\frac{p}{2\pi}}{0.577d_2+0.5D_b}$$

式中,d_2 为螺栓的螺纹中径;D_b 为承载面的有效直径;F 为预紧力;p 为螺距;T 为紧固力矩。

螺纹摩擦系数的计算如下:

$$\mu_{th}=\frac{\frac{T_{th}}{F}-\frac{p}{2\pi}}{0.577d_2}$$

式中,T_{th} 为螺纹部分摩擦力矩;p 为螺距;F 为预紧力;d_2 为螺栓的螺纹中径。

螺栓头或螺母端面摩擦系数的计算如下:

$$\mu_b=\frac{T_b}{0.5D_bF}$$

式中,D_b 为承载面的有效直径;F 为预紧力;T_b 为承载面的摩擦力矩。

注意,若无特殊规定,预紧力应为检测零件或被检测零件的保证载荷的75%(0.75F_p),两者中选择较低的一个。如果使用的 D_b 是真实测量值,则合同双方须达成协议。

紧固件摩擦系数的检测,目前基本上使用自动摩擦系数试验机。试验机要求能够以一定速度自动拧紧螺母或螺栓头部,传感器精度要求为±2%,除非有其他特殊要求。角度的测量精度要求任何数据都必须达到显示值的±2°或±2%。为保证试验的稳定，试验设备的刚性很重要，包括载荷元件和试验工装。

1）检测对手件：ISO 16047：2013 标准同时提供了两种状态的标准螺栓和螺母，即无镀层的螺母（螺栓）和按 ISO 4042：2018《紧固件-电镀涂层系统》镀锌的螺母（螺栓）。检测前进行脱脂处理，检测时不能有任何润滑油。检测对手件的性能等级应与待检测零件的性能等级相当或高于待检测零件。另外，对手件螺栓或螺母的规格和公差应与待检测零件相当，螺母公差镀后 6H，螺栓镀后 6h。

2）检测垫片：ISO 16047：2013 标准要求垫片硬度为 50~60HRC，表面粗糙度 $Ra0.5\pm0.3$，表面应无镀层和润滑油。检测前应做除油脂处理。支承垫圈的外径必须大于被检测两零件的外部最大尺寸，同一个孔洞试验中只能用一次。一般来说，随着垫片的硬度降低，所测的摩擦系数将增大，进而导致总摩擦系数增大。考虑到紧固件连接状态存在"软硬连接"，检测垫片的选择要遵循标准或客户要求，从而保证检测结果对使用有意义。很多车企的摩擦系数企的标中规定了检测的垫片表面状态，除了普通钢垫片外，还规定了铝垫片和电泳漆处理的垫片。

3）检测过程：一般在 10~35℃室温下进行，若无其他特殊规定，则检测零件（检测螺栓、检测螺钉、检测螺母、检测垫片和支承圆盘）只能使用一次。当计划使用旧支承圆盘时，应当记录使用历史。待检测螺栓的头部或者待检测螺母应被固定在检测工装的一端，试验支承圆盘或者检测垫片应被固定在工装的另一端。样品被装配在工装上，且螺母或者螺栓头部能够自由转动，由紧固力矩驱动。若无特殊规定，对于 M3~M16 的螺纹，拧紧转速应为 10~40r/min，对于 M16~M39 的螺纹，转速应为 5~15r/min。T/CSAE 74 中规定，在不高于 200r/min 转速拧至待检测零件保证载荷的 30%，然后停顿 2s，接着以 30r/min 转速拧至保证载荷的 75% 作为摩擦系数计算值。出于统计学意义，摩擦系数测量样本数至少为 10。

不同车企的紧固件摩擦系数检测方法和过程不同，具体检测应按照客户要求进行。例如大众摩擦系数检测标准中，规定了铝垫片和电泳漆处理垫片，测量时的拧紧过程，还有高温状态下的摩擦系数测量等。

摩擦系数检测的主要目的是保障每一批供货的螺栓或螺母的摩擦条件稳定在工艺要求的范围内。因为紧固件在设计过程中就已经确定摩擦系数及装配工艺，要在实际生产中确保产品满足要求，才能保证产品在装配过程及使用环境中能够承受额定的载荷，防止问题产生。在摩擦系数的检测过程中还会遇到一些其他问题，但无论什么问题都要以与客户协商而定的方法执行。

5.8 典型检测案例

5.8.1 磷化处理案例分析

项目名称：六角头螺栓磷化性能检测。

图样要求：薄层锌系磷化。

1）磷化层结晶结构检测：要求外观呈灰色至黑色，磷化膜结晶细腻均匀，无盐类物质残留。使用扫描电镜观察头部位置，放大倍率 500 的扫描电镜图如图 5-15 所示。

由图 5-15 可见，螺栓表面磷化不均匀，有些位置颗粒粗大，不满足标准要求。

2）磷化层单位面积质量检测：要求单位面积质量 $2\sim7g/m^3$。按照 GB/T 9792—2003 中的试验方法测得单位面积质量为 $2.3g/m^3$，满足要求，但是处于要求范围的下限。

3）磷化层耐腐蚀性能检测：要求满足 6h 中性盐雾试验后无基体金属腐蚀。按照 GB/T 10125—2021 要求，6h 中性盐雾试验后零件如图 5-16 所示。

由图 5-16 可见，螺栓表面出现了红锈，不满足耐腐蚀性能要求。

综上所述，判定此六角头螺栓不合格。

原因分析：磷化前处理过程中，螺栓采用袋式处理，导致螺栓之间有接触，有些位置未处理完全；磷化槽温度偏高，处于设定温度范围的上限，导致溶液不稳定。

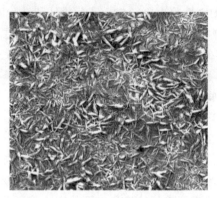

图 5-15 放大倍率 500 的扫描电镜图

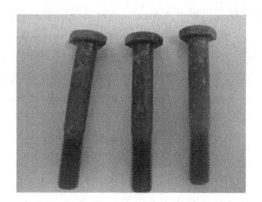

图 5-16 盐雾试验后的螺栓

整改措施：减少单次处理螺栓的质量，增加前处理时间，减少螺栓之间的接触，让螺栓表面完全得到前处理；严格控制磷化槽温度，降低磷化槽的温度上限，在作业操作指导书中明确规定，并培训生产操作员工；增加螺栓检测频率，防止不合格螺栓流出。

5.8.2 电镀层案例分析

项目名称：内六角圆头螺钉镀层性能检测。

零件表面保护类型：电镀锌镍合金+钝化+封闭，银色。

1) 镀层厚度及镍含量检测：采用 X 射线法，可以同时测出镀层厚度及镀层镍含量。检测设备为 X 射线测厚仪；样本数量 5；测量位置为螺栓头部（由于螺栓头部是曲面，测量时尽可能保证 X 射线垂直入射测量点）；零件要求为镀层厚度 $8\sim15\mu m$，镍含量 $12\%\sim16\%$。

检测结果：镀层厚度 $15.9\sim18.6\mu m$，镍含量 $14.3\%\sim15.2\%$，镀层厚度不合格，超出要求范围。

2) 镀层附着强度检测：要求热震试验，300℃保温 30min，浸入室温水中。

检测结果：镀层无起泡和剥落，合格。

3) 耐腐蚀性能检测：要求中性盐雾试验 120h 无白锈，720h 无红锈。检测设备为盐雾试验箱；样品数量 5（固定于非金属打孔板上，不能相互接触，倾斜置于盐雾箱内）。

评价方法：每天定时对样品进行目视检查，记录样品状态。

检测结果：120h 后，样品出现白锈，不满足要求，拍照记录，如图 5-17 所示。

720h 后，样品出现红锈，不满足要求，拍照记录，如图 5-18 所示。

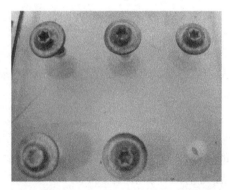

图 5-17 120h 后螺钉出现白锈

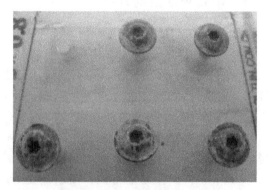

图 5-18 720h 后螺钉出现红锈

综上所述，判定此内六角头螺钉不合格。

镀锌层的失效现象一般有热存放试验后镀层剥落或者起泡，盐雾试验在要求时间内出现锌腐蚀（白锈）和基体金属腐蚀（红锈）。零件热存放后镀锌层剥落和起泡一般很少出现，出现的原因可能是预处理工艺出现问题导致锌层结合力低、镀层过厚。

锌腐蚀的要求是针对有钝化或者钝化加封闭处理的镀锌类型，用来检测钝化和封闭层的保护功能。锌腐蚀的出现，一般是因为钝化层和封闭层的失效，可能是钝化层和封闭层过薄或者工艺参数，如温度、溶液浓度等偏离正常范围。

基体金属发生腐蚀说明腐蚀位置的镀锌层已经完全剥落。出现红锈的原因包括：镀层厚度偏低，过薄的镀层在要求的时间内已被腐蚀掉，从而导致基体金属被腐蚀；电镀工艺参数偏离造成镀层不够致密；对于一些形状复杂的零件，受屏蔽效应影响，在一些内孔和凹槽位置镀层厚度过低，这些位置容易首先发生腐蚀；钝化和封闭层破坏造成镀层快速被腐蚀，最终出现红锈。

锌镍镀层的失效现象和锌镀层类似，包括起泡，以及盐雾试验在要求时间内出现锌腐蚀和基体金属腐蚀。对于带封闭层的锌镍镀层，在腐蚀循环试验后出现红锈的概率相对普通盐雾试验更高。主要原因是腐蚀循环试验比较苛刻，封闭层很容易在试验中被破坏，从而过早导致钝化层和锌镍镀层被破坏，最终在要求的时间内出现红锈。因此，可以做 2~3 次封闭处理，通过增加封闭层厚度来提高耐腐蚀能力。

5.8.3 涂覆层案例分析

项目名称：六角法兰螺栓表面检测。

零件表面保护类型：两底涂加两面涂，并加润滑添加剂，银灰色，固化温度最高 300℃。

1）涂层厚度检测：涂层厚度要求 6~20μm。使用金相测厚法测量涂层厚度，按照切割、制样、粗磨、抛光、清洗的步骤制样。在电子显微镜下观察涂层厚度，10μm 左右的涂层一般需要放大 200 倍才能看清。测得涂层厚度为 11.6~16.7μm，满足图样要求，如图 5-19 所示。

2）涂层附着力检测：由于此六角法兰螺栓头部面积较小，无法正常进行划格试验，因此需要模拟划格。用美工刀在螺栓头部划格，注意划线之间的距离不能太窄也不能太宽，以免影响评判。划线完成后用胶带粘一下，涂层未剥落，满足附着力要求。

3）涂层耐湿热性检测：耐湿热性检测在湿热试验箱中进行，湿热试验箱应能调整和控制温度及湿度。选取 5 个样品进行检测。将湿热试验箱的温度设定在 (40±2)℃，相对湿度 (95±3)%，将样品垂直挂于湿热试验箱中，样品间不应相互接触。48h 后，样品未出现红锈。检查两次后，每隔 72h 检查一次。每次检查后，样品应变换位置，第 360h 时检查最后一次。在最后一次检查时，样品表面未出现红锈。

4）涂层耐热性检测：在四块样板上制备涂层，待涂层完全固化后，将其中三块涂层样板置于 300℃ 的鼓风恒温烘箱内，另一块样板留样做比较。3h 后，将三块样板取出，冷却至 (25±1)℃。要求涂层无变色、气泡、剥落、裂纹等缺陷。

检测完成后，涂层无变色、气泡、剥落、裂纹等缺陷，满足耐热性要求。

5）涂层硬度检测：将样品固定在工装夹具上，将铅笔固定，这样铅笔能在 750g 的负载下以 45°角向下压在涂层表面上。逐渐增加铅笔的硬度直到涂层表面出现缺陷。要求铅笔硬度为 9H。

检测完成后得到铅笔硬度为 7H。

6）耐腐蚀性检测：耐腐蚀性检测要求中性盐雾 720h 无红锈。检测设备为盐雾试验箱；样品数量 3（固定于非金属打孔板上，不能相互接触，倾斜置于盐雾箱内）。

评价方法：每天定时对样品进行目视检查，记录其状态。

检测结果：第 600h 左右开始出现红锈点，720h 后出现较大面积红锈，如图 5-20 所示。

综上所述，判定此六角法兰螺栓不合格。

原因分析：按照以往经验，螺栓涂覆两底两面应能满足 720h 盐雾要求，可能是工艺过程出现问题，溶剂和涂料的配比达不到涂料厂商的要求，溶剂的比例过高；还有可能是烘烤温度没有达到工艺要求。

整改措施：严格按照涂料厂商提供的配比范围调配涂覆液，适当增加涂料的比例；严格控制烘烤温度，对温度传感器进行计量，保证温度可控；增加批量监控，尽快发现生产过程中的缺陷。

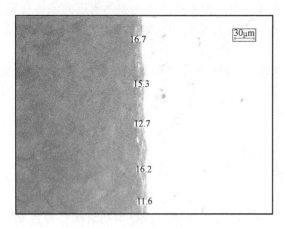

图 5-19　金相法测得涂层厚度

图 5-20　720h 盐雾试验后螺栓出现较大面积红锈

5.8.4　氢脆案例分析

零件在使用中发生断裂，可以通过断口分析来确定是否为氢脆所致。氢脆断裂的断口一般都有一些典型的特征，这里从相关文献中引用一个典型的氢脆断裂断口分析案例。

螺钉材料为 30CrMnSiNi2A 超高强度钢。螺钉均断裂于第一扣螺纹处，断口的宏观特征基本相同，呈暗灰色，断口平齐，断面可见放射棱线，由棱线可知断裂从退刀槽处呈线性起源，如图 5-21 所示。断口上存在两个明显不同的区域：区域 1 呈结晶颗粒状，区域 2 呈纤维状。区域 1（源区）微观呈现沿晶形貌，晶粒轮廓鲜明，晶界面上布满了细小条状的撕裂棱线，可见"鸡爪状"形貌和二次裂纹，如图 5-22 所示。区域 2 呈韧窝断裂特征。

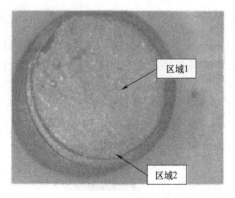

图 5-21　断口宏观形貌

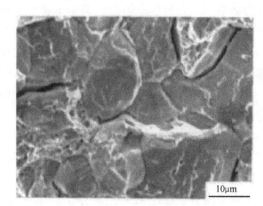

图 5-22　断口微观形貌

紧固件发生氢脆断裂后，宏观断口一般平齐，断面可见放射性条纹；微观断口呈现沿晶断裂形貌，晶界面上分布细小撕裂棱线。这些典型的断口形貌可以帮助判断是否为氢脆断裂。

5.9　发展趋势及展望

首先，紧固件表面保护技术的发展趋势关键词是绿色环保。随着人们环保意识的增强，紧固件表面处理也向着环保化、节能化趋势发展。特别是近些年，国家对环境保护提出了很高的要求，低碳环保成为工业生产中重要的方向。表面处理行业一直以来都是高排放、高污染的行业，特别是电镀行业，存在大量废气、废水和废渣的排放。国家对重金属和有害物质的排放标准不断提高，部分地区严格控制镍和磷的排放，这对于电镀锌镍和磷化处理的污水排放提出了非常高的要求。面对日益严苛的排放要求，表面处理行业需要积极面对，通过提高排放处理技术，改进工艺和创新工艺来应对环保要求。面对这种形势，目前也出现了许多新型环保表面处理技术。在油漆涂装行业，挥发性有机化合物（VOC）排放要求不断提高，过去大量使用的溶剂型油漆面临严峻考验，新型水性油漆由于 VOC 排放优势得到了大量应用。但是目前水性油漆的很多表面保护性能还未能达到溶剂型油漆的水平，还需要继续研发，提高相关性能。磷化工艺目前也部分被新型的前处理工艺替代，如硅烷前处理工艺和氧化锆前处理工艺，已经在一些厂商批量化使用。在电镀行业，技术的发展更为迅速。早些年在钝化等工艺中使用的六价铬早已被严格禁止，发展出三价铬工艺甚至无铬工艺。钴元素有可能在未来成为禁用物质，很多电镀化学药剂公司已经开始研发无钴钝化工艺。另外，面对未来对镍排放的要求提高，电镀锌铁可能成为表面保护工艺的新选择。当然，目前锌铁合金镀层的耐腐蚀性能还远不如锌镍合金镀层，还需要不断研发，提升锌铁合金的耐腐蚀性能，以满足零件更高的防腐蚀要求。在紧固件的表面处理工艺中，锌铝涂覆工艺目前是相对更好的选择，较高的防腐性能和相对较少的排放使其在汽车紧固件上得到了大量使用，特别是底盘区域的螺栓。

第6章

汽车紧固件尺寸与螺纹检测

6.1 概述

本章的主要内容是介绍汽车金属紧固件的尺寸与螺纹检测，注重操作性和实用性。涵盖的紧固件类型有螺纹类紧固件（螺栓、螺钉、螺柱、螺塞、螺母、管接头等）和非螺纹紧固件（垫圈、铆钉、挡圈、卡箍、销等）。

按照如下顺序对金属紧固件尺寸与螺纹进行说明介绍：

1）外螺纹类（螺栓、螺钉、螺柱、螺塞）的尺寸，按照紧固件的结构（头部、螺纹、杆部和尾部）总共分为三节进行介绍，主要是考虑到头部、螺纹、杆部和尾部的不同组合可以形成很多种螺栓、螺钉、螺柱和螺塞，因此这样分类更简洁实用。

2）内螺纹类（螺母等）的尺寸，按照紧固件的种类来分别介绍，内螺纹的尺寸与公差单独作为一小节来介绍。

3）其他类型（垫圈、铆钉等）紧固件作为一节，按照紧固件的种类来分别进行介绍。

本章最后是关于紧固件检测的发展及展望，列举了紧固件检测的未来发展趋势。本章中涉及的紧固件检测设备或仪器操作及其工作原理可参考第11章内容。

6.1.1 紧固件尺寸与公差控制对于紧固连接的影响

紧固件的尺寸与公差直接影响紧固件的功能和安装，因此尺寸与公差的控制非常重要，紧固件尺寸的检测是关键的控制手段。

本章的亮点之一就是结合紧固件的应用原理来介绍需要控制的尺寸和公差，以及尺寸的偏差对于连接的影响。某个关键尺寸的偏差过大或者过小都有可能导致紧固件连接的失效，具体内容我们在每种紧固件尺寸的检测中会进行介绍。

6.1.2 紧固件尺寸检测常用规范和方法

紧固件尺寸检测常用的参考规范有国家标准、行业标准和国际标准等。常用的检测工具是游标卡尺和塞尺类检具，优先推荐 GB/T 21389—2008《游标、带表和数显卡尺》中规定的游标、带表和数显卡尺。一些无法用卡尺和规类测试的尺寸，可用投影仪和轮廓仪来检测，这两种设备可更精确地测试紧固件上所有的尺寸。一些复杂的尺寸，在原有的技术标准或者国家标准上辅助解释，使读者能够在短时间内掌握紧固件测量的要点。同时，结合实际案例说明关键特性管控的重要性。

所有尺寸都至少有一种检测方法，不同检测方法的测量精度是不同的，根据不同的测试需要可选择适用于自己的检测方法。我们力求从实际出发，最大限度满足检测准确性和经济性需要。

6.2 外螺纹紧固件头部尺寸要求与检测

金属外螺纹紧固件的头型有多种，头部安装驱动方式也有多种。根据不同应用需要，头型和驱动方式两两组合，会有很多不同的头型。这节我们主要介绍金属外螺纹紧固件的头型尺寸。具体分类按照头型来分，例如六角头、带法兰头等，每种头型里面，都涵盖了该头型搭配的所有可能的头部驱动方式。

6.2.1 六角头

检测项目和检测工具见表6-1。

表6-1 六角头螺栓常见的检测项目和测量工具

检测项目	检测工具	检测项目	检测工具
对边宽度 s	卡尺、六角卡规	支撑面外径 d_w	轮廓仪
对角宽度 e	卡尺、六角卡规	支撑面内径 d_a	轮廓仪
头部高度 k	卡尺、投影仪、环规、头厚规	头下圆弧半径 r	轮廓仪、投影仪
扳拧高度 k_w/w	环规、卡尺	支撑面倾角 ω	轮廓仪
头部角度 β	投影仪		

（1）对边宽度 s

如图6-1所示，使用卡尺直接测量六角头的三组对边尺寸，根据公差原则选择极限值作为实际测量值。测量时需要关注不同横截面的状态（图6-2），防止由于模具自身起模角度形成的锥面导致部分六角的顶面/底面尺寸出现超差现象。

（2）对角宽度 e

测量对角宽度时，由于测量的接触方式为线接触，即卡尺测量面与六角对角处实际接触为线方式，当卡尺的中心线与产品中心不平行时，测量会出现取值不准确的情况（图6-3）。检测时，按照图6-4所示测量，得到的值是最准确且能够有效保证数据的再现性。对于无法使用对边贴合的小六角头，建议卡尺在接触后，小角度来回转动工件得到最大值的方式是最为准确的做法。测量时，较大偏差的角度会影响测量值的精准性。

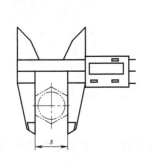

图6-1 测量六角头对边示意

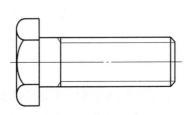

图6-2 横截面示意

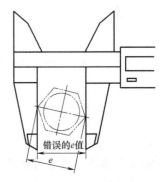

图6-3 取值失真示意

同时，使用卡规可快速检测对边和对角尺寸及通过性，其原理是将六角头的对边对角尺寸在卡规中加工出实际的形状。六角头能通过通止规检测，则说明这两个尺寸都在合格范围内（图6-5）。

（3）头部高度 k

测量头部高度时，将螺栓插入套筒中，再使用深度尺或卡尺测量承载面贴合的工装表面到头顶部的高度（图6-6）。对于有些头标字体凸出，但是头部总高不包含字高的产品应该特别注意避开字体部分测量，可使用套筒加高度尺的方式来进行测量。

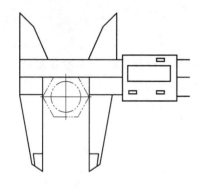 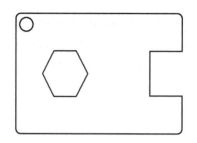 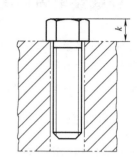

图6-4　推荐卡尺夹持位置示意　　　图6-5　六角边通止规示意　　　图6-6　头部高度 k 的套筒工装示意

使用卡尺测量时，必须确保卡尺与工件是平行的，若出现斜角接触到的情况，测量值会出现偏差，同时，保证多个截面的测量是十分必要的。

（4）头部扳拧高度 k_w/w

可以使用专用环规来检测头部扳拧高度，其原理是根据图样/标准中所规定的最小对角宽度设计环规的内孔，将其覆盖于头部并固定，接着使用卡尺测量从支撑面至环规底面 B 的距离 w，w 则为实际的扳拧高度（图6-7）。

也可使用扳拧高度间隙规或者 AB 塞尺在短时间内快速对扳拧高度的功能性进行判断，其工作原理是，根据图样/标准中所规定的最小对角宽度设计环规的内孔，取名为 A 塞尺，公差可设计为 $-0.01\mathrm{mm}$；根据图样/标准中给出的最小的扳拧高度要求设计到环规的厚度上，取名为 B 塞尺，公差可设计为 $-0.01\mathrm{mm}$，内孔则要稍大一些。A 规在上，B 规在下，使用弹簧和螺杆连接起来。

测试时，将工件从 B 规向上穿入塞尺中，若此时，A 规能够被顶起来，即 A 规和 B 规之间出现空隙，表示扳拧高度合格；反之，若 A 规不能被顶起，则说明扳拧高度小于图样要求（图6-8）。测试时注意环规不要斜置于头部顶面，会造成较大的测量误差。

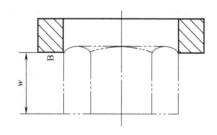 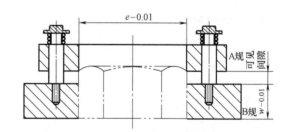

图6-7　扳拧高度上支撑环规示意　　　　　图6-8　扳拧高度组合检具示意

（5）头部角度 β

将零件水平放置于投影仪工作台上，以顶面为基准，测量头部角度。需要观察主视图中零件头部角度标注的位置是对边还是对角，测量时，注意角度单位的选择必须和图样的标注单位一致。

（6）支撑面外径 d_w、支撑面内径 d_a

将零件水平放置于投影仪工作台上，调整焦距，使支撑面的外边缘轮廓清晰可见。测试时，将投影仪十字线的一根和支撑面调整平行，接着转动手柄测量外边缘向内找到两个切点之间的距离，即支撑面外径。转动手柄，在内支撑面区域成锐角三角形的区域内找到顶点，归零；然后将手柄摇动至对侧的三角顶点，得到的长度即为支撑面内径（图6-9）。在测量之前，必须保证投影仪的十字线是与支撑面的地面是完全平行且贴合的。否则，在测量过程中会出现某一侧无法找出交点的情况。当支撑面外径的实测值略低于公差时，根据标准 GB/T 5276—2015《紧固件 螺栓、螺钉、螺柱及螺母尺寸代号和标注》中支撑面的位移要求，可以在贴合支撑面外径边界后继续向上抬高 0.1mm（图 6-10），然后重新复核测量支撑面外径。

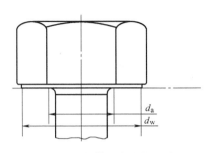

图 6-9 支撑面内外径示意

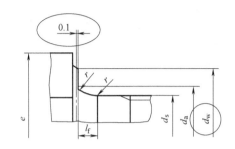

图 6-10 上移 0.1mm 后 d_w 测试位置示意

（7）头下圆弧半径 r

1）轮廓仪：将零件以一个斜角装夹在台虎钳中，利用软件中的波峰波谷点找出最高点后，设备沿着螺栓的杆部向承载面边缘自动移动探针，取得轮廓后计算圆弧半径（图 6-11）。

2）投影仪：零件水平放置于 V 形块中，使零件平行于投影仪的横轴（X 轴），垂直于纵轴（Y 轴），根据投影上的标准投影模板找出与实际圆弧最为贴合的一个圆弧半径，然后读数，若有圆弧功能测量的投影仪则可以使用圆命令来取点并计算半径。轮廓仪波峰波谷点设置是测量的必需条件，否则，计算出来的值会与实际值有较大偏差。同时，注意观察杆部和支撑面的过渡是否为圆滑过渡，任何在圆弧上过渡线的断裂、断层或折叠都不能接受（图 6-12）。

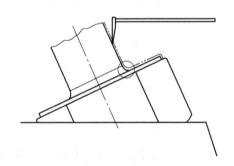

图 6-11 支撑面圆弧半径测试示意

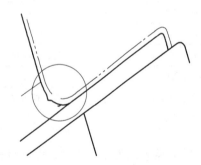

图 6-12 支撑面圆弧缺陷示意

（8）支撑面倾角 ω

1）取样：将螺栓的杆部切割掉，保留圆弧以上 5mm 的位置即可，与水平线成大约 15°的方向安装在轮廓度仪的工作台面上，找到波峰点后让测针沿着支撑面划满整个轮廓（图 6-13）。

2）计算：先观察支撑面倾斜方向是否正确，再计算划出的两条支撑面的夹角，再除以 2，便是支撑面角度。支撑面除尺寸要求之外还有方向的要求，内凹（Concave）或者内凸（Convex）为一般产品的要求（图 6-14）。因此，在计算夹角前，必须先判断方向是否为正确，在此基础上，再进行角度测量。

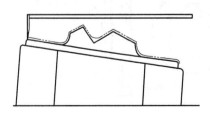

图 6-13 支撑面倾角测量示意

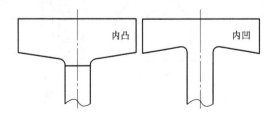

图 6-14 支撑面形状示意

支撑面倾角测试方式是使用轮廓仪。成品螺栓一般经过了热处理和表面处理，支撑面的轴向圆跳动会比冷成型时偏大，因此，成品螺栓不推荐直接从杆部划轮廓线到支撑面直接计算。

6.2.2 带法兰头型

本节主要介绍六角法兰头型和外六花形法兰头型两种头型。

1. 六角法兰头型

带法兰头型（图 6-15）与六角头型的最大区别就是在驱动和支撑面中间多了一个径向延展出来的实体，在三维模型中是一个带有角度的圆锥。检测的尺寸项目见表 6-2。

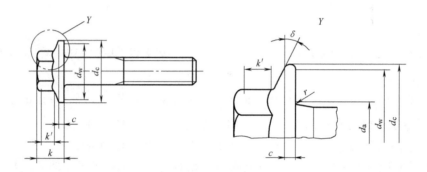

图 6-15 带法兰头型螺栓示意

表 6-2 带法兰头型螺栓常见的检测项目和测量工具

检测项目	检测工具	检测项目	检测工具
对边宽度 s	卡尺、六角卡规	支撑面内径 d_a	轮廓仪
对角宽度 e	卡尺、六角卡规	头下圆弧半径 r	轮廓仪、投影仪
头部高度 k	卡尺、投影仪、环规	支撑面倾角 ω	轮廓仪
扳拧高度 k'	环规、卡尺	法兰厚度 c	卡尺、投影仪
法兰角度 δ	投影仪	法兰直径 d_c	卡尺
支撑面外径 d_w	轮廓仪		

零件的成型方式为冷镦成型，由于材料自身流动性问题，法兰一周的外径可能会有偏差，即圆度误差大，因此应在圆周面上多次测量，确保所有位置的直径都在公差要求之内。若零件成型方式为切边模成型，由于切刀自身内控有良好的圆度，圆度公差较小，不会影响其尺寸偏差。其余的尺寸检测可以参考六角头的检测。

2. 外六花形法兰头型

外六花形法兰头型（图 6-16）尺寸测量除了针对外六花形尺寸（花形直径、扳拧高度和花形功能性）外，其余尺寸参考六角法兰头型。

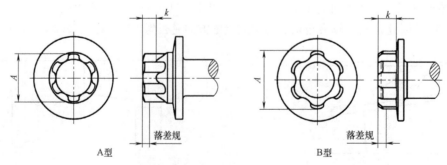

图 6-16 外六花形法兰头型示意

(1) 外六花形直径 A

使用卡尺测量,三条对角的尺寸都须在公差范围之内(图 6-17)。

(2) 扳拧高度 k

通常,使用工装组合加上百分表的形式测量扳拧高度。需要先将检具归零,再将零件头部驱动朝下插入工装中,读取百分表上面的数值,即为扳拧高度测试值。

(3) 外六花形驱动性检测

外六花形主要功能是与相应规格的套筒进行匹配完成螺栓或螺钉安装。我们可以使用专用的通止规进行通端测试,如图 6-18 所示,外六花形部分可以自由通过通止规判定为合格。

如图 6-19 所示,塞尺可检测外六花形直径 A 和扳拧高度 k。塞尺 1A 部分是落差规,用来检验外六花形的驱动落差,外六花形不能高出 1A 部分的上表面;2A 部分用来检验外六花形直径 A;3A 部分用来检验外六花形的最小扳拧高度 k 值。

图 6-17 数显卡尺测量外六花形直径示意

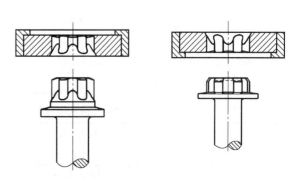

图 6-18 外六花形螺栓头部驱动特征通止规

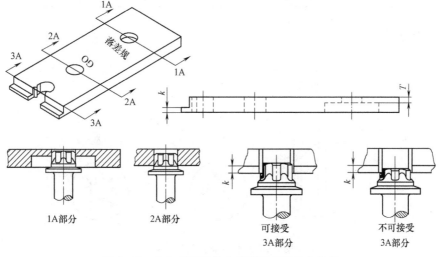

图 6-19 外六花形螺栓头部驱动特征综合检具

6.2.3 盘头和圆柱头

1. 盘头

内六花形盘头型(图 6-20)尺寸检测项目见表 6-3。使用轮廓仪测量圆弧 RF/R 时,在爬取轮廓线路要避开毛刺进行爬取。如果某些测量的圆弧与轮廓仪做出的圆弧没有很好地重合,如 R 角处无死角,则为合格。

2. 圆柱头

内六角圆柱头型(图 6-21)的尺寸检测项目见表 6-4。

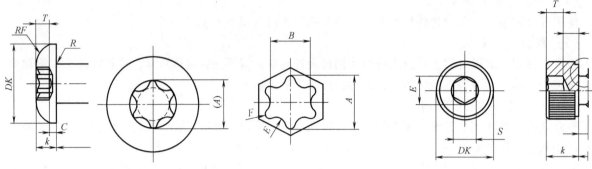

图 6-20 内六花形盘头型示意　　　　图 6-21 内六角圆柱头型示意

表 6-3　内六花形盘头型螺栓常规检测项目和测量工具

检测项目	检测工具	检测项目	检测工具
头径 DK	卡尺	头下圆弧 R	轮廓仪
头厚 k	头厚规、卡尺、投影仪	内梅花 A 值	梅花通止塞尺、投影仪
C	投影仪	内梅花 B 值	梅花通止塞尺、投影仪
梅花槽深 T	梅花槽深度规	内梅花 E 值	梅花通止塞尺、投影仪
头部圆弧 RF	轮廓仪	内梅花 F 值	梅花通止塞尺、投影仪

表 6-4　内六角圆柱头型螺栓常规检测项目和测量工具

检测项目	检测工具	检测项目	检测工具
头径 DK	卡尺	头厚 k	头厚规、卡尺
对边 S	通规、卡尺	深度 T	深度规
对角 E	止规、卡尺	头下圆弧 R	轮廓仪

6.2.4　沉头和半沉头

1. 沉头

十字槽沉头（图 6-22）的尺寸检测项目见表 6-5。

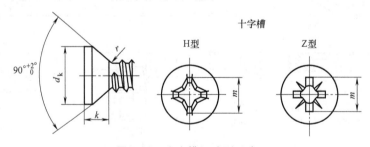

图 6-22　十字槽沉头型示意

表 6-5　十字槽沉头型螺栓常规检测项目和测量工具

检测项目	检测工具	检测项目	检测工具
头径 d_k	卡尺	十字孔对边 m	十字孔塞尺、卡尺
头厚 k	投影仪	十字孔对角	十字孔塞尺
沉头角 90°	投影仪	头下圆弧 r	轮廓仪
十字槽深 T	十字深度规		

2. 半沉头

开槽半沉头（图 6-23）的检测的尺寸检测项目见表 6-6。

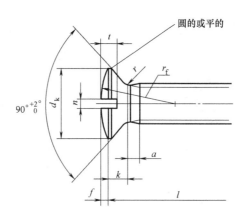

图 6-23 开槽半沉头型示意

表 6-6 开槽半沉头型螺栓常规检测项目和测量工具

检测项目	检测工具	检测项目	检测工具
头径 d_k	卡尺	头部角度(90°)	投影仪
头厚 k	投影仪	f	投影仪
a	投影仪	槽宽 n	投影仪、一字槽规、卡尺
头下圆弧 r	轮廓仪	槽深 t	一字槽深度计、卡尺、投影仪
头上圆弧 r_f	轮廓仪		

6.2.5 焊接螺柱头型

焊接螺柱头型主要有两大类：承接面凸焊螺柱、端面弧焊螺柱。如图 6-24 所示，汽车用焊接螺柱的头型主要有 6 种结构。

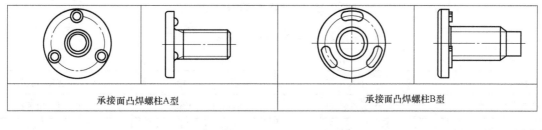

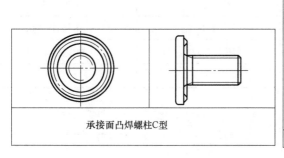

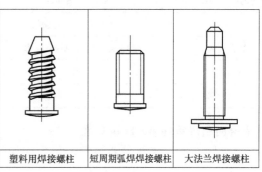

图 6-24 焊接螺柱类型

通常，焊接强度与熔接面积和熔接深度成正比的关系，所以焊接螺柱上的凸焊台的尺寸大小与焊接强度也成正比关系。凸焊台尺寸越大，可焊接板的厚度越大，焊接强度越大。

这 6 种焊接螺柱头型的尺寸检测如图 6-25 和表 6-7 所示。

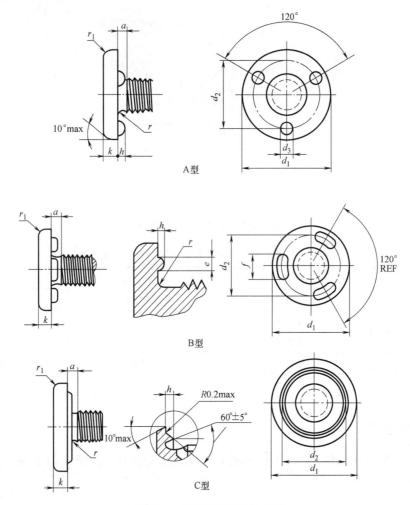

图 6-25 承接面凸焊螺柱头型

表 6-7 承接面凸焊螺柱检测项目以及测量工具

检测项目	检测工具	检测项目	检测工具
螺柱头直径 d_1	卡尺	头下过渡半径 r	半径塞尺、轮廓仪
凸焊台直径 d_3	卡尺、投影仪	头顶角度（10°max）	投影仪、轮廓仪
凸焊台间的间距角度（120°）	投影仪、投影仪	头顶倒角半径 r_1	半径塞尺、轮廓仪
凸焊台中心所在圆的直径 d_2	卡尺、投影仪、轮廓仪	凸焊台宽度 e	卡尺、投影仪
凸焊台高度 h	卡尺、高度尺、投影仪、轮廓仪	凸焊台长度 f	卡尺、投影仪
焊接头高 k	卡尺、高度尺	凸焊环角度（60°±5°）	投影仪、轮廓仪
光杆长度 a	卡尺、投影仪、轮廓仪		

1. 承接面凸焊螺柱 A、B 和 C 型

用卡尺（图 6-26）卡在需要测量的位置变换位置测 3~5 个数据之后求平均值作为尺寸测试的结果。对于圆周界限没把握时，可在需测量的尺寸位置涂上墨汁，再反印在纸上，按纸上的印记进行测量。例如，测量凸焊台中心所在圆的直径 d_2 步骤如下：

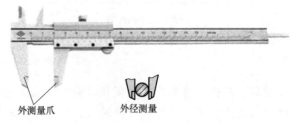

图 6-26 游标卡尺

1）在凸焊台上涂上墨汁，然后反印在纸上。
2）取三个凸焊台的中心点，用圆规画出一个圆。
3）测量纸上所画出的圆直径就是 d_2。

用半径塞尺测试倒角半径（图6-27）简单易操作；用投影仪和轮廓仪可更精确地测试紧固件上尺寸及角度，以及倒角半径等无法用卡尺或塞尺类量具测量的尺寸。

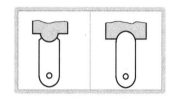

图6-27 半径塞尺

2. 端面弧焊螺柱

如图6-28所示，塑料用焊接螺柱只有一种规格NST5，因此，头部尺寸是定值。短周期弧焊焊接螺柱和大法兰焊接螺柱头部尺寸基本相同，大法兰焊接螺柱多了一个大法兰，见表6-8。

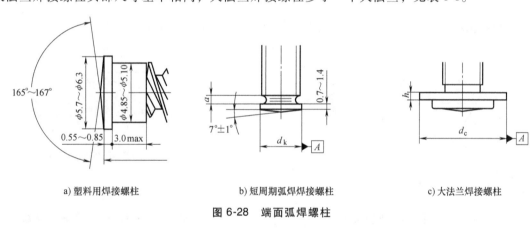

a) 塑料用焊接螺柱　　　b) 短周期弧焊焊接螺柱　　　c) 大法兰焊接螺柱

图6-28 端面弧焊螺柱

表6-8 端面弧焊螺柱检测项目以及测量工具

检测项目	检测工具
端面直径(d_k)	卡尺
法兰直径(d_c)	卡尺
螺柱头高：0.55～0.85mm（塑料用焊接螺柱）	卡尺、高度尺、投影仪
端面倾角（$7°±1°/165°～167°$）	投影仪、轮廓仪
塑料用焊接螺柱的光杆长度（3.0max）	卡尺
塑料用螺栓的光杆直径（$\phi4.85～\phi5.10$mm）	卡尺
焊接螺柱头下过度直径 a	卡尺、投影仪、轮廓仪
大法兰高度 h	卡尺、高度尺、投影仪
螺柱端面倒角直径 A(0.18)	半径塞尺、投影仪、轮廓仪

6.3 外螺纹的尺寸要求与检测

螺纹检测大致有两种方法，即单项参数测量和综合测量。采用螺纹塞尺检验螺纹属于综合测量，在批量生产中均采用综合测量法。用这种方法不仅能控制螺纹制件的极限尺寸，方法简单，效率很高，还能可靠地保证螺纹的互换性。综合测量方法属于定性的测量方法。单项参数测量法是对构成螺纹几何轮廓的各参数进行独立测量，其主要特点是每个参数都可得出定量结果，为各项工艺因素造成的螺纹质量问题提供分析基础，并且对各参数的制造偏差在综合误差中占的比重提供了较确切的数据，由此分析螺纹工作时的性能、寿命和可靠性。现有的螺纹单项测量方法，按测量方式划分主要有两种：接触式和非接触式。接触式测量方法有使用螺纹千分尺和基于滚针的测量方法。目前，广泛应用且公认精度较高的方法是三针法。

金属外螺纹有米制普通螺纹、金属自攻螺纹、塑料自攻螺纹、其他螺纹（例如管螺纹等）。本节主要介绍不同金属螺纹的尺寸要求和检测。

6.3.1 米制普通螺纹

米制普通螺纹的牙型包括：原始三角、原始三角形高度、基本牙型、削平高度、牙顶、牙底、牙侧、牙型角、牙型半径、牙侧角、牙顶圆弧半径、牙底圆弧半径。米制螺纹的牙型角为60°，削平高度都为 $H/8$（图6-29）。

1. 螺纹直径和螺距

米制螺纹直径主要包括公称直径、螺纹大径、螺纹中径（单一中径、作用中径）、螺纹小径（螺纹底径）。

螺距是指相邻两牙在中径线上对应两点间的轴向距离，图6-30中 P 为一个螺距。

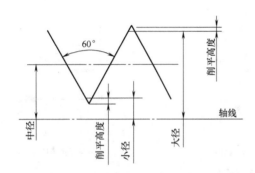

图6-29 米制螺纹参数示意

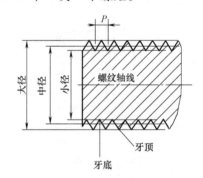

图6-30 螺纹直径和螺距 P 示意

2. 螺纹的公差等级

米制普通螺纹公差带如图6-31所示。

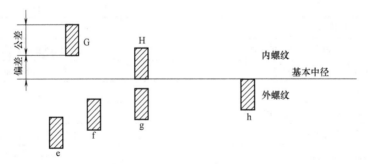

图6-31 米制普通螺纹公差带

米制普通螺纹可分为三个精密等级：

1) 精密：用于精密螺纹。
2) 中等：用于一般用途螺纹。
3) 粗糙：用于制造螺纹有困难的场合，如在热轧棒料上和深盲孔内加工螺纹。

外螺纹 e、f、g，其基本偏差（es）为负值；h 其基本偏差（es）为零。外螺纹大径公差等级分为 4、6、8；中径公差等级则为 3、4、5、6、7、8、9。精密螺纹常用公差带为4h；中等螺纹常用公差带为 6e、6f、6g、6h；粗糙螺纹常用公差带为 8g。

3. 螺纹标记方法

完整的螺纹标记有螺纹特征代号、尺寸代号、公差带号及其他有必要做进一步说明的个别信息组成。螺纹特征代号用字母"M"来表示，单线螺纹的尺寸代号为"公称直径×螺距"，单位为毫米（mm），粗牙螺纹默认不写螺距。

左旋螺纹应在旋合长度代号之后标注"LH"代号。旋合长度代号与旋转方向代号之间用"-"符号分开，右旋螺纹默认不标注旋向代号。

公差带号包含中径公差带和顶径公差带号，中径公差代号在前，顶径公差带在后，各直径的公差代号由表示公差等级的数值和表示公差带位置的字母组成，如果中径公差代号与顶径公差代号相同，则应只标注一个公差代号。螺纹尺寸代号与公差带间用"-"符号分开。例如公称直径为8mm，粗牙，公差等级为6h的单线螺纹右旋螺纹标记为M8-6h；公称直径为8mm，螺距为1mm，公差等级为6h的单线左旋螺纹标记为M8×1-6h-LH。

4. 螺纹的检验

螺纹的检测项目见表 6-9。

表 6-9 米制普通三角形螺纹常规检测项目及测量工具

检测项目	检测工具	检测项目	检测工具
螺纹大径 d	卡尺、光滑通止规	螺纹中径 d_2	螺纹通止规、中径千分尺、量针
螺纹小径 d_1	螺纹通止规	螺距 P，牙型角	通止规、投影仪
螺纹长度 b	环规、卡尺	牙底弧度	轮廓仪

（1）螺纹大径

外螺纹大径测量方法如下：

1）用外径千分尺测量，在相互垂直的两个方向进行测量。外螺纹大径测量部位：短规格（$l \leqslant 5d$）在螺纹长度的 1/2 处测量（图 6-32）；长规格（$l > 5d$）在螺纹的两端测量，但不应在螺纹收尾处或不完整螺纹部分测量（图 6-33）。

2）用光滑通止规检验。设计时，需按照图样中的要求进行公差收严设计，使用时，通端必须要能完全通过螺纹部分，而止规则相反，不能通过螺纹起始部分。

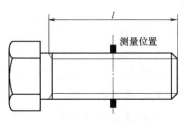

图 6-32 螺纹大径测量位置示意

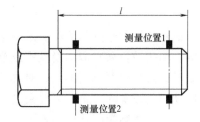

图 6-33 不推荐测量位置示意

（2）螺纹小径

检验外螺纹的中径和小径都以螺纹环规能否顺畅通过为判定依据。由于螺纹在生产制造过程中，随着螺纹加工工序流转，不可避免的磕碰会损伤螺纹。GB/T 5779.1—2000《紧固件表面缺陷 螺栓、螺钉和螺柱 一般要求》明确了螺纹磕碰伤情况下允许的拒收标准：位于螺纹最初三扣的凹陷、擦伤、缺口和凿槽不得影响螺纹通规通过，其拧入力矩不应大于 $(0.001d^3)$ N·m。

（3）螺纹长度的检验

螺纹长度可用数显卡尺加上去倒角的螺纹特殊环规（图 6-34）的方式测量。测量前，确保环规已经拧至螺纹极限位置，在此基础上，测量出来的值才是准确且能被读取的值。注意，此专用于测量螺纹长度的环规，内螺纹两个断面只能有一面有倒角，测试时，须保证无倒角的一面为测量的基准面。

（4）螺纹中径

使用通止规来进行螺纹中径测量，只能判断螺纹参数是否合格。要精确测量出数值，最常用的方式为外螺纹中径千分尺和三针法测量。

螺纹千分尺使用方便，能够较精准地测量出螺纹中径值。螺纹千分尺分为 0~25mm、25~50mm、50~75mm 等，螺纹千分尺的样式如图 6-35（摘自 GB/T 10932—2004《螺纹千分尺》）所示。测头部分则是 V 形锥头和锥形测头（图 6-36）之间互相配合的测量形式。

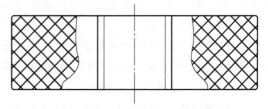

图 6-34 特殊螺纹环规的剖视图

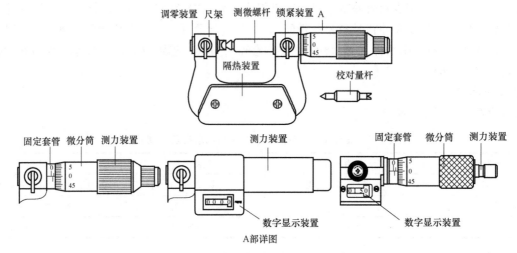

图 6-35 常见螺纹中径千分尺示意

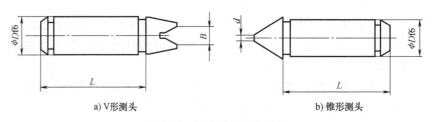

图 6-36 不同形状测头示意

目前，最新的螺纹千分尺可测量米制螺纹，也可检测同为 60°牙型角的寸制螺纹，下表为螺纹千分尺测量范围、测头数量和对应的测量螺距范围。

用螺纹千分尺来检测米制螺纹，具体方法可参考 GB/T 10932—2004。此方法也同样适用于寸制螺纹。寸制螺纹规格以英寸（in）牙数来表示，在选取测头时，需先把牙数转换为螺距，再选择相应的测头，转化时，会发生断螺距档位的现象，选择靠近样品螺距的测头来测量。现在市场上，有些螺纹千分尺标配了米/寸制对应的关系，方便选取。

三针测量方法是一种直观检测方法。测量时，将直径相同的三根量针放在被测螺纹的沟槽中，其中两根放在同侧相邻的两个螺纹沟槽中，另一根放在对面间槽内，如图 6-37 所示。用杠杆千分尺，测量出针外轮廓最大值 M，然后通过公式 $M = d_2 + 2 \times (A-B) + d_0$ 计算，求出被测螺纹的实际中径 d_2。与之相对应的中径千分尺的测头使用范围见表 6-10。

由图 6-37 可知：$A = \dfrac{d_0}{2\sin\dfrac{\alpha}{2}}$，$B = \dfrac{P}{4}\cot\dfrac{\alpha}{2}$，代入以下公式：

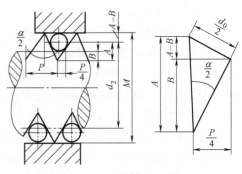

图 6-37 三针测量法示意

$$d_2 = M - d_0\left(1 + \frac{1}{\sin\frac{\alpha}{2}}\right) + \frac{P}{2}\cot\frac{\alpha}{2}$$

对于寸制螺纹用 $\alpha = 60°$ 则有以下公式：

$$d_2 = M - 3d + 0.866P$$

式中，d_0 为量针直径；P 为螺距。

表 6-10 螺纹中径千分尺的测头使用范围推荐表

测量范围/mm	测头数量	测头代号					
		1	2	3	4	5	6
		测量螺距的范围					
0~25	5	0.4~0.5	0.6~0.8	1.25	1.5~2	2.5~3.5	4~6
25~50	5		0.6~0.8	1.25	1.5~2	2.5~3.5	4~6
50~75	4	—	—	1.25	1.5~2	2.5~3.5	4~6
75~100	3	—	—		1.5~2	2.5~3.5	4~6

测量步骤如下：

1）根据被测量螺纹螺距 P 及牙型半角 $\alpha/2$ 选择合适的钢球直径。
2）将三针放在被测螺纹的沟槽内，使千分尺的两个测点面与三针接触。
3）轻轻晃动被测螺纹，检查它与三针是否紧密接触，然后读取数值 M。
4）在不同截面多次测量，得到各个截面的 M 值。
5）根据公式 $d_2 = M - 3d + 0.866P$ 计算出各处的单一中径 d_2。
6）根据所得测量值 d_2 来判断是否合格。

注意以下几点：三针法计算量棒直径时，需参考所有的公式；选用螺纹环规时，应按照工程技术图样和标准要求的中径值选择合适的环规，避免过大或过小对螺纹检验造成误判；测量螺纹中径时，测量位置应当覆盖于整个螺纹部位，不是只选择一段或一个截面作为最终的测量结果。

其他检测螺纹中径的器具还有万能工具显微镜、光学影像测量仪（ECM）、阿贝测长仪、螺纹测量机，这些检具的精度较高。

目前，三爪的最大外径测量仪（图 6-38）正在逐步被制造商接受，这种检测仪器具有高效、准确、灵活（只需更换不同螺距的辊轮，即可完成不同大小和螺距的产品测量）等优点，加上带有数据传输功能的数显式千分表，在测量的同时完成数据上传的步骤，为科学检测和趋势控制提供了更便捷的支持。

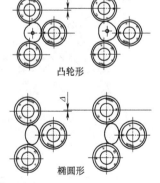

测量原理

三个测头围着工件排列，确保测量时工件的安全定位，能够检测出凸轮形和椭圆形这样的形状误差，KORDT测量仪的螺纹可以按照国内和国际标准进行检测，特殊螺纹除外(如球螺纹、锯齿螺纹)

凸轮形

椭圆形

图 6-38 区域最大外径测量仪示意

（5）螺距、牙型角及牙底弧度

检测过程中，其他需要检测的尺寸有螺距、牙型角，可通过投影仪来检测；牙底的圆弧半径则推荐使用轮廓仪进行测量；齿面表面粗糙度则需要借助于专业的粗糙度仪来测量。

6.3.2 金属自攻螺纹

自攻（Self-tapping）就是被连接件不预制内螺纹孔，利用自攻螺钉直接攻出螺纹的过程。汽车上常用的金属自攻螺钉的牙型是三角形（图6-39）、完整螺纹。采用自攻螺钉拧紧连接的主要优点包括：易于实现自动化、连接强度高、成本低。

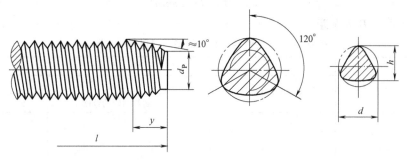

图6-39　金属自攻螺钉示意

检测项目见表6-11。

表6-11　金属自攻螺钉常规检测项目和测量工具

检测项目	检测工具	检测项目	检测工具
螺纹大径 d	投影仪、卡尺、通止规	牙型高度 h	投影仪
牙型角60°	投影仪	导向 y	投影仪、卡尺
螺纹长度 l	卡尺	d_P	投影仪、卡尺
≈10°	投影仪		

6.3.3 塑料自攻螺纹

目前，汽车行标的塑料自攻螺纹为NST螺纹，塑料自攻钉的表面硬度达到了10.9级螺栓硬度，螺牙薄、螺距大。塑料自攻钉攻螺纹的原理是利用对塑料的柔韧性，扭矩施加于螺钉时，在塑料孔内壁产生足够大的压力，塑料进行弹性变形并形成螺纹，这个过程没有塑料屑产生。

NST螺纹包含一个30°螺牙和一个60°螺牙，30°螺牙之间的距离为螺距（图6-40）。牙顶和牙根处都做成圆角，在螺钉攻牙时，可降低塑料与牙顶接触的压力。30°的螺牙与60°螺牙的横截面积一样大，30°螺牙比60°螺牙高。螺牙越高，越有利于分散攻螺纹时对塑料件的压力。NST螺纹的检测项目和工具见表6-12。

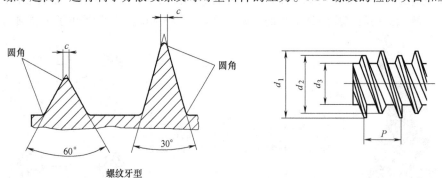

图6-40　NST螺纹

表6-12　NST螺纹的检测项目和工具

检测项目	检测工具	检测项目	检测工具
大径（d_1）	卡尺、投影仪	螺牙角度30°	投影仪
60°角螺牙大径（d_2）	卡尺、投影仪	螺牙角度60°	投影仪
小径（d_3）	卡尺、投影仪	c值	投影仪
螺距（P）	卡尺、投影仪		

6.3.4 其他类型外螺纹

本节主要介绍的是管螺纹检测。目前,应用的管螺纹尺寸规格主要是寸制,因此我们会对寸制的螺纹检测进行简单介绍。

1. 寸制螺纹

寸制螺纹是以英寸(in)为度量单位的螺纹。例如:螺栓 1/4-28×3/4 UNF-3A-LH,1/4 是指螺栓的规格直径 0.25in;28 是指 1in 上有 28 个螺牙;3/4 是指螺栓的长度为 0.75in;UNF 是指细牙(UNC 是指粗牙);3A 是指螺纹公差等级,寸制的外螺纹主要有三个螺纹公差等级(1A、2A、3A),数字越大,公差越小;LH 是指左旋螺纹,默认为右旋螺纹。

寸制螺纹的牙型结构与米制螺纹一样,尺寸和公差检测可参考 6.3.1 节中的检测方法,使用对应的寸制检测工具来进行检测。如使用螺纹规进行检测,上述例子中的螺栓要选用的螺纹规的规格是 "1/4-28-3A" GO 或 No GO。如果卡尺不能直接读出英寸,可以将英寸换算成毫米后检测(1in=25.4mm)。

2. 管螺纹

管螺纹主要用于螺塞和管接头等连接件上,按螺牙角度分为 55°管螺纹和 60°管螺纹两种。

(1) 55°管螺纹

55°管螺纹有密封管螺纹(R_2)和非密封管螺纹(G)两种。密封管螺纹也叫圆锥管螺纹(图 6-41),非密封管螺纹也叫圆柱管螺纹(图 6-42)。圆锥螺纹的锥度为 1:16。锥度是在垂直于螺纹轴线上量得大端直径与小端直径之差对应两截面距离之比。

圆锥螺纹的标记由螺纹特征代号和尺寸代号组合。例如:$R_2$3/4 表示尺寸代号为 3/4 的右旋圆锥管螺纹。圆柱管螺纹的标记由螺纹特征代号、尺寸代号和公差等级代号组成。圆柱管螺纹公差等级分为 A 和 B 两个等级。例如:G3/4A 表示尺寸代号为 3/4 的 A 级右旋圆柱管螺纹。这里的尺寸代号不是指管螺纹的公称直径。

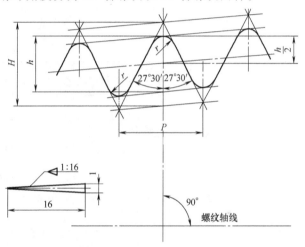

图 6-41 55°圆锥管螺纹

注:原始三角形高度 $H=0.960237P$;螺纹牙高 $h=0.640327P$;
螺纹牙顶和牙底圆弧半径 $r=0.137278P$。

上述尺寸中,使用投影仪、轮廓仪和卡尺检测的项目,检测方法可参考 6.3.1 节的内容,检测项目和测量工具见表 6-13。我们主要介绍使用环规的尺寸检测。

表 6-13 55°圆锥管螺纹检测项目和测量工具

检测项目	检测工具
外螺纹在基准平面上的中径 d_2	全牙型螺纹圆柱环规
外螺纹在基准平面上的小径 d_1	全牙型螺纹圆柱环规
外螺纹在基准平面上的大径(基准直径)d	光滑圆锥环规
牙侧角 α	轮廓仪
螺距 P	全牙型螺纹圆柱环规
螺纹牙顶和牙底圆弧半径 r	投影仪、标准圆弧
基准距离 L_1	全牙型螺纹圆柱环规、卡尺
有效螺纹长度 L_2	光滑圆锥环规、卡尺
装配余量 L_3	全牙型螺纹圆柱环规、光滑圆锥环规、卡尺
完整螺纹长度 L_5	卡尺、投影仪
不完整螺纹长度 L_6	卡尺、投影仪

(续)

检测项目	检测工具
旋紧余量 L_7	全牙型螺纹圆柱环规、光滑圆锥环规、卡尺
螺尾长度 $v=3.47P$	卡尺、投影仪
外螺纹基准距离（基准平面位置）公差 T_1	全牙型螺纹圆柱环规、光滑圆锥环规、卡尺

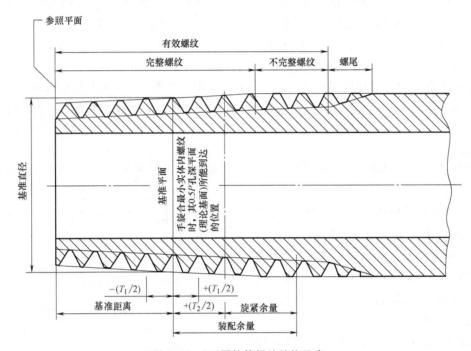

图 6-42 55°圆柱管螺纹结构示意

注：1. 基准平面：垂直于锥螺纹的轴线的平面，圆锥外螺纹基准平面的理论位置位于垂直于螺纹轴线、与小端面（参照平面）相距一个基准距离的平面内。
2. 参考平面：外螺纹是外部螺纹部分的小端面。
3. 完整螺纹：螺纹部分中螺纹的顶部和根部的形状都是完整的。
4. 不完整螺纹：螺纹部分根部的形状完整，但是由于产品圆柱面的交叉切去了螺纹顶部。
5. 螺尾：在螺纹部分根部的形状不完整的部分。
6. 旋紧余量：是用来调节外螺纹部分的端面和要求在公称旋合长度之外用手旋拧扳紧的内螺纹部分之间的相对移动的有效螺纹长度。
7. 装配余量：在公差上限用来与内螺纹装配的外螺纹的基准平面之外的有效螺纹的长度。

1）外螺纹在基准平面上的中径 d_2。全牙型螺纹圆柱环规带一个台阶（图 6-43），环规的 l_3 等于最大基准距离（L_1 的最大值），l_4 等于外螺纹基准距离（基准平面位置）公差 T1，台阶处于按基准平面测量的基准距离最大值和最小值之间。环规台阶内、外表面用"+"正号和"-"负号标记，分别表示最大基准距离和最小基准距离，分别对应外螺纹的最大和最小允许尺寸。

测试及评价：将环规用手旋紧至外螺纹中，若螺纹工件的端面处于台阶之间或刚好与塞尺的任一台阶面齐平，则该外螺纹处于允许公差带（图 6-44）。

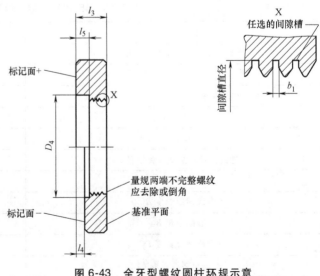

图 6-43 全牙型螺纹圆柱环规示意

2) 外螺纹在基准平面上的大径（基准直径）d。光滑圆锥环规的锥度为 1∶16，带有一个台阶，l_4 等于外螺纹基准距离（图 6-45）基准平面位置公差 T_1，台阶处于按基准平面测量的基准距离最大值和最小值之间。环规全长等于最大有效螺纹长度 L_2。环规台阶内、外表面用"+"正号和"-"负号标记，分别表示最大基准距离和最小基准距离，分别对应外螺纹的最小和最大允许大径。

测试及评价：将环规用手旋紧至外螺纹中，若螺纹工件的端面处于台阶之间或刚好与塞尺的任一台阶面齐平，则该外螺纹处于允许公差带（图 6-46）。

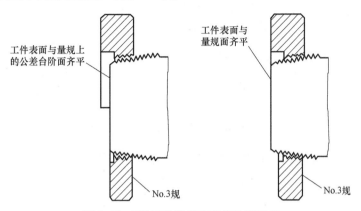

图 6-44 55°圆锥管螺纹环规检测示意

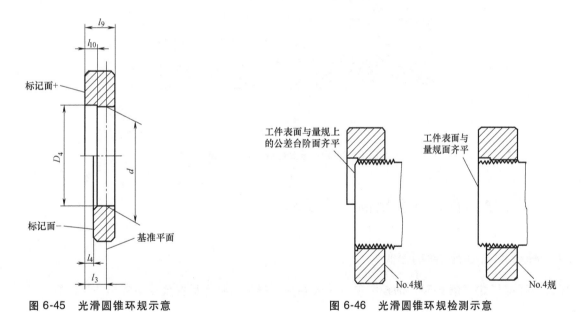

图 6-45 光滑圆锥环规示意

图 6-46 光滑圆锥环规检测示意

圆柱外螺纹的尺寸（图 6-47）测试参考寸制螺纹的测量方法。

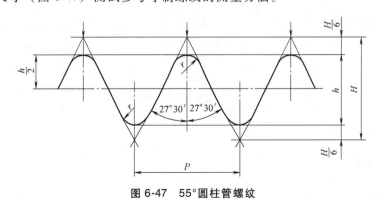

图 6-47 55°圆柱管螺纹

注：$H = 0.960491P$；$h = 0.640327P$；$r = 0.137329P$；$d_2 = d - h = d - 0.640327P$；$d_1 = d - 2h = d - 1.280654P$。

(2) 60°管螺纹

目前,应用的60°管螺纹有圆锥外螺纹(NPT),如图6-48所示,圆锥螺纹的锥度为1:16。螺纹的测试项目(图6-48、图6-49)和方法参考55°的圆锥外螺纹的测试。

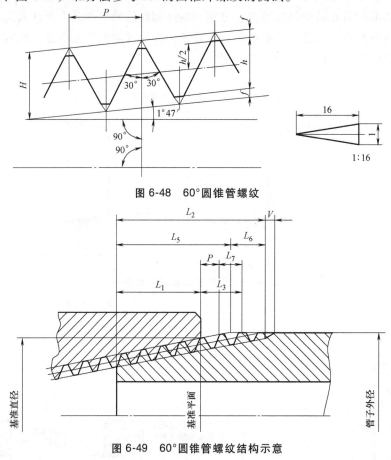

图6-48 60°圆锥管螺纹

图6-49 60°圆锥管螺纹结构示意

6.4 外螺纹紧固件杆部和尾部尺寸要求与检测

6.4.1 杆部和普通无导向尾部

螺栓的杆部尺寸(图6-50)的检测项目见表6-14。螺栓的杆部形位公差参考第3章内容。

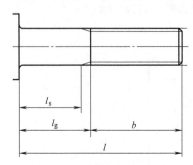

图6-50 螺栓杆部尺寸示意

表6-14 杆部和普通无导向尾部常规检测项目和测量工具

检测项目	检测工具
全长 l	卡尺
螺纹长度 b	卡尺
光杆长度 l_s	卡尺
最后一个完整螺纹到支撑面长度 l_g	卡尺

6.4.2 自攻螺钉尾部

(1) 自攻螺钉尾部(C型)

自攻螺钉尾部(C型)(图6-51)的尺寸检测项目见表6-15。

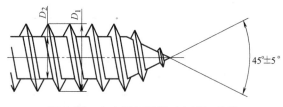

图 6-51 自攻螺钉尾部（C 型）示意

表 6-15 自攻螺钉尾部（C 型）常规检测项目和测量工具

检测项目	检测工具
牙外径 D_1	外径千分尺
牙底径 D_2	投影仪
尾部角度	投影仪

（2）自攻螺钉尾部（F 型）

自攻螺钉尾部（F 型）（图 6-52）的尺寸检测项目见表 6-16。

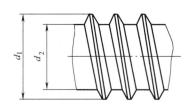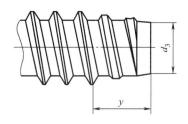

图 6-52 自攻螺钉尾部（F 型）示意

表 6-16 自攻螺钉尾部（F 型）常规检测项目和测量工具

检测项目	检测工具	检测项目	检测工具
牙外径 d_1	外径千分尺	尾部直径 d_3	投影仪、卡尺
牙底径 d_2	投影仪	y	投影仪、卡尺

6.4.3 自钻自攻螺钉尾部

自钻自攻螺钉尾部（图 6-53）的尺寸检测项目见表 6-17。

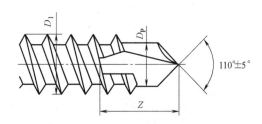

图 6-53 自钻自攻螺钉尾部示意

表 6-17 自钻自攻螺钉尾部常见检测项目和测量工具

检测项目	检测工具	检测项目	检测工具
牙外径 D_1	外径千分尺	尾部角度	投影仪
刀口直径 D_P	投影仪、卡尺	刀口长度 Z	投影仪、卡尺

6.4.4 导向的类型、尺寸要求与检测

紧固件导向的类型主要有图 6-54 和图 6-55 所示的种类（参照 GB/T 2—2016《紧固件 外螺纹零件末端》），检测项目见表 6-18。

图 6-54、图 6-55 中，P 表示螺距；上角标 a 表示可带凹面的末端；b 表示不完整螺纹长度 $u \leqslant 2P$；c 表示 $\leqslant$ 螺纹小径；d 表示角度仅适用于螺纹小径以下的部分；e 表示倒圆；f 表示对短螺钉为 $120° \pm 2°$，或按产品标准规定；g 表示触摸末端无锋利感。

表 6-18　导向常见的检测项目和工具

检测项目	检测工具	检测项目	检测工具
d	卡尺	d_x	卡尺
u	投影仪、卡尺	l_k	投影仪
d_p	投影仪、卡尺	l_n	投影仪
倒角（50°/25°/90°/120°/45°）	投影仪	d_n	投影仪
r_e	轮廓仪	v	投影仪
$z_1/z_2/z_3/z_4/z_5$	投影仪、卡尺		

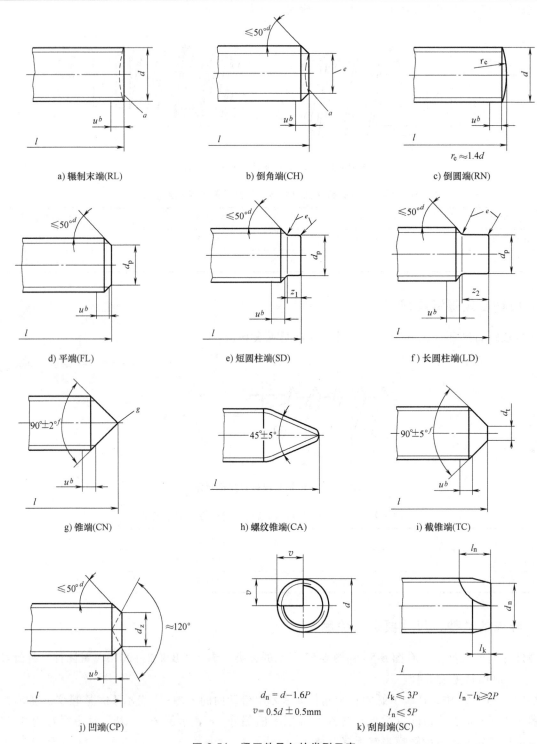

图 6-54　紧固件导向的类型示意

a) 平面导向端(PF)　　b) 截锥导向端(PC)

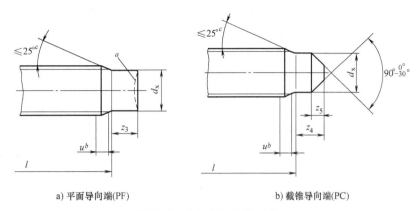

图 6-55　外螺纹零件末端示意

测量不完整螺纹长度的方法如下：

1）先找到螺纹牙线起始点（图 6-56）。

2）以起始点为基准逆时针旋转 90°，找到被测位置。

3）是用卡尺以端面为基准，测试到跨一牙的牙顶位置（图 6-57），即为不完整螺纹长度。

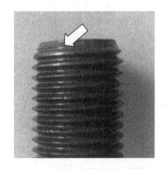

图 6-56　螺纹牙线起始点位置

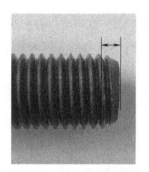

图 6-57　跨一牙之后的位置

6.5　螺母尺寸与内螺纹检测

6.5.1　内螺纹

本节针对内螺纹公差控制和尺寸检测进行详细系统介绍，主要是分为四种内螺纹：米制普通内螺纹、寸制内螺纹、管螺纹和 30°楔形防松内螺纹。

1. 米制普通内螺纹

内螺纹的关键尺寸有五个（图 6-58），分别是大径（D）、小径（D_1）、中径（D_2）、螺距（P）、原始三角形高度（H）。一般普通的米制螺纹的角度是 60°，所以 $H=\frac{\sqrt{3}}{2}P$。内螺纹的中径和小径需要通过以下公式可以计算出来：

图 6-58　内螺纹

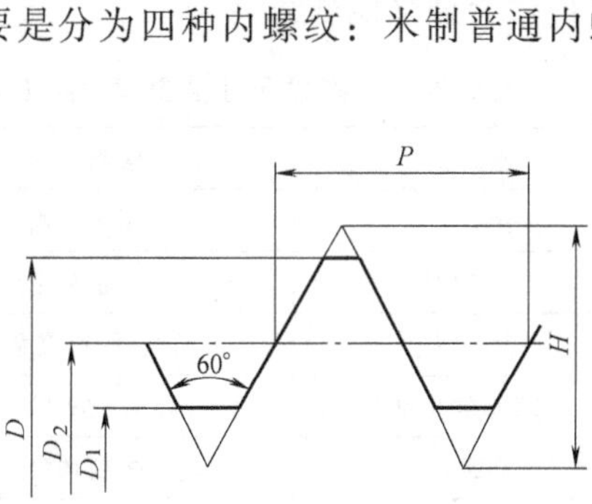

$$D_1=D-2\times\frac{5}{8}H=D-1.0825P$$

$$D_2=D-2\times\frac{3}{8}H=D-0.6495P$$

内螺纹的公差带有两个：G 的基本偏差（EI）为正值，如图 6-59a 所示；H 的基本偏差（EI）为零，如图 6-59b 所示。

内螺纹的小径和中径的公差等级有五个级别（4、5、6、7、8），数字越小，表示公差越小。而根据使用的场合，螺纹的公差精度分为三个等级：精密用于精密螺纹；中等用于一般用途螺纹；粗糙用于制造螺纹有困难的场合，例如在冷轧棒料上和深盲孔内加工螺纹。

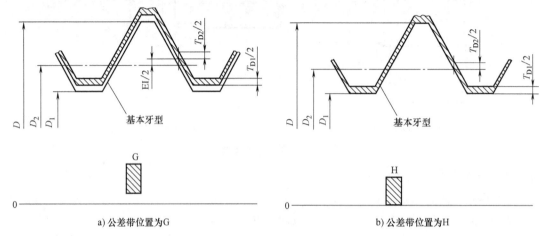

图 6-59　内螺纹公差

内螺纹推荐的公差带可以按照表 6-19 进行选取。通常，汽车上外螺纹紧固件公差等级绝大部分是按照 6H 或者 6G 来控制的，表面处理后最终成品的螺纹公差等级是 6H。

表 6-19　内螺纹公差带

公差精度	公差带位置 G			公差带位置 H		
	S	N	L	S	N	L
精密	—	—	—	4H	5H	6H
中等	(5G)	6G	(7G)	5H	6H	7H
粗糙	—	(7G)	(8G)	—	7H	8H

注：S 表示短旋合长度组，N 表示中等旋合长度组，L 表示长旋合长度组；各组的旋合长度可以参考 GB/T 197—2018《普通螺纹　公差》。

内螺纹需检测的尺寸信息见表 6-20。通常，内螺纹尺寸检测可从下面两种方式中任选一种：
1) 在零件完整的情况下，使用卡尺和塞尺进行检测。
2) 在破坏零件的情况下，剖开零件，使用投影仪进行检测。

使用卡尺可粗略检测内螺纹的小径，检测示意如图 6-60 所示，变换位置检测 3~5 个数据，求取平均值作为最终检测结果。

表 6-20　内螺纹尺寸检测和检测工具

检测项目	检测工具
大径(D)	通端螺纹塞尺
小径(D_1)	卡尺、通/止端光滑塞尺
中径(D_2)	通/止端螺纹塞尺
螺牙角度60°	通/止端螺纹塞尺、投影仪
螺距(P)	通/止端螺纹塞尺、投影仪

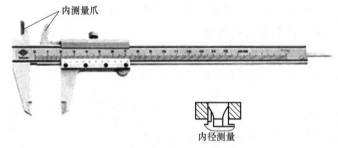

图 6-60　用卡尺检测内螺纹

用于内螺纹检测的通/止端螺纹塞尺与光滑塞尺（图 6-61）上会标示适用的内螺纹规格和公差，一端是通端（T），一端为止端（Z）。使用通/止端螺纹塞尺与光滑塞尺对内螺纹进行检测是最常用且最简便的检测方式。

（1）内螺纹的作用中径和大径

用手将通端螺纹塞尺旋入工件内螺纹，能顺利通过（不包括锁紧螺母的有效力矩部分）。

（2）内螺纹的单一中径

用手将止端螺纹塞尺旋入工件内螺纹两端的螺纹部分，每端不得超过两个螺距（拧退塞尺起计算）；对于三个或少于三个螺距的工件内螺纹，亦不应完全旋合通过。

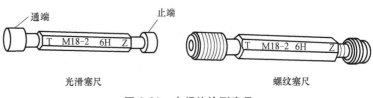

图 6-61 内螺纹检测塞尺

（3）内螺纹的小径

用手将通端光滑塞尺塞入工件内螺纹，并应能顺利通过（不包括锁紧螺母的有效力矩部分）；用手将止端光滑塞尺塞入工件内螺纹的两端（图 6-62、图 6-63），应符合以下规定：

1) 1 型和 2 型螺母两端进入量之和：$Z_1+Z_2 \leq 0.5 m_{max}$。

2) 薄螺母（$0.5D \leq m \leq 0.8D$）两端进入量之和：$Z_1+Z_2 \leq 0.65 m_{max}$。

3) 锁紧螺母及开槽螺母从支承面一端的进入量：$Z \leq 0.35D$。

4) 圆螺母两端进入量之和：$Z_1+Z_2 \leq 3P$。

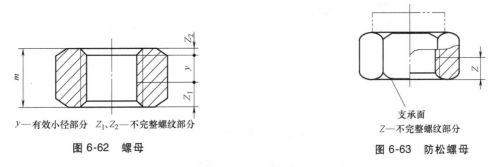

图 6-62 螺母 　　　　　　　　　　图 6-63 防松螺母

y—有效小径部分　Z_1、Z_2—不完整螺纹部分　　　　Z—不完整螺纹部分

把螺母切开，使用投影仪可精确地检测螺纹角度和螺距。这种破坏零件的检测方式一般会在零件开发阶段以及零件出现问题时使用。

2. 寸制内螺纹

寸制内螺纹的检测项目及检测方法可参考米制内螺纹的检测，区别就是测量单位使用英寸和螺纹公差等级是 1B、2B、3B，前面的数字越大，公差等级要求越高。

3. 管螺纹

管螺纹有圆锥内螺纹和圆柱内螺纹两类，按螺纹角度分为 55°角管螺纹和 60°角管螺纹两种。

（1）圆锥内螺纹

55°角圆锥内螺纹和 60°角圆锥内螺纹如图 6-64 所示，55°角圆锥内螺纹螺纹特征代号是 Rc，60°角圆锥内螺纹螺纹特征代号是 NPT。管螺纹标记由螺纹特征代号和尺寸代号组成，例如 Rc 3/4 表示尺寸代号为 3/4 英寸的 55°圆锥内螺纹，NPT 3/4 表示尺寸代码为 3/4 英寸的 60°角圆锥内螺纹。

测试的项目见表 6-21。使用全牙型螺纹圆柱塞尺，带空刀的全牙型圆锥螺纹塞检测的相关尺寸操作和评判如下：

1) 全牙型螺纹圆柱塞尺（1#塞尺）。塞尺带一个台阶（图 6-65），其长度 l_2 等于内螺纹基准距离（基准平面位置）公差 T_2，为了允许内螺纹倒角，台阶相对于基准平面位移 $0.5P$，这样内螺纹工件就能以其表面作为参考进行检验。塞尺的大端面用"＋"正号标记，公差台阶的表面用"－"负号表示。注意，对于螺纹尺寸代号小于 1/2 的，其"＋"和"－"标记允许忽略。

2) 带空刀的全牙型圆锥螺纹塞（2#塞尺）。塞尺带一个台阶（图 6-66），锥度为 1∶16，其长度 l_2 等于内螺纹基准距离（基准平面位置）公差 T_2，为了允许内螺纹倒角，台阶相对于基准平面位移 $0.5P$，这样内螺纹工件就能以其表面作为参考进行检验。塞尺的全长 l_6 对于最大基准距离的有效螺纹长度加上 $0.5P$，相当于容纳长度。塞尺的大端面用"＋"正号标记，公差台阶的表面用"－"负号表示。

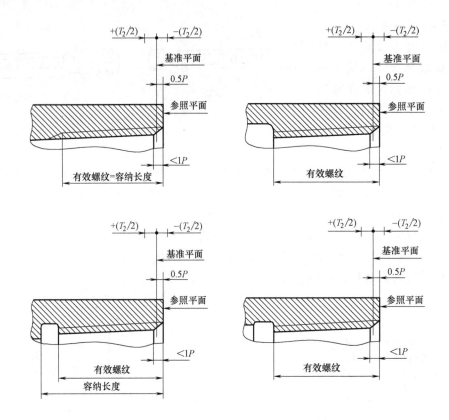

图 6-64 管螺纹尺寸

表 6-21 管螺纹检测项目和检测工具

检测项目	检测工具
内螺纹在基准平面上的中径 D_2	全牙型螺纹圆柱塞尺、带空刀的全牙型圆锥螺纹塞
内螺纹在基准平面上的小径 D_1	全牙型螺纹圆柱环尺、带空刀的全牙型圆锥螺纹塞
内螺纹在基准平面上的大径（基准直径）D	全牙型螺纹圆柱塞尺、带空刀的全牙型圆锥螺纹塞
牙侧角 α	全牙型螺纹圆柱塞尺、带空刀的全牙型圆锥螺纹塞
螺距 P	全牙型螺纹圆柱塞尺、带空刀的全牙型圆锥
螺纹牙顶和牙底圆弧半径 r	投影仪、标准圆弧
有效螺纹长度 L_2	光滑圆锥环尺、卡尺
容纳长度	带空刀的全牙型圆锥螺纹塞、卡尺
内螺纹基准距离（基准平面位置）公差 T_2	全牙型螺纹圆柱环规、光滑圆锥环尺、卡尺

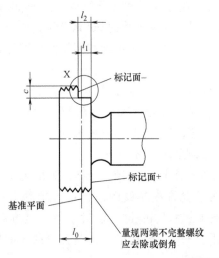

图 6-65 1#塞尺

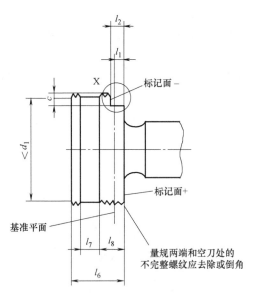
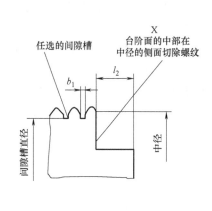

图 6-66 2#塞尺

对于螺纹尺寸代号等于或大于1/4的塞尺带有一螺纹空刀,既减少了螺纹扣数,也减少了与内螺纹工件接触时的摩擦力。注意,对于螺纹尺寸代号小于1/2的,其"+"和"−"标记允许忽略。

使用塞尺对圆锥内螺纹进行检测和评判:

第一步:将1#塞尺用手旋紧至内螺纹中,若螺纹工件的端面处于台阶面之间或刚好与塞尺的任一阶面平齐(图6-67),则该螺纹允许公差带内。

第二步:将2#塞尺用手旋紧至内螺纹中,若螺纹工件的端面处于台阶面之间或刚好与塞尺的任一阶面平齐(图6-68),则该螺纹允许公差带内。

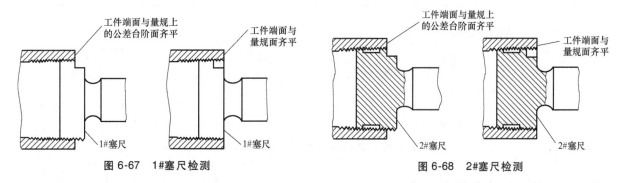

图 6-67 1#塞尺检测　　　　图 6-68 2#塞尺检测

评判:如检测的每个步骤都能满足要求,并且塞尺台阶的位置相对于螺纹工件的,端面在每个步骤中都是同样处于 $0.5P$ 读数的总范围内,则内螺纹达到 GB/T 7306.2—2000《55°密封管螺纹 第2部分:圆锥内螺纹与圆锥外螺纹》的要求。注意:如果工件被2#塞尺拒收,但被1#塞尺接收,则可能表明容纳长度不够。采用投影仪和卡尺进行检测的其他尺寸,都需剖开内螺纹工件才能检测。

(2)圆柱内螺纹

55°圆柱内螺纹和60°圆柱内螺纹(图6-69)的检测参见寸制内螺纹的检测。

4. 30°楔形防松内螺纹

30°楔形防松内螺纹(图6-70)有两种配合公差:精密级(4H/4h)和中等级(6H/6h)。该螺纹的的标记由螺纹特征代号、尺寸代号、公差带代号和旋合长度及旋向代号组成。30°楔形防松内螺纹的特征代号为"RLM";旋合长度分别为"S"短旋合、"L"长旋合以

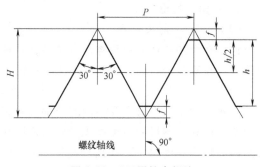

图 6-69 60°圆柱内螺纹

及"N"中等旋合;"N"一般不标注。

例如:RLM12×1.5-6H-S 表示公称直径为12mm、螺距为1.5mm、中级公差等级6H、短旋合长度S、右旋的内螺纹。

与30°楔形防松内螺纹配合的内螺纹是米制普通螺纹,其配合如图6-71所示。30°楔形防松内螺纹尺寸检测项目见表6-22。

螺纹通端塞尺应旋合通过工件内螺纹,螺纹止端塞尺旋入工件内螺纹的长度应不超过两个螺距。螺纹通端塞尺和止端塞尺的牙型如图6-72所示。

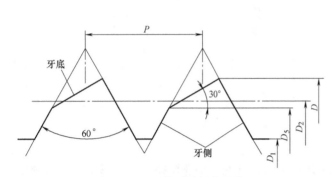

图6-70 30°楔形防松内螺纹

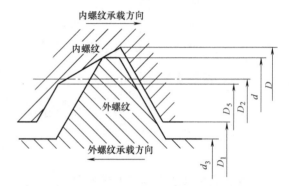

图6-71 30°楔形防松内螺纹与普通外螺纹配合

表6-22 30°楔形防松内螺纹尺寸检测项目和检测工具

检测项目	检测工具	检测项目	检测工具
内螺纹中径 D_2	通/止端螺纹塞尺	内螺纹(牙底)斜面小径 D_5	通/止端螺纹塞尺
内螺纹牙顶小径 D_1	通/止端螺纹塞尺	螺距 P	通/止端螺纹塞尺
内螺纹(牙底)斜面大径 D	通/止端螺纹塞尺		

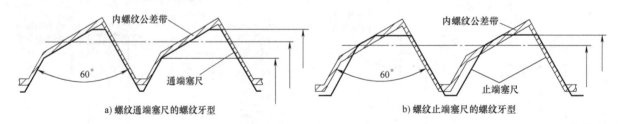

图6-72 30°楔形防松内螺纹通/止端塞尺

6.5.2 六角头和六角法兰螺母

本节主要介绍六角头和六角法兰螺母尺寸(除螺纹以外)检测方法与方式,内容也涵盖了外六角头安装套筒的相关信息。这两种螺母涵盖的类型如下:六角头螺母包括普通六角头螺母、六角头锁紧螺母、六角开槽螺母、六角皇冠螺母、六角盖型螺母;六角法兰螺母。

1. 六角头螺母

(1) 普通六角头螺母

这里介绍的普通六角头螺母有两种,一种是不带垫圈面的,一种是带垫圈面的(图6-73)。带垫圈面的螺母在安装的时候,垫圈面作为承接面。螺母的倒角(β)值是一个固定值,为15°~30°;沉孔角(θ)也是一个固定值,为90°~120°;扳拧高度在国标中有两种标示,分别是 m' 和 m_w。除了公称直径之外,普通六角头螺母需要检测的外部尺寸有11个,见表6-23。

螺母的外六角尺寸与螺栓头的外六角尺寸的测量方法和方式可通用,因此可参考6.2.1节的内容进行测试。螺母高度(m)和扳拧高度(m'/m_w)分别类似于螺栓头的高度(k)和扳拧高度(k'/k_w)。下面介绍凸缘厚度(c)和螺母支承面与螺纹轴线的垂直度的检测。

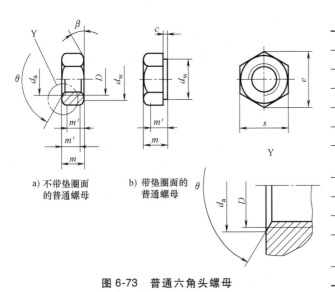

表 6-23 普通螺母的检测尺寸和检测工具

检测项目	检测工具
螺母高度(m)	卡尺、专用通/止卡规
扳拧高度(m'/m_w)	卡尺、专用环规
螺纹大径/公称直径(D)	详见 6.5.1 节
沉孔直径(d_a)	卡尺、专用通/止卡规
支承面直径(d_w)	卡尺、专用通/止卡规、投影仪
对角宽度(e)	卡尺、专用止端卡规、专用止端检验模
对边宽度(s)	卡尺、专用通/止卡规
沉孔角(θ)90°~120°	投影仪
倒角(β)15°~30°	投影仪
垫圈部分的高度或法兰（或凸缘）厚度 c	专用通/止卡规、投影仪、卡尺
螺母支承面与螺纹轴线的垂直度	垂直规和塞尺

图 6-73 普通六角头螺母

1）使用深度卡尺（图 6-74）可以直接测量 c 值。

2）使用投影仪进行测量。

3）使用专用环规进行测量：先将环规放置在平台上，再将螺母（凸缘面接触平台）放置在环规里，环规的厚度为 c 值（图 6-75）。

（2）六角头锁紧螺母

六角头锁紧螺母有全金属锁紧螺母和非金属嵌入锁紧螺母（图 6-76）。金属锁紧螺母是在螺母的一端进行非圆收口变形，利用内螺纹的变形来增加外螺纹旋入的阻力而达到防松的效果。非金属锁紧螺母是在螺母一端孔中嵌入一个尼龙块，通过增加外螺纹的旋入阻力而达到防松的效果。

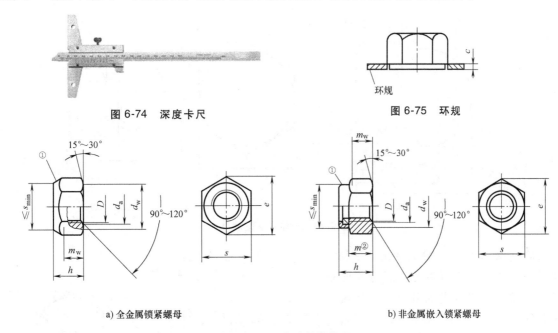

图 6-74 深度卡尺 　　　　　图 6-75 环规

a) 全金属锁紧螺母　　　　b) 非金属嵌入锁紧螺母

图 6-76 六角头锁紧螺母

① 有效力矩部分，形状任选。
② 有效螺纹长度。

六角头锁紧螺母的尺寸，除了螺母的总高（h）和螺纹变形端或非金属嵌入端的尺寸外，其余尺寸和测试与普通六角头螺母相同。因此，我们只介绍锁紧螺母总高（h）和锁紧螺母金属变形或非金属嵌入端的尺寸。

1) 锁紧螺母总高（h）：使用卡尺或投影仪可检测出螺母总高（h）。

2) 锁紧螺母金属变形或非金属嵌入端的尺寸：锁紧螺母的金属变形端尺寸，采用目视检查，有变形即可；非金属嵌入端是一个完整的圆，使用卡尺检测非金属嵌入端的直径，只要测出来的结果不大于对边宽度（s）的最小值，就可以判定为合格。

(3) 六角开槽螺母和六角皇冠螺母

六角开槽螺母和六角皇冠螺母（图6-77）也属于锁紧螺母，需在外螺纹件上打孔，再配合开口销一起使用起到锁紧防松的效果。六角开槽螺母和六角皇冠螺母除了开槽宽度（n）、皇冠直径（d_e）和开槽螺母槽对螺纹轴线的对称度（参考第3章内容）之外，其余尺寸和测试与普通六角头螺母相同。

1) 开槽宽度（n）的检测：使用卡尺、投影仪和专用通/止塞尺进行检测。

2) 皇冠直径（d_e）的检测：使用卡尺、投影仪和专用通/止塞尺进行检测。

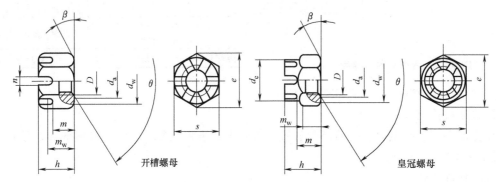

图6-77 六角开槽螺母和六角皇冠螺母

(4) 六角盖型螺母

盖型螺母的盖子用来挡住穿出来的外螺纹，主要满足外观需要。六角盖型螺母有一体式的（图6-78）

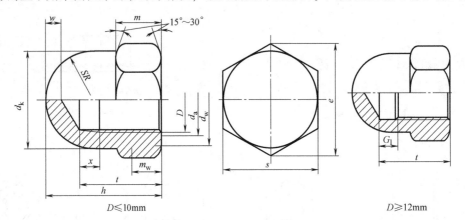

图6-78 一体式盖型螺母

和组合式的（图6-79）。一体式的是盖子和六角头螺母一次成型，不可拆分；组合式的是指盖子和六角头螺母分别成型出来之后再组合在一起的。

内螺纹的收尾（x）和内螺纹的退刀槽（G_1）这两个尺寸是搓丝刀设计时要用到的尺寸，在最终的成品中，这两个尺寸是不作为监测项目的。而盖型螺母额外需检测项目见表6-24。

盖式螺母的外部尺寸（d_k、SR、h）可

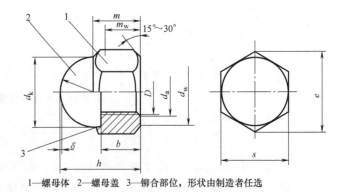

1—螺母体 2—螺母盖 3—铆合部位，形状由制造者任选

图6-79 组合式盖型螺母

使用卡尺、投影仪或者轮廓仪来检测，这里不多介绍。收尾处或退刀槽与螺母承接面距离（t）的测试使用专用的塞尺可测出准确的数据。而盖子顶部壁厚（w/δ）检测，有两种方式：

1）使用壁厚测量仪是利用超声波脉冲反射原理来测得壁厚，操作简单（图6-80）。

2）使用卡尺进行测量要分为三步：

① 首先测出螺母总高 h。

② 然后再测螺母内部深度。

③ 最后用螺母总高减掉螺母总的深度就得出壁厚 w/δ。

表6-24 盖型螺母需检测尺寸和检测工具

检测项目	检测工具
盖子顶部壁厚（w/δ）	壁厚测量仪、卡尺
盖子外径（d_k）	卡尺、投影仪、轮廓仪
盖子圆弧半径（SR）	轮廓仪
螺母总高（h）	卡尺、投影仪
收尾处或退刀槽与螺母承接面距离（t）	专用的塞尺

图6-80 壁厚测量仪

2. 六角法兰螺母

六角法兰螺母（图6-81）比六角头螺母多一个法兰，因此增加了3个法兰相关的尺寸，而六角法兰承面带齿螺母（图6-82）新增了5个与齿相关的尺寸，见表6-25。

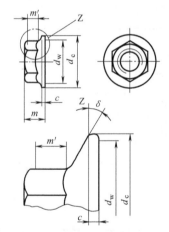

图6-81 普通六角法兰螺母

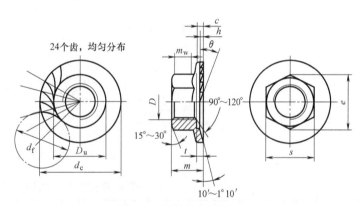

图6-82 六角法兰承面带齿螺母

表6-25 六角法兰承面带齿螺母检测尺寸和检测工具

检测项目	检测工具	检测项目	检测工具
法兰直径（d_c）	卡尺、专用通/止卡规、投影仪	带齿法兰光面直径（D_u）	轮廓仪、卡尺
法兰厚度（c）	专用通/止卡规、投影仪、卡尺	齿圈的直径（d_f）	轮廓仪
法兰角（δ）15°~30°	轮廓仪	齿纵向倾角（θ）	轮廓仪
带齿法兰承接面倾角（10'~1°10'）	轮廓仪	齿高（h）	轮廓仪

1）对于法兰直径（d_c）和法兰厚度（c），使用环规进行检测，如图6-83所示。

2）使用轮廓仪模拟画出法兰，进而得到所需要测试的尺寸数据。

6.5.3 焊接螺母

目前，常用的焊接螺母是凸焊螺母，凸焊台有圆形和长条

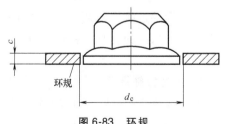

图6-83 环规

形,尺寸检测可参考 6.2.5 节。焊接螺母有六角头焊接螺母、六角法兰焊接螺母、焊接圆螺母、焊接方螺母。六角头和六角法兰焊接螺母尺寸检测可参考 6.5.2 节。本节只介绍焊接圆螺母和方螺母的尺寸检测。

1. 焊接圆螺母

焊接圆螺母需要测试的项目见图 6-84 和表 6-26。

2. 焊接方螺母

焊接方螺母需要测试的项目见图 6-85 和表 6-27。

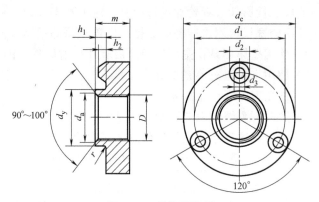

图 6-84 焊接圆螺母

表 6-26 焊接圆螺母检测项目和工具

检测项目	检测工具	检测项目	检测工具
D	详见 6.5.1 节	d_3	轮廓仪
d_a	卡尺、投影仪	h_1	卡尺、投影仪
d_y	卡尺	h_2	卡尺、投影仪
d_1	投影仪、轮廓仪	m	卡尺
d_2	卡尺、轮廓仪	90°~100°	投影仪
d_c	卡尺	120°	投影仪

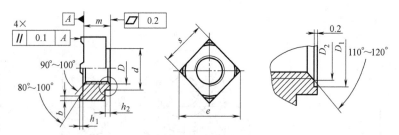

图 6-85 焊接方螺母

表 6-27 焊接方螺母检测项目和工具

检测项目	检测工具	检测项目	检测工具
$D/D_1/D_2$	详见 6.5.1 节	h_2	卡尺、投影仪
d	卡尺、投影仪	m	卡尺
s	卡尺	90°~100°/110°~120°/80°~100°	投影仪
e	卡尺	0.2	投影仪
h_1	卡尺、投影仪		

6.5.4 弹片螺母

在紧固件连接设计时,片件的固定要避免螺栓或螺钉直接在片件上攻丝。通常,我们使用弹片螺母来避免这种情况的出现。目前比较常用的弹片螺母有三种:A 型板簧螺母、B 型板簧螺母、C 型板簧螺母。

1. A 型板簧螺母

A 型板簧螺母一般与自攻螺钉一起使用,螺母的形状是 U 形,所以也经常被称为 U 形螺母。使用时,我们将 A 型板簧螺母卡在片件上,再安装螺钉(图 6-86)。

A型板簧螺母没有螺纹，主要是利用螺母孔凸台卡在螺钉上其到固定片件的作用。螺母的尺寸示意图（图6-87），需要测试的项目见表6-28。

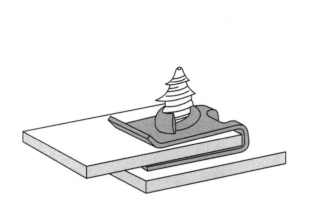

图6-86 A型板簧螺母安装示意

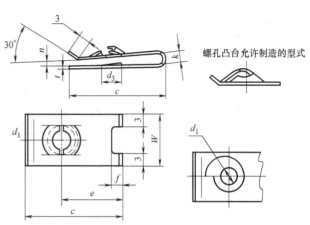

图6-87 A型板簧螺母

表6-28 A型板簧螺母检测项目和工具

检测项目	检测工具	检测项目	检测工具
螺母孔径(d_1)	卡尺、投影仪	螺母宽(W)	卡尺
螺母圆孔直径(d_3)	卡尺	螺母孔轴线到弯折端距离(e)	投影仪
螺母总长(c)	卡尺	螺母弯折端孔长(f)	卡尺
螺母弯折端高度(k)	卡尺	螺母弯折端孔到螺母两端的距离(3mm)	卡尺
螺母开口端高度(n)	卡尺	螺母折边长(3mm)	卡尺、投影仪
螺母板厚(t)	卡尺	螺母折边角度(30°)	投影仪

2. B型板簧螺母

B型板簧螺母也是U形螺母，带螺纹，是米制螺纹，所以B型板簧螺母一般与米制螺栓配，装配图如图6-88所示。

B型板簧螺母有两种，一种是普通螺母，一种是防松螺母。防松螺母为金属防松螺母，螺纹孔末端变形处理，如图6-89所示，测试的项目见表6-29。

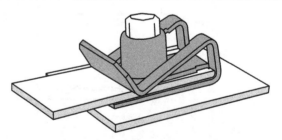

图6-88 B型板簧螺母安装示意

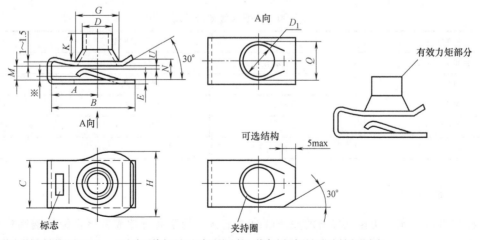

注：※此间隙小于螺母钢板厚0.15mm。Q为成型前在毛坯上冲压的孔径。其余未规定的细节由制造厂决定。

图6-89 B型板簧螺母

表6-29 B型板簧螺母检测项目和工具

检测项目	检测工具	检测项目	检测工具
螺母孔径(D)	通端螺纹塞尺	螺母宽(H)	卡尺
螺母圆孔直径(D_1)	卡尺	螺母孔轴线到弯折端距离(A)	投影仪
螺母长(B)	卡尺	螺母上下两片之间最小的距离(U)	投影仪
螺母弯折端高度(M)	卡尺	螺母螺纹孔高(K)	卡尺
螺母开口端高度(N)	卡尺	螺母螺纹孔导向孔直径(G)	卡尺、投影仪
螺母板厚(E)	卡尺	螺母折边角度(30°)	投影仪
螺母宽(C)	卡尺		

3. C型板簧螺母

C型板簧螺母是片状的，被压紧在螺栓或者螺钉上对片件进行固定，如图6-90所示，测试的项目见表6-30。

影响A型板簧螺母安装的关键尺寸都可使用卡尺检测出来。

B型板簧螺母内螺纹的检测可参考6.5.1节所述内螺纹的检测方法。其余尺寸绝大部分可使用卡尺直接检测。

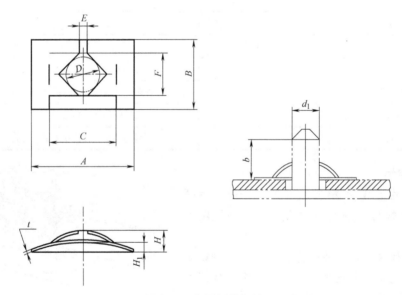

图6-90 C型板簧螺母

表6-30 C型板簧螺母检测项目和工具

检测项目	检测工具	检测项目	检测工具
螺母孔径(D)	卡尺、投影仪	螺母长(A)	卡尺
孔宽(F)	卡尺	螺母板厚(t)	卡尺
孔宽(C)	卡尺	螺母总高(H)	卡尺、投影仪
空边长(E)	卡尺	螺母高度(H_1)	卡尺、投影仪
螺母宽(B)	卡尺		

6.5.5 铆接螺母

铆接螺母可以实现快速且经济的安装解决方案，可用于薄且软或者厚且硬的钢铝材质以及多种材质的零件连接。铆接螺母安装通常是在涂装工序之后，在总装车间进行，因此铆接螺母经常是返修的选择。铆接螺母有通孔的也有盲孔的，可根据应用的实际需要选用。

铆接螺母的安装过程分为三步，如图 6-91 所示。

第一步：安装工具的芯棒套好铆接螺母并放入安装孔中。

第二步：安装工具驱动，芯棒缩回到安装工具中，这个退出过程让铆接螺母产生变形折叠并夹持在被连接件板上。

第三步：安装工具芯棒完全退出铆接螺母，安装完成。

目前汽车用到的铆接螺母，按铆接螺母头型分为两类：平头铆螺母（圆、六角）和沉头铆螺母（普通沉头、小沉头、120°小沉头）。接下来我们来介绍铆接螺母的尺寸检测。

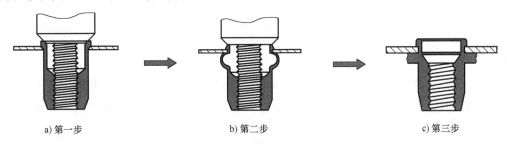

图 6-91 铆接螺母安装过程

1. 平头铆螺母

平头铆螺母按照螺母本体的形状来分，有两种：圆柱形和六角柱形（图 6-92）。所以这两种铆接螺母适用的安装孔分别是圆形孔和六角孔。铆接螺母的检测项目见表 6-31。

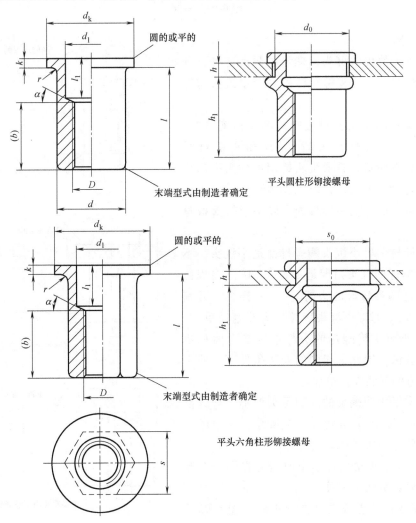

图 6-92 平头铆螺母

表 6-31 平头铆螺母的尺寸检测项目和工具

检测项目	检测工具	检测项目	检测工具
平头直径(d_k)	卡尺	光孔长度(l_1)	卡尺
平头高度(k)	卡尺	螺母本体长度(l)	卡尺
螺母本体外径(d)	卡尺	螺纹长度(b) $b=(1.25\sim1.5)D$	卡尺
螺母公称直径(D)	详见6.5.1节	头下倒角(r)	半径塞尺、轮廓仪
安装孔径(d_0)/安装孔对边宽(s_0)	卡尺	螺母安装完成之后的本体长度(h_1)	卡尺
六角对边宽度(s)	卡尺	铆接螺母夹持的板厚(h)	卡尺
光孔内径(d_1)	卡尺		

注：铆接螺母内部光孔与螺纹孔中间过渡的倒角为 α。

铆接螺母的外部表面非常平整，用卡尺检测出的值较准确，因此，我们推荐的测试方法是使用卡尺进行测量。这里需要特别说明，使用卡尺测量螺母的光孔长度（l_1）和螺纹长度（b），使用卡尺的深度尺进行测量，如图6-93所示。

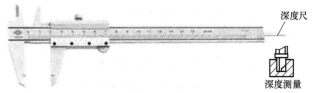

图 6-93 卡尺

2. 沉头铆螺母

目前，在汽车上使用的沉头铆螺母主要有三种，分别是普通沉头铆螺母、小沉头铆螺母和120°小沉头铆螺母（图6-94）。

普通沉头铆螺母与小沉头铆接螺母沉头角度一样，都是90°~92°，区别就是在头高（k）和头部直径（d_k）。相同规格的铆螺母，普通沉头铆螺母的头高和头部直径比小沉头的大。因此，普通沉头铆螺母适用于较厚板材零件的安装，而小沉头螺母的一般用于较薄板材零件的安装。

小沉头铆螺母与120°小沉头铆螺母都是小沉头，不过120°小沉头铆螺母的沉头角度是118°~120°。在规格相同的情况下，这两种螺母的头高（k）一样大，区别就在头部直径（d_k），120°小沉头铆螺母头部直径更大，这就意味着120°小沉头铆螺母的头部承接受力面积更大，有利于应力分散。因此，相同的安装条件下，使用120°小沉头铆螺母的安装连接更稳定。

沉头铆螺母与平头铆螺母的区别是头型不一样，需要检测沉头高（k）和沉头角度这两个尺寸，其他的尺寸检测参考前文所述平头铆螺母的内容。

沉头高（k）和沉头角度这两个数据可在同一个测试过程中完成，测试方法有三种。

1）用检验模及百分表或卡尺进行测量（图6-95）。用该方法可直接测量出沉头高（k），沉头角度我们可以

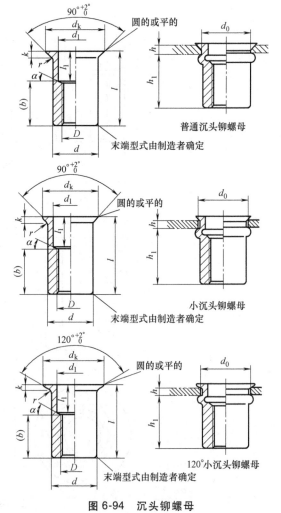

图 6-94 沉头铆螺母

计算出来。我们用卡尺测出的 d_k 值和 d 值。沉头角度我们用 θ 表示，根据公式 $\tan\dfrac{\theta}{2}=\dfrac{d_k-d}{2}\div k$，我们可计算出沉头角度值。

2）用专用塞尺进行测量（图 6-96）。这种方法可以直接测出沉头高（k）和沉头角度。

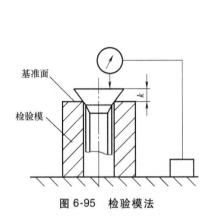

图 6-95　检验模法

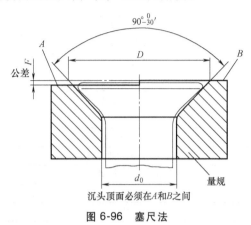

图 6-96　塞尺法

3）用投影仪测量。

6.5.6　车轮螺母

车轮螺母是用来固定汽车外轮毂的专用螺母，因此车轮螺母不是标准件，规格范围在 M12～M42。车轮螺母一般为细牙，螺距一般为 1.5mm 和 2.0mm 两种，外形为等边六角形或外六花型。通常，车轮螺母的一端会有一个锥度，锥面会提高锁紧效果。根据应用需要，会带有法兰，或增加一个组合垫片。这里，我们以带垫片组合盖型螺母（图 6-97）为例介绍车轮螺母的尺寸测试项目，详见表 6-32。

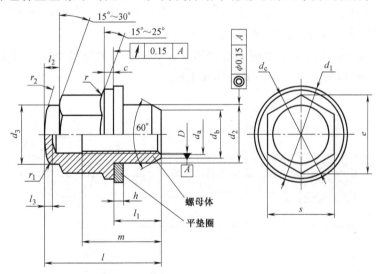

图 6-97　车轮螺母

表 6-32　车轮螺母检测项目和工具

检测项目	检测工具
六角对角（s）	卡尺、专用止端卡规、专用止端检验模
六角对边（e）	卡尺、专用通/止卡规
螺纹规格（D）	详见 6.5.1 节
有效螺纹长度（m）	专用螺纹通规
法兰外径（d_c）	卡尺、专用通/止卡规、投影仪

(续)

检测项目	检测工具
法兰缘厚(c)	专用通/止卡规、投影仪、卡尺
平垫厚度(h)	卡尺
平垫外径(d_1)	卡尺
盖部直径(d_3)	卡尺、投影仪、轮廓仪
杆部直径(d_2)	卡尺、外径千分尺
长度尺寸(l_1)	卡尺、高度尺
总长度(l)	卡尺
顶盖厚度(l_3)	卡尺、壁厚测量仪
外倒角直径(d_b)	卡尺、投影仪
内倒角直径(d_a)	卡尺、投影仪
倒角角度 60°/15°~30°/15°~25°	投影仪:15°~30°/15°~25°/60°
圆弧半径($r/r_1/r_2$)	投影仪、圆弧半径塞尺:r、r_1;轮廓仪:r_2
跳动度	V形块+百分表
同轴度	专用止规+偏摆仪+百分表

内螺纹的收尾和内螺纹的退刀槽这两个尺寸其实是辅助螺母攻丝的尺寸,在制定内螺纹攻丝工艺时要用到这两个数据。在最终的成品中,这两个尺寸是不作为监测项目的。

1)有效螺纹长度(m)检测:使用专用检具,旋入螺母内即可目视判断,如图6-98所示。也可配合游标卡尺检测出实际范围值。

2)跳动度和同轴度检测:需自制专用的辅助塞尺(测量基准要符合设计基准要求),如图6-99所示。由于螺纹副间隙过大会影响到检测精度,所以塞尺的螺纹精度(即螺纹大径和中径的公差)建议控制在0.01mm以内,公称值尽量控制在上限。

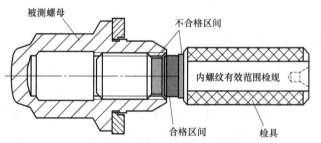

图6-98 车轮螺母内有效螺纹长度检测示意图

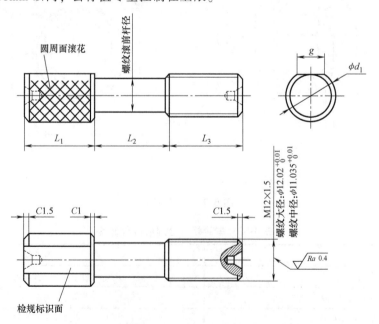

图6-99 车轮螺母跳动度和同轴度专用检具示意

注:检测承压面跳动度需要在垫片安装前检测,或者成品去除垫片后方可检测;在实际检测时,专用塞尺必须完全旋入螺母内,并在确认旋紧后再安装上同轴度检测工装进行检测,以免松动影响检测精度。

6.5.7 其他螺母

1. 方螺母座

方螺母座有两种,分别是 A 型和 B 型(图 6-100)。方螺母座与焊接螺母一起使用,主要用于焊接螺母不能固定住的连接,其检测的尺寸项目见表 6-33。

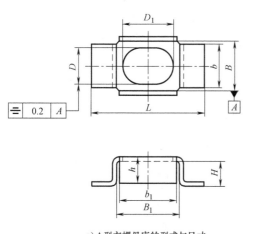

a) A 型方螺母座的型式与尺寸　　b) B 型方螺母座的型式与尺寸

图 6-100　方螺母座

表 6-33　方螺母座检测项目和工具

检测项目	检测工具	检测项目	检测工具
槽宽尺寸 1(B)	卡尺	总长度(L)	卡尺
槽宽尺寸 2(B_1)	卡尺	宽度尺寸 1(b)	卡尺
槽深尺寸 1(H)	卡尺、深度尺	宽度尺寸 2(b_1)	卡尺、投影仪
冲孔长度(D)	卡尺、专用通/止卡规	高度尺寸 1(h)	卡尺、深度尺
冲孔宽度(D_1)	卡尺、专用通/止卡规、投影仪	对称度	卡尺、百分表配合专用通规

2. 圆螺母

圆螺母如图 6-101 所示,圆螺母的尺寸测试项目见表 6-34。

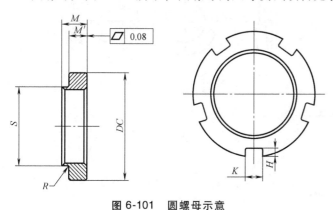

图 6-101　圆螺母示意

表 6-34　圆螺母检测项目和工具

检测项目	检测工具
凸台外径 S	卡尺
外圆直径 DC	卡尺
R 角	轮廓仪
螺母厚度 M	卡尺
外圆厚度 M'	卡尺
平面度	轮廓仪
卡槽深度 H	卡尺
卡槽宽度 K	卡尺

圆螺母的平面度检测说明如下:将圆螺母支撑面放置于轮廓仪的弹虎夹上,夹紧夹平;控制探针,使之落在待测量区域位置(靠近弹虎夹);在爬取的轮廓一端平整处先取点 1,然后在另一端平整处取点 2;连接点 1 与点 2,为线 1,将线 1 放平;找到最高点或最低点为点 3,分别点击点 3 与线 1,此时所示的数据为所测量区域的平面度。

3. 蝶形螺母

蝶形螺母分为 A 型和 B 型（图 6-102），检测项目见表 6-35。

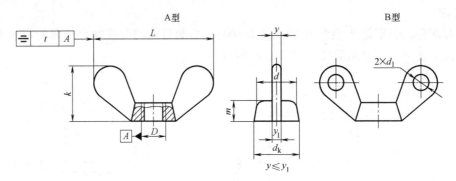

图 6-102 蝶形螺母

表 6-35 蝶形螺母检测项目和工具

测试项目	检测工具	测试项目	检测工具
L	投影仪	y_1/y	游标卡尺
k	投影仪	D	参考 6.5.1 节
d_k	投影仪	m	卡尺
d	投影仪	d_1	投影仪

6.6 其他紧固件的尺寸要求与检测

6.6.1 垫圈

平垫、弹垫、波形垫（图 6-103）的尺寸检测项目见表 6-36。

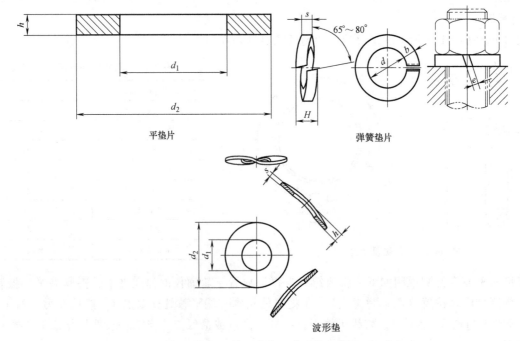

图 6-103 平垫、弹垫、波形垫示意图

表 6-36 垫片检测项目和工具

检测项目	检测工具	检测项目	检测工具
内径 d_1	卡尺	65°~80°	投影仪
外径 d_2	卡尺	m	卡尺
垫片厚度 $h/H/s$	卡尺、投影仪	弹垫内径 d	投影仪
弹垫宽 b	卡尺		

6.6.2 铆钉

铆钉安装简单，独立，成本低，不可拆卸，因此，它通常用于少拆卸或者基本不用拆卸的位置固定，应用位置的拉伸与疲劳强度要求不高，而且不能用于太厚的零件安装。铆钉分为三类，分别是抽芯铆钉、实心铆钉和空心铆钉（半空心铆钉）。根据 SAE 492 标准里面的分类，还有一类开口铆钉。这里，我们就按照这种分类来介绍四类铆钉的尺寸控制检测。

铆钉主要关注尺寸有三个：

1）铆钉的直径：直径直接与铆钉的剪切强度相关。

2）头型：头型与安装孔的尺寸相关，同时也与外观相关。

3）长度：长度与铆接零件的厚度相关，不同长度的铆钉对应的铆接零件厚度不一样。

1. 抽芯铆钉

抽芯铆钉在汽车上应用较多，强度较大，成本低，常用于承重要求不高的地方安装。抽芯铆钉由一个钉芯和一个铆体装配在一起组成。安装时，拉伸钉芯会使得铆体产生变形折叠而固定住零件，最终拉断钉芯，安装结束。抽芯铆钉结构和工作原理如图 6-104 所示。

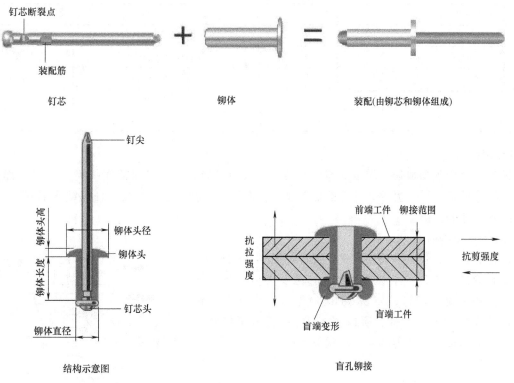

图 6-104 抽芯铆钉工作原理

抽芯铆钉有五种：开口型平圆头抽芯铆钉、开口型沉头抽芯铆钉、封闭型平圆头抽芯铆钉、封闭型沉头抽芯铆钉、塑料用开口型平圆头抽芯铆钉（图 6-105）。其尺寸检测项目见表 6-37。

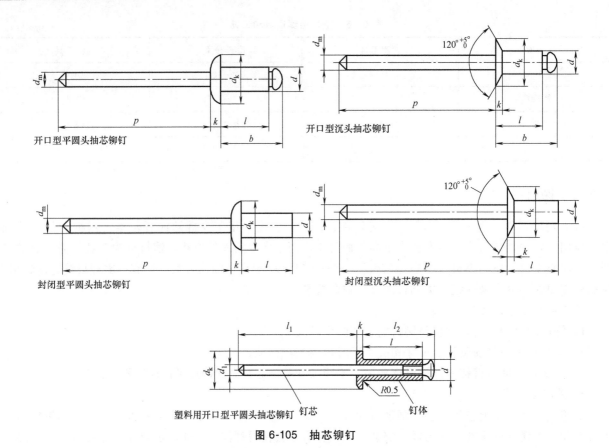

开口型平圆头抽芯铆钉　　开口型沉头抽芯铆钉

封闭型平圆头抽芯铆钉　　封闭型沉头抽芯铆钉

塑料用开口型平圆头抽芯铆钉　　钉芯　　钉体

图 6-105　抽芯铆钉

表 6-37　抽芯铆钉尺寸检测和工具

检测项目	检测工具	检测项目	检测工具
铆体直径(d)	卡尺或千分尺	沉头角度（120°～125°）	投影仪、专用塞尺
铆体长度(l)	卡尺	钉芯直径(d_m/d_1)	卡尺或千分尺
铆体头径(d_k)	卡尺	钉芯长度(p/l_1)	卡尺
铆体头高(k)	卡尺	头部倒角($R0.5$)	半径塞尺、轮廓仪
钉芯头与铆体头平面的距离(b)	卡尺		

2. 实心铆钉

实心铆钉一般用于受剪切力较多的零件安装，一共有 7 种，其中 5 种除了头型不一样，都是光杆，杆部形状和尺寸要求一样；另外 2 种杆部带花纹。我们把这 7 种实心铆钉按照杆部结构不同，分成两类来进行介绍其尺寸的检测。

（1）光杆实心铆钉的尺寸检测

实心铆钉的安装方式之一为冲压式，过程如图 6-106 所示。

光杆实心铆钉有 5 种：半圆头铆钉、扁圆头铆钉、沉头铆钉、平头铆钉和平锥头铆钉，如图 6-107 所示。因为这 5 种铆钉的杆部形状和尺寸要求一样，所以图 6-107 中只放了半圆头铆钉的完整图形和尺寸，其他的 4 个只截取了头部图形和尺寸。其检测项目见表 6-38。

（2）标牌铆钉和螺旋铆钉

标牌铆钉（图 6-108）和螺旋铆钉（图 6-109）的杆部都含有"螺纹"，这两种铆钉的头型都是半圆头，半圆头部尺寸的检测参考前文内容。

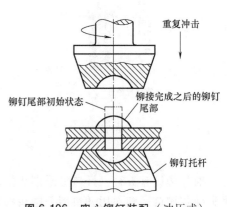

图 6-106　实心铆钉装配（冲压式）

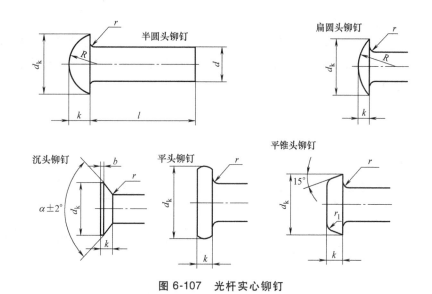

图 6-107 光杆实心铆钉

表 6-38 光杆实心铆钉尺寸检测和工具

检测项目	检测工具	检测项目	检测工具
铆钉直径(d)	卡尺或千分尺	沉头角度($α±2°$)	投影仪、专用塞尺、卡尺
铆钉长度(l)	卡尺	沉头倒角(b)	半径塞尺
铆钉头径(d_k)	卡尺	平锥头倾角($15°$)	投影仪
铆钉头高(k)	卡尺	平锥头倒角(r_1)	半径塞尺
半圆头/扁圆头半径(R)	投影仪、轮廓仪	铆钉承接面对杆轴心线垂直度	参考螺栓垂直度测试
头下倒角(r)	半径塞尺、轮廓仪	钉头对钉杆轴线的同轴度	参考螺栓同轴度测试

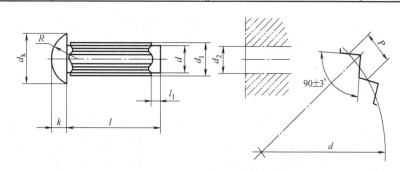

图 6-108 标牌铆钉

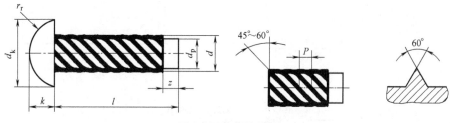

图 6-109 螺旋铆钉

铆钉杆部的直径尺寸（d、d_1、d_p）、孔径（d_2）、杆部的长度尺寸（l、l_1、z）都可以使用卡尺准确地测量出来。

两种铆钉的"螺牙"的牙距（P）和螺牙角度可以使用投影仪测量出来。

3. 空心铆钉

空心铆钉安装过程如图 6-110 所示，将要铆接的零件放置在铆接设备的工作台上，铆接推杆带着铆钉进入安装孔,加上预先设好的压力,铆接完成。

空心铆钉(图 6-111)结构简单,因此使用简单的工具和方法就能非常准确地测量出铆钉的长度尺寸。进行孔(d_t)对钉杆轴线的同轴度测试,卡尺先测出内圆与外圆之间的最小壁厚值,然后测出相对一面的壁厚值,二者之差即为测定值。具体尺寸检测见表 6-39。

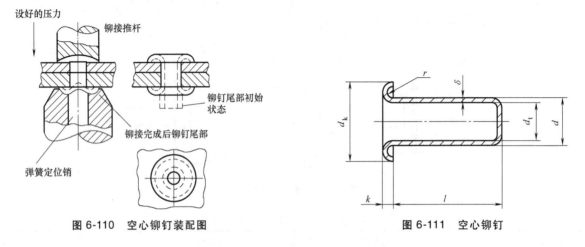

图 6-110 空心铆钉装配图　　　　　　　图 6-111 空心铆钉

表 6-39 空心铆钉尺寸检测和工具

检测项目	检测工具	检测项目	检测工具
铆钉直径(d)	卡尺或千分尺	头下倒角(r)	半径塞尺、轮廓仪
铆钉长度(l)	卡尺	铆钉内径(d_t)	卡尺
铆钉头径(d_k)	卡尺	铆钉壁厚(δ)	千分尺、卡尺
铆钉头高(k)	卡尺	孔(d_t)对钉杆轴线的同轴度	卡尺

半空心铆钉有三种(图 6-112):120°沉头半空心铆钉、扁平头半空心铆钉、扁圆头半空心铆钉。这三种半空心铆钉的尺寸都可用卡尺检测出来的,具体可以参考本节前文内容。孔(d_t)对钉杆轴线的同轴度测试参考空心铆钉的内容。

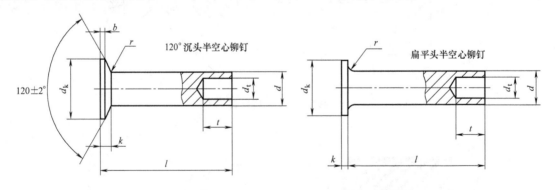

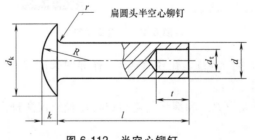

图 6-112 半空心铆钉

4. 开口铆钉

开口铆钉的铆接过程与空心铆钉类似,如图 6-113 所示。开口铆钉按照头型不同分为两种,一种是沉头(图 6-114),一种是扁圆头(图 6-115)。

开口铆钉尺寸基本上可用卡尺直接检测。进行开口(G/J)对钉杆轴线的同轴度的测试,可用卡尺先测出开口一侧的最小壁厚值,再测另一侧的最小壁厚值,两者之差就是我们所要的结果。尺寸测试项目见表 6-40。

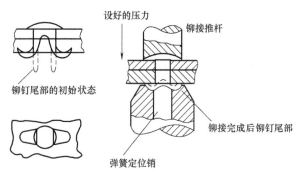

图 6-113 开口铆钉装配过程

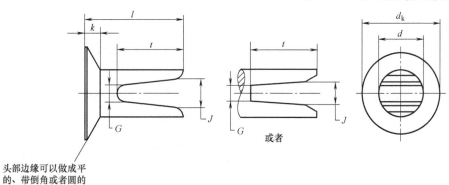

图 6-114 沉头开口铆钉

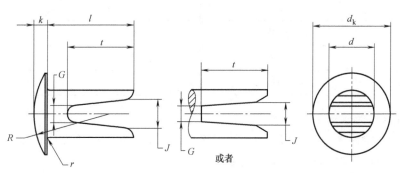

图 6-115 扁圆头开口铆钉

表 6-40 开口铆钉尺寸检测和工具

检测项目	检测工具	检测项目	检测工具
铆钉直径(d)	卡尺或千分尺	开口宽度(J)	卡尺
铆钉长度(l)	卡尺	开口宽度(G)	卡尺
铆钉头径(d_k)	卡尺	开口长度(t)	卡尺
铆钉头高(k)	卡尺	开口(G/J)对钉杆轴线的同轴度	卡尺
头下倒角(r)	半径塞尺	铆钉承接面对杆轴心线垂直度	参考螺栓垂直度测试
铆钉内径(d_1)	卡尺		

6.6.3 挡圈

挡圈用于固定安装在孔内和轴上零件的位置,防止零件在孔内和轴上移动,主要起轴向固定的作用。圆锥面加挡圈固定有较高的定心度。挡圈分孔用挡圈和轴用挡圈(图 6-116),检测项目见表 6-41。

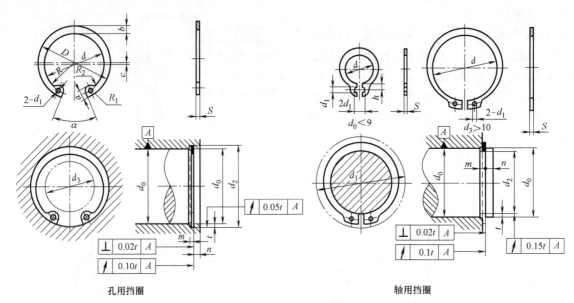

图 6-116 常见孔用/轴用挡圈

表 6-41 常见挡圈检测项目和工具

检测项目	检测工具	检测项目	检测工具
内径 d	卡尺、塞尺	厚度 S	千分尺、卡尺
外径 D	卡尺	沟槽宽 m	卡尺
R/R_2	投影仪、轮廓仪	平行度	百分表和试验台
α	投影仪	挡圈的缝规检查	缝规、卡尺和试验台
b	卡尺、投影仪		

（1）对于轴肩挡圈两端面的平行度

将挡圈任一面置于检测平台上，用百分表进行测量，读出指针所示最大差值为测定值。百分表及检验平台应符合 GB/T 1219—2008《指示表》规定要求。

（2）弹性挡圈的缝规检查

1）将挡圈送入缝规，并应能顺利通过；缝规应符合 GB/T 959.1—2017《挡圈技术条件 弹性挡圈》规定要求。

2）将挡圈置于检验平台上，用 0.02mm 的卡尺测出挡圈最高点至平台平面间的距离；卡尺和检验平台应符合 GB/T 21389—2008 规定要求。

6.6.4 卡箍

目前，汽车用软管卡箍有两种，分别为夹紧式卡箍（钢带式弹性软管夹）和旋转拧紧式卡箍（蜗杆旋转拧紧式、螺钉旋转拧紧式）。

1. 夹紧式卡箍

夹紧式卡箍有 A 型和 B 型两种型号，如图 6-117 所示。夹紧式卡箍的公称直径（d）不作为常规检测尺寸。通常，我们检测的夹紧式卡箍的直径是交货直径（d_a），交货直径要小于公称直径。针对某软管连接固定，我们一般要先选定卡箍的公称直径，然后再查手册得到该卡箍的交货直径（d_a），把这个尺寸作为卡箍常规检测项目。具体检测项目见表 6-42。

测量时注意以下几点：

1）交货直径（d_a）：这个尺寸的测量要在图 6-117 所示的 X 轴方向测量。

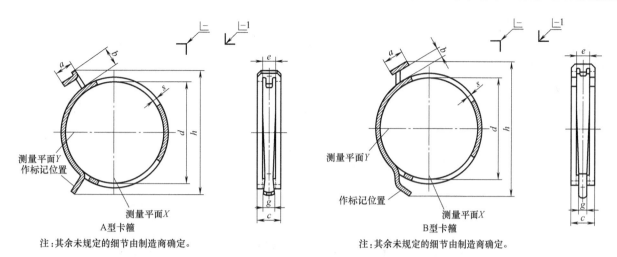

图 6-117 夹紧式卡箍 1

表 6-42 夹紧式卡箍尺寸检测和工具

检测项目	检测工具	检测项目	检测工具
交货直径(d_a)	卡尺	安装手柄长(b)	卡尺
全开直径(d_o)	检验棒	两个手柄之间的距离(h)	卡尺
箍带厚度(s)	卡尺、千分尺	下手柄宽(g)	卡尺
夹箍宽度(c)	卡尺	手柄扣镂空宽(e)	卡尺
安装手柄扣长(a)	卡尺	圆度偏差(t)	专用圆柱形检验棒

2）全开直径（d_o）：卡箍不失效的情况下，可以张开到最大的尺寸。可以使用专门的钢圆柱检验棒对其进行检测。

3）箍带厚度（s）：尺寸测量时取的测试位置要在与安装手柄相对的无充孔的范围内选择。

4）安装手柄长（b）：要在数值的测量时卡箍张开在公称直径状态下测量，这个时候可以借助公称直径大小的检验棒进行测量。

5）两个手柄之间的距离（h）与圆度偏差（t）：如图 6-118 所示，将卡箍装在一个圆柱形的、具有磨削表面的特质钢质检验棒（检验棒尺寸选择见表 6-43）上，检验棒与卡箍之间的空隙就是圆度偏差（t）。夹箍装在检验棒上，测出的两个手柄之间的距离就是 h。

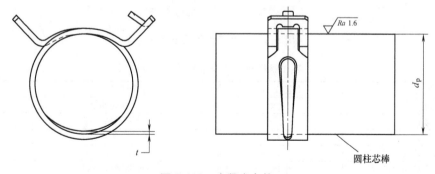

图 6-118 夹紧式卡箍 2

表 6-43 检验棒尺寸　　　　　　　　　　　　　　　　（单位：mm）

卡箍公称直径 d	检验棒直径 $d_p \pm 0.1$	卡箍公称直径 d	检验棒直径 $d_p \pm 0.1$
$d \leq 15$	$d_p = d - 0.2$	$d = 25 \sim 35$	$d_p = d - 0.5$
$d = 16 \sim 18$	$d_p = d - 0.3$	$d > 35$	$d_p = d - 0.6$
$d = 19 \sim 24$	$d_p = d - 0.4$		

2. 旋转拧紧式卡箍

旋转拧紧式卡箍分为蜗杆旋入式（A型、B型和C型蜗杆传动式软管卡箍）和螺钉旋入式（A型和B型强力软管卡箍）两类。

（1）蜗杆旋入式卡箍

如图6-119、图6-120所示，蜗杆传动式软管主要由蜗杆、壳体和齿带三部分组装而成。在表6-44中列出了需要检测的项目。

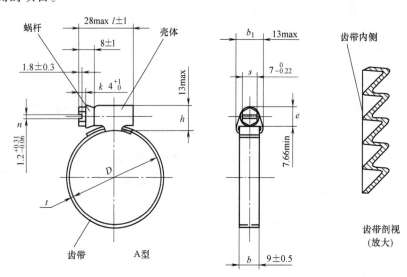

图6-119　蜗杆旋入式卡箍1

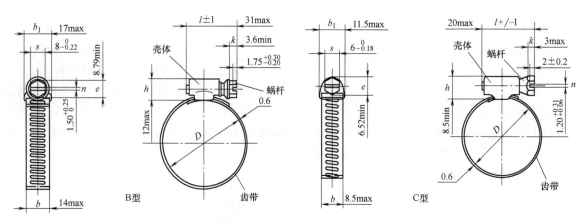

图6-120　蜗杆旋入式卡箍2

表6-44　蜗杆旋入式卡箍尺寸检测和工具

检测项目	检测工具	检测项目	检测工具
卡箍的规格范围（D）	检验棒	蜗杆的外六角对角宽（e）	卡尺
钢带厚度（t）	千分尺、卡尺	蜗杆的外六角高度（k）	卡尺
钢带宽（b）	卡尺	蜗杆的一字槽宽（n）	塞尺、卡尺
蜗杆与壳体组合长度（$l\pm1$）	卡尺	壳体宽度（b_1）	卡尺
蜗杆的外六角对边宽（s）	卡尺	壳体高度（h）	卡尺

卡箍的规格范围检验使用专门的检验棒（图6-121）检测。

（2）螺钉旋入式

螺钉旋入式卡箍由T型螺栓、T型套、桥、帽、自锁螺母和箍带六部分组装而成，有两种规格，如图6-122所示。

1）T型螺栓的螺纹公差要求是6g，锁紧螺母的公差要求

图6-121　检验棒

是 6H，检测参考 6.3.1 节和 6.5.1 节内容。

2）锁紧螺母的尺寸检测可以参考 6.5.2 节的内容。

3）螺栓旋入式卡箍的规格范围（D）、箍带厚度（t）、箍带宽（b）、T 型套高和宽（h、b_1）和 T 型螺栓长度（l）参考蜗杆旋入式螺栓尺寸测试。

4）以卡箍的圆心为圆心，经过 T 型螺栓尾部顶点画出的圆弧半径（r）使用投影仪或者轮廓仪可以测出圆弧半径。

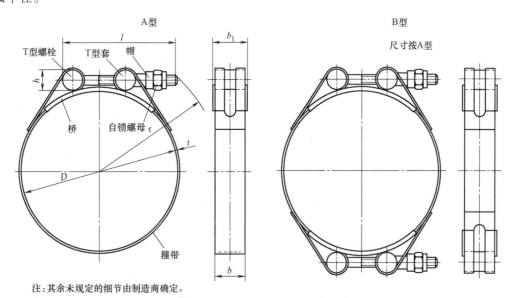

图 6-122 螺钉旋入式卡箍

6.6.5 销

在机械中，销钉主要用作装配定位，也可用作连接、放松以及安全装置中的过载剪断连接。

1. 滚花圆柱销

滚花圆柱销的检测项目见图 6-123 和表 6-45。

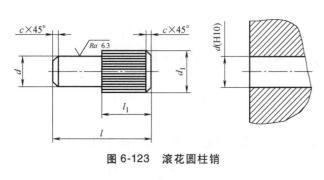

图 6-123 滚花圆柱销

表 6-45 常见滚花圆柱销检测项目和工具

检测项目	检测工具
总长度 l	卡尺
长度尺寸 l_1	卡尺
圆柱外径 d	外径千分尺
滚花外径 d_1	卡尺
倒角角度	角度卡板、万能角度尺、投影仪、影像测量仪
倒角长度 c	游标卡尺、影像测量仪
粗糙度	粗糙度对比块、粗糙度仪

2. 锥形圆柱销

锥形圆柱销需要检测的项目见图 6-124 和表 6-46。

3. 弹性圆柱销

弹性圆柱销的尺寸检测项目见图 6-125 和表 6-47。

对于锁销、花圆柱销等之类的圆柱销，其大圆柱端和小圆柱端的同轴度检测方法有如下三种：

1）用卡尺先测出销钉小端杆部母线与大端杆部外圆之间的最小距离值，然后测出相对一面的距离值，二者之差即为测

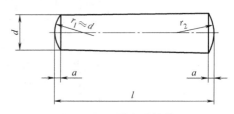

图 6-124 锥形圆柱销

表 6-46 常见锥形圆柱销尺寸检测和工具

检测项目	检测量具	检测项目	检测量具
总长度 l	游标卡尺	圆弧半径 r_2	圆弧卡板、影像测量仪
圆弧高度 a	影像测量仪	锥度	专用测量仪、轮廓仪
小端直径 d	投影仪、影像测量仪	粗糙度	粗糙度对比块、粗糙度仪
圆弧半径 r_1	圆弧卡板、影像测量仪		

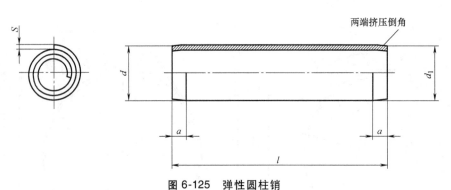

图 6-125 弹性圆柱销

表 6-47 弹性圆柱销检测项目和工具

检测项目	检测工具	检测项目	检测工具
总长度 l	游标卡尺	倒角长度 a	游标卡尺
外径尺寸 d	外径千分尺	小台直径 d_1	游标卡尺
厚度尺寸 S	影像测量仪	粗糙度	粗糙度对比块、粗糙度仪

定值。卡尺应符合 GB/T 21389—2008 规定要求。

2）使用 V 形架和百分表组合检测，将被测件置于 V 形架上并转动（不得有轴向移动），用百分表进行测量，读出指针所示最大值。专用 V 形架和百分表组合应符合 GB/T 1219—2008 规定要求。

3）用跳动检测工装组合检测。注意，选择的百分表测量头直径应为被测量面宽度的 1/2 以内；同轴度的测试方法中忽略了形状误差的影响。

6.6.6 管接头

标准管接头有两种结构：扩口式和卡套式。管接头的螺纹类型是普通米制细牙螺纹和锥形管螺纹。这里按照管接头的结构来进行分类介绍。

1. 扩口式管接头

（1）直通管接头

如图 6-126 所示，直通管接头螺纹有米制细螺纹和 60°锥螺纹。直通管接头的测试项目见表 6-48。

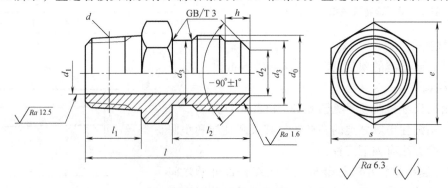

图 6-126 直通管接头

表 6-48 直通管接头检测项目和工具

检测项目	检测工具	检测项目	检测工具
d	参考 6.3.1 节和 6.3.4 节	l_1	卡尺、投影仪
d_1	卡尺	l_2	卡尺、投影仪
d_2	卡尺	h	卡尺、投影仪
d_3	卡尺	s	卡尺
d_0	卡尺	e	卡尺
l	卡尺		

（2）直角管接头

如图 6-127 所示，直角管接头螺纹有米制细螺纹和 60°锥螺纹。直角管接头的测试项目见表 6-49。

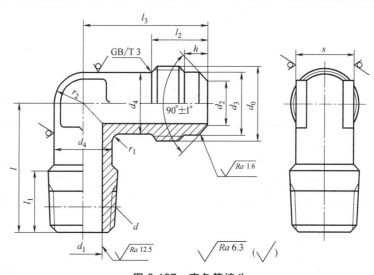

图 6-127 直角管接头

表 6-49 直角管接头检测项目和工具

检测项目	检测工具	检测项目	检测工具
d	参考 6.3.1 节和 6.3.4 节	l_1	卡尺、投影仪
d_1	卡尺	l_2	卡尺、投影仪
d_2	卡尺	l_3	投影仪、卡尺
d_3	卡尺	h	卡尺、投影仪
d_4	卡尺	s	卡尺
d_0	卡尺	r_1	轮廓仪、半径塞尺
l	投影仪、卡尺	r_2	轮廓仪、半径塞尺

（3）三通管接头

如图 6-128 所示，三通管接头螺纹有米制细螺纹和 60°锥螺纹。三通管接头的测试项目见表 6-50。

（4）四通管接头

如图 6-129 所示，四通管接头螺纹有米制细螺纹和 60°锥螺纹。四通管接头的测试项目见表 6-51。

2. 卡套式管接头

卡套式管接头里面的直通式、直角式、三通和四通，其检测可参考扩口式管接头的检测。

（1）卡套式管接头

如图 6-130 所示，卡套式管接头需要的测试尺寸见表 6-52。

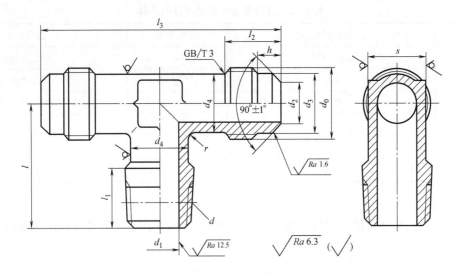

图 6-128 三通管接头

表 6-50 三通管接头检测项目和工具

检测项目	检测工具	检测项目	检测工具
d	参考 6.3.1 节和 6.3.4 节	l_1	卡尺、投影仪
d_1	卡尺	l_2	卡尺、投影仪
d_2	卡尺	l_3	投影仪、卡尺
d_3	卡尺	h	卡尺、投影仪
d_4	卡尺	s	卡尺
d_0	卡尺	r	轮廓仪、半径塞尺
l	投影仪、卡尺		

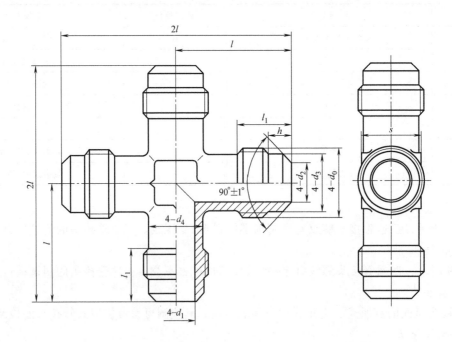

图 6-129 四通管接头

表 6-51　四通管接头检测项目和工具

检测项目	检测工具	检测项目	检测工具
d_1	卡尺	l	投影仪、卡尺
d_2	卡尺	l_1	卡尺、投影仪
d_3	卡尺	h	卡尺、投影仪
d_4	卡尺	s	卡尺
d_0	卡尺		

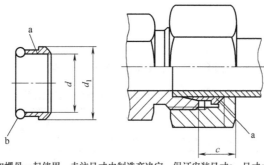

a—卡套，与接头体和螺母一起使用，未注尺寸由制造商决定，保证安装尺寸c，尺寸c为充分拧紧时的尺寸。
b—卡套端结构，由制造商决定。

图 6-130　卡套式管接头

表 6-52　卡套式管接头检测项目和工具

检测项目	检测工具
d_1	卡尺
d	卡尺
c	卡尺

（2）卡套式铰接管接头

如图 6-131 所示，卡套式铰接管接头的测试项目见表 6-53。

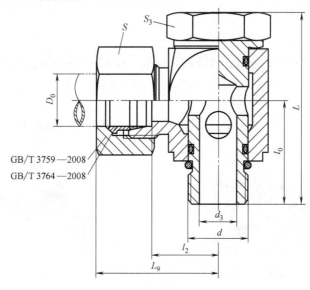

a) 卡套式铰接管接头

图 6-131　卡套式铰接管接头

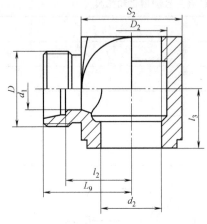
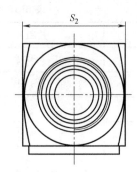

b) 卡套式铰接接头体

图 6-131 卡套式铰接管接头（续）

表 6-53 卡套式铰接管接头检测项目和工具

检测项目	检测工具	检测项目	检测工具
D	卡尺、轮廓仪	L_{9c}	卡尺、投影仪
d	参考 6.3.1 节	L	卡尺
d_1	光滑塞尺	l_4	投影仪
d_2	卡尺	l_2	投影仪、卡尺
d_3	卡尺	l_3	投影仪
D_2	光滑塞尺	S_2	卡尺
D_0	卡尺	S	卡尺
L_9	投影仪、卡尺	S_3	卡尺

6.7 典型检测案例

6.7.1 轮毂螺栓凹穴深度超差

1. 问题描述

轮毂螺栓凹穴深度用图 6-132 所示方式检测，结果为 0.87~0.90mm，用图 6-133 所示方式将螺栓杆部切掉检测，结果为 0.81~0.85mm；同样 5 支螺栓检测结果不一致。

2. 原因分析

用图 6-132 所示方式检测，不方便测到螺栓凹穴深度的最低点，所以检测结果偏大。

图 6-132 轮毂螺栓凹穴深度检测方式 1

图 6-133 轮毂螺栓凹穴深度检测方式 2

3. 改善措施

制定螺栓承面凹穴深度测量方法，明确规定检测前将螺栓杆部切掉，使剩余的杆部长度小于轮廓仪测量杆可抬起的高度行程；将产品夹在测量台上，调整测针，使测量轨迹保持在杆部直径的中心线上。将制定的测量方法对全体检测人员进行培训，统一检测手法。

4. 结果验证

按制定后的测量方法检测螺栓，将符合标准的螺栓发货给客户，客户可正常使用，未发现异常。将测量方法提供给客户，建议客户与我们使用同样的测量方法。

6.7.2 连杆螺栓断裂

1. 问题描述

某连杆螺栓头下承载面与杆部连接处断裂脱落。

2. 原因分析

该连杆螺栓由于是动态螺栓，无论是设计、加工还是检测都有非常严格的要求。在实际检测过程中，尤其重要的是支撑面过渡到杆部的圆角，更应该要求圆滑无死角、无锐角，以及无连接不连续的情况发生。因此，在接收到不良样品时，首先排查测试该尺寸时使用的方法是否正确，头下圆弧的半径要求 0.95~1.25mm。

头下圆弧半径的检测方法是使用轮廓度仪，测量时分别评估两个条件：半径 R 是否在公差范围内；过渡位置是否圆润。追溯检测结果时，发现此尺寸圆弧半径为合格，为了验证测试结果，抽取当时生产后留下的末件，按要求检查圆弧半径 R 和过渡情况，得到的检测结果如图 6-134 所示。

通过和标准要求的对比发现，测试结果和过渡情况均为合格。此时，回顾检测过程可以将其做以下分解：装夹、测量、划取轮廓线、计算结果。

通过参考标准流程，发现在上述的操作步骤中，缺少将零件装夹后获取波峰点和更换截面测量两个步骤。

为了复现故障，要求当班人员增加这些步骤并换其他截面测试，从图形中可以看出刚刚测试合格的圆弧半径仅仅为 0.73，属于不合格状态。并且，圆弧的过渡也没了刚刚的圆润，取而代之的是在于杆部交界处，圆弧出现了高低起伏的波纹状，显微镜下，可以看到明显的材料堆叠后产生的应力集中点区，如图 6-135 所示。

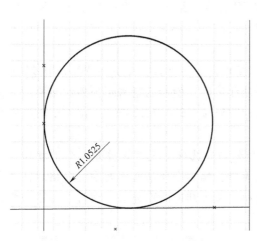

图 6-134 头下圆弧半径 R 轮廓示意

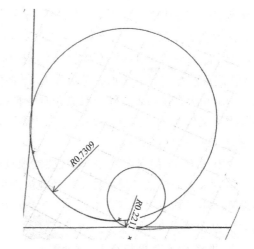

图 6-135 折叠缺陷的过渡圆弧形状

我们得出造成这个问题的原因如下：

1) 在检测时，测试人员没有按照要求在使用测量设备测量前进行波峰点找正。
2) 没有进行多截面测量，造成了测量自身行为的失效，导致了缺陷没有被及时探测出来。

3. 改善措施

1) 更新操作指导，要求在测量前必须进行波峰波谷点找正。

2) 圆弧半径测量要求必须将测量结果以不同截面的方式保存电子文档，同时将这些结果都记录在表单上，而不是只记录一个值。

4. 思考

在测量此类尺寸时，测试人员必须能够准确并全面地了解该尺寸的重要性和不同的测量方式带来的结果，及时从测量的角度对可能因测量错误导致的风险进行规避。同时，准确的基准找正这一容易被忽视的步骤往往是整个测量准确性和结果可信度的前提，为了全面管控这些因素，必要的测量的重复性和再现性系统研究（MSA测量系统分析）是必不可少的。

6.7.3 锥螺纹检测偏差

1. 问题描述

对于锥形密封螺塞的检测关键在于圆锥螺纹的检测，而圆锥螺纹的锥度和中径是两个重要的参数。从理论分析可以得知，锥度公差和中径公差是相互影响和相互制约的，目前在 API STD 5B 标准中对二者的公差规定未能显示出这种相关性，因此在测量过程中会出现中径公差合格而锥度公差却可能不合格，以及锥度公差合格而中径公差却超出范围的情况。而这种不合格，按目前的检验方式检验不出来，这对螺纹公差控制及套管的使用性能带来不良影响。因此，建议测量时将锥度公差和中径公差的控制有效地结合起来，即变为仅控制中径公差；也可先确定锥度公差，然后反推出中径公差的大小，这样测量精度明显提高。

圆锥螺纹的锥度和中径是两个重要的参数，二者关系为：

$$T = (D_大 - D_小)/L$$

式中，T 为螺纹锥度（m/m）；$D_大$ 为螺纹大端中径（mm）；$D_小$ 为螺纹小端中径（mm）；L 为螺纹小端中径（mm）。

圆锥螺纹锥度表示单位长度内螺纹中径的增加，一方面，螺纹中径直接决定螺纹锥度的大小；另一方面，当锥度确定时，它又影响螺纹中径的变化。因此，对圆锥螺纹而言，螺纹锥度公差和中径公差是相互影响和互相制约的。

（1）API 标准的规定

有关 API 圆锥螺纹生产、制造和检验方法在 API STD 5B 标准中给出。这个标准规定，所有圆锥螺纹套管锥度在名义尺寸下为 1/16，即 0.0625m/m，在全长螺纹范围内，公差取 -0.0026~+0.0052m/m，因此，API 圆锥螺纹锥度实际范围为 0.0599~0.0677m/m。

API 圆锥螺纹中径名义值在基准面 E_1 平面给出，不同规格套管中径的名义值在 API STD 5B 中列表给出。API 并未直接给出中径公差值，而是通过塞尺（环规和塞尺）检验的紧密距公差间接给出，在其他参数为名义值时，紧密距公差折算的中径公差为 ±0.1984375mm（0.0078125in），故 API 圆锥螺纹中径变化为 $E_1 \pm 0.1984375$mm。

从 API STD 5B 的规定来看，API 圆锥螺纹锥度和中径公差的选择并无直接关系，即锥度和中径公差的确定并未充分考虑其相关性。这种规定产生的不良后果是：当锥度和基准面处中径合格时，在大端或小端处的中径却有可能不合格；当全长螺纹内中径均合格，锥度却可能不合格，而且这种不合格，按目前的检验方式检验不出来。

（2）锥度公差对中径公差的影响

如图 6-136 所示，位于大端和小端处的中径可由下面的关系确定：

对于外螺纹：
$$D_大 = E - L_1 T$$
$$D_小 = E + (L - L_1)T$$

对于内螺纹：
$$D_小 = E - LT$$
$$D_大 = E$$

式中，E 为螺纹基准面处的中径（mm）；L_1 为管端至基准面长度（mm）。

若分别取基准面处中径及锥度的极限公差，其他参数取名义值，则可计算出锥度公差对中径公差的影响程度。图 6-137 所示为锥度公差对中径公差的影响示意图，其中 $\Delta T_上 = +0.0052$mm/m、$\Delta T_下 = -0.0026$mm/m、$\Delta E = 0.1984375$mm。

可以看出，当取 API 锥度公差的极限值时，虽然基准面处中径均在 API 公差范围内，但在大端和小端处中径却可能超出 API 中径公差范围，如图 6-137 中阴影面积所示部分中径均超出 API 公差范围，而且这种影响程度按目前的中径检验方式（仅测量基准面处中径）并不能有效控制，如阴影面积 1、2、3、4 按目前中径检验（仅测量基准面处中径）均无法检测出来，这对螺纹连接质量会产生不良影响。

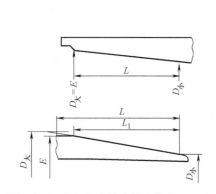

图 6-136 大端和小端处的中径关系示意

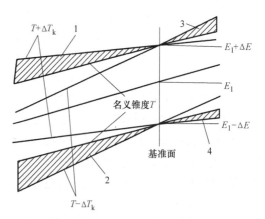

图 6-137 API 锥度公差的极限值示意图

（3）中径公差对锥度的影响。

假设螺纹在长度 L 范围内锥度是恒定的，则中径公差 ΔE 对锥度的影响可由下式来确定：

$$T = 0.0625 \pm 2\Delta E/L$$

可以看出锥度不仅与中径公差有关，还与螺纹长度有关。中径取 API 规定的范围 $E = E_1 \pm 0.1984375$mm，表 6-54 所列为 API 长圆锥螺纹中径公差确定的锥度公差。对于 API 长圆锥螺纹，除正偏差外，负偏差高出 API 范围，这说明即使中径满足 API 公差范围，其锥度也可能超出 API 公差范围，这种影响随着螺纹长度和套管外径的增大而减小。

表 6-54 中径公差确定的锥度公差

外径/mm	114.30	127.00	139.70	168.28	177.80	193.68	219.08	API 标准
正偏差/(mm/m)	5.21	4.63	4.46	4.03	3.91	3.79	3.47	5.21
负偏差/(mm/m)	5.21	4.63	4.46	4.03	3.91	3.79	3.47	2.60

2. 原因分析

目前工厂实际检测中，图样只要求检测基面距上的中径公差、锥度公差，这种检测方法不能保证工件合格；即使检测全长范围内中径合格，也不能保证工件合格。

例如，现有一副圆锥螺纹塞尺 PZ27.8，执行尺寸（图样给出的尺寸为基面距上的尺寸）：

$P = 1.814 \pm 0.005$ $d = 27.3760/-0.045$ $a/2 = 27°30'$

$\phi = 3°26' + 2'$ $d_2 = 26.636 \pm 0.004$ $L_1 = 17.67 \pm 0.2$

证明一：检定锥度合格，基面距上的中径合格，不能保证工件合格。

证明：以距基面为 17mm 上的中径为例，其理论值为 $d_{2(17)理论}$；基面距上的中径理论值为 $d_{2(基面)理论}$。

理论值为：

$$d_{2(基面)理论} - d_{2(17)理论}/17 = 2\tan\phi$$
$$26.636 - d_{2(17)理论}/17 = 2\tan 3°26'$$
$$d_{2(17)理论}/17 = 24.596$$

所以，距基面为17mm上的中径的理论值范围为24.592~24.600。

当基面距上的中径和锥度斜角均合格，其中 $d_{2(基面)实}=26.640$，$\phi=3°28'$，则距基面为17mm上中径的实际值为 $d_{2(17)实}$：

$$2\tan3°28'=d_{2(基面)实}-d_{2(17)实}/17$$
$$2\tan3°28'=26.640-d_{2(17)实}/17$$
$$d_{2(17)实}=24.580$$

$d_{2(17)实}$ 不在 $d_{2(17)理论}$ 范围内，所以距基面为17mm上中径不合格。因此，证明一成立。

证明二：当全长范围内中径合格时，其锥度可能不合格。

证明：取上式结果，距基面为17mm上中径理论值范围为24.592~24.600；当检测基面距上的中径合格、距基面为17mm上中径合格，其值为26.632、24.600时，其锥度斜角 ϕ 的计算公式为：

$$\tan\phi=26.632-24.600/17\times2=0.059764$$

则锥度斜角 $\phi=3°25'$ 不合格。因此，证明二成立。

3. 改善措施（保证锥度公差和中径公差同时合格的测量方法）

从上述分析可知，锥度公差和中径公差是相互影响的，目前 API STD 5B 标准中对二者的公差规定未能显示出这种相关性，因此出现中径公差合格而锥度公差却不合格，以及锥度公差合格而中径公差却超出范围的情况。而且这种不合格按常规的检测方法，均无法检验出来，这对螺纹公差控制及套管的使用性能带来不良影响。

为了更好地控制螺纹公差、提高套管的使用性能，笔者认为，应将锥度公差和中径公差控制有效地结合起来。假设螺纹长度 L 范围锥度恒定，从锥度的定义可得出二者之间的关系为：

$$\Delta T=\pm2\Delta E/L \quad 或 \quad \Delta E=\pm\Delta TL/2$$

利用上述关系确定二者的公差范围，主要优点是将两个重要参数的控制变为一个参数的控制，如图6-138所示，只要有效地控制中径公差，则锥度公差一定满足要求。因此，可以把锥度公差和中径公差的控制统一为只控制中径公差。

举例说明：以上述工件 PZ27.8 为例推算中径公差值。假设螺纹长度 $L=17.67$ 值一定，利用锥度公差 ΔT 可推算出中径公差 ΔE：

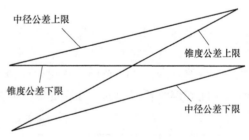

图6-138 锥度公差和中径公差关系示意图

$$\Delta T=\pm2\Delta E/L$$
$$\Delta T=2(\tan3°28'-\tan3°26')=\pm2\Delta E/L$$
$$\tan3°28'-\tan3°26'=\pm\Delta E/17.67$$
$$\Delta E=\pm0.0103$$

因此，在检测此工件时只需要控制中径公差在0.0103以内合格，即可保证工件合格。在实际检测中可根据上式推算出每一螺纹长度上的中径的取值范围（即公差值），进行检测。以距基面17.67mm上的中径为例计算其公差值，上限为 $d_{2(17.67)大}$，下限为 $d_{2(17.67)小}$；基面距上的中径上限为 $d_{2基(大)}$，下限为 $d_{2基(小)}$，则

$$2\tan3°26'=d_{2基(小)}-d_{2(17.67)大}/17.67$$
$$2\tan3°26'=26.632-d_{2(17.67)大}/17.67$$
$$d_{2(17.67)大}=24.5118$$
$$2\tan3°28'=d_{2基(小)}-d_{2(17.67)小}/17.67$$
$$2\tan3°26'=26.640-d_{2(17.67)小}/17.67$$
$$d_{2(17.67)小}=24.4991$$

因此，距基面17.67mm上的中径的取值范围为：24.4991~24.5118。

根据以上计算方法，先计算出大端中径和小端中径的取值范围（即公差），在测量过程中保证在公差范围内，即可保证检测精度。

此种测量方法的优点是，不但可以提高测量精度，而且可使测量过程因省去检测锥度而简化。

4. 思考

人们已越来越意识到控制中径的重要性，国外许多公司相继对螺纹中径测量技术进行了研究，已开发出了相当成熟的产品，如美国的 Gage Maker 公司生产的 MRP 系列中径规。这种中径规已在我国开始使用，具有操作精度高、可重复性好和操作方便等优点，在工厂检测工作中不会给生产带来任何不便。

从国外紧固件制造厂家的生产情况来看，许多厂家目前均开始控制螺纹中径公差，将中径测量作为螺纹检验的主要项目，并证实这对提高圆锥管螺纹的质量有较大的作用。而国内套管生产厂对螺纹中径公差的控制仍采用传统方式，这也是国产套管质量低于进口套管质量的一个重要原因。可见，将锥度公差和中径公差控制统一为只控制中径公差，并进行中径检测，对提高国产密封性锥管螺纹的质量有着重要的意义。

6.7.4 芯轴螺母失效

1. 问题描述

芯轴螺母规格是 M24×2.0 六角法兰带尼龙锁紧，螺牙公差 6H，表面处理为锌铝涂覆。对手件芯轴没有表面处理，螺牙公差 6g，芯轴上做有一个切面。一般采用锌铝涂覆表面处理的螺母，会有内螺纹积液问题。某天，客户抱怨这个螺母在安装时会出现和芯轴卡滞问题，安装还没有完成力矩已经达到了；退螺母时有的退不下来，退下来的螺栓和螺母的螺牙都有磨损。故障件照片如图 6-139 所示。

图 6-139　故障件照片

2. 原因分析

分析失效零件，初步判定导致这个问题的原因应该是在螺母安装过程中出现错牙的情况导致的卡滞。

（1）检测螺母的尺寸和性能

1）用通止规去检测螺母的内螺纹，只能通一两个牙，测试失败。

2）用芯轴去过螺母，可以通过。

3）对螺母进行全尺寸测试，剖开螺母，监测内螺纹，测量螺母的硬度、成分等没发现问题。

（2）察看对手件芯轴的情况

检测芯轴的螺纹、硬度等都没有问题，不过，发现芯轴上有油脂残留。再到现场察看芯轴情况，发现有些芯轴上面残留的油脂更多，而且有些芯轴切面的螺牙里面有铁屑残留。

得出初步结论是：芯轴上的油脂+铁屑+锌铝涂层粉末，在螺母安装时，这些东西滞留在螺纹中，导致出现错牙卡滞。

3. 改善措施

临时措施如下：

1) 螺母100%过芯轴之后再上线使用。

2) 芯轴100%过通止规，没有铁屑在螺牙上残留。

临时措施实施之后，问题没有再出现。后来建议，把螺母锌铝涂覆的表面处理改成锌镍电镀层作为永久解决方案，出于成本的考虑，客户没有同意。跟客户协商，取消螺母100%过芯轴的临时措施，实施了三个月，问题没有再出现。最后，我们排除了由于锌铝涂层在内螺纹积液导致这次问题发生的可能性。

4. 思考

螺母的表面处理采用涂覆工艺的话，内螺纹积液是经常要面临的问题。很多时候，只要安装一出现问题，大家的第一反应是内螺纹积液的问题。从尺寸检测的角度，可以采取的验证措施有，用对手件去通，或者用一个没有表面处理的与螺母相配的规格的螺栓去通，这个螺栓的螺纹是6g控制，没有表面处理或者电镀锌处理。这个测试通过了，螺母的使用就不会有问题。

6.8 发展趋势及展望

目前，紧固件检测中广泛使用的检测手段是使用量具和塞尺进行检测，最初新品开发或出现紧固件应用问题时，我们需要比较精确的尺寸检验数据，会用到轮廓仪和投影仪这类设备。限制可以获得精度更高的数据的检测工具广泛应用的重要原因之一是经济性与紧固件测试要求宽泛的平衡性。随着工业的发展和社会的进步，紧固件检测要求会越来越细化，形成体系。例如，2019年发布的国家标准GB/T 37050—2019《紧固螺纹检测体系》中规定由检测参数、检测要求和检测方式组成的三个紧固螺纹检测体系（体系A、体系B和体系C）分别对应美国标准ASME B1.3的System21、System22和System23。这说明紧固件检测的体系正在逐步完善中。

随着紧固件尺寸检测体系的完善，紧固件尺寸检测精度的要求也会更明确、更系统，这就需要尺寸检测的设备在满足精度要求的同时，操作可以更简便，单台设备可以完成多个尺寸的检测。现在，常用的较精确的紧固件尺寸检测工具是投影仪和轮廓仪。投影仪通过影像投射的方式，可以检测倒角、角度、牙距、垂直度等数值，而轮廓仪则是通过指针走过需要检测的尺寸部位，最终模拟画出该部分，并运用软件得到我们需要测得的数据。我们相信这两种检测手段会成为紧固件检测的主流方向。随着紧固件尺寸检测体系的日益完善，检测设备的操作性以及检测内容的丰富程度也会更完善。

第7章

汽车紧固件机械性能检测

7.1 概述

汽车紧固件机械性能通常是指汽车紧固件在一定条件下，承受外来作用时，所表现出来的一系列固有特性，包括强度、硬度、弹性、韧性等很多指标，又称为力学性能。保持被紧固、连接的两部分或多部分构件之间的相对稳定，是汽车紧固件的核心作用。使用需求反过来要求汽车紧固件本身必须具备足够的机械性能，才能实现其连接和紧固功能，并确保稳定可靠。

（1）重要性

机械性能是汽车紧固件最基础，也是最核心的质量指标，它直接或间接关系到整车的多项性能乃至行驶安全。汽车紧固件占全车质量的比例为2.5%左右，但由紧固件损坏造成的损失是100%，甚至会危及驾乘者生命安全。从汽车召回的案例来看，约60%以上的事故问题都与紧固件有关。许多事故问题的发生，都与使用机械性能不合格的紧固件或紧固件机械性能未能得以充分发挥有直接或间接关系。

（2）关联性

汽车紧固件的机械性能和生产制造的各个环节都有关系，材料、尺寸、热处理、表面处理、装配效果、使用环境等因素都可以直接或间接改变紧固件的性能数据和质量表现。原材料中存在的夹杂物超标会降低强度，影响流线分布，极端情况下会造成冷镦开裂；加工制造过程中形成的缺陷，很多是难以消除的，折叠、裂口等往往是破断的诱因；热处理效果的好坏，直接决定汽车紧固件的机械性能指标，很多热处理不良的零件在装配环节就已发生变形、失弹、断裂等严重问题；表面处理能有效改善零件的表面防护能力和表面状态，但接触酸、碱性介质的表面处理，可能产生的氢脆或碱脆的危害性是很大的；高温、低温、粉尘、振动等各种使用条件也影响着汽车紧固件的机械性能发挥。汽车紧固件的机械性能不是孤立的指标，它与生产、制造、使用等各个环节都有一定的关联性。

汽车紧固件隶属于紧固件家族体系，同时有自身的结构、功能等方面特点，这决定了其检测工作与常规紧固件之间既有重合部分，也有自身特色，本章将详细阐述汽车紧固件机械性能部分的检测内容。

不同国家和地区，针对紧固件的机械性能有不同的性能标准体系，但在具体的性能指标和参数要求上，本质的区别或差异并不显著。

国际上，紧固件形成了两大流派的机械性能标准体系：米制紧固件机械性能标准体系，以国际标准为主；寸制紧固件机械性能标准体系，以美国标准为主。

目前，大多数米制紧固件机械性能标准，都已等效或等同采用了国际标准和欧盟ISO/EN系列标准。自1982年以后，我国紧固件行业全面等效采用ISO紧固件标准，这对提高紧固件产品质量、增强国际市场竞争力起到了重要作用。

随着我国汽车行业在近些年的长足发展，行业对紧固件的重视程度也得以提升，逐渐形成了以国标GB/T 3098系列、行业标准和学会标准为主，企业标准、规范性文件等为辅的紧固件机械性能标准体系。

7.1.1 汽车紧固件的组成和分类

不同车型上使用的紧固件种类从几十种到上百种，使用数量从几百个到几千个，形成了汽车紧固件种类繁多、数量巨大的局面。

为了全面清晰地描述汽车紧固件产品的机械性能类检测内容，将汽车紧固件分为如下类别：外螺纹件、内螺纹件、紧定螺钉、自攻螺钉、铆钉、垫圈、挡圈、销、卡箍。

7.1.2 汽车紧固件机械性能方面的检测项目

机械性能是决定汽车紧固件使用性能的关键，也是汽车紧固件从选材、设计到生产、加工、热处理、表面处理等生产过程的重要依据。可以说，紧固件的机械性能很大程度上决定了其使用范围及使用寿命，是紧固件质量的根本所在。紧固件机械性能方面的检测，在整个紧固件的检测工作中，占有相当大的比重。

紧固件机械性能检测项目有抗拉强度、屈服强度、规定非比例延伸0.2%的应力、紧固件实物的规定非比例延伸、保证应力、保证应力比、机械加工试件断后伸长率、断面收缩率、坚固件实物断后伸长率、头部坚固性、维氏硬度（HV）、布氏硬度（HBW）、洛氏硬度（HRB/HRC）、表面硬度、芯部硬度、渗碳层深度、螺纹未脱碳层高度、螺纹全脱碳层深度、再回火后硬度降低值、破坏扭矩、表面缺陷、保证扭矩、保证载荷、剪切、弹性、夹紧力、保持力等几十项。本章根据不同种类零件的特性和服役条件，列出了可能用到的机械性能类检测项目。机械性能类检测项目用到的硬度计、拉力机等试验设备，在本书第11章有专门阐述，本章不做过多讨论。

检测是得到机械性能数据最直观有效的方式，正确开展机械性能检测工作特别重要，也是汽车紧固件装车前的最后一道保障。

7.2 外螺纹件

本节讲述的试验方法均在环境温度10~35℃条件下进行，不在该环境条件下进行的试验，零件或材料机械和物理性能可能会有较大偏差。

螺栓、螺钉和螺柱的机械和物理性能要求可参见相关国家/行业标准或产品标准。其中，焊接杆件类、不锈钢杆件类、高温杆件类、螺塞类产品的性能类检测，统一归于外螺纹的杆件类，不单独叙述（除有明确说明部分，均指碳钢或合金钢类金属紧固件，本章以下内容均采用此规则）。

7.2.1 拉伸

拉伸试验是指在承受轴向拉伸载荷下测定材料特性的试验方法。拉伸试验可以测试零件的抗拉强度、屈服强度、断后伸长率、断面收缩率等性能指标，是检测零件机械性能的一种重要手段。

1. 试验设备

用于试验的拉伸试验机应符合GB/T 16825.1—2008标准的要求，设备应有自动定心装置，并且使用者可以决定使用或不使用该装置。拉伸试验机的介绍具体见本书第11章的相关内容。

2. 夹具和工装

（1）试验用的内螺纹夹具

试验用内螺纹夹具的形状由试验者根据试验机的结构自行设计，应满足以下要求：

1）硬度≥45HRC。
2）内螺纹可以是通孔或盲孔，但其有效螺纹长度应≥1D。
3）内螺纹与夹具拉伸时受力面的全跳动公差应符合 GB/T 3103.1—2002《紧固件公差 螺栓、螺钉、螺柱和螺母》中 4.2.2.2 的规定。
4）内螺纹精度按表 7-1 规定执行。

表 7-1 内螺纹夹具的螺纹

紧固件表面处理	螺纹公差	
	表面处理前紧固件的螺纹	内螺纹夹具的螺纹
不经表面处理	6h 或 6g	6H
按 GB/T 5267.1—2002 电镀	6g 或 6e 或 6f	6H
按 GB/T 5267.2—2021 非电解锌片涂层	6g 或 6e 或 6f	6H
按 GB/T 5267.3—2008 热浸镀锌、加大攻丝尺寸的螺母螺纹： 6H 6AZ 6AX	6az 6g 或 6h 6g 或 6h	6H 6AZ 6AX

（2）试验用垫块

根据试验目的，试验用垫块分楔形垫块和平垫块两种。试验用垫块的形状由试验者根据试验机及夹具的结构自行设计，但应满足以下要求：

1）硬度≥45HRC。
2）垫块应具有足够的刚性。
3）楔形垫块的孔径和圆角半径见表 7-2。
4）楔形垫块的角度 α 见表 7-3。

图 7-1 是本书推荐的一种试验垫块结构，该结构可满足有效螺纹长度≥2.5d 的螺栓和螺钉的拉伸试验，同时垫块又具有足够的刚度。

表 7-2 楔形垫块孔径和圆角半径 （单位：mm）

螺纹公称直径 d	$d_h^{a,b}$		r_1^c	螺纹公称直径 d	$d_h^{a,b}$		r_1^c
	Min	Max			Min	Max	
3	3.4	3.58	0.7	16	17.2.5	17.77	1.3
3.5	3.9	4.08	0.7	18	20	20.33	1.3
4	4.5	4.68	0.7	20	22	22.33	1.6
5	5.5	5.68	0.7	22	24	24.33	1.6
6	6.6	6.82	0.7	24	26	26.33	1.6
7	7.6	7.82	0.8	27	30	30.33	1.6
8	9	9.22	0.8	30	33	33.39	1.6
10	11	11.27	0.8	33	36	36.39	1.6
12	13.5	13.77	0.8	36	39	39.39	1.6
14	15.5	15.77	1.3	39	42	42.39	1.6

a. 按 GB/T 5277—1985 中等装配系列。
b. 对方颈螺栓，该孔应能与方颈相配。
c. C 级产品，圆角 r_1 按下式计算：$r_1 = r_{max} + 0.2$，式中，$r_{max} = (d_{a,max} - d_{s,min})/2$。

表 7-3 楔负载试验用楔形垫块角度 α

螺纹公称直径 d/mm	性能等级			
	螺栓或螺钉无螺纹杆部长度 $l_s \geq 2d$		全螺纹螺钉、螺栓或螺钉无螺纹杆部长度 $l_s < 2d$	
	4.6、4.8、5.6、5.8、6.8、8.8、9.8、10.9	12.9/12.9	4.6、4.8、5.6、5.8、6.8、8.8、9.8、10.9	12.9/12.9
	$\alpha \pm 30'$			
$3 \leq d \leq 20$	10°	6°	6°	4°
$20 < d \leq 39$	6°	4°	4°	4°

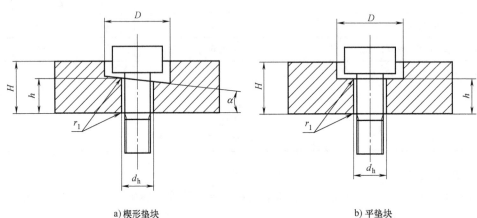

a) 楔形垫块　　　　　　　　　　　　　　b) 平垫块

图 7-1 螺栓和螺钉成品拉伸试验用楔形垫块和平垫块

注：1. r_1 为倒圆或 45°倒角，见表 7-3。
2. 建议 $h=d$，以保证 $l=2.5d$，$b=2.0d$ 的螺栓（钉）进行试验。
3. 建议 $H \geq 2d$，垫块具有足够的刚性和耐久度。
4. $D >$ 法兰面直径或六角头对角长度。

3. 楔负载

本试验适用于带或不带法兰面、并符合以下条件的螺栓和螺钉：①平的或锯齿形的支承表面；②头部承载能力强于螺纹部分和无螺纹杆部；③无螺纹杆部直径 $d_s > d_2$ 或 $d_s \approx d_2$；④公称长度 $l \geq 2.5d$；⑤螺纹长度 $b \geq 2.0d$；⑥栓接结构的螺栓 $b < 2d$；⑦3mm $\leq d \leq$ 39mm；⑧所有性能等级。

本试验可同时测定螺栓和螺钉成品的抗拉强度 R_m，以及头部与无螺纹杆部或螺纹部分交接处的牢固性。试验过程中，拉力试验机不得使用自动定心装置。若使用了自动定心装置，则会对图 7-1 和表 7-3 中所规定的楔垫角度产生较大影响，从而可能检查不出头杆结合处的牢固性。

将楔形垫块按图 7-1 所示置于螺栓或螺钉头下，螺纹端拧入内螺纹夹具（拧入深度应 $\geq 1d$）。此时应使未旋合螺纹长度 $l_{th} \geq 1d$（若 $l_{th} < 1d$，则测得的抗拉强度值可能较实际值大）。对带短螺纹长度栓接结构螺栓的楔负载试验，允许的未旋合螺纹长度 $l_{th} \leq 1d$。

试验机夹头的分离速度不应超过 25mm/min。拉力试验应持续进行，直至断裂，测量最大拉力载荷 F_m。

按下式计算抗拉强度 R_m：

$$R_m = F_m / A_{s,公称}$$
$$A_{s,公称} = (\pi/4) \times [(d_2 + d_3)/2]^2$$

式中，d_2 为外螺纹的基本中径；d_3 为外螺纹牙底小径（在设计牙型上），$d_3 = d_1 - H/6$；d_1 为外螺纹基本小径（在基本牙型上）；H 为原始三角形高度。

常用螺纹公称应力截面积 $A_{s,公称}$ 的数据在表 7-4 中给出。

表 7-4 常用螺纹公称应力截面积

螺纹规格	螺纹公称应力截面积 $A_{s,公称}/mm^2$	螺纹规格	螺纹公称应力截面积 $A_{s,公称}/mm^2$	螺纹规格	螺纹公称应力截面积 $A_{s,公称}/mm^2$
M3	5.03	M12×1.25	92.1	M20	245
M3.5	6.78	M12×1.5	88.1	M22×1.5	333
M4	8.78	M12	84.3	M22×2	318
M5×0.5	16.1	M14×1.25	129	M22	303
M5	14.2	M14×1.5	125	M24×1.5	401
M6×0.75	22	M14	115	M24×2	384
M6	20.1	M15×1	155	M24	353
M7×0.75	31.1	M15×1.5	145	M27×1.5	514
M7	28.9	M16×1	178	M27×2	496
M8×1	39.2	M16×1.5	167	M27	459
M8	36.6	M16	157	M30×2	621
M9×1	51	M17×1	202	M30	561
M9	48.1	M17×1.5	191	M33×2	761
M10×1	64.5	M18×1.5	216	M33	694
M10×1.25	61.2	M18×2	204	M36×3	865
M10	58	M18	192	M36	817
M11×1	79.5	M20×1.5	272	M39×3	1030
M11	72.2	M20×2	258	M39	976

抗拉强度 R_m 应符合相关规定。

头杆（或螺纹部分）结合处牢固性的判定：不应断裂在头部。

带无螺纹杆部的螺栓断裂位置：无螺纹杆部直径 $d_s \approx d_2$ 的螺栓，断裂应发生在未旋合螺纹的长度内或无螺纹杆部；无螺纹杆部直径 $d_s > d_2$ 的螺栓，断裂应发生在未旋合螺纹的长度内。

全螺纹的螺钉，若断裂开始于未旋合螺纹的长度内，则允许裂纹在拉断前延伸至头部与螺纹交接处，或者进入头部。即裂纹源必须位于未旋合螺纹长度内，扩展区或（和）瞬断区允许位于头下 R 或（和）头部。

对于头部支承面直径超过 1.7d，而未通过楔负载试验的螺栓和螺钉成品，可将头部支承面直径加工到 1.7d 再次进行试验。对于头部支承面直径超过 1.9d，而未通过楔负载试验的螺栓和螺钉成品，也可将楔垫角度由 10°减小为 6°进行试验。

4. 抗拉强度

该试验用于测定紧固件成品的抗拉强度 R_m，用于试验的紧固件成品应符合以下条件：①头部承载能力强于螺纹杆部的螺栓和螺钉；②头部承载能力强于无螺纹杆部的螺栓和螺钉；③无螺纹杆径 $d_s > d_2$ 或 $d_s \approx d_2$；④螺栓和螺钉公称长度 ≥ 2.5d，螺柱总长度 ≥ 3d；⑤螺纹长度 $b \geq 2d$，栓接结构螺栓 $b < 2d$；⑥3mm ≤ d ≤ 39mm；⑦所有性能等级。

试验时应避免斜拉，必要时应使用自动定心装置。试验夹具应符合本节前文所述的要求，并使用平垫块。

按图 7-2 所示将试件装入试验夹具，使有效旋合长度 ≥ 1d（螺柱试件螺纹两端分别拧入一个内螺纹夹具，拧入基体端应完全拧入内螺纹）；使未旋合螺纹长度 $l_{th} \geq 1d$。试验机夹头分离速度不应超过 25mm/min。

拉力试验应持续进行，直至断裂。测量最大拉力载荷 F_m；抗拉强度 R_m 的计算方法和判定与本节前文所述相同。

5. 断后伸长率 A_f 和 0.0048d 非比例延伸应力 R_{Pf}

用于试验的紧固件成品应符合以下条件：

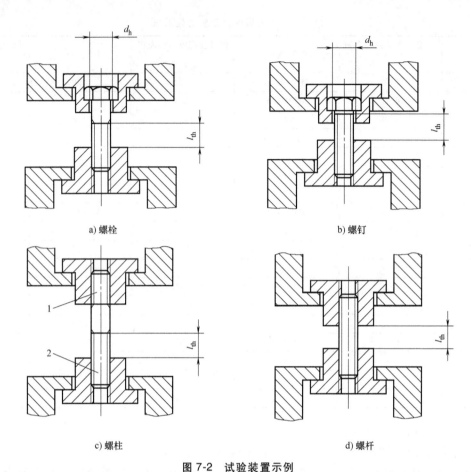

图 7-2 试验装置示例
1—拧入机体端　2—拧入螺母端　d_h—孔径　l_{th}—未旋合螺纹长度

① 头部承载能力强于螺纹杆部的螺栓和螺钉；
② 头部承载能力强于无螺纹杆部的螺栓和螺钉，螺柱拧入基体端比螺母端能承受更高的极限载荷；
③ 无螺纹杆径 $d_s > d_2$ 或 $d_s \approx d_2$；
④ 螺栓和螺钉公称长度 ≥ 2.7d，螺柱总长度 ≥ 3.2d；
⑤ 螺纹长度 $b \geq 2.2d$；
⑥ 3mm ≤ d ≤ 39mm；
⑦ 所有性能等级。

试验时应避免斜拉，必要时应使用自动定心装置。试验夹具应符合本节前文所述要求，并使用平垫块。试验装置（不仅指试验夹具、垫块等，还包括试验机夹头、机身等）应有足够的刚性，以避免因试验装置变形而对断后伸长率 A_f 和 0.0048d 非比例延伸应力 R_{Pf} 测试产生影响。

按图 7-2 所示将试件装入试验夹具，使有效旋合长度 ≥ 1d（螺柱试件螺纹两端分别拧入一个内螺纹夹具，拧入基体端应完全拧入内螺纹）；使未旋合螺纹长度 l_{th} = 1.2d。直接测量 l_{th} = 1.2d 是困难的，建议用以下方法：首先把螺栓螺纹完全拧入内螺纹夹具，然后按相当于 1.2d 的扣数拧退内螺纹夹具。对于螺纹规格 M10×1.25 的螺栓，将螺栓螺纹完全拧入内螺纹夹具，在螺栓与夹具上划记号；计算需要拧退的圈数（10×1.2）/1.25 = 9.6 圈；先拧退 9 圈，再继续拧退 0.6×360° = 216°（用角度尺更容易测量）。测试 0.0048d 非比例延伸应力 R_{Pf} 时，试验机夹头分离速度不应超过 10mm/min，测试断后伸长率 A_f 时，试验机夹头分离速度不应超过 25mm/min。

试验应持续进行，直至拉断。试验的全过程应绘制载荷-位移曲线，为获得较高的测量精度，曲线弹性变形阶段与载荷轴线（纵坐标）间的夹角应为 30°~45°。

断后伸长率 A_f 的测定方法：在载荷-位移曲线上，作弹性变形部分直线段延长线（若该直线部分有一定弧度，可分别取螺栓保证载荷40%和70%的两个点作直线），与横坐标交于点a；在断裂点作弹性变形部分直线段的平行线，与横坐标交于点b；线段ab即为螺栓产生的塑性变形量ΔL_p，如图7-3所示。

按下式计算紧固件实物的断后伸长率：

$$A_f = \Delta L_p / 1.2d$$

需要注意的是，该方法基于塑性变形完全发生在未旋合螺纹长度1.2d范围内，而头部、无螺纹杆部完全不发生塑性变形，测定结果是有效的。若因某些原因，头部、无螺纹杆部产生了塑性变形，或试验工装产生了滑移，则测试结果是不可信的。

0.0048d非比例延伸应力R_{Pf}的测定方法：在载荷-位移曲线上，作弹性变形部分直线段延长线（若该直线部分有一定弧度，可分别取螺栓保证载荷40%和70%的两个点作直线），与横坐标交于点a；在横坐标上，从点a移动0.0048d的长度至点b，沿点b作弹性变形部分直线段的平行线，交载荷-位移曲线于点c，点c对应的载荷即紧固件实物的0.0048d规定非比例延伸载荷F_{Pf}，如图7-4所示。

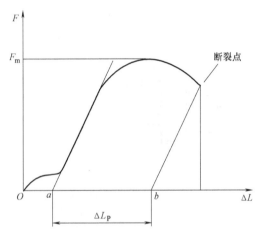

图7-3 测定断后伸长率A_f的载荷-位移曲线

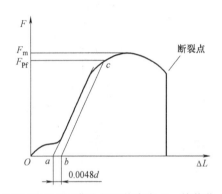

图7-4 测定0.0048d非比例延伸应力R_{Pf}的载荷-位移曲线

按下式计算0.0048d非比例延伸应力R_{Pf}：

$$R_{Pf} = F_{Pf} / A_{s,公称}$$

6. 头部弱的螺栓和螺钉拉力

对于头部因设计原因，如十字槽、内梅花或薄的头部结构等，造成螺栓（钉）头部的强度弱于螺纹或无螺纹杆部的情况，进行拉伸试验时，预计断裂不发生在螺纹部分或无螺纹杆部。对这类螺栓（钉）进行拉力试验，仅能测出螺栓（钉）的最大拉力载荷。

用于试验的紧固件成品应符合以下条件：①无螺纹杆径$d_s > d_2$或$d_s \approx d_2$；②螺栓和螺钉公称长度≥2.5d；③螺纹长度$b \geq 2.0d$；④3mm≤d≤39mm；⑤所有性能等级。

试验时应避免斜拉，必要时应使用自动定心装置。试验夹具应符合本节前文所述要求，并使用平垫块。按图7-2所示将试件装入试验夹具，使有效旋合长度≥1d，未旋合螺纹长度$l_{th} \geq 1d$。试验机夹头分离速度不应超过25mm/min。试验应持续进行，直至断裂，测量极限拉力载荷F_m。

该极限拉力载荷应不小于相应产品标准或其他技术条件规定的最小拉力载荷。

7. 腰状杆紧固件拉力

本试验用于测定腰状杆紧固件的抗拉强度。用于试验的紧固件应符合以下条件：①无螺纹杆径$d_s < d_2$；②腰状杆长度≥3d_s；③螺纹长度$b \geq 1d$；④3mm≤d≤39mm；⑤除4.8、5.8、6.8外的所有性能等级。

试验时应避免斜拉，必要时应使用自动定心装置。试验夹具应符合本节前述要求，并使用平垫块。按图7-2所示将试件装入试验夹具，使有效旋合长度≥1d。试验机夹头分离速度不应超过25mm/min。试验应持续进行，直至断裂，测量极限拉力载荷F_m。

按下式计算腰状杆紧固件的抗拉强度R_m：

$$R_m = F_m / A_{ds}$$

式中，$A_{ds} = (\pi/4)d_s^2$

断裂应发生在腰状杆部分，抗拉强度应符合相关规定。

8. 保证载荷

保证载荷试验的目的是检测紧固件成品在规定载荷下是否产生塑性变形。试验由两个部分组成：施加规定的载荷并保持规定的时间；测量由该载荷产生的永久伸长。

用于试验的紧固件成品应符合以下条件：①头部承载能力强于螺纹杆部的螺栓和螺钉；②头部承载能力强于无螺纹杆部的螺栓和螺钉；③无螺纹杆径 $d_s > d_2$ 或 $d_s \approx d_2$；④螺栓和螺钉公称长度 $\geq 2.5d$，螺柱总长度 $\geq 3.0d$；⑤螺纹长度 $b \geq 2.0d$；⑥$3\text{mm} \leq d \leq 39\text{mm}$；⑦所有性能等级。

试验时应避免斜拉，必要时应使用自动定心装置。试验夹具应符合本节前述要求，并使用平垫块。

试验前应在紧固件头部和螺纹末端（螺柱在两螺纹端面）加工中心孔，使测头与螺纹末端中心孔为"球-锥"接触，如图 7-5 所示。

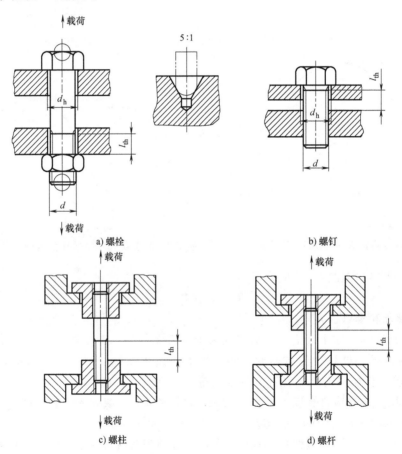

图 7-5　紧固件成品施加保证载荷安装示例

注：测头与紧固件末端中心孔间应为"球-锥"接触，也可使用其他适当方法。

测量并记录紧固件加载前的总长度 l_0。为减小测量误差，应将紧固件置于带球形测头的台架式测量仪器中测量；在测量的过程中，应使用手套或钳子，以将由温度引起的误差减到最小。按图 7-5 所示将紧固件拧入螺纹夹具，使螺纹有效旋合长度 $\geq 1d$，未旋合螺纹长度 $l_{th} = 1d$。为达到使未旋合螺纹长度 $l_{th} = 1d$ 的要求，建议先把螺纹完全拧入内螺纹夹具，然后按相当于 $1d$ 的扣数拧退内螺纹夹具（方法同 7.2.1 节第 5 条所述）。

对紧固件轴向施加相关技术要求规定的保证载荷，并在该载荷下保持 15s。试验机夹头分离速度 $\leq$ 3mm/min。卸载后按测量紧固件加载前总长度的方法测量加载后的总长度 l_1。

紧固件加载前后总长度应相同（允许有 $\pm 12.5\mu m$ 的测量误差）。某些不确定因素，如直线度、螺纹对中性和测量误差等，在初次施加保证载荷后，可能导致紧固件明显伸长。这种情况下，可施加比相应产品标准或其他技术条件规定的保证载荷大3%的载荷,再次进行保证载荷试验,若第二次施加载荷前后总长度相同(允许有±12.5μm的测量误差),则应认为紧固件保证载荷试验合格。

图7-6是一种能有效减少测量误差的测量台和工装,可供参考。

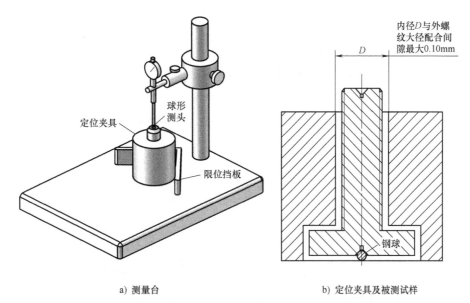

a) 测量台　　　b) 定位夹具及被测试样

图 7-6　伸长量检测装置

9. 机加工试件拉力

该试验可测定抗拉强度 R_m、下屈服强度 R_{eL} 或 0.2%非比例延伸应力 $R_{P0.2}$、断后伸长率(机加工试件)A、断面收缩率 Z。

用于试验的紧固件成品应符合以下条件:①螺纹长度 $b \geq 1d$;②$3\text{mm} \leq d \leq 39\text{mm}$;③测定 A,螺栓和螺钉公称长度 l 或螺柱总长度 $l_t \geq 6d_0+2r+2d$;④测定 Z,螺栓和螺钉公称长度 l 或螺柱总长度 $l_t \geq 4d_0+2r+2d$;⑤除 4.8、5.8、6.8 外的所有性能等级。其中,4.8 级、5.8 级等通过冷作硬化作用强化的紧固件,其表面与芯部强化效果不同,机械加工试样不能真实反映紧固件本身的机械性能,因此应对这类紧固件进行实物拉力试验。

紧固件应按图 7-7 的要求进行加工,机械加工试件的直径应为:$d_0 < d_{3,\min}$,并尽可能为:$d_0 \geq 3\text{mm}$。公称直径 $d > 16\text{mm}$,且淬火并回火紧固件的机械加工试件,其直径减小量不应超过原有直径的 25%,这主要是由于受材料淬透性影响,紧固件直径越大,材料芯部和表面硬度、强度等机械性能差异就越大;机械加工试件直径减小量过大,不能真实反映紧固件本身的机械性能。

试验时应避免斜拉,必要时应使用自动定心装置。试验夹具应符合本节前述要求,并使用平垫块。

按 GB/T 228.1—2010《金属材料　拉伸试验　第 1 部分:室温试验方法》的规定进行拉力试验。试验机夹头分离速度:检测下屈服强度 R_{eL} 或 0.2%非比例延伸应力 $R_{P0.2}$ 不应超过 10mm/min,检测其他项目不应超过 25mm/min。若要测试下屈服强度 R_{eL} 或 0.2%非比例延伸应力 $R_{P0.2}$,需要在试样标距段装夹引伸计,并用引伸计绘制延伸率-应力曲线,如图 7-8、图 7-9 所示。试验应持续进行,直至断裂,测量极限拉力载荷 F_m。

按下式计算试验结果:

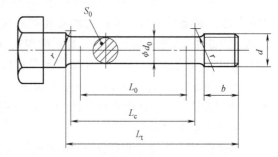

图 7-7　拉力试验用机械加工试件

d—螺纹公称直径　d_0—机械加工试件的直径($d_0 < d_{3,\min}$,并尽可能为 $d_0 \geq 3\text{mm}$)　b—螺纹长度($b \geq d$)　L_0—机械加工试件的初始测量长度,用于测定机械加工试件的断后伸长率 $L_0 = 5d_0$ 或 ($5.65\sqrt{S_0}$),用于测定机械加工试件的断面收缩率 $L_0 \geq 3d_0$　L_c—机械加工试件直线段的长度(L_0+d_0)　L_t—机械加工试件的总长度(L_c+2r+b)　S_0—拉力试验前机械加工试件的横截面积　r—圆角半径($r \geq 4\text{mm}$)

$R_m = F_m/S_0$。

$A = (L_u - L_0)/L_0 \times 100\%$。

式中，L_u 为机械加工试件的断后长度。

断面收缩率 Z 为

$$Z = (S_0 - S_u)/S_0 \times 100\%$$

式中，S_u 为机械加工试件的断后横截面积。

下屈服强度 R_{eL} 不计初始瞬时效应时的最小应力，在延伸率-应力曲线上读取，如图7-8所示。

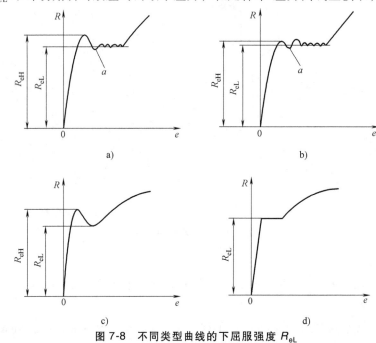

图7-8 不同类型曲线的下屈服强度 R_{eL}

e—延伸率 R—应力 R_{eH}—上屈服强度 R_{eL}—下屈服强度 a—初始瞬时效应

0.2%非比例延伸应力 $R_{P0.2}$ 在延伸率-应力曲线上，e_P 取引伸计标距的 0.2% 对应的应力，如图7-9所示。

10. 不锈钢螺栓、螺钉和螺柱的拉伸

不锈钢螺栓、螺钉和螺柱拉伸试验用夹具，除内螺纹公差为 5H6G 外，其余要求与本节前文所述相同；楔负载试验用楔垫角度按表7-3中12.9级以下等级选择；除楔负载试验外，所有拉伸试验应使用自动定心装置，以免试件承受横向载荷。

不锈钢螺栓、螺钉和螺柱楔负载试验（仅针对马氏体不锈钢）和抗拉强度 R_m 试验方法与碳钢或合金钢紧固件试验方法相同，可参见前文内容。

不锈钢螺栓、螺钉和螺柱 0.2% 非比例延伸应力 $R_{P0.2}$ 在紧固件实物上进行测试。用于试验的紧固件应 $l \geq 2.5d$。按图7-10所示安装紧固件和螺栓伸长计，螺纹有效旋合长度应 $\geq 1d$，且未旋合螺纹长度应 $\geq 1d$；测量螺栓的夹紧长度 L_3（头部支承面到螺纹夹具端面之间的距离）。进行拉伸试验，建议夹头分离速度不超过 10mm/min，试验过程中绘制如图7-11所示力-伸长曲线图。在力-伸长曲线图伸长轴（横坐标）上，取长度等于 0.2% 夹紧长度 L_3 的线段 OP，从曲线的直线部分水平地划一直线，并取与 OP 相同的数值，即 QR。通过 P 点和 R 点绘一直线，与力-伸长曲线相交于点 S，即相当于纵坐标上 T 点的力。该力除以螺纹公称应力截面积 $A_{s,公称}$，即可得出 $R_{P0.2}$。

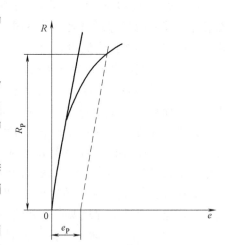

图7-9 非比例延伸强度 R_P

e—延伸率 e_P—规定塑性延伸率
R—应力 R_P—规定塑性延伸强度

当无螺纹杆部截面积大于螺纹公称应力截面积 $A_{s,公称}$ 时，屈服发生在未旋合螺纹部分，而无螺纹杆部未产生屈服。但是 OP 是按无螺纹杆部和未旋合螺纹长度之和计算的，这就造成 S 点较材料实际屈服强度高。另一种情况，当无螺纹杆部截面小于螺纹公称应力截面积 $A_{s,公称}$ 时，屈服发生在无螺纹杆部，而未旋合螺纹部分未产生屈服。同理，S 点较材料实际屈服强度高；此时，再用 T 点的力除以螺纹公称应力截面积 $A_{s,公称}$ 也是不恰当的。因此，当需要进行仲裁试验时，采用前文所述机械加工试件进行试验是有必要的。

不锈钢螺栓、螺钉和螺柱断后伸长量 A 的测定：先测量紧固件总长度 L_1；然后将紧固件拧入螺纹夹具中，螺纹有效旋合长度等于 1d。进行拉伸试验，直至拉断，建议夹头分离速度不超过 25mm/min。使试件断裂处紧密吻合，并再次测量长度 L_2，如图 7-12 所示。断后伸长量 A 按下式计算：

$$A = L_2 - L_1$$

7.2.2 头部坚固性

该试验用于检查头下 R 过渡处的牢固性。检查时，锤击置于有规定角度试验模中的紧固件头部。楔负载试验是检测头部坚固性更有效的方法，因此，该试验仅用于因紧固件太短而不能进行楔负载的情况。

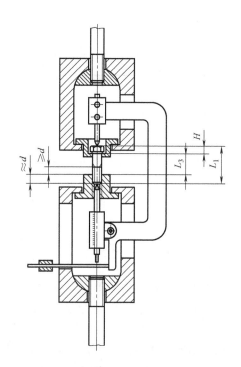

图 7-10 自动定心螺栓伸长计示意

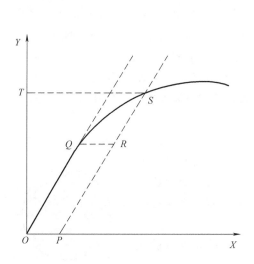

图 7-11 测定 $R_{p0.2}$ 的力-伸长曲线图
X—伸长　Y—力

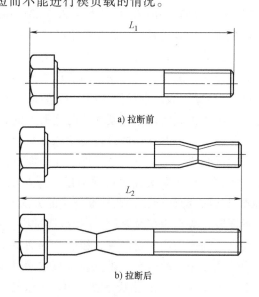

a) 拉断前

b) 拉断后

图 7-12 断后伸长量 A 的测定

用于试验的紧固件成品应符合以下条件：①头部承载能力强于螺纹杆部；②$d \leqslant 10mm$；③公称长度 $l \geqslant 1.5d$；④所有性能等级。

试验装置如图 7-13 所示，并应符合以下规定：①硬度≥45HRC；②通孔直径 d_h 和圆角 r_1，按表 7-3 的规定；③试验模厚度≥2d；④β 角按表 7-5 的规定。

用锤子击打螺栓或螺钉头部，使头弯曲至支承面与试验模表面贴平，用 8~10 倍放大镜进行检查。在头部与无螺纹杆部或螺纹处，不应发现裂纹；全螺纹的螺钉，即使在第一扣螺纹上出现裂缝，只要头部未断掉，仍应视为符合本试验要求。

表 7-5　头部坚固性试验用试验模 β 角

性能等级	4.6	5.6	4.8	5.8	6.8	8.8	9.8	10.9	12.9/12.9
β	60°		80°						

7.2.3　硬度

硬度是指物体抵抗硬物压入其表面的能力，是衡量材料性能的重要指标。由于硬度试验的方法不同，就出现了不同的硬度标准。例如，洛氏硬度的衡量方法是测量压痕深度，相同的试验条件下，压痕越深，硬度越低；维氏硬度和布氏硬度的衡量方法是测量压痕的面积，相同试验条件下，压痕面积越大，硬度越低；其他还有里氏硬度、肖氏硬度、努氏硬度等。常用的硬度试验设备详见本书第 11 章内容。

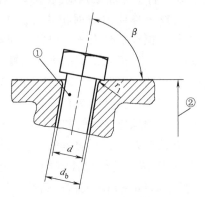

图 7-13　头部坚固性试验用试验模
①—$l \geqslant 1.5d$　②—试验模厚度 $\geqslant 2d$

每种硬度试验方法都有自身的优缺点，应根据需要选择最适合的硬度试验方法。不同硬度标准之间，或者相同硬度标准不同标尺之间（如洛氏硬度 A、B、C 标尺），由于试验和评价方法不同，因此相互不能直接换算，但是可通过试验加以比对。GB/T 1172—1999《黑色金属硬度及强度换算值》标准即是在试验的基础上对黑色金属的常用硬度（洛氏、布氏、维氏）、强度进行比对换算，可供参考。

对紧固件的硬度试验，可采用洛氏、布氏和维氏硬度试验方法进行测定。洛氏硬度试验应按 GB/T 230.1—2018《金属材料洛氏硬度试验　第 1 部分：试验方法（A、B、C、D、E、F、G、H、K、N、T 标尺）》标准规定，布氏硬度应按 GB/T 231.1—2018《金属材料　布氏硬度试验　第 1 部分：试验方法》标准规定，维氏硬度应按 GB/T 4340.1—2009《金属材料　维氏硬度试验　第 1 部分：试验方法》标准规定，具体试验方法和要求详见相关标准，此处不作赘述。除产品或相关标准明确规定应按某种试验标准进行外，试验者应根据产品的尺寸大小、硬度范围、热处理工艺等，选择合适的试验标准。例如 M6 螺栓，其螺纹截面直径约 5mm，硬度试验区域为以螺纹轴心为圆心，直径 2.5mm 的圆。要在这么小的范围内用布氏或洛氏进行硬度检测是困难的，同时也不能满足试验标准中关于两压痕间最小距离的要求，因此，这种情况下选择维氏硬度进行检测是恰当的。

硬度试验检测部位可在紧固件表面和螺纹横截面进行。若在紧固件表面（头部、无螺纹杆部、螺纹末端）检测，应去除表面镀层或涂层，并对试件进行适当处理。若测试表面为凸或凹球面/圆柱面，应按标准规定的方法对硬度值进行修正。在螺纹横截面检测硬度，应在距螺纹末端 1d 处截取试样，并经适当处理，在 1/2 半径与轴心线之间的区域内测定硬度，如图 7-14 所示。

测试硬度用试验载荷：维氏硬度试验最小载荷为 98N；布氏硬度试验载荷等于 $30D^2$，单位 N；洛氏硬度选 B、C 标尺。

硬度常规检测可在紧固件表面进行，若有争议，应在螺纹横截面，并使用维氏硬度进行仲裁。

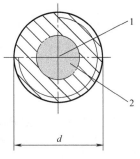

图 7-14　螺纹横截面 1/2 半径区域内测定硬度
1—紧固件轴心线
2—1/2 半径区域

7.2.4　脱碳

脱碳是指钢材表层碳的损耗，是指钢中的碳在高温下与氧、氢等发生化学反应产生 CO、H_2 等的过程，反应方程式如下：

$$Fe_3C + 2H_2 \rightleftharpoons 3Fe + CH_4$$
$$2Fe_3C + O_2 \rightleftharpoons 6Fe + 2CO$$
$$Fe_3C + H_2O \rightleftharpoons 3Fe + CO + H_2$$
$$Fe_3C + CO_2 \rightleftharpoons 3Fe + 2CO$$

因此，当高温加热气氛中含有较多的 H_2、O_2、H_2O、CO_2 等时，在钢材表面发生氧化反应，碳元素损耗产生脱碳。

脱碳会降低钢材表面金属硬度强度，对于螺纹紧固件来说，表面脱碳对螺纹强度的影响是最大的。当脱碳层超过规定时，可能造成螺纹失效，俗称脱扣或滑牙。脱碳可能是由热处理工艺（退火或调质）造成，也可能是原材料本身脱碳引起。检测紧固件脱碳层应在螺纹纵剖面进行，采用金相法或硬度法。金相法可以测定螺纹全脱碳层深度 G 和螺纹未脱碳层高度 E，硬度法可以测定螺纹未脱碳层高度 E 和用显微硬度法测定不完全脱碳层，如图 7-15 所示。

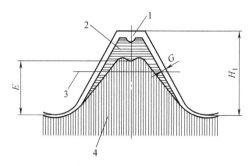

图 7-15 脱碳层
1—全脱碳 2—不完全脱碳 3—中径线 4—基体金属 E—螺纹未脱碳层的高度 G—螺纹全脱碳层的深度 H_1—最大实体条件下外螺纹的牙型高度

1. 金相法检测脱碳层

金相法适用于 8.8 级~12.9/12.9 级所有规格紧固件。8.8 级以下紧固件虽未规定脱碳层的技术要求，但也可以参考该方法检测脱碳层。

应从完成全部热处理工序，并加工完螺纹的紧固件上制取试件。试件若有镀层或其他涂层，应根据镀（涂）层性质，采用适当的方式去除（如物理或化学的方法）。镀（涂）层去除应彻底，也应避免去除过度破坏基体金属。如 Zn/Fe 镀层，可采用 50%（体积分数）的 HCl 水溶液，加 3.5g/L 的六次甲基四胺缓蚀剂进行化学去镀层。

金相试样的腐蚀是电化学腐蚀过程。对底材呈阳极的镀层或涂层，如铁基体上镀锌，由于镀（涂）层电极电位较基体金属低，在电化学腐蚀时镀（涂）层呈腐蚀阳极而先受到腐蚀，铁基体不发生腐蚀或腐蚀较慢，从而影响基体金属金相组织的显示（图 7-16a）。反之，如果是对底材呈阴极的镀层或涂层，如铁基体的锌铝涂层，由于镀（涂）层电极电位较基体金属高，在电化学腐蚀时镀（涂）层呈阴极，铁基体腐蚀显示基体金属金相组织，而不受镀（涂）层的影响（图 7-16c）。因此，笔者认为，用金相法检测脱碳层时，对底材呈阳极的镀（涂）层，制样前必须去除以避免影响基体金属金相组织的显示；对底材呈阴极的镀（涂）层，可以不予去除。常见的对底材呈阳极的镀（涂）层有 Zn/Fe、Cd/Fe、Sn/Cu 等；常见的对底材呈阴极的镀（涂）层有 Ni/Fe、Cr+Ni/Fe、Cr+Ni+Cu/Fe、ZnNi/Fe、Cu/Fe、锌铝涂层/Fe 等。

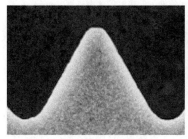 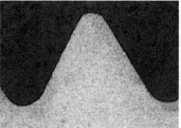 

a) 未去除镀层(Zn/Fe)腐蚀　　b) 去除镀层(Zn/Fe)后腐蚀　　c) 未去除锌铝涂层腐蚀

图 7-16 不同镀（涂）层腐蚀效果

在距螺纹末端约 $1d$，沿螺纹轴心线截取一纵向截面的试件。截取纵向截面时应注意留出试样磨抛时的加工余量，尽量使金相观察面位于螺纹轴心线。观察面偏离轴心线过多或过少都会造成测量误差。

试件应按 GB/T 13298—2015《金属显微组织检验方法》标准的要求加工成可以进行金相观察的试样，并采用合适的腐蚀剂进行腐蚀以显示金属组织。通常，碳钢和低合金钢采用 3%~5% 的硝酸乙醇溶液作为腐蚀剂，腐蚀时间以清晰显示出金属组织为宜。

将腐蚀好的试样置于显微镜下，除非另有协议，否则应放大 100 倍进行检查。可借助显微镜毛玻璃屏、带十字准线的目镜测微尺或测量软件，按图7-15所示测量 E 和 G 的值。

螺纹未脱碳层高度 E 和全脱碳层深度 G 应符合相应产品标准或其他技术条件的规定。

当制造者需要确定脱碳是由于调质工序或是调质之前材料脱碳造成时，可取螺纹末端的纵剖面进行检查，若该剖面未脱碳，表明脱碳在调质工序之前就已经存在；若该剖面有脱碳，表明脱碳是调质工序产生。这对于制造者采取纠正预防措施是很有必要的。

2. 硬度法检测脱碳层

硬度法适用于8.8级~12.9/12.9级、螺距≥1.25mm的紧固件。试样的制备同金相法，但不需要去除表面镀（涂）层和腐蚀。

硬度法应采用维氏硬度，试验力为2.942N（HV0.3）。按图7-17a所示，先测量第1点的硬度值HV（1），然后从牙顶向牙底方向，沿一条或两条垂直于牙底连线打硬度（注意：压痕中心距试样边缘和两压痕中心距离应满足GB/T 4340.1—2009中的相关要求）；当测得的硬度值≥HV（1）-30时，该点到第1点的垂直距离，即为螺纹未脱碳层高度 E。

采用上述方法测得 E 的准确数值是非常烦琐的。作为日常检测，为快速定性紧固件未脱碳层 E 是否满足产品相关标准或其他技术条件要求的最小值，可按图7-17b所示，在第1点正上方，于相关产品标准或其他技术条件规定的 E_{min} 距离处测第2点，若该点硬度值HV（2）≥HV（1）-30，表明紧固件 E 值满足标准规定的最小值。

应该注意，若螺纹为热处理后采用辗制加工，试验者应充分考虑冷作硬化的作用对硬度的影响，可能造成 E 值比实际高。因此，笔者建议这种情况下，选择硬度法应谨慎。

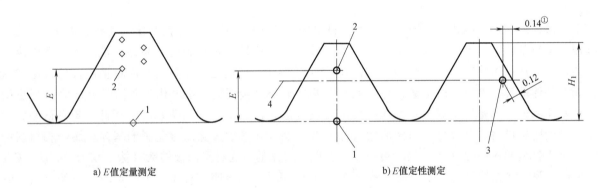

a) E 值定量测定　　　　　b) E 值定性测定

图7-17　脱碳和增碳试验的硬度测量

E—螺纹未脱碳层的高度（mm），未脱碳 HV（2）≥HV（1）-30　H_1—最大实体条件下外螺纹的牙型高度（mm），

未增碳 HV（3）≤HV（1）+30　1、2、3—测量点　4—螺纹中径线

① 给出0.14mm值仅表明在螺纹中径线上该点的位置。

7.2.5　增碳

由7.2.4节描述的反应方程式可以看出，该方程式是可逆的，当高温加热气氛中含有较多的 CH_4、CO时，气体分解出的活性碳原子使钢材表面碳元素增加，就产生增碳。由于表层碳元素含量比基体高，经淬火回火后，表面硬度也会比基体金属高。因此可以采用表面与基体硬度的差值，来评定紧固件表面是否增碳。

增碳引起的表面硬度增加，会降低表层金属的塑性，在拉应力作用下，易形成微裂纹，进面引起应力集中，造成紧固件发生脆断或降低耐疲劳性。应该注意的是，冷作硬化（如热处理后辗制螺纹）也会造成表面硬度增高。冷作硬化在螺纹表面产生压应力，这对于提高紧固件的耐疲劳性有极大的帮助，因此应仔细区分表面硬度增高是由于增碳还是冷作硬化造成。区分是不是冷作硬化引起，除了可以从加工工艺知道外，用金相法也可区分。热后辗制的螺纹，在螺纹纵剖面的金相组织上，可见明显的纤维状索氏体沿金属流动方向分布，而热前辗制的螺纹无纤维状索氏体组织，如图7-18所示。

增碳试验可以在纵向截面上测定硬度，也可以在表面测定硬度。如有争议，以及当 $P \geqslant 1.25 \text{mm}$ 时，在纵向截面测定硬度的方法是仲裁试验方法。

1. 在纵向截面测定硬度

该方法适用于螺距 $P \geqslant 1.25 \text{mm}$、8.8 级～12.9/12.9 级的紧固件。试样的制备按 7.2.4 节中讲述的方法，但不需要腐蚀和去除表面镀（涂）层。

试验采用维氏硬度，试验力为 2.942N（$HV_{0.3}$）。按图 7-17b 所示测量第 1 点和第 3 点的维氏硬度值。如果试样已经进行过硬度法测定 E 值，第 3 点的硬度可在相邻牙的螺纹中径线上，距牙侧垂直距离 0.12mm 处测量。第 3 点的硬度值 HV（3）≤HV（1）+30 表示未增碳，HV（3）>HV（1）+30 表示已增碳。

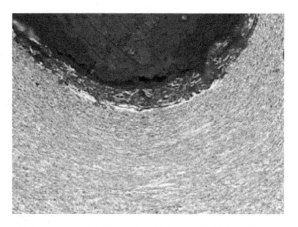

图 7-18 沿金属流动方向分布的纤维状索氏体

2. 在表面测定硬度

该方法适用于 8.8 级～12.9/12.9 级所有规格的紧固件。

试验采用维氏硬度，试验力为 2.942N（$HV_{0.3}$）。在紧固件头部或螺纹末端，应以最少的研磨或抛光来制备一个合适的平面，保持材料表面原始性能，在该表面测定表面硬度；从距螺纹末端 $1d$ 处截取一个横截面，并经适当处理，测定基体金属硬度（ISO 898-1 规定基体金属硬度的测定按 7.2.3 节讲述的方法在螺栓截面上进行，即螺纹横截面上 1/2 半径与轴心线间的区域内测定）。

表面硬度应不大于基体金属硬度加 30 个维氏硬度值，超过 30 个维氏硬度值表示已增碳。

7.2.6　再回火

本试验用于检验热处理工艺的最低回火温度。回火温度越高硬度越低，当采用比标准规定的最低回火温度低 10℃ 的温度进行再次回火，若硬度比回火前还低，说明制造者采用了低于标准规定的最低回火温度的温度进行回火。

该方法适用于 8.8 级～12.9/12.9 级所有规格的紧固件。

先按 7.2.3 节中讲述的在螺纹横截面上测定硬度的方法测定维氏硬度，并在一个紧固件上读取三点数值。将该紧固件进行再回火，回火温度为：8.8 级、9.8 级、10.9 级、12.9 级（合金钢）采用 415℃；12.9 级（添加元素的碳钢）采用 370℃。保温时间为 30min。再回火后，在同一紧固件上并在与第一次测定相同的区域，测定新的三点维氏硬度值。对比再回火前、后三点硬度平均值，再回火后，硬度降低（如果有）应小于 20 个维氏硬度单位。

7.2.7　破坏扭矩

将试验用的螺栓和螺钉夹紧在试验装置中，使螺栓和螺钉只承受扭力，直至破坏，测定其破坏扭矩。扭力计的示值不应超过对试件规定的最小破坏扭矩的 5 倍，扭力计的最大误差为试验最小破坏扭矩的 ±7%。

用于试验的紧固件应符合：①头部承载能力强于螺纹杆部；②无螺纹杆部直径 $d_s > d_2$ 或 $d_s \approx d_2$；③1.6mm≤d≤10mm；④螺纹长度 $b \geqslant 1d+2P$；⑤所有性能等级。

将螺栓或螺钉装入图 7-19 所示的试验夹具，应至少有 $1d$ 螺纹长度，应保证至少有 2 扣螺纹未旋入以承受扭转时的剪切力。试验过程中，螺栓或螺钉头部、无螺纹杆部或未旋合螺纹部分，不应与其他物体摩擦而影响试验结果。试验时，施加扭矩应连续、平稳，直至螺栓或螺钉断裂。螺栓和螺钉的破坏扭矩应满足产品相关标准或其他技术条件要求的最小值。

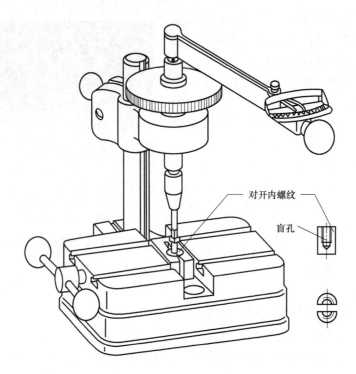

图 7-19 破坏扭矩试验装置

7.2.8 机械加工试样冲击

冲击试验是一种研究材料对于动荷抗力的试验。和静载荷作用不同，由于加载速度快，材料内的应力骤增，变形速度影响了材料的结构性质，所以材料对动载荷作用往往表现出另一种反应，如在静载荷作用下有很好塑性的材料，在动载荷作用下有可能表现出脆性。此外，冲击试验还可以揭示静载荷不易发现的某些结构特点和工作条件对机械性能的影响，如应力集中、材料内部缺陷、化学成分、热处理状态等，因此它在工艺分析比较和科学研究中都具有重要意义。冲击吸收功 A_k 的测定原理是能量守恒原理，即摆锤在最高处静止时有一定势能，将试样冲断后继续上升到一定高度时有一定势能，两者之差即为试样在断裂过程中的吸收功 A_k。

冲击试验设备详见本书第 11 章相关内容。

用于试验的紧固件应符合：①由螺栓、螺钉和螺柱制取的机械加工试件；②总长度（包括头部）≥55mm；③$d \geq 16$mm；④5.6 级、8.8 级、9.8 级、10.9 级、12.9/12.9 级。

机械加工试样应符合 GB/T 229—2020《金属材料 夏比摆锤冲击试验方法》的规定。该试件应沿螺杆纵向，尽量靠近紧固件表面，并尽可能远离螺纹部分。试件无刻槽的一边应靠近紧固件表面。

经机械加工的试件应置于恒温-20℃的条件下，用半径为 2mm 的摆锤刀刃，按 GB/T 229—2020 的规定进行试验。

7.2.9 表面缺陷

表面缺陷的检查按 GB/T 5779.3—2000《紧固件表面缺陷 螺栓、螺钉和螺柱 特殊要求》的要求进行，本书第 3 章中有较详细的叙述，在此不再赘述。这里仅针对第 3 章不涉及的淬火裂纹进行补充。

在淬火过程，当热应力或（和）相变应力大于材料本身的强度并超过塑性变形极限时，便会导致产生淬火裂纹。紧固件上任何长度、任何深度或任何部位的淬火裂纹都是不允许存在的。

淬火裂纹的特征：淬火裂纹的分布没有一定的规律，但一般容易在紧固件的尖角、截面突变处、冷镦折叠或其他外部缺陷（如锻造裂缝、剪切裂缝等）处形成。在显微镜下观察到的淬火开裂，裂纹两侧无脱碳层，尾端尖细；开裂形式可能是沿晶开裂，也可能是穿晶开裂，如图 7-20 所示。

引起淬火开裂的原因是多方面的，如冶金缺陷、热处理工艺参数、零件结构、制造过程缺陷等，因此应从产品设计、工艺设计以及过程控制等着手，采取合理的措施，以避免产生淬火裂纹。一旦发现紧固件有淬火裂纹，应用磁粉探伤或其他可靠的方法对该批零件进行 100% 检查。

7.2.10 氢脆

本书第 5 章对氢脆试验有详细阐述，此处不再赘述。

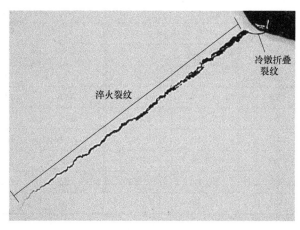

图 7-20 冷镦折叠裂纹引起的淬火开裂

7.3 内螺纹件

一个螺纹连接副主要由两个工件组成：外螺纹紧固件（螺栓、螺钉或螺柱）和内螺纹紧固件（螺母）。一个好的螺纹连接副能充分发挥螺栓的强度性能，从而提供最大预紧力。对于设计和使用者来说，预期的失效模式是断裂发生在螺栓承受载荷的螺纹部分，而不是螺母螺纹脱扣，这样可以对连接失效提出明显的警示。这就要求在连接副中，内螺纹紧固件（螺母）的脱扣强度应大于外螺纹紧固件的抗拉强度。因此，螺母的机械性能是可靠连接的重要保障。螺母的机械性能主要有保证载荷、硬度等，其他有特定功能的螺母还包括有效力矩、铆接性能等性能参数。

螺母的机械和物理性能要求可参见相关国家/行业标准或产品标准。其中，焊接螺母类、拉铆螺母类、不锈钢螺母类、轻质合金螺母类、高温螺母类产品的性能检测，统一归于内螺纹的螺母类，不单独叙述（除有明确说明部分，均指碳钢或合金钢类金属紧固件，本章以下内容均采用此规则）。螺塞、管接头类产品，机械性能与螺纹件相当，其密封性能需重点关注，将在 7.10 节阐述。

7.3.1 保证载荷

螺母保证载荷试验主要包括两个部分：借助试验芯棒施加规定的保证载荷和检查在该保证载荷下螺母螺纹是否发生破坏。

拉力试验机应符合 GB/T 16825.1—2008《静力单轴试验机的检验 第 1 部分：拉力和（或）压力试验机测力系统的检验与校准》中 1 级（或更高）。试验时应避免斜拉，必要时应使用自动定心装置。试验用的芯棒和夹具应符合以下要求：

① 夹具硬度 ≥45HRC；
② 夹具厚度 $h \geqslant 1D$；
③ 夹具孔径 $d_h = D_{公称}$，公差为 D11，见表 7-6；
④ 试验芯棒淬火并回火，硬度 45~50HRC；
⑤ 试验芯棒外螺纹精度为 5h6g，但大径公差应控制在 6g 公差带靠近下限四分之一的范围内。试验芯棒的螺纹尺寸见表 7-7 和表 7-8。

1. 非有效力矩型螺母

如图 7-21 或图 7-22 所示，将螺母试件装在试验芯棒上，按 GB/T 228.1—2010 标准实施轴向拉力试验或轴向压缩试验。试验机夹头分离速度（位移速度）不应超过 3mm/min。

对螺母施加相应产品标准或其他技术条件规定的保证载荷，并保持 15s；然后卸载将螺母旋出。

表7-6 夹具孔径

公称直径 D	孔径/mm d_h		公称直径 D	孔径/mm d_h		公称直径 D	孔径/mm d_h	
	Min	Max		Min	Max		Min	Max
M5	5.030	5.115	M14	14.050	14.160	M27	27.065	27.195
M6	6.030	6.115	M16	16.050	16.160	M30	30.065	30.195
M7	7.040	7.130	M18	18.050	18.160	M33	33.080	33.240
M8	8.040	8.130	M20	20.065	20.195	M36	36.080	36.240
M10	10.040	10.130	M22	22.065	22.195	M39	39.080	39.240
M12	12.050	12.160	M24	24.065	24.195	—	—	—

表7-7 试验芯棒螺纹尺寸（粗牙螺纹）

螺纹规格	芯棒（粗牙螺纹）			
	芯棒螺纹大径/mm (6g公差带靠近下限四分之一范围)		芯棒螺纹中径/mm (5h)	
	Max	Min	Max	Min
M3	2.901	2.874	2.675	2.615
M3.5	3.385	3.354	3.110	3.043
M4	3.873	3.838	3.545	3.474
M5	4.864	4.826	4.480	4.405
M6	5.839	5.794	5.350	5.260
M7	6.839	6.794	6.350	6.260
M8	7.813	7.760	7.188	7.093
M10	9.791	9.732	9.026	8.920
M12	11.767	11.701	10.863	10.745
M14	13.752	13.682	12.701	12.576
M16	15.752	15.682	14.701	14.576
M18	17.707	17.623	16.376	16.244
M20	19.707	19.623	18.376	18.244
M22	21.707	21.623	20.376	20.244
M24	23.671	23.577	22.051	21.891
M27	26.671	26.577	25.051	24.891
M30	29.628	29.522	27.727	27.577
M33	32.628	32.522	30.727	30.577
M36	35.584	35.465	33.402	33.222
M39	38.584	38.465	36.402	36.222

表7-8 试验芯棒螺纹尺寸（细牙螺纹）

螺纹规格	芯棒（细牙螺纹）			
	芯棒螺纹大径/mm (6g公差带靠近下限四分之一范围)		芯棒螺纹中径/mm (5h)	
	Max	Min	Max	Min
M8×1	7.839	7.794	7.350	7.260
M10×1.25	9.813	9.760	9.188	9.093

(续)

螺纹规格	芯棒(细牙螺纹)			
	芯棒螺纹大径/mm (6g公差带靠近下限四分之一范围)		芯棒螺纹中径/mm (5h)	
	Max	Min	Max	Min
M10×1	9.839	9.794	9.350	9.260
M12×1.5	11.791	11.732	11.026	10.914
M12×1.25	11.813	11.760	11.188	11.082
M14×1.5	13.791	13.732	13.026	12.911
M16×1.5	15.791	15.732	15.026	14.914
M18×2	17.752	17.682	16.701	16.569
M18×1.5	17.791	17.732	17.026	16.914
M20×2	19.752	19.682	18.701	18.569
M20×1.5	19.791	19.732	19.026	18.914
M22×2	21.752	21.682	20.701	20.569
M22×1.5	21.791	21.732	21.026	20.914
M24×2	23.752	23.682	22.701	22.569
M27×2	26.752	26.682	25.701	25.569
M30×2	29.752	29.682	28.701	28.569
M33×2	32.752	32.682	31.701	31.569
M36×3	35.671	35.577	34.051	33.891
M39×3	38.671	38.577	37.051	36.891

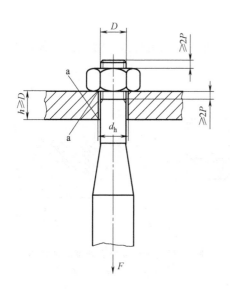

图 7-21 轴向拉力试验
a—倒锐边

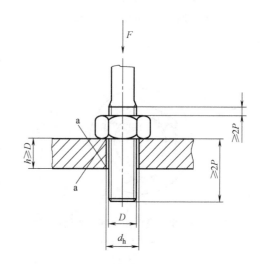

图 7-22 轴向压缩试验
a—倒锐边

试验时,超过保证载荷值的情况应限制在最低程度(低的试验机夹头分离速度,可使超过保证载荷值保持在一个较小的程度)。

每个螺母试验后,应检查试验芯棒的螺纹。在试验过程中,试验芯棒螺纹如有损坏,则该次试验结果无效,并采用符合规定的芯棒重新进行试验。

在施加或保持保证载荷的过程中,螺母应能承受施加的载荷而无螺纹脱扣或螺母断裂;卸载后,螺母应能用手从试验芯棒上旋出；如果有必要，可借助扳手但最多不超过半扣，之后仍需用手从试验芯棒上旋出。

需要注意的是，对于支承面不是一个平面的螺母（如带凸点的焊接螺母），建议在试验前，在不改变螺母实际高度的情况下，将支承面加工成一个平面后再进行保证载荷试验，以避免因支承面变形引起内螺纹变形而导致螺母不能从芯棒旋出。

2. 有效力矩型锁紧螺母

有效力矩型锁紧螺母保证载荷试验按前文所述规定，以及下列要求进行。

将螺母试件拧入试验螺栓（图 7-25）或淬硬芯棒上。在第一扣完整螺纹穿过有效力矩部分后的 360° 中测量并记录出现的最大有效力矩值，继续拧入直至有 3 扣完整螺纹露出螺母顶面。仲裁试验时，对非金属嵌件锁紧螺母应使用淬硬芯棒；对全金属锁紧螺母应使用试验螺栓。在螺母拧入试验螺栓或淬硬芯棒的过程中，记录第一扣完整螺纹穿过有效力矩部分后出现的最大有效力矩值。

对螺母施加相应产品标准或其他技术条件规定的保证载荷，并保持 15s。螺母应能承受该载荷而不脱扣或断裂。卸载后，在拆卸螺母的过程中，拧退螺母半圈后，测试出现的最大有效力矩。该值不应超出安装时记录的最大有效力矩。

7.3.2 硬度

螺母的硬度试验可采用洛氏、维氏和布氏硬度试验进行，试验方法洛氏按 GB/T 230.1—2018、维氏按 GB/T 4340.1—2009、布氏按 GB/T 231.1—2018，此处不做详述。试验员应根据螺母尺寸结构、硬度值范围等选择适合的试验方法。当有争议时，维氏硬度是仲裁试验方法。

硬度测试可在螺母表面或纵向截面上进行。

（1）在螺母表面测定硬度

常规检查，去除表面镀层或涂层，并对试件适当处理后，在螺母的一个支承面上进行硬度试验，取间隔 120° 的三点硬度平均值作为螺母的硬度值，如图 7-23 所示。

（2）在纵截面测定硬度

应在通过螺母轴心线的纵向截面上，约 0.5 倍的高度 m，并尽量靠近螺纹大径处进行硬度试验，如图 7-24 所示。

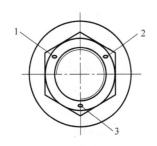

图 7-23 螺母表面测试硬度的位置
1、2、3—硬度测试位置

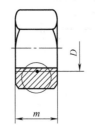
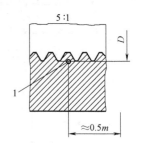

图 7-24 螺母纵截面硬度测试位置
1—测定硬度的位置

螺母的硬度应符合相应产品标准或其他技术条件的规定，有争议时，维氏硬度是仲裁试验方法。一般来说，对于不淬火并回火的螺母，标准或相关技术条件规定的最小硬度值不是强制性的，若螺母保证载荷合格，硬度低于最小硬度值不应作为拒收的事由。

7.3.3 有效力矩

本试验用于测试有效力矩型锁紧螺母的有效力矩。试验装置在本书 5.7.5 节和 11.8.1 节中有详细阐述。需要指出的是，试验装置总力矩传感器的有效量程应覆盖到有效力矩的被测值，精度 ±5%。试验安装示意图如图 7-25 所示。在有效力矩试验过程中，试验装置不应产生夹紧力。

试验用螺栓/螺钉和垫圈详见本书 5.7.5 节内容。试验螺栓和垫圈表面粗糙度按照规定，平面应无镀层和油污，除非另有协议。应采用 GB/T 16823.3—2010《紧固件 扭矩-夹紧力试验》中规定的 HH 型试验垫圈，除非另有协议。试验零件只能使用一次。

与螺母配合的试验螺栓/螺钉的性能等级应按表 7-9 所列规定进行选择。

表 7-9 与螺母配合的试验螺栓/螺钉性能等级

螺母试件	相应的试验螺栓/螺钉
性能等级	
04	≥8.8
5	≥8.8
05	≥10.9
6	≥8.8
8	≥8.8
9	≥9.8
10	≥10.9
12	12.9

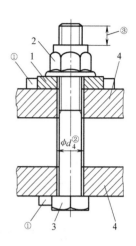

图 7-25 试验安装示意图
1—试验支承板/垫圈 2—螺母试件 3—试验螺栓/螺钉 4—载荷传感器 d_4—通孔直径
① 试验支承板/垫圈与螺栓头应适当固定，以防止转动并保持对中。
② d_4 按 GB/T 5277—1985，精装配。
③ 3～5 倍螺距。

试验应在适当的试验装置上自动完成，或使用适当的手动工具，如扭力扳手和载荷传感器完成。有争议时，采用自动模式。

将试验用螺栓/螺钉置入试验装置，并应露出螺母有效力矩部分，如图 7-25 所示。将螺母试件用手拧在螺栓/螺钉上，直至螺栓/螺钉末端与螺母有效力矩部分接触。试验前，试验螺栓/螺钉末端不能露出螺母顶面。拧紧时，应有 3~5 扣螺纹长度伸出螺母顶面。

起动拧紧装置相当于安装阶段的起点（图 7-26 中第 1 点）。

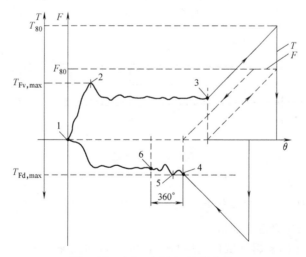

图 7-26 力矩-夹紧力-转角曲线
F—夹紧力 T—力矩 θ—转角 1—第一次产生有效力矩的点，即测量 T_{Fv} 的起点 2—第一次拧入有效力矩 T_{Fv} 3—贴合点，即测量 T_{Fv} 的终点 4—与试验板/垫圈脱离接触，测量第一次拧出有效力矩 T_{Fd} 的起点 5—第一次拧出有效力矩 T_{Fd} 6—测量第一次拧出有效力矩 T_{Fd} 的终点

由第 1 点连续、均匀地转动螺母，直至试验夹紧力达到 F_{80}。F_{80} 即螺栓或螺母保证载荷的 80%。应确定贴合点（图 7-26 中第 3 点）。在第 1 点和第 3 点之间产生的最大力矩（图 7-26 中第 2 点）即第一

次拧入的有效力矩 T_{Fv}。

用反向力矩将螺母松开直至试验螺栓/螺钉上夹紧力降到"0"(图 7-26 中第 4 点)。继续拧退,在其转动的 360°的一周中(图 7-26 中第 4 点~第 6 点)产生的最大力矩(图 7-26 中第 5 点)即第一次拧出的有效力矩 T_{Fd}。

螺母继续拧退到初始角坐标位置,到达起始点(第 1 点)。在拧退螺母过程中,旋转应是连续和均匀地由试验夹紧力 F_{80} 点拧至第 1 点。螺母完全退出后,螺母和螺栓螺纹不应损坏。有争议时,试验螺栓应使用环规检验。

以上程序在第 1 点到第 3 点之间循环进行四次。第五次拧出过程中,在拧退螺母的第一个 360°内产生的最大力矩,即第五次拧出的有效力矩 T_{Fd}。

螺母完全退出后,螺母和螺栓螺纹不应损坏。有争议时,试验螺栓应使用环规检验。

7.3.4 非金属嵌件有效力矩型螺母耐温

在环境温度(10~35℃)下,将螺母拧入试验螺栓直至 3~5 扣完整螺纹伸出螺母顶面,但不应产生夹紧力。将该组合件放入+120℃恒温箱,保持 1h,从恒温箱中取出自然冷却至环境温度。然后将该组合件放入-50℃恒温箱,保持 1h,从恒温箱中取出自然恢复至环境温度。

对该组合件在环境温度下按 7.3.3 节所述的规定进行有效力矩试验,不必记录拧入有效力矩和夹紧力。测得的第一次和第五次拧出有效力矩应符合相关标准或技术条件的规定。

根据供需协议,温度范围可按实际使用的技术要求进行修改。

7.3.5 扩孔

螺母扩孔试验是将螺母孔径扩张到一定比例,观察螺母壁在该扩张比例下是否发生断裂,以此来检查螺母材料或制造缺陷(如裂纹、皱纹、爆裂等)是否影响机械性能。因此它可作为表面缺陷检查的仲裁试验。由于易切削钢含有大量硫化物等夹杂,破坏了基体金属的连续性,因此,该试验不适用于由易切削钢制造的螺母。

图 7-27 所示的检验棒分别用于扩张量为 6%或 4%的测量,其硬度≥45HRC,锥度部分应磨光,表面粗糙度 $Ra=2.5\mu m$。性能等级 4~12 级的螺母使用扩张量为 6%的检验棒进行试验,性能等级 04 级和 05 级的螺母使用扩张量为 4%的检验棒进行试验。

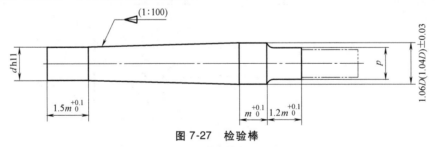

图 7-27 检验棒

D—螺母螺纹公称直径　m—螺母公称高度

螺母试件试验前去除螺纹,使其内径等于螺纹公称直径(公差为 H12),见表 7-7、表 7-8。

试验前,检验棒涂二硫化钼进行润滑。

如图 7-28 所示将检验棒插入螺母试件,缓慢、连续、同轴地施加载荷,直至检验棒的圆柱部分通过螺母孔。检验棒的上端应当紧固。检验棒插入速度应不超过 25mm/min。

螺母壁完全断裂表明扩孔试验不合格。必要时可切开裂缝相对的一边,如果螺母分为两半,则表示螺母壁已经完全断裂。

7.3.6 铆螺母

铆螺母机械性能试验项目主要为保证载荷、头部结合强度、剪切强度、破坏力矩和转动力矩等。

(1) 保证载荷试验

保证载荷试验参见 7.3.1 节内容。

(2) 头部结合强度试验

通过拉伸的方式，检查铆螺母头部和圆柱部分的强度是否满足要求。试验设备和检验棒参见 7.3.1 节内容。

将铆螺母拧入检验棒，如图 7-29 所示，并保证检验棒至少 3 扣完整螺纹伸出螺母。以不超过 3mm/min 的位移速度施加载荷直至断裂，断裂不应发生在头与圆柱部分的交接处；其载荷值应不小于相关产品或其他技术条件要求的最小值。

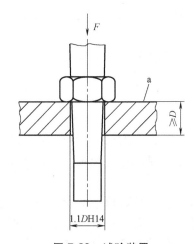

图 7-28 试验装置

F—载荷　a—淬硬　D—螺母螺纹公称直径

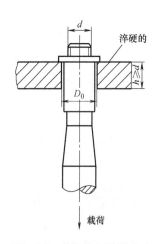

图 7-29 头部结合强度试验

注：D_0 按产品标准对 d_0 的规定。

试验中如检验棒损坏则试验作废。

(3) 剪切强度

将铆螺母铆接在铆装板上，如图 7-30 所示，以不超过 3mm/min 的位移速度对铆装板施加载荷，使铆螺母承受剪切力直至铆螺母破坏。其剪切力应不小于相关产品或其他技术条件要求的最小值。

(4) 转动力矩

将铆螺母铆接在铆装板上，铆装板的厚度及孔径按产品标准推荐的最小铆接厚度 h 及 d_0 的规定，硬度≥45HRC。在没有任何润滑的条件下，拧入试验螺栓，如图 7-31 所示。施加力矩直至铆螺母与铆装板之间产生相对转动。其力矩值应不小于相关产品或其他技术条件要求的最小值。

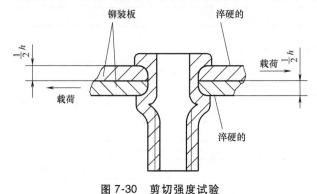

图 7-30 剪切强度试验

注：按产品标准推荐铆接厚度最大值。

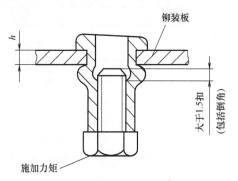

图 7-31 转动力矩试验

7.3.7 氢脆

本书第 5 章对氢脆试验有详细阐述，此处不再赘述。

7.4 紧定螺钉

紧定螺钉的是一种专供固定机件相对位置用的螺钉。使用时,把紧定螺钉旋入待固定的机件的螺孔中,以螺钉的末端紧压在另一机件的表面上,使前一机件固定在后一机件上。开槽和内六角紧定螺钉用于钉头不允许外露的机件上,方头紧定螺钉适用于钉头允许外露的机件上。螺钉的压紧力以开槽螺钉最小,方头螺钉最大,内六角螺钉居中。锥端螺钉适用于强度小的机件上;无尖锥端螺钉适用于压紧面上制有凹坑的机件上,以增加传递载荷的能力;平端螺钉(压紧面应是平面)和凹端螺钉均适用于硬度较大或经常调整位置的机件上;长圆柱端螺钉适用于管形轴/薄壁件上,圆柱端进入管形轴的孔眼中,以传递较大的载荷,但使用时应有防止螺钉松脱的装置。

紧定螺钉按硬度级别分为14H、22H、33H、45H,由碳钢或合金碳钢制造,仅适用于压应力,对抗拉强度、剪切强度、可焊接性、耐腐蚀性均不做规定。

7.4.1 硬度

紧定螺钉的硬度测试可以采用维氏、布氏、洛氏等方式,应根据产品的尺寸大小、硬度范围、热处理工艺等,选择合适的检测方法。有争议时,以维氏硬度检测方法和结果作为仲裁方法。具体试验方法和要求详见相关标准,此处不再赘述。

如果螺钉末端表面平整,可保证硬度检测的重复性,则可作为螺钉验收检查的检测部位。否则,为确保硬度检测的可重复性,应在螺钉的末端端面采用抛光或研磨方式制备一个适当的平面,以保持表面基体金属的原始特性。采用磨抛的方式时,如果能保证端面和顶杆保持垂直,可以使用镶嵌等方式对被检测螺钉进行加工处理,并在镶嵌后的试块上对螺钉进行硬度检测(仅限于维氏硬度方法)。

不论使用哪种硬度检测方式,检测部位都应尽量靠近螺钉末端中心位置。

其中,不锈钢紧定螺钉硬度应在表7-10规定范围内,碳钢和合金钢制造的紧定螺钉硬度应该在表7-11中序号1规定的硬度范围内,如超出表7-11规定的最大硬度,应在距末端0.5倍公称直径的截面上、1/2半径与轴心线的区域内(图7-14)重新进行检测,其硬度应在表7-10或表7-11规定的硬度范围内。

表7-10 不锈钢紧定螺钉硬度性能要求

硬度	硬度等级	
	12H	21H
维氏硬度/HV	125~209	≥210
布氏硬度/HB	123~213	≥214
洛氏硬度/HRB	70~95	≥96

表7-11 紧定螺钉硬度性能要求

序号	机械和物理性能			硬度等级			
				14H	22H	33H	45H
				测试硬度			
1	1.1	维氏硬度 HV10	Min	140	220	330	450
			Max	290	300	400	560
	1.2	布氏硬度 HBW $F=30D^2$	Min	133	209	314	428
			Max	276	285	418	532
	1.3	洛氏硬度	HRB Min	75	95	—	—
			HRB Max	105	—	—	—
			HRC Min	—	—	33	45
			HRC Max	—	30	44	53
2	表面硬度 HV0.3		Max	—	320	450	580

7.4.2 脱碳

紧定螺钉的脱碳只检测螺纹部分,可用金相法或硬度法进行测定。

(1) 金相法

该方法适用于符合硬度等级 22H~45H 的螺钉,可测定全脱碳层的深度 G 和基体金属层的高度 E。脱碳层的深度应符合表 7-12 规定的技术要求;未脱碳层的高度 E 应符合表 7-13 规定的技术要求。

(2) 硬度法(不完全脱碳的仲裁方法)

该方法适用于符合以下规定的紧定螺钉:

1) 螺距 $P \geqslant 1.25$mm、硬度等级 22H 和 33H。
2) 硬度等级 45H 的所有规格。

金相法测脱碳的检测程序和步骤请参见本章前文内容,硬度法测脱碳的检测程序和步骤请参见本章前文内容。

表 7-12 脱碳层要求

序号	机械和物理性能		硬度等级			
			14H	22H	33H	45H
1	螺纹未脱碳层的高度 E/mm	Min	—	1/2H1	2/3H1	3/4H1
2	螺纹全脱碳层的深度 G/mm	Max	—	0.015	0.015	①

注:①为对 45H 螺钉不允许螺纹有全脱碳层。

表 7-13 H_1 和 E 的技术要求 (单位:mm)

螺距 P			0.5	0.6	0.7	0.8	1	1.25
H_1			0.307	0.368	0.429	0.491	0.613	0.767
硬度等级	22H	E Min	0.154	0.184	0.215	0.245	0.307	0.384
	33H		0.205	0.245	0.286	0.327	0.409	0.511
	45H		0.230	0.276	0.322	0.368	0.460	0.575
螺距 P			1.5	1.75	2	2.5	3	3.5
H_1			0.920	1.074	1.227	1.534	1.840	2.147
硬度等级	22H	E Min	0.460	0.537	0.614	0.767	0.920	1.071
	33H		0.613	0.716	0.818	1.023	1.227	1.431
	45H		0.690	0.806	0.920	1.151	1.380	1.610

7.4.3 增碳

增碳的形成原因和危害见 7.2.5 节相关内容。对表面增碳状态的评定,主要看基体金属硬度和表面硬度之间是否存在规定以上的差值。

增碳检测的两种不同方式:在纵向截面上测定硬度(增碳的仲裁方法);在表面测定硬度。

(1) 纵向测定硬度

螺距 $P \geqslant 1.25$mm、硬度等级 22H 和 33H 和硬度等级 45H 的所有规格的紧定螺钉适用于该试验方法。

试样的制备和试验设备、试验程序以及结果判断与 7.2.5 节所述一致,此时第 3 点的硬度应当在螺纹螺距线上,并在第 1 点和第 2 点硬度相邻的牙上测试(图 7-17)。

(2) 表面测定硬度

硬度级别为 22~45H 的紧定螺钉适用于本试验方法。

试件的制备和硬度测试方法如下：

1）在紧定螺钉的末端采用轻微研磨或抛光的方式制备一个平面，该平面可保证重复进行硬度测试，且保留了材料表层原始特性的平面。

2）螺纹末端 $0.5d$ 处截取一个横截面，适当地研磨抛光制备，在此表面上测定基体金属硬度值，维氏硬度检测力为 2.942N（维氏硬度检测 HV0.3），检测方法应按照 GB/T 4340.1—2009 的规定进行。

上述表面硬度值应不大于基体金属硬度值加上 30 个维氏硬度值，否则表示螺钉表面已发生增碳。

7.4.4 保证力矩

保证力矩检测适用于符合以下规定的内六角紧定螺钉和内六角花形紧定螺钉：①硬度级别 45H；②粗牙螺纹 M3~M30、细牙螺纹 M8×1~M30×2。

将被检测螺钉拧入试验夹具，使螺钉内六角端的顶面与试验夹具螺纹孔保持平齐。螺钉紧定端端面顶在基座支撑螺钉的端部，保证被检测螺钉只承受扭力，然后平稳施加力矩，螺钉应能承受表 7-14 规定的保证力矩而不出现断裂或脱扣。

检测用扭力扳手或装置示值相对误差±5%，最大示值为测试件规定保证力矩的 1~2 倍。检测用内六角/内六角花形扳手推荐选用硬度范围 55~60HRC，并可与内凹槽的全部深度啮合，其对边宽度 S 的公差带为 h19，最小对角宽度 $e \geq 1.13S_{min}$。

检测装置可以按以上规则任意制作，型式不限。图 7-32 所示仅为检测装置的示例之一。除扭力扳手外，拧紧机等满足试验要求的装置都可以采用。

检测过程汇中，可能会对螺钉的头部凹槽形成一定损伤，不建议收货方因力矩试验造成螺钉凹槽的损伤而拒收该批次零件。

试验夹具推荐用优质的合金结构钢，经调质处理后，硬度≥52HRC，以获取足够的综合性能，确保不会在重复拧紧过程中轻易损伤。试验夹具的高度应能保证使试件螺纹与其完全啮合，螺纹公差等级 5H。

支撑螺钉的硬度值推荐范围 450~570HV，否则会因无法承受加载力矩而发生损坏或开裂。

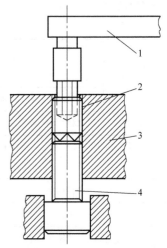

图 7-32 保证力矩检测装置示意
1—扭力扳手 2—紧定螺钉测试件
3—检测夹具 4—支承螺钉，
热处理硬度 450~570HV

表 7-14 保证力矩

螺纹公称直径	试验用内六角紧定螺钉的最小长度/mm				保证力矩/N·m
	平端	锥端	圆柱端	凹端	
3	4	5	6	5	0.9
4	5	6	8	6	2.5
5	6	8	8	6	5
6	8	8	10	8	8.5
8	10	10	12	10	20
10	12	12	16	12	40
12	16	16	20	16	65
16	20	20	25	20	160
20	25	25	30	25	310
24	30	30	35	30	520
30	36	36	45	36	860

注：试验用内六角花形紧定螺钉不需要规定最小长度，因为对于所有长度的啮合深度 t_{min} 是相同的。

7.5 自攻螺钉

7.5.1 硬度和渗碳层

自攻螺钉、自钻螺钉、自挤螺钉的硬度和渗碳层（不锈钢自攻钉没有渗碳层）检测基本类似，为节省篇幅，在此统一进行描述。

1. 表面硬度

表面硬度检测方法按 GB/T 4340.1—2009 标准的规定进行，应在去除镀层后进行。其中，马氏体不锈钢自攻螺钉、自攻螺钉、自钻螺钉的表面硬度检测应在平面上，优先在螺钉头部进行；自挤螺钉表面硬度常规检测在螺钉的末端、杆部或头部进行；仲裁试验时，对于螺纹公称直径≥M4 的螺钉，使用维氏显微硬度计（试验力 HV0.1），测量部位在纵向截面试样的牙形轮廓上、距试样边缘距离≥0.05mm 处。对于小于 M4 的螺钉，供需方协商确定。

表面硬度应符合表 7-15 或表 7-16 的规定。

2. 芯部硬度

芯部硬度检测方法按 GB/T 4340.1—2009 标准的规定进行。奥氏体不锈钢和铁素体不锈钢自攻螺钉、自攻螺钉、自钻螺钉、自挤螺钉的芯部硬度检测应在距末端足够远（有完整螺纹小径）的横截面 1/2 半径处进行；芯部硬度应符合表 7-15 或表 7-16 规定。

表 7-15 碳钢制造自攻螺钉的硬度要求

硬度	自攻螺钉		自钻螺钉		自挤螺钉
规格	≤ST3.9	≥ST4.2	≤ST4.2	>ST4.2	
芯部硬度	270~390HV_5	270~390HV_{10}	320~400HV_5	320~400HV_{10}	270~390HV_{10}
表面硬度	≥450$HV_{0.3}$		≥530$HV_{0.3}$		≥450$HV_{0.3}$

表 7-16 不锈钢自攻螺钉的硬度要求

类别	马氏体		奥氏体	铁素体
组别	C1	C3	A2、A3、A4、A5	F1
硬度等级	30H	40H	20H	25H	25H
表面硬度	≥300HV	≥400HV	—	—
芯部硬度	—	—	≥200HV	≥250HV	≥250HV

芯部硬度试验力:规格≤ST3.9,使用 HV5;≥ST4.2,使用 HV10
表面硬度试验力:HV0.1

3. 渗碳层

（1）显微组织

渗碳层显微组织检测按相关金相检验标准进行，螺钉在渗碳层和芯部的显微组织不应呈现带状亚共析铁素体。

（2）渗碳层深度

渗碳层深度检测在螺纹侧面上牙顶与牙底距离的一半处进行，但对于≤ST4.2 的自钻螺钉以及≤ST3.9 的自攻螺钉，检测点应在牙底处。

检测时采用试验力为 300g 的显微维氏硬度进行，渗碳层深度应从实际芯部硬度加上 30HV 的点处计算，其结果应符合表 7-17 所列要求。

表 7-17 渗碳层深度要求　　　　　　　　　　　　　　　　　（单位：mm）

自攻螺钉			自钻螺钉			自挤螺钉		
规格	渗碳层深度		规格	渗碳层深度		规格	渗碳层深度	
	最小	最大		最小	最大		最小	最大
ST2.2~ST2.6	0.04	0.10	ST2.9~ST3.5	0.05	0.18	2、2.5	0.04	0.12
ST2.9~ST3.5	0.05	0.18	ST4.2~ST5.5	0.10	0.23	3、3.5	0.05	0.18
ST3.9~ST5.5	0.10	0.23	ST6.3	0.15	0.28	4、5	0.10	0.25
ST6.3~ST8	0.15	0.28	—	—	—	6、8	0.15	0.28
—	—	—	—	—	—	10、12	0.15	0.32

7.5.2 钻孔和攻丝

自钻螺钉钻孔和攻丝性能检测，需要专用的试板和工装，试验装置如图 7-33 所示。试验板用含碳量≤0.23%的低碳钢板制作，硬度 110~165HV_{30}，试验板厚按表 7-18 规定。在试板的加工过程中应尽量避免大的切削量、高的切削速度、冷却不当等不良影响，以减少形变和温度变化对材料本身的影响。

钻孔性能检测时，先在试验板的钻孔部位标记出中心点，螺钉在表 7-18 所列的轴力下钻入试验板，钻孔尺寸应符合表 7-19 规定，钻孔检验用试验板厚度应符合表 7-19 规定。

钻孔和攻丝检测时，将有镀层或无镀层（按使用要求）的螺钉试件以表 7-18 规定轴力和转速拧入试验板，螺钉应能拧入直至有一扣完整螺纹穿过试验板，且螺钉的螺纹无变形。

表 7-18 所列的轴力既适用于钻孔和攻丝的检测过程，也可以用于指导安装自钻自攻螺钉。如超过这些数值，钻头部位可能会发生损坏，如应力过大导致的断裂、切削量过大引起的过烧等。

图 7-34 所示的试验夹具是对图 7-33 所示试验装置的补充，其中套筒内径要比螺钉大径大 0.25mm。套筒长度的选择应能保证螺钉的钻头部分伸出套筒。

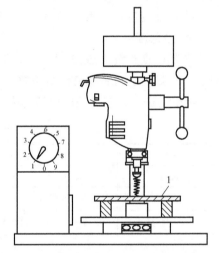

图 7-33 钻孔和攻丝试验装置示例
1—试验板

表 7-18 钻孔和攻丝试验数据

螺纹规格	试验板厚/mm①	轴向力/N	拧入时间/s(Max)	载荷下螺钉转速/(r/min)
ST2.9	0.7+0.7=1.4	150	3	1800~2500
ST3.5	1+1=2	150	4	1800~2500
ST4.2	1.5+1.5=3	250	5	1800~2500
ST4.8	2+2=4	250	7	1800~2500
ST5.5	2+3=5	350	11	1000~1800
ST6.3	2+3=5	350	13	1000~1800

① 试验板可以由两块板组成，应用于验收检查。

7.5.3 螺纹成型

自挤螺钉需要进行螺纹成型性能检测，可以体现螺钉在钢质构件中挤压成型螺纹的能力。将螺钉拧入试验板预制孔内，直至有一扣完整螺纹（螺纹末端除外）拧出试验板外，螺钉螺纹应无损坏，拧入过程中出现的最大力矩即为拧入力矩。该力矩值不超出表 7-20 规定，即视为检测通过。

表 7-19 钻孔试验数据　　　　　　　　　　　　　　　　　　（单位：mm）

螺纹规格	试验板厚	孔径	
		Min	Max
ST2.9	1	2.2	2.5
ST3.5	1	2.7	3.0
ST4.2	2	3.2	3.6
ST4.8	2	3.7	4.2
ST5.5	2	4.2	4.8
ST6.3	2	4.8	5.4

检测过程开始时，应借助轴向力，对于螺纹规格≤M5 的螺钉，施加轴向力 $F_{max}=50N$；对于螺纹规格>M5 的螺钉，施加轴向力 $F_{max}=100N$。

检测中扳拧速度不大于 30r/min。同时为了达到拧入力矩，允许添加润滑油。

螺钉拧入试验板挤压成形的内螺纹应能拧入符合 GB/T 197—2008《普通螺纹 公差》、公差带为 6h 的外螺纹紧固件，并能通过按 GB/T 3098.2—2015《紧固件机械性能 螺母》规定的 8 级内螺纹保证载荷进行的检测。

用 10 倍放大镜检测拧入后的螺钉，螺纹应无变形损伤。

试验板采用低碳轧制钢板制成，硬度为 $140\sim180HV_{30}$，试验板厚等于螺纹公称直径，预制孔直径见表 7-20。

推荐扭力扳手的测量误差为规定力矩值的±3% 以内，允许使用精度相当且能显示力矩值的其他动力装置。仲裁试验时采用手动的扭力扳手。

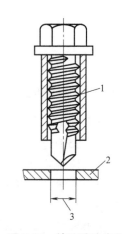

图 7-34 钻孔试验夹具
1—套筒　2—试验板
3—钻出来的孔

7.5.4 拧入性能

自攻螺钉和不锈钢自攻螺钉需要做拧入性能检测，见表 7-20。

表 7-20 自挤螺钉螺纹成型检测试板尺寸和拧入力矩

螺纹公称直径/mm		2	2.5	3	3.5	4	5	6	8	10	12
拧入力矩/N·m	Max	0.3	0.6	1.1	1.7	2.5	5	8.5	21	43	75
试验板厚/mm[①]		2	2.5	3	3.5	4	5	6	8	10	12
孔径/mm	Max	1.825	2.275	2.775	3.18	3.68	4.53	5.43	7.336	9.236	11.143
	Min	1.800	2.250	2.750	3.15	3.65	4.50	5.40	7.300	9.200	11.100

① 板厚公差符合 GB/T 709—2019 的规定。

将尺寸检验合格的自攻螺钉试件（有镀层或无镀层）拧入试验板内，直至有一扣完整螺纹伸出试验板，螺钉螺纹不得有破坏。

自攻螺钉和马氏体不锈钢自攻螺钉用试验板应用含碳量≤0.23%、硬度为 $130\sim170HV_{30}$ 的低碳钢板制成；铁素体和奥氏体不锈钢自攻螺钉试验板用硬度为 $80\sim120HV_{30}$ 的铝合金板制成。

试验板厚和孔径符合表 7-21 规定，孔可由冲孔再钻孔或冲孔再铰孔制成。

表 7-21 拧入试验板厚和孔径

螺纹规格	试验板厚/mm		孔径/mm	
	Min	Max	Min	Max
ST2.2	1.17	1.30	1.905	1.955
ST2.6	1.17	1.30	2.185	2.235

(续)

螺纹规格	试验板厚/mm		孔径/mm	
	Min	Max	Min	Max
ST2.9	1.17	1.30	2.415	2.465
ST3.3	1.17	1.30	2.680	2.730
ST3.5	1.85	2.06	2.920	2.970
ST3.9	1.85	2.06	3.240	3.290
ST4.2	1.85	2.06	3.430	3.480
ST4.8	3.10	3.23	4.015	4.065
ST5.5	3.10	3.23	4.735	4.785
ST6.3	4.67	5.05	5.475	5.525
ST8	4.67	5.05	6.885	6.935

7.5.5 破坏扭矩

所有种类的自攻螺钉都需要开展破坏扭矩检测。

图 7-35 所示为破坏扭矩试验的一种试验装置示例。设计检测装置时必须确保螺钉在施加扭矩时只承受扭力，螺钉头部和螺纹部分不应有摩擦而影响检测结果。

扭力扳手的测量误差为规定扭矩值的±3%以内，允许使用精度相当且能显示扭矩值的动力装置。仲裁试验时采用手动的扭力扳手。

用适当方法将螺钉试件装到图 7-35 所示夹具中，保证有至少两扣螺纹露出在夹具外，并且同时有两扣完整螺纹在夹具内，螺纹夹紧部位不得有损伤。

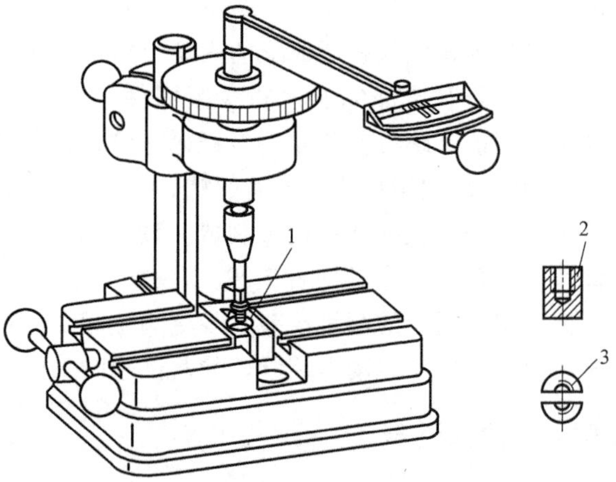

图 7-35 破坏扭矩检测装置示例
1—螺纹模或衬套　2—盲孔内螺纹（对自攻螺钉可制造为通孔螺纹）　3—对开螺纹模

用经标定的扭力扳手或其他测量装置对螺钉施加扭矩，直至断裂，记录断裂时的扭矩值，该值应符合表 7-22 或表 7-23 规定。

表 7-22　自挤螺钉的破坏扭矩和破坏拉力载荷

螺纹规格/mm	2	2.5	3	3.5	4	5	6	8	10	12
破坏扭矩(Min)/N·m	0.5	1.2	2.1	3.4	4.9	10	17	42	85	150
破坏拉力(Min)/N	1940	3150	4680	6300	8170	13200	18700	34000	53900	78400

表 7-23　自攻螺纹螺钉的最小破坏扭矩　　　　（单位：N·m）

螺纹规格	破坏扭矩(Min)					
	不锈钢自攻螺钉				自攻螺钉	自钻螺钉
	硬度等级					
	20H	25H	30H	40H		
ST2.2	0.38	0.48	0.54	0.60	0.45	—
ST2.6	0.64	0.8	0.9	1	0.9	—
ST2.9	1	1.2	1.4	1.5	1.5	1.5
ST3.3	1.3	1.6	1.8	2	2	—

(续)

螺纹规格	破坏扭矩(Min)				自攻螺钉	自钻螺钉
	不锈钢自攻螺钉					
	硬度等级					
	20H	25H	30H	40H		
ST3.5	1.7	2.2	2.4	2.7	2.7	2.8
ST3.9	2.3	2.9	3.3	3.6	3.4	—
ST4.2	2.8	3.5	3.9	4.4	4.4	4.7
ST4.8	4.4	5.5	6.2	6.9	6.3	6.9
ST5.5	6.9	8.7	9.7	10.8	10	10.4
ST6.3	11.4	14.2	15.9	17.7	13.6	16.9
ST8	23.5	29.4	32.9	36.5	30.5	—

7.5.6 氢脆

经表面淬火和回火处理的螺钉在电镀后存在因氢脆而断裂的风险，因此制造者需按技术要求在电镀后做驱氢处理，并应按以下程序做抗氢脆试验。

自挤螺钉、自攻螺钉和自钻螺钉的试验夹具是一块有多个预制螺纹孔的钢板，如图7-36所示。钢板的机械性能要求为：自挤螺钉用低碳轧制钢板制成，硬度为$140\sim180HV_{30}$；自攻螺钉用含碳量$\leq0.23\%$、硬度为$130\sim170HV_{30}$的低碳钢板制成；自钻螺钉用含碳量$\leq0.23\%$的低碳钢板制作，硬度$110\sim165HV_{30}$。

螺钉头下可用一块硬度300HV的垫圈保护钢板，钢板最小厚度为$1d$，垫圈或钢板的支承面应经磨削，粗糙度Ra不大于$8\mu m$。

如果螺钉螺纹足够长，可在板上攻出相匹配的完整螺纹，则预制螺纹孔时可以不用丝锥，直接用螺钉在符合相应标准的光孔上攻丝，攻出螺纹后在继续拧入的过程中扭矩会明显下降而不增加，因此不必重新夹紧。

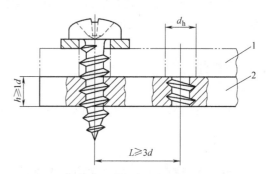

图7-36 自挤螺钉、自攻螺钉和自钻螺钉氢脆检测夹具
1—垫圈（长螺钉用） 2—带预制螺纹孔的检测板
注：$d < d_h \leq 1.1d$。

对于长螺钉，可以用有平行平面且经过表面磨削的钢板作为垫板，垫板光孔直径不大于$1.1d$。

螺钉试件应经过目视检查无裂纹，并经适当润滑以减低摩擦系数。为防止有氢脆的螺钉突然断裂造成的伤害，检测过程中应当使用防护屏板或相应设施。施加载荷的最大转速不超过20r/min。

5个螺钉试件采用扭力扳手拧到最小破坏扭矩值的90%，按以下程序进行：

1）把5个螺钉试件（尽量带平垫圈）拧入试验板，直到螺钉承面与试验板贴合。

2）拧紧螺钉，达到各自的破坏扭矩，并记录数值。将其中最小值乘以0.9作为规定样本的拧紧扭矩。5个螺钉破坏扭矩的最大值和最小值的差不应大于最小值的15%。

3）拧紧规定样本数量的螺钉，直到拧紧扭矩符合前述规定。

螺钉在检测过程中出现的裂缝、裂纹或掉头，不一定是电镀工艺造成的氢脆所致，因此可以使用无电镀的试件做对比检测。

检测应在电镀结束后尽快进行，建议最迟不超过24h。检测应至少持续48h，并至少每隔24h重新拧紧一次，并施加到初始的检测拧紧扭矩。如果有一件或以上的螺钉扭矩损失超过50%，则该螺钉的检测需重新开始。

检测完成时应进行最后一次拧紧。在末次拧紧前螺钉拧退 1/2 圈,以便辨别断裂是否发生在螺纹旋合部分。

在预载荷检验后,不使用放大镜对试件进行检查,试件无任何目测可见的裂缝或断裂,则可通过检测。

7.5.7 头部坚固性

将螺钉插入楔垫的孔中,如图 7-37 所示,楔垫角度 7°,孔径为螺纹公称直径加 0.05mm。对螺钉施加轴向载荷(可使用锤子击打一次或多次),直至螺钉头部支承面与楔垫平面贴合,螺钉头杆结合部应无裂纹。检测过程同 7.2.2 节所述,不再赘述。

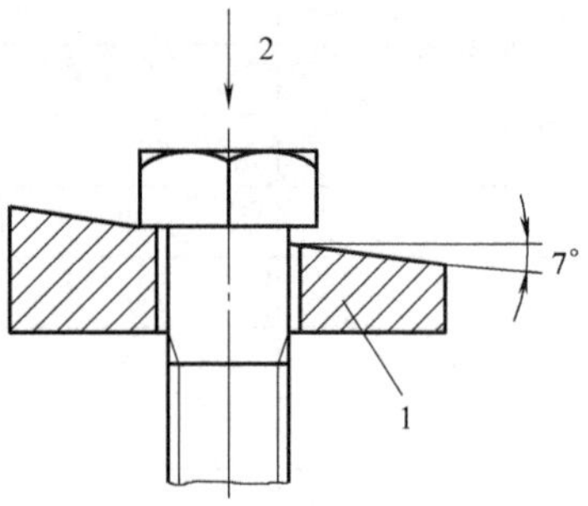

7.5.8 破坏拉力

图 7-37 自挤螺钉的
头部坚固性检测
1—楔垫 2—轴向载荷

长度大于 12mm 或大于 3d 的螺钉,按供需双方协议可以进行破坏拉力检测(不是强制检查项目)。将螺钉装到拉力试验机上,至少保证 6 扣螺纹露出,施加轴向载荷,直至螺钉断裂。试验时,夹头移动速度不得超过 25mm/min。断裂应发生在螺纹或杆部,而不应发生在头杆结合处。

表 7-23 列出的最小破坏拉力载荷值仅供参考,除非供需双方有明确协议,否则,不建议收货方因破坏拉力不合格而拒收该批次零件。

7.6 铆钉

本节讲述试验方法适用于公称直径 ≤6.4mm 的盲铆钉。

7.6.1 拉力

对固定在检测夹具中的击芯铆钉或抽芯铆钉施加拉力载荷,直至铆钉破断,获取最大拉力载荷。铆钉的拉力载荷检测分为常规检测和仲裁检测两种方法,仲裁检测对工装夹具的要求更详尽、精准。仲裁拉力检测可以取代常规拉力检测,反之则不行。试验中,如果发现装铆钉的通孔呈现圆形不规整、有磨损、损坏或直径超出表 7-24 规定最大直径时,检测用衬套应予以报废,并更换。

常规拉力检测夹具如图 7-38 所示,将两个相同厚度的检测钢板或衬套,用铆钉试件铆接成铆接试件。铆钉用铆接工具或抓取机构用铆钉制造者推荐的安装程序进行铆接,铆接试件的总厚度不得超过对铆钉试件规定的最大铆合长度。如果被测铆钉较长,可以增加衬套。利用螺栓或卡槽将铆接好的检测钢板组合固定在符合 GB/T 16491—2008《电子式万能试验机》或 JB/T 9375—2014《机械式拉力试验机 技术条件》要求的拉力试验机上,拉力试验机要求能自动定心。沿铆钉轴杆方向平稳连续地施加拉力载荷,推荐速度为 7~13mm/min,直至钉杆破断。记录检测过程中最大载荷,该值即为拉力载荷。

该载荷超出规定的最小拉力载荷,则表示铆钉通过检测;该载荷未达规定的最小拉力载荷,则表示铆钉未能通过检测。对于抽芯铆钉,最小拉力载荷应满足表 7-24 或表 7-25 规定;对于击芯铆钉,拉力载荷值由供需双方协商确定。

推荐检测夹具钢板的硬度不小于 $420HV_{30}$,厚度符合表 7-26 规定,通孔直径符合表 7-27 规定。

仲裁拉力检测衬套的尺寸和加工精度比常规检测要严格,建议按图 7-39 所示表面粗糙度和尺寸,以保证试验结果的准确性。仲裁拉力检测所用的衬套钢板要求最小硬度为 $700HV_{30}$。每一次仲裁项目检测都需使用新的衬套。

仲裁拉力检测夹具示例如图 7-40 所示,夹具装入拉力试验机后应能自动定心。

表 7-24 最小拉力载荷—开口型抽芯铆钉

钉体直径 d/mm	性能等级							
	06	08	10	11	20	30	40	50
			12	15	21		41	51
	最小拉力载荷/N							
2.4	—	258	350	550	—	700	—	—
3.0	310	380	550	850	950	1100	—	2200
3.2	350	450	750	1100	1000	1200	1900	2500
4.0	590	750	120	1800	1800	2200	3000	3500
4.8	860	1050	1700	2600	2500	3100	3700	5000
5.0	920	1150	2000	3100	—	4000	—	5800
6.0	1250	1560	3000	4600	—	4800	—	—
6.4	1430	2050	3150	4850	—	5700	6800	—

表 7-25 最小拉力载荷—封闭型抽芯铆钉

钉体直径 d/mm	性能等级				
	06	11	20	30	50
		15	21		51
	最小拉力载荷/N				
3.0	—	1080	—	—	—
3.2	540	1450	1300	1300	2200
4.0	760	2200	2000	1550	3500
4.8	1400	3100	2800	2800	4400
5	—	3500	—	—	—
6	—	4285	—	—	—
6.4	1580	4900	—	4000	8000

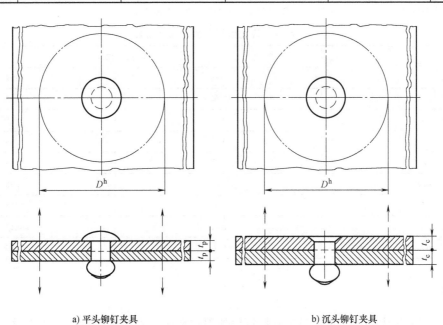

a) 平头铆钉夹具　　　　　b) 沉头铆钉夹具

图 7-38 铆钉常规拉力检测夹具示例

注：①沉头角度为钉体头的公称角度，公差为 $-2°$；②试件周围最小圆形面的直径 $D=25mm$。

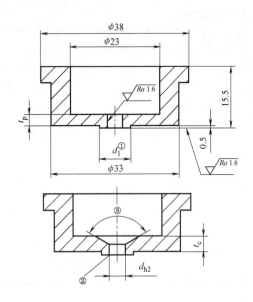

图 7-39 仲裁检测时突头和沉头铆钉用衬套

① $d_1 = 2d$，d 为铆钉公称直径 ② 通孔棱角处不得有毛刺 ③ 沉头角度为钉头体公称角度，公差为 $-2°$

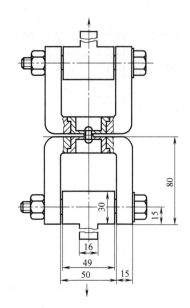

图 7-40 仲裁拉力检测夹具示例

表 7-26 盲铆钉类型和检测钢板或衬套厚度关系

盲铆钉类型	检测钢板或衬套厚度	
	T_p Min	T_c Min
穿越式铆钉 断裂式铆钉（包括伸长的残留部分） 非断裂式铆钉	$0.5d$	$0.75d$
埋入式铆钉	$0.75d$	$1d$
卡紧式铆钉	$0.65d$	$0.75d$
击入式铆钉	$0.5d$	$0.75d$

注：T_p 适用于突头铆钉的厚度；T_c 适用于沉头铆钉的厚度；d 是铆钉的公称直径。

表 7-27 检测钢板和衬套通孔直径　　　　　　　　（单位：mm）

铆钉公称直径	通孔直径 d_{h2}	
	Max	Min
2.4	2.60	2.55
3	3.2	3.15
3.2	3.4	3.35
4	4.2	4.15
4.8	5	4.95
5	5.2	5.15
6	6.2	6.15
6.4	6.6	6.55

7.6.2 剪切

对固定在检测夹具中的击芯铆钉或抽芯铆钉施加剪切载荷，直至铆钉破断，获取最大剪切载荷。剪切检测也分为常规检测和仲裁检测两种方式。剪切载荷检测的工装、夹具、过程与拉力载荷类似，只是加载方式由拉力载荷变为剪切载荷。

常规剪切检测夹具如图 7-41 所示，检测钢板要求与拉力载荷所用钢板一致。

仲裁剪切检测的衬套如图 7-39 所示，衬套要求与仲裁拉力检测所用衬套一致，每一次仲裁项目检测需使用新的衬套。

仲裁剪切检测夹具示例如图 7-42 所示，检测钢板要求与拉力载荷所用钢板一致。仲裁剪切检测夹具可以取代常规剪切检测，反之则不行。试验中，如果发现装铆钉的通孔呈现圆形不规整、有磨损、损坏或直径超出表 7-25 中规定的最大直径时，检测用衬套应予以报废，并更换。

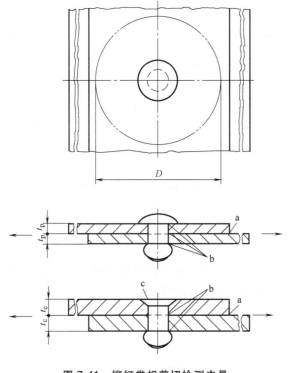

图 7-41　铆钉常规剪切检测夹具

a—表面粗糙度 $Ra1.6\mu m$　b—通孔的棱角处不得有毛刺
c—沉头角度等于钉头公称角度，公差为 $-2°$
D—试件周围的最小圆面直径 $D=25mm$

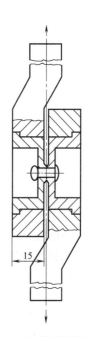

图 7-42　仲裁剪切检测夹具

按 7.6.1 节中所述规定选用钢板、铆合试件、装载夹具，并持续施加剪切力。记录检测过程中最大载荷，即为剪切载荷。在达到规定的最小剪切载荷前铆钉已损坏，则铆钉没有通过检测。对于抽芯铆钉，最小剪切载荷应满足表 7-28 或表 7-29 规定。对于击芯铆钉，剪切载荷值由供需双方协商确定。

表 7-28　最小剪切载荷—开口型抽芯铆钉

钉体直径 d/mm	性能等级							
	06	08	10	11	20	30	40	50
			12	15	21		41	51
	最小拉力载荷/N							
2.4	—	172	250	350	—	650	—	—
3.0	240	300	400	550	760	950	—	1800
3.2	285	360	500	750	800	1100	1400	1900
4.0	450	540	850	1250	1500	1700	2200	2700
4.8	660	935	1200	1850	2000	2900	3300	4000
5.0	710	990	1400	2150	—	3100	—	4700
6.0	940	1170	2100	3200	—	4300	—	—
6.4	1070	1460	2200	3400	—	4900	5500	—

表 7-29 最小剪切载荷—封闭型抽芯铆钉

钉体直径 d/mm	性能等级				
	06	11	20	30	50
		15	21		51
	最小拉力载荷/N				
3.0	—	930	—	—	—
3.2	460	1100	850	1150	2000
4.0	720	1600	1350	1700	3000
4.8	1000	2200	1950	2400	4000
5	—	2420	—	—	—
6	—	3350	—	—	—
6.4	1220	3600	—	3600	6000

当铆钉的最大铆合长度小于表 7-26 规定的 $2T_p$ 或 $2T_c$ 时，检测钢板或衬套的组合厚度应等于对铆钉试件规定的最大铆合长度。

试件铆合成型和检测程序符合前文所述要求。检测的评定取决于检测钢板或检测衬套能否承受铆钉试件的最大剪切或拉力载荷。

7.6.3 钉头保持能力

从铆钉的钉体头一侧向钉芯施加轴向载荷直至钉头移动，钉头开始移动时记录最大的载荷，为该铆钉的钉头保持载荷。本检测不适用于封闭型、击入式、扩口型和开槽盲铆钉。

钉头保持能力检测夹具如图 7-43 所示。

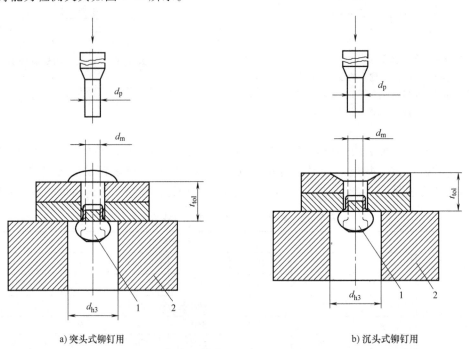

a) 突头式铆钉用　　　b) 沉头式铆钉用

图 7-43 钉头保持能力检测夹具
1—钉芯　2—检测垫板

铆接试板可由一块或多块钢板组成，但其总厚度应等于铆钉规定的最大铆接长度，单板厚度不得小于 1.5mm。检测钢板应有一定宽度，保证试件周围有最小直径 $D=25$mm 的圆形区域。

检测钢板插入铆钉的通孔直径 d_{h2} 按表 7-27 规定。冲头直径 d_p 应比钉芯直径小 0.25mm。铆钉用铆接工具或抓取机构并按铆钉制造者推荐的安装程序安装。检测垫板上的孔应能放入盲铆钉，但最大直径不能大于 2 倍的铆钉公称直径。将检测夹具装配在符合 GB/T 16491—2008 或 JB/T 9375—2014 要求的拉力试验机上。试验机应装有图 7-43 所示的压力冲头。

将载荷持续而无冲击地沿钉芯轴线施加在钉芯断口，并持续到钉头对铆钉体开始移动，试验速度不小于 7mm/min、不大于 13mm/min。钉头开始移动时记录最大的载荷值，该载荷应符合表 7-30 规定。

表 7-30 钉头保持能力—开口型

钉体直径 d/mm	性能等级	
	06、08、10、11、12、15、20、21、40、41	30、50、51
	钉头保持力/N	
2.4	10	30
3.0	15	35
3.2	15	35
4.0	20	40
4.8	25	45
5	25	45
6	30	50
6.4	30	50

7.6.4 钉芯拆卸力

从铆钉的钉体头一侧沿钉芯轴向施加载荷，直至推出钉芯时记录最大的载荷，为该铆钉的钉芯拆卸力。该检测在装配前进行，不适用于封闭型和击入式盲铆钉。

钉芯拆卸力检测夹具如图 7-44 所示。

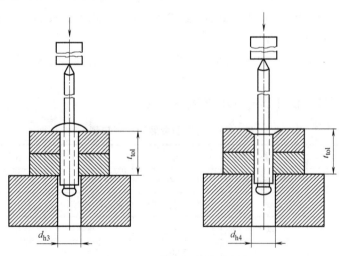

图 7-44 钉芯拆卸力检测夹具

铆接件可由一块或多块钢板组成，但总厚度应大于 10mm，单板厚度不小于 1.5mm。检测用钢板应有一定宽度，保证铆钉试件周围有最小直径 $D = 25$mm 的圆形区域。检测钢板上的通孔直径 d_{h2} 符合表 7-27 规定。检测垫板上的孔直径大于铆钉公称直径，但小于钉体直径+1mm。

将检测夹具装配在符合 GB/T 16491—2008 或 JB/T 9375—2014 要求的拉力试验机上。试验机应装有图 7-43 所示的压力冲头。

将载荷持续而无冲击地沿钉芯轴线施加在钉芯末端，并持续到钉芯完全退出，试验速度不小于

7mm/min、不大于13mm/min。钉头推出时记录最大的载荷值应大于10N。

7.6.5 钉芯断裂载荷

对检测夹具中的钉芯施加轴向拉力,直至钉芯断裂,记录出现的最大的载荷,为该铆钉钉芯的断裂载荷。

钉芯断裂载荷检测夹具如图7-45所示。

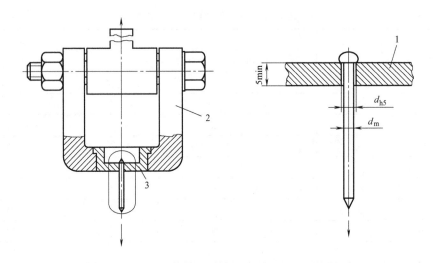

图7-45 钉芯断裂载荷检测夹具
1—检测钢板 2—检测夹具 3—检测衬套

检测钢板或衬套采用钢制,淬火+回火,硬度不小于$700HV_{30}$,衬套或钢板上放置钉芯的孔的直径为$d+0.2mm \sim d+0.4mm$(d为钉芯公称直径)。

检测钢板或衬套的厚度至少6mm,并应能承受试验载荷而无塑性变形。

将检测夹具装配在符合GB/T 16491—2008或JB/T 9375—2014要求的拉力试验机上。试验机应装有能夹紧钉芯的夹具,夹具能自动定心。

将载荷持续而无冲击地沿钉芯轴线施加在钉芯末端,并持续到钉芯破坏,试验速度不小于7mm/min、不大于13mm/min。

抽芯铆钉的钉芯断裂载荷值符合表7-31或表7-32规定。

表7-31 钉芯断裂载荷—开口型

钉体材料	铝	铝	铜	钢	镍铜合金	不锈钢
钉芯材料	铝	钢、不锈钢	钢、不锈钢	钢	钢、不锈钢	钢、不锈钢
钉体直径d/mm	钉芯断裂载荷 max/N					
2.4	1100	2000	—	2000	—	—
3.0	—	3000	3000	3200	—	4100
3.2	1800	3500	3000	4000	4500	4500
4.0	2700	5000	4500	5800	6500	6500
4.8	3700	6500	5000	7500	8500	8500
5	—	6500	—	8000	—	9000
6	—	9000	—	12500	—	—
6.4	6300	11000	—	13500	14700	—

表 7-32 钉芯断裂载荷—封闭型

钉体材料	铝	铝	钢	不锈钢
钉芯材料	铝	钢、不锈钢	钢	钢、不锈钢
钉体直径 d/mm	钉芯断裂载荷 max/N			
3.2	1780	3500	4000	4500
4.0	2670	5000	5700	6500
4.8	3560	7000	7500	8500
5	4200	8000	8500	—
6	—	—	—	—
6.4	8000	10230	10500	16000

7.7 垫圈

垫圈主要是用在螺栓、螺钉或螺母等支承面与被连接部位之间，起着保护被连接件表面、防止紧固件松动的作用或其他特殊用途。由此，根据垫圈的用途可将其分为平垫圈、防松垫圈和特殊用途垫圈。

（1）平垫圈

平垫圈也称为普通垫圈，是最常用的一类垫圈。在一般的螺栓或螺钉连接中基本上都能用到平垫圈，主要是用以改善被连接件的受力状况，保护被连接件的表面状态。平垫圈的公称直径就是与其配用螺栓或螺钉的公称直径，平垫圈的规格越小，其内径尺寸越接近公称直径，轴孔配合就越紧密。如果垫圈的内径过小，会与螺栓头下圆角发生干涉，内倒角平垫圈则可以避免这种干涉。平垫圈的外径一般为圆形，但根据装配的需要，也可以是其他形状，如外形为方形的方垫圈，如图 7-46~图 7-48 所示。

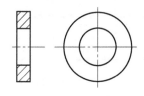

图 7-46 平垫圈

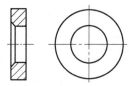

图 7-47 单面倒角平垫圈

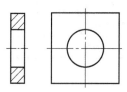

图 7-48 方垫圈

（2）防松垫圈

防松垫圈主要是放在紧固件与被连接件之间，达到简单的防松效果。防松垫圈主要包含以下几类：弹簧垫圈、弹性垫圈、锁紧垫圈和止动垫圈。

（3）特殊用途垫圈

特殊用途垫圈主要包含方斜垫圈和预载垫圈。

基于不同垫圈用途，各垫圈性能要求各异，其中平垫圈要求的主要机械性能为硬度，弹性垫圈要求的主要机械性能为硬度、弹性、扭转和抗氢脆。

7.7.1 硬度

垫圈硬度检测根据实际情况分为洛氏硬度、布氏硬度和维氏硬度。由于垫圈厚度较低，优先考虑使用维氏硬度。当某种硬度试验方法不适用时，亦可采用其他合适的试验方法进行试验，并通过 GB/T 33362—2016《金属材料 硬度值的换算》或其他有效标准进行转换。试验一般在 10~35℃室温下进行。

汽车用平垫圈由于厚度较小，平垫圈硬度试验按 GB/T 4340.1—2009《金属材料 维氏硬度试验 第1部分：试验方法》规定。其中试验力选择如下：公称厚度 $h>1.2$mm，使用 HV_{30}；0.6mm$<h\leqslant 1.2$mm，使用 HV_{10}；$h\leqslant 0.6$mm，使用 HV_2。弹性垫圈和止动垫圈等由于小截面和外形不规则，故垫圈

测试硬度时需要先镶嵌后测试。

试验制备时在通过垫圈轴心线的纵向截面上取样，采用切割等方式剖切垫圈，然后利用镶嵌机完成镶嵌，该过程中应使由于过热或冷加工等对试样表面硬度的影响减至最小。然后，通过抛光或电解抛光工艺去除待测样件表面镀层或者涂覆层等，以保证试样表面平坦光滑，试样表面上无氧化皮或外来污物等，然后使用维氏硬度完成测试。

选择在合适的镶嵌平面上进行硬度试验，并取间隔为120°的3点硬度平均值作为该垫圈的硬度值。任一压痕中心到试验边缘距离，对于钢、铜及铜合金至少应为压痕对角线长度的2.5倍，对于轻金属及其合金等至少应为压痕对角线长度的3倍。两相邻压痕中心之间的距离，对于钢、铜及铜合金至少应为压痕对角线长度的3倍，对于轻金属及其合金至少应为压痕对角线长度的6倍。如果相邻压痕大小不同，应以较大压痕确定压痕间距。

验收时如有争议，应以维氏硬度为仲裁试验。

7.7.2 弹性

（1）弹簧垫圈

将垫圈按表7-33规定的试验载荷连续加载3次后，测量其自由高度。弹簧钢垫圈试验后的自由高度应不小于$1.67S_{公称}$。鞍形和波形弹性垫圈试验后的自由高度应不小于表7-34的规定。不锈钢和磷青铜垫圈的弹性试验由供需双方协商确定。

表7-33 试验载荷1

规格/mm	2	2.5	3	4	5	6	8	10
试验载荷/N	700	1160	1760	3050	5050	7050	12900	20600
规格/mm	12	14	16	18	20	22	24	27
试验载荷/N	30000	41300	56300	69000	88000	110000	127000	167000
规格/mm	30	33	36	39	42	45	48	
试验载荷/N	204000	255000	298000	343000	394000	457000	518000	

表7-34 自由高度 （单位：mm）

规格	3	4	5	6	8	10	12	14	16	18	20	22	24	27	30
试验后的自由高度≥	0.9	1.0	1.25	1.6	2.1	2.4	2.8	3.2	3.8	3.8	4.4	4.4	5.6	5.6	8

（2）齿形、锯齿锁紧垫圈

将垫圈压缩到$S+0.12$mm，然后松开，测量其高度。对内、外齿锁紧垫圈，应在两平面间进行压缩；对锥形锁紧垫圈，应在相应的内、外锥面间进行压缩。

试验后垫圈的高度应大于$S+0.12$mm（S为材料的实际厚度）。

（3）鞍形、波形弹性垫圈

规格等于或大于4mm的垫圈按表7-35规定的试验载荷进行压缩，然后松开，测量其高度。试验后垫圈的自由高度H应不小于相应产品标准规定的$H_{\min}$。

表7-35 试验载荷2

规格/mm	4	5	6	8	10	12	14
试验载荷/N	2700	4400	6150	11300	18000	26300	36100
规格/mm	16	18	20	22	24	27	30
试验载荷/N	49200	60000	78000	97000	111000	146000	178000

7.7.3 扭转

(1) 弹簧垫圈

将垫圈夹于虎钳和扳手之间,虎钳和扳手之间的距离等于垫圈外径的二分之一(图7-49),将扳手向顺时针方向缓慢扭转至90°时,目测垫圈表面。弹簧钢、不锈钢和磷青铜垫圈扭至90°时不得断裂。

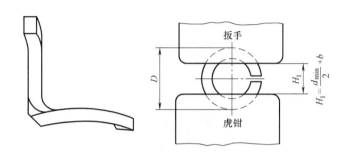

图7-49 弹簧垫圈扭转示意

注:$D=d+b$;d、b见产品标准。

(2) 齿形、锯齿锁紧垫圈

将垫圈齿圈切开,固定一端,拉伸另一端,使其分开的距离约等于垫圈的内径,拉伸方向如图7-50所示。然后,目测垫圈表面,试验时不得断裂。

7.7.4 氢脆

按 GB/T 3098.17—2010《紧固件机械性能 检查氢脆用预载荷试验 平行支承面法》或者其他适用标准中使用预紧力加载的方法来检验紧固件的氢脆程度,是一个通用的质量检验方法,但该检验应在电镀完成后的24h内完成。

(1) 弹簧垫圈

将镀锌垫圈用平垫圈隔开穿在试棒上,按表7-36规定的试验载荷进行压缩,放置48h以上,然后松开,目测垫圈表面,试验后不得出现可见的裂缝或断裂。

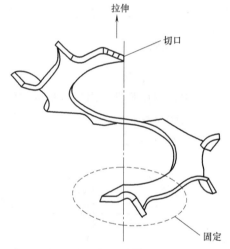

图7-50 齿形、锯齿锁紧垫圈扭转示意图

表7-36 试验载荷1

规格/mm	2	2.5	3	4	5	6	8	10
试验载荷/N	700	1160	1760	3050	5050	7050	12900	20600
规格/mm	12	14	16	18	20	22	24	27
试验载荷/N	30000	41300	56300	69000	88000	110000	127000	167000
规格/mm	30	33	36	39	42	45	48	
试验载荷/N	204000	255000	298000	343000	394000	457000	518000	

(2) 齿形、锯齿锁紧垫圈

将镀锌齿形、锯齿锁紧垫圈用平垫(或锥垫)隔开穿在试棒上并使垫圈压缩到 $S+0.12$mm(S为材料的实际厚度),放置48h以上,然后松开,目测垫圈表面,试验后不得出现可见的裂缝或断裂。

(3) 鞍形、波形弹性垫圈

将镀锌垫圈用平垫圈隔开穿在试棒上,按表7-37规定的试验载荷进行压缩,放置48h以上,然后松开,目测垫圈表面,试验后不得出现可见的裂缝或断裂。

表 7-37 试验载荷 2

规格/mm	4	5	6	8	10	12	14
负载/N	2700	4400	6150	11300	18000	26300	36100
规格/mm	16	18	20	22	24	27	30
负载/N	49200	60000	78000	97000	111000	146000	178000

7.8 挡圈

挡圈的主要作用是在轴上或孔中将零件进行轴向定位、锁紧或止动。挡圈按照其功能机理和结构特点，可以分为切制挡圈和弹性挡圈两大类。

切制挡圈是一个切制成型的环形零件，借助于其他辅助零件或机构实现定位功能，一般用中碳钢制造。使用时，将挡圈装在轴上，通过销钉、螺钉或其他机构将其固定在轴上，从而实现轴系零件的定位。常见的切制挡圈有锥销锁紧挡圈、螺钉锁紧挡圈、螺钉（或螺栓）紧固轴端挡圈、轴肩挡圈等。

弹性挡圈是使用弹性材料制成的挡圈，一般用弹簧钢制成，弹簧钢经热处理后具有较高的硬度、强度以及较好的弹性。为了防止锈蚀，挡圈表面通常需要进行电镀处理（镀锌等）或氧化处理，但是电镀处理的产品容易产生氢脆断裂。按照使用功能划分，弹性挡圈可以分为孔用弹性挡圈和轴用弹性挡圈；按挡圈的制造工艺划分，可以分为带材切制成型挡圈和丝材绕制成型挡圈。

7.8.1 韧性

（1）弹性挡圈

孔用、轴用弹性挡圈进行折弯试验，试验方法如下：将挡圈的一半夹在两个钳口中，钳口的圆角半径应与挡圈厚度相同（$r=S$，如图 7-51 所示）；然后反复轻捶打或者使用杠杆将挡圈弯曲至 30°。试验后，挡圈不应出现断裂或裂缝。

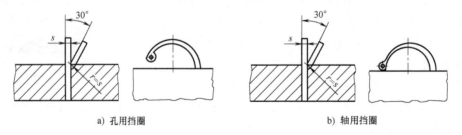

a) 孔用挡圈　　　　　　b) 轴用挡圈

图 7-51 折弯试验

（2）开口挡圈

开口挡圈应进行韧性试验，试验方法如下：将开口挡圈装在试验轴上，保持 48h，目测检查。试验轴的直径应等于沟槽基本尺寸 d_2 的 1.1 倍。试验后，挡圈应不断裂。

7.8.2 圆锥变形

孔用、轴用弹性挡圈应进行圆锥变形试验，试验方法如下：将挡圈放在两个平行板之间，如图 7-52 所示，加载力 F 时，测量 h 尺寸，计算 $h-S$ 的值。

试验后，应符合表 7-38 规定。

7.8.3 缝规

（1）弹性挡圈

孔用、轴用弹性挡圈应进行缝规试验，试验方法如下：将挡圈放入缝规，如图 7-53 所示。

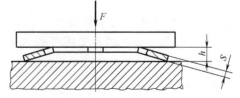

图 7-52 圆锥变形试验

表 7-38 圆锥变形

公称规格 d_1	试验力 $F(1+5\%)/N$		$h-S$ Max
	标准型（A型）	重型（B型）	
$d_1 \leq 22mm$	30	60	$b \times 0.03$
$22mm < d_1 \leq 38mm$	40	80	
$38mm < d_1 \leq 82mm$	60	120	
$82mm < d_1 \leq 150mm$	80	160	$b \times 0.02$
$150mm < d_1 \leq 300mm$	150	300	

注：h 为测试圆锥变形装置两板间的距离；S 为挡圈实际厚度；b 为挡圈开口对面的径向宽度。

缝规间隙应符合表 7-39 规定，挡圈应能自由通过。

表 7-39 缝规间隙

公称规格 d_1	缝规间隙 C
$d_1 \leq 100mm$	$1.5 \times S$
$100mm < d_1 \leq 300mm$	$1.8 \times S$

（2）钢丝挡圈

孔用及轴用钢丝挡圈应进行缝规检查试验，试验方法如下：将挡圈放入缝规，如图 7-54 所示。试验时，挡圈应能自由地通过缝规。

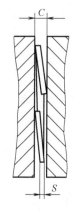

图 7-53 弹性挡圈缝规试验
C—缝规间隙 S—挡圈厚度

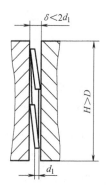

图 7-54 钢丝挡圈缝规试验
H—缝规高度 δ—缝规宽度 D、d_1—见产品标准

7.8.4 弹性

（1）弹性挡圈

1）孔用挡圈应进行弹性试验，试验方法如下：使用符合 JB/T 3411.48—1999《孔用弹性挡圈安装钳子 尺寸》规定的安装钳将挡圈压缩到 $0.99 \times d_1$ 三次，或将挡圈穿过一个直径为 $0.99 \times d_1$ 的锥套（图 7-55）三次后，再安装到直径 d_{2max} 的沟槽内。试验后，将挡圈安装到最大直径 d_{2max} 的沟槽内，应在自重下保持不松动。

2）轴用挡圈应进行弹性试验，试验方法如下：使用符合 JB/T 3411.47—1999《轴用弹性挡圈安装钳子 尺寸》规定的安装钳将挡圈扩张到 $1.01 \times d_1$ 三次，或将挡圈穿过一个直径为 $1.01 \times d_1$ 的锥棒（图 7-56）三次后，再安装到最小直径 d_{2min} 的沟槽内。试验后，将挡圈安装到最小直径 d_{2min} 的沟槽内，应在自重下保持不松动。

3）开口挡圈应进行弹性试验，试验方法如下：将开口挡圈装入试验轴上，然后拆下测量内径 d 尺寸。试验轴的直径应等于沟槽直径 d_2 的基本尺寸。试验后，挡圈内径 d 应不大于沟槽直径 d_2 的基本尺寸。

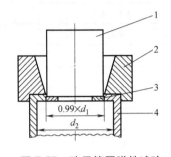

图 7-55　孔用挡圈弹性试验

1—压力顶杆　2—锥套　3—挡圈　4—支座

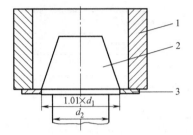

图 7-56　轴用挡圈弹性试验

1—压力套　2—锥棒　3—挡圈

（2）钢丝挡圈

钢丝挡圈应进行弹性试验，试验方法如下：将钢丝挡圈装在如图 7-57 所示的芯轴上，或如图 7-58 所示的套筒内，再用套筒或芯轴压出，连续进行三次弹性试验。

$A=d$

$B=1.01d_0{}^{+0.05}_{\ \ 0}$

$C=d_1{}^{+0.05}_{\ \ 0}$

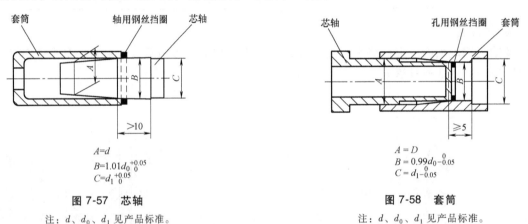

图 7-57　芯轴

注：d、d_0、d_1 见产品标准。

$A=D$

$B=0.99d_0{}^{\ \ 0}_{-0.05}$

$C=d_1{}^{\ \ 0}_{-0.05}$

图 7-58　套筒

注：d、d_0、d_1 见产品标准。

试验后，用通用或专用量具测量：外径 D 及开口尺寸 B，或内径 d 及开口尺寸 B。试验后，孔用钢丝挡圈外径 D 及开口尺寸 B 均应符合尺寸标准的规定。试验后，轴用钢丝挡圈内径 d 及开口尺寸 B 均应符合尺寸标准的规定。

7.9　销

销的类型有圆柱销、圆锥销、带孔销、开口销和安全销等。在机械中，销主要用作装配定位，也可用作连接、放松级安全装置中的过载剪断连接。圆柱销利用微量过盈固定在销孔中，多次装拆会降低定位精度。圆锥销有 1∶50 的锥度，可以自锁，靠锥面挤压作用固定在销孔中，定位精度高，安装也方便，可多次装拆。

7.9.1　硬度

测试一般在 10~35℃ 室温下进行。

试验制备时在通过销轴心线的纵向截面上取样，采用切割等方式剖切样件，然后利用镶嵌机完成镶嵌，该过程中应使由于过热或冷加工等对试样表面硬度的影响减至最小。通过抛光或电解抛光工艺去除待测样件表面镀层或者涂覆层等，以保证试样表面平坦光滑，试样表面上无氧化皮或外来污物等，然后使用维氏硬度完成测试。

选择在合适的镶嵌平面上进行硬度试验，并取间隔为 120° 的 3 点硬度平均值作为该样件的硬度值。

任一压痕中心到试验边缘距离,对于钢至少应为压痕对角线长度的 2.5 倍。两相邻压痕中心之间的距离,对于钢至少应为压痕对角线长度的 3 倍。如果相邻压痕大小不同,应以较大压痕确定压痕间距。

对端面进行硬度试验,验收时,如有争议,则应在距端面一个公称直径的截面上进行仲裁试验。对于 $d \leqslant 5mm$ 的销,不进行硬度检查。

7.9.2 剪切

试验应使销承受双截面剪切载荷。用适当的夹具将销夹住,并施加载荷,记录直至销剪断时的最大载荷。

剪切试验在夹具中完成,典型夹具如图 7-59 所示。在夹具中销承受各个零件的载荷。为了施加载荷,各配合零件应有与销公称直径相等的孔径(公差为 H6),且硬度不低于 700HV。支承零件与加载零件间的间隙不应超过 0.15mm。

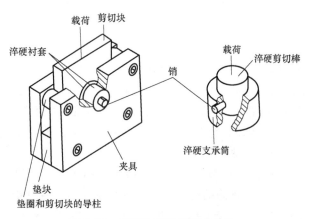

图 7-59 典型的销剪切试验夹具

剪切面与销的每一末端面应最少留有不小于销径 1 倍的距离,同时两剪切面间的间隔最少应为 2 倍销径。当销太短而不能做双面剪切试验时,应改用两个销同时做单面剪切试验。弹性销在试验夹具中的安装应使槽口向上。

销应试验到剪断为止,当试验载荷达到最大载荷的同时销断裂或未到达最大载荷之前销断裂,都被认为是销的双面剪切载荷。销经剪切强度试验后断裂口应为没有纵向裂缝的韧性切口。试验速度应不超过 13mm/min。

7.10 卡箍

卡箍从结构构成上可分为钢丝类卡箍、钢带类卡箍、片簧、E 型卡片等主要类型,如图 7-60~图 7-63 所示。其主要作用是连接有沟槽的管件类零件,实现密封、紧固或者限位,锁紧形式上有机械机构辅助锁紧和零件自身弹性提供锁紧的分别。由于各种水路、气路、油路的存在,在汽车行业内,钢丝式卡箍、钢带式弹性卡箍的使用都比较常见。

图 7-60 机构辅助锁紧卡箍 1

图 7-61 机构辅助锁紧卡箍 2

图 7-62 单耳无级卡箍

图 7-63 弹性自锁紧卡箍

利用自身弹性实现紧固密封的卡箍，多用弹簧钢来做主体部分，工作条件恶劣的要考虑用不锈钢。对于此类卡箍，其硬度、弹性、表面防护、疲劳寿命等项目为主要考虑因素。

利用机械机构实现锁紧的卡箍，材料要求相对宽松一些，靠螺纹、蜗杆、卡槽等机构锁止。此类卡箍除了要关注硬度、表面防护等本身性能以外，还要关注锁止机构的强度、耐久等项目。

7.10.1 硬度

对于整体进行热处理的卡箍，多以钢丝或钢带距端头一定距离处作为检测部位。有局部热处理的卡箍，检测部位可以根据技术协议规定或图样的特殊要求进行选择。对于弹性卡箍，可以选择在卡箍的正面（非冲孔位置）冷磨削 0.3mm 左右，磨制后作为检验面进行维氏硬度测试。

1) 取样过程：需要选用带有冷却装置的切割设备，或者手工截取。不论哪种方式进行取样，都应保证卡箍的基体组织和性能不因为受热而发生改变。

2) 制样过程：可以用砂轮磨削、预磨机磨削、磨抛机磨削抛光、手动磨抛。不论哪种方式进行制样，都应注意磨削速度的控制和冷却措施的持续，避免零件基体组织和性能因磨削受热而发生改变。

3) 测试过程：按照 GB/T 4340.1—2009 标准进行测试。钢带厚度≤1mm 时，推荐采用 HV_{10} 测试；钢带厚度>1mm 时，推荐采用 HV_{30} 测试。图样或技术协议有特殊规定的，按规定执行。

7.10.2 夹紧力

应使用一个四通道的测力装置对卡箍的夹紧力进行测量，该装置应能保证可以在四个方向上均匀地起作用，四点力支撑形成的外接圆直径应符合相关规定中公称直径的限值。每个通道测量支撑与卡箍应是无摩擦的线性接触。对于通道 $F_{X1}+F_{X2}$ 和 $F_{Y1}+F_{Y2}$ 的测量值，应当按照 $F_X=F_{X1}+F_{X2}$ 和 $F_Y=F_{Y1}+F_{Y2}$ 的计算公式相加（图 7-64）。对于四个单个的力，应分别进行独立评定。

卡箍的夹紧力应满足相关的规定和要求。QC/T 621.1—2013《钢带式弹性软管夹箍 第 1 部分 型式尺寸和材料》标准中的相关数据引用见表 7-40。

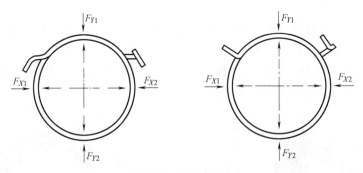

图 7-64 测量夹紧力

7.10.3 快速寿命

将卡箍装在芯棒上，浸入腐蚀介质，保持一定时间后，取出芯棒检视卡箍，未出现断裂即通过该检测。

表 7-40 卡箍的夹紧力

公称直径 d/mm	F_X, min/N	F_Y, min/N	$\Delta F = F_X - F_Y$/N
13	220	170	−10~140
14			
15			
16			
17			
18	350	280	−10~180
19			
20			
21			
22			
23			
24			
25	440	390	0~220
26			
27			
28			
29			
30			
32			
34			
35			
36			
38			
40			
42	600	500	0~240
43			
44			
46			
47			
49			
50			
51			
53			
55			
60			
65	410	350	
70			
75			
80			
85			
90			

表 7-40 卡箍的夹紧力

调质后未进行表面涂覆的卡箍为检测对象。芯棒为塑料材质，直径相当于 $d_{0\min}-0.3\text{mm}$，表 7-41、表 7-42 中的 $d_{0\min}$ 数值供参考。

腐蚀介质可选用浓度为 0.9%（质量分数）的盐酸溶液，浸泡时间约 8min；检测在室温 18~28℃ 条件下开展。

表 7-41 A 型卡箍尺寸

公称直径 d[①]/mm	全开直径 $d_{0\min}$[②]/mm	公称直径 d/mm	全开直径 $d_{0\min}$/mm
13	14.2	36	39.0
14	15.8	38	41.5
15	16.5	40	42.5
16	17.5	42	44.5
17	18.5	43	45.5
18	19.0	44	46.5
19	20.2	46	48.5
20	21.6	47	50.0
21	22.5	49	52.0
22	24.2	50	53.0
23	24.7	51	54.0
24	26.0	53	55.8
25	26.8	55	58.0
26	28.0	60	63.0
27	29.0	65	68.0
28	30.2	70	73.0
29	31.5	75	78.0
30	32.5	80	83.0
32	34.5	85	88.0
34	36.4	90	93.0
35	38.0	—	—

① 公称直径 d 与交货状态未必一致，需要遵循有关规定。
② 使用测量芯棒测定。

表 7-42 B 型卡箍尺寸

公称直径 d[①]/mm	全开直径 $d_{0\min}$[②]/mm	公称直径 d/mm	全开直径 $d_{0\min}$/mm
13	14.2	24	26.0
14	15.8	25	26.3
15	16.5	26	28.0
16	17.5	27	29.0
17	18.5	28	30.2
18	19.0	29	31.5
19	20.2	30	32.5
20	21.5	32	34.5
21	22.5	34	36.4
22	24.2	35	38.0
23	24.7	36	39.0

(续)

公称直径 $d^{[1]}$/mm	全开直径 $d_{0\min}^{[2]}$/mm	公称直径 d/mm	全开直径 $d_{0\min}$/mm
38	41.5	53	55.8
40	42.5	55	58.0
42	44.5	60	63.0
43	45.5	65	68.0
44	46.5	70	73.0
46	48.5	75	78.0
47	50.0	80	83.0
49	52.0	85	88.0
50	53.0	90	93.0
51	54.0	—	—

[1] 公称直径 d 与交货状态未必一致，需要遵循有关规定。
[2] 使用测量芯棒测定。

7.10.4 长时间寿命

在整个测试周期内，卡箍需始终置身于一个冷凝水容器内。将卡箍装在芯棒上，将卡箍打开一次至全开直径 d_0，浸入腐蚀介质，保持一定时间后，取出放置于冷凝中的水面之上。第一周，每天重复一次上述操作。第二周开始，每周重复一次上述操作，直至测试结束。1000h 测试后，卡箍不应出现裂缝或断裂，卡箍的功能仍然能得到保证，视为通过测试。

测试后卡箍表面允许出现涂覆层变灰和不超过 10% 的金属基体腐蚀（安装和夹持等接触部位产生的锈蚀不在评定范围内）。

样件为调质后进行表面涂覆的卡箍，数量不少于 15 个。芯棒为塑料材质，直径相当于 $d_{0\min}$-0.3mm（表 7-41、表 7-42 中 $d_{0\min}$ 数值供参考）。

腐蚀介质可选用浓度为 5%（质量分数）的氯化钠溶液，浸蚀时间约 10s。测试温度为 60℃±5℃，相对湿度 98%~100%。

卡箍寿命类测试过程分别用到了不同的腐蚀性介质，对检测人员和环境可能产生不利影响。建议检测在空气通畅、靠近水池的地点进行，最好配备换气或密封设施。浸泡时间到达后，应立即将试件从腐蚀介质中取出，并及时进行清水冲洗，防止因腐蚀介质停留时间过长而影响检测结果。

检测过程产生的有害气体、液体需做处理后才能进行排放，如不能自行妥善处置，建议收集后送交有资质机构统一集中处理。

7.10.5 密封性

将卡箍、软管、芯棒在适当夹具上组合装配，并给予一定压力，通过目视或压力传感器等监控手段评价组合副的密封性，无气泡或无压力降低视为通过测试。

对于公称直径 d 为 13~60mm 的卡箍，当测试压力不小于 300kPa 时，必须确保组合副的密封性。

样件为调质后进行表面涂覆的卡箍，数量不少于 3 个。软管材料是具有聚酰氨（PA）织物的三元乙丙橡胶或肖氏硬度为 65±5 的芳香族聚酰胺。填充介质为水。测试在室温 18~28℃ 条件下进行。

对于 d≤60mm 的卡箍，测试连接装置如图 7-65 所示，由一个磨削的没有凸缘的芯棒、一根 100mm 长的试验软管和卡箍组成。

按照表 7-43 所列软管-接管尺寸，进行密封性测试。

螺塞、管接头通常是液压系统中连接封闭管路或将管路装在液压元件上的零件，这是一种在流体通路中能装拆的连接件的总称。它们主要担负连接封闭的作用，其主体性能与螺栓、螺钉、螺柱等外螺纹件相同，差异在于其有独特的密封性要求，否则难以支持整个液压系统。

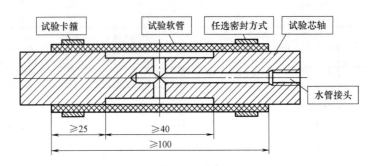

图 7-65 测试装置示意

表 7-43 软管-接管尺寸　　　　　　　　　　　　（单位：mm）

卡箍公称直径 d	软管外径	壁厚
<21	$d^{+0.5}_{-0.2}$	2.0~3.5
21≤d<38	$d^{+0.7}_{-0.3}$	2.0~4.0
38≤d<54	$d^{+1.2}_{-0.5}$	3.5~5.5
54≤d<60	$d^{+1.2}_{-1.5}$	3.5~5.5

　　密封性的测试通常是将被测试零件接入液压系统，按要求连接紧固，打压并保持一段时间后测试压力是否降低，如果压力降低值在规定范围内，则判定被测零件密封性通过。

7.11　典型检测案例

　　汽车紧固件的机械性能，如 7.1 节所述，与原材料、机加工、热处理、表面处理、尺寸配合、使用工况等各个环节都有关系。同时，其具体的表现形式也有硬度、强度、夹紧力、密封性等众多指标。在实际应用中，每一个具体的技术指标都显示了材料或零件的某种特性，也从侧面反映了各个工序的工艺目的是否得到实现。以下通过一些具体的案例，演示具体检测项目的开展、异常分析以及部分经验总结。

7.11.1　螺栓装配断裂案例

　　某螺栓强度等级 8.8 级，材料 40Cr，装配工艺 45N·m，在其他使用条件没有发生变化的情况下，装配中偶发断裂。

图 7-66　断裂位置　　　　　　　　　　图 7-67　断口宏观形貌

　　断裂位置在螺栓螺纹和光杆交接部位（图 7-66），断面基本平整，上有少量锈蚀（图 7-67），光线下有部分反光刻面。断口在扫描电镜下观察，微观形貌表层为沿晶（图 7-68），芯部为沿晶+很少量韧窝的混晶形貌（图 7-69）。断口分析显示螺栓断裂为脆性断裂。

　　结合断口宏观和微观形貌特征，怀疑零件有回火不足的可能。在断口附近取样，通过硬度和金相组织进行验证，得到表 7-44 所列数据和结果。

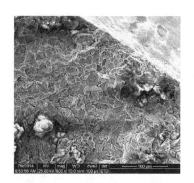

图 7-68 表层沿晶形貌

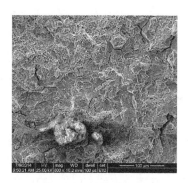

图 7-69 芯部混晶形貌

表 7-44 后轴螺栓硬度和金相测试结果

8.8 级（GB/T 3098.1—2010 《紧固件机械性能 螺栓、螺钉和螺柱》）	硬度（HV）	结论
要求	220~320	
实测	382.3,388.8,383.6	不符合
8.8 级（GB/T 3098.1—2010 《紧固件机械性能 螺栓、螺钉和螺柱》）	金相组织	结论
要求	淬火回火组织	
实测	表层为较细马氏体，芯部为板条状马氏体（图7-70）	不符合

根据以上测试，得出初步结论如下：①断裂螺栓维氏硬度数值已远超出 8.8 级螺栓要求范围，甚至已超出 10.9 级螺栓要求值上限；②金相组织非正常调质组织；③表层微观形貌基本为沿晶，芯部为沿晶+很少量韧窝的混晶；④断裂为装配过程中发生，没有延迟现象。

断裂螺栓若经过回火处理，表层应先加热发生转变，与实际情况截然相反。综合以上条件，分析判断断裂螺栓未经回火处理。

对于进行过硬度和金相测试的样块，按厂家提供的参数进行再回火处理后，得到表 7-45 中的数据结果。

图 7-70 金相组织

表 7-45 再回火后硬度测试结果

8.8 级（GB/T 3098.1—2010 《紧固件机械性能 螺栓、螺钉和螺柱》）	硬度（HV）	结论
要求	220~320	
实测	285.6,291.4,283.5	符合

本例中，因为已在扫描电镜下观察到表层和芯部微观形貌的较大差异，故未进行芯部和表层硬度差的测试，这个差距的存在是显而易见的；再回火后也没有继续观察金相组织，随硬度值降低到正常区间，金相组织的复查意义也已不大。

再回火检测适用于 8.8 级以上强度等级的螺栓，对尺寸大小无特殊要求，满足开展硬度检测的最低要求即可。以图 7-71 所示的螺栓（10.9）为例，演示再回火检测过程。

1）螺栓信息：M10×1.25，杆部长度 30mm，等级 10.9 级。

2）检测方法：通过对比同一螺栓、同一部位，回火前后硬度值有无差异变化，判断螺栓回火时是否达到最低回火温度。

3）工具设备：工具台、锯工或切割机、镶嵌机、磨抛机、维氏硬度计、中温回火炉。切割工具以带冷却系统、能实现精确切割的最佳，硬度计要求软件能实现实时图像传输和取点定位。

4）检测步骤：选取螺栓杆部的某一剖面为检测面，切割磨抛后，进行维氏硬度测量，得到数据分别为349HV、352HV、350HV，均值350HV。

将检测完成的螺栓，放入能密封的容器内，剩余空间填加足够的铁粉等活泼金属粉末彻底覆盖螺栓，固定好并封口后，置于回火炉内进行再回火，温度设定按GB/T 3098.1—2010《紧固件机械性能 螺栓、螺钉和螺柱》中规定或比厂家提供实际回火温度低10℃。

图7-71 螺栓实物

回火完成后取出螺栓，对检测面进行轻微磨抛后，在取点附近进行维氏硬度测量。得到数据分别为341HV、342HV、344HV，均值343HV。

5）数据处理：回火前后硬度值差 = 350HV - 343HV = 7HV，未超过20HV限值。由此可以判断该螺栓首次回火时达到了最低回火温度，不存在回火不足的问题。

6）注意事项：

① 切取试样时避免温度变化引起螺栓性能产生差异。

② 再回火时，检测面得到充分保护，防止氧化脱碳造成硬度降低。

③ 再回火后硬度测试点的选取，尽量在原测试点附近（两次测试点完全重合是很难实现的）。

④ 绝大多数螺栓的回火是相对充分的，所以不是每个螺栓再回火后硬度值都有明显变化。

7.11.2 螺母售后开裂案例

4S店反馈，某车型后桥与后拖曳臂连接螺母连续发生几起开裂，有的开裂是在库房放置过程中出现，有的开裂是在挪车过程中出现，部分螺母已裂成几块。该螺母强度等级为10级，镀锌处理。

如图7-72所示，开裂位置基本都在螺母棱角部位，裂纹基本呈直线方向分布。断口宏观形貌如图7-73所示，有轻微氧化，局部有反光刻面。扫描电镜对断口观察，断口微观形貌为沿晶（图7-74），局部可见鸡爪纹。断口分析结果显示，螺母开裂为脆性开裂。

图7-72 开裂位置

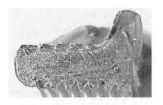

图7-73 断口宏观形貌

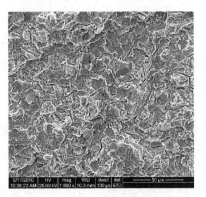

图7-74 断口微观形貌

图7-75 金相组织

结合断口宏观和微观形貌特征，判断导致开裂的可能原因是回火不足或氢脆。在断口附近取样，通过硬度和金相组织进行验证，得到表7-46所列数据和结果。

表7-46 螺母硬度和金相测试结果

10级（GB/T 3098.2—2015《紧固件机械性能 螺母》）	硬度（HV）	结论
要求	295～353	
实测	362,365,357	不符合
10级（GB/T 3098.2—2015《紧固件机械性能 螺母》）	金相组织	结论
要求	淬火回火组织	
实测	较细回火索氏体（图7-75）	符合

根据以上测试，得出初步结论：开裂螺母维氏硬度数值已超出10级螺母要求范围；金相组织为调质组织。

硬度测试结果可以确认，开裂螺母存在回火不足。螺母的开裂情况，有的在放置过程中出现，有的在工作过程中出现，存在一定延迟特性，结合微观形貌，判断有氢脆存在。为进一步确认，对未使用螺母进行氢脆测试。

取5只未使用的螺母，按GB/T 3098.17—2000标准规定的方法进行氢脆测试，力矩加载18h后，即在螺母法兰、拐角等部位出现裂纹，如图7-76、图7-77所示。

图7-76 氢脆测试装配图

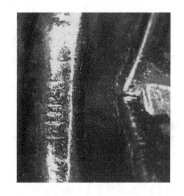

图7-77 局部开裂

经现场检查，发现镀锌过程中的酸洗工序管控严重缺失，驱氢产能不足，导致部分螺母在酸液中浸蚀时间过长。在未能进行充分驱氢的情况下，螺母发生氢致脆裂。

采取应对措施如下：

1）严格控制酸洗时间，并保证每个件进行驱氢处理。

2）提高回火温度，保持零件回火充分。

后在现场抽取成品螺母进行氢脆测试，无开裂现象，硬度结果在标准要求范围内。现场装配和动态路试后，没有开裂情况发生。

氢脆的检出时间为成品后的24h内，本例中的螺母之所以能检出氢脆开裂，是因为酸洗时间过长、未驱氢等多重因素导致，不代表每一种有氢脆倾向的零件都可以在成品很长时间以后仍能检出。

7.11.3 自攻螺钉装配断裂案例

生产现场反馈，故障诊断插头支架固定自攻螺钉在调试工段偶有断裂现象发生，该自攻螺钉规格为ST4.8，镀黑锌处理。

断裂位置在螺纹杆，如图7-78所示，断面宏观形貌如图7-79所示，整体平整，但较粗糙，局部有反光小刻面。扫描电镜对断口观察，断口微观形貌为沿晶，芯部形貌为沿晶+少量韧窝的混晶（图7-80、图7-81）。断口分析结果显示，螺母开裂为脆性开裂。

图7-78　断裂位置

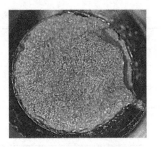

图7-79　断面宏观形貌

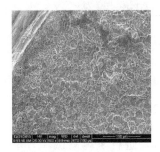

图7-80　表层微观形貌

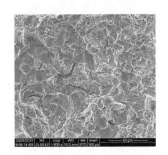

图7-81　芯部微观形貌

该自攻螺钉原材料为SWRCH15A，经渗碳处理进行表层强化，表层微观形貌为沿晶是可以理解的，但芯部出现大量沿晶属异常。怀疑该自攻螺钉存在渗碳层过深或者回火不充分的问题。在断口附近取样，通过硬度和金相组织进行验证，得到表7-47所列数据和结果。

表7-47　自攻螺钉硬度和金相测试结果

ST4.8（GB/T 3098.5—2016《紧固件机械性能　自攻螺钉》）	表面硬度（HV）	结论
要求	≥450	
实测	485.2，497.9，497.9	符合
ST4.8（GB/T 3098.5—2016《紧固件机械性能　自攻螺钉》）	芯部硬度（HV）	结论
要求	270~370	
实测	369.3，368.5，369.3	符合
ST4.8（GB/T 3098.5—2016《紧固件机械性能　自攻螺钉》）	渗碳层/mm	结论
要求	0.10~0.23	
实测	0.22	符合
10级（GB/T 3098.4—2000《紧固件机械性能　螺母　细牙螺纹》）	金相组织	结论
要求	淬火回火组织，渗碳层与芯部组织间的显微组织不得出现带状亚共析铁素体	
实测	表层回火马氏体，芯部板条状马氏体，未见带状亚共析铁素体，螺纹牙底有折叠缺陷（图7-82）	不符合

从测试结果来看，芯部硬度和渗碳层深度两个项目在合格范围内，但已极度接近要求的上限。由于渗碳的影响，芯部组织出现脆性的可能增大。同时，该自攻螺钉断裂位置附近的牙底发现多处折叠缺陷，部分开裂到螺纹杆内部。这两种不良因素共同存在，导致自攻螺钉在装配中出现断裂。

改进措施包括：①严格控制自攻螺钉的制造缺陷；②提高回火温度，保证零件回火充分；③调节控制渗碳层深度，降低对芯部的影响。

在现场抽取整改后自攻螺钉成品进行芯部硬度和渗碳层深度测试，均处在要求范围内，整改后监控现场装配，无开裂情况发生。

自攻螺钉有表面硬度和渗碳层深度测试要求，由于零件尺寸、结构、渗碳等影响因素存在，有时会给检测造成一定的不便。例如，零件尺寸偏小，不易切割，夹持等样品制备过程存在困难；沉头花型自攻螺钉头部表面平整的面积有限，不利于硬度取点，如图7-83所示。

图7-82 牙底折叠

(1) 表面硬度的测试

1) 把头部或螺杆等位置切开，以剖面为检测面，在靠近表面的部位进行硬度测试。

2) 按 GB/T 3098.5—2016《紧固件机械性能 自攻螺钉》中描述，在螺钉头部进行。

按第一种方法进行测试受结构尺寸等影响，往往不易取到理想的测试点；同时，由于渗碳的影响，表面硬度比次表层高，导致测试压痕内外直径大小不均的问题，容易出现实际测试硬度值达不到技术要求的情况。

按第二种方法进行测试，尽量取钉头顶端很小的一块位置为检测面。将顶面尽量平地放在较细的砂纸上轻微摩擦，能在测试镜头下形成光学影像即可。由于磨痕较粗大，可以适当增加试验载荷，以增加压痕的可识别性。此种操作得到的压痕基本是规整的菱形，可读取性也很好。同时由于磨制损伤很少，所以实测硬度值比较接近表面硬度的真值。

图7-83 自攻螺钉实物

(2) 渗碳层深度的测试

1) 硬度法：从螺钉芯部剖开，以剖面为检测面，沿垂直表面的方向进行硬度测试，得到硬度梯度曲线。根据真实芯部硬度，按标准要求累加30个硬度单位，得到硬度界限值。在硬度梯度曲线上根据硬度界限值得到渗碳层深度值。

2) 金相法：金相法需要对样品进行腐蚀，根据颜色变化确定边界，然后做适当调整，确定渗碳层深度值。腐蚀效果、颜色深浅、环境温度、调整的控制等都可能对最终结果产生影响。使用金相法测量渗碳层深度可行，但主观性影响较大，对检测人员要求也相对较高。

7.11.4 垫片开裂案例

某发动机上安装的垫片，在热试后发生断裂，产生异响。该垫片材料为45钢，硬度要求38.0~48.0HRC。

如图7-84所示，有的裂纹沿直径方向，有的沿圆周方向。将裂纹处打开，进行观察发现，A垫片裂纹已贯穿整个垫片，长度4.00mm（图7-85），B垫片裂纹尚未贯穿，长度1.64mm（图7-86）。

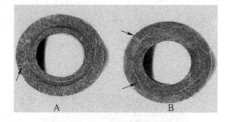

图7-84 裂纹位置示意图

垫片硬度检测结果见表7-48，硬度数值均在要求范围内。

表7-48 垫片硬度检测结果

垫片	硬度（HRC）	结论
要求	38.0~48.0	
实测A	46.5, 46.0, 45.5	符合
实测B	44.5, 45.0, 45.5	符合

图 7-85　A 垫片裂纹长度 4.00mm

图 7-86　B 垫片裂纹长度 1.64mm

根据裂纹形貌和走势判断，淬火裂纹的可能性较大。后续对裂纹表面进行金相组织观察，发现有较严重的氧化现象。同时，发现两只垫片均存在等级较高的硅酸盐类夹杂物，经过评定 A 垫片等级为 2.5 级，B 垫片等级为 3 级，如图 7-87、图 7-88 所示。

图 7-87　A 垫片 2.5 级

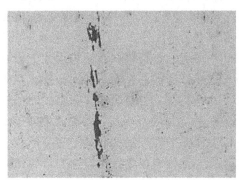

图 7-88　B 垫片 3 级

硅酸盐类夹杂物级别高，作为独立相存在钢中，不但破坏了钢基体的连续性、降低强度的作用，而且在淬火过程中加剧应力集中。在淬火过程中奥氏体转变为马氏体时，两者的比容差大，容易产生内应力；再加上已淬成马氏体表层硬而脆，对夹杂物等应力集中高度敏感，所以裂纹从表层起源，形成淬火裂纹。

7.11.5　弹性卡箍售后断裂案例

售后反馈，部分发动机进出水管漏水，检察发现弹性卡箍已断裂（图 7-89）。该卡箍材料为 51CrV4，硬度要求 510~580HV。

断裂卡箍断口均发生不同程度锈蚀（图 7-90），电镜下观察，形貌为沿晶（图 7-91），脆性断裂。对锈蚀区进行能谱分析，发现 S 元素含量异常（图 7-92）。

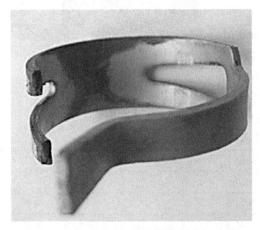

图 7-89　断裂位置

图 7-90　断口锈蚀

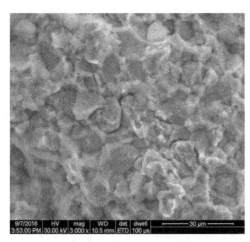

图 7-91 局部微观形貌

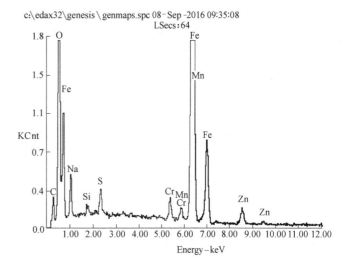

图 7-92 能谱结果

卡箍表面处理为达克罗涂层，与其直接接触的橡胶材料为 EPDM，常规条件下不会有 S 元素析出。故判断卡箍断裂有外来腐蚀介质的影响，断裂应为应力腐蚀断裂。卡箍工作中呈张力状态，一旦有外来腐蚀介质通过涂层破损处渗入，结合卡箍本身材料特性，具备形成应力腐蚀的条件。

卡箍硬度和金相组织检测结果见表 7-49，硬度检测结果都在上限附近。为降低脆性开裂倾向，通过调整回火温度，将卡箍硬度适当降低；同时为加强表面防护能力，更换了防腐能力更强的达克罗涂层。整改后样件通过酸性介质条件下检测，且后续未见反馈类似问题。

表 7-49 卡箍硬度和金相组织检测结果

卡箍	硬度（HV）	结论
要求	510.0~580.0	
实测	575.5,578.0,576.5	符合
卡箍	金相组织	结论
要求	下贝氏体	
实测	下贝氏体+少量碳化物	符合

7.12 发展趋势及展望

随着汽车行业的进步，零部件服役条件越来越严酷，这就要求汽车紧固件也要满足在极端条件下可靠地服役，如高温、低温、应力腐蚀、恶劣路况下的各种交变载荷等。目前，有针对材料在极端条件下的试验方法，如 GB/T 4338—2006《金属材料 高温拉伸试验方法》、GB/T 228.3—2019《金属材料 拉伸试验 第 3 部分：低温试验方法》、GB/T 2039—2012《金属材料 单轴拉伸蠕变试验方法》、GB/T 15970《金属和合金的腐蚀 应力腐蚀试验》系列标准等，但缺少对于紧固件本身的针对性的试验方法。虽然可以借鉴标准中的方法将零件加工成标准试样进行试验，但这样的试验结果也仅仅是考核材料的相关特性，紧固件实物的性能不单是由材料性能决定的，还与其设计、制造、后处理、工况等密切相关。因此，紧固件本身性能在严苛环境下的相关标准，需要得到深入的研究和完善，以满足行业发展的需要。

中国汽车产业在经过近二十年的飞速发展后，进入了产业转型和技术升级的新时期。尤其是各种造车新势力的不断崛起，加速了行业技术和品牌更新的步伐。近些年，随着汽车行业的进步，新能源汽车、电动汽车、智能汽车得到极大发展，高强化、轻量化、智能化被不断提及，未来一定时间内，这是不变的趋势。与之相伴的是车身、结构、用材、连接方式的巨大变革：高强钢逐渐向热成型发展；传统钢材向铝镁等轻合金乃至塑料、复合材料发展；连接方式由传统焊接向各种铆接、粘接、异种材料连接、冷金属过渡弧、激光胶接等多元化发展。多材料混合应用带来新连接技术的需求，造成铆接、粘接、复合连接等多种连接方式在汽车行业的极速推广，进而推动紧固件性能检测方面不断出现一些新的变化。

  作为传统应用代表的螺纹紧固件，面临着技术、产业升级和新型连接技术发展的双重挑战。针对采用新材料和新工艺制造的紧固件或者连接件的机械性能，现有标准可能无法做到完全覆盖，存在着项目不全面或者指标不详尽等问题。如目前汽车轻量化趋势下，铝合金紧固件大量应用，目前涉及此类紧固件的标准是 GB/T 3098.10—2000《紧固件机械性能 有色金属制造的螺栓、螺钉、螺柱和螺母》。该标准中规定的铝合金材料极为有限，未纳入新研发的用于较高强度螺栓的铝合金材料。同时，该标准中对紧固件性能检测的项目也仅为拉力载荷、力矩和保证载荷三个项目，已不适用于汽车对紧固件机械性能越来越高的要求。针对采用新材料、新工艺制造的紧固连接件，对其机械性能的研究并制定达到满足使用者预期要求的标准，是重要而紧迫的。目前，已有部分汽车企业投入使用了铝合金紧固件，铝合金紧固件的检测方式和性能指标在今后一段时间内有可能成为讨论和关注的热点之一。类似的还有很多，如自冲铆、流钻、高速射钉等。

  随着测量系统信息化的普及，对检测人员的操作要求没有以往那么严苛，但得到的试验结果的准确性大大提升。例如，采用 CCD 相机的维氏硬度计的推广，使硬度测试结果更加精准，且大大降低了对检测人员操作方面的要求，即使是初次接触测试的人员，稍加指导即可开展检测工作，得到的数据可信性较高，且能在指定区域开展硬度测试；又如由于激光测距仪的应用，使伸长量的测量更加精准和方便。随着取制样和测量设备的不断提升，后续紧固件的各项性能测试有越来越精确、便捷、智能的发展趋势。

第8章

汽车紧固件装配与防松检测

8.1 概述

汽车安全性一直是社会各界广泛关注的问题，每年紧固件问题导致汽车大量召回的事件不在少数，紧固件连接失效一直是影响汽车安全性的重要因素。然而，很多企业对紧固件装配并没有足够的重视，没有经过深入研发和试验，仅仅是简单地依据标准选用或对标车型单纯复制。不同车型工况不一致，相同车型不同位置点的工况也大相径庭。紧固件连接松动、断裂、脱落引起的事故和召回事件时有发生，分析发现造成紧固件连接失效的主要原因在于预紧力不足或过大，在外载作用下被连接件发生滑动，循环多次后螺纹连接开始松动；超过被连接件的材料屈服极限时，发生压溃现象，即材料塑性变形，循环一定次数后便会发生连接松动失效。

紧固装配的目的是将两个或多个被连接件夹紧，使紧固连接系统获得一个合适的夹紧力，在外载荷作用下，连接系统不发生分离、滑移、松动或泄漏。针对影响紧固件预紧力、疲劳性能、防松性能的因素，本章从紧固件轴力测试、紧固件拧紧工艺模拟装配试验、抗滑移试验、螺纹紧固件摩擦系数试验、紧固件横向振动试验、螺栓疲劳试验及典型案例等方面进行介绍。本章测试项目所需试验设备详见第11章。

8.2 紧固件轴力测试

在紧固连接装配系统中，无论采用扭矩法、扭矩转角法，还是屈服强度控制法，真正的目的都是获得轴向夹紧力。而现阶段在生产线上想100%获得连接点螺栓的轴向夹紧力是不现实的，只能在实验室条件下通过试验获得。目前，紧固件轴力测试方法主要有超声波轴力测试法、应变片轴力测试法、压力垫圈测试法。本节主要对其中最常用的超声波轴力测试法和应变片轴力测试法进行介绍。

8.2.1 超声波轴力测试法

1. 超声波测试原理

超声波轴力测试采用脉冲回波测试，将压电陶瓷片贴在样品（螺栓）头部（或尾部），测试设备向压电陶瓷片发送电压信号，随后压电陶瓷片发送一个超声脉冲信号（几个周期）沿螺栓传递，遇远端面反射，反馈回波信号给压电陶瓷片，测试设备测量并计算发射和回波电信号之间的时间差，即声时差。在样品拧紧时有以下两个因素会导致声时差增加，由于两个因素都与样品受力成线性关系，通过测量声时差就可得到样品承受的轴力。

1) 拧紧时，样品被拉伸，长度增加，导致声时差增加，见图8-1。
2) 根据声弹理论，固体中的应力将引起声速的变化，声速变化率与应力成线性关系。经验证，样品拧紧过程中应力的增加，导致超声波在样品中的传播速度降低，见图8-2。

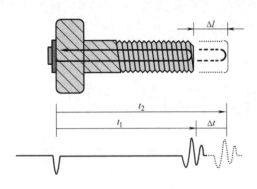

图8-1 样品拧紧拉伸声时差增加

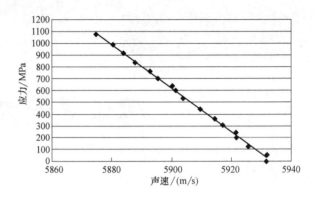

图8-2 在钢质样品中超声波传播速度与应力的关系

2. 测试设备要求

超声波轴力测试法采用超声波轴向夹紧力测试设备，详见11.8.3节。设备要求能够稳定识别波形，数据接收必须满足多通道收集要求，同时能够接收扭矩[一]、轴力和转角数据。设备传感器精度应满足如下要求：

1) 扭矩传感器：测量相对误差应不超过2%。
2) 轴力传感器：测量相对误差应不超过2%。
3) 角度传感器：测量允许误差不超过2°或设定角度的2%，取最大值。
4) 超声波测试设备：换能器频率1~10MHz；信号显示分辨率能够区分0.1ns的回波时间差；测量仪装置应包含温度补偿接口。
5) 压电陶瓷片：使用频率为2~10MHz。

3. 工装要求

(1) 标定使用的支撑面垫板要求

1) 硬度：50~60HRC。
2) 粗糙度：$Ra0.5\pm0.3\mu m$。
3) 通孔：孔径建议参照GB/T 5277—1985《紧固件 螺栓和螺钉通孔》中等装配系列，无倒角、无沉孔，特殊样品测试要保证孔径大于样品头下R角直径。
4) 厚度：垫板最小厚度应符合GB/T 96.1—2002《大垫圈 A级》的规定，同一垫板的厚度差Δh见表8-1，同一垫板厚度差的定义参见GB/T 3103.3—2020《紧固件公差 平垫圈》。
5) 平面度：按GB/T 3103.3—2020中A级的规定。
6) 表面状态：表面无毛刺、无镀覆层、无油污。

垫片以孔为中心的内切圆直径应大于螺栓支撑面直径，或垫圈组合件垫圈直径的最大值。

表8-1 同一垫板的厚度差 （单位：mm）

公称直径d	$3<d\leq6$	$6<d\leq12$	$12<d\leq21$	$21<d\leq33$	$d>33$
Δh	0.05	0.1	0.15	0.2	0.3

(2) 标定用螺纹要求

1) 硬度：螺纹工装的硬度应大于螺栓样品对应等级螺母的硬度。

[一] 本章所称"扭矩"指作用在构件某截面上的力对过其形心且垂直于横截面的轴之力矩，又称"转矩"，在本书其他章节中也写作"力矩"。

2）螺纹：采用公差带为6H的内螺纹垫块，垫块的螺纹长度应大于1.5倍样品公称直径。

3）表面状态：无镀覆层、平整无毛刺，螺纹部分无影响紧固扭矩的毛刺或污物。

4. 样品准备

1）抽样：在同一生产批内随机抽样，抽样数量应大于测试数量和标定数量，以及标定前预拧紧数量的总和。

2）机加工：将样品尾部和头部机加工平整（图8-3），要求两个平面的平行度为0.2mm，平面的粗糙度为$Ra0.8\mu m$，机加工过程中不允许使用切削液等，以免改变零件的表面摩擦系数。

3）压电陶瓷片：使用厌氧胶将压电陶瓷片粘结在头部或尾部平面的中间位置，陶瓷片与粘结平面之间不应有气泡。

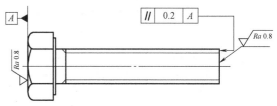

图8-3 样品机加工要求

5. 样品标定

1）由于零件装配时螺栓不仅承受轴向应力的作用，还承受横向应力的作用，样品建议采用扭转方法标定。

2）样品标定时的夹紧长度应与零件实际装配时的夹紧长度一致，误差应控制在0.2mm以内。

3）样件标定时使用的工装应有足够刚度，以免受力后工装变形导致标定时样品的夹紧长度发生变化，与实际不符。

4）做3~5个样品的全曲线扭转测试，根据扭转曲线/数据确定标定终止点，弹性标定时拧紧曲线应保证扭矩不超过最小拧紧屈服扭矩的85%（图8-4），塑性标定时拧紧曲线应保证转角终止点能够显示出最大拧紧轴力（图8-5）。

5）根据样品在全曲线扭转测试中拧紧曲线的一致性确定样品标定数量，样品标定数量一般控制在2~5个。

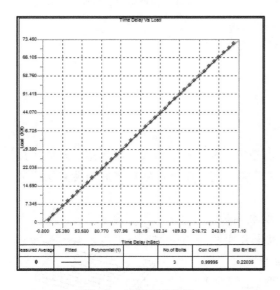

图8-4 弹性标定曲线

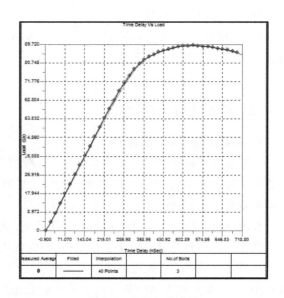

图8-5 塑性标定曲线

6. 装配轴力测试

1）装配轴力测试建议使用塑性标定曲线，装配后直接读取测试轴力数据。

2）按照实际装配状态，将样品及配件组合在一起，不要使零件承受轴向力，否则最终测试轴力会小于实际承受轴力。

3）读取待测试样品的原始数据。

4）按照预先设定的装配方法将测试样品拧紧。

5）在装配完成后 5min 内读取测试轴力（有些设备具有在拧紧的同时测试转角、轴力、扭矩等的能力）。

6）后期需要测试残余轴力的样件需要在压电陶瓷片表面涂抹保护膜，以免在使用过程中压电陶瓷片损坏，无法进行后续测试。

7）样品原始数据读取和样品测试环境温度差异 2℃ 以内可以不考虑环境温度的影响，若温度差异较大，则要对零件进行温度曲线标定，开启温度补偿。

7. 残余轴力测试

1）由于残余轴力测试时间往往与装配轴力测试时间不同，现场环境也不同，残余轴力测试建议使用弹性标定曲线。

2）清理零件测试面上压电陶瓷片表面的油污和保护膜，在承受轴力的情况下读取测试样品的原始数据。

3）将样品完全松开，静置 2min 后测试，读取零件残余轴力。

4）样品原始数据读取和样品测试环境温度差异 2℃ 以内可以不考虑环境温度的影响，若温度差异较大，则要对零件进行温度曲线标定，开启温度补偿。

8. 弹性标定和塑性标定在样品屈服装配后测试零件轴力

零件在屈服装配后产生不可逆伸长量，采用塑性标定曲线可以直接读取装配后的轴力 F。但采用弹性标定曲线测试，需要在零件装配后测试轴力 F_1，在拆解后测试轴力 F_2，计算装配轴力 $F=F_1-F_2$，见图 8-6。

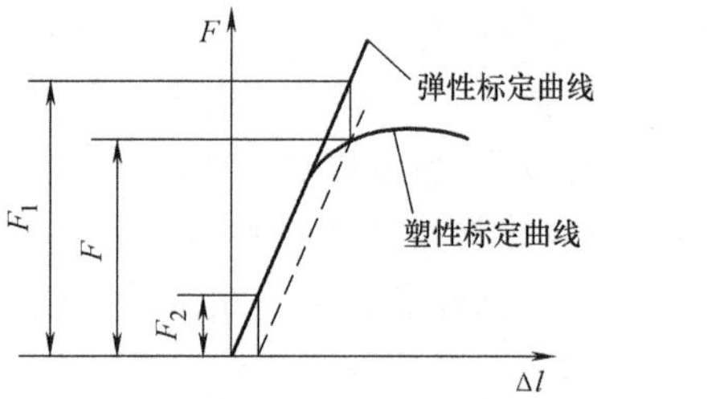

9. 超声波伸长量测试

超声波测试轴力时采用纵波形式超声波，由于测试螺栓样品伸长量的误差较大，需要使用具有纵波和横波的超声波装置。

10. 超声波测试注意点

1）测试时，测试样品应至少在测试环境里放置 30min，使样品温度与测试环境温度一致。

2）测试时，外接电源应接地，接地电阻小于 1Ω；应采取措施使测试设备与测试样品所在配件等电位。

3）应注意测试位置所在环境的电磁干扰情况。

图 8-6 弹性标定和塑性标定测试图解

8.2.2 应变片轴力测试法

1. 应变片轴力测试原理

应变片是粘贴式电阻应变计的简称，一般的应变片由栅极、黏结剂、引线、覆盖层、基底组成。典型的应变片见图 8-7，由高电阻金属丝绕成的敏感元件（栅极）用黏结剂固定在基底与覆盖层之间。栅极的两端焊有较粗的引线，用于连接测量电路。

在测试时，应变片用黏结剂固定在样品上，样品承受载荷后会产生微小变形（螺栓会有微小伸长），这时应变片的栅极也会变形。由于金属线材具有应变效应，栅极的电阻发生变化（拉伸增大，压缩减小），电阻变化率 $\Delta R/R$ 与应变片固定处样品的应变 $\varepsilon(\Delta L/L)$ 成比例关系（R 是应变片的原始电阻，ΔR 是应变片的电阻变化量，L 是栅极的纵向长度，ΔL 是栅极的纵向变形量，即栅极处长度为 L 的样品在同一方向上的变形）。应变仪通过电阻的变化量得到试样 L 长度内的应变量。根据弹性力学中力-应变的关系（通过标定可以测得应变灵敏系数 K_f），通过样品受力时测得应变片的应变量，计算得到样品的轴力。

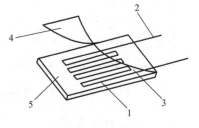

图 8-7 应变片
1—栅极（敏感元件） 2—引线
3—黏结剂 4—覆盖层 5—基底

2. 设备要求

应变片轴力测试法采用拉伸试验机对螺栓进行标定，用应变仪采集螺栓预紧力数据，使用气动/电动扳手或扭力扳手对紧固件进行拧紧，测试设备参见 11.8.5 节内容。设备精度应符合以下要求：

1）拉力试验机：符合 GB/T 16825.1—2002《静力单轴试验机的检验 第1部分：拉力和（或）压力试验机测力系统的检验与校准》的规定。

2）应变仪：工作频率 0~2000Hz，根据预调平衡和使用导线长度的影响情况，推荐使用直流放大式应变仪。

3）施加扭矩工具：测量相对误差不超过 2%。

4）角度测试工具：测量允许误差不超过 2°或设定角度的 2%，取最大值。

3. 工装需求

1）应变片：紧固件轴力测试推荐使用原始电阻 120Ω，灵敏系数 2.0±1%，栅极长度 3mm，ϕ1.9mm 的胶基圆柱应变片。

2）拉伸标定工装：符合 GB/T 3098.1—2010《紧固件机械性能 螺栓、螺钉和螺柱》9.2.4 节的规定。

3）连接线：ϕ0.12mm×7 或 ϕ0.18mm×12 的多股铜导线，连接线较长或外界有磁场干扰时建议使用多芯屏蔽线。

4）黏结剂：一般使用环氧树脂黏结剂或酚醛树脂黏结剂，黏结剂固化后的剪切强度需达到 100~140kg/cm^2。

4. 样品准备

1）抽样：在同一生产批次内随机抽样，抽样数量应大于测试数量和标定前预拉伸数量的总和。

2）机加工：在样品头部中心位置，沿轴线向下钻孔，见图 8-8，机加工过程中不允许使用切削液等，以免改变零件的表面摩擦系数，但要对孔进行防锈处理。

3）贴片：使用厌氧胶将压电陶瓷片粘结在头部或尾部平面的中间位置，陶瓷片与粘结平面之间不应有气泡，可采用抽真空技术使胶液中的气泡溢出。

贴片过程：孔清洁→烘烤→灌涂黏结剂→应变片粘贴→固化。

4）连接线：计算测试时样品与测试设备的距离，截取适当长度导线，使用锡焊将导线与应变片引线连接，为防止使用过程中引线受力断裂，可以使用接线端子固定。

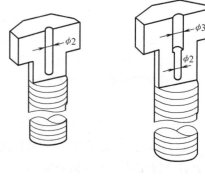

图 8-8 样品机加工要求

5. 样品标定

1）对机加工后未贴片的样品进行 5 件抗拉强度测试，根据屈服载荷确定标定终止点，标定时终止点载荷为屈服载荷的 75%~85%。

2）样品装夹固定，连接线连接应变仪，并对应变仪和拉力试验机接地，不能预调平衡的应变仪记录原始应变量 ε_1（μm/m），有条件的应进行应变仪预调平衡 $\varepsilon_1=0$；对拉力试验机清零。

3）对样品进行拉伸，记录样品拉伸载荷 F(kN) 和应变量 ε_2(μm/m)，计算应变增量 $\Delta\varepsilon=\varepsilon_2-\varepsilon_1$，载荷灵敏系数 $K_f=F/\Delta\varepsilon$[kN/(μm/m)]。

4）根据编号依次对样品进行标定，并计算每个样品的载荷灵敏系数 K_f。

6. 轴力测试

1）按照实际装配状态，将样品与配件组合在一起，不要使零件承受轴向力，否则最终测试轴力会小于实际承受轴力。

2）读取待测试样品的原始应变量 ε_1，有条件的应进行预调平衡 $\varepsilon_1=0$。

3）按照预先设定的装配方法对测试样品进行拧紧。

4）在装配完成后 5min 内读取应变量 ε_2，计算应变增量 $\Delta\varepsilon=\varepsilon_2-\varepsilon_1$。

5）根据应变增量和载荷灵敏系数计算样品轴力 $F=K_f\times\Delta\varepsilon$。

7. 残余轴力测试

1）读取待测试样品的原始应变量 ε_1。

2）按照预先设定的方法将测试样品完全松开。

3）在 2min 后读取应变量 ε_2，计算应变增量 $\Delta\varepsilon=\varepsilon_1-\varepsilon_2$。

4）根据应变增量和载荷灵敏系数计算样品残余轴力 $F=K_f\times\Delta\varepsilon$。

8. 应变片测试注意点

1）测试时样品应至少在测试环境里放置 30min，使样品温度与测试环境温度一致。

2）测试时外接电源应接地，接地电阻小于 1Ω，应采取措施使测试设备与测试样品所在配件等电位。

3）应注意测试位置所在环境的电磁干扰情况，必要时采用屏蔽导线。

8.3 拧紧工艺模拟装配试验

8.3.1 拧紧工艺模拟装配过程简介

此前章节介绍了很多紧固件的检测试验及标准，紧固件最终会应用在实际的装配中，实际装配前有必要对紧固件和连接件进行相应试验，即紧固件拧紧工艺模拟装配试验（以下简称接头试验），本章将对接头试验进行详细介绍。图 8-9 所示为某车型摆臂与副车架连接点、摆臂衬套、副车架、螺母、螺栓、垫片组成的一个"螺纹接头"。在工厂装配时，以一定的拧紧工艺拧紧螺栓或螺母。首先从理论上进行一定计算，然后根据接头试验进行实际分析，最终制定拧紧工艺。

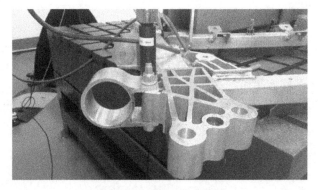

图 8-9 摆臂与副车架接头

1. 大载荷接头的理论计算

对于外载较大、夹紧力要求较高的接头，首先需要在理论方面计算该螺纹接头抵抗外载（力、扭矩）所需的夹紧力，并考虑温度变化对夹紧力的影响，然后确定螺栓上需要的最小夹紧力。这里的计算手段主要包括对标分析、CAE 仿真计算、VID2230 标准中的公式或公式编程的软件计算等。但实际装配紧固件时一般不能直接控制螺栓上的夹紧力，而是采用控制扭矩或转角等方式拧紧，因此需要通过计算将螺栓上的轴向夹紧力转化为拧紧扭矩或转角。例如图 8-9 所示的摆臂与副车架接头，假设计算得知需要的最小螺栓轴向预紧力为 30kN，那么多大的扭矩能产生 30kN 的预紧力呢？对于米制螺纹（牙型角 60°），《汽车紧固件实用技术手册》和 VDI2230 等文献介绍了以下公式：

$$M_A = F_M\left(\frac{P}{2\pi}+0.58d_2\mu_G+\frac{D_{Km}}{2}\mu_K\right) \tag{8-1}$$

式中，M_A 为拧紧扭矩；F_M 为螺栓轴向预紧力；P 为螺距；d_2 为螺纹中径；D_{Km} 为支承面等效摩擦直径；μ_G 为螺纹摩擦系数；μ_K 为支承面摩擦系数。

存在自锁时，式（8-1）会更为复杂。

式（8-1）中有两个参数非常复杂，即螺纹摩擦系数 μ_G 和支承面摩擦系数 μ_K，在 8.5 节会介绍紧固件的摩擦系数试验。影响摩擦系数的因素很多，对紧固件本身测得的摩擦系数与紧固件实际使用时的摩擦系数会有差异，导致不能很精确地计算出螺栓轴向预紧力对应的扭矩值，无法通过理论计算直接制定拧紧工艺。

2. 小载荷接头的理论计算

另一类对夹紧力要求很小或基本无要求的连接点，采用自攻螺钉配塑料螺母或簧片螺母。对于这类自攻接头，贴合扭矩的计算是非常困难的，目前还没有相关的精细公式。其屈服扭矩或失效扭矩的计算也异常艰难，因为发生屈服或失效的一般为被夹紧的塑料件。图 8-10 所示为某前照灯安装支架接头，这类连接点装配时一般采用纯扭矩法，拧紧扭矩较小。确定该拧紧工艺首先需要保证零件贴合，其次是不能发生失效。

3. 接头试验

如前所述，由于理论计算上的困难，需要进行试验来制定接头的拧紧工艺。一般通过拧紧工艺模拟装配试验（接头试验）得到接头的拧紧曲线，比较典型的扭矩转角曲线如图 8-11、图 8-12 所示。通过分析接头的拧紧曲线，可以制定合适的拧紧工艺，同时可对接头设计是否合理做出一些判断。

图 8-10　某前照灯安装支架接头

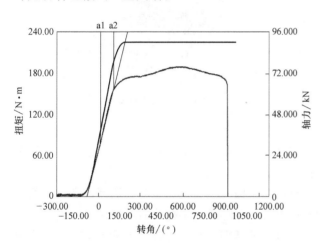

图 8-11　接头扭矩转角轴力曲线

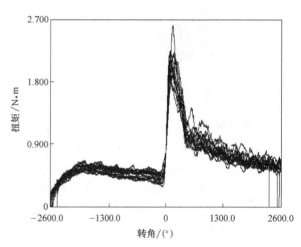

图 8-12　自攻接头扭矩转角曲线

8.3.2　设备及样件要求

1. 设备要求

模拟试验设备要求参见本书 11.8.2 节内容，设备精度按本章前文所述。

1）固定设备。进行接头试验时，需要固定试验样件，比较经济实用的固定设备是台虎钳，见图 8-13。有时也可通过夹具将试样直接固定在铁台架上。

2）拧紧设备。使用较多的是电动拧紧轴，见图 8-14。通过控制器的编程，可以实现对扭矩、转角、转速的控制。模拟装配时的电枪设定转速应与装配车间的转速保持一致。

图 8-13　台虎钳

图 8-14　电动拧紧轴

3）扭矩和转角采集设备。一般通过扭矩转角传感器实现，见图 8-15，它连接在电动拧紧轴与套筒间，实现对拧紧扭矩、转角的监测，配合时间的监测，可以间接对拧紧转速进行监测。

4）螺栓轴力测量设备。在 8.2 节中介绍了两种主流的螺栓轴力测试方法，分别为超声波法和应变片法。对于超声波法，需要在螺栓头部或尾部贴压电陶瓷片，并配上相应的超声波拾取设备，见图 8-16。对于应变片法，需要在螺栓内部埋入或在合适位置贴应变片，并配上相应的采集设备。本节按超声波测轴力法对螺纹紧固件接头试验进行阐述。

图 8-15 扭矩转角传感器

5）采集设备（不同厂家有一定差异）。图 8-17 所示为采集设备，须将时间、扭矩、转角、螺栓轴力等多通道数据（超声波传播时间、应变对应的电压等）整合在一起。

图 8-16 超声波拾取设备

图 8-17 采集设备

2. 样件要求

对于接头中的紧固件和被连接件要求为量产状态。特别要注意影响摩擦系数的因素，如零件表面是否涂油，零件表面的加工状态、表面处理状态等要保持一致。

使用超声波法测螺栓轴力时，螺栓需要机加工出平行的两个面，注意机加工时不能污染螺纹。使用应变片法时，将应变片埋入螺栓内部，是一种有损的测试方法，应尽量减小螺栓内部挖孔的尺寸。

特别要注意的是，采用压力垫圈测试法时，为了使原接头的摩擦面和夹持长度不发生变化，须将被夹紧零件切薄，将压力垫圈放入被夹零件的中间。

8.3.3 拧紧曲线分析

通过采集到的时间、转角、扭矩、螺栓轴力等数据，可计算得到转速（转角/时间）数据。其中最关键的是转角、扭矩和螺栓轴力，一般以转角作为 X 轴，扭矩和螺栓轴力分别作为两个 Y 轴做图，得到扭矩转角轴力曲线图。

1. 米制螺纹接头

典型拧紧断裂曲线见图 8-18，在扭矩曲线上有 4 个关键点，分别为贴合扭矩（门槛扭矩）点、屈服扭矩点、最大扭矩点、断裂点。在贴合扭矩点之前，为自由拧紧段（或称未贴合段），此时零件间还存在间隙，螺栓上基本无轴力（零件上无夹紧力）；到达贴合扭矩点时，螺栓上有一定轴力，零件间的间隙消除。过贴合扭矩点即进入弹性段，此时螺栓和被夹紧零件均发生弹性变形，螺栓的伸长量与转角成线性关系，螺栓轴力与拧紧转角也成线性关系。摩擦系数稳定时，扭矩与螺栓轴力也成线

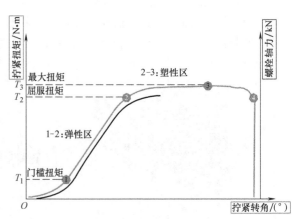

图 8-18 扭矩转角轴力曲线

性关系，弹性段基本是一条直线段。

当零件或螺栓发生屈服时，曲线进入塑性段，此时扭矩转角曲线的斜率会发生变化，逐渐变小。对于扭矩屈服点的确定，目前主要有两种做法：第一种是先确定弹性段斜率，若拧紧曲线呈明显线性，则以线性斜率作为弹性段斜率，若拧紧曲线没有明显线性段，则以曲线上最大扭矩值的 70% 和 40% 两点的连线斜率作为弹性段斜率，然后在扭矩转角曲线上屈服点附近找一点，该点切线的斜率为弹性段斜率的 50%，取该点为扭矩屈服点，见图 8-19。

另一种方法是平移法。在弹性段取一点做切线，切线与弹性段基本重合，将该切线沿 X 轴正向平移一个角度 α（一般取 5° 以内），它与原扭矩转角曲线的交点即为扭矩屈服点，见图 8-20。

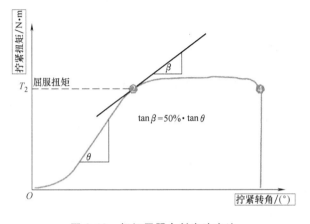

图 8-19　扭矩屈服点斜率确定法　　　　　　图 8-20　扭矩屈服点平移确定法

螺栓屈服后，扭矩一般会继续上升，直至螺栓最大轴力时得到最大扭矩（假设摩擦系数不变）。而后螺栓继续发生塑性变形、缩颈，最后断裂。

以上是设计合理的米制螺纹（牙型角 60°）接头的典型曲线，最终失效模式为螺栓断裂。下面介绍一些"不完美"的曲线。

1）内螺纹拉脱曲线。当内螺纹材料强度不足或接头啮合长度不足时，易发生内螺纹拉脱，拉脱有时发生在螺栓弹性段，有时发生在螺栓屈服后断裂前。图 8-21 所示为典型的螺栓屈服后壳体内螺纹拉脱，在扭矩转角曲线上表现为扭矩突然下降，但不是直接降到零，随着拧紧转角的增加，扭矩还会有上升的"波峰"。

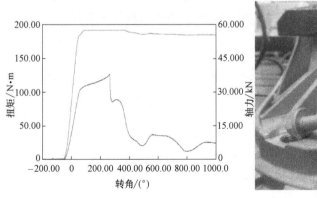

图 8-21　内螺纹拉脱

2）零件压溃曲线。发生零件压溃时，见图 8-22，扭矩的屈服点和螺栓轴力的屈服点不重合，必须结合扭矩转角曲线和螺栓转角轴力曲线一起分析。发生这一现象的原因一般为被夹持零件抗压强度不足或承压面积不足，导致被夹持零件上的压应力超过材料的许用压应力。

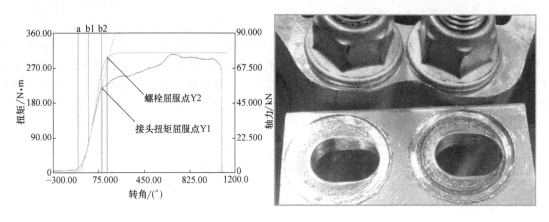

图 8-22 零件压溃

3）黏滑（stick-slip）曲线。发生黏滑现象时，在扭矩转角曲线上表现为扭矩的剧烈波动，见图 8-23，拧紧过程中一般伴随"尖叫"等刺耳的噪声。发生黏滑现象的主要原因是摩擦系数波动，在摩擦系数较大时容易出现该现象。

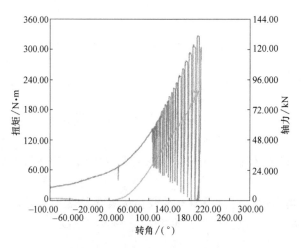

图 8-23 黏滑（stick-slip）现象

4）跟转曲线。有些螺栓自带垫片，在螺栓拧紧时，垫片可能由不跟转突然变为跟转，导致摩擦面发生变化。跟转之前是螺栓与垫片之间发生摩擦，跟转之后变为垫片与被夹紧零件发生摩擦。从不跟转到跟转一般伴随着扭矩的突然下降，见图 8-24。

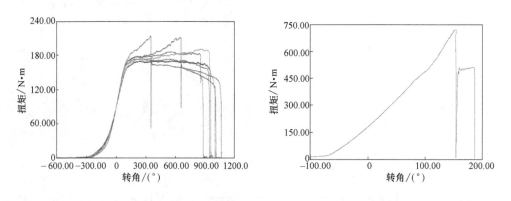

图 8-24 跟转曲线

以上 4 类"不完美"的曲线都是工程师在设计上应避免的。

2. 自攻螺纹接头

自攻螺纹接头螺钉的夹紧力测量很困难，一般无法测量。其典型的扭矩转角曲线见图8-25，具有以下特征：①在零件贴合之前，存在大于零的自攻扭矩；②失效模式一般为塑料螺母拉脱或被夹紧的塑料件压溃，没有明显的屈服扭矩，只有失效扭矩。

8.3.4 扭矩法拧紧工艺开发试验

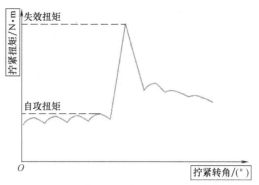

图8-25 自攻螺纹接头扭矩转角曲线

扭矩法是在汽车螺纹紧固件上使用最广泛的拧紧方法。它是采用拧紧工具，在螺纹紧固件上施加一定扭矩，以达到紧固目的的一种方法，主要控制参数是拧紧扭矩值。

1. 米制螺纹接头

对于米制螺纹接头，一般有螺栓轴向夹紧力设计要求，此时应进行扭矩失效试验，同时测量螺栓轴力，得到扭矩转角轴力曲线。需要强调的是，由于样件间摩擦系数、强度等方面的差异，不同样件的扭矩转角轴力曲线会有差异，因此需要选取一定的样本数进行试验，得到一组曲线。另外需要注意，试验时的拧紧转速应与工厂生产时的终转速保持一致。

确定允许的拧紧扭矩最大值 $M_{许max}$。使用扭矩法拧紧时，不能让螺栓达到屈服状态，见图8-26。过屈服点后，扭矩增加非常缓慢，有些样本的屈服扭矩 M_Y 与最大扭矩 M_{max} 差值很小，如果拧紧扭矩超过屈服扭矩，则螺栓过屈服的角度难以控制，甚至会在装配时发生断裂，这是不允许的，必须保证：

$$M_{许max} < M_Y \tag{8-2}$$

影响屈服扭矩 M_Y 的因素很多，因此 M_Y 不是一个固定值，需要运用统计方法确定 M_Y 的下限。GB/T 3359—2009《数据的统计处理和解释 统计容忍区间的确定》给出了一种办法，对于符合正态分布的总体，使用标准中总体方差未知的单侧统计容忍区间法。假设样本数为 n，已通过试验得到 $M_{Y1}, M_{Y2}, \cdots, M_{Yn}$，计算如下值。

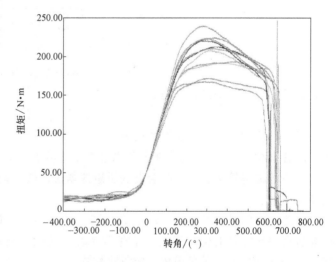

图8-26 扭矩转角曲线

$$样本均值：\overline{M_Y} = \sum_{i=1}^{n} M_{Yi}/n \tag{8-3}$$

$$样本标准差：s = \sqrt{\frac{n\sum_{1}^{n}M_{Yi}^2 - \left(\sum_{1}^{n}M_{Yi}\right)^2}{n(n-1)}} \tag{8-4}$$

以置信水平 $1-\alpha$ 包含总体的比例至少为 p 的单侧区间的下容忍限为：

$$M_{YL} = \overline{M_Y} - k_3(n;p;1-\alpha) \times s \tag{8-5}$$

各企业须根据自身情况，确定样本数 n、置信水平 $1-\alpha$，以及声称总体中单元落入统计容忍区间的最小比例 p 的取值，然后根据GB/T 3359—2009的附录D查得当总体标准差未知时，用于确定单侧容忍区间的端点 x_L 或 x_U 的系数 $k_3(n;p;1-\alpha)$。此时，可将 M_{YL} 定为允许的拧紧扭矩最大值。

需要说明的是，以上使用的是统计处理方法，务必保证取样能体现总体水平，同时，各零件的生产工艺要保持稳定。以紧固件摩擦系数为例，在图样上，紧固件摩擦系数一般是一个范围，有厂家规定为0.10~0.16，也有厂家规定为0.09~0.15，还有很多厂家有其他要求。以0.10~0.16范围为例，如果取样试验时的实际摩擦系数范围为 0.13~0.16，可根据上述方法得到允许的拧紧扭矩最大值 M_{YL}。而后生产工艺进行了变更，导致实际摩擦系数变化范围为 0.10~0.12，那么通过上述方法会得到 M'_{YL}，会有：

$$M'_{YL} < M_{YL} \tag{8-6}$$

如果制定的拧紧扭矩 M_A 非常接近 M_{YL}，则可能出现：

$$M_A > M'_{YL} \tag{8-7}$$

这意味着在 M_A 下，螺栓有屈服的风险。这引出了另一个问题：是否可以得到 M_{YL} 的下限 M_{YLmin}？这样制定拧紧扭矩 M_A 时使：

$$M_A < M_{YLmin} \tag{8-8}$$

从工程的角度，答案是否定的。影响屈服扭矩 M_Y 的因素非常多，若要得到 M_{YLmin}，则须将摩擦系数、螺栓强度、螺栓尺寸等参数都向使 M_Y 变小的方向控制，这在工程上的代价是巨大的。为了避免出现式（8-7）的情形，务必保证零件生产工艺的稳定。

确定所需螺栓夹紧力的最小拧紧扭矩 M_{min}。与上述寻找允许最大拧紧扭矩的方法类似。在 M_{min} 下，由于样本间的差异，不同样本产生的螺栓轴力会有差异。反过来理解，获得相同的螺栓轴力，不同样本需要的拧紧扭矩是不同的。在图 8-18 所示的扭矩转角轴力曲线上，可以得到对应螺栓轴力 F_M 的拧紧扭矩 M_i，然后进行类似式（8-3）~式（8-5）的处理：

$$\overline{M} = \sum_{i=1}^{n} M_i / n \tag{8-9}$$

$$s = \sqrt{\frac{n\sum_{1}^{n} M_i^2 - \left(\sum_{1}^{n} M_i\right)^2}{n(n-1)}} \tag{8-10}$$

$$M_U = \overline{M} + k_3(n;p;1-\alpha) \times s \tag{8-11}$$

对某螺纹接头来讲，须满足：

$$[M_{Amin}, M_{Amax}] \subseteq [M_U, M_{YL}] \tag{8-12}$$

式（8-12）的意义：在拧紧扭矩 M_A 下，螺栓轴力满足要求，且螺栓不会达到屈服状态。注意，工程上没有100%，一切都建立在置信水平 $1-\alpha$、最小比例 p 符合正态分布的前提下。

在一些关键接头上，有时会设置扭矩拧紧法的转角监控，针对的是生产过程中的质量监控，这里不做详细阐述。

需要注意的是，有时会出现扭矩区间 $[M_U, M_{YL}]$ 过小，甚至 $M_U > M_{YL}$ 的情况，一种处理办法是检查所有接头零件的生产工艺，提高零件的一致性，从而减小屈服扭矩 M_Y 的离散性，增大 M_{YL} 的数值；另一种处理方法是采用扭矩转角法拧紧。

2. 自攻螺纹接头

对于关键的自攻螺纹接头，需要进行工艺开发。自攻螺纹较常见的类型有 ST 螺纹、NST 螺纹、TP 螺纹，分别应用于不同场合。这类接头典型的扭矩转角曲线见图 8-27~图 8-29。

自攻螺纹接头的拧紧扭矩应保证能"攻进去"，且不发生失效。与上述案例处理方法类似：

$$M_{pL} = \overline{M}_p - k_3(n;p;1-\alpha) \times s_{M_p} \tag{8-13}$$

$$M_{sU} = \overline{M}_s + k_3(n;p;1-\alpha) \times s_{M_s} \tag{8-14}$$

$$M_{preU} = \overline{M}_{pre} + k_3(n;p;1-\alpha) \times s_{M_{pre}} \tag{8-15}$$

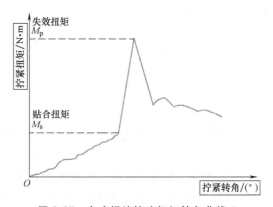

图 8-27 自攻螺纹接头扭矩转角曲线 1

对于某个具体的接头，其拧紧扭矩 M_A 应满足：

$$[M_{Amin}, M_{Amax}] \subseteq [\max(M_{sU}, M_{preU}), M_{pL}] \tag{8-16}$$

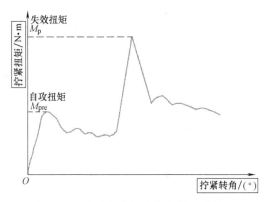

图 8-28 自攻螺纹接头扭矩转角曲线 2

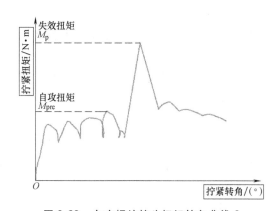

图 8-29 自攻螺纹接头扭矩转角曲线 3

与上述情况类似,也可能出现扭矩区间 [max (M_{sU}, M_{preU}), M_{pL}] 过小,甚至 max (M_{sU}, M_{preU}) > M_{pL} 的情况,这时应采取措施减小 max (M_{sU}, M_{preU}) 或增大 M_{pL}。

自攻螺纹接头通常包含塑料件,塑料的热膨胀系数比金属大很多。同时,塑料存在吸湿现象,这些特点均会影响自攻扭矩 M_{pre}、贴合扭矩 M_s 以及失效扭矩 M_p。此外,拧紧转速对上述参数也有显著影响。进行扭矩计算时,应考虑上述影响因素,有条件时最好进行极端条件下的扭矩失效试验。

8.3.5 扭矩转角法工艺开发试验

1. 扭矩转角法及其特点

扭矩转角法(或称转角法)全称扭矩转角拧紧法,见图 8-30,先拧紧至起始扭矩 M,然后拧紧一个角度 γ,螺栓轴力处于弹性段或屈服点附近,有时也可能过屈服点一定角度,最终的动态扭矩为 M_{final}。由于要控制转角,使用扭矩转角法时的拧紧设备除要控制扭矩外,还要具备控制角度的能力。

扭矩转角法的第一个特点是,相较于扭矩法,对螺栓轴力的控制更为精准。考虑 M 和 γ 处于弹性段时,可将螺栓和被夹紧零件均简化为弹簧模型,拧紧转角 γ 时:

$$螺栓前进量 = \frac{\gamma}{360°} \times P \quad (8\text{-}17)$$

式中,P 为螺距。

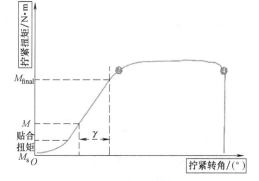

图 8-30 扭矩转角曲线

另根据胡克定律,在 γ 转角下,螺栓的伸长量 f_s 和被夹持零件的压缩量 f_p 有:

$$F_\gamma = C_s f_s \quad (8\text{-}18)$$
$$F_\gamma = C_p f_p \quad (8\text{-}19)$$

式中,F_γ 为螺栓轴力;C_s 为螺栓弹簧模型刚度系数;C_p 为被夹紧零件弹簧模型刚度系数。

有:

$$\frac{\gamma}{360°} \times P = f_s + f_p = \frac{F_\gamma}{C_s} + \frac{F_\gamma}{C_p} \quad (8\text{-}20)$$

从而有:

$$F_\gamma = \frac{\gamma}{360°} \times P \times \frac{C_s C_p}{C_s + C_p} \quad (8\text{-}21)$$

C_s 主要与螺栓的尺寸和杨氏模量有关,同理,C_p 主要与被夹持零件的尺寸和杨氏模量有关。与扭矩法相比,影响 γ 转角和螺栓轴力 F_γ 关系的因素 P、C_s、C_p 在大部分情况下都相对稳定,因此扭矩转角法对螺栓轴力的控制更为精准。但也有特殊情况,当 C_s 和 C_p 均很大时,单位转角对应的螺栓轴力很大,同时,若接头不同样本间的 C_s 和 C_p 差异很大,则扭矩转角法控制螺栓轴力更精准的优势将不复存在。

当 M 和 γ 处于屈服点或过屈服点时,螺栓的综合应力达到屈服点,此时螺栓上的轴力主要受 $R_{p0.2min}$ 和螺纹摩擦系数 μ_G 的影响,具体计算公式可参考《汽车紧固件实用技术手册》,相对扭矩法也更为集中。

扭矩转角法的第二个特点是可以使螺栓的利用率更高。前文已经提到扭矩法下螺栓不能达到屈服状态,而扭矩转角法可以,对于相同的螺栓,扭矩转角法使螺栓达到屈服状态,可产生更大的螺栓轴力。由于转角 γ 是可控的,螺栓的最大伸长量也是可控的,不会发生过屈服或断裂现象。

2. 工艺开发

那么,如何确定起始扭矩 M 和转角 γ 的数值呢?与上述方法类似,选取 n 个样本,进行扭矩转角轴力试验,得到图 8-30 所示的 n 条曲线。第一个原则是起始扭矩 M 必须使接头进入弹性段,故:

$$M \geq M_{sU} = \overline{M}_s + k_3(n;p;1-\alpha) \times s_{M_s} \tag{8-22}$$

其次,确定螺栓的拧紧目标:不过屈服点、屈服点附近以及保证过屈服点。

(1) 不过屈服点

可使:

$$M = \left(\frac{M_{sU}}{0.9} \pm \frac{M_{sU}}{0.9} \times 10\% \right) \tag{8-23}$$

式(8-23)的意义为 M 的公差设为 10%,且下限为 M_{sU},这样能保证接头进入弹性段。见图 8-31,读取 M 的上限 $\frac{M_{sU}}{0.9} \times 110\%$ 至屈服点的角度 ε,得到:

$$\varepsilon_L = \overline{\varepsilon} - k_3(n;p;1-\alpha) \times s_\varepsilon \tag{8-24}$$

取:

$$\gamma = [(\varepsilon_L - 5°) \pm 5°] \tag{8-25}$$

式(8-25)的意义为转角 γ 的上限为 ε_L,公差设为 5°。这时得到的扭矩转角工艺为:

$$M+\gamma = \left(\frac{M_{sU}}{0.9} \pm \frac{M_{sU}}{0.9} \times 10\% \right) + [(\varepsilon_L - 5°) \pm 5°] \tag{8-26}$$

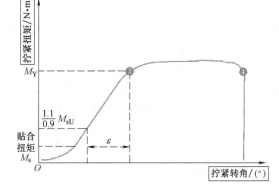

图 8-31 接头扭矩转角曲线 1

其上限为:

$$M_{max} + \gamma_{max} = \frac{1.1}{0.9} M_{sU} + \varepsilon_L \tag{8-27}$$

显然,在上限时,接头不会过屈服点。

其下限为:

$$M_{min} + \gamma_{min} = M_{sU} + (\varepsilon_L - 10°) \tag{8-28}$$

此时,须读取各试验样本在 $M_{min}+\gamma_{min}$ 下的螺栓轴力,看是否满足设计要求。

有时,为实现简易装配,希望转角 γ 是 45°、90°、135°、180°等特殊角度,需要调整 M 的值,注意此时只能调大,从而使 $(\varepsilon_L - 5°)$ 为上述特殊角度。

另外要说明的是,既然已经使用了扭矩转角法,为什么不拧紧至屈服点呢?这样螺栓的利用率不是更高吗?由于有些接头的外载在螺栓上会产生较大的轴向附加载荷 F_{SA},若螺栓在装配时综合应力已达屈服点,那么在 F_{SA} 的作用下,螺栓就可能再次达到屈服状态,甚至多次屈服,而螺栓轴力减小,可能导致接头最终失效。

(2) 屈服点附近

与上述目标类似，取：

$$M = \left(\frac{M_{sU}}{0.9} \pm \frac{M_{sU}}{0.9} \times 10\%\right) \quad (8-29)$$

见图 8-32，此时与上述目标的区别是读取 $\frac{M_{sU}}{0.9}$ 至屈服点的角度 ε，得到 $\overline{\varepsilon}$，则有：

$$M + \gamma = \left(\frac{M_{sU}}{0.9} \pm \frac{M_{sU}}{0.9} \times 10\%\right) + (\overline{\varepsilon} \pm 5°) \quad (8-30)$$

与上述目标类似，有时为实现简易装配，希望转角 γ 是 45°、90°、135°、180° 等特殊角度，需要调整 M 的值，此时只能调大，从而使 $\overline{\varepsilon}$ 为上述特殊角度。

(3) 保证过屈服点

与第 (1) 项类似，取：

$$M = \left(\frac{M_{sU}}{0.9} \pm \frac{M_{sU}}{0.9} \times 10\%\right) \quad (8-31)$$

见图 8-33，读取 M 的下限 M_{sU} 至屈服点的角度 ε，得：

$$\varepsilon_U = \overline{\varepsilon} + k_3(n;p;1-\alpha) \times s_\varepsilon \quad (8-32)$$

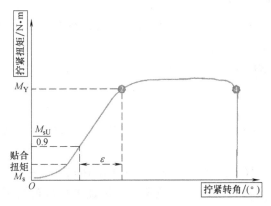

图 8-32 接头扭矩转角曲线 2

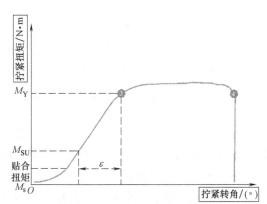

图 8-33 接头扭矩转角曲线 3

取：

$$\gamma = [(\varepsilon_U + 5°) \pm 5°] \quad (8-33)$$

这时得到的扭矩转角工艺为：

$$M + \gamma = \left(\frac{M_{sU}}{0.9} \pm \frac{M_{sU}}{0.9} \times 10\%\right) + [(\varepsilon_U + 5°) \pm 5°] \quad (8-34)$$

其下限为：

$$M_{\min} + \gamma_{\min} = M_{sU} + \varepsilon_U \quad (8-35)$$

即在下限时也能保证接头过屈服点。

确定扭矩转角工艺后，生产过程中一般会设置终扭监控窗口，基于统计学知识，在此不做阐述。

8.3.6 斜率控制法工艺开发试验

扭矩拧紧法和扭矩转角拧紧法基本囊括了目前国内整车上各种螺纹接头的安装方法，但在一些资料上提到了一种屈服控制拧紧法（斜率控制法），以下简单阐述。

扭矩转角法可以控制接头在弹性段、屈服点附近或过屈服点，但样本间的差异以及拧紧工艺的公差，导致接头不能精确地停在屈服点，这使螺栓轴力仍有一定离散范围。为使螺栓轴力进一步集中，斜率控制法应运而生。

见图8-34，在一般的扭矩转角曲线上，同时分析扭矩变化量和角度变化量间的比值。在弹性段时，$\Delta M/\Delta \gamma$ 基本为一定值，而随着接头的屈服，$\Delta M/\Delta \gamma$ 开始变小，当扭矩转角曲线变平时，$\Delta M/\Delta \gamma$ 为零。

与上述方法类似，首先须确定临界扭矩 M_1，保证接头进入弹性段，可取：

$$M_1 \geq M_{sU} = \overline{M}_s + k_3(n;p;1-\alpha) \times s_{M_s} \quad (8\text{-}36)$$

实际生产的拧紧设备除能控制扭矩、转角外，还必须具有较强的计算能力，能实时计算 $\Delta M/\Delta \gamma$ 的数值。从 M_1 开始记录，当 $\Delta M/\Delta \gamma$ 下降到弹性段数值的 50% 时（也可定为其他比例），停止拧紧。

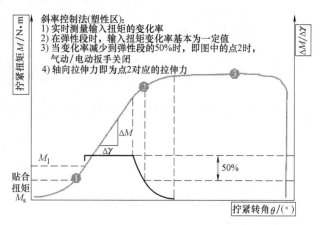

图8-34 斜率控制法

扭矩监控窗口建议设置为 $[M_{YL}, M_{YU}]$：

$$M_{YL} = \overline{M}_Y - k_3(n;p;1-\alpha) \times s_{M_Y} \quad (8\text{-}37)$$

$$M_{YU} = \overline{M}_Y + k_3(n;p;1-\alpha) \times s_{M_Y} \quad (8\text{-}38)$$

角度监控窗口建议参考前文方法，确定临界扭矩 M_1 后，考虑两个临界角度：接头不进入屈服的角度 ε_L 和接头一定过屈服的角度 ε_U，角度监控窗口设为 $[\varepsilon_L, \varepsilon_U]$。

该方法对接头和拧紧设备的要求都很高，目前，国内汽车行业尚未应用。

8.3.7 连接件抗压结果评定

8.3.3节提到，有时会发生零件压溃情况，这是必须避免的。为评判连接件的抗压能力，针对套管和带螺栓安装孔的金属零件，设置了专门的压缩试验。

见图8-35，实际使用时套管整体受压，进行压缩试验时，上下压块必须将整个套管完全压住。

对于带螺栓安装孔的金属件，使用时一般不会被螺栓法兰面或垫片全覆盖，因此上压块的直径 d_1 应与螺栓法兰面直径或垫片直径相等，见图8-36。

使用引伸计记录样件的压缩变形，以 0.6mm/min 的速率加载至 F_a，然后降低载荷至 F_a 的一半，即 F_m，记录载荷位移曲线，见图8-37。从载荷位移曲线上读取永久变形量 s。

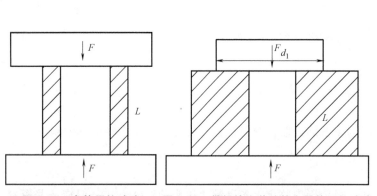

图8-35 套管压缩试验　　图8-36 带螺栓安装孔的金属件压缩试验

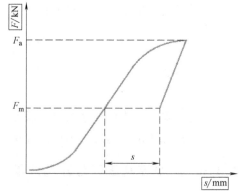

图8-37 载荷位移曲线

F_a 一般根据使用的螺纹规格、强度等级等确定，取大于相应螺母保证载荷的数值。例如，使用 M12×1.75 规格、10级螺母，根据 GB/T 3098.2—2015《紧固件机械性能》查得其保证载荷为 88.5kN，可取 $F_a = 89$kN，$F_m = 44.5$kN。

对于永久变形 s，各企业应根据自身情况制定相应考核标准。

8.4 抗滑移试验

连接摩擦面的抗滑移系数是连接设计的重要参数，因此加强对高强度螺栓连接摩擦面的抗滑移试验非常有必要。

8.4.1 试验原理

见图 8-38，被连接件通过螺栓螺母装配后，将受螺栓夹紧力 F 作用紧固在一起，在被连接件上施加一个与螺栓轴向垂直的剪切载荷 W，假设被连接件接触面抗滑移系数为 μ，当剪切载荷 W 大于接触面摩擦力时，两个被连接件将发生滑动，即 $W \geq \mu F$。

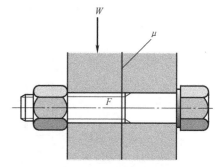

图 8-38 被连接件之间的滑动

F—夹紧力　W—剪切载荷

μ—接触面抗滑移系数

8.4.2 设备及样件要求

1. 设备要求

抗滑移试验设备应包含万能试验机（要求参见 11.5.1 节）、施加扭矩工具（气动/电动扳手或扭力扳手，要求参见 11.8.2 节）和超声波测轴力设备（要求参见 11.8.3 节）。设备精度要求如下：

1）施加扭矩工具：测量相对误差不超过 2%。

2）轴力标定设备：测量相对误差不超过 1%。

3）超声波测轴力设备：测量相对误差不超过 2%，可实时监控轴力。

4）压电陶瓷片：振动频率 5~7.5MHz。

5）万能试验机：测量相对误差不超过 2%，可实时监控位移及力值。

2. 工装及样件要求

（1）工装要求

试验工装应能稳定地夹持住简化的被连接件，并可固定在拉伸机工作台上，不使其晃动，保证试验工装夹具在试验过程中不发生变形。某连接副试验工装见图 8-39。

（2）样件要求

尽量从实际装配的连接副零件上根据固定工装的尺寸切取需要的样件，切取过程中不能损伤连接副的连接面或影响试验刚度等。若无法从实际连接副中取样，则应采用与连接副相同的材料进行加工，并确保可以装夹在试验工装上。加工件的平面度、粗糙度、表面处理等要求与实际装配件一致。

（3）试验滑块要求

将连接副中的一个被连接件加工成试验滑块，加工过程中要保证试验滑块的平面度、粗糙度、表面处理等要求与实际装配件一致。建议滑块加工成圆形，具体加工尺寸根据工装裁取，保证紧固成连接副后受压不变形并可滑动。滑块的内孔尺寸建议加工成椭圆形，较原来的孔加长 5~10mm，便于施力时滑动，见图 8-40。

（4）试验样件数量及加工要求

1）抽取同一批次紧固件 $2n+5$ 件，n 为试验数量。

2）机加工，贴片制成超声波螺栓，机加工技术要求见图 8-41。

3）试验滑块加工后进行清洁干燥处理，放入干燥器皿中备用，以免测试前污染。

图 8-39　某连接副试验工装

图 8-40　试验滑块

图 8-41　贴片螺栓加工技术要求

8.4.3　试验方法

1. 螺栓标定

螺栓按 8.2 节紧固件轴力测试方法进行标定。

2. 抗滑移测试

(1) 简化试验连接副

抗滑移试验连接副包含螺栓、螺母、夹持物，某车型下控制臂与轮毂支架连接结构见图 8-42，简化试验连接副见图 8-43。

图 8-42　下控制臂与轮毂支架连接结构

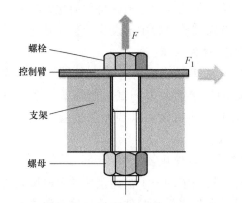

图 8-43　简化试验连接副

因实物形状复杂，试验装夹、固定困难，须采用简化设计取代实物，螺栓、螺母不变，夹持物采用实物切割为易装夹件和试验滑块。简化后将被连接件、滑块和紧固件组成连接副，图 8-44 所示为单结合面简化图，图 8-45 所示为双结合面简化图。

(2) 试验步骤

1) 将贴好压电陶瓷片的新螺栓、被连接件、加工好的试验滑块等按实际装配顺序装配在一起。

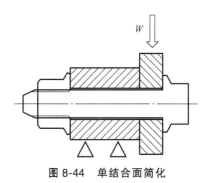

图 8-44　单结合面简化

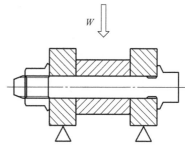

图 8-45　双结合面简化

2）使用气动/电动扳手或扭力扳手拧紧螺栓，采用超声波测轴力设备采集螺栓实时装配预紧力，根据连接副的螺栓规格选定初始的装配预紧力。此时预紧力应由小至大，依次为增加 5kN 或 10kN，至少进行 5 组不同装配预紧力测试。

3）将连接副固定在万能试验机的压力测试平台上。固定装置应确保连接副稳定，不得松动、晃动，对试验滑块施加载荷时应垂直，试验过程中试验滑块不得弯曲变形，以免影响曲线采点。

4）开启万能试验机，对试验滑块匀速施加压力，加载速度不得超过 1kN/s。

5）待试验滑块滑移后适时停止试验，见图 8-46，拐点位置即为开始滑移点的滑移载荷 W。

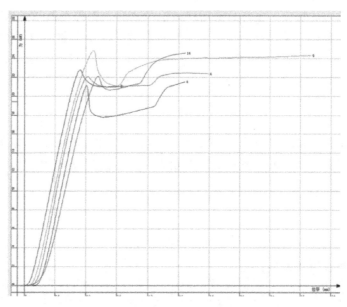

图 8-46　试验曲线

6）重复测试不同装配预紧力的试验滑块和被连接件，每种组合测试 5 组。

7）收集螺栓预紧力 F 及滑移载荷 W。

8）数据计算按公式：$\mu = W/(nF)$，其中，W 为试验测得的滑移剪切载荷，n 为配件间的摩擦面数量，F 为螺栓预紧力实测值。

9）计算抗滑移摩擦系数。

8.4.4　结果评定

评定标准如下：

1）万能试验机曲线应有明显拐点。

2）同一种试验滑块不同装配预紧力下测得的滑移系数偏差不超过 5%。

3）试验过程注意问题：①摩擦面不得磨光或抛光；②垫片不得弯曲变形；③钻孔应同心等。

4) 参考常用抗滑移摩擦系数见表8-2。

表 8-2 常用抗滑移摩擦系数

材料1	材料2	摩擦系数	材料1	材料2	摩擦系数
合金钢	电泳漆面	0.18~0.31	铝合金	铸铁	0.26~0.35
合金钢	铝合金	0.17~0.30	铝合金	铝合金	0.19~0.30
合金钢	铸铁	0.20~0.30	电泳漆面	电泳漆面	0.18~0.30
铝合金	电泳漆面	0.15~0.26			

8.5 紧固件摩擦系数试验

螺纹紧固件的拧紧过程是一个克服摩擦力的过程,连接副中存在两种摩擦,即螺纹副摩擦和支撑面摩擦。摩擦系数是一个明确的物理概念,它是摩擦力与正压力之间的比值,可以理解为一个材料常数。螺纹紧固件的摩擦系数受材质、表面处理、制造流程和螺纹精度等因素影响。摩擦系数是评价螺纹紧固件制造水平的综合指标,摩擦系数的大小决定了扭矩值和轴向力的大小,摩擦系数的散差影响到装配中螺栓所能提供的轴向夹紧力的变化。尤其是采用扭矩法拧紧时,摩擦系数散差大,为保证装配轴向力,必须严格控制装配扭矩的范围,采用高精度装配工具进行装配。本节将结合 GB/T 16823.3—2010《紧固件 扭矩-夹紧力试验》、ISO 16047 和 T/CSAE 74—2018《紧固件摩擦系数试验方法》等对紧固件摩擦系数试验方法进行介绍。

8.5.1 试验原理

采用螺纹紧固件摩擦系数试验机将螺栓或螺母以规定的速度拧紧到标准要求的扭矩或轴向力值,得到拧紧扭矩、螺纹扭矩或头下支承面摩擦扭矩和夹紧力,根据扭矩-夹紧力关系式计算出螺栓或螺母的总摩擦系数。

$$\mu_{\text{tot}} = \frac{\dfrac{T}{F} - \dfrac{P}{2\pi}}{0.577 d_2 + 0.5 D_b} \tag{8-39}$$

通过以下公式计算螺纹摩擦系数:

$$\mu_{\text{th}} = \frac{\dfrac{T_{\text{th}}}{F} - \dfrac{P}{2\pi}}{0.577 \times d_2} \tag{8-40}$$

通过以下公式计算支承面摩擦系数:

$$\mu_b = \frac{2T_b}{D_b F} \tag{8-41}$$

不同的螺纹摩擦系数试验机头下支承面摩擦扭矩和螺纹扭矩测量策略不同,两者可通过以下公式计算:

$$T = T_b + T_{\text{th}} \tag{8-42}$$

式(8-41)中,D_b 取值可依据以下公式:

$$D_b = \frac{D_0 + d_h}{2} \tag{8-43}$$

非标准 D_b 须与客户协商确认取值方法,D_0 及 d_h 的取值最好以试验实际磨痕测量结果为准。

表 8-3 所列代号含义或名称适用于本章。

表 8-3 代号含义或名称

代号	含义或名称	单位
d	螺栓公称直径	mm
D	螺母公称直径	mm
d_2	螺纹中径	mm
d_h	垫片或支承板的摩擦内径	mm
D_b	螺母或螺栓头下支承面等效摩擦直径	mm
D_0	垫片或支承面摩擦外径	mm
F	螺栓轴向力	N
P	螺距	mm
T	拧紧扭矩	N·m
T_b	支承面摩擦扭矩	N·m
T_{th}	螺纹扭矩	N·m
μ_b	支承面摩擦系数	
μ_{th}	螺纹摩擦系数	
μ_{tot}	总摩擦系数	

8.5.2 设备及样件要求

1. 设备要求

螺纹紧固件摩擦系数采用摩擦系数试验机测试，摩擦系数试验机应自动并匀速地旋转螺母或向螺栓施加紧固扭矩，除非另有规定，否则测量相对误差不超过 2%。角度测量允许误差为 2°或测量值的 2%（取两者中的较大值）。仲裁时，应使用能定速旋转的可控机动工具拧紧，试验结果用电子仪器记录。

摩擦系数试验机的刚度，包括载荷传感器和夹具的刚度，在整个试验过程中不能发生变形。至少包括以下试验工具：

1）动态旋转驱动机构。

2）扭矩角度传感器，根据紧固件的扭矩按使用说明书选取。

3）轴力扭矩传感器（可测量螺栓轴向力及螺纹扭矩或支承面扭矩的传感器），根据紧固件的夹紧力按使用说明书选取。

4）试验夹具应能稳定地夹持螺栓或螺母，不得转动，承受紧固轴力和支承面摩擦扭矩的复合载荷时，不得产生位移及永久变形。

5）试验机控制器应按拧紧程序控制拧紧过程，并能采集拧紧过程中的拧紧扭矩、夹紧力、螺纹扭矩、转角等信息；同时，计算系统应能按 8.5.1 节中式（8-39）~式（8-43）计算结果，并输出扭矩轴力曲线。

摩擦系数试验机具体要求参见 11.8.1 节。

2. 样件要求

（1）试验螺栓

试验螺栓状态应与供货状态一致，一般表面处理后过 24h 测试摩擦系数。螺栓长度要求装配后螺纹末端露出螺母头部至少 2 个完整螺牙。若螺栓长度不满足，则采用替代螺栓试验，替代螺栓的螺纹精度、材质、精度和表面处理应与试验螺栓一致。

（2）试验螺母

试验螺母应与供货状态一致，原则上不允许试验螺母使用替代件进行测试（车轮螺母除外），一般表面处理后过 24h 测试摩擦系数。

(3) 试验数量

每次试验至少需 10 个样本。

(4) 试验垫片要求

摩擦系数试验垫片应满足以下要求：

1) 试验垫片要求参见 11.8.1 节要求，也可根据客户实际需求选择垫片。

2) 试验垫片尺寸结合试验设备自行制定，但其直径应大于待测螺栓或螺母的头部法兰面尺寸，或螺栓、螺母垫片组合件垫圈的外径尺寸。

(5) 试验对手件

1) 测量螺栓摩擦系数使用的螺母：性能等级参照 GB/T 3098.2—2015《紧固件机械性能 螺母》，测量螺栓摩擦系数使用的螺母满足以下要求：

① 螺母规格和公差应与待测螺栓相当，螺母公差为镀后 6H，性能等级应与待测螺栓相当或更高。

② 螺母高度 $\geqslant 0.8D$，其余尺寸须满足检测设备夹具的要求。

③ 螺母表面镀锌并钝化，镀层厚度不大于 $8\mu m$。

④ 试验螺母数量：10 件，一个螺母只能使用一次。

2) 测量螺母摩擦系数使用的螺栓：性能等级参照 GB/T 3098.1—2010，测量螺母摩擦系数使用的螺栓满足以下要求：

① 螺栓规格和公差应与待测螺母相当，螺栓公差为镀前 6g、镀后 6h，性能等级应与待测螺母相当或更高。

② 螺栓长度至少满足拧紧螺母后伸出螺母 2~3 牙，其余尺寸须满足检测设备夹具的要求。

③ 螺栓表面镀锌并钝化，镀层厚度不大于 $8\mu m$。

④ 试验螺栓数量：10 件，一个螺栓只能使用一次。

3. 试验环境要求

试验一般在 10~35℃ 室温下进行，试验时的温度变化应保持在 6℃ 内。

4. 装配件摩擦系数实测样件要求

对于螺纹连接长度能满足摩擦系数试验机装夹要求的螺纹接头，可以将被夹持件加工成试验垫片，将内螺纹件加工成试验螺母，将外螺纹件加工成试验螺栓，加工过程中不应改变螺纹接头的表面状态及材料性能，将加工好的零件装载在摩擦系数试验机上进行实际装配的摩擦系数测试。

实际装配的摩擦系数结果对螺纹接头的拧紧工艺制定和处理现场装配中的螺纹接头拧紧故障有重要意义。

8.5.3 试验方法

试验方法如下：

1) 根据试验螺栓或螺母，以及扭矩角度传感器和轴力扭矩传感器有效工作范围选择合适的工作传感器。

2) 将试验螺栓或螺母、对手件、试验垫片正确安装到试验机上，并关闭保护罩。

3) 设定试验机试验程序：以不高于 200r/min 的转速拧紧至试验样件保证载荷的 30%，然后停顿 2s，再以 20r/min 的转速拧紧到试验螺栓或螺母保证载荷的 75%；对于采用扭矩转角法的紧固件，须拧紧到试验螺栓或螺母保证载荷的 100%。

4) 在试验机上输入试验螺栓或螺母的对应规格（螺距 P、螺纹中径 d_2），以及试验垫片的孔径 d_h、试验螺栓或螺母的 D_0、支承面外径 $d_{w\min}$ 或 $d_{k\min}$。

5) 按下"开始"按钮进行试验，试验机自动生成总扭矩、螺纹扭矩、支承面扭矩、夹紧力、总摩擦系数、螺纹摩擦系数、支承面摩擦系数和扭矩轴力曲线。

6) 拆卸螺栓、螺母及垫片，进行下一组试验。

8.5.4 注意事项

摩擦系数试验应注意以下事项：

1）试验时测试样品应至少在测试环境里放置 30min，使样品温度与测试环境温度一致。
2）试验前应检查试验螺栓、螺母的螺纹公差尺寸是否满足图样要求。
3）试验螺栓、螺母、垫片（试验孔）仅可使用一次。
4）试验拧紧转速尽量与装配的拧紧转速一致。
5）在进行摩擦系数试验时，垫片及试验对手件不应转动。
6）支承面等效摩擦直径 D_b 计算取值，以试验实际磨痕测量计算为宜。
7）摩擦系数试验前，试验垫片的选用须与客户确认，使用与客户实际装配材质和表面处理一致的垫片进行试验，这样测得结果更具实际使用价值。

8.6 紧固件横向振动试验

螺纹接头的防松性能是评估螺纹紧固件紧固质量的重要指标。在汽车上有很多螺纹接头是在振动循环载荷环境中服役的，对螺纹接头紧固件的结构防松性能有很高的要求。20 世纪 60 年代，德国工程师研究发现，往返式横向振动是螺纹紧固件发生松动的主要原因。紧固件横向振动试验可以检测紧固件的夹紧力、横向位移（即振幅）和振动频率等性能参数。目前，紧固件横向振动试验方法标准主要有 GB/T 10431—2018《紧固件横向振动试验方法》、ISO 16130、DIN 25201-4 和 DIN 65151。本节结合 GB/T 10431—2018 对紧固件横向振动试验进行介绍。

8.6.1 试验原理

将被测紧固件拧紧到试验装置上，使其产生一定夹紧力，借助试验机在被夹紧两金属板之间产生的交变横向位移，使连接松动，导致夹紧力减小甚至完全丧失。连续记录夹紧力的瞬时值，根据对记录数据的分析对比可以判定紧固件的防松性能。在试验过程中，夹紧力减小得越慢，防松性越好；反之，夹紧力减小得越快，防松性越差。

8.6.2 设备及样件要求

1. 设备要求

试验在紧固件横向振动试验机上进行，横向振动试验所使用的振动试验机应能满足试验频率和振幅的要求，横向振动波形为正弦波。试验机夹紧力测量误差不超过±3%，横向位移测量误差不超过±1%。试验机详细参数参见 11.5.6 节。图 8-47 所示为横向振动试验机结构。

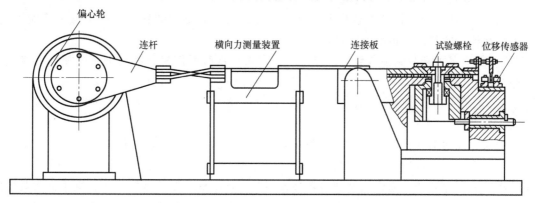

图 8-47　横向振动试验机结构示意

2. 试验夹具工装要求

试验夹具工装按 11.5.6 节中的横向振动试验机要求，或按 GB/T 10432.1—2010《电弧螺柱焊用无头焊钉》附录中的横向振动试验机要求。

3. 样件及环境要求

试验样件按试验对比需求进行备样，选择一致性优的试样。每组试验样件数量按试验要求确定，一般情况下，建议每组取 10 件，如果在试验过程中发现振动特性、安装或拆卸扭矩等方面有较大差异，则补加 5 件。

试验应在常温、常压、清洁的环境中进行。

试验频率取推荐的 12.5Hz（试验频率按实际使用频率或试验要求确定，若不能确定，则按 GB/T 10432.1—2010 中的推荐值）。

试验螺栓螺母螺纹配合精度 6g/6H。

试验振幅应保证螺栓不受剪切力，不同螺纹规格紧固件推荐振幅见表 8-4。

表 8-4 不同螺纹规格紧固件推荐振幅

螺纹规格	试验振幅/mm	螺纹规格	试验振幅/mm
M5	±0.5	M14	±1.4
M6	±0.6	M16	±1.6
M8	±0.8	M18	±1.8
M10	±1	M20	±2
M12	±1.2		

试验夹紧力一般取试验螺栓保证载荷的 50%，做对比试验研究也可根据试验需求取不同的夹紧力，还可将紧固件装配至需要的扭矩进行试验。

8.6.3 试验方法

使用拧紧工具（按选定预紧扭矩）手动拧紧被测螺栓/螺母至试验夹紧力或试验扭矩。起动试验机进行测试，试验机将给整个连接副施加规定频率和振幅的横向动态载荷。在整个试验过程中，试验系统将记录并分析紧固件轴力的变化。通过相关图表，可以清楚地了解螺栓/螺母在振动环境下的自锁性能（防松性能）。具体步骤如下：

1) 接好电路，接通电源。
2) 空载下开启试验机，设置振动频率。
3) 松开装夹螺钉，调整偏心量至规定空载振幅。
4) 装夹试件，调整运动板到中点位置，将试验样件装夹到试验装置上，螺栓螺母不能出现歪斜，用扭力扳手将螺栓拧紧到设定预紧力或扭矩。
5) 开机，至夹紧力衰减到预定数值，或达到一定振动次数时停机，连续记录连接副的夹紧力，必要时记录停机时的拆卸扭矩。

8.6.4 结果评价

通过直接对比曲线形状，比较特定点数据或进行数据处理，可判定防松性能试验结果，见图 8-48。

如果采用连续（短时间间隔）采样方式采集数据，则应计算一组试验数据在各采样点（对应某一时间或振动次数）的平均值，自动绘制到对数坐标系内，横坐标为振动试验次数，纵坐标为对应的残余夹紧力与初始夹紧力的比值，同时应计算标准差（图 8-49）；也可将同组试件试验结果绘制在同一对数坐标系内，直接对比曲线形状及分布，不计算标准差（图 8-50）。

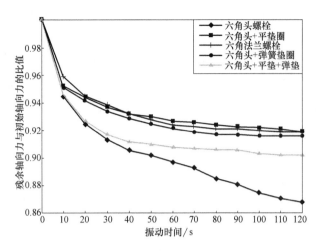

图 8-48 数据处理后的对比曲线

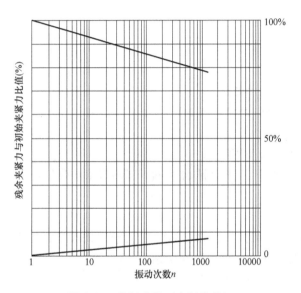

图 8-49 分析曲线（含标准差）

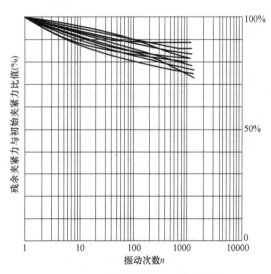

图 8-50 分析曲线（不含标准差）

8.7 螺栓疲劳试验

螺栓虽小，但关系到螺纹连接结构整体的可靠性和安全。在连接结构确定的条件下，螺纹接头的疲劳性能取决于螺栓的疲劳性能，正确地评估螺栓疲劳强度，成为螺纹接头结构开发设计和质量控制的重要环节。本节参考 GB/T 13682—1992《螺纹紧固件轴向载荷疲劳试验方法》对螺栓轴向疲劳试验和疲劳强度评估方法进行介绍。

8.7.1 试验原理

在疲劳试验机上，采用不对称拉伸循环应力形式（$0<r<1$）施加载荷，见图 8-51。在恒定平均应力 R_m 作用下，采用不同的应力幅 R_a，对一组样品进行疲劳测试，直至样品失效或超过规定的应力循环次数为止。通过测试的结果计算，得出样品在规定疲劳寿命 N 时失效概率 50% 的疲劳强度 $R_{AN}(50)$。试验应力

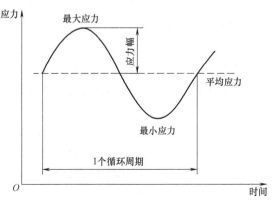

图 8-51 不对称拉伸循环应力形式

循环次数根据样品材料的耐疲劳性能确定，对于钢质螺纹紧固件，一般取 $N=5\times10^6$；铝质紧固件，一般取 $N=10^7$。

图中，应力幅 R_a 单位为 N/mm^2；平均应力 R_m 单位为 N/mm^2；最大应力 R_{max} 单位为 N/mm^2；最小应力 R_{min} 单位为 N/mm^2；对于应力比 r，$0<r<1$；$R_m=(R_{max}+R_{min})/2$；$r=R_{min}/R_{max}$。

8.7.2 设备及样件要求

1. 设备要求

螺栓疲劳试验设备具体参数可参考 11.5.4 节。使用轴向载荷疲劳试验机进行试验，螺栓疲劳试验机试验时应满足以下要求：

1) 样品疲劳测试时的最大测试载荷应大于或等于设备额定载荷的 10%。
2) 静载荷示值精度：
① 载荷示值误差不超过 ±1%。
② 载荷示值变动度不超过 ±1%。
3) 在连续试验 10h 内，动载荷示值波动度：
① 平均载荷示值波动度应在使用载荷满量程的 ±1% 以内。
② 载荷振幅示值波动度应在使用载荷满量程的 ±1% 以内。
4) 设备频率应在 5~250Hz 范围内，载荷应按正弦规律变化。
5) 设备应能自动记录试验循环次数，并具有意外停机后自动重启装置。

2. 工装要求

1) 试验夹具应符合 GB/T 13682—1992 标准中 5.3 节的要求。
2) 为了在螺栓头下圆角处留出足够间隙，在螺栓头下应垫上试验垫圈，试验垫圈应符合 GB/T 13682—1992 中 5.6 节的要求。

3. 样品要求

1) 从尺寸和机械性能合格的同一生产批次的成品内随机抽样，抽样数量应大于测试数量，不必进行再加工。将试件清理干净，防止磕碰和损伤表面，在各配合面可以涂润滑油。
2) 若样品因特别原因必须进行加工，则应保证不改变其抗疲劳性能。

4. 环境条件

测试温度条件为室温，湿度不大于 70%。

8.7.3 试验方法

1. 钢质紧固件试验方法

1) 平均应力 R_m：

$$R_m=(0.6-0.8)R_{p0.2} \tag{8-44}$$

2) 初始应力幅 $R_{a(1)}$：

$$R_{a(1)}=(0.5-0.1)R_m \tag{8-45}$$

可根据以往测试结果设定，但必须大于试验机的起振应力幅。

3) 应力水平差 ΔR：应力水平差一般不超过规定疲劳寿命 N 时失效概率 50% 的疲劳强度 $R_{AN}(50)$ 的 5%，即 $\Delta R\leqslant 0.05R_{AN}(50)$。

4) 测试方法：用升降法测定条件疲劳极限，测试样品通常选取 10~15 件，样品依次进行试验，根据上一试件的试验结果（失效或通过）确定下一试件的应力水平（降低或升高一级）。对于第一次出现相反结果的试验数据，如果在其后的试验数据波动范围以外，则舍弃，否则作为有效数据使用，即：如果上一个样品通过，则 $R_{a(i+1)}=R_{a(i)}+\Delta R$；如果上一个样品失效，则 $R_{a(i+1)}=R_{a(i)}-\Delta R$。应力幅从下降到上升，或从上升到下降算作一个拐点（图 8-52）。测试时，样品数量应至少保证出现 4 次应力幅拐点。

为尽快找到应力幅拐点，建议在首次出现应力幅拐点前，应力幅的增加或减小量采用$2\Delta R$。

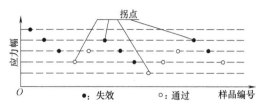

图8-52 测试过程及拐点说明

2. 铝质紧固件试验方法（仅供参考）

1）平均应力R_m：
$$R_m = (0.6-0.8)R_{p0.2} \qquad (8-46)$$

2）应力幅R_a：$R_a = 15\text{N/mm}^2$（可根据与客户商议的测试要求设定）。

3. 说明

1）试验通常持续进行，至试件失效或通过（达到规定循环次数未失效）为止。

2）失效一般指样品断裂、裂纹、局部变形或载荷明显变化。

3）$R_{p0.2}$：规定非比例延伸率2%的应力。

4. 安装

将样品安装在试验螺母或螺纹衬套上，样品受力但未旋合的螺纹长度至少是4倍螺距，螺纹末端露出试验螺母或螺纹衬套部分长度至少是1倍螺距。试验螺母及螺纹衬套在保持原规定精度且无破损的条件下，可重复使用。

5. 记录

1）应包含零件试验的必要信息。

2）应包含平均应力、应力幅、循环次数，以及失效/通过、失效描述等。

8.7.4 测试数据计算

按照测试结果制作表8-5，将零件试验信息按要求填入并计算：

1）计算规定疲劳寿命N时失效概率50%的疲劳强度$R_{AN}(50)$：
$$R_{AN}(50) = R_{a0} + \Delta R(A/C+x) \qquad (8-47)$$

2）计算应力幅的标准偏差$s(R_a)$：
$$s(R_a) = 1.62\Delta R[(C\times E-A)/C+0.029] \qquad (8-48)$$

3）测试结果统计见表8-5。

表8-5 测试结果统计

1	2															3	4	5	6	7	8
R_a	○通过　●失效															×	○	z	f	zf	zzf
R_{a3}												●				1	0	3	0	0	0
R_{a2}					●		●			○		●				3	1	2	1	2	4
R_{a1}	●	●		○		○		●		○					●	4	3	1	3	3	3
R_{a0}			○		○							○				0	3	0	3	0	0
NO.	1	2	3	4	5	6	7	8	9	10	11	12	13	14	15						
	列求和：3、4、6、7、8															8	7	—	7	5	7
	统计值																		C	A	E

第1列：应力幅级别，最小应力幅为0级，依此类推。

第2列：对应零件的测试结果。

第3列：每一应力幅等级下失效样品的个数。

第4列：每一应力幅等级下通过样品的个数。

第5列：应力幅级别序号，同第1列顺序。

第6列：频数，3、4列总和最小者；第6列=第4列，$x=0.5$；第6列=第3列，$x=-0.5$。

317

第7列：同一应力幅级别下第6列和第5列的积。

第8列：同一应力幅级别下第7列和第5列的积。

8.7.5 结果评价

紧固件 $R_{AN}(50)$ 在图样上注明技术要求或客户有其他要求的，按相关要求执行。

1. 钢质紧固件建议

1）先螺纹后热处理零件：

$$R_{AN}(50) \geq 0.85 \times (150/d+45) \tag{8-49}$$

2）先热处理后螺纹零件：

$$R_{AN}(50) \geq 0.85 \times (150/d+45) \times (2-R_m/R_{p0.2}) \tag{8-50}$$

式中，d 为螺纹紧固件螺纹的公称直径。

2. 铝质紧固件建议

一般要求：在规定的平均应力 R_m 和应力幅 R_a 下测试10件样品，均应达到规定的循环次数而不失效。

8.8 典型检测案例

8.8.1 应变片轴力测试实例

（1）测试任务

对比两种钢套（A公司和B公司）在使用相同的轮毂螺栓和轮毂螺母紧固条件下的轴力衰减率（进行轴力保持试验对比）。

（2）测试项目及测试条件

测试项目及测试条件见表8-6。

表8-6 测试项目及测试条件

测试项目	测试条件	A公司钢套	B公司钢套
轴力保持试验	将压装好的试验螺栓安装到轮毂上，然后从螺母端拧紧，拧紧扭矩117.6N·m，在室温下放置720h，检测轴力随时间的变化，评价轴力衰减率 拧紧速度：4r/min 试验温度：(23±5)℃	$N=5$	$N=5$

（3）制样

1）机加工：在样品头部中心位置，沿轴线向下钻孔，钻孔深度达到零件螺纹均匀受力但未旋合区域。图8-53所示为图样和机加工实物。

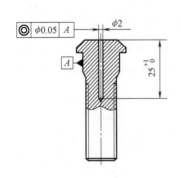

图8-53 图样和机加工实物

机加工钻孔过程注意事项如下:
① 钻孔位置在零件杆部中心位置。
② 钻孔过程中不能加冷却/润滑介质。

2) 贴片/焊接引线,具体方法如下:

① 零件采用酒精等进行孔内清洗,注意不可清洗零件支撑面与螺纹部分,以免改变零件表面摩擦系数。

② 对清洗后的零件进行烘烤,烘烤温度不高于80℃,确保孔内清洗介质完全蒸发,注意烘烤温度不高于零件任何一部分能承受的最高温度。

③ 在孔内注入黏结剂,注意孔内不能有气泡。

④ 将图8-54所示的应变片埋入零件的机加工孔中,注意所有零件的贴片位置尽可能一致,使应变片充分粘合。

⑤ 对埋入应变片的零件进行烘烤固化,烘烤温度一般不高于80℃。

⑥ 对烘烤后的零件引线进行固定,并焊接引伸导线,图8-55所示为制样完成零件,注意接线不可短路、漏电。

3) 标定计算载荷灵敏系数 K_f:在拉伸试验机上,根据样品编号依次对样品进行标定,计算每个样品的载荷灵敏系数 $K_f = F/\Delta\varepsilon$,单位是(kN/μm)/m,并记录,见图8-56。

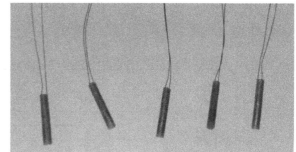

图8-54 测试用应变片

图8-55 制样完成零件

图8-56 标定完成的零件

(4) 测试及评价

1) 压装:按照客户要求对零件进行压装,见图8-57。

2) 连接数据采集器:见图8-58,将零件安装到轮毂上,并将轮毂固定到试验台上,从螺母侧以117.6N·m的扭矩拧紧。

图8-57 零件压装完成

图8-58 零件安装测试

3）在室温下放置720h，测量轴力随时间的变化。

4）经过720h后，在连接数据采集器的状态下松开螺母。

5）按照测试要求保存数据。

6）对试验后的螺栓进行再次校正。

7）按以下公式，求出720h后的残余轴力：

$$残余轴力(kN) = [放置720h后的轴力(kN) - 松开后的轴力(kN)] \times \frac{再次校正值[(kN/\mu m)/m]}{初次校正值[(kN/\mu m)/m]} \quad (8-51)$$

8）按以下公式，计算经过720h后的轴力衰减率：

$$轴力衰减率(\%) = \left[1 - \frac{残余轴力(kN)}{拧紧初期轴力(kN)}\right] \times 100\% \quad (8-52)$$

9）测试720h后，获得零件轴力测试实时曲线，见图8-59和图8-60。

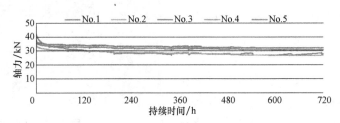

图8-59 A公司零件轴力测试实时曲线

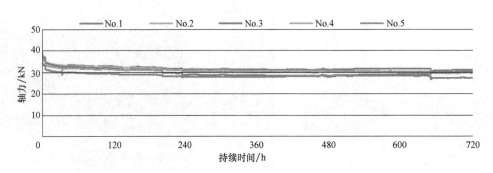

图8-60 B公司零件轴力测试实时曲线

10）从螺母侧以117.6N·m的扭矩拧紧后，经过720h后测残余轴力，根据测试结果统计数据，比较轴力衰减率，结果见表8-7。

表8-7 测试结果

测试项目及结果	A公司						B公司					
	No.1	No.2	No.3	No.4	No.5	均值	No.1	No.2	No.3	No.4	No.5	均值
拧紧初期轴力/kN	42.71	37.7	37.18	36.17	38.13	38.38	38.6	38.56	39.34	37.55	37.92	38.39
720h后残余轴力/kN	33.88	33.99	30.65	31.44	31.69	32.33	31.88	34.33	33.28	31.46	33.69	32.93
轴力衰减量/kN	8.82	3.72	6.52	4.74	6.44	6.05	6.72	4.23	6.06	6.09	4.23	5.46
轴力衰减率(%)	20.7	9.9	17.5	13.1	16.9	15.6	17.4	11	15.4	16.2	11.1	14.2

（5）测试结论

根据测试结果，A、B两家公司的零件，拧紧初期轴力相当，经过720h后，B公司零件的轴力衰减率为14.2%，小于A公司的15.6%。

8.8.2 扭矩转角法拧紧工艺开发实例

（1）试验任务

为某接头开发扭矩转角法拧紧工艺，选用 M12×1.5 规格、10.9 级螺栓，要求该工艺下产生的螺栓轴力大于 40kN，对安装螺栓是否过屈服点无特别要求。图 8-61 所示为某接头。

（2）通过模拟装配试验开发拧紧工艺

首先，可以选取 6 个量产状态的样本进行扭矩转角轴力试验，得到图 8-62 所示的扭矩转角轴力曲线。

图 8-61 某接头

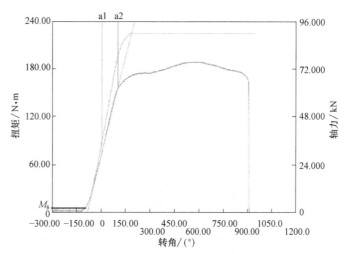

图 8-62 某接头扭矩转角轴力曲线

从曲线上读取贴合扭矩 M_s，并按 8.3 节式（8-21）进行计算，结果见表 8-8。

表 8-8 贴合扭矩

序号	扭矩/N·m	序号	扭矩/N·m
1	3.0	n	6
2	3.5	$\overline{M_s}$	4.4
3	2.8	s_{M_s}	3.0
4	10.4	$k_3(n;p;1-\alpha)$	5.4
5	3.5	M_{sU}	20.6
6	3.0	$M_{sU}/0.9$	22.9

注意，$M_{sU}/0.9$ 值较小，此时须考虑装配时使用的气动/电动扳手量程，一般拧紧轴能保证精度的扭矩使用范围为 20%～100%满量程扭矩。若螺栓拧紧至屈服状态，则终扭为 180N·m 左右。此时若确定选用满量程 300N·m 的拧紧轴，则能保证精度的扭矩范围为 60～300N·m。此时不能将 $M_{sU}/0.9$ 定为扭矩转角工艺的起始扭矩 M，而应根据（$M±10\%M$）的下限计算：

$$(M-10\%M) \geqslant 60\text{N}\cdot\text{m} \tag{8-53}$$

得到：$M \geqslant 66.7$N·m，取整，可确定起始扭矩为（70±7）N·m。

确定好起始扭矩后，对 6 个样本的扭矩转角轴力曲线进行平移操作。由于此接头未特别要求螺栓是否过屈服点，平移曲线使 70N·m 时的角度为 0°，此时读取各样本扭矩屈服点的角度，见表 8-9。

表 8-9 扭矩屈服点角度

序号	角度/(°)	序号	角度/(°)
1	105.2	6	92.5
2	102.8	n	6
3	108.8	$\bar{\varepsilon}$	104.2
4	108.5	s_ε	6.17
5	107.5		

考虑到取整，可将角度确定为105°±5°，综合上述扭矩，总扭矩转角工艺为：(70±7)N·m+(105°±5°)。

若需要使转角向优选的90°靠近，由于该接头未要求拧紧工艺下螺栓是否过屈服点，可读取(70±7)N·m+(90°±5°) 的下限63N·m+85°时的螺栓轴力，见表8-10。

表 8-10 63N·m+85°时的螺栓轴力

序号	轴力/kN	序号	轴力/kN
1	67.3	n	6
2	64.5	$\bar{F}$	64.6
3	63.7	s_F	2.39
4	61.3	$k_3(n;p;1-\alpha)$	5.4
5	63.5	F_L	51.7
6	67.5		

此时有：

$$F_L = 51.7\text{kN} > 40\text{kN} \tag{8-54}$$

满足设计要求，故该接头拧紧工艺可定为(70±7)N·m+(90°±5°)。

8.8.3 紧固件摩擦系数试验实例

(1) 试验任务

对比高硬度垫片、低硬度垫片、铝合金垫片、钣金电泳漆垫片对紧固件摩擦系数的影响。

(2) 试验材料

螺栓统一为六角法兰面M10×1.5×50规格，性能等级为10.9，表面处理工艺为锌铝涂覆，摩擦系数为0.1~0.16。

试验螺母统一采用M10×1.5规格Ⅰ型六角头螺母，性能等级为10，表面处理工艺为电镀锌（厚度≤8μm），钝化后不涂封闭剂。

高硬度垫片、低硬度垫片和铝合金垫片厚度为8mm，钣金电泳漆垫片厚度为3mm。高硬度垫片硬度为56.2~58.8HRC，低硬度垫片硬度为380~395HV，铝合金垫片硬度为109~112HB2.5，钣金电泳漆垫片硬度为200~220HV。其他要求按8.5节所述试验垫片要求。垫片统一采用丙酮清洗，螺栓采用6H/6h配合，每种垫片进行10组试验。

(3) 试验方法

按8.5节所述紧固件摩擦系数试验的方法操作，摩擦系数按75%保证载荷取值。

(4) 试验结果

分别将不同类型的垫片装在摩擦系数试验机上进行试验，以下是试验结果。

1) 高硬度垫片摩擦系数见表8-11。

表 8-11 高硬度垫片摩擦系数

序号	总扭矩 /N·m	预紧力 /N	头部扭矩 /N·m	螺纹扭矩 /N·m	螺纹摩擦系数	头部支撑面摩擦系数	总摩擦系数
1	74.7	36.1	40.9	33.8	0.134	0.149	0.143
2	73.0	36.1	41.0	31.9	0.124	0.150	0.139
3	73.1	36.1	43.1	30.0	0.114	0.157	0.140
4	74.0	36.1	42.4	31.6	0.122	0.155	0.141
5	71.3	36.1	39.8	31.5	0.122	0.145	0.136
6	74.5	36.1	40.6	33.8	0.134	0.148	0.142
7	72.6	36.1	42.1	30.5	0.116	0.154	0.138
8	73.1	36.1	42.4	30.7	0.117	0.155	0.139
9	71.7	36.1	40.7	30.9	0.119	0.148	0.136
10	70.6	36.1	42.1	28.4	0.105	0.153	0.134
平均值	72.9	36.1	41.5	31.3	0.121	0.151	0.139

2）低硬度垫片摩擦系数见表 8-12。

表 8-12 低硬度垫片摩擦系数

序号	总扭矩 /N·m	预紧力 /N	头部扭矩 /N·m	螺纹扭矩 /N·m	螺纹摩擦系数	头部支撑面摩擦系数	总摩擦系数
1	70.3	36.1	41.3	28.9	0.108	0.151	0.133
2	71.8	36.1	42.5	29.3	0.110	0.155	0.137
3	73.2	36.1	42.9	30.3	0.116	0.156	0.140
4	71.6	36.1	40.9	30.7	0.118	0.149	0.136
5	72.5	36.1	40.8	31.7	0.123	0.149	0.138
6	74.4	36.1	42.7	31.6	0.122	0.156	0.142
7	72.0	36.1	39.6	32.3	0.126	0.145	0.137
8	72.5	36.1	40.9	31.6	0.123	0.149	0.138
9	73.8	36.1	42.8	31.0	0.119	0.156	0.141
10	73.2	36.1	42.3	30.8	0.118	0.154	0.140
平均值	72.5	36.1	41.7	30.8	0.118	0.152	0.138

3）铝合金垫片摩擦系数见表 8-13。

表 8-13 铝合金垫片摩擦系数

序号	总扭矩 /N·m	预紧力 /N	头部扭矩 /N·m	螺纹扭矩 /N·m	螺纹摩擦系数	头部支撑面摩擦系数	总摩擦系数
1	80.4	36.1	48.7	31.7	0.123	0.177	0.155
2	74.9	36.1	46.2	28.7	0.107	0.168	0.143
3	83.2	36.1	51.0	32.2	0.126	0.186	0.161
4	79.7	36.1	50.2	29.5	0.111	0.183	0.154
5	84.8	36.1	54.0	30.9	0.118	0.197	0.165
6	74.0	36.1	43.9	30.1	0.114	0.160	0.141
7	76.3	36.1	46.8	29.6	0.111	0.171	0.147
8	83.3	36.1	51.2	32.0	0.125	0.187	0.161
9	72.9	36.1	43.2	29.7	0.112	0.158	0.139
10	99.1	36.1	63.7	35.4	0.142	0.232	0.196
平均值	80.9	36.1	49.9	31.0	0.119	0.182	0.156

4）钣金电泳漆垫片摩擦系数见表8-14。

表8-14 钣金电泳漆垫片摩擦系数

序号	总扭矩/N·m	预紧力/N	头部扭矩/N·m	螺纹扭矩/N·m	螺纹摩擦系数	头部支撑面摩擦系数	总摩擦系数
1	69.2	36.1	40.4	28.8	0.108	0.147	0.131
2	75.4	36.2	45.8	29.6	0.111	0.167	0.144
3	75.2	36.1	45.3	29.9	0.113	0.165	0.144
4	71.2	36.1	43.1	28.1	0.103	0.157	0.135
5	71.5	36.1	40.9	30.6	0.117	0.149	0.136
6	75.7	36.1	46.4	29.3	0.110	0.169	0.145
7	78.0	36.1	46.9	31.1	0.119	0.171	0.150
8	69.7	36.1	40.4	29.2	0.110	0.147	0.132
9	77.6	36.1	47.3	30.3	0.115	0.172	0.149
10	75.3	36.1	47.7	27.6	0.101	0.174	0.144
平均值	73.9	36.1	44.4	29.5	0.111	0.162	0.141

（5）试验分析总结

通过对比四种不同类型的垫片在75%保证载荷下的摩擦系数发现，高硬度垫片、低硬度垫片和钣金电泳漆垫片的摩擦系数差别不大，钣金电泳漆垫片的头部支撑面摩擦系数比高硬度垫片和低硬度垫片高出0.01；铝合金垫片的总摩擦系数较另外三种垫片偏高，高出约0.02，主要由于铝合金垫片硬度低、被压溃，头部支撑面的摩擦系数比另外三种垫片高出0.02~0.03。因此，试验垫片建议根据客户的使用要求选择，保证试验结果对实际应用才有意义。

8.8.4 横向振动试验实例

（1）试验任务

对比Ⅰ型普通六角头螺母、普通六角法兰面螺母、六角法兰承面带齿螺母、六角法兰尼龙嵌件螺母、六角法兰全金属自锁螺母的防松性能。

（2）试验材料

试验螺栓统一为六角头螺栓M10，长度70mm，性能等级为8.8。螺栓、螺母采用相同电镀锌处理，螺栓采用6H/6h配合，每种规格螺母进行10组试验。

试验材料清单见表8-15。

表8-15 试验材料清单

序号	零件名称	零件规格	摩擦系数	组数	个数	安装轴力/kN
1	六角头螺栓+Ⅰ型普通六角头螺母	M10×1.25	0.17~0.23	1	10	20
2	六角头螺栓+普通六角法兰面螺母	M10×1.25	0.17~0.23	1	10	20
3	六角头螺栓+六角法兰承面带齿螺母	M10×1.25	0.17~0.23	1	10	20
4	六角头螺栓+六角法兰尼龙嵌件螺母	M10×1.25	0.17~0.23	1	10	20
5	六角头螺栓+六角法兰全金属自锁螺母	M10×1.25	0.17~0.23	1	10	20
总计				5	50	—

（3）试验方法

按8.6节所述紧固件横向振动试验的方法操作。

（4）试验结果及分析

以下是不同防松结构螺母的测试数据。

1) 六角头螺栓+Ⅰ型普通六角头螺母测试数据见表8-16。

表8-16 六角头螺栓+Ⅰ型普通六角头螺母

序号	初始轴力/kN	30s轴力/kN	60s轴力/kN	90s轴力/kN	120s轴力/kN	残余百分比（%）	安装扭矩/N·m
1	20.1	14.4	9.7	9.4	9.2	45.8	31.4
2	20.6	18.3	17.8	17.5	17.4	84.5	50
3	20.8	19.6	19.2	18.9	18.9	90.9	52.3
4	20.3	18.4	18.2	18	17.9	88.2	44
5	19.9	17.8	17.2	16.8	16.7	83.9	56.7
6	20.3	17.8	17.2	17	16.8	82.8	52.1
7	20.1	18.4	17.9	17.5	17.2	85.6	58.8
8	20.4	19	18.4	18.2	18	88.2	59.5
平均值	20.34	18.47	17.99	17.70	17.56	86.30	53.34

该组第一颗螺栓组件的安装扭矩及振动后的残余百分比明显低于其他螺栓，判断为异常值（可能是摩擦系数控制不好，混入低摩擦系数的样件），将其去掉，对组内其他螺栓的轴力求均值。绘制轴力（预紧力）随振动时间的变化曲线，见图8-63。在横向振动的情况下，前30s轴力迅速下降，此后下降曲线趋于平缓，最终残余百分比在86%左右。

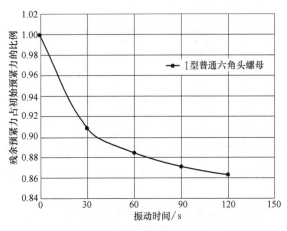

图8-63 数据处理后的对比曲线

2) 六角头螺栓+普通六角法兰面螺母测试数据见表8-17。

表8-17 六角头螺栓+普通六角法兰面螺母

序号	初始轴力/kN	30s轴力/kN	60s轴力/kN	90s轴力/kN	120s轴力/kN	残余百分比（%）	安装扭矩/N·m
1	25.6	24.4	24.2	24.2	24.1	94.14	79.6
2	25.1	24.3	24.2	24.2	24.1	96.02	74.6
3	20.3	19.4	19.4	19.1	19.1	94.09	42.5
4	20.3	19.7	19.4	19.4	19.2	94.58	36.1
5	20.1	19.5	19.2	19	19	94.53	41.9
6	20.1	19	18.9	18.7	18.6	92.54	42.4
7	20.1	18.9	18.7	18.6	18.5	92.04	35.9
8	20.1	19.2	19.1	18.8	18.6	92.54	44.8

（续）

序号	初始轴力/kN	30s轴力/kN	60s轴力/kN	90s轴力/kN	120s轴力/kN	残余百分比（%）	安装扭矩/N·m
9	20.4	19.5	19.4	19.1	19.1	93.63	36.6
10	21.1	19.6	19.1	19.1	19.1	90.52	46.1
平均值	20.31	19.35	19.15	18.98	18.90	93.06	40.79

取轴力变化的均值，最终残余轴力为初始轴力的93%左右，防松效果较普通六角头螺母好。普通六角法兰面螺母的残余百分比整体比较均匀，整体接触效果比较好。

表8-17中前两组数据安装扭矩较高与紧固件摩擦系数高有关，判为异常，将其去掉。

3）六角头螺栓+六角法兰承面带齿螺母测试数据见表8-18。

表8-18　六角头螺栓+六角法兰承面带齿螺母

序号	初始轴力/kN	30s轴力/kN	60s轴力/kN	90s轴力/kN	120s轴力/kN	残余百分比（%）	安装扭矩/N·m
1	20.1	18.2	17.9	17.8	17.8	88.56	62.5
2	19.9	18.2	18.1	17.9	17.8	89.45	64.2
3	20.1	18.7	18.5	18.4	18.3	91.04	58
4	20.1	18.8	18.5	18.4	18.3	91.04	58
5	19.6	17.9	17.6	17.4	17.4	88.78	58.3
6	20.1	18.6	18.4	18.3	18.1	90.05	60.4
7	19.9	18.5	18.3	18.1	18.1	90.95	56
8	20.1	18.4	18.1	18	17.9	89.05	60.7
9	20.1	18.4	18.2	18.1	18	89.55	59.9
10	20.1	18.7	18.6	18.4	18.3	91.04	59.2
平均值	20.01	18.44	18.22	18.08	18	89.95	59.72

根据试验结果对比发现，六角法兰承面带齿螺母比普通六角头螺母防松效果好，残余轴力为初始轴力的90%左右。

4）六角头螺栓+六角法兰尼龙嵌件螺母测试数据见表8-19。

表8-19　六角头螺栓+六角法兰尼龙嵌件螺母

序号	初始轴力/kN	30s轴力/kN	60s轴力/kN	90s轴力/kN	120s轴力/kN	残余百分比（%）	安装扭矩/N·m
1	19.9	19.2	19.1	19.1	19.1	95.98	88.7
2	20.3	20.7	20.6	20.5	20.5	100.99	63
3	20.4	20.2	19.9	19.8	19.7	96.57	68.2
4	21.1	20.1	19.9	19.9	19.9	94.31	75
5	20.3	20	19.8	19.7	19.7	97.04	74.1
6	21.1	19.9	19.8	19.7	19.7	93.36	62.4
7	20.3	19.6	19.4	19.4	19.2	94.58	64.2
8	20.6	20.7	20.5	20.5	20.3	98.54	59.5
9	21.9	20.9	20.8	20.7	20.7	94.52	79.4
10	20.4	19.1	19.1	19	18.9	92.65	62.7
平均值	20.63	20.04	19.89	19.83	19.77	95.85	69.72

六角法兰尼龙嵌件螺母具有缓冲抗振效果,振动情况下防松效果较好,最后残余轴力为初始轴力的95.85%(均值),整体效果比较好。

5)六角头螺栓+六角法兰全金属自锁螺母测试数据见表8-20。

表8-20 六角头螺栓+六角法兰全金属自锁螺母

序号	初始轴力/kN	30s轴力/kN	60s轴力/kN	90s轴力/kN	120s轴力/kN	残余百分比(%)	安装扭矩/N·m
1	20.9	16.2	9.4	7.2	6.5	31.10	48.2
2	20.9	19.9	19.8	19.4	19.4	92.82	77.7
3	21.3	20.2	19.9	19.7	19.6	92.02	59.6
4	21.6	20.5	20.3	20.2	20.2	93.52	74
5	20.9	19.7	19.2	19.2	19.2	91.87	59.8
6	20.4	20.6	20.5	20.3	20.3	99.51	70
7	21.4	20.2	19.9	19.9	19.8	92.52	74
8	21.4	20.5	20.4	20.2	20.2	94.39	73
9	20.4	20	19.7	19.5	19.5	95.59	78.2
10	21.6	20.8	20.4	20.3	20.2	93.52	64.8
平均值	21.10	20.27	20.01	19.87	19.82	93.97	70.12

第一组数据相对于其他数据可以定为异常样件,将其去除,法兰全金属自锁螺母的残余轴力约为初始轴力的94%。

(5)试验总结

不同防松方式的防松效果对比见图8-64,对于M10规格、8.8级螺栓在20kN初始预紧力作用下,振动120s后根据其残余预紧力(轴力)判断其防松效果,六角法兰尼龙嵌件螺母的防松性能最好。防松效果由好到差排序:六角法兰尼龙嵌件螺母>六角法兰全金属自锁螺母>普通六角法兰面螺母>六角法兰承面带齿螺母>Ⅰ型普通六角头螺母。

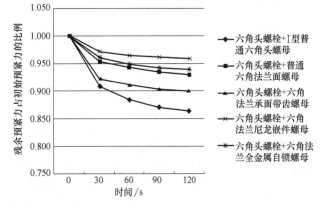

图8-64 不同防松方式的防松效果对比

8.8.5 螺栓疲劳试验实例

(1)测试任务

对一款M10×150规格、12.9级螺栓进行疲劳测试,零件为粗杆,螺纹长度80mm±3mm,要求:平均载荷F_m=44.7kN,$F_{AN}(50)$≥6.6kN,ΔF=0.3kN,规定的循环次数为50万次,测试20件样品进行计算评估。

(2)测试结果记录

根据客户提供的零件及要求进行测试,受力而未旋合的螺纹长度60mm,旋入长度20mm,在250kN的疲劳试验机上进行测试,采用F_{a0}=6.6kN进行测试(由于客户要求的结果为载荷,后续记录、计算均采用载荷方式,没有换算成应力方式)。测试结果见表8-21。

表8-21 测试结果

试验温度		22℃		试验湿度	55%RH
编号	平均载荷/kN	振幅/kN	试验频率/Hz	循环次数n	失效模式
SY01	44.7	6.6	90.9	1310825	螺纹裂纹

(续)

试验温度		22℃		试验湿度	55%RH
编号	平均载荷/kN	振幅/kN	试验频率/Hz	循环次数 n	失效模式
SY02	44.7	6.3	91.1	5000051	通过
SY03	44.7	6.6	90.8	5000049	通过
SY04	44.7	6.9	89.6	1603073	螺纹裂纹
SY05	44.7	6.6	90.1	5000039	通过
SY06	44.7	6.9	90.1	5000021	通过
SY07	44.7	7.2	90.5	992764	螺纹裂纹
SY08	44.7	6.9	90.2	2103031	螺纹裂纹
SY09	44.7	6.6	89.9	5000046	通过
SY10	44.7	6.9	90.3	1578531	螺纹裂纹
SY11	44.7	6.6	90.2	2309512	螺纹裂纹
SY12	44.7	6.3	89.8	5000052	通过
SY13	44.7	6.6	90.1	5000033	通过
SY14	44.7	6.9	90.2	1090634	螺纹裂纹
SY15	44.7	6.6	90.1	5000038	通过
SY16	44.7	6.9	90.3	5000030	通过
SY17	44.7	7.2	90.1	968377	螺纹裂纹
SY18	44.7	6.9	89.9	1967336	螺纹裂纹
SY19	44.7	6.6	90.2	5000022	通过
SY20	44.7	6.9	90.1	5000043	通过

(3) 测试结果分析

依据表 8-21 对测试结果进行统计,见表 8-22。

表 8-22 测试结果统计

1	2																				3	4	5	6	7	8
振幅	○通过 ●失效																				●	○	z	f	zf	zzf
7.2							●										●				2	0	3	2	6	18
6.9				●		○		●		●		○	●		○			●		○	5	3	2	5	10	20
6.6	●		○		○				○		●			○		○				○	2	6	1	2	2	2
6.6		○										○									0	2	0	0	0	0
No.	1	2	3	4	5	6	7	8	9	10	11	12	13	14	15	16	17	18	19	20						
列求和:3、4、6、7、8																					9	11	—	9	18	40
统计值																								C	A	E

根据计算公式:$F_{AN}(50) = F_{a0} + \Delta F \times (A/C + x)$,计算规定疲劳寿命 50 万次时失效概率 50% 的疲劳载荷 $F_{AN}(50) = 6.75 \text{kN}$,零件疲劳测试结果显示,零件在客户给定的测试条件下,符合客户对疲劳性能的要求。

8.9 发展趋势及展望

据估计,每天有亿万个紧固件投入使用,近 40 年来,紧固件驱动技术发生了显著变化,改进质量、提高生产效率、发展人机工程技术的需要，促使装配类动力工具逐步发展。汽车紧固件由最初的冲击、棘轮扳手开始，过渡至表盘、数显扭力扳手，再发展到目前的电动扳手作业，可以明显发现人们对于质量、效率的重视。然而，操作人员始终未能得到解放，目前来看，各汽车企业装配线人员众多，如何降低人员作业强度及工作量，如何将自动化程序应用于生产，成为各汽车企业亟待解决的问题。

21世纪初，随着紧固件检测技术的发展，人们逐渐认识到紧固件装配后检测的重要性。较早的检测项目为静态扭矩，最初的检测方法为回拧法、标记法，因速度慢、散差大，最终被淘汰；加拧法应运而生，该方法操作简单、速度快，在汽车行业得以推广；近年来，加拧扭矩法（用扭力扳手将紧固的螺纹进一步拧紧，螺纹再次旋动时的扭矩值）是随着扭力扳手功能更新而出现的方法，该方法准确度高，多用于质量部门制定标准、评判质量问题。

汽车接头设计中，预紧力一直是关注重点，如何准确测定预紧力？确保紧固件接头设计合理、安全，一直是各大企业关注的焦点问题。应变片检测作为较早出现的一种方法，因价格低、结构简单、频率特性好等优势而得到应用，但其非线性误差大、抗干扰性较差，难以进一步推广。超声波检测技术应运而生，该方法因频率高、方向性好、线性好等优势而得到广泛应用，但对于发动机等高温区域仍力有不及。

现有预紧力测试技术均需耗费大量时间在前期准备工作上，如制样、贴片、标定，并需到现场进行测试。如何减少人力及路途中的时间将成为后续重点，现已有不少企业对远程实时监控进行深入研究。

智能螺栓是最近几年刚刚发展起来的新型螺栓形式，具有典型的结构功能一体化特征，其内部埋有传感器或微处理器芯片/存储器，可用于智能化工业产品的生产、使用和维护等领域。目前，智能螺栓最需具备两方面智能功能：一是对温度、载荷、压力等环境因素的感知能力，即传感器功能，主要可应用于计量或结构健康监控；二是数据存储和身份识别能力，即数字标签功能，主要应用于生产装配和使用维护等。

迈入智能化时代，技术逐渐发展成熟，部分智能螺栓产品已经完成了原理开发和验证，逐步进入应用领域。目前，主要的智能螺栓产品有两类，一类是智能螺栓传感器，另一类是智能数据螺栓，典型的结构形式见图8-65。

图8-66所示为某公司发明的一种变色螺栓，能通过颜色指示是否拧紧。该螺栓头部有一个感应盘，拧得越紧颜色越深，当力度加到最大时，感应盘就会变黑，没有任何电子装置，完全靠视觉实现状态指示。

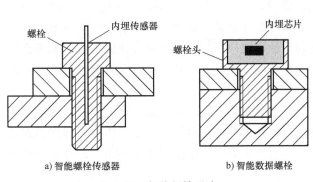

图8-65 智能螺栓形式

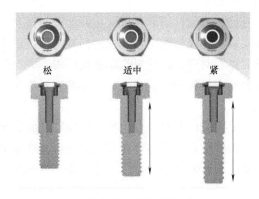

图8-66 变色螺栓

螺栓是工业领域的重要零件之一，智能螺栓适应了工业智能化的时代潮流，将是智能化工业产品的重要组成零件。近年来，智能螺栓专利的申请数量不断增多，这表明智能螺栓不再只是概念，而是已经开始进入快速工业化的阶段。同时，新的检测技术的发明、检测方法的制定，都将有效提升连接接头的紧固质量。

随着行业质量要求的不断提高，ISO16949、VDI2230等标准的不断更新及应用，紧固件的装配及防松技术水平也将不断提高。

第9章

整车紧固件可靠性验证

9.1 概述

对于很多关键连接部位，如底盘、发动机、变速器，会用到大量的高强度紧固件，一旦这些关键部位的连接出现失效，将给车辆或乘员带来不可估量的损失。这些重要的连接部位，通常需要紧固件具备高强度、先进防腐技术、高精度连接技术，以保证连接的可靠性。要保证紧固件的连接可靠性，就要采用系统的方法，实行可靠性工程。可靠性工程是指为了达到产品的可靠性要求而进行的使用设计（包括选型）、产品设计、生产、试验验证等一系列工作。

对于紧固件的可靠性，首先是设计问题。紧固件的设计，要根据不同的连接强度、应力、冲击、振动、耐久性、温度、环境等工况要求，以及安装操作空间的限制等，来正确合理地选择紧固件的型号规格、防松形式、耐腐蚀能力、拧紧工艺等。因此，设计是紧固件使用中实现可靠性的前提。其次是验证问题，紧固件的设计一旦完成，就要通过实物模型对连接可靠性进行验证，然后向设计部门反馈，进行设计优化和改进，同时在整车生产的各个环节对连接质量进行系统性控制，以保证连接质量的稳定性，这些工作都要建立系统性的方法和规范来进行标准化作业。

目前，紧固件可靠性研究方面的资料很多，但比较零散，系统性研究不多，无法给车辆设计人员、连接结构设计及装配工艺参数的编制人员提供系统性的参考指导意见。此外，针对紧固件本身的控制要求研究得相对多，但针对汽车主机厂需要进行的控制和验证研究得相对少。外资或合资主机厂大多已经建立自己全流程的验证体系，自主品牌有些还未建立完善的验证体系，且各主机厂没有形成广泛统一的共识。

为提高我国整车企业连接可靠性控制的质量水平，帮助整车厂依据连接接头的重要程度，在整车开发的各关键节点，对连接紧固件进行可靠性验证和评估，本章将结合国内外各整车厂的技术标准、规范及经验，从台架试验、整车道路试验、整车装配等环节，对整车紧固件连接可靠性的相关内容进行系统性阐述。

9.1.1 连接可靠性的基本概念

可靠性是衡量产品质量的一个重要指标，也是人们设计制造产品时的一个追求目标。可靠性理论最早由德国科技人员在火箭研制中提出，20世纪50年代，美国开始进行系统性的可靠性研究。可靠性涉及多种科学技术的交叉，包括概率统计、设计技术、试验技术、人机工程、环境技术、维修技术、生产管理等方面。

紧固件连接可靠性概念来源于机械产品的可靠性技术，是机械产品可靠性的一个分支和组成部分。

尽管如此，紧固件连接可靠性也是极其复杂的，包含了各个学科的内容，如拧紧中常用的过程能力指数、紧固件连接设计计算模型，以及台架试验、道路试验的验证、整车装配等。

紧固件连接可靠性是指紧固件连接接头在规定的条件下、规定的时间内、完成规定的功能的能力。该定义中的相关概念含义如下。

1）接头：将两个或多个部件，通过螺栓/螺母进行连接，使其在螺栓夹紧力作用下，成为能实现某些机械功能的整体。

2）规定的条件：紧固件的连接是在正常的环境、载荷、道路条件、驾驶习惯、装配条件等边界下。

3）规定的时间：紧固连接在固定的保用期限内，如通常主机厂所规定的整车15年或者24万km的范围内。

4）规定的功能：紧固件不发生连接功能的丧失，如断裂、松弛、腐蚀、不可拆卸等。

9.1.2 连接可靠性的验证目标

连接可靠性验证的主要目标是在整车开发的各关键节点，如设计阶段、台架试验阶段、道路试验阶段、整车装配阶段，对紧固件连接的可靠性实施验证、评价，以改善整车紧固件的连接可靠性。

通过可靠性验证工作的实施，紧固件工程师可以了解造成连接不可靠的具体原因，从而对症下药，在紧固件设计阶段进行规避和优化，形成持续的改善和经验反馈的正向开发能力。

连接可靠性本质是要得到满足连接功能性的夹紧力，之所以不可靠，往往是因为夹紧力的丧失或衰减；夹紧力的丧失或者衰减往往会导致连接部分的滑移、分离、脱落，甚至是冲击断裂或疲劳断裂，也有可能由于连接可靠性的降低导致连接部分发生碰撞，导致振动、噪声、不密封等情况。

针对可靠性的验证往往是需要得到紧固件夹紧力的数据，但是夹紧力并不总是便于测量的，所以需要采用一些间接的测量方法去验证。这些测量的对象主要包括以下几个部分：

1）力矩：拧紧力矩、拧松力矩、再拧紧力矩、残余力矩、制动力矩等。

2）夹紧力：最大夹紧力、最小夹紧力、夹紧力的衰减等。

3）滑移：连接部位的滑移变形量。

4）异响：连接部位的异响测量。

5）振动：连接部位的振动测量。

6）密封性：连接部位的密封性测量。

9.1.3 连接可靠性验证的接头类型

1. 接头的分类

螺纹装配连接的实质是通过螺栓的夹紧力将两个工件连接在一起，在螺纹连接中，装配拧紧的质量保障是将螺栓的轴向夹紧力控制在适当的范围内。因此，对夹紧力的准确控制是保证装配质量的基础。但是，由于接头众多，无法对每种连接接头进行夹紧力的控制和日常监控，为突出重点，就需要对紧固件的接头进行分类，并对重点的接头类型进行系统性的管控。紧固件的接头种类较多，也有很多的分类方法，以下进行详细介绍。

(1) 按照连接副之间的连接状态分类

1）软连接：连接件本身较软或者连接件中间存在橡胶件等弹性元件，存在较大力矩衰减；软连接螺纹副到达贴合点后，旋转720°以上才能达到目标力矩。

2）硬连接：连接件硬度比较大或刚性连接，一般力矩衰减很少，可能还存在力矩反冲；硬连接螺纹副到达贴合点后，一般旋转30°以内就可以达到目标力矩。

3）中性连接：介于软连接和硬连接之间的连接。

(2) 按照装配接头的重要程度分类

1）安全连接：连接接头的失效会导致整车功能丧失，进而可能导致直接或间接的人身伤害。

2) 重要连接：连接接头的失效会导致整车功能丧失，进而可能导致车辆抛锚。

3) 普通连接：连接接头的失效不会导致整车功能丧失，只会对用户造成比较轻微的影响。

(3) 按照装配方式进行分类

1) 通用法拧紧装配连接：对一些不须定义最小功能性夹紧力的接头，需要通过经验值以及紧固件的最小屈服强度、拧紧级别或精度来确定平均拧紧力矩或公差。这类连接接头一般不涉及安全要求和可靠性要求，可以参考表9-1所列的规范，直接选择拧紧力矩。这类拧紧力矩一般不超过80N·m，如果拧紧力矩超过80N·m，则必须按照计算法拧紧装配的要求，通过计算来确定拧紧工艺。

通用法拧紧一般采用扭矩法装配，并根据接头的重要程度来选择匹配精度的拧紧工具。

表9-1 通用法拧紧装配参考适用范围

参考的力矩/N·m	螺栓尺寸	机械性能等级	拧紧精度
1.5	仪表板用螺栓	—	普通拧紧：±25% 安全拧紧：±10%、±15%
2	—	—	
4	—	—	
8	M6	8.8	
10	电子件连接螺栓 M6	—	
15	电子件连接螺栓 M8	—	
20	M8	8.8	
25	M8	10.9	
25	M10	8.8	
30	M8	10.9	
40	M10	10.9	
60	M10	10.9	
75	M12	10.9	

2) 计算法拧紧装配连接：对于一些装配前需要计算功能性夹紧力的接头，根据平均功能性夹紧力及装配接头的尺寸特性和摩擦系数，依据拧紧方法能达到的最低精度，计算对应拧紧力矩的平均值及公差，获得基础的力矩区间，然后进行拧紧参数的设计，以确定合适的拧紧工艺的接头类型。计算拧紧装配一般适用于对功能性夹紧力的稳定性有较高要求的接头类型。计算法拧紧，可采用力矩法、力矩角度法（又称力矩转角法）、斜率法（又称屈服点法）等方法装配。计算法拧紧装配的建议适用范围见表9-2。

表9-2 计算法拧紧装配适用范围

系统	接头类型
制动系统	制动踏板、驻车制动类的连接
转向系统	方向盘、转向柱、转向机、转向拉杆等连接
车轮系统	轮毂、轮胎、轮速传感器等连接
安全带系统	高度调节器、止动螺栓、卷收器、控制盒等连接
动力总成系统	缸盖、主轴承盖、曲轴、连杆、飞轮、发动机支架、变速器/变矩器等连接
底盘系统	前悬架、后桥、摇篮、三角臂、抗扭支架、横拉杆、纵拉杆、转向拉杆、传动轴等连接
排气管系统	前排气管、中排气管等连接
接地系统	所有可能引发电器故障的各级接地连接
车身系统	座椅安装、止动、刮水器电动机、防撞梁等连接

2. 进行可靠性验证的接头类型

众多的接头类型中，哪些需要重点关注，并对其连接可靠性进行验证，每个主机厂都有不同的做法。由于设计体系和控制体系存在差异，各主机厂选择的方法也不同，表9-3列出了需要进行可靠性验证的接头选择基本原则，供参考。

表9-3 可靠性验证的接头选择原则

接头类型		是否需要进行可靠性验证
按装配方式划分	力矩法[①]	按照拧紧控制级别：1、2级拧紧需要验证，3、4级拧紧依据实际情况而定，级别划分见备注
	力矩角度法	需要验证
	斜率法	需要验证
	夹紧力控制法	需要验证
按重要程度划分	安全连接部位	需要验证
	重要连接部位	需要验证
	普通连接部位	不需要

① 力矩法（扭矩法）拧紧控制级别按各主机厂标准体系划分，通常按照拧紧精度分为4级，见表9-4，此划分方式供参考。

表9-4 力矩法拧紧的分级

等级	许用范围	说明
1级	力矩法 $T\pm5\%$	使用电动伺服机控制，适用于特殊重要部位（如出现故障可能造成人身伤害或者抛锚的部位）
2级	力矩法 $T\pm10\%$	使用电动伺服机或扭力传感器控制的手动工具，适用于紧固精度要求较高的部位
3级	力矩法 $T\pm25\%$	可以机械作业或使用扭力扳手进行手动作业，适用于一般紧固中，不方便采用伺服机等工具作业的部位
4级	力矩法 $T\pm40\%$	使用效率较高的手动作业工具，如气动拧紧工具，用于一般拧紧部位

3. 重要连接接头的示例

汽车连接涉及的接头类型极多，各主机厂设计结构也不尽相同，表9-5展示了一些典型的重要接头类型作为示例，便于更好地理解连接部位在可靠性验证中所起的作用。

表9-5 重要连接接头示例

连接部位	图示	功能简述
转向机系统 转向机连接		连接转向柱和下摇篮，确保转向机构和底盘摇篮的稳定可靠连接
转向节系统 转向节连接	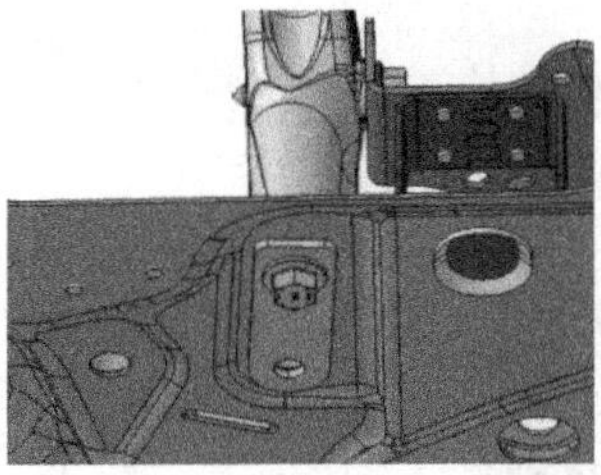	连接转向节和摇篮底部，传递车架与车轮之间各方向的作用力及其力矩

（续）

连接部位	图示	功能简述
车轮系统 轮毂螺栓连接	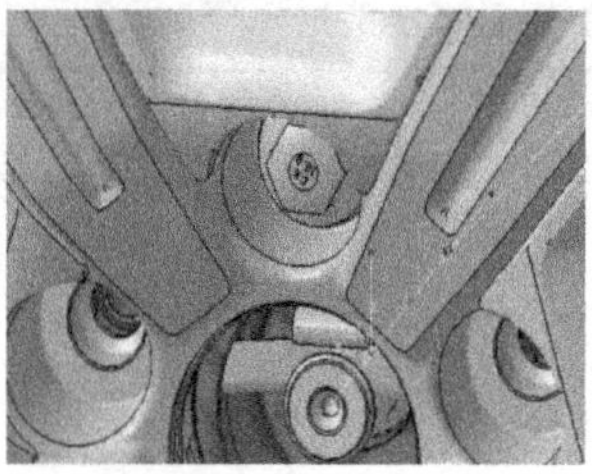	连接车轮和轮毂轴承，传递驱动轴和车轮之间的力，使车轮可跟随驱动轴转动
安全带系统 固定点连接	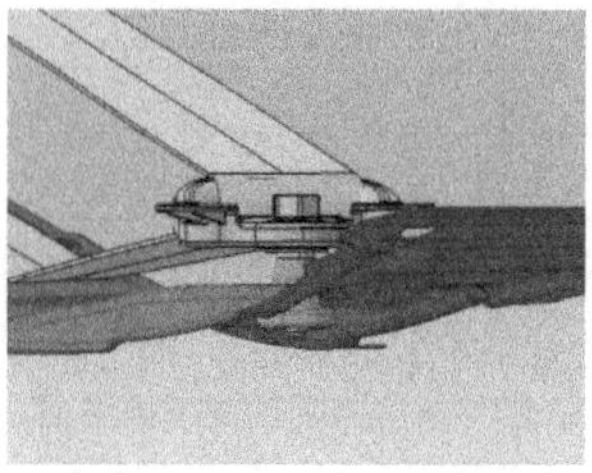	连接车体与安全带固定装置，承受来自安全带的切向作用力及力矩
动力总成系统 发动机连杆连接	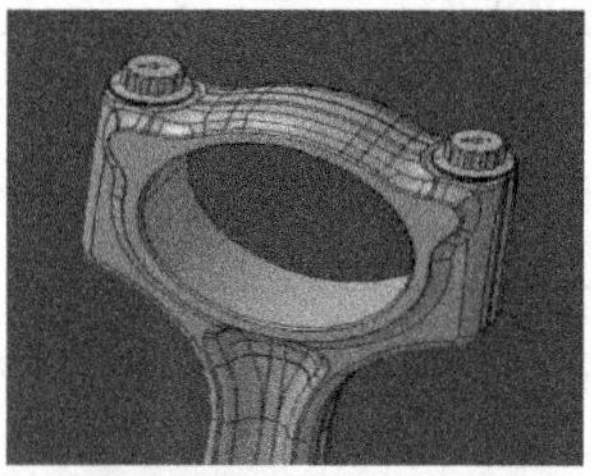	连接连杆大头与杆身，使其与曲轴稳定配合，把曲轴转动的能量传递到配气机构
底盘系统 后摇篮连接	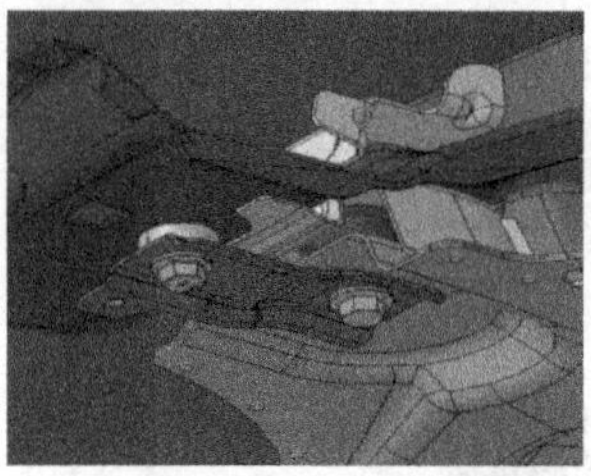	连接车身与后摇篮，减少底盘振动和噪声对车身的影响
排气系统 排气管连接	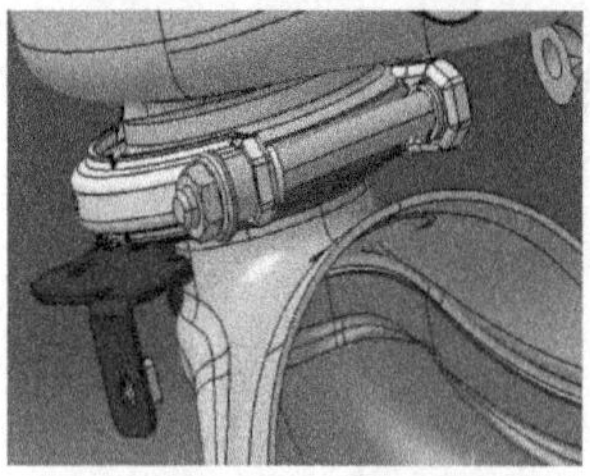	连接排气歧管和三元催化器，起到密封、减振降噪、方便安装和延长排气消声系统寿命的作用
车身系统 座椅连接		连接车体与座椅滑轨，避免在外力作用下，座椅与滑轨之间产生相对转动或松动

9.1.4 连接可靠性验证的基本流程

除根据过往项目经验数据库直接选用连接接头,或者根据标准力矩直接定义的连接部位外,一个完整的连接接头开发流程应涵盖以下工作:

1) 计算连接处最大载荷时的工作应力。
2) 计算连接部位所承受的外力。
3) 计算连接部位等效的截面和体积,包括螺栓的强度截面,被装配件的压缩体积截面、弯曲刚度体积截面等。
4) 计算连接部位的压缩刚度和螺栓的拉伸刚度及弯曲刚度。
5) 载荷因子的计算。
6) 装配中动态和静态的应力计算,包括装配中的力、弯矩、热载荷引起的应力、疲劳应力等。
7) 功能性预紧力的计算。
8) 允许的最小预紧力计算、允许的最大预紧力计算。
9) 标准件选型:合理选择标准件规格、质量等级、估算等效直径和螺距,优先选择标准件,只有在特殊的情况下才选择非标准紧固件。
10) 计算螺栓或螺母头下最大应力。
11) 计算贴合面处的应力。
12) 计算最小旋合长度。
13) 计算预载荷的平均值和允许偏差。
14) 拧紧空间校核:校核连接场合是否满足标准件的装配性。
15) 拧紧力矩计算:根据预紧力、紧固件规格、螺纹副连接状态等参数计算拧紧力矩,分析摩擦系数、强度、拧紧精度、拧紧等级、连接刚度等相关因素与力矩的匹配性。
16) 试验验证:一方面通过实验室试验测定的相关参数来验证拧紧力矩的设定合理性,另一方面通过室外的道路试验、耐久试验验证力矩的合格性及可靠性。
17) 拧紧策略选择:根据连接场合、产量及成本、拧紧力矩、拧紧等级、拧紧精度,选择对应的拧紧方法、拧紧工具、拧紧方式。
18) 对各设计部门提供的力矩清单中的紧固件进行分析,分析结果合格后汇编成整车拧紧清单,与各设计部门及制造部门会签审核通过后,再发布给制造部门作为总装重要工艺指标文件指导生产。
19) 制造部门根据整车力矩清单里的拧紧等级、拧紧精度、力矩值等参数,合理选择拧紧工具、拧紧方法、装配工艺及质量检测方法。

在以上接头开发流程中,只有 16)、17)、19) 等几个部分需要进行连接可靠性验证。这些验证有时无法遵循严格的先后顺序,根据不同的整车开发流程和节点,很有可能是一个交叉的过程。但是对于关键的接头,为确保其连接可靠性,这些开发流程都是必不可少的。整车连接可靠性验证涉及的基本流程如图 9-1 所示。

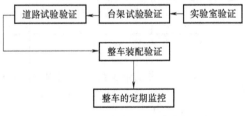

图 9-1 连接可靠性验证的基本流程

1. 实验室连接可靠性验证的基本过程

在实验室进行连接可靠性验证的主要目标是确保连接系统的符合性,这包含了与连接相关的一系列试验。然后根据这些试验结果,对接头的情况做出相应的评价结论。开展这些试验可能是因为全新的车型项目,也可能是连接件或者被连接件发生变更,或者是拧紧工艺发生变更,或者是异常分析,但不管是出于什么目的,都应该遵循基本的验证过程。实验室连接可靠性验证的基本过程见表 9-6。

表 9-6 实验室连接可靠性验证的基本过程

验证项目	适用的工艺	测试数量	测试设备	结果评价
尺寸符合性	力矩法 力矩角度法(弹性范围) 力矩角度法(塑性范围)	5	通止规	几何尺寸:符合性 公差等级:符合性
螺栓质量等级	力矩法 力矩角度法(弹性范围)	5	拉力机	抗拉强度:符合性 屈服强度:符合性 最大断裂力:符合性 延伸率:符合性 垫圈压平力(N):符合性
螺栓摩擦系数	力矩法 力矩角度法 (弹性范围) 力矩角度法 (塑性范围)	5	拧紧试验台	总摩擦系数:核实符合性 屈服夹紧力:作为参考信息 屈服力矩:作为参考信息 (A2-Ae)°的最小值(仅适用于力矩角度类型的拧紧工艺)
塑性范围内拧紧性能	力矩角度法 (塑性范围)	5	拧紧试验台	$F1(N)$:符合性 $C1(N·m)$:符合性 $F2(N)$:符合性 $A3-A1(°)$:符合性 总摩擦系数:符合性 屈服夹紧力:参考 $A1-Ae(°)$:最大值 $A2-Ae(°)$:最小值 C最大值$(N·m)$:核实符合性
螺母/内螺纹质量等级	力矩法 力矩角度法 (弹性范围) 力矩角度法 (塑性范围)	5	拉力机	保载性能:符合性
螺母自锁性能	力矩法 力矩角度法 (弹性范围) 力矩角度法 (塑性范围)	5	拧紧试验台	第1次拧紧时的自锁力矩(N·m):符合性 第1次松脱时的自锁力矩(N·m):符合性 第5次松脱时的自锁力矩(N·m):符合性 摩擦系数平均值:符合性
螺母的摩擦系数	力矩法 力矩角度法(弹性范围) 力矩角度法(塑性范围)	5	拧紧试验台	总摩擦系数:符合性 屈服夹紧力:参考 屈服力矩:参考 $A2-Ae(°)$:最小值
拧断实验	力矩法 力矩角度法(弹性范围) 力矩角度法(塑性范围)	3	高速拧紧设备	转速:参考 贴合力矩(N·m):记录 屈服力矩(N·m):记录达到弹性极限时的力矩 极限力矩(N·m):记录达到力学极限时的力矩 曲线图:记录
压缩测试	力矩法 力矩角度法(弹性范围) 力矩角度法(塑性范围)	3	压缩设备	不同部件贴合力最大值:记录 塑性变形开始的最小力值:记录 确定最先变形的零件:记录 曲线图:记录
合件摩擦系数测试	力矩法	5	高速拧紧设备+ 超声波/应力计	每次试验的力矩$C(N·m)$:记录 每次试验的夹紧力$F(N)$:记录 每次试验的合件摩擦系数实测值:记录 合件摩擦系数考虑值:记录

(续)

验证项目	适用的工艺	测试数量	测试设备	结果评价
合件刚度系数测试	力矩角度法(弹性范围) 力矩角度法(塑性范围)	5	高速拧紧设备+ 超声波/应力计	合件刚度系数最小值:记录 合件刚度系数最大值:记录
滑移摩擦系数	力矩法 力矩角度法(弹性范围) 力矩角度法(塑性范围)	3	压缩设备 力传感器+ 位移传感器	夹紧力:记录 滑移初始时的力:记录 滑移摩擦系数(=滑移力F/夹紧力F):记录 滑移摩擦系数最小值:记录
综合评价	力矩法 力矩角度法(弹性范围) 力矩角度法(塑性范围)			螺栓/螺母符合性结论 合件摩擦系数要求范围 刚度系数 功能性预紧力范围符合性 装配安全性评价 拧紧工艺 拧紧工艺的调整建议

2. 台架试验连接可靠性验证的基本过程

台架试验通常是对总成零件的系统性考核,每一个总成零件,按照对应的产品技术规范,都有相应的考核要求。紧固件只作为总成的一部分,一般不针对紧固件做专门考核,但对总成的功能性考核又与连接可靠性紧密相关,这就要求紧固件工程师和产品工程师一起,制定台架试验中连接可靠性的验证和评价规范,以指导台架试验工程师在台架试验过程中对连接可靠性进行规范性评价。台架试验中连接可靠性验证的基本过程见表9-7。

表9-7 台架试验中连接可靠性验证的基本过程

验证项目	适用的台架	测试部位	测试设备	结果评价
连接点的紧固件明细表准备	适用于所有台架			紧固件明细表:记录 零件符合性:报告
接口零件及表面状态的确认	适用于所有台架	依据需求	依据需求	被装配件明细表:记录 零件符合性:报告 测试结果:记录
装配工艺确认及记录	适用于所有台架	依据需求	依据需求	力矩法:记录结果力矩及角度、监控角度 力矩角度法:记录结果力矩,监控力矩 装配曲线、参数记录表 记录色标的照片
夹紧力监控	转向机振动耐久 固定点疲劳耐久 发动机耐久台架 底盘耐久台架	依据需求	依据需求, 超声、压力传 感器、应力片	功能性夹紧力:记录 满足最低需求,衰减量符合技术要求
噪声监控	变速器台架耐久 发动机振动耐久 四门两盖开闭耐久	依据需求	依据需求	依据产品标准 噪声评分表 噪声识别卡
振动监控	变速器台架耐久 发动机振动耐久 四通道实验	依据需求	依据需求	依据产品标准 记录振动曲线
密封性监控	发动机低转速耐久 发动机热冲击耐久 发动机满负荷耐久 发动机振动耐久 发动机超速耐久 发动机一般耐久 发动机STT试验 发动机最大功率试验 发动机拉缸试验 排气歧管热冲击试验	依据需求	依据需求	依据产品标准 密封缺陷识别卡

(续)

验证项目	适用的台架	测试部位	测试设备	结果评价
断裂、脱落、滑移、松动监控	适用于所有台架	依据需求	目视	依据产品标准,不允许
残余力矩	适用于所有台架	依据需求	扭力扳手	依据定义的标准

3. 整车道路试验连接可靠性验证的基本过程

整车道路试验是对整车综合性能的考核,涉及整车综合性能评价的各个方面。这些评价一般都由整车试验工程师按照整车试验标准依次进行,不会单独关注紧固件的连接问题,往往是连接点出现失效或者带来其他功能性缺陷,问题才会暴露出来。因此,在全新车型开发过程中,如果是全新的连接点,就需要去做系统性的验证。这就要求紧固件工程师和产品工程师一起,制定整车道路试验中连接可靠性的验证和评价规范,以指导整车试验工程师在试验过程中对连接可靠性进行规范性评价。整车道路试验过程中连接可靠性验证的基本过程见表9-8。

表9-8 整车道路试验中连接可靠性验证的基本过程

验证项目	适用的道路试验	测试部位	测试设备	结果评价
连接点的紧固件明细表准备	适用于各种道路试验			紧固件明细表:记录 零件符合性:报告
接口零件及表面状态确认	适用于各种道路试验	依据需求	依据需求	被装配件明细表:记录 零件符合性:报告 测试结果:记录
装配工艺确认及记录	适用于各种道路试验	依据需求	依据需求	力矩法:记录结果力矩及角度、监控角度 力矩角度法:记录结果力矩、监控力矩 装配曲线、参数记录表 记录色标的照片
连接部位的断裂、裂纹	适用于各种道路试验	依据需求	目视、着色探伤	断裂、裂纹:不允许
连接部位的分离、脱落	适用于各种道路试验	依据需求	目视	分离、脱落:不允许
连接部位的滑移	适用于各种道路试验	依据需求	目视	色标:滑移痕迹
连接部位的噪声	适用于整车NVH试验	依据需求	电子听诊器	依据产品标准 噪声评分表 噪声识别卡
连接部位的异常振动	适用于整车NVH试验	依据需求	振动传感器	依据产品标准 记录振动曲线
连接部位的密封	适用于整车环境适应性试验、整车密封性试验	依据需求	依据需求	依据产品标准 密封缺陷识别卡
连接部位的腐蚀	适用于整车道路强化腐蚀试验、整车环境适应性试验	依据需求	目视	依据产品标准 产品耐蚀性控制标准
连接部位功能性夹紧力的衰减	适用于道路耐久试验	依据需求	超声、压力传感器、应力片	功能性夹紧力:记录 满足最低需求
连接部位残余力矩	适用于各种道路试验	依据需求	扭力扳手,依据需求	依据定义的标准

4. 整车装配连接可靠性验证的基本过程

整车装配过程中，可靠性验证相对台架试验和道路试验过程要简单得多，最重要的是各种参数的监测和控制。有些是间接控制连接可靠性，如对装配工艺的严格执行、装配工艺的调整规范性、对工具的校准等。有些是直接对连接夹紧力进行监控，但是这种方式并不能做到日常开展，只能按照监控计划定期开展。这就要求紧固件工程师和装配工艺工程师一起，制定完善的拧紧清单和装配工艺规范，编制详细的夹紧力监控计划，及时对异常拧紧问题进行分析，以指导装配车间对连接可靠性进行规范性评价。整车装配过程中连接可靠性验证的基本过程见表9-9。

表9-9 整车装配过程中连接可靠性验证的基本过程

验证项目	适用的整车装配	测试部位	测试设备	结果评价
连接点的紧固件明细表准备	适用于预批量阶段的整车装配	依据需求		紧固件明细表：记录 零件符合性：报告
接口零件及表面状态的确认	适用于预批量阶段的整车装配	依据需求	依据需求	被装配件明细表：记录 零件符合性：报告 测试结果：记录
场地、工具的校检	适用于各阶段整车装配	依据需求	依据需求	校检记录表 依据规范评价
整车拧紧清单、装配工艺确认	适用于预批量阶段的整车装配	依据需求	依据需求	拧紧清单 装配工艺卡
结果力矩监控	适用于各阶段整车装配	依据需求	依据需求	适用于力矩转角法拧紧装配 结果力矩记录表 结果评价
角度监控	适用于各阶段整车装配	依据需求	依据需求	适用于力矩法装配 角度范围监控数据 结果评价
功能夹紧力监控	适用于各阶段整车装配	依据需求	依据需求	对关键部位定期监控 功能性夹紧力：记录 满足最低需求
连接部位复检力矩	适用于各阶段整车装配	依据需求	扭力扳手，依据需求	复检力矩记录 依据定义的标准评价

9.2 台架试验可靠性验证及评价

9.2.1 台架试验分类

台架试验是整车开发试验中必不可少的一环，在整车未试制完成之前，开发人员可以依靠台架试验进行设计验证，这样可以尽早地发现和解决问题，优化和锁定设计。相对于整车耐久试验，台架试验所需要的时间相对较少，又由于是在实验室中进行，某些依靠传感器获得的参数也更精确。如果只依靠整车耐久试验来验证连接点，发现问题后，设计改动成本往往巨大，且周期较长。因此，将连接点考核放入台架试验中，从时间、成本、风险等多个维度评估，都很有必要。

台架试验通常按照总成的功能验证要求进行分类。例如，动力总成系统的台架试验，按照不同的验证需求，可以分为发动机低速耐久试验、发动机热冲击耐久试验、发动机满负荷耐久试验、发动机振动耐久试验、发动机超速耐久试验、变速器台架耐久试验等。

底盘零件按照总成零件的不同可分为驻车制动操纵机构耐久性试验、驻车制动器总成的台架试验、制动卡钳总成的台架试验、制动储液总成的振动耐久台架试验、真空助力总成振动耐久台架试验、踏板机构的疲劳耐久试验、减振器总成耐久台架试验、转向机总成的振动耐久试验、离合器总成的分离耐久试验,以及副车架、拖曳臂、转向拉杆等总成的耐久性试验等。

白车身零件除整个车身的弯曲刚度、扭转刚度等试验,还涉及四门两盖的开闭耐久等试验。

这些试验均是为考核总成零件的功能特性而设计,并没有单独针对紧固件进行试验设计,但是总成功能的实现,少不了紧固件的参与,因此连接可靠性往往是决定这些功能可否良好实现的关键。

如何通过这些台架试验去考核和验证连接的可靠性,是每个紧固件工程师需要考虑的问题,这需要提前进行验证方案的设计,让连接可靠性的验证更好地搭载到总成产品的台架试验中去。

本节将重点介绍四立柱和副车架带控制臂的台架试验,并简要介绍其他五个常见的重要台架试验。

9.2.2 四立柱试验

1. 试验样车和零件准备

一般对在研发过程中的新车型进行整车四立柱试验之前,需要先进行试车场道路载荷谱采集工作,因此需要一台样车用于采集道路载荷谱。一般情况下,采集样车和试验样车为同一台车,试验样车应保证车身、底盘、车身附件等安装符合装车技术要求。在产品开发早期,对于无法安排采集样车的情况,可借用同平台、同类型、车型参数类似的其他车辆采集载荷谱。对于具体情况,可由试验工程师、设计工程师、项目工程师协商确定。

2. 测试方法

(1) 数据采集

根据道路模拟试验的目的,确定采集通道和采集路面,具体传感器的布置、采集参数的设置、采集数据的记录按各主机厂规范执行。采集行驶要求应按照整车可靠性道路试验规范进行,道路载荷谱采集测点安排见表9-10。

表9-10 道路载荷谱采集测点安排

通道	测点名称	数量	备注
1	车轮加速度	4	响应信号(目标信号)
2	弹簧应变	4	响应信号(可选)
3	车身加速度	4	参考信号(可选)
4	车身热点应变	若干	参考信号(可选)
5	底盘热点应变	若干	参考信号(可选)

注:车身及底盘热点应变根据垂向工况敏感的高应力区设置测点数量。

(2) 数据编辑处理

1) 根据道路模拟试验的目的,依照标准完成道路载荷谱的编辑处理,得到四立柱试验需要的目标信号。

2) 数据编辑处理原则:根据试验目的去除小幅值信号,实现加速,如果评价整车耐久性,应保留所有关注点有损伤的信号;如果评价局部耐久性,只需保留局部有损伤的信号。编辑前后所关注通道的相对损伤保留度不低于90%,必要时需要按路面种类分别处理。

数据滤波范围是0.6~50Hz,重采样频率为204.8Hz。

(3) 迭代准备

1) 把水灌入油箱,水的重量等于满油箱的重量,同时也把其他液体容器装上等重液体。

2) 保证测试的车轮载荷符合整车道路试验规范的要求并记录。

3) 检查轮胎气压。

4) 将样车放置在试验台架上。

5) 检查加速度传感器和应变片的运行是否正常。

6) 将加速度传感器和应变片通过数据采集系统模拟输入和模拟输出,连接到四立柱模拟机控制器模拟输入上。

7) 固定好轮胎约束装置。

8) 数据采集系统参数设置应与道路载荷谱采集时设置相同。

9) 数据采集系统初始化并运行,获得数据采集系统模拟输出通道各传感器的测量值与电压之间的关系。

10) 试验系统 PID 调节。

(4) 站台设置

根据试验车型代码定义好站台名称,设定好该站台四个通道的传感器、分油器和伺服阀的配置参数。

(5) 控制器软件模拟输入通道设置

对照载荷谱采集通道名称定义和添加模拟输入通道,再依据数据采集系统中获得的测量值与电压之间的当量关系设定模拟输入通道标定系数。

(6) RPC 软件控制通道及响应通道设置

具体的通道设置方法见表 9-11。

表 9-11 控制通道及响应通道设置

通道	测点名称	数量	备注
1	液压作动器位移	4	控制信号
2	车轮垂向加速度	4	响应信号
3	弹簧应变	4	响应信号
4	其他位置测点	若干	参考信号(可选)

注:其他位置测点数量根据车身、底盘热点应变区域设置。

(7) 扭曲路道路模拟处理方法

扭曲路面的道路模拟不采用迭代的方法来再现,而是直接向电伺服作动缸输入,使车辆产生扭转变形的位移信号。然后根据对扭转工况敏感的测点响应信号逐步试凑,不断修正输入信号,使响应信号与路面采集的目标信号幅值一致,相位和频率基本相同,从而实现车辆扭曲路面的模拟。

(8) 试验运行

根据迭代对应的道路试验规范里程,计算台架试验驱动程序循环次数,然后在试验软件对应模块中设置试验参数,开展试验。

(9) 试验监控

1) 试验运行过程中,打开减振器冷却装置,将减振器工作温度控制在80℃以内。

2) 试验过程中,样车各连接点检查记录工作应保证每3h至少一次,考核记录见表9-12,残余力矩除外。

3) 检查过程中,试验设备应处于停止状态。

4) 试验过程中,更换损坏的样件或陪试件,原则上应将样车放在专业的举升装置上,不允许在试验设备上直接操作。

5) 试验过程中,如果发生螺栓松动,应立即检查设计,复拧螺栓或更改拧紧参数。

6) 试验过程中,如果采用螺栓夹紧力监控,应根据试验进程分四个阶段记录夹紧力,建议进行夹紧力监控的试验进程为25%、50%、75%、100%。

3. 试验结束后的处理方法和重点考核项目

1) 将样车从试验设备上移走。

2) 检查、确认并记录所列零部件的最终状态与故障情况。

3) 检查、确认并记录所有连接点色标、滑移痕迹和残余力矩,具体的连接点检查记录见表9-12。

表 9-12 四立柱试验连接点考核记录表

连接点名称	考核程度	残余力矩	色标	滑移痕迹
车身部分				
1. 减振塔到抗扭转梁	A			
2. 车身其他结构螺栓点	B			
前悬架系统				
1. 减振器到车身	A			
2. 稳定杆到连杆	A			
3. 稳定杆连杆到转向节	A			
4. 稳定杆到副车架	A			
5. 减振器到控制臂	A			
前副车架系统				
1. 前副车架到车身	B			
2. 控制臂到副车架	B			
3. 球销连接点	B			
后悬架系统				
1. 减振器到车身	A			
2. 稳定杆到连杆	A			
3. 稳定杆到副车架	A			
4. 稳定杆连杆到转向节	A			
5. 减振器到转向节	A			
后副车架系统				
1. 副车架到车身	B			
2. 控制臂/摆臂到副车架	B			
3. 控制臂/摆臂到转向节	B			
转向系统				
1. 转向横拉杆到转向节	B			
2. 转向机到副车架	B			
3. 转向管柱到车身	B			
车身附件				
1. 门铰链固定点	A			
2. 锁扣固定点	A			
3. 内外饰板固定点	A			

注：A 代表充分验证；B 代表部分验证。

9.2.3 副车架带控制臂试验

1. 测试设备要求和试验零件准备

试验台应为伺服液压机构，并具备记录位移、载荷和频率的功能。试验台架应有足够的刚性。试验过程需满足以下条件：

1）除非另有规定，试验应在常温常压下进行。

2）试验件应固定在刚度足够大的装置上，等效实际装车状态。

3）副车架焊接带控制臂总成，用螺栓水平固定在刚体上，控制臂橡胶衬套用原装的橡胶衬套或尼龙衬套代替。

4）试验的连接螺栓应该使用跟实车同样的螺栓或等效的螺栓，拧紧参数满足实际装车的拧紧参数技术要求。

5）对受应力大的部位涂白，便于在试验过程中及时发现车架和控制臂的开裂裂纹。

2．测试方法

（1）计算试验载荷

试验载荷计算方法如图9-2所示，以下计算值可以作为车架等幅加载力的大小。

前进制动时计算载荷如下（推荐 $A=0.8g$）：

$F_{z1}=F_{z2}=W_f/2$ 　　　　　$R_{z1}=R_{z2}=W_r/2$

$F_{z1}=F_{z2}=W_f/2+AWH/(2L)$ 　　$R_{z1}=R_{z2}=W_r/2-AWH/(2L)$

$F_{x1}=F_{x2}=A[W_f/2+AWH/(2L)]$ 　$R_{x1}=R_{x2}=A[W_r/2-AWH/(2L)]$

向左边紧急转向时计算载荷如下（推荐取 $A=0.6g$）：

$F_{z1}=W_f/2-AWbH/(T_f L)$ 　　$R_{z1}=W_r/2-AWaH/(T_r L)$

$F_{z2}=W_f/2+AWbH/(T_f L)$ 　　$R_{z2}=W_r/2+AWaH/(T_r L)$

$F_{y1}=A[W_f/2-AWbH/(T_f L)]$ 　$R_{y1}=A[W_r/2-AWaH/(T_r L)]$

$F_{y2}=A[W_f/2+AWbH/(T_f L)]$ 　$R_{y2}=A[W_r/2+AWaH/(T_r L)]$

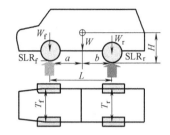

图9-2　试验载荷示意

式中，W_f 为前轴满载重量（N）；W_r 为后轴满载重量（N）；W 为整车满载重量（N）；H 为重心高度（mm）；L 为轴距（mm）；T_f 为前轮距（mm）；T_r 为后轮距（mm）；a 为重心到前轴距离（mm）；b 为重心到后轴距离（mm）；A 为制动和转向加速度（g）；F_{z1} 为左前轮负载；F_{z2} 为右前轮负载；R_{z1} 为左后轮负载；R_{z2} 为右后轮负载；F_{x1} 为左前轮制动时 X 向载荷；F_{x2} 为右前轮制动时 X 向载荷；R_{x1} 为左后轮制动时 X 向载荷；R_{x2} 为右后轮制动时 X 向载荷；F_{y1} 为左前轮制动时 Y 向载荷；F_{y2} 为右前轮制动时 Y 向载荷；R_{y1} 为左后轮制动时 Y 向载荷；R_{y2} 为右后轮制动时 Y 向载荷。

紧急转向时，相对汽车静止车架受的载荷，内侧轮受的载荷减小，外侧轮受的载荷增大。

（2）试验要求

1）X 和 Y 方向加载作用点为左右下控制臂球销头中心上。

2）X 向、Y 向和转向机支架三种加载方式分开依次进行试验。

3）等幅加载左右载荷同步、同频、同值。

4）试件数不少于3件。

5）带控制臂和推力杆的框式副车架，必须三种加载方式都进行试验，每种工况寿命不低于 3.0×10^5 次/件。

6）麦弗逊式副车架带控制臂总成必须进行 X 向等幅加载，截止试验次数为 5.0×10^5 次/件，疲劳寿命最小次数不得小于 3.0×10^5 次/件，平均寿命不低于 4.0×10^5 次/件。

（3）等幅加载试验步骤

副车架安装同实车安装状态，以图9-3所示副车架为例。

1）对A、B、C、D四点螺栓固定（副车架与车身连接安装孔）。台架上的副车架和下控制臂等零部件自由状态为设计状态。

2）将下控制臂与推力杆（或等效夹具）和副车架连接处橡胶衬套去掉，以尼龙套代替安装（橡胶衬套是否用尼龙衬套替代，根据具体情况由设计工程师和试验工程师商定）。

3）载荷施加点为两侧下控制臂球头销中心安装点（E、G两点）和转向机支架处，分

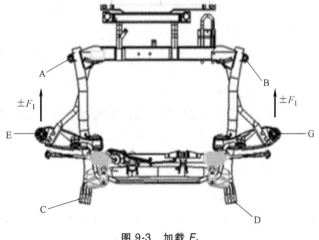

图9-3　加载 F_1

三种情况进行试验。加载力的方式如下：在两侧下控制臂球头位置各向后施加载荷为$\pm F_1$，F_1为整车在$0.8g$加速度制动条件下，球头销中心点处X方向的受力，整车方向向后为X正方向，如图9-3所示。

F_1为计算载荷的绝对值：

$$F_1 = |A[W_f/2+AWH/(2L)]|$$

试验加载频率f为$2\sim5\mathrm{Hz}$。

在两侧下摆臂球头位置（E、G）各向右施加上限载荷为$\pm F_2$，F_2为模拟转向时整车受$0.6g$侧向加速度时，球头销中心处Y向所受的力，向右为正方向，如图9-4所示。

F_2为计算载荷的绝对值：

$$F_2 = |A[W_f/2+AWbH/(T_fL)]|$$

试验加载频率f为$2\sim5\mathrm{Hz}$。

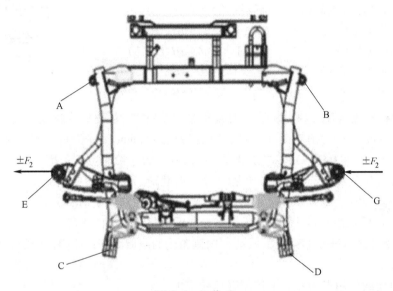

图9-4 加载F_2

转向机等效刚体用螺栓固定在左右转向机支架上，F_3为模拟转向时转向机支架处Y向所受的力，计算公式如下：

$$M = \frac{\mu}{3}\sqrt{\frac{W_f^3}{p}} \times 10^{-3}$$

$$F_3 = |M/(L_1\cos^2\theta \times \eta_T)|$$

式中，M为原地转向最大阻力距（$\mathrm{N \cdot m}$）；F_3为转向力（N）；W_f为前轴轴荷（N）；p为轮胎气压（MPa）；μ为摩擦系数（推荐取0.7）；L_1为拉杆到主销的力臂长度（mm）；θ为主销内倾角（°）；η_T为梯形机构正效率（一般为0.9左右）。

试验载荷为$\pm F_3$，F_3为试验上限载荷的绝对值，向右为正方向，如图9-5所示。

试验加载频率f为$2\sim5\mathrm{Hz}$。

3. 试验后处理

1）检查确认并记录所列零部件的最终状态与故障情况。

2）检查确认并记录所有连接点色标、滑移痕迹和残余力矩。

9.2.4 其他台架试验简介

1. 底盘台架试验

底盘台架试验是将底盘件组装完成，在台架上验证的一种方式，分为前悬架和后悬架。试验零件总成包括副车架、转向节、控制臂、稳定杆、稳定杆连杆、减振器等底盘关键零件。该试验通过轮心输入

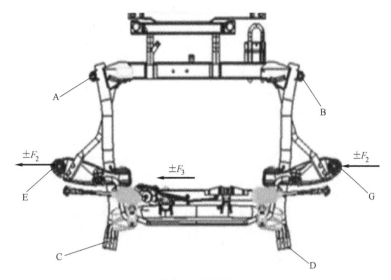

图 9-5 加载 F_3

载荷，模拟整车运行中底盘受力的工况。底盘台架试验对控制臂到转向节、控制臂到副车架、稳定杆到副车架、稳定杆到转向节等连接点具有充分的验证作用，可以验证底盘各连接点的螺栓选型、力矩设计、夹紧力设计、紧固件结构设计是否满足整车要求。

2. 四门两盖试验

四门两盖试验是将整车白车身与前门、后门、发动机舱盖、行李舱盖按设计要求安装，在实验室内模拟关闭的一种方式。试验零件总成包括前门、后门、发动机舱盖、行李舱盖、白车身、门把手、门铰链、锁体、尾门支撑杆、门内饰板等零件，通过使用机械手模拟用户未来的使用场景，反复关闭至一定次数。此试验对门铰链到车身、门铰链到门、锁体到门、锁扣到车身、支撑杆到车身、支撑杆到尾门、把手到车门等连接点具有充分的验证作用。

3. 环境老化试验

环境老化试验包括温度和湿度交变，该试验虽然没有载荷输入，零部件也不用承受外载荷，连接点也不会发生滑移、异响等失效，但是对夹紧力在老化过程中的衰减验证非常清晰。一般在试验前，工厂安装后测得所需验证的连接点静态力矩，试验后复测连接点的残余力矩，通过监测衰减值，判断连接点的设计是否满足预期。例如，应该是硬连接的连接点，由于设计失误变成了软连接，通过此试验就可以快速、精确地识别出来。

4. 动力总成台架试验

动力总成台架试验是动力总成开发过程中最重要的试验，对动力总成内部连接点有充分的验证作用。试验零件包括连杆螺栓、缸盖螺栓等。该试验除验证连接点的紧固件选型、安装力矩设置等外，关键还可以验证螺栓的疲劳寿命。整车紧固件应用环境中，往往只有动力总成内部的螺栓受偏心大载荷的往复冲击，所以依靠该台架试验做紧固件疲劳寿命的验证，非常有必要。

5. 电子电器零件台架振动试验

电子电器零件按国家标准要求，均应进行振动试验。该试验的主要目的是验证电子电器零件在振动后的功能是否满足预期设计目标，如果将连接点验证搭载到该试验上，也可以取得可靠度较高的验证结果。但如果希望搭载该试验验证连接点，需要主要连接点的对手件和整车应用环境保持一致。

6. 台架试验后连接可靠性的综合评价

台架试验过程中和台架试验后，连接点均不允许出现异响、滑移痕迹、色标错位现象。上述三种现象一旦出现某一项或同时出现，则可判断为该连接点失效，需要检查设计或零件质量。

夹紧力的衰减在试验过程中难以避免，一般在试验前期有快速少量衰减，之后趋于稳定。残余夹紧力若是大于理论计算的最小夹紧力，一般则判断该连接点满足设计要求。若残余夹紧力低于理论计算的最小夹紧力，则要结合连接点是否出现异响、滑移痕迹、色标错位来判断该连接点是否真正失效。某些特殊连接点存在夹紧力大幅衰减但仍然符合应用的状况，此类一般是抗剪切过盈配合连接点或者设计余量较大的连接点。

残余力矩的衰减在试验过程中也难以避免，这是因为残余夹紧力存在衰减。但是在实际经验中，会发现残余力矩比动态安装力矩还大的现象，如前文介绍，残余力矩受测试工具和方法的影响，很有可能获得的残余力矩是静摩擦力矩，而静摩擦系数本身就比动摩擦系数大。如果该连接点夹紧力衰减很小，测出的残余力矩很有可能大于安装力矩。还有一种可能原因是摩擦面之间的摩擦介质随外界环境变化发生了改变，如腐蚀等，此类现象也会导致残余力矩大于安装力矩。如果在台架试验后，残余力矩比安装力矩小甚至小很多，也要结合异响、滑移痕迹、色标松动、夹紧力来判断该连接点是否真正失效。对于此类残余力矩衰减较大但又满足应用的连接点，虽然最后未出现失效现象，但是工程人员应检查设计和试验零件，确认力矩衰减的根本原因，评判有无潜在的风险。残余力矩相对于安装力矩的衰减比例由于连接结构设计和控制目标的不同，导致各主机厂可接受的衰减比例不同，所以残余力矩衰减量评价没有统一标准。各主机厂可根据连接接头的实际情况，制定控制标准。

9.3 整车装配紧固件可靠性验证及评价

紧固件装配是指采用拧紧工具，通过旋转螺栓或螺母，将两个或多个被连接零部件拧紧。拧紧的目的是获取满足设计要求的夹紧力，只要拧紧过程产生的夹紧力足够，就能保证整个螺纹连接副在规定的设计年限内安全地在各种工况下服役。紧固件的装配可靠性是通过测量装配完成后产生的夹紧力来进行评价的。

紧固件的装配方法主要有力矩法、力矩转角法、屈服点的斜率控制法、夹紧力控制法。由于斜率控制法和夹紧力控制法对拧紧设备和装配工艺要求都非常高，汽车行业最常用的装配方法是力矩法和力矩转角法。力矩法的装配夹紧力主要受摩擦系数影响，力矩转角法的装配夹紧力主要受转动角度影响。

大部分汽车厂由于制造工艺及拧紧设备因素影响，装配夹紧力不方便在生产过程中进行批量测量，可以根据连接位置的重要程度以及装配方法，采用定期测量及转换测量，常用转换测量为力矩监测和角度监测。推荐的连接位置分类及监测要求见表 9-13。

表 9-13 装配可靠性监测要求

序号	连接类型	装配方法	装配夹紧力	动态力矩	静态力矩	拧紧角度
1	关键类	力矩法	定期监测	监测	监测	监测
		力矩转角法	定期监测	监测	不监测	监测
2	重要类	力矩法	不监测	监测	监测	监测
		力矩转角法	不监测	监测	不监测	监测
3	一般类	力矩法	不监测	监测	监测	不监测

注：1. 试制阶段每轮测量 1 次，单点位测量 10 组数据以上；批量阶段每季度测量 1 次，单点位测量 5 组数据以上。
2. 关键类：影响汽车主、被动安全的连接位置，螺栓失效后会影响车辆及人员安全。
3. 重要类：影响零部件的功能的连接位置，螺栓失效后导致零部件某些功能丧失。
4. 一般类：影响客户感观感知的连接位置，螺栓失效后影响用户的视觉听觉等。

9.3.1 整车装配可靠性验证条件

紧固件装配可靠性实际是装配夹紧力一致性的体现，装配夹紧力一致性是由接头零部件质量、紧固件质量和装配质量共同决定的，因此紧固件装配可靠性验证需满足以下条件：

1）装配可靠性验证使用的零部件及紧固件所有尺寸和性能要求必须满足设计要求，装配之前需对所有零部件及紧固件进行检测。

2）气动和电动拧紧设备的精度、转速、拧紧步骤等必须达到工艺设计要求，电动拧紧机的机器能

力指数 C_m、C_{mk} 必须达到 1.67 以上，过程能力指数 $C_{pk} \geq 1.33$。

3）装配工人及检测人员需经过岗位认证。

4）力矩检查采用"紧固法"，拧紧螺栓（螺母）的角度尽量小，最大不超过 10°。

5）数据分析采用统计学方法，单次力矩采集数据不低于 100 组，单次夹紧力采集数据不低于 10 组。

9.3.2　整车装配夹紧力测试及评价

目前，大部分汽车厂装配拧紧设备与接头试验拧紧设备可能会存在差异，设备的精度、转速、拧紧步骤等可能不同。另外，不同厂家零部件或紧固件，尺寸精度、摩擦系数控制范围也可能有一定区别。特别是采用力矩法装配的拧紧工艺，会造成实际装配夹紧力的离散度和接头试验夹紧力离散度存在差异。对于夹紧力要求较高的连接位置，需要对装配夹紧力进行测试，从而确保整个连接副的可靠性。

汽车行业里面，最常用的是采用超声波设备测量装配夹紧力，其原理和接头试验一致。区别在于：接头试验是采用特定的拧紧设备，而实际装配时汽车厂会根据项目投入、工位布置等情况选择对应的拧紧设备。

1. 整车装配夹紧力测试

整车装配后夹紧力的监控通常在两个阶段来实施：一是新车型项目预批量阶段，该阶段的测试主要目的是验证整车装配后，接头的夹紧力是否符合理论最小夹紧力的要求，便于固化最终的拧紧工艺清单；二是已经开始批量装车之后，质量部门对拧紧可靠性进行的定期夹紧力监控。

其他需要进行夹紧力测量的情况，如场地变更、工艺变更和产品变更导致的整车装配后的测量需求，需根据各种产品的要求来制定。

无论是那一阶段进行的整车装配夹紧力测试，其基本流程涵盖以下过程：

1）待测量螺栓拧紧清单的准备。拧紧清单应包含表 9-14 所列的基本内容。

表 9-14　拧紧清单

连接位置	拧紧工艺	套筒型号	最小连接夹紧力 F_0(kN)	监控范围
拧紧左后桥固定螺栓	150N·m±10%	H21F C12.7F L37.5		190~350N·m
拧紧右后桥固定螺栓	135°±10°			190~350N·m
固定 3G 后轮轴承与后横梁	110N·m±10%	H16F C12.7F L37.5		15°~280°
固定 3G 后轮轴承与后横梁	110N·m±10%			15°~280°

2）待测量螺栓的加工和准备。螺栓加工要求根据主机厂选择的测量方法来制定，贴片法和端面磨平加工均可，具体加工要求参见本书第 8 章 8.2.1 节所述的技术要求。

3）拧紧工具的校准及监控计划。拧紧工具的校准遵循各主机厂的校准计划，目的是确保用于拧紧、返修、测量的设备精度满足控制要求。

4）夹紧力的测试。实施夹紧力测试的车辆≥10 台，整车装配夹紧力测试的具体实施过程参见本书 8.2.1 节。不同的是其拧紧设备采用现场工位或者返修工位所使用的设备。

5）测试结果的统计分析、评价、及总结报告。测试结果的总结报告应包含每台车、每个对应点位的测量数据的统计分析结果、拧紧曲线、夹紧力分布图，以及总结和建议的力矩正式化状态。

2. 整车装配夹紧力可靠性评价

将测试完成装配夹紧力的进行统计学计算，采用 ±3σ 作为装配夹紧力实际的上下限。单点位测试 5 组以上的夹紧力数据并进行计算，根据接头是否有夹紧力设计要求以及不同的拧紧工艺对装配夹紧力的可靠性进行评价。

1）有夹紧力设计要求的连接位置，装配夹紧力评价方法见表 9-15。

表 9-15 有夹紧力设计要求的装配夹紧力评价

序号	评价标准	评价目的
1	$F_z - 3\sigma \geq F_{\min}$	保证装配的最小夹紧力大于设计要求的最小夹紧力
2	$F_z + 3\sigma \leq F_{\max}$	保证装配的最大夹紧力小于设计要求的最大夹紧力

注：F_z 是装配夹紧力的平均值；$F_{\min}$ 是设计要求的最小夹紧力；$F_{\max}$ 是设计要求的最大夹紧力；F 是接头试验夹紧力平均值；σ 是装配夹紧力标准差。

测量得出的装配夹紧力上下极限满足设计部门要求的夹紧力范围，我们就可以判定该连接副是可靠的。如果实测夹紧力的上下限超出了设计范围，需会同设计部门及质量部门对问题进行分析确认。

2）没有夹紧力设计要求，采用力矩法装配的连接位置，推荐的评价方法见表 9-16。

表 9-16 没有夹紧力设计要求的装配夹紧力评价（力矩法）

序号	评价标准	评价目的
1	$F_z - 3\sigma \geq 0.6 F_{u\min}$	保证螺栓的利用率足够高
2	$F_z + 3\sigma \leq 0.9 F_{u\min}$	保证螺栓不断裂

注：F_z 是装配夹紧力的平均值；$F_{u\min}$ 是接头试验屈服夹紧力的下限；σ 是装配夹紧力标准差。

没有夹紧力设计要求的力矩法装配，由于螺栓摩擦系数的影响，可能会导致装配夹紧力离散度较大。推荐的螺栓利用率为 0.6~0.9，且装配过程中未出现断裂、滑丝、零部件压溃等失效，我们可以认为该装配是可接受的，但装配的可靠性需通过台架试验及道路试验最终确认。

3）没有夹紧力设计要求，采用弹性阶段的力矩转角法装配的连接位置，推荐的评价方法见表 9-17。

表 9-17 没有夹紧力设计要求的装配夹紧力评价（弹性阶段的力矩转角法）

序号	评价标准	评价目的
1	$F_z - 3\sigma \geq 0.6 F_{u\min}$	保证螺栓的利用率足够高
2	$F_z + 3\sigma < F_{u\min}$	保证螺栓不断裂

注：F_z 是装配夹紧力的平均值；$F_{u\min}$ 是接头试验屈服夹紧力的下限；σ 是装配夹紧力标准差。

没有夹紧力设计要求且采用弹性阶段的力矩转角法装配的连接位置，由于受摩擦系数的影响相对较小，螺栓的利用率可以较高。相对于力矩法装配，力矩转角法控制的装配夹紧力离散度较小、精度较高。推荐螺栓的利用率在 0.6~1 之间，且装配过程中未出现断裂、滑丝、零部件压溃等失效，我们可以认为该装配是可接受的，装配的可靠性仍需通过台架试验及道路试验最终确认。

4）没有夹紧力设计要求，采用屈服点拧紧的力矩转角法装配的连接位置，如果是以转角和夹紧力关系制定的拧紧工艺，推荐的评价方法见表 9-18。

表 9-18 没有夹紧力设计要求的装配夹紧力评价（屈服点拧紧的力矩转角法）

序号	评价标准	评价目的
1	$F_z - 3\sigma \geq F_{u\min}$	保证螺栓的利用在屈服点
2	$F_z + 3\sigma \leq 1.1 F_{u\max}$	预留足够的安全系数

注：F_z 是装配夹紧力的平均值；$F_{u\min}$ 是接头试验屈服夹紧力的下限；$F_{u\max}$ 是接头试验屈服夹紧力的上限；σ 是装配夹紧力标准差。

屈服点力矩转角法装配工艺区别于其他两种工艺，它对整个连接副的要求较高，其主要特点包括：连接副刚度及公差一致性较好、螺栓的塑性较好、内螺纹强度高于外螺纹、螺栓及螺母的摩擦系数一致性较好、拧紧工具一般采用高精度电动扳手等。但在实际的装配工艺中，从连接副屈服到螺栓断裂这段区间，不同供应商的螺栓所转动的角度范围仍然会有一定差异，对应的极限夹紧力会不一致，因此各个汽车厂对于安全系数的定义和拧紧区间的上限设定也会不同。这里推荐以屈服点夹紧力的 110% 作为目标区间的上限。鉴于屈服点力矩转角法装配工艺的严苛要求，而螺栓一般是采用对标，如果装配夹紧力满足 1~1.1 倍接头试验的屈服夹紧力下限，且装配过程中未出现断裂、滑丝、零部件压溃等失效，我们可判定该装配夹紧力是可靠的。如果在台架试验或道路试验仍然出现了力矩衰减、松动断裂等失效，那么最可能的原因是该位置螺栓的选型设计出现了问题，唯一解决方案是加大螺栓规格或更换更高性能等级的螺栓。

9.3.3 整车装配力矩测试及评价

整车装配的螺纹连接位置在 1200 个以上，由于超声波夹紧力测试的局限性，导致整车装配过程中无法对装配夹紧力进行批量测试，其中采用力矩法装配的连接位置可靠性可以通过力矩检测来进行评价。

1. 力矩测试分类

紧固件装配过程中的力矩检测主要分为两部分：动态力矩和静态力矩。

动态监测力矩是指紧固件在被紧固的过程中设备输出的最大峰值，需要有力矩传感器的拧紧工具才能实现动态力矩检测，动态力矩是设计部门制定的工艺力矩。

静态监测力矩是指各工序间装配完成后用扭力扳手对装配位置测量的力矩值，主要用于对工厂拧紧质量的评价。转角法装配一般不进行静态力矩评价。静态力矩和动态力矩区分的示意图如图 9-6 所示。

2. 动态力矩监测及评价

动态力矩监测范围实际是指拧紧设备机械能力，技术部门将连接副的动态力矩设计范围（工艺力矩标准）设定后，动态力矩的监测范围由工艺力矩标准和设备精度计算得出。

例如，技术部门给出某点位的工艺力矩为 (70 ± 10) N·m，选择的拧紧设备为传感器电动扳手，重复精度 $\pm5\%$。则动态力矩范围下限 $W_-\times 95\% = 60$ N·m，动态力矩上限 $W_+\times 105\% = 80$ N·m，监测范围 63.2~76.2 N·m。

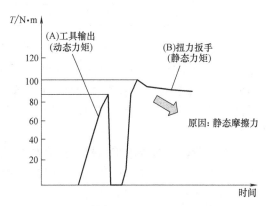

图 9-6 静态力矩和动态力矩示意

为保证装配质量一致性，电动扳手的实际输出力矩必须落在监测范围以内。当拧紧力矩超出监测范围时，设备会自动报警，这时需要调出拧紧曲线分析进行分析确认。最常见的异常情况有以下两种：

1) 装配过程中出现拧紧缺陷，如螺栓出现塑性伸长或断裂、螺母滑丝、零部件压溃等，此时需要对零部件及紧固件质量及一致性进行确认。

2) 设备因长时间未重新标定或超出其使用寿命导致其精度严重降低，此时需重新标定设备或更换新设备。

3. 静态力矩监测及评价

汽车行业中，对静态力矩监测范围没有明确的标准，我们所定义的软、中、硬连接是一个比较宽的范围，单纯以这三种连接方式制定对应的标准，并不能指导实际的生产应用。静态力矩与夹持零部件状态、紧固件摩擦系数、是否有防松设计、拧紧设备精度、设备转速等都有关系。目前，各大汽车厂都有自己的一套标准且不尽相同，但设计方法基本一致，都是利用统计学方法进行分析计算得出。

新车型 SOP 阶段之前，质量监测人员会对所有位置的静态力矩进行监测，单点位收集至少 100 组数据，拧紧工程师根据监测数据判断其是否符合正态分布，然后按公司实际的生产水平计算得出合理的静态检测标准，再通过一定时间的量产验证对监测范围做一定的圆整微调。基本计算方法如下：

1) 收集 N_a 组监测数据，利用 minitab、SPASS 等数据处理软件判断其是否符合正态分布，剔除异常点后剩余 N 组数据（$N \geqslant 100$）。

2) 计算出 N 组数据的平均值 U：

$$U = (A_1 + A_2 + A_3 + \cdots + A_{N-1} + A_N)/N$$

3) 计算出 N 组数据的标准差 σ：

$$\sigma = \sqrt{\frac{\sum_{i=1}^{N}(A_i - U)^2}{N}}$$

4) 计算静态力矩的范围。根据不同的生产控制，可选择对应的 σ 水平作为统计计算的最终结果，行业里一般选择±3σ 作为标准，即静态力矩的范围为：$U-3\sigma \sim U+3\sigma$。σ 水平与合格率及产品缺陷数之间的关系见表9-19。

表9-19 σ 水平与合格率及产品缺陷数之间的关系（无漂移）

σ 水平	合格率(%)	百万件缺陷数
1.0	68.27	317300
2.0	95.45	45500
3.0	99.73	2700
4.0	99.9937	63
5.0	99.999943	0.57
6.0	99.99999983	0.0018

合格率=不合格数（某点位测得的不合格点数）/总数（在该点位检测的数据总数），在无漂移（实际生产监测数据均值与 U 一致）的情况下实际监测数据在 $U\pm3\sigma$ 范围内的概率为99.73%。

5) 大批量验证。大批量生产时，对整车静态力矩进行批量检查验证，如果实际检测数据均在设计范围内，即可锁定设计的静态力矩。如采用的扭力扳手未带角度报警功能，可适当地对检测范围进行微圆调整。

在量产阶段，按要求采用扭力扳手对静态进行检测，如检测数据超出静态力矩的范围区间，可判定该点位静态力矩不合格。这时质量部门需对拧紧设备、拧紧工艺、零部件状态、紧固件状态进行检查，分析原因进行整改，并按要求重新拧紧。

9.3.4 整车装配的其他监测及评价

1. 角度监测及评价

力矩法拧紧工艺下，如拧紧设备带有力矩和角度传感器可设计为"力矩法装配+角度监控"，其目的是识别有风险的零部件装配。当零部件及紧固件质量一致性较好、拧紧设备及工艺一定的前提下，动态监测力矩在规定范围内时，设备的转动角度也会落在一个固定的区域。整车量产后的装配过程中，由于诸多原因导致装配夹紧力的连续检测受限。为保证装配夹紧力的可靠性，识别风险装配，采用力矩法装配的连接位置可以增加拧紧角度检测及评价，这需带有力矩传感器和角度传感器的拧紧设备才可以实现。其原理是：当零部件及紧固件质量一致性较好，拧紧设备及装配工艺固化，动态监测力矩输出在规定范围内时，拧紧设备转动的角度也会落在一个固定的区间，如图9-7所示。

角度监控区间的设计步骤和静态力矩大致相同，推荐在量产阶段收集1000组数据以上进行分析计算，以±3σ 或±4σ 作为角度区间的上下限。生产过程中，当拧紧角度超出设计的范围区间时，拧紧设备会自动报警判定该点装配不合格。这时就需要对零部件状态、紧固件状态、拧紧设备精度、装配工艺、动态力矩等进行检查，制定对应整改措施，并按要求重新拧紧。

2. 螺栓伸长量的监测及评价

对于屈服点装配工艺，为了保证夹紧力的准确程度以及装配可靠性，除监控最终力矩的上下限以外，可以增加螺栓永久伸长量的监测及评价。永久伸长量监测范围区间由设计部门给出，在试制阶段和量产阶段均可对螺栓的永久伸长量进行检测。

装配前，使用千分尺等工具测量螺栓的原始长度，装配完成后将螺栓退出再次测量螺栓的长度，两者之差即为螺栓的永久伸长量。测量的永久伸长量必须满足设计的范围区间，如果超出则需对零部件状态、紧固件螺纹长度、夹持长度、拧紧工艺进行检查，制定对应整改措施并按要求重新拧紧。

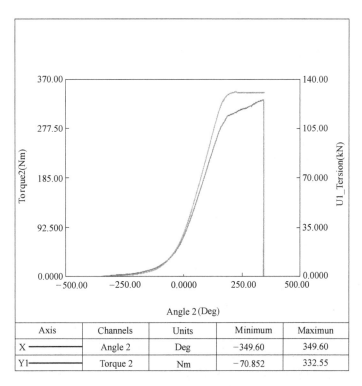

图 9-7 力矩与转角关系

9.4 整车道路试验紧固件可靠性验证及评价

汽车道路可靠性试验的目的就是对汽车系统、总成和整车零部件的考核。在汽车开发过程中，试验人员作为汽车的第一用户，通过对汽车进行相应的道路可靠性试验，在试验场的试验道路上对试验车辆实际驾驶，暴露出系统、总成及零部件在设计、制造、工艺、维修等方面的影响因素和统计规律，发现存在的问题、故障及薄弱环节，采取相应的技术措施，达到提高可靠性的目的。整车道路可靠性试验是为分析、评价、验证和提高整车可靠性而进行的试验。

9.4.1 整车道路试验的分类

道路可靠性试验的类型有很多，在汽车产品的开发、研制、生产等各个阶段，随着试验对象、试验目的及试验要求的变化，应根据不同情况合理地选择试验方法并编制合理的试验计划。目前道路可靠性试验主要是在试验场进行，按照不同的试验目的，主要有以下几大类。

1. 常规可靠性道路试验

常规可靠性道路试验是指在公路或一般道路上，使汽车以类似或接近于实际使用条件下进行的试验，能真实客观地评价产品在实际使用中的可靠性和可维修性，得到的试验数据和结论最为直截了当和可靠。该试验是最基本的可靠性试验，但费用消耗大，投入的人力较多，试验周期长。

在进行常规可靠性试验时，要挑选不同的地区、不同的道路、不同气候特征，通常包括：平整道路、泥路、山路、城市道路、坑洼的恶劣路面；严寒、酷暑地区；高原、高湿、低气压地区。试验中必须有计划地根据产品在实际市场中的使用情况选择典型道路的里程分配比例，也要根据产品在各个区域的销售情况选择保有量较大的城市或者具有典型路况和气候特征的城市作为试验地区。

2. 快速可靠性道路试验

快速可靠性道路试验是对汽车寿命产生影响的主要条件集中实施，使其在尽可能短的时间内获得相当于常规试验在长时期内得到的试验结果，即在专门的汽车强化试验道路上进行的具有一定快速系数的可靠性试验。该类试验通常在试验场进行。

3. 特殊环境可靠性试验

特殊环境可靠性试验指汽车在严寒、高温、高湿、低气压、盐雾、雨水等特殊条件下进行的可靠性试验。

（1）夏季道路可靠性试验

该试验主要包括高温试验、高湿试验和高原试验，主要是在高温、高湿及高原环境中进行试验，通过对开发中的车辆在高温、高湿及高原环境中进行暴晒、停走、怠速、洗车等操作以验证试验车辆系统、总成及零部件的可靠性。在试验场试验工况包括有城市道路、砂石路、山区道路、扬尘道路、高速道路、蛇行道路及长途道路等。

高温高湿试验地区一般指海南、新疆吐鲁番、重庆等地区，试验温度一般要求不小于30℃。高原试验地区一般指云、贵、川、青海、西藏等地区，海拔不低于2000m。

（2）高寒道路可靠性试验

该试验主要是在极寒环境中进行试验，通过对开发中的车辆在极寒条件下进行模拟客户使用，以验证整车所有零件的低温条件下使用性能及可靠性，尤其是电子液晶屏、各类油品、橡胶件等在低温条件的使用性能和可靠性；检验极寒条件下低温环境下的汽车采暖性能、汽车风窗玻璃的除雾除霜性能、密封性能是否能满足相关标准要求；检验冷启动及驾驶性能是否满足相关要求。

高寒试验一般在黑龙江、内蒙古等地区进行。环境温度在-40~-15℃之间，试验规范一般要求大部分试验气温低于-20℃，其中还应包含一定比例的气温低于-30℃。试验工况为长途道路、城市道路、乡村道路、高速道路等。

（3）整车道路强化腐蚀试验

该试验是汽车防腐质量控制体系中的核心工作，通过高温高湿、高低温交变、盐雾喷射、盐水路、碎石路、强化坏路行驶及高速路行驶等多种试验工况，来考核及评价汽车在极其恶劣的使用条件下抗腐蚀性能；另一方面，材料及零部件的自然或人工加速试验以整车道路强化腐蚀试验结果为基础，要能反映整车道路强化腐蚀试验中出现的腐蚀问题。不同含盐试验项目（盐雾、盐水路、盐水搓板路等）中对盐溶液浓度的选择，美系、欧系以及自主品牌不尽相同，应根据汽车产品的主要应用区域的腐蚀环境严酷度、腐蚀因素来源以及腐蚀控制目标的不同，进行针对性的调整。其中包括盐水槽试验、盐雾试验、碎石路试验、坡道试验等，盐水槽内是一定比例的盐、水和砂石的混合物，能够模拟冬季道路洒盐对车辆的影响；盐雾室内部布满喷嘴，能够将一定浓度的盐水以雾状的形式充满整个空间，试验样车在里面浸泡一段时间后，车身外部以及与空气接触的零部件都会沉降一定量的盐水，能够模拟沿海地区高湿空气对车辆造成的腐蚀；高温高湿环境舱主要用于加速腐蚀的进程，在试验场中进行的腐蚀耐久性试验，两周的腐蚀效果可以等效实际使用中的一年。

4. 专项类道路试验

专项类道路试验主要是在开发过程中，为了检验某一零件或某一系统的特性、使用性能、使用可靠性而进行的道路试验，该类试验具有针对性强、省时、省力等特点。例如，底盘螺栓滑移试验就是对底盘螺纹连接副的约束位置和压紧能力进行的专项考核，试验工况包括铁道路、振动路、路缘冲击路、扭曲路、颠簸路、沟渠路等。

9.4.2 整车道路试验的条件及准备

本节的内容包括试验条件、试验车辆准备以及试验仪器准备。

1. 整车道路试验条件

（1）装载质量

按照GB/T 12534—1990《汽车道路试验方法通则》要求，无特殊规定时装载质量均为厂定最大装载质量或使试验车处于厂定最大总质量状态。装载质量应均匀分布，装载物应固定牢靠，试验过程中不得晃动和颠离；不应因潮湿、散失等条件变化而改变其质量，以保证装载质量的大小、分布不变。乘员平均质量的计算，可用相同质量的重物代替。采用相同重物代替时，要保证地板上、坐垫上、拉手上及行李舱的代替重物固定牢靠，试验中不得移到其他位置。

（2）轮胎气压

可靠性试验过程中，轮胎冷态充气压力应符合该车技术条件的规定，误差不得超过10kPa（±0.1kgf/cm²），在试验过程中还应经常检查气压，以确保轮胎具有正常磨损及良好的安全性能。

（3）燃料、润滑油（脂）和制动液

试验汽车使用的燃料、润滑油（脂）和制动液的牌号和规格，应符合该车技术或现行国家标准的规定。除可靠性行驶试验、耐久性道路试验及使用试验外，同一次试验的各项性能测定必须使用同一批燃料、润滑油（脂）和制动液。

（4）气候条件

可靠性行驶试验的气候条件是全天候的，选择也是多种多样的，而可靠性试验中的性能试验，其气候条件要求很严格，具体要求包括：①无雾、无雨；②相对湿度小于95%；③气温为0~40℃；④风速不大于3m/s。

对于在特殊地区（如严寒、高原、湿热等）使用的汽车或特殊用途的汽车，应在相应的特殊条件下进行相关试验。

（5）试验道路

试验道路包括常规可靠性试验道路和试车场可靠性试验道路。

1）常规可靠性试验道路。按照GB/T 12678—2021《汽车可靠性行驶试验方法》，具体要求如下：

① 平原道路：路面平整度为C级，路面宽度应符合国家一级、二级公路的平原微丘公路的要求，最大纵向坡度小于5%，一般情况下应小于3%；路面应宽阔平直，视野良好，汽车能持续以较高车速行驶距离不得小于50km。

② 坏路：路基坚实，路面凸凹不平的道路。一般指路面覆盖层损坏或年久失修的水泥路面、沥青路面，以及碎石路、土石路、砂石路面，最理想的坏路面有明显的搓板波、分布均匀的鱼鳞坑等。路面平整度为E级或E级以下，试验车在这种路面上行驶时，应受到较强的振动和扭曲负荷，但不应有太大的冲击。

③ 山区公路：平均纵向坡度大于4%，最大为15%，连续坡长大于3km，路面平整度及宽度为C级以上。汽车在山区公路上行驶时，发动机、传动系统及制动系统应受到较大的载荷。

④ 城市道路：主要指大、中城市交通干线街道，路面平整度为C级以上。

⑤ 无路地段：很少有车辆行驶的荒野地区，包括沙漠、草地、泥泞地、灌木丛、冰雪地及水滩等。选择无路地段时，应考虑汽车能有一定的行驶速度，晴天和雨天皆能通过，并能保证安全试验。典型的无路地段有起伏多尘路、卵石河滩路、耕作地、沙地等。

2）试车场可靠性试验道路。试验道路应包括高速环形跑道、石块路、鹅卵石路等，具体如下：

① 高速环形跑道：一般都建成椭圆形或正圆形，除正圆形外，一般高速环形跑道由直线段、圆直线段及缓和曲线段组成。高速环形跑道是为汽车在高速情况下持续行驶使用的，以考核整车的高速行驶性能和发动机、传动系、悬架、轮胎的润滑发热情况，以及零部件的可靠性和耐久性。

② 石块路（比利时路）：一种普遍采用的汽车可靠性行驶路面，几乎每个试验场都有，来源于比利时境内某些失修的石块路。它作为典型的坏路代表，主要考核汽车轮胎、悬架系统、车身、车架及结构部件的强度、振动和可靠性。

③ 鹅卵石路：将大鹅卵石稀疏地不规则埋在混凝土路槽中，大鹅卵石高出地表部分的高度为40~120mm。汽车在该路行驶时，除了引起垂直跳动外，不规则分布的鹅卵石还对车轮、转向系统和悬架系统造成较大的纵向和横向冲击。

④ 扭曲路：由左右两排互相交错分布的凸块组成，凸块形状以梯形最简单，也有正弦波或环锥形

的，其左右都是一致的，使汽车产生强烈的扭曲，检验车辆的车架、车身结构强度和各系统的连接强度、干涉等。

⑤ 搓板路：搓板路的每个凸起近似于正弦波，是砂石路上常见的路况。汽车以较高车速在搓板路上行驶时，簧上质量呈高频振动，簧下质量比较平稳。试验场常将左右两侧的搓板错位布置或限制某一角度造成左右车轮的相位差。搓板路用于汽车的振动特性、平顺性及可靠性试验。

⑥ 涉水池：一般并联在石块路上，水深 0.15m 左右，可以调节，用来检查水对制动器效率的影响、车身的防水性、汽车总成和发动机进排气系统的工作状况，以及非浮动汽车的漂浮特性等。

⑦ 盐水池：放有食盐和氯化钙溶液的小型水池，用于汽车零部件快速腐蚀试验。在汽车可靠性和耐久性综合试验跑道上，都设有这种带有盐溶液的水池或路段。

汽车试验场的可靠性试验道路可分为不同的车道，按照整车道路可靠性试验要求组合不同的试验道路、总长及行驶顺序等，以完成可靠性试验。

2. 试验车辆准备

用于可靠性试验的车辆一般不少于 3 辆。按照规定，在进行可靠性试验之前要对试验汽车的技术状况及装配、调整检查等质量确认及完成，并做好试验前准备。

1）接到试验样车后，记录试验样车的制造厂名称、牌号、VIN 码、发动机型号、底盘型号、各主要总成型号及出厂日期，并为试验车编排试验序号。

2）检查蓄电池电压、点火提前角、风扇传动带夹紧力、发动机气缸压力、节气门的开启、喷油泵齿条最大行程、发动机怠速转速、制动踏板与离合器踏板的自由行程、转向盘自由转角、轮毂轴承松紧程度、转向轮最大转角、轮胎气压以及制动鼓（盘）与摩擦衬片（块）的间隙等装配、调整情况，使其符合该车技术条件及 GB 7258—2017《机动车运行安全技术条件》的有关规定。

3）检查试验样车各总成、零部件、附件、附属装置及随车工具的装备完整性，以及外部紧固件的紧固程度、各总成润滑油（脂）及各润滑部位的润滑状况及密封状况，并使其符合该车技术条件及 GB 7258—2017 标准的有关规定。

4）紧固件的检查，首先在装车之前要确保紧固件材料满足图样要求及禁用限用物质要求，紧固件外形和结构尺寸满足图纸要求，满足 GB/T 5779.1—2000《紧固件表面缺陷 螺栓、螺钉和螺柱一般要求》、GB/T 5779.2—2000《紧固件表面缺陷 螺母》及 GB/T 5779.3—2000《紧固件表面缺陷 螺栓、螺钉和螺柱特殊要求》，不允许有裂缝、凹痕、皱纹、切痕、螺纹上的折叠、损伤。如果试验过程中紧固件粘贴有陶瓷片，装配时确保正确装配，可用防护帽对贴片进行防护。

紧固件的一般要求为汽车各零部件用紧固件连接的，应按照要求连接牢靠，不得有松动现象，一般螺纹紧固件的拧紧力矩要符合 QC/T 518—1999《汽车用螺纹紧固件拧紧力矩规范》的规定，重要及特殊部位的紧固件拧紧力矩应符合设计图样的规定。试验前检查整车各紧固连接点的紧固情况，重点关注关重件的紧固力矩，关键重要力矩控制清单要提前提交给试验工程师。

试验前紧固件力矩要用较低转速工具（扭力扳手），同时测量轴向预紧力并记录。紧固件与被连接部位划出一条连续清晰的标示线，如图 9-8 所示，并能够保持长时间不褪色，保证在各检查阶段检查人员能够清楚地观察螺栓或拧紧部位线条是否有错位、松动及滑移等发生。划线标记法操作简单，应用成本低。

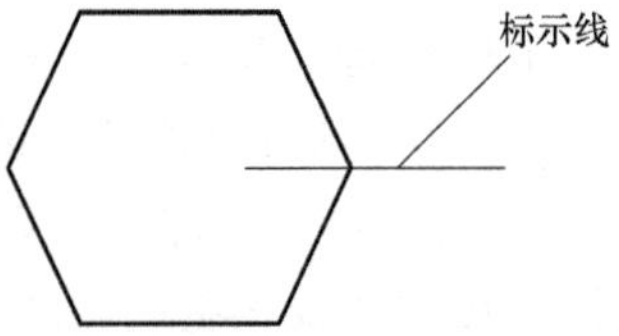

图 9-8 试验前紧固件划线示意

3. 试验仪器准备

在整车道路可靠性试验中，需要准备行驶工况记录仪、变速器分析仪、燃油流量计、气象仪、秒表、半导体温度计、发动机转速表、坡度计、路面计、精密测量量具、照相机等，以及特殊试验要求所选定的专用仪器及设备。测量紧固件残余力矩、松动角度等需要准备圆形量角器、马蹄形量角器、塞尺、不同量程的扭力扳手（带刻度或电动式力矩读数器）、超声夹紧力测试仪、使用贴应变片的螺栓、压力传感器、游标卡尺等。

试验仪器、设备必须经计量检定,在其有效期内使用,并在使用前进行调试及误差校正,确保功能正常,符合精度要求。

9.4.3 整车道路试验的试验方法

按照 GB/T 12678—2021 标准的要求,整车道路试验的试验方法内容如下。

1. 汽车的驾驶与保养(预防维修)

试验车辆的驾驶和技术保养应按该车使用说明书的规定进行。

2. 磨合行驶

按照 GB/T 12534—1990《汽车道路试验方法通则》,根据试验要求对试验车辆进行磨合,除另有规定外,磨合规范按该车使用说明书的规定。

3. 可靠性行驶

1)试验里程及各种道路的里程分配参见相应试验规程中的规定。

2)除另有规定外,试验规范应按照各种道路尽可能按相应规程中规定比例构成一定里程的循环进行。驾驶操作按照 GB/T 12678—2021 的要求,该标准对于变速器使用、车速、制动、山区行驶及夜间行驶都有明确规定。

整车可靠性试验验证内容不同,道路试验方法的要求和作用也不尽相同,各试验道路的选择、里程数(循环数)的选择及驾驶操作的选择等也不同,因此,要根据试验需求制定试验大纲,试验员根据试验大纲进行操作。

4. 紧固连接试验故障的发现、判断和处理

1)故障一般凭感官判断,对于不易判断的故障,也可通过测量确定。

2)发现故障的途径:

① 接车检查:在道路试验开始前,对试验车辆进行一次全方位检查,查看各系统、功能是否正常,同时检查各紧固连接部位是否正常,动态检查各连接部位是否有异响,并对各状态做好记录。

② 例行停车检查:每行驶一定里程或一定循环数停车检查一次,主要检查各连接部位是否有断裂、裂纹、脱落、分离、松脱、漏油(水、气)、渗油(水、气)、损坏及磨损等现象。

③ 定期保养检查:在保养作业中,除按照规定逐项保养外,还要检查有无异常现象,如各紧固连接部位的裂纹、变形、磨损等。

④ 行驶过程中:由试验工程师和驾驶员根据汽车工作状况发现故障,如在行驶过程中听到连接部位有异响。

⑤ 性能测试与汽车拆解。

3)故障的处理:

① 汽车发生故障应立刻停车,检查判断明确原因后,应及时排除故障。

② 如发生的故障不影响行驶安全及基本功能,且不会引起诱发故障,也可以继续试验观察,直到需要修理为止。故障级别和里程(循环数)按最严重时统计。

4)故障后维修:在整车可靠性试验过程中汽车会有预防维修和故障后维修。预防维修内容包括紧固、调整、润滑、清洗及更换易损件等;故障后维修范围仅限于与故障有直接关系部分。根据具体情况,采取最快、最经济的维修方法,包括更换零部件,但所更换的零部件应是同一批合格品。

5)试验行驶记录:

① 接车记录:接车时应填写接车记录表,特别说明,如果试验车在接车检查时发现有故障或缺陷,一定要详细记录相关信息及处理结果。

② 行车记录:从接车开始,只要开动试验车,就必须填写行车记录卡,停车时间、停车原因等信息一定要如实填写。

③ 故障维修:可靠性行驶期间,只要发生故障,就必须对发生的故障做详细记录。故障检查、处

理、维修按照前文所述要求执行。故障停车时间、发生故障的零部件、总成名称、详细的故障描述、故障原因分析、故障后果、处理措施、处理结果、清晰的故障照片或示意图以及相应维修费用等信息必须在记录中体现。

④ 维修保养记录：在可靠性行驶试验期间，应按照试验大纲规定对汽车进行检查保养，记录汽车所进行的所有维修或预防维修。

⑤ 拆车检查：在所有的试验结束后，应按相应试验规程对主要总成进行部分或全部拆检。明显的故障问题计入可靠性评价。

9.4.4 整车道路试验连接部位的检查

整车道路可靠性试验中，首先应对紧固件进行外观检查，试验件的螺纹连接部位外观检查主要从以下几个方面开展。

1. 螺栓、螺母及连接件的检查

1）检查螺栓与连接部位是否发生了相对转动。在试验之前从螺栓的头部与连接部位画一条完整连续的直线，试验结束后通过检查线段的偏离来判断是否发生转动，如图 9-9 所示。

2）检查螺栓（螺母）部位有无渗油、漏油、渗水、漏水、渗气、漏气等现象；检查螺栓（螺母）有无裂纹、开裂、塑性变形现象。

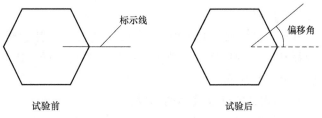

图 9-9 紧固件偏移角示意

3）检查螺栓法兰面、垫片及连接件支承面的接触痕迹。根据支承面接触区的位置和尺寸检查螺栓法兰面、垫片、螺母或被连接件支承面的平面度（平行度）、垂直度或可能存在的加工毛刺。

4）检查螺栓法兰面和被连接件支承面的磨损程度。螺栓法兰与被连接件在支承面间、或者垫片与被连接件支承面间在路试过程中发生小振幅相对振动引起微动磨损，一般接触面不发生整体的滑移，只发生局部的相对微滑，表现为在支承面间有暗红色的粉末。

5）检查螺纹表面。如果在螺栓螺纹与被连接件螺纹有擦痕，要先确认擦痕的位置、长度及方向，擦痕的方向表明螺纹反复滑动的方向，同时要检查螺栓支承面部位和螺纹牙底是否出现了疲劳裂纹。另外一种情况是要检查螺纹面的磨损，在被连接件存在相对滑动时会发生磨损，在极端情况下可能会有微动磨损产生。

6）检查螺栓杆部位置，同时检查被连接件螺栓孔相对应位置。如果发生滑动，螺纹杆部和被连接件相对应位置会有擦痕。

7）检查螺栓头部下圆角区域位置。如果螺栓头下圆角区域存在接触和干涉，并且接触部位的被连接件发生塑性变形和磨损，在螺栓头下圆角区域会有摩擦痕迹。

8）检查螺栓螺纹与被连接件螺纹间是否有嵌入异物。

9）检查被连接件螺栓孔周围是否有滑动痕迹，需要确认滑动方向。

10）检查螺栓与被连接件接触表面的涂（镀）层变化情况。

11）检查连接件支承面的接触痕迹。

12）检查螺栓杆与螺栓孔、螺母与连接件有无干涉变形。

13）检查螺栓头部或螺母与拧紧工具接触部位是否有磨损痕迹。

14）检查螺栓有无断裂、松动、锈蚀等。

2. 垫片的检查

检查垫片有无裂纹、压溃、刮伤，有无异物的嵌入、擦伤、磨损、干涉和变形、翘曲等。同时检查被连接部位与垫片相对应位置的情况。

3. 螺栓/螺母松动角度测试方法

在试验车辆进行可靠性试验之前，在紧固件头部与被连接部位划出一条连续清晰的标示线，并能够保持长时间不褪色，保证旋转部分与平行运动部分分开。在试验结束检查前准备好圆形量角器、马蹄形量角器、扭力扳手等。对于只发生转动的，在测量时用圆形量角器读取直线间的偏移量作为旋转角度；对于只发生滑动的，在测量时用马蹄形量角器直接测量出滑移量；对于滑动和旋转同时发生的，用马蹄形量角器量出螺栓相对于被连接件的平移量和松动旋转角度。在滑动和旋转同时发生时，螺栓头部和被连接件表面接触面涂层会有明显的划痕。

4. 弹簧垫圈变化量测量方法

在测量前准备好塞尺，测量时将塞尺放入弹簧垫圈抬起量最大的位置处，记录数据。

5. 整车道路强化腐蚀试验后连接部位检查

整车道路强化腐蚀试验后，在 T/CSAE 69：2018《乘用车整车强化腐蚀试验评价方法》中规定，每次对样车进行全面腐蚀评价时，需将样车表面清洗干净，包括机舱、底盘部位。紧固件分为常规可见、低可见和拆解可见。常规可见指除了举升、维修或维护外，用户正常使用车辆时的可见区域；低可见为将车辆举升到一定高度或者车辆维修、维护过程中能够看到的区域；拆解可见是指将车辆从总装总成解析到焊接总成，并切割开腔体能看到的区域。

整车强化腐蚀试验评价节点划分为试验前检查、试验中检查和最终检查。在检查过程中需要拍照，记录车辆状态及锈蚀情况，以便用于后期分析。

紧固件腐蚀评价分为 0~10 级，腐蚀等级定义为无红锈、微量锈蚀、轻微锈蚀、轻度锈蚀、中等锈蚀、中度锈蚀、大面积锈蚀、全面积锈蚀、严重锈蚀、质量缺失和锈穿。

9.4.5 整车道路试验后拧紧力矩的测试

整车可靠性试验后，在 QC/T 900—1997《汽车整车产品质量检验评定方法》的 5.3 节"整车装配调整和外观质量检验"中，规定了汽车螺栓（螺母）拧紧力矩检验方法，分为一般紧固件检验、重要紧固件检验、关键紧固件检验。

1. 检验条件

检验汽车螺栓（螺母）拧紧力矩时，使用能连续显示力矩值的指针式、数字显示式扭力扳手，其显示值误差不大于±3%。

2. 力矩检验方法

（1）一般紧固件检验

对于一般紧固件拧紧力矩，用感觉判定扭紧程度。对有弹簧垫圈的部位，用观察弹簧垫圈开口是否完全压平，判定拧紧程度。对无弹簧垫圈，或虽有弹簧垫圈但观察困难的部位，采用同被检件相适应的标准开口扭力扳手以拧紧方式进行检验，以手感判定扭紧程度。若扳手不转动或转动不超过半圈者，判为紧固；扳手转动超过半圈者，判为松动。

（2）重要紧固件检验

对于重要部位螺纹连接的拧紧力矩，依据企业产品技术条件，采用拧紧法进行检验。检验操作时，用力要平稳，逐渐增加力矩，切忌冲击，扭力扳手扭紧时刚刚转动的瞬间，因克服螺栓或螺母静摩擦力，力矩瞬时偏高，这时的力矩不是螺栓的真正扭紧力矩，扭力扳手继续转动，力矩回落到短暂稳定状态，此时的力矩即为螺栓（螺母）拧紧力矩。

（3）关键紧固件检验

对于关键紧固件，使用扭力扳手采用转角法进行检验。检验时，先在被检螺母（螺栓头）或套筒与连接零件上划一条线痕，确认螺母与被连接件的相互原始位置，用扭力扳手将螺母拧松，然后再将螺母扭紧到对准线痕的原始位置，此时的力矩即为螺母（螺栓头）的拧紧力矩。采用开口销、带翅锁片装置的螺母，允许超力矩上限对准第一个开口。

(4) 常用力矩检查方法

1) 拧紧法：先固定好被测部分，使用扭力扳手平稳用力沿拧紧方向逐渐增加力矩，当螺栓或者螺母刚开始产生微小转动瞬间，因克服静摩擦力它的瞬时力矩值达到峰值，这个力矩值作为静态脱离力矩。螺纹副开始相对转动后，随着检查工具继续转动，其力矩值一般会回落到短暂稳定状态，然后继续回升，这个短暂稳定力矩值为动态脱离力矩。

2) 松开法：先固定好被测部分，使用扭力扳手平稳用力向被检螺栓或螺母施加力矩，使其松开，读取开始转动时的瞬时力矩值。该方法操作简单，但必须熟练有经验，测到的力矩值较小。

3) 标记法（划线法）：先检查整车可靠性试验前被检螺栓或螺母头部与被连接体上的划线，并确认相互的原始位置；然后将螺栓或螺母松开些，再用扭力扳手将螺栓或螺母拧紧到原始位置（划线处要对准），记录最大力矩值。该方法操作较繁琐，不适宜有防松功能的紧固件，测得残余力矩值较准确。

3. 测试螺栓预紧力的方法

在整车开发中，施加在紧固件上的夹紧力对性能寿命有很大的影响，为了实时准确测量紧固件的夹紧力，目前采用超声波应力测量仪、应变测量法及压力传感器测试法等方法进行测试。测试方法及设备在第11章进行介绍，本章不再赘述。

(1) 超声波轴向预紧力测试方法

准备好需要测试的紧固件，在测试时需要在螺栓拉伸机上进行标定，获取此规格螺栓的应力补偿参数，螺栓的选取要求是同一批次螺栓，因为不同批次螺栓的热处理、加工工艺等可能有差异，会带来误差。其次是如果在试验前拧紧时和测试残余预紧力时测量的螺栓温度不同，需要做温度补偿。

超声波应力测量仪可以进行螺栓安装过程中的检测和对现行服役螺栓夹紧力的检测、螺栓在役检测，可以随时监测紧固件运行的螺栓预紧力。

(2) 应变测量法

应变测量法通过在螺栓上安装应变片测量预紧力产生的应变，准确度很高。但是应变测量法需要对螺栓进行特殊处理，应变片粘贴过程较为复杂，成本较高，安装应变片需要留出相应导线的通道，受测螺栓不能拆卸，这使得应变测量法的成本昂贵。

准备贴好应变片的螺栓，测好螺栓各尺寸数据，在拧紧螺栓前，要先对应变片零位调整，在装配有应变片的螺栓时，要严防磕碰与挤压。如果为了粘贴应变片对螺栓做过磨削加工，会导致螺栓的弹性系数减小从而降低松弛系数，这样测得的数据会低于正常工作螺栓，所以在磨削螺栓时要保证磨削量最小。

(3) 压力传感器测试法

准备好压力垫圈，对压力垫圈进行标定，在测量时将套入压力垫圈的螺栓拧紧，从压力垫圈的传感器输出的压力即为螺栓的轴向预紧力。该方法需要根据空间和螺栓尺寸特制传感器，过程较烦琐，成本较高。需要注意：压力垫圈的零点是否有变化；传感器与螺栓头部之间的接触部分是否对标定值有影响，如是否存在偏心或与被连接件不平行。而且，由于传感器夹在整个连接系统中，减小了螺栓和被连接件的弹性系数，会对测量结果有影响。

9.4.6 整车道路试验后连接可靠性综合评价

螺栓连接部位经过整车道路可靠性试验后，螺栓会有松动、断裂、磨损、锈蚀、弯曲变形、干涉、滑动及擦伤等现象发生，需要记录并检查设计或零件质量。

1. 故障分类及故障模式

在汽车道路可靠性试验过程中，如发生故障，则按照表9-20进行故障分类。

例如，转向节臂紧固螺母在行驶中脱落，造成重大事故，故障类别为致命故障；连杆螺栓或螺母断裂，但未造成发动机报废，为严重故障；空气压缩机盖与缸体连接螺栓脱落，为一般故障；如果该螺栓松动，为轻微故障。

表 9-20 故障分类

故障类别		分类原则
1	致命故障	涉及人身安全,可能导致人身伤亡;引起主要总成报废,造成重大经济损失;不符合制动、排放、噪声等法规要求
2	严重故障	导致主要性能显著下降;造成主要零部件损坏,且不能用随车工具和易损备件在短时间(约30min)内修复
3	一般故障	造成停驶,但不会导致主要零部件损坏,并可用随车工具和易损备件或价值很低的零件在短时间(约30min)内修复;虽未造成停驶,但已影响正常使用,需调整和修复
4	轻微故障	不会导致停驶,尚不影响正常使用,亦不需要更换零部件,可用随车工具短时间(约30min)内轻易排除

紧固件在行驶过程中发生的故障模式有裂纹、开裂、断裂、塑性变形、扭曲变形、压痕、异常磨损、松动、脱落、漏油、渗油、漏水、渗水、漏气、渗气、干涉、异响、锈蚀、密封不良、接触不良、损坏、错位（位移）、滑牙、疲劳、性能衰退等。

例如，拉杆调整螺母脱落导致离合器总成功能失效；后变速驱动桥放油螺母在行驶过程中脱落，润滑油大量流失外泄，造成后桥损坏；由于放油螺塞松动或者螺塞与孔配合密封差导致漏油；机油泵放油螺塞在行驶过程中脱落，引起大量漏油，导致压力不当；由于化油器与进气排气歧管连接螺栓松动，造成漏气导致急速不稳。还有由于螺栓本身质量造成的漏油、漏水、漏气、渗油、渗水、渗气等故障。

2. 整车腐蚀试验后紧固件评价方法

整车经过强化腐蚀试验后，紧固标准件一般都会发生不同程度的腐蚀，腐蚀形态因部位、环境和材料等差异而表现出不同的形貌特征，在 T/CSAE 69：2018《乘用车整车强化腐蚀试验评价方法》5.4.8 节中以外六角螺栓为例对钢铁基体紧固件腐蚀评级，共分为10级，见表9-21。

表 9-21 钢铁基体紧固件腐蚀评级基准图谱

等级	腐蚀等级定义	图片	描述
0	无红锈		无红锈
1	微量锈蚀	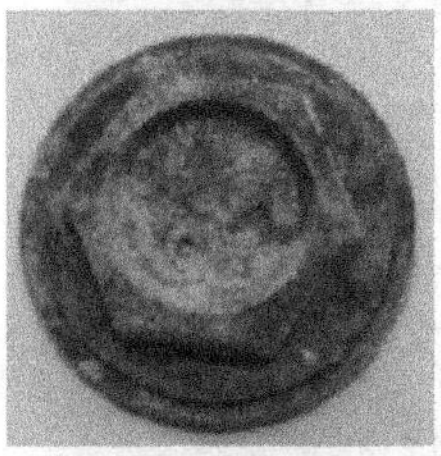	1~2个小红锈点
2	轻微锈蚀	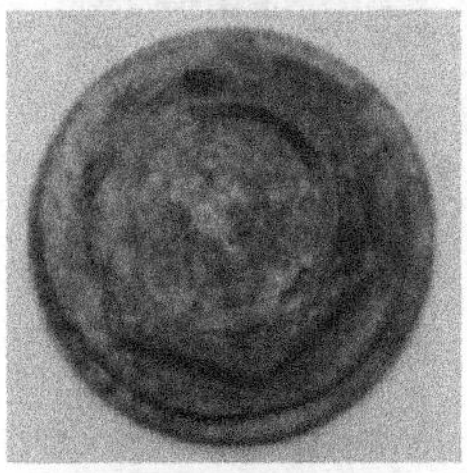	较多小的红锈点
3	轻度锈蚀	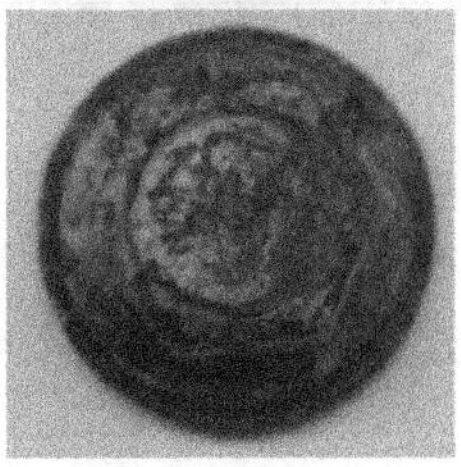	多量红锈点(约10%的红锈)

(续)

等级	腐蚀等级定义	图片	描述
4	中等锈蚀	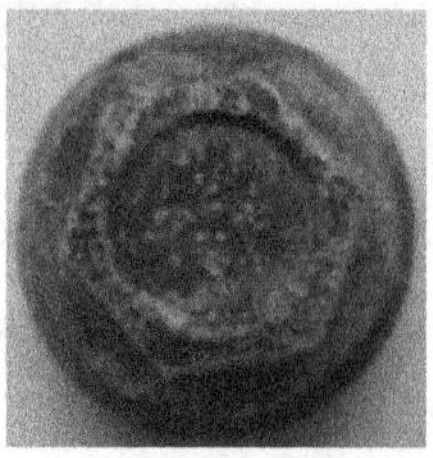	中等尺寸的红锈点（约25%±15%的红锈）
5	中度锈蚀	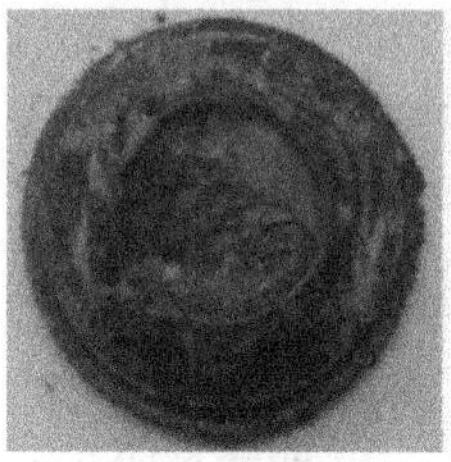	连成片状的红锈（约50%±10%的红锈）
6	大面积锈蚀		大尺寸的红锈块有锈垢堆积且基体大量锈蚀
7	全面积锈蚀	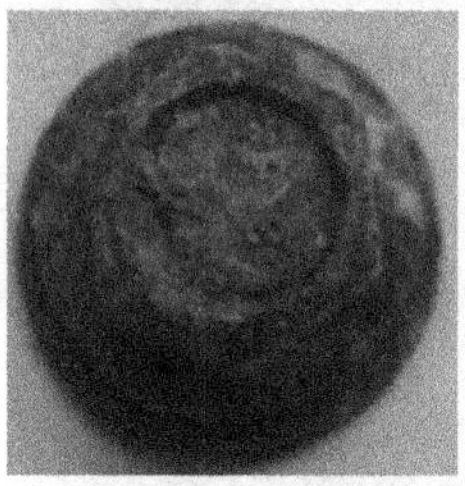	大量生锈或非常大的红锈点（100%红锈）
8	严重锈蚀	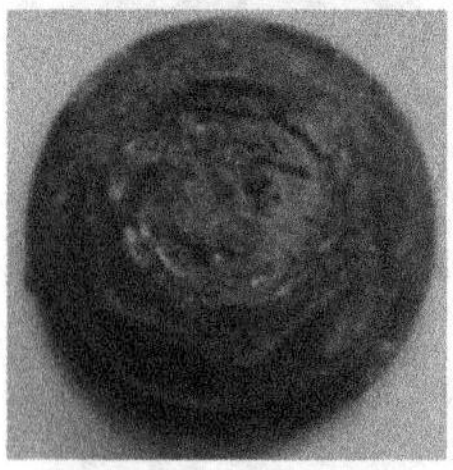	明显的锈垢堆积
9	质量缺失	—	鼓包、开裂或呈片状脱落，出现基体的质量损失，失均厚或重量≤20%
10	锈穿	—	腐蚀导致的穿孔、断裂、边缘缺失，失均厚或重量>20%

在T/CSAE 69：2018中，整车强化腐蚀试验后紧固件试验评价主要涉及常规可见区域腐蚀评价和低可见区域腐蚀评价，在常规可见区域紧固件腐蚀评价检查表单中，检查时间节点如实记录，见表9-22；低可见区域紧固件腐蚀评价检查表单见表9-23。

表 9-22 常规可见区域紧固件腐蚀评价检查表单

序号	检查时间节点										
	部件名称		腐蚀等级								
1	车轮紧固件	左前									
2		左后									
3		右前									
4		右后									
5	燃油加注管口紧固螺栓										
6	背门/行李舱锁紧紧固螺栓										
7	座椅滑轨紧固螺栓	左座									
8		右座									
9	前照灯紧固螺栓	左侧									
10		右侧									
11	减振塔螺栓	左侧									
12		右侧									
13	继电器盒紧固螺栓										
14	空滤器盒安装螺钉										
15	排气歧管隔热罩螺栓										
16	ECU 紧固螺栓										
17	搭铁线螺栓										
18	发动机悬置支架紧固螺栓										
19	减振器紧固螺栓	左前									
20		右前									
21		左后									
22		右后									
23	制动钳紧固螺栓	左前									
24		右前									
25		左后									
26		右后									
27	摆臂悬置螺栓	左前									
28		右前									

表 9-23 低可见区域紧固件腐蚀评价检查表单

序号	检查时间节点										
	部件名称		腐蚀等级								
1	摆臂球头螺母	左前									
2		右前									
3	转向横拉杆球头螺母	左前									
4		右前									
5	转向横拉杆调整螺母	左前									
6		右前									
7	轮速传感器螺栓	左前									
8		右前									

(续)

序号	检查时间节点							
	部件名称		腐蚀等级					
9	油底壳紧固螺栓							
10	油底壳放油螺塞							
11	变速器壳体连接螺栓							
12	变速器放油螺塞							
13	后副车架紧固螺栓							
14	排气管连接法兰螺母							
15	燃油箱紧固螺栓							
16	挡泥板紧固螺栓	左侧						
17		右侧						
18	前保险杠紧固螺栓	左侧						
19		右侧						
20	后保险杠紧固螺栓	左侧						
21		右侧						
22	车底隔热罩螺栓							

在其他整车道路试验中，如果发现紧固件有腐蚀现象发生，可以参考上述方法进行评价。

3. 整车道路可靠性试验紧固连接部位评价方法

按照紧固件装配方法连接类型分为一般类、重要类和关重类。例如，汽车轮毂螺栓、轮胎固定螺母、半轴螺栓、转向机螺栓、转向柱螺栓、前（后）副车架连接螺栓（母）、传动轴连接螺栓、悬架支点螺栓、悬架 U 型螺栓（母）、车桥连接螺栓、发动机悬置紧固螺栓、变速器及传动部件连接螺栓（母）等必须进行预紧力检查并画标记线。在整车道路可靠性试验后，对结果的评估方法如下：

1）整车道路可靠性试验验证时，若紧固件无裂纹、开裂、断裂、塑性变形、扭曲变形、压痕、异常磨损、松动、脱落、漏油、渗油、漏水、渗水、漏气、渗气、干涉、异响、锈蚀、密封不良、接触不良、损坏、错位（位移）、滑牙、疲劳等现象，且连接装配件无异常现象，判为合格；否则，则判定为不合格。

2）整车道路可靠性试验验证时，若有因紧固件导致总成或整车性能衰退、压力不当、功能失效、怠速不稳等故障，判定为不合格。

3）在整车道路可靠性试验验证时，对重要类和关重类紧固件进行力矩和预紧力测试有要求的，紧固件标记线若无移位现象，在测试残余力矩和预紧力时，测试值在设计值或要求衰减范围内的，则判为合格；否则，判定为不合格。

在试验验证过程中及拆检后，根据试验目的的要求，进行必要的可靠性分析，如故障度或故障率分布直方图，故障危害度分析及故障按重要程度排序，重要故障（危害大，频度高的故障）进行专项分析，并给出失效分析报告等。

9.5 典型连接可靠性验证案例

9.5.1 实验室连接可靠性验证案例

（1）问题描述

国产连杆供应商按照现行拧紧工艺进行拧紧装配时，发现连杆螺栓在拧紧后出现缩颈，存在过载断裂的风险，需要对螺栓的装配工艺进行调整。

(2) 原因分析

可能是不恰当的拧紧工艺,导致螺栓拧紧时出现缩颈屈服问题。申请修订拧紧工艺,降低预拧紧力矩,以避免拧紧时超出螺栓的机械性能。

(3) 改善措施

修订拧紧工艺,并对修订拧紧工艺后连接可靠性进行验证。验证螺栓和功能图样的符合性,并确定是否需要修订拧紧工艺卡。

(4) 结果验证

1) 紧固螺栓和连接件的信息见表9-24。

表9-24 紧固螺栓和连接件的信息

零件名	连杆螺栓
螺栓	M9×100;强度等级:10.9;表面处理:磷化;摩擦系数:0.06~0.09
被连接件	连杆:38MnVS6
拧紧工艺卡	23N·m±10% +46°$^{+2°}_{-4°}$
组装时目标夹紧力	37~43kN

2) 螺栓特性数据测量。对螺栓的基本性能参数进行验证,结果见表9-25。

表9-25 螺栓的基本参数验证

基础参数		d	p	d_w	d_i	截面积 mini	装配长度	d_{mini}
		9	1	15	10	48.52	33	7.86
机械性能		F_e/N	F_m/N	R_e/MPa	R_m/MPa			
	要求			950~1130	1050~1250			
	实测	49930	55650	1029	1147			
摩擦系数	项目	螺纹	头部	总体				
	5次测量均值	0.072	0.062	0.066				
塑性拧紧特性	项目	F_1/N	C_1/N·m	F_{max}/N	C_{max}/N·m	$A[3\_1]$ (°)	μ	
	5次测量均值	51701	44.20	52711	48.69	236	0.065	

3) 针对两种不同的拧紧工艺进行拧紧验证。依据现行的装配拧紧工艺及供应商建议的装配拧紧工艺,分别进行装配拧紧的验证,现行的装配工艺及建议的装配工艺见表9-26。

表9-26 拧紧工艺的建议

	工艺	目标夹紧力/N
现行的装配工艺	23N·m±10% +46°$^{+2°}_{-4°}$	37000~43000
建议的装配工艺	17N·m±10% +46°$^{+2°}_{-4°}$	

按照现行的装配工艺验证后结果:实际夹紧力的范围40621~51535N,装配摩擦系数在0.06~0.073,夹紧力符合设定最小功能预紧力需求,装配摩擦系数符合要求。

按照建议的装配工艺验证后结果:实际夹紧力的范围36233~42084N,装配摩擦系数在0.064~0.067,夹紧力不符合设定最小功能预紧力需求,装配摩擦系数符合要求。具体的结果见表9-27。

表9-27 不同装配工艺下结果值

装配	预拧紧			拧紧				
	力矩/N·m	夹紧力/N	μ	力矩/N·m	角度/(°)	夹紧力/N	最终力矩/N·m	μ
最小(现行装配工艺)	10	7656	0.103	20.7	42	40621	39.5	0.073
	10	7393	0.107	20.7	42	41296	37.8	0.068

(续)

装配	预拧紧			拧紧				
	力矩/N·m	夹紧力/N	μ	力矩/N·m	角度/(°)	夹紧力/N	最终力矩/N·m	μ
最大(现行装配工艺)	10	12831	0.056	25.3	48	51535	42.8	0.060
	10	10581	0.071	25.3	48	49847	44	0.065
最小(建议装配工艺)	10	9906	0.076	15.3	42	36233	31.4	0.064
最大(建议装配工艺)	10	8893	0.087	18.7	48	42084	37.9	0.067

4) 在摩擦系数范围内计算夹紧力。根据计算结果，装配摩擦系数平均值是0.066，符合0.06～0.09的要求；根据超声波测量和拧紧曲线，计算该装配的角度刚度系数为445N/(°)。基于此，在摩擦系数的极限范围内计算不同装配工艺拧紧后的夹紧力，结果见表9-28。

表9-28 夹紧力范围的计算结果

工艺	建议的装配工艺		现行的装配工艺	
摩擦系数	0.06	0.09	0.06	0.09
预拧紧力矩/N·m	18.7	15.3	25.3	20.7
预拧紧力矩后夹紧力/N	22475	13100	30400	17720
角度/(°)	48	42	48	42
角度夹紧力/N	21360	18690	21360	18690
最终夹紧力/N	43835	31790	51760	36410
所测R_e(1029 MPa)百分比	95%	69%	112%	79%
要求最低R_e(950 MPa)百分比	102%	77%	120%	89%

计算结果表明：现行的装配工艺是基于最低预紧力37kN而定的，其结果夹紧力在螺栓实测屈服强度的79%～112%之间，极限情况下拧紧进入塑性变形区。

供应商建议的拧紧工艺是基于最大功能需求43kN设定的，其结果夹紧力在螺栓实测屈服强度的69%～95%之间，极限情况下拧紧在弹性范围内。当摩擦系数在上限时，最低的功能性预紧力得不到保证。

5) 验证结论。建议的拧紧工艺只有当摩擦系数在下限情况下才能保证最低的连接夹紧力，当摩擦系数在上限时无法保证最低的连接夹紧力。现行的装配工艺有可能会进入塑性变形区，但是螺栓并没有风险，建议保持现行的拧紧工艺。

9.5.2 台架试验连接可靠性验证案例

(1) 问题描述

某车型转向机总成与摇篮连接点在进行振动耐久试验后，对其连接夹紧力进行检测，连接夹紧力发生严重的衰减，衰减量超25%；极限情况下，连接点可能会松动，引起疲劳断裂。

(2) 原因分析

拧紧工艺不当，导致拧紧后夹紧力过大，被连接件发生压溃变形，在振动耐久试验过程中，夹紧力发生大幅度衰减，使衰减超过目标值。

(3) 改善措施

将拧紧工艺从100N·m±10%调整到80N·m±10%，并对调整工艺后的零件进行振动耐久试验，监控夹紧力衰减量。

(4) 结果验证

1) 紧固螺栓和连接件的信息见表9-29。

表 9-29 紧固螺栓和连接件的信息

零件名	转向机壳体	螺栓	自锁螺母	副车架
零件编号(图样编号和状态、标准)	EPMSZP2401	M12×150 12.9	M12×150 10	9827504880
材料、编号、供应商	ADC12	SCM435	GM510M	DP590
表面处理	无	螺栓:锌镍 摩擦系数:0.06~0.09	螺栓:锌镍 摩擦系数:0.06~0.09	油漆涂层
参考文件(标准)	01563_14_01497			
拧紧工艺卡	80N·m±10%			
组装时目标夹紧力	振动耐久后夹紧力衰减≤25%			

2) 振动耐久试验前后夹紧力验证结果见表9-30。

表 9-30 振动耐久试验前后夹紧力结果

	最小极限扭矩:72N·m		最大极限扭矩:88N·m	
振动耐久试验前的夹紧力/kN	左侧	53	左侧	69.2
	右侧	46.9	右侧	86.9
振动耐久试验后的夹紧力/kN	左侧	46.5	左侧	59.5
	右侧	39.2	右侧	71.7
夹紧力衰减(%)	左侧	12.1	左侧	14
	右侧	16.4	右侧	17.4
要求夹紧力衰减范围(%)	≤25		≤25	

3) 验证结论:更改拧紧工艺后,连接点进行振动耐久后,其夹紧力衰减量满足设计的技术要求。

9.5.3 整车装配连接可靠性验证案例

1. 某车型后轮轴头螺母装配可靠性验证

(1) 问题描述

某车型在总装厂进行装配时,频繁出现监控力矩超差报警,报警率达20%,最终力矩超过力矩上限约50N·m,导致大批量的螺母冻结,造成生产线停线。总装工艺要求将监控的力矩范围从231~405N·m调整为231~450N·m。

(2) 原因分析

对螺母的符合性进行检查:螺母的机械性能符合要求;摩擦系数$\mu=0.115$,不符合要求。该批次螺母的摩擦系数偏大是造成最终力矩超差的主要原因。

(3) 改善措施

将监控的力矩范围从231~405N·m调整为231~450N·m,并验证调整监控范围后连接的可靠性。

(4) 结果验证

1) 紧固螺母和连接件的信息见表9-31。

表 9-31 紧固螺母及连接件信息

零件名	后轴销	后轮轴承	轴头螺母
零件编号(图样编号和状态、标准)	9680338580	9672202280	M28×1.5 05级
材料、编号、供应商	38MnVS5 245~300HB	SKF	38MnB5 极限破环力200kN

(续)

零件名	后轴销	后轮轴承	轴头螺母
表面处理	无	无	螺母：锌镍 ZNIA3L 摩擦系数：0.06~0.09
参考文件（标准）		01563_11_01789	
拧紧工艺卡		90N·m±10%+37°±5° 监控力矩 231~405N·m	
组装时目标夹紧力		80~140kN	

2）螺母的拧紧装配验证。对螺母的符合性进行检查：螺母的机械性能符合要求；摩擦系数 $\mu=0.115$，不符合要求。按照 450N·m 上限对连接件进行拧紧，在曲线上，螺母未发现屈服。拧紧曲线如图 9-10 所示。

3）依据标准的拧紧工艺进行装配拧紧的验证。按照标准拧紧工艺：实际夹紧力的范围 81000~110000N，装配摩擦系数为 0.094~0.115，其夹紧力符合设定最小功能预紧力需求，零件本身的摩擦系数偏大，装配摩擦系数偏高，导致最终力矩超差，见表 9-32。

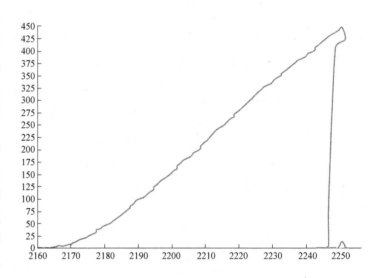

图 9-10 轴头螺母拧紧曲线

表 9-32 拧紧测试结果

装配	预拧紧			拧紧				
	力矩 /N·m	夹紧力 /N	μ	力矩 /N·m	角度 /(°)	夹紧力/N	最终力矩 /N·m	μ
最小（标准拧紧工艺）	65	24909	0.101	81	32	80474	301	0.105
	65	23876	0.103	81	32	81840	358	0.115
最大（标准拧紧工艺）	65	36479	0.091	99	42	108960	452	0.097
	65	37543	0.087	99	42	109970	458	0.094

4）验证结论。该批次螺母不符合技术要求，摩擦系数偏高，会导致装配后结果力矩超差；但装配后，不会导致螺母或被连接件的破环，功能预紧力满足要求。建议对故障批次螺母监控力矩进行调整，保证正常装车，待螺母符合性合格后，恢复原装配力矩监控工艺。

2. 零部件一致性引起的装配夹紧力偏低

（1）问题描述

新车 OTS 试制的后期阶段，动态路试后质量运行部报告副车架与摆臂连接位置出现力矩衰减，导致螺栓松动异响，如图 9-11 所示。

图 9-11 副车架与摆臂连接位置松动异响

（2）原因分析

1）该点的拧紧设备为某品牌的电动扳手，重复精度±5%，装配工艺为力矩法。追溯试制记录，该点位的动态监测力矩和静态监测力矩均符合工艺要求，接头试验和装配夹紧力在OTS试制前期阶段已完成验证。

2）对故障车辆零部件分析发现，发生松动异响的副车架为后期开发厂家（第一次装车），该副车架未进行过接头试验及装配夹紧力测试。

3）对故障厂家的副车架尺寸分析发现，装配位置的开档尺寸实际为55.1～55.9mm，超出了48.8～55.3mm的要求；螺纹孔和装配孔的同轴度也有超出了$\phi1.0$的情况；同时板材为SAPH440，厚度2.5mm，内板有焊接加强，本身的贴合力矩比较大。相比之下故障厂家副车架的装配间隙有超差情况，同时螺栓在装配过程也有歪斜的可能发生。装配部位如图9-12所示。

4）进行对手件焊接螺母分析，发现其使用的特氟龙涂层不是常用的某知名品牌，其摩擦系数监测结果为0.12～0.18，与技术要求的0.07～0.14不符。

5）综合分析得出结论：副车架开档尺寸超差，孔的同轴度不良，特氟龙涂层摩擦系数偏大，导致贴合力矩过大，实际装配夹紧力低于设计要求，最终产生力矩衰减造成松动异响。

(3) 改善措施

1）整车故障副车架的尺寸：开档尺寸按48.8～55.3mm控制，同轴度控制在$\phi1.0$以内。

2）焊接螺母的特氟龙涂层选用某知名品牌，保证螺纹摩擦系数在0.07～0.14。

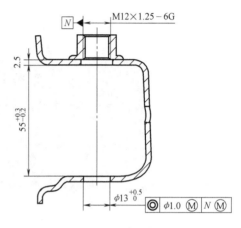

图9-12 装配部位

(4) 结果验证

1）将优化后的副车重新做装配夹紧力测试，满足技术要求。

2）重新进行动态路试，未再出现松动异响情况。

3. 工厂拧紧设备引起的装配夹紧力偏低

(1) 问题描述

OTS试制阶段装配夹紧力测试发现，后减振器上安装的实际装配夹紧力范围27.4～46.4kN低于设计要求的46～66kN，如图9-13所示。

(2) 原因分析

1）该点位为力矩法，工艺力矩为(120±10)N·m，动态力矩要求114～126N·m。由于生产线的线体改造，该处的电动拧紧设备还未到位，临时改为人工采用扭力扳手拧紧。

2）接头试验采用的是某品牌超声波设备，拧紧设备采用某国际知名品牌，拧紧精度±5%以内，拧紧速度10r/min。扭力扳手精度±4%，查询扭力扳手日常班次校正记录为119.6～120.5N·m。装配工艺分两步：预拧紧到60N·m左右；然后用扭力扳手拧紧至扳手"咔咔"声为止。

3）现场装配确认发现，拧紧此处的员工身材比较高大，他个人为了节约装配时间，终拧的

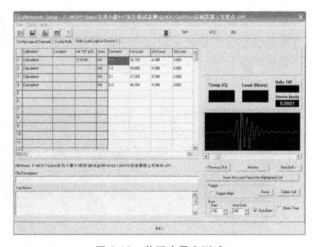

图9-13 装配夹紧力测试

时候旋转扳手的速度非常快，产生了一定的冲击。而且，扭力扳手装配过程中会有停顿，需要克服静摩擦，拧紧机则不会停顿，一直是克服动摩擦，而静摩擦系数往往会大于动摩擦系数，最终导致该处的装

配夹紧力偏小。

（3）改善措施

要求工艺技改部门及时将某品牌拧紧设备安装调试完成，动态力矩按照 114~126N·m 执行。

（4）结果验证

重新测试装配夹紧力在 46.7~62.3kN，满足设计要求。

9.5.4 整车道路试验连接可靠性验证案例

（1）问题描述

某车型在进行整车路试的过坑冲击试验后发现左后下悬臂与后横梁连接螺栓断裂，故障里程 10963km。螺栓断裂部位如图 9-14 所示。需要对螺栓断裂的原因进行分析。

图 9-14 螺栓断裂部位

（2）原因分析

从"人机料法环测"的角度并结合道路试验车的车速、载重量等情况对螺栓断裂原因进行分析。背景调查发现试验过程中并无异常工况及操作，理化分析发现螺栓的材料性能、金相组织均符合技术要求。断裂分析结果表明：螺栓断裂为单向的弯曲疲劳断裂，大部分区域（区域 A）可见明显的疲劳贝纹线特征，在过坑冲击试验时螺栓无法承受过坑冲击时的载荷，导致螺栓完全断裂，区域 B 为瞬断区域，如图 9-15 所示。

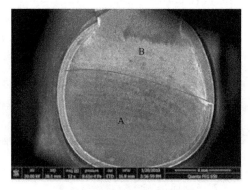

图 9-15 螺栓的断口形貌特征

对螺栓发生疲劳断裂的原因进行进一步分析，发现螺栓疲劳断裂是在整车道路试验过程中，后桥螺纹孔一侧螺纹烂牙导致螺栓发生松动，螺栓承受单侧异常应力的作用下发生疲劳，并在过坑时最终断裂，如图 9-16 所示。

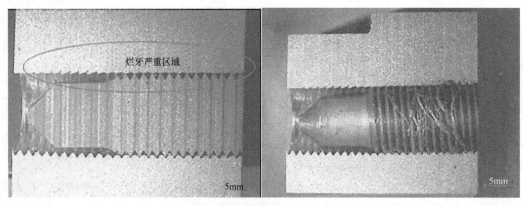

图 9-16 铝合金后桥螺纹烂牙

调查发现该铝合金后桥在装配过程中拧紧力矩异常，在返修区进行返修过程中，对螺纹孔进行了重新攻丝，重新攻丝导致铝合金螺纹损坏，攻丝后在返修区用扭力扳手拧紧，所以调查伺服机时未查询到当时的拧紧参数异常。

综合分析结果表明：螺栓的断裂是因为铝合金左侧臂内螺纹烂牙导致螺栓张紧力不足，发生单向弯曲疲劳断裂。内螺纹孔的烂牙是因为没有遵循正常的返修工艺及拧紧工艺。

（3）改善措施

对后桥连接点的拧紧工艺及返修工艺进行规范，伺服机如果出现报警，必须通知工艺人员到现场排查，对铝合金后桥进行返修后必须用伺服机进行拧紧并如实记录拧紧参数。拧紧参数异常，必须冻结该零件不允许上线。

在整车路试过程中，必须对后桥连接点的拧紧力矩进行复核，并记录复核的力矩参数。对于力矩异常的车辆进行原因分析并重新拧紧，如图9-17所示。

编号	生产阶段	里程/km	测量人	测量时间	后桥左-A/N·m		后桥右-B/N·m		车轮侧左-C/N·m		车轮侧右-D/N·m	
					松	紧	松	紧	松	紧	松	紧
4#	EL2-22	41704			57	54	60	56				
5#	EL2-04	41879			57	60	57	65				
6#	EL2-29	42299			44	52	53	63				
7#	EL2-24	39711			38	60	42	62				
9#	EL2-11	40990			15	15	38	49				
10#	EL2-24	41621			57	75	56	74	51	74	55	78
11#	EL2-27	40247			43	57	42	62	55	63	51	60
15#	EL2-16	42036			50	63	50	60.5				
16#	EL2-13	40058			61	63	60.2	62	52	69	55	67
17#	EL2-01	30932			62	75	72	75				
19#	DDS-01	27476			55	58	55	56				
20#	PMDL1-05	27708			49	56	50	58				
21#	PMDL1-08	26511			50	56	58	62				
22#	PMDL3-10	22774			50	57.8	51	56				
23#	PMDL1-07	16275			63	73	52	63.4				
24#	PDML4-10	20312			46	68	45	64				
25#	DDS-01	14506			50	62	52	63				
26#	PMDL1-05	12807			50	55	53	61				
28#	PMDL2-11	12775			51	56	54	59.2				
29#	PMDL2-06	12545			52	58	52	60.4				
30#	PMDL1-01	12598			48	68	49	65				

图9-17 后桥螺栓路试过程中拧紧力矩的监控

（4）结果验证

重新对连接点进行拧紧工艺监控及优化后，按照相同试验条件进行路试验证。从试验开始到试验结束对该连接点进行监控，试验过程中螺栓无异常松动，试验结束后拆车进行检查，该连接部位紧固件配合件支承面部位及被连接件无异常磨损，无压溃，检测残余力矩满足技术要求，也没有发现类似的螺栓断裂的情况。

9.6 发展趋势及展望

紧固件连接可靠性作为机械连接可靠性的一个分支，在汽车工业中具有十分重要的作用。在国外的主机厂中，基本都有成熟的体系对紧固件连接可靠性进行计算、验证及控制。但是国内该领域的技术标准体系相对比较零散，进展也比较缓慢，还没有形成完善的可靠性验证体系。归根结底，这不是紧固件这一单一领域的问题，而是整个汽车行业技术标准体系的问题，紧固件连接可靠性总是依托着总成零件可靠性体系而来的，输入端技术积累和技术标准体系的欠缺，也进一步阻碍了紧固件可靠性技术体系的发展。这是目前的现状，但是随着中国汽车设计制造能力的逐渐成熟，对紧固件连接可靠性的设计和验证也会越来越成熟。

（1）发展阶段

结合其发展现状和发展趋势来看，紧固件连接可靠性验证技术的发展会经历以下几个阶段：

1）直觉化阶段：在这一阶段，连接可靠与否往往来源于个体直观感觉，有时为了确保可靠性，要采用更多的安全余量。

2）经验化阶段：在这一阶段，连接可靠与否往往以发现的问题为驱动，通过不断试错及解决问题积累大量的经验，依靠在该领域持续的经验积累来逐步建立连接可靠性规范，具有较大的局限性和随意性。

3）半标准化阶段：在这一阶段，已经建立了部分标准化文件，能够对局部领域连接可靠性进行评估，但是不具备系统性，无法形成完整的正向开发能力。

4）标准化阶段：在这一阶段，已经建立了完善的技术标准体系，并能够依据该标准体系进行完全的正向开发和连接可靠性的预测。

5）智能化阶段：在这一阶段，智能设备可以根据历史经验数据库及大数据库，按照标准化的设计、计算、验证模型，对连接点可靠性进行自动的设计和验证，只有极少数的地方需要人进行干预。

（2）发展趋势

依据这一发展趋势，连接可靠性的验证需要往标准化和智能化发展，还有大量的工作可以开展。就其发展趋势而言，可以从以下几个方面着手，推进连接可靠性技术的进步和发展：

1）依据产品功能可靠性要求驱动装配工艺方案的制定，这需要具备前端的产品设计能力，对产品进行功能分析，并依据 DFMEA，进行可靠性分级控制。

2）对产品装配工艺进行分级控制，采用更精准的拧紧工具或装配方案，实现重要连接点的装配方案升级，更精准直接控制连接夹紧力。

3）对重要连接部位，建立系统性、针对性的可靠性验证方法，从设计、装配、台架、道路试验等各流程对连接可靠性进行系统性验证。

4）对影响连接可靠性的因素进行深入研究，建立解决连接松动问题的系统性设计标准，从计算、材料、零件、装配、整车工况、环境适应性等各方面对连接可靠性进行控制。

第10章

汽车紧固件失效分析

当今，汽车紧固件平台化、通用化程度越来越高，且汽车产量大，一旦发生紧固件失效，往往造成多辆甚至批量的失效或潜在的风险。为了安全起见，各车企往往批量召回，由此会产生巨大损失，也给用户造成了很大不便甚至带来人身安全风险。

近年来我国发生的汽车召回案例中，不乏紧固件类问题。例如，2019年，梅赛德斯-奔驰（中国）汽车销售有限公司、北京奔驰汽车有限公司召回进口C级、E级汽车共计2371辆，国产C级、E级汽车共计37208辆。原因是子供应商的生产过程偏差，导致转向机转向齿条的锁紧螺母可能出现裂纹，无法满足强度要求。如果车辆转向机安装了有缺陷的锁紧螺母，锁紧螺母可能会因较大的横向力而断裂，例如在低速转向或驻车过程中，车轮碰到路缘等情况下，断裂的锁紧螺母可能卡在转向齿条与外壳之间，导致车辆转向受阻，存在安全隐患。

大众汽车（中国）销售有限公司召回部分进口甲壳虫、尚酷及高尔夫系列汽车，共计60027辆。原因是变速器总成供应油压蓄能器的二级供应商在特定期间内生产的产品存在螺纹跳丝/部件机加工偏差的情况，固定蓄能器的上壳体螺纹在使用中可能开裂导致油压下降，变速器工作出现异常。个别情况下离合器不再耦合，导致车辆失去驱动力，存在安全隐患。

紧固件失效造成的代价是巨大的，紧固件的失效分析与预防应引起高度重视。本章将对紧固件失效分析的基础知识、失效分析思路和方法进行系统介绍，并附有典型的失效分析案例。

10.1 汽车紧固件失效分析基础

10.1.1 失效及相关概念

(1) 失效

失效是指产品丧失规定的功能，对可修复产品，通常也称故障。丧失，可能是暂时的、间断的或永久的；可能是部分的、全部的；可能快也可能慢；经过修理后可能恢复，也可能无法恢复。无论哪种情况，都在丧失规定功能之列，即均处于失效状态。也可能有这样的情况，产品一开始就不具备规定的功能，因此可采用"不具备"来代替"丧失"进行描述。

可见，失效强调的是产品所处的功能状态，从某种意义上讲也是潜在的不合格产品（虽然出厂时已经贴上了合格标签），包括在使用初期是合格品而在规定的有效使用时间内功能失效的产品。

(2) 规定的功能

功能是指国家有关法规、质量标准、技术文件以及合同规定的对产品适用、安全和其他特性的要求。它既是产品质量的核心，又是产品是否失效的判据。对于紧固件来说，功能是连接、固定不同的部件。

(3) 失效模式

失效模式是指失效的外在宏观表现形式和过程规律，一般可理解为失效的性质和类型。对于紧固件来说，失效模式有变形、断裂、松动、滑牙、咬死等。

1) 变形是指紧固件在安装过程中或使用过程中发生了塑性变形，并超出了正常的可接受的范围。
2) 断裂是指紧固件在安装过程中或使用过程中发了断裂，导致连接失效。
3) 松动是指紧固件连接的部件由于锁紧力不足而出现了明显的相对运动。
4) 滑牙是指紧固件的螺纹损坏，在拧紧的过程中出现了跟转。
5) 咬死是指紧固件无法进行拧紧或者松卸。

(4) 失效原因

失效原因通常是指导致失效发生的直接关键性因素。对于紧固件来说，这些因素包括材料缺陷、零件尺寸、工作强度、使用环境、装配工艺等。这是失效的核心和关键，直接影响着改进措施的确定。

失效原因的确定，分为定量确定和定性确定。为了确定失效的原因，在分析过程中，必要时须进行模拟再现。

(5) 失效机理

失效机理是指失效的物理、化学变化本质和微观过程，可以追溯到原子、分子尺度和结构的变化，但与此相对的是它迟早也要表现出一系列宏观（外在的）的性能、性质变化和联系。失效机理是对失效的内在本质、必然性和规律性的研究，是人们对失效本质认识的理论提高和升华。

(6) 失效分析

失效分析是判断产品的失效模式，查找产品失效机理和原因，提出预防再失效对策的技术活动和管理活动。其主要内容包括：明确分析对象；确定失效模式；研究失效机理；判定失效原因；提出预防措施（包括设计改进）。

失效分析是一门综合性的质量系统工程，是一门解决材料、工程结构、系统组元等质量问题的工程学科。失效分析学（失效学）是人类长期生产实践的总结，与其他学科相比，有两个显著的特点：一是实用性强，有很强的生产使用背景，与国民经济建设存在着密切关系；二是综合性强，涉及广泛的学科领域和技术部门。

(7) 残骸

在事故检查中，产品发生事故后，原产品的所有部件通称为残骸，可能包括非失效件、失效件和被破坏件。失效件包括肇事失效件、相关失效件、无关失效件（也称独立失效件）；被破坏件是指受害失效件，包括直接受害失效件和间接受害失效件。

10.1.2 失效分析的人员及管理基本要求

(1) 失效分析的人员基本要求

失效分析过程涉及多种学科的运用，如图10-1所示。因此，要求失效分析人员除具有失效分析的专业知识外，还应该了解其他学科的基本专业知识，如材料学、工艺学、力学等，同时应该掌握失效分析所需的检测方法的要求和适用性，如理化分析、无损检测、断口分析等。

(2) 失效分析管理的基本要求

失效分析是开发工作、质量工作以及重大问题处理中的重要项目，同时，由于失效分析问题具有复杂性和特殊性，很有必要加强失效分析的管理。

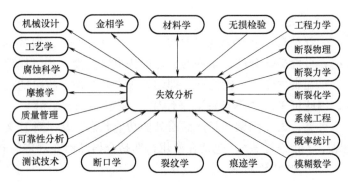

图10-1 失效分析及其相关联学科

首先，所在的失效分析单位需要支持失效分析人员的工作，保护失效分析人员坚持真理、实事求是的精神，为失效分析工作提供良好的环境，确保失效分析原因准确地被揭示，不受到外界的干扰。

其次，在失效分析的过程中，失效分析人员需要广泛与相关人员进行交流和讨论，收集信息，对不同的意见和建议进行分析。这有助于分析结果的准确性，确保分析质量；同时，在分析和问题处理的过程中，必要情况下，还可以协调各方资源，建立跨部门团队，开展相关工作。

在整个工作开展中，可以运用工程的管理思路和方法进行。

10.1.3 汽车紧固件的失效分析程序

(1) 一般失效分析程序

紧固件在工作中起到连接作用，与被连接的零件形成一个小系统；这个小系统可能还处于一个大系统中。复杂情况下，失效的发生往往伴随着多个零件失效。

失效的紧固件可能是受害件，也可能是肇事件。对于这些问题的分析，一般情况下，可以采取图 10-2 所示失效分析程序。

(2) 现场及相关信息的收集

解决问题的第一步是了解问题，因此失效分析的第一步是了解产品（涉及结构、工作原理、受力等），以及制造、装配、产品的使用和失效过程。

为了解以上信息，可以从如下几个方面考虑：

1) 图样：基于图样可以了解产品的关键尺寸、性能以及材料相关的技术要求。

2) 三维结构图：可以直观地了解产品的结构以及各部件的匹配关系。

3) CAE仿真结果：了解产品设计的评估参数，包括工作时的应力、温度、模态的分布、安全系数和寿命等。基于结果，可以判断失效的部位是否处于薄弱的区域，同时鉴别设计是否可靠。对于失效分析来说，这一结果是非常有帮助的。

4) 是否出现过类似的失效以及失效的概率：为了解这些信息，可以调查产品开发工程师或其他相关人员。

5) 有时工艺流程、控制计划、PFEMA 也是非常有必要的，通过这些文件，可以了解生产工艺过程、关键工艺参数，以及生产过程可能引起的失效。

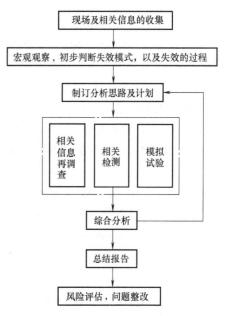

图 10-2 失效分析程序

6) PAM：通过 PAM 文件，可以了解产品的装配工艺以及匹配关系。

7) 维修历史记录：关注产品的维修记录，这些记录往往也是支撑失效原因的重要证据。

8) 拆解信息：在拆解的过程中，需要关注产品的结构、表面的接触痕迹，以及螺栓（螺母）的锁紧力矩，并记录相关信息。

9) 试验过程：对于试验中失效的产品，了解试验规范以及试验过程是非常有用的；通过试验规范的文件或者向试验工程师咨询可以获取这方面的信息。去现场调查，了解实际的试验操作和试验环境也是非常必要的。试验规范、试验环境、试验过程中的装配以及异常，都可能是引起失效的潜在原因。

现场调查方法是非常重要的、有价值的方法，可以直观地获取丰富的信息，这对于后续工作开展具有非常重要的意义。

(3) 宏观观察

对失效件以及失效系统进行宏观的外观观察就是利用肉眼或低放大倍率设备对产品外表面的痕迹、

色彩、匹配状态等进行观察；广义上也包括断口的低倍观察。

痕迹通常指的是产品表面的碰伤、压伤、划伤、粗糙的刀痕、磨损、腐蚀的凹坑以及接触痕迹等。产品表面的痕迹可能是导致失效的原因或者反映引起失效的潜在原因。

色彩的异常通常是温度、磨损、腐蚀等原因造成的。这些反映了失效件所在环境的差异，如断口表面色彩较深的区域，可能是最先开裂的区域，也可能是局部遭受腐蚀所致。

零件的匹配状态也值得关注。如果匹配不佳，可能会导致紧固件的受力处于非正常状态或引起"假扭矩"，导致松弛的发生。

在紧固件的外观检查中，如果有正常的紧固件或类似失效件用于对比，则更有利于对其外观的特征和状态进行识别。这对于失效分析是非常有帮助的，因为一些痕迹和特征在一些资料中往往是没有记载的，也可能没有标准去评判，而通过零件的对比，可以识别出差异。

对断口进行宏观的观察，也属于外观检查的范畴。部分断口基于宏观观察可以对断裂的形式做出判断；断口宏观检测是断口分析中的重要组成部分。

（4）初步判断失效模式及失效的过程

基于上述外观检查和失效信息，可以初步了解产品的结构和状态，对产品的失效模式和失效过程形成初步的判断。失效过程的初步判断包括：①多个零件失效的情况下，各零件失效是否存在相互的关联性；②失效过程可能是怎样的；③哪个零件可能是最先失效的；④肇事件是哪个。

对于一个系统中多个零件出现了失效的情况，失效过程的判断是必须考虑的。如果判断先后顺序，第一失效件或肇事件就成为分析的重点，有助于迅速解决问题；基于失效信息和外观的检查，也可能无法判断零件失效的先后顺序，但这会成为分析计划和思路的起点。

（5）制订分析思路和计划

基于已获取的现场和失效件的相关信息，外观初步的检查结果，以及初步判断的失效模式和失效过程，制订相应分析思路和计划，考虑分析工作如何开展以及制订相应的工作计划。

如果问题较困难，可以组织相关人员一起参与，相互交流，共同制订分析思路和计划。如果失效分析工作是一个团队共同进行的，可以在制订计划的同时，分配各成员的分析任务。

（6）再调查、检测以及模拟

1）再调查。在前期，一些有助于分析的信息还不知晓，因此不可避免地需要再次进行相关信息的调查或者核实。

2）检测。依据产品的技术要求和分析的需要，对产品进行有针对性的检测。通常的检测包括如下项目。

① 尺寸检测：一些尺寸不符合技术要求或不合理，可能对产品的失效产生影响。在判断失效模式的情况下，需要对可能影响失效的关键尺寸进行检测。对于钣金件来说，板厚、过渡半径、表面粗糙度是值得关注的。在实际分析中，需要依据产品和失效模式，识别出相关的关键尺寸，进行判断。

② 成分测试：基于成分检测，可以判断材料中各元素的含量是否符合要求；同时，需要鉴别元素含量的偏差是否会引起产品性能的变化。对于金属来说，不同牌号的材料可能具有相同的机械性能或相同的成分，因此成分不符合并不一定是失效的原因，同时还需要结合材料的性能进行评估。

③ 硬度测试：硬度是材料的重要性能；一些产品在技术要求中可能会明确规定这项技术要求，此时应该采取图样规定的硬度规范进行测试。一些材料只有机械性能的要求，但是无法从零件上取样，那么通过硬度换算出材料的大致强度后进行评估就是一种可取的方法。如果换算的抗拉强度处于临界状态，最好从零件上或同批次的原材料上进行取样和拉伸测试。

④ 机械性能测试：依据标准进行，依据图样规定或在变形小、加工硬化小的部位取样。

⑤ 摩擦系数检测：有的螺栓和螺母对摩擦有一定的控制要求，紧固件摩擦系数对拧紧过程中螺栓的受力具有重要的影响。摩擦系数偏小，可能导致螺栓在拧紧过程中出现缩颈、断裂或松弛。

⑥ 无损检测：无损检测包括 X 射线探伤、CD 探伤、磁粉探伤、涡流探伤、荧光探伤等。其中，X

射线和 CD 主要对零件的内部缺陷进行检测，如铸件的内部孔洞；磁粉、涡流主要对表面和近表面缺陷进行检测；荧光主要用于表面裂纹的检测。这些方法可以在不破坏零件的情况下，对零件的内部以及表面缺陷进行检测，是失效分析中常采用的方法。

3）模拟。对于一些失效来说，无法找到直接的证据证明失效的原因，或者前面的检测和外观证据还不充分，此时需要利用一些模拟试验对失效进行再现，以便充分确定失效的原因。

模拟再现中，一定要注意条件和数量，以及结果与失效件的匹配度。最终，模拟结果与失效件具有高匹配性，就可以充分支持失效原因。

（7）综合分析

失效人员需要结合失效信息、检测结果和模拟结果进行综合分析，通过合理的逻辑推理来确定失效的过程、模式、机理和原因。

在大多数情况下，失效原因可能有多种，应努力分清主要原因和次要原因。

（8）总结报告

完成所有的检测和分析后，形成总结性报告。总结报告应涵盖如下内容：

1）介绍失效件的背景信息，包括零件名称、失效的情形等。产品的介绍应描述产品装配的位置以及受力等信息，以便于阅读者理解分析过程。失效的情形应介绍在何种工况下，表现出怎样的症状。

2）失效件的外观特征，也就是外观检查的结果。

3）相关的检测结果，涉及断口、材料、尺寸、受力分析、接头试验以及模拟结果等。断口的检测结果包括裂纹的起源、裂纹的扩展方向、瞬断区以及断裂的模式。

4）结论和建议。

10.1.4 汽车紧固件的失效分析思路

实际上，失效总有一个或长或短的变化发展过程，失效过程实质上是材料的累积损伤过程，即材料发生物理和化学变化的过程。而整个过程的演变是有条件的、有规律的，也就是有原因的。因此，机械失效的客观规律性是整个失效分析的理论基础，也是失效分析思路的理论依据。

失效分析思路是指导失效分析全过程的思维路线，是在思想中以失效的规律（即宏观表象特征和微观过程机理）为理论依据，对通过调查、观察和试验获得的失效信息（失效对象、失效现象、失效环境统称为失效信息）分别加以考察，然后有机结合起来作为一个统一整体综合考察，以获取的客观事实为证据，全面应用推理的方法，来判断失效事件的失效模式，并推断失效原因。

失效是复杂的，有可能是多种因素综合导致的结果，也可能存在多种因素单独作用导致相同的结果。为了推断失效过程，查明失效原因，就需要在科学的分析思路指导下，制定正确的分析程序。

在失效分析中，首先面对的是失效的结果，如变形、断裂、腐蚀和磨损等。同时，往往还要知道系统的基本工作原理、受力状态、材料性质和使用情况等。整个分析过程中，要充分利用好这些信息，并以此为基础展开分析，而不能简单地认为失效分析是从果求因的认识过程。如果把失效结果比作瓜，失效过程比作藤，失效系统的起始状态和原因比作根，则分析思路的方向性表现为如下几种：顺瓜摸藤、顺藤找根、顺藤摸瓜、顺根摸藤、顺瓜摸藤+顺藤找根、顺根摸藤+顺藤摸瓜、顺藤摸瓜+顺藤找根。

失效分析的思路很多，主要分析思路包括以下几种。

（1）按照失效件从设计、制造到使用的全过程进行分析

这个分析思路从产品的各阶段（设计、制造、使用）对失效原因进行查找，是一种撒大网的思路。首先需要对产品的设计进行评估。如果是一个刚开发的产品，且是第一次试验就发生了失效，那么需要重点评估其设计的理论计算结果。如果是一个批量的产品，经过了多次试验验证，且已广泛使用，那么设计相对可靠，引起失效的可能性较小，但在实际分析中同样需要评估。

其次，要对制造进行检查和评估，涉及材料评判、尺寸检测以及装配质量评估。

最后，对使用过程进行调查和评估，判断使用操作和环境是否正常，或是否符合相关规定。

(2) 根据产品的失效形式（模式）进行分析

这是一种常用的分析方法。单个零件失效，其表现形式通常为变形、断裂、磨损和锈蚀。根据表现形式，查找导致失效的内部因素和外部因素，最终确定失效原因。

(3) 故障树

故障树是当前应对复杂安全性、可靠性分析的一种好方法。它是从结果到原因描述时间发生的有向逻辑树，是一种图形演绎的分析方法，是故障事件在一定条件下的逻辑推理方法。它可围绕某些特定的故障状态做层层深入的分析，在清晰的故障树图形下，表达系统的内在联系，并指出部件的故障与系统间的逻辑关系。它可以定性分析系统的薄弱环节，确定系统故障原因的各种可能组合方式，定量分析系统的故障概率以及其他可靠性参数，进行可靠性设计和预测，主要用于安全性分析。一般情况下应用较少。

(4) 逻辑推理的思路

在综合分析的过程中，必然会应用逻辑推理的思路进行分析。逻辑推理，就是从已有的知识推出未知的知识，或者从一个或几个已知的判断推出另一个新的判断的思维过程。主要采用的逻辑推理有如下几种：

1）归纳推理。某类事物的部分对象具有某些特征，推导出这类事物的全部对象都具有这些特征，或者由个别事实概括出一般结论的推理；也就是由部分到整体，由个别到一般的推理，称为归纳推理。

一般而言，普遍性的判断，总是靠归纳推理来提供的，掌握的个别事物量和共性越多，越有代表性，则所得普遍性结论的可信度越高。但这种结论仍带有或然性，不可绝对化。

2）演绎推理。演绎推理就是从一般性的前提出发，通过推导得出具体程序或个别结论的过程。它是从一般到特殊的推理，是前提与结论之间具有充分条件或者充分必要条件联系的必然性推理。

在失效分析中，判断出失效件的失效模式后，就要充分利用失效模式所涵盖的失效机理演绎出新的判断。如果零件发生了弯曲疲劳断裂，就一定受到了弯曲载荷，且发生了弯曲变形。

3）类比推理。观察到两个或两个以上失效事件的许多属性和特征上都相同，可推理出它们在其他主要属性上也相同，这就是失效分析中使用的类比推理。通过比较得出两个或两个以上失效事件的共同点，是类比推理的前提。

类比推理的前提和结论不是一种由个别到普遍的推理，也不是由普遍到个别的推理。类比推理的结论具有或然性。推理的可靠性取决于两个事件相同特征的数量和质量。相同特征的数量越多，质量越接近，可靠性就越高。

类比推理具有如下基本特点：

① 类比的对象要有许多相同的特征，这是类比推理的客观依据。

② 相同的特征与推出的结论之间要有相关性，相关程度越高，类比的可靠性越高。

4）选择性推理。选择性推理是根据失效事件或其中某一事件的发生存在两种或两种以上的可能性的情况，用已知的事实否定其中一部分可能性，从而肯定其他的可能性，即从否定中求肯定。

选择性推理有以下三个特点：

① 从否定中求肯定。

② 大前提中的几种可能性，只能是相对的"穷尽"。

③ 结论具有一定的或然性。

10.2 汽车紧固件的失效类型及主要原因

10.2.1 失效类型

汽车紧固件装配是一个系统，失效原因比较复杂，涉及设计、生产控制、产品质量、装配、匹配等因素，失效类型分类也多种多样。按紧固件在外力作用下的基本表现形式可分为塑性断裂失效、脆性断裂失效、疲劳断料失效、氢脆断裂失效等；按照生产制造过程可分为设计不当、原材料原因、装配不当等；按失效原因的表现形式可分为紧固件自身缺陷引起的失效、螺栓或螺母对手件原因引起的失效、连接副设计原因引起的失效、装配工艺原因引起的失效。其中后三种失效情况比较复杂，对手件和连接副要求设计上必须针对紧固系统考虑合理选材以及合理选择紧固件配对，设计上避免使用中的紧固松动，例如通孔过大、被紧固零件刚性不足、环境导致易松动需要增加防松措施等。装配工艺涉及是否考虑装配材料的性能要求以及紧固件自身性能的合理性、装配工具的精度、装配过程控制等，这些情况出现的失效由于涉及比较广泛，不同车厂要求不尽相同，需要根据具体情况综合来分析，这里不做过多说明。本章案例的编排就是按此种分类方式编排的。

通常机械零件失效的主要形式包含变形失效、断裂失效、腐蚀失效、磨损失效等类型。其中紧固件涉及的主要是变形失效、断裂失效以及疲劳失效，仅针对紧固件自身缺陷引起的失效来进行分类说明。

1）变形失效：紧固件失去原有形状而发生的失效，可以是局部变形或整体变形，也可以是弹性的、塑形的或蠕变的变形。对紧固件来说，变形失效常常引起松动或者异响，严重可引起断裂。

2）弹性变形失效：弹性性能达不到原设计要求，螺栓屈服点低，尤其对于不过屈服装配的紧固件，零件轴向达不到应有的夹紧力，从而引起失效。需要从设计上增加螺栓外径或者更换材料，或者通过合适的热处理，来避免弹性变形失效。

3）塑性变形失效：随着塑性变形逐渐增大，超过一定极限，引起异响或者严重的将引起紧固件断裂。特别对于过屈服装配的螺栓，选材不合理或者热处理不当，引起塑性差，零件过屈服后行程小引起断裂，没有足够的安全余量。应通过合理选材和适当热处理来增加零件过屈服后的塑性变形区间，避免紧固件塑性变形失效。

4）蠕变变形失效：一定温度和压力下工作，应力小于屈服点，也会产生塑变，超过规定值失效。对于在温度和压力情况下使用的紧固件，需要采用对应的耐高温材料，来防止蠕变变形失效。

5）高温松弛：高温下零件失去弹性功能，导致失效。要避免这种情况，在选用紧固件材料的时候就需要对应不同温度选用相对应的耐高温材料。

10.2.2 断裂失效

断裂失效是指紧固件完全断裂而且在工作中丧失或达不到预期功能。断裂失效是紧固件产品最主要和最具危险性的失效，按断裂性质分为塑性断裂、脆性断裂和疲劳断裂等。

（1）塑性断裂失效

塑性断裂又叫延性断裂和韧性断裂，即零件断裂之前，在断裂部位出现较为明显的塑性变形。对于紧固件，塑性断裂一般表现为过载断裂，即零件危险截面处所承受的实际应力超过了材料的屈服强度或强度极限而发生的断裂。

塑性断裂的断口一般宏观上裂纹或断口附近有塑形变形，或在塑性变形附近有裂纹出现，微观上有韧窝，如图10-3所示。受正应力作用为等轴韧窝，受剪切力作用，韧窝被拉长，韧窝大小与形核数量、材料韧性、温度、应变速率有关。

在正常情况下，紧固件的设计都将零件危险截面处的实际应力控制在材料的屈服强度以下，一般不会出现塑性断裂失效。但是，由于紧固件在经历设计、用材、加工制造、装配直至使用维修的全过程中，存在着众多环节和各种复杂因素，因而紧固件的塑性断裂失效仍难完全避免。

由于螺栓螺母配对原则上是螺母的保载力大于螺栓的断裂力，因此希望在强度保证使用要求的情况下，对于过屈服装配

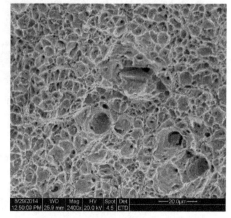

图10-3 8.8级螺栓韧性断裂韧窝

的螺栓来说,希望螺栓的塑性尽量大,保证螺栓有足够的塑性变形,减少断裂引起的风险。

钢材随着含碳量的提高,强度提高,塑韧性降低。图10-4所示是含碳量对退火态碳钢力学性能的影响。可以看出,在亚共析钢中,随着含碳量的增加,珠光体逐渐增多,强度、硬度升高,而塑性、韧性下降。当含碳量达到0.77%时,其性能就是珠光体的性能。在过共析钢中,含碳量在接近1%时其强度达到最高值,含碳量继续增加,强度下降。这是由于脆性的二次渗碳体在含碳量高于1%时于晶界呈连续的网状,使钢的脆性大大增加。

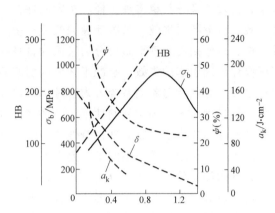

图10-4 含碳量对钢性能的影响

因此,对于紧固件,通常选择含碳量低于0.5%的钢,以保证材料具有足够的塑韧性,增加安全系数。

汽车用高强度螺栓(8.8级以上)通常需要热处理,即淬火+回火处理。一般来说,回火温度范围为150~250℃,得到回火马氏体组织;回火温度在350~500℃之间,得到回火屈氏体组织;回火温度为500~650℃,即调质处理,组织为回火索氏体。

随着回火温度的提高,钢的硬度降低,塑性增加,钢力学性能与回火温度的关系如图10-5所示。三种回火组织中,回火索氏体是塑韧性最好的回火组织,因此高强度螺栓淬火后一般组织为回火索氏体。在强度满足使用要求的前提下,应尽量选用塑韧性高的材料和组织,以避免紧固件塑性断裂。

此外,需要热处理的高强度紧固件如果存在加热不足或者冷却不良的铁素体组织,在回火充分的情况下,也会引起强度不够,出现塑性断裂,这需要生产过程中严格控制热处理过程,避免这种缺陷组织出现,如图10-6、图10-7所示。

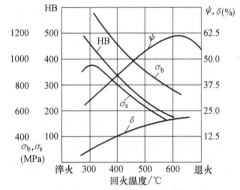

图10-5 钢力学性能与回火温度的关系

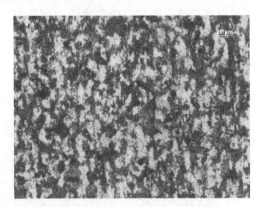

图10-6 10.9级螺栓加热不足 500×

图10-7 8.8级螺栓冷却不良 500×

(2) 脆性断裂失效

断裂前无塑性变形,类型按微观主要分为穿晶断裂和沿晶断裂两种。穿晶脆性断裂分为解理断裂(图10-8)和准解理断裂(图10-9)。

沿晶断裂断口形貌呈粒状时又称晶间颗粒断裂。当金属或合金沿晶界析出连续或不连续的网状脆性相时,在外力的作用下,这些网状脆性相将直接承受载荷,很易于破碎形成裂纹并使裂纹沿晶界扩展,造成试样沿晶界断裂。产生沿晶断裂一般是因为晶界夹杂物引起晶界弱化,促使沿晶断裂产生。将金属进行提纯、净化晶界、防止杂质原子在晶界偏聚或脱溶（固溶处理）、防止第二相在晶界上析出、改善环境因素等，均可减少金属发生沿晶脆性断裂的倾向。

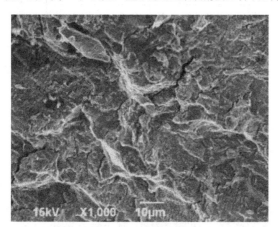

图 10-8　典型解理断裂断口形貌

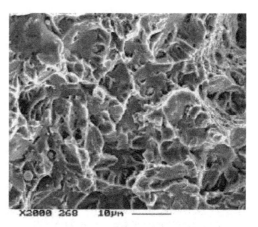

图 10-9　准解理断裂断口形貌

高强度紧固件热处理不良（存在异常组织或者回火不充分）易发生脆性断裂失效。脆性断裂发生突然，使用中应尽量避免。

图 10-10 所示为高强度螺栓沿晶断裂，实测硬度为 440HV，回火温度不够，回火不充分，导致组织脆性增大，在使用中出现脆断。

为避免这种情况出现，在 GB/T 3098.1—2010《紧固件机械性能　螺栓、螺钉和螺柱》中对高强度紧固件规定了最低回火温度，在生产工艺中回火温度必须大于最低回火温度，以保证组织为回火索氏体，使材料具有足够的塑韧性，避免脆性断裂，见表 10-1。同时，针对检验需要，在标准中规定了再回火试验，在比最低回火温度低 10℃ 的温度下保温 30min，测定同一螺栓螺钉或螺柱试件上再回火试验前后三点硬度其平均值之差不应大于 20HV。

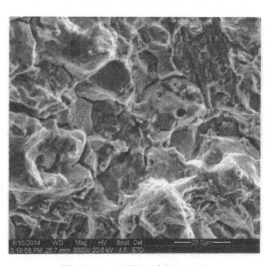

图 10-10　沿晶断裂断口形貌

表 10-1　GB/T 3098.1—2010 中对紧固件最低回火温度的规定

性能等级	材料和热处理	化学成分（%）						回火温度 /℃
		C		P	S	B		
		Min	Max	Max	Max	Max		Min
3.6		—	0.20	0.05	0.06	0.003		—
4.6		—	0.55	0.05	0.06	0.003		
4.8	碳钢							
5.6		0.13	0.55	0.05	0.06			
5.8		—	0.55	0.05	0.06	0.003		—
6.8								
8.8	低碳合金钢(如硼、锰或铬),淬火并回火 或中碳钢,淬火并回火	0.15	0.04	0.035	0.035	0.003		425
		0.25	0.55	0.035	0.035			
9.8	低碳合金钢(如硼、锰或铬),淬火并回火 或中碳钢,淬火并回火	0.15	0.35	0.035	0.035	0.003		425
		0.25	0.55	0.035	0.035			

(续)

性能等级	材料和热处理	化学成分(%)					回火温度/℃ Min
		C Min	C Max	P Max	S Max	B Max	
10.9	低碳合金钢(如硼、锰或铬),淬火并回火	0.15	0.35	0.035	0.035	0.003	340
10.9	中碳钢,淬火并回火 或低、中碳合金钢(如硼、锰或铬),淬火并回火 或合金钢淬火并回火	0.25 0.20 0.20	0.55 0.55 0.55	0.035 0.035 0.035	0.035 0.035 0.035	0.003 0.003 0.003	425
12.9	合金钢,淬火并回火	0.28	0.50	0.035	0.035	0.003	380

紧固件中还有一种常见脆性开裂为氢脆开裂,氢脆是溶于钢中的氢聚合为氢分子,造成应力集中,超过钢的强度极限,在钢内部形成细小的裂纹,又称白点。氢脆只可防,不可治。氢脆一经产生,就消除不了。在紧固件生产过程(如电镀)中进入钢材内部的微量氢(10^{-6}量级)在内部残余的或外加的应力作用下导致材料脆化甚至开裂。

某些金属与氢有较大的亲和力,过饱和氢与这种金属原子易结合生成氢化物,或在外力作用下应力集中区聚集的高浓度的氢与该种金属原子结合生成氢化物。氢化物是一种脆性相组织,在外力作用下往往成为断裂源,从而导致脆性断裂。氢脆断裂是紧固件中常见的缺陷之一,如图10-11所示。

要防止氢脆断裂,首先,尽量缩短酸洗时间;其次加缓蚀剂,减少产氢量。另外,表面保护后及时进行去氢退火,在200~240℃的温度下,加热4h可将绝大部分氢去除。

(3) 疲劳断裂

疲劳断裂是指由于在局部应力集中或强度较低部位首先产生裂纹,裂纹随后扩展导致的断裂。疲劳断裂是紧固件中比较常见的断裂形式。

疲劳断裂的类型较多,常见的疲劳断裂主要有高周疲劳、低周疲劳、热疲劳、接触疲劳、腐蚀疲劳、微振疲劳、蠕变疲劳等。

1) 高周疲劳(循环次数$N>10^4$)。其工作应力低于屈服应力,不发生宏观塑变。疲劳断口具有独特形貌,断口由疲劳源区、裂纹扩展区和瞬断区组成。疲劳源常

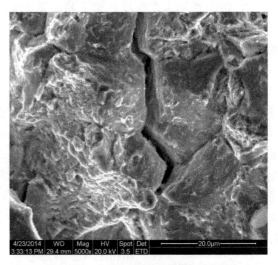

图10-11 12.9级螺栓氢脆断口形貌

位于零件的尖角、凹槽或夹杂、空洞、微裂纹处,裂纹扩展区的宏观形貌常呈海滩状条纹、贝纹线状,微观形态为疲劳辉纹,如图10-12所示。其形态为呈弧形的平行条纹,凸弧面指向裂纹扩展方向,瞬断区断口形貌与材料性质有关。塑性材料为塑性断裂,脆性材料为脆性断裂。

紧固件产生高周疲劳断裂的原因主要有材料强度不足,以及零件上存在表面缺陷、凹坑、折叠、加工刀痕等应力集中区,或者材料有夹杂、疏松、气孔、微裂纹等缺陷,热处理缺陷、表面脱碳、过热都可能造成高周疲劳断裂,需要保证足够的螺栓强度(足够的公称直径或者使用添加合金钢材料),严格控制原材料以及后续生产过程来避免高周疲劳断裂。

2) 低周疲劳(循环次数$N<10^4$)。循环次数低,为高应力低周疲劳,往往无贝纹线,疲劳区断口占面积较小,瞬断区占面积较大,断口复杂,如图10-13所示。$N>10^3$,断口有粗大辉纹;$N<10^3$,断口呈轮胎花样;$N<10^2$,断口呈韧窝与准解理混合。

紧固件低周疲劳通常是由于材料塑性较差、受较大应力形成,因此尽量采用塑性好的材料,可以降低低周疲劳风险,在强度能满足使用要求的前提下,可以考虑以下措施:

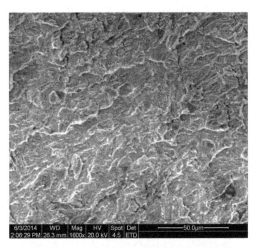
图 10-12　8.8 级螺栓高周疲劳断裂辉纹

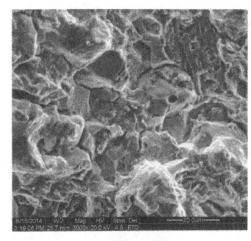
图 10-13　12.9 级螺栓高应力低周疲劳断裂辉纹

① 设计上，尽量采用含碳量较低的材料，可以适当增加合金元素。在装配环境允许的情况下，通过降低含碳量、增加公称直径来保证强度，同时兼顾材料塑韧性。

② 硬度满足要求的情况下，热处理提高回火温度保证索氏体组织。

③ 大应力的紧固系统中，合理防松，避免松动。

3）热疲劳。金属材料由于温度梯度循环引起的热应力循环，而产生的疲劳破坏现象，成为热疲劳。宏观特征呈网状或平行断续的细小裂纹，微观断口有氧化物，裂纹源于表面，走向可以是沿晶型的，也可以是穿晶型的，裂纹扩展深度与应力、时间及温差变化相对应，如图 10-14 所示。

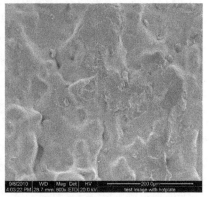
图 10-14　排气管螺栓双向疲劳断裂，右图可见断口覆盖有一层氧化物

热疲劳断裂的螺栓，使用环境不可避免，则需要设计选用耐高温紧固件，检查装配是否出现松动，螺栓是否强度合格，零件是否有缺陷。如使用环境无高温要求，则需要关注是否存在高温泄漏影响到紧固件。

4）接触疲劳。接触疲劳是工件表面在接触压应力的长期不断反复作用下引起的一种表面疲劳破坏现象，表现为接触表面出现许多针状或痘状的凹坑，称为麻点，也叫点蚀或麻点磨损。

5）腐蚀疲劳。腐蚀疲劳在交变载荷和腐蚀性介质交互作用下形成裂纹及扩展的现象。由于腐蚀介质的作用而引起抗疲劳性能的降低，在交变载荷下首先在表面发生疲劳损伤，在连续的腐蚀环作用下最终发生断裂或泄漏。对应力腐蚀敏感或不敏感的材料都可能发生腐蚀疲劳，因此没有一种金属或合金能抗腐蚀疲劳。腐蚀疲劳裂纹通常为穿晶型的。

在不可避免腐蚀环境中，应选用耐腐蚀螺栓，避免腐蚀疲劳。在 GB/T 3098.6—2000《紧固件机械性能　不锈钢螺栓、螺钉和螺柱》中推荐相应不锈钢材料加工紧固件，见表 10-2。根据具体使用要求，选用奥氏体不锈钢、马氏体不锈钢或者铁素体不锈钢作为耐腐蚀材料来加工紧固件。其中马氏体不锈钢可应用于强度要求高、具有一定耐腐蚀环境中;奥氏体不锈钢耐腐蚀性能高、无磁性;铁素体型不锈钢耐腐蚀、变形性能好。具体使用在 GB/T 3098.6—2000 标准中详细说明。

表 10-2 GB/T 3098.6—2000 标准中对紧固件用不锈钢的推荐材料

类别	组别	化学成分(质量分数)(%)								
		C	Si	Mn	P	S	Cr	Mo	Ni	Cu
奥氏体	A1	0.12	1	6.5	0.2	0.15~0.35	16~19	0.7	5~10	1.75~2.25
	A2	0.1	1	2	0.05	0.03	15~20	—	8~19	4
	A3	0.08	1	2	0.045	0.03	17~19		9~12	1
	A4	0.08	1	2	0.045	0.03	16~18.5	2~3	10~15	1
	A5	0.08	1	2	0.045	0.03	16~18.5	2~3	10.5~14	1
马氏体	C1	0.09~0.15	1	1	0.05	0.03	11.5~14	—	1	—
	C3	0.17~0.25	1	1	0.04		16~18		1.5~2.5	
	C4	0.08~0.15	1	1.5	0.06	0.15~0.35	12~14	0.6	1	
铁素体	F1	0.12	1	1	0.04	0.03	15~18		1	

6) 微振疲劳。它是由微振应力引起的疲劳破坏,如铆钉、叶片。宏观裂源处有磨损,微观疲劳断口上有与高周疲劳相似的辉纹。

10.2.3 腐蚀失效

腐蚀失效是指紧固件在环境因素作用下被腐蚀而失效。按腐蚀环境可分为化学介质腐蚀、大气腐蚀、海水腐蚀、土壤腐蚀,按金属被腐蚀的理化机理可分为物理腐蚀(金属在介质中被溶解形成溶液而不是化学物)、化学腐蚀、电化学腐蚀,后两种腐蚀的主要区别在于形成化合物的过程中是否在原子之间有电荷的转移;按腐蚀使构件损伤的情况又可分为全面腐蚀(或称均匀腐蚀)、局部腐蚀、集中腐蚀(即点腐蚀)。防止腐蚀失效的根本措施还是在于根据具体使用要求,选取合理耐腐蚀材料加工紧固件。

10.2.4 磨损失效

磨损是零部件失效的一种基本类型。通常意义上来讲,磨损是指零部件几何尺寸(体积)变小,因磨损而引起的失效称为磨损失效。

按照表面破坏机理特征,磨损可以分为磨粒磨损、黏着磨损、表面疲劳磨损、腐蚀磨损和微动磨损等。

10.3 汽车紧固件的失效分析技术及方法

10.3.1 常规检测技术

1. 尺寸检测

尺寸和材料(性能)是产品组成的两要素。尺寸不符合要求或者设计不合理,也可能成为导致失效的原因。不同的产品,具有不同的关键尺寸。在失效分析中,需要结合失效模式和产品,识别相关的关键尺寸,并对尺寸进行检查。一般常见的关键尺寸如下:

1) 过渡半径。过渡半径过小会增加局部应力集中,或有可能导致冲压件局部出现折叠裂纹,这些均会对材料的疲劳性能产生不利的影响。

2) 壁厚。对于钣金件来说,壁厚也值得关注。如果材料用错或者局部过渡变形,都可能导致局部变薄,增大零件局部开裂的风险。

3) 螺栓的相关尺寸。关注螺牙宽度、直径、牙间距以及牙底的过渡半径。

4)匹配间隙。对于磨损的问题,两磨损面之间的匹配间隙值得关注。

2. 材料检测

(1)化学成分分析

化学成分分析按其原理和所使用的仪器设备可分为化学分析和仪器分析。化学分析是以化学反应为基础的分析方法,可以进行定性和定量分析,定性分析是确定物质所含的元素,而定量分析则是确定物质所含元素的含量。测定化学成分的方法很多,光谱分析、常规湿法化学分析是钢材成分检测和失效过程中成分分析常用的方法。

微区化学成分分析法主要用来鉴别断裂处的某元素的浓度,以及夹杂物、腐蚀产物或氧化膜的种类等。该方法包括电子探针、离子探针和能谱仪等。

(2)金相检验

金相检验是一种常规的试验分析方法,它在失效分析中能提供被检材料的大概种类和组织状态。它可以揭示有关材料的冶金质量、加工处理、安装及使用等工况中影响材料性能,并直接导致零件失效的因素和证据。

零件的金相检验可为失效分析提供以下信息:鉴别零件材料类别和组织状态;零件曾经经历的制造方法和所经受的热处理情况的信息,包括制造工艺中规定的和在服役过程中无意造成的热处理效果;反映服役的工作环境和受力情况,如腐蚀、氧化及严重的表面加工硬化和变形;分析裂纹的特征、起源和裂纹扩展的走向。

1)失效部位试样的选取。取样部位及观察面的选择,必须根据被分析材料或零件的失效特点、加工工艺的性质及研究的目的等因素来确定。

研究零件的失效原因时,应在失效部位取样,同时在完好的部位取样,以便于进行比较性分析。对于轧材,在研究表层的缺陷和范围、非金属夹杂物的分布时,应在垂直轧制方向上切取横向试样;研究夹杂物类型、形状、材料的变形程度、晶粒的拉长程度、带状组织等,应在平行于轧制方向上切取纵向试样。对于热处理后零件,由于组织较均匀,可自由选取截面试验。对于表面热处理后的零件,要注意观察表面情况,如氧化皮、脱碳层、渗碳层等。

2)试样大小、镶嵌及磨制、抛光。金相试样不宜太大或太小,较适宜的尺寸为 10mm×10mm×10mm 的平行六面体或 $\phi12\sim15mm\times10mm$ 的圆柱体。截取试样时,应尽力设法避免试样因截取加工而产生塑性变形或受热影响而引起组织发生变化。

对于一些形状特殊或尺寸较小的金相试样,需要将其镶嵌成试样,目前常见的镶嵌试样方法有两种:塑料镶嵌法和机械镶嵌法。具体过程可参考有关书籍,在此不再详述。

3)试样磨制、抛光。试样在进行粗细磨制时应注意:磨制压力不宜过大,以防止砂轮碎片飞出发生危险;且随时有冷却水,以免试样受到热影响而使组织发生变化。

抛光是试样制备最后一道工序,其目的是除去试样磨面的细磨痕,以获取光滑无痕的镜面。但由于抛光所用的磨料是极细的,如果在抛光面还残留有较深的磨痕,则在抛光过程中难以把这些深痕磨去。目前试样的抛光方法有机械抛光、电解抛光、化学抛光三种。

4)试样的侵蚀与显示。抛光好的金相试样,要获得有关显微组织的信息,还必须经过组织的显示。未经侵蚀的金相试样,其组织的反光能力差别大于 10% 才能明显地区分开裂,如钢中夹杂物、铸铁中石墨等。多数情况下,金相试样不经过侵蚀是不能够显示其金相组织的。

为了识别抛光试样组织中的各种相或组成,必须采用各种方法来显示组织,使相之间的衬度增大。显示组织的方法目前根据对抛光面改变的情况,归纳为光学法、化学法(电化学)和物理法。

① 光学法:该法是基于 Kohler 照明原理,借助显微镜上某些特殊装置,应用一定的照明方法显示组织,包括暗场、偏光、干涉和相衬。

② 化学法:化学法显示组织包括化学或电化学侵蚀,以及电解侵蚀、恒电位侵蚀、化学染色等。

③ 物理法:物理法显示组织包括阴极真空侵蚀、真空沉积镀膜等。

（3）力学性能测定

对零部件进行失效分析常要测定材料的硬度和力学性能。由于硬度的测量简便易行，对失效分析常常是最有用的手段之一，可用于估计金属材料的拉伸强度，评估热处理是否合乎质量要求，检验由于过热、脱碳、渗碳、渗氮和加工硬化等引起的软化和硬化等。硬度的测试方法很多，一般采用压入法来测量硬度，常见的有布氏硬度、洛氏硬度、维氏硬度、显微维氏硬度等。

1）拉伸试验。拉伸试验是力学性能分析中最基本的试验，是检验金属材料质量和研制新材料的最重要的试验项目之一。在金属材料的技术条件中，绝大部分都是以拉伸性能作为主要评定指标。同时拉伸试验的数据又是机械制造和工程中选材的主要依据。

拉伸试验是用静拉伸力对试样轴向拉伸，测量力和相应的伸长，一般拉至断裂。拉伸试样分为比例的和定标距的两种，有关试样规定和尺寸可参见 GB/T 228—2010《金属材料 拉伸试验 室温试验方法》中规定的材料的拉伸性能指标，用应力-应变曲线上反映变形过程性质发生变化的临界值表示。

2）冲击试验。金属材料在冲击载荷作用下，抵抗破坏的能力称为冲击韧性，金属材料冲击韧性的好坏可通过冲击试验来测定。具体可参考标准 GB/T 229—2020《金属材料夏比摆锤冲击试验方法》，在此不再详述。

力学性能测定常要进行金属的拉伸试验及冲击试验，以便于比较。有时还需要做一些比使用温度稍高或稍低的力学性能测量，以便对零件在服役中是否有超温情况进行判断。此外还要考虑特殊性能测定，如疲劳试验、应力腐蚀试验、韧脆转变温度测定、断裂韧性测定等。

10.3.2 断口分析

1. 断口分析的意义

材料发生断裂后，断裂面称为断口。断口上忠实地记录了金属断裂时的全过程，即裂纹的产生、扩展直至开裂；外部因素（腐蚀、温度、载荷）以及材料内部的因素（缺陷）均会在断口上留下相应的信息。断口分析在断裂失效分析中占据着特殊重要的地位，可以说断口分析是断裂失效分析的核心，同时又是断裂失效分析的向导，指引失效分析少走弯路。

2. 断口检测的过程和机理

识别断裂的过程包括起始区、扩展区、瞬断区。

判断断裂的机理包括疲劳断裂、过载断裂、应力腐蚀断裂、蠕变断裂等。

3. 断口分析技术

（1）断口的保存与清洗

对断口要妥善保护，避免碰伤、锈蚀，尽力保持其原始状态。为了清晰地对断口进行观察，在分析之前，需要对断口进行清洗。

可以采取如下的方法对断口进行清洗：

1）对于有灰尘等附着物的断口，可先用干燥空气吹，然后用无水乙醇或丙酮等溶液清洗，也可用空白复型法清除表面的机械附着物，即涂上醋酸纤维膜后再揭去，反复几次则清除效果最好。

2）对有油污的断口，可用丙酮或石油醚等有机溶剂浸泡，并在超声波中进行清洗，或使用软毛刷清洗；也可以采用洗洁精和水的溶液，但是清洗完后，需用无水乙醇冲洗，并快速吹干。

3）对于出现锈蚀的断口，除了除去表面的脏物外，还必须去除氧化膜。常用的断口清洗试剂见表 10-3。

表 10-3 断口清洗的试剂

配方	使用温度	建议清洗时间	使用范围	备注
铬干：1.5% 磷酸：8.5% 水：≥65%	55~95℃	2min 以上	碳钢以及合金钢断口上的铁锈	对基体不腐蚀

(续)

配方	使用温度	建议清洗时间	使用范围	备注
氢氧化钠:20% 高锰酸钾:10%~15% 水:65%~75%	沸腾	清洗后观察,除尽为止	耐热钢 不锈钢	对基体不腐蚀
NaOH:20% 锌粉:200g/L 水:80%	沸腾	约5min	碳钢、合金钢、耐热钢、不锈钢	
浓H_3PO_4:15%; 有机缓蚀剂:15%(噻唑5%,如若丁10%)	室温,低于50℃	清除为止	去除钢表面氧化铁皮、水质沉淀物、垢皮	不腐蚀金属基体
铬酐:80g 磷酸:200g 水:1000g	室温	2~10min	铝合金断口	对基体腐蚀极小
HNO_3:70% CrO_3:20% H_3PO_4:5% 水:23%	25~50℃	2~10min	铝、铝合金	用毛笔轻轻擦洗
HCl:10%~20% 水:80%~90%	25℃	清洗干净为止	镍、镍合金; 铜、铜合金	
H_2SO_4:10% 水:90%	25℃	清洗干净为止	镍、镍合金; 铜、铜合金	用毛笔轻轻擦洗
CrO_3:15% $AgCrO_4$:1% 水:84%	沸腾	约15min	镁及镁合金	
HCl溶液,酒精	室温	清洗干净为止	大部分金属材料	超声波清洗;对钢的基体有腐蚀

值得注意的是,在断口清洗之前,需要判断表面的附着物对于分析是否有价值,以判断断口是否需要进行清洗。对于腐蚀环境引起的失效,这些腐蚀物往往是分析的重要物证。

(2) 断口分析的规则和程序

首先对断口的宏观特征,采用肉眼或者体视显微镜进行观察。在首次宏观观察时,是否需要清洗,要依据实际情况来判断。通常可以先记录未清洗时的表面形貌和特征,然后对断口进行清洗,做进一步的观察。如果该断裂与腐蚀有关,清洗的工作应该在微观观察、能谱分析之后。当然,如果有两个断口,可以保存其中一个断口,不要进行清洗。

对于部分的断口,利用体视显微镜完成宏观观察之后,会对断口的起始、断裂类型,形成初步的判断和预测。为了进一步解读断口,还需要借助扫描电镜对微观形貌以及表面物质进行鉴定。扫描电镜可以实现几十倍到几万倍的观察,因此利用扫描电镜可以获取微观形貌的特征(如韧窝、解理、沿晶、疲劳辉纹、缺陷),揭示裂纹形成的机理。

在断口分析的过程中,需要关注如下事项:

1) 断口的颜色、宏观纹路、粗糙度等特征。在一些情况下,可以基于宏观纹路的收敛以及粗糙程度来判断,裂纹的起始。

2) 起源处的微观形貌、缺陷和损伤。确定起源区域后,需要确定起始裂纹产生的原因,因此对起源区域的观察是断口分析的重点。

3) 注意断口的保护,以免造成新的损伤。否则不利于断口的分析。

4) 如果断裂与腐蚀有关,不要对断口进行清洗。

5) 在未完成断口分析之前,不要轻易破坏断口的两面,因为断口的两面往往不完全一致。有时断裂类型的判断，需要结合两断口的形貌进行判断。

当然，在分析断口中，还需要了解产品其他信息，如结构和受力，以便对断口类型和起源形成更加准确的判断。

（3）裂纹源位置的判断

进行零件断裂分析时，首要工作是从断裂碎片中查找最初断裂的部分，然后在其上找出裂纹源，接着分析裂纹扩展路径和机理，最终判断断裂的原因和性质。通常可以根据如下方法对裂纹的起始区进行判断：

1）T形法：在零件上有两条相交的裂纹构成"T"形，如图10-15所示，通常情况下，横穿裂纹A为首先开裂的，因为裂纹B无法穿越先产生的裂纹A。其中裂纹A为主裂纹，裂纹B为次裂纹。

2）分叉法：零件在断裂的过程中，通常产生许多分叉，一般来说，分叉的方向为裂纹扩展的方向；扩展的反方向指向裂纹源的位置。裂纹源在主裂纹上，主裂纹一般宽而长，如图10-16所示。

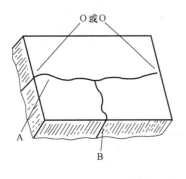

图10-15　T形法

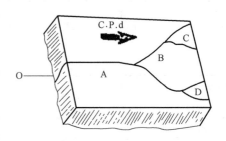

图10-16　分叉法

3）由于环境因素而引起断裂的零件，如应力腐蚀、氢脆、腐蚀疲劳、蠕变等，由于断口氧化或腐蚀产生氧化膜或腐蚀层，裂纹源位于腐蚀或氧化最严重部位的表面或次表面。

4）变形法：延性断裂的零件在断裂过程中发生变形后碎成几块，将碎片拼合后，变形大的部分为主裂纹。裂纹源在主裂纹所形成的断口上，如图10-17所示。

5）缝隙法：按照断口拼合后缝隙大小确定裂纹源，将断裂的两部分拼合，缝隙大的部分为裂纹源，如图10-18所示。

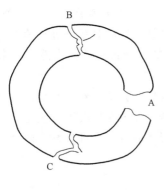

图10-17　变形法

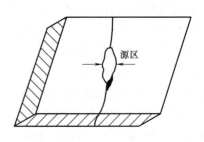

图10-18　缝隙法

6）如断口上有放射条纹，则放射条纹的收敛处为裂纹源，如图10-19所示。如在断口上有人字纹，无应力集中时，人字纹尖端指向裂纹源；有应力集中时，人字纹尖端逆指向裂纹源，如图10-20所示。

7）如果断口上有粗糙的纤维状区域，裂纹源一般位于纤维区中央，例如典型的圆棒拉伸断口。

8）若断口上有疲劳弧线，裂纹源位于疲劳弧线收敛处的平滑区域，如图10-21所示。

9) 粗糙度：一般断口最后断裂区相对粗糙，断裂面起伏较大。高压容器爆炸时，最后断裂区为锯齿状，如图10-22所示。

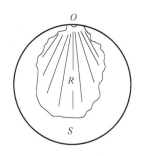
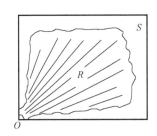

图 10-19 放射状条纹

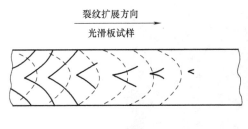
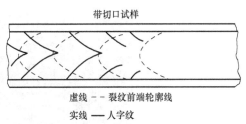

图 10-20 人字纹

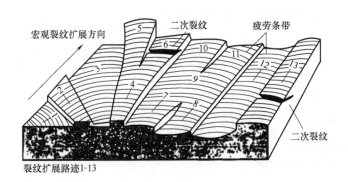

图 10-21 疲劳弧线

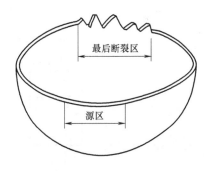

图 10-22 高压容器爆炸断口示意图

（4）断口微观形貌

不同的断裂类型或断裂机理，呈现不同的断口微观形貌，基于微观形貌来判断断裂类型或机理是断口分析的重要内容。

1）韧窝断口。韧窝断口的产生是材料在塑性变形的过程中，先在夹杂第二相粒子或位错聚集的地方形成孔洞，然后随着变形的进行，孔洞逐渐聚集，最终发生断裂。图10-23所示为韧窝断裂的机理，图10-24所示为一种典型微孔产生于第二相粒子的断口。

受力方向、材料特性、温度、加载快慢均会对材料的韧窝形貌产生影响。图10-25所示为不同载荷对韧窝形貌的影响。强度级别10.9级和小于该强度级别的螺栓受到较大的轴向拉力而发生过载断裂时，会形成韧窝的形貌。随着变形速度的增加，韧窝深度变得较浅；在快速断裂的过程中，可能会表现出脆性的断口（解理或准解理）。

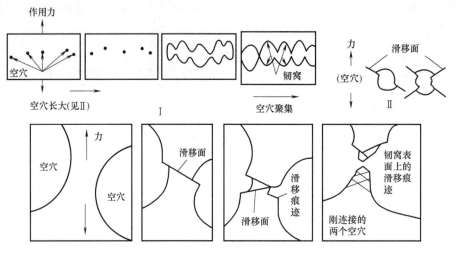

图 10-23 韧窝断口的形成过程

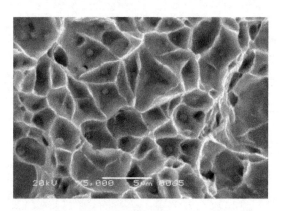

图 10-24 微孔产生于第二相粒子的韧窝断口

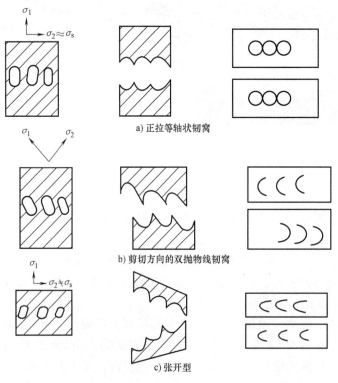

a) 正拉等轴状韧窝

b) 剪切方向的双抛物线韧窝

c) 张开型

图 10-25 载荷类型对韧窝形貌的影响

2) 滑移型断口。由于材料在切应力作用下沿着滑移面和滑移方向滑动，而使金属断裂称为滑移分离。金属的滑移面和滑移方向与金属的晶体结构有关。滑移系的开动与外力在滑移系中分切力的大小有关，其条件是分切力达到了一定临界值。

滑移断口的宏观形貌特征是断口平面与拉伸轴线大约呈45°，断口呈锋利的楔形或刀尖形。断口附近有明显的宏观塑性变形的痕迹，断口呈暗灰色。滑移断口微观形貌特征是蛇形滑移、涟波、延伸区。

由于不同位向晶粒间的相互约束和牵制，滑移不可能仅仅沿着某一个滑移面滑移；实际上，必然会同时沿着几个相交的滑移面滑移形成弯曲的条纹；滑移分离后的断口就呈现蛇形滑移形态，称为蛇形滑移。若变形程度加剧，则蛇形滑移因为变形而平滑，形成涟波花样；若继续变形，涟波花样，变得更加平坦，称为"延伸区"或"光滑区"，如图10-26、图10-27所示。

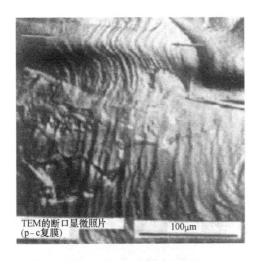

图10-26 蛇形滑移分离

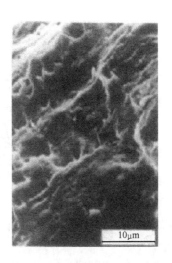

图10-27 涟波花样和光滑区

3) 解理断裂。解理断裂是指晶体材料因受拉应力作用沿着某些严格的结晶学平面发生分离，其断口称为解理断口。解理断裂通常是在没有觉察到塑性变形的情况下发生的，属于脆性断裂。

体心立方金属一般沿着｛100｝面解理，也可以沿着｛110｝、｛112｝、｛111｝等晶面解理；密排六方晶体常常沿着（0001）面发生解理。面心立方金属由于有大量的滑移系，一般情况不发生解理断裂。

① 解理断口的宏观特征：几乎没有塑性变形，断口边缘没有或很少有剪切唇；断口表面一般垂直于最大正应力方向。

解理断口宏观形貌特征是结晶状小刻面、"放射状"或"人字形"花样。结晶小刻面呈现无规则的取向，在光线照射下呈现许多闪闪发光的小平面；放射条纹的收敛处或人字纹的方向与裂纹源有关。人字纹与材料的特性和加载速度有关。材料相同时，加载速度越快，人字纹越明显；加载速度相同时，材料的脆性越大，人字纹越明显。

② 解理断口的微观特征：解理断口在微观上会表现出河流花样、舌状花样、扇形花样、鱼骨状花样、瓦纳线及二次裂纹。

河流花样（图10-28）是解理断裂最重要的特征。在解理裂纹的扩展过程中，众多的台阶相互汇合便形成河流花样。河流花样起源于晶界、亚晶界、孪晶界、夹杂物以及析出相；在扩展的过程中，遇到倾斜晶界、扭转晶界和普通大角度晶界时，河流的形状会发生变化。与小角度倾斜晶界相交时，河流连续地穿过晶界。穿过扭转晶界（孪晶界）时，将发生河流的激增。穿过大角度晶界时，由于晶界位错密度高、位向差大，会产生大量的河流，晶界两侧河流台阶的高度差大。由于解理裂纹穿过晶界时将发生"河流"的激增或突然终止，由此可以判断晶粒的大小。

舌状花样（图10-29）也是解理断裂的重要特征。这是由于材料局部发生了孪晶变形，而导致裂纹沿着孪晶扩展。体心立方晶体在低温和快速加载时，以及密排六方金属材料中由于孪生是主要变形方式，因此在其断口上可以看见舌状花样。

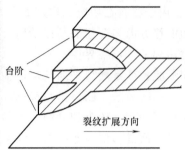

图 10-28 河流花样以及解理台阶

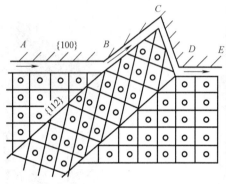

图 10-29 舌状花样

当解理裂纹起源于晶界附近的晶内时，河流花样以扇形的方式向外扩张形成所谓扇形花样，如图 10-30 所示。

在体心立方的金属材料中，如碳钢、不锈钢，有时可以看到形状类似鱼骨的花样，如图 10-31 所示。

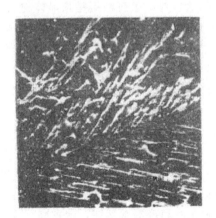

图 10-30 扇形花样　　　　　　　　　图 10-31 鱼骨状花样

在非常脆的金属或金属间化合物的断口上，会产生一种叫作瓦纳线的花样，如图 10-32 所示。这也属于解理断口的类型。

4）准解理断裂。准解理断裂属于脆性的穿晶断裂，宏观断口形貌比较平整，基本上无宏观塑性变形或极少的宏观塑性变形；可以看见许多的刻面，是介于解理断裂与韧窝断裂之间的一种断裂方式。微观上可以看到河流花样、撕裂棱，有时也可能看到舌状花样，但并不常见。

河流花样（图 10-33）通常起源于晶粒内部的孔洞、非金属夹杂、硬质点一级析出物等。河流较短不连续，汇合特征不明显。在倾斜晶界，扭转晶界和大角度晶界的界面处，没有河流的延续或激增。如果接近解理断裂，小平面比较平整，有汇合的变现，撕裂棱较少；如果接近韧窝断裂，也可能看不到河流花样，断口表面全部由撕裂棱组成，撕裂棱凸起明显，呈现花瓣状。

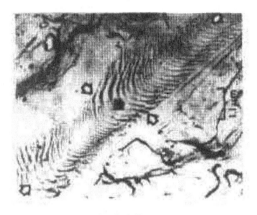

图 10-32 瓦纳线（A356 T6）

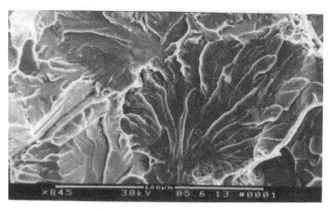

图 10-33 准解理河流花样

5）沿晶断裂。沿晶断裂（或晶间断裂）指的是多晶体沿晶粒界面彼此分离，氢脆（图 10-34）、应力腐蚀、蠕变、高温回火脆性、焊接热裂纹、热处理裂纹等常发生晶间断裂。但是由于各种断裂形式所产生的机理不同，因此具有不同的特征，其中氢脆沿晶的断口在断裂面可以发现微孔和鸡爪纹，裂纹一般起源内部；应力腐蚀沿晶断裂面可以发现相应的腐蚀产物和腐蚀性元素，裂纹起源于表面，其金相检验可能会发现分叉的沿晶裂纹；蠕变沿晶断裂仅在材料经受了一定持久的高温塑性变形之后才会发生。

还有一种沿晶断口为韧性沿晶断口，在断口的表面可以看见细小的韧窝，如图 10-35 所示，但这种断裂属于脆性断裂的类型。

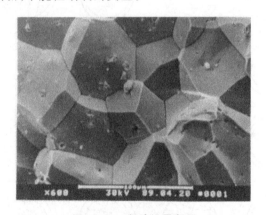

图 10-34 氢脆沿晶断口

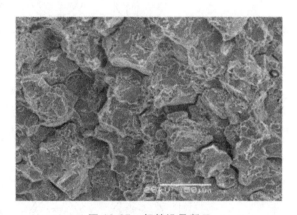

图 10-35 韧性沿晶断口

6）疲劳断裂。疲劳断裂是由于交变应力或循环载荷所引起的脆断，依据疲劳寿命可以分为高周疲劳和低周疲劳两类。其中，前者循环次数>105，负荷较低，通常弹性范围内；后者循环次数≤105，负荷较高，通常超出弹性范围。

疲劳断裂的过程分为三个阶段：裂纹的萌生、扩展、最终断裂区。其中扩展阶段分第一扩展阶段和第二扩展阶段，如图 10-36 所示。材料在交变载荷的条件下，局部发生滑移；随着循环次数的增加，滑移线在局部变粗，形成滑移带；随着循环次数进一步增加，形成挤出峰和挤出槽现象。在这些区域或材料内部缺陷的区域形成应力集中点，最终促进了裂纹的形成。随后，裂纹在循环载荷的作用下，不断地扩展，直到断裂的发生。

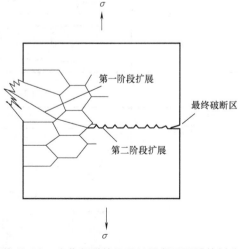

图 10-36 疲劳断裂的机理以及断口区域的划分

① 疲劳断裂的宏观分析。典型的疲劳断裂过程按照先后，分为三个明显的特征区，即疲劳源区、扩展区和瞬断区。

宏观上的疲劳源区包括裂纹的萌生和第一阶段的扩展区，该区域一般处于表面和次表面的应力集中处。其往往具有如下的宏观特征：

a. 氧化或腐蚀较严重，颜色较深。

b. 断裂面平坦、光滑、细密，有些断口可以看见闪光的小刻面。

c. 有向外辐射的放射台阶和放射条纹，看上去为向外发射疲劳弧线的中心。

d. 多源疲劳的起源区可以看见疲劳台阶。

图 10-37　典型的宏观疲劳断口
双线弯曲疲劳

疲劳扩展区的颜色介于源区和瞬断区之间，通常表现为海滩纹。最终断裂区的颜色较新鲜，也可能比较粗糙，典型断口如图10-37所示。

特定样品典型受力情况下的疲劳宏观断口见表10-4~表10-6。

表 10-4　不同载荷下圆形试样的疲劳断口

载荷类型	高应力			低应力		
	光滑试件	中等缺口	尖锐缺口	光滑试件	中等缺口	尖锐缺口
拉-压(拉)						
单向弯曲						
双向弯曲						
旋转弯曲						
扭转						

表 10-5　不同载荷下方形试样的疲劳断口

载荷类型	高应力			低应力		
	光滑试件	中等缺口	尖锐缺口	光滑试件	中等缺口	尖锐缺口
拉-压(拉)						

(续)

载荷类型	高应力			低应力		
	光滑试件	中等缺口	尖锐缺口	光滑试件	中等缺口	尖锐缺口
单向弯曲	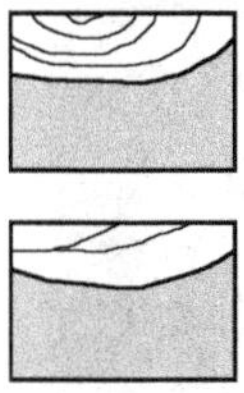	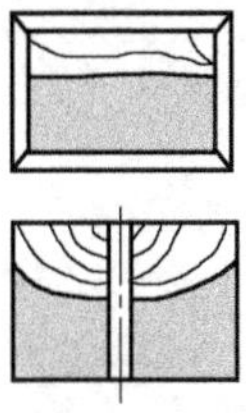	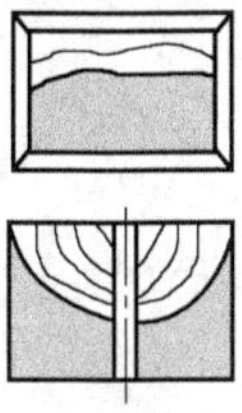	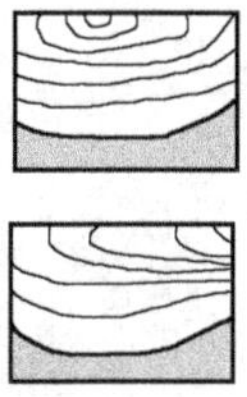	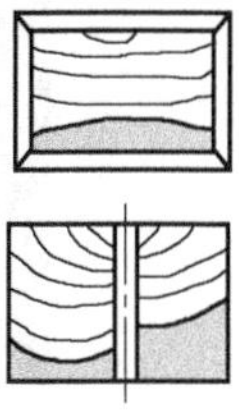	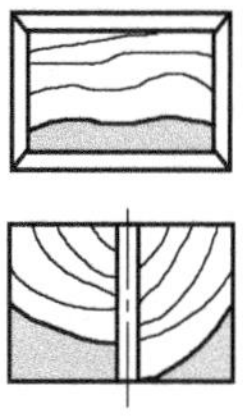
双向弯曲	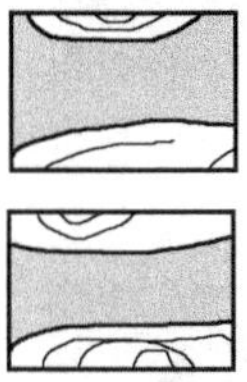	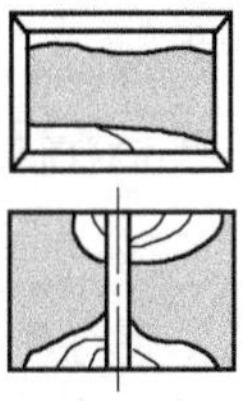	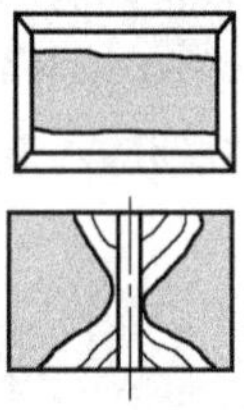	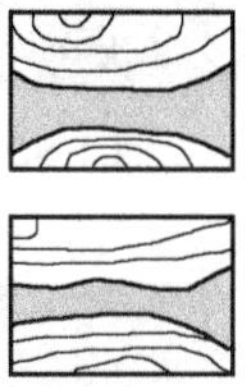	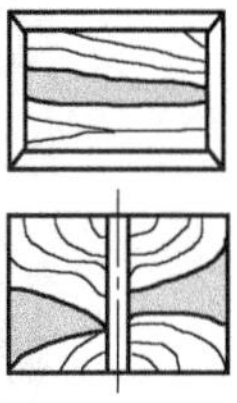	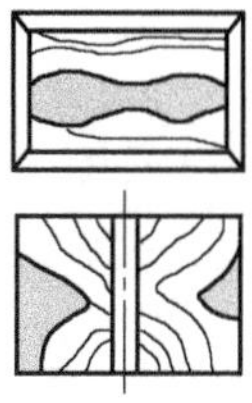

表 10-6 圆形试样扭转疲劳断口

扭转断裂的类型	基本型	变异型	
		1	2
(1) 正断型	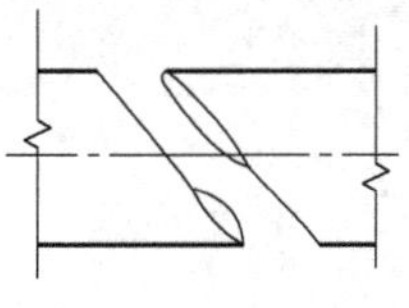	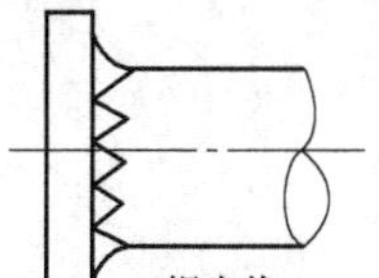 锯齿状	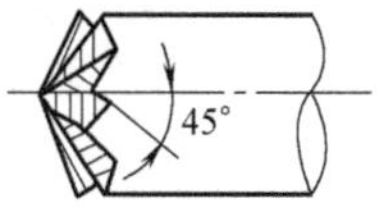 星型
(2) 剪断型	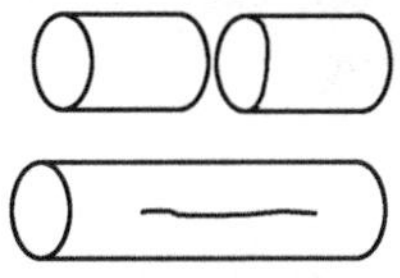	 小台阶	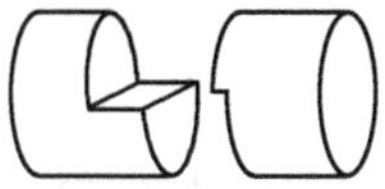 大台阶
(3) 复合型	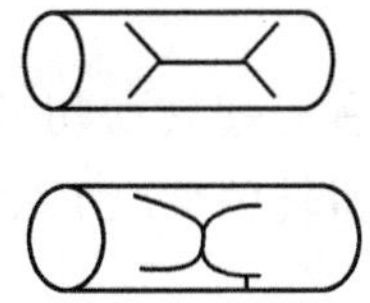	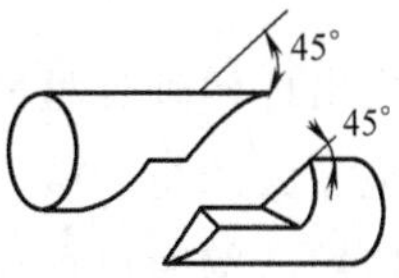	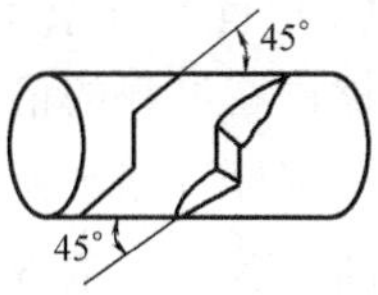

② 疲劳断口微观特征。疲劳裂纹萌生后，首先沿着滑移带的主滑移面向金属内部扩展，大致取向与正应力呈 45°，主要是由于切应力作用的结果。该阶段裂纹扩展的深度很浅，大约为 2~5 个晶粒。通常情况下，该区域由于断裂后的相互摩擦，而无法识别。如果保持完好，此阶段的微观形貌会表现出两种断裂特征：解理断裂小平面或平行锯齿状断裂面，如图 10-38 所示。

裂纹扩展到一定程度后，将改变方向，沿着与正应力相互垂直的方向扩展。该阶段最主要的特征是疲劳条带（又称疲劳辉纹，如图 10-39 所示）或呈一定方向的二次疲劳裂纹。这是断口分析中，从微观上鉴别疲劳断裂的主要特征。

最后断裂区称为瞬断区，是裂纹扩展到一定程度无法承受载荷的一种结果；其微观特征为过载断口的特征。

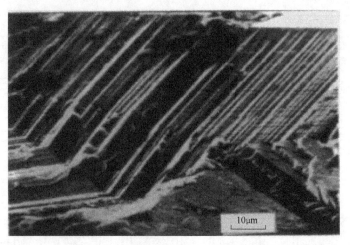

图 10-38 扩展区第一阶段 锯齿状断裂面

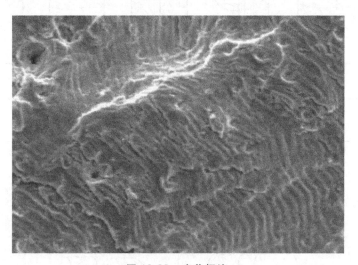

图 10-39 疲劳辉纹

4. 紧固件的典型断口形貌

紧固件断裂的常见类型主要包括过载断裂、疲劳断裂、延迟断裂。

（1）过载断裂断口

螺栓在过载的情况下，可能出现两种类型的断口。一种是扭转剪切型的断口，如图 10-40 所示。这是由于螺栓一端咬死，另一端施加大的扭转载荷，螺栓在扭转的情况下发生断裂；此时，螺栓无明显缩颈，断口较平，微观形貌为剪切韧窝的断口形貌。

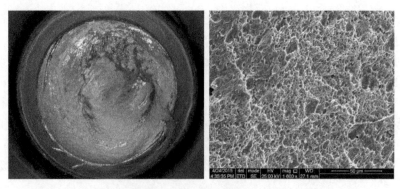

图 10-40 扭转剪切型的断口

另一种断口是在受到较大轴向载荷发生拉长、局部缩颈，最终过载断裂，如图 10-41 所示。此时，一般情况下螺栓断口的微观形貌为韧窝；当然如果螺栓的强度大于或等于 12.9 级，缩颈可能不明显，准解理或解理的断口形貌会出现，往往从宏观上还可以看出扭转的纹路。

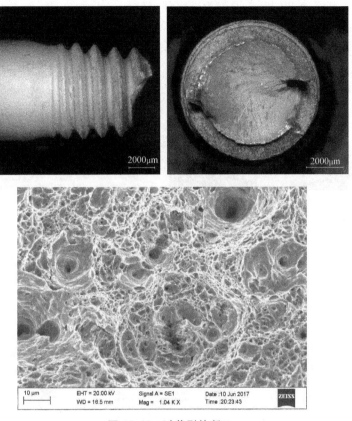

图 10-41　过载型的断口

（2）疲劳断裂断口

疲劳也是螺栓常见的一种断裂形式，其断口形貌如图 10-42 所示。一般情况下，从宏观上来看，起源区相对平坦，可能还有裂纹台阶，裂纹的前沿有时可以发现裂纹扩展形成的弧线。微观上，可以发现反应疲劳特征的辉纹或二次裂纹。

此外，裂纹的起源可以依据颜色或裂纹台阶或疲劳弧线收敛的方向进行判断。其中颜色较深的区域或具有裂纹台阶的区域为裂纹的起源区。但依据疲劳弧线收敛的方向进行判断时，需要慎重，因为表面应力集中不同，会影响弧线收敛的方向，当出现应力集中，裂纹源处于疲劳弧线收敛相反的方向。

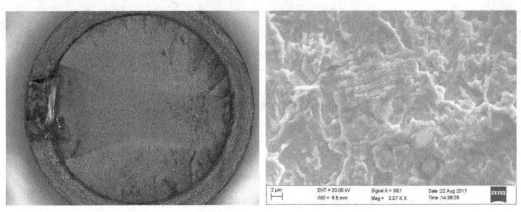

图 10-42　螺栓疲劳断口

(3) 延迟断裂断口

除了过载和疲劳之外，螺栓还常见脆性延迟断裂的断口。其原因有可能是回火不充分、应力腐蚀或氢脆。图 10-43 所示为螺栓由于硬度高，在一定情况下发生了延迟开裂，其区域 A 的断口形貌为沿晶+少量韧窝的脆性断口；其区域 B 的断口形貌为准解理+韧窝。

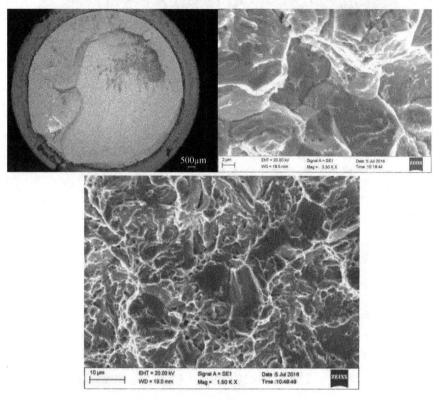

图 10-43　螺栓延迟断裂

如果螺栓回火不足、硬度高，在过载的情况下，还可能出现沿晶断裂。图 10-44 所示为在装配时回火不足的螺栓，由于硬度高发生了沿晶脆性断裂。

 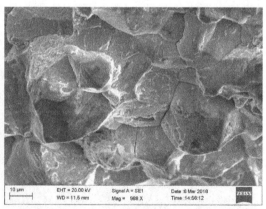

图 10-44　硬度高引起的脆性断裂

10.3.3　痕迹分析

(1) 痕迹分析的定义及研究痕迹的意义

痕迹是环境或其他零件或工具在零件表面留下的机械、化学、热学等痕迹，如表面形貌、颜色变化、表面污染状态、成分变化等。分析这些痕迹，对于失效原因的分析非常重要，是一种必用的技术。

通过痕迹分析，可以研究痕迹的形成机制，为失效分析的破坏过程提供线索和证据。其价值主要体现于如下几个方面：

1) 在系统中多个零件出现破坏的情况下，痕迹分析对判断事故性质、破坏（解体）顺序，找出首先破坏件、提供分析线索有着极为重要的意义。

2) 基于痕迹分析，可以鉴别温度和介质环境，为失效提供相关的直接或间接证据，对于查找失效原因，发挥着重要的作用。

3) 基于痕迹分析，可以鉴别零件的装配是否正常，及其失效的过程。

由于紧固件是属于某个系统，紧固件失效的同时，经常也伴随着系统的失效，因此在紧固件分析的过程中，往往也会分析其所在的系统。下面将首先对失效分析中应用的机械痕迹进行系统的介绍，并不仅仅针对紧固件；然后再针对紧固件常见的表面痕迹进行说明。

(2) 机械痕迹的分类、特点

1) 机械接触痕迹。接触部位在机械力的作用下所留下的痕迹为机械接触痕迹，也称为机械损伤。其特点是在接触部位发生塑性变形、开裂、材料专业或色彩发生变化。

在撞击或压入的情况下，零件表面会发生塑性变形；压入的中心凹陷，周外可能出现材料凸起，或者在压痕部位形成微裂纹。重叠压痕先后顺序判断：一般是后面的压痕覆盖前面的压痕，最后形成的压痕外形最完整。图 10-45 所示为轴表面的磕碰压痕，其中心凹陷，边部有凸起。

图 10-45　磕碰压痕

如果是撞击，撞击的角度、速度不同，可能留下的痕迹，也存在差异，如压痕深度、大小、方向。磨损痕迹也是机械接触痕迹中常见的一种类型。这些痕迹所呈现的特征，与材料的不同磨粒磨损类型有关，可以从磨损机理的角度对这些痕迹进行分析和判断。

2) 磨粒磨损。磨粒磨损是当摩擦偶件一方的硬度比另一方硬度大很多时，或接触面之间存在硬质点粒子时，所产生的一种磨损。图 10-46 所示为磨粒磨损切削的机理。相对滑动在表面发生微观切削作用，那么相对运动在表面产生犁刨作用，会因此留下磨屑和沟痕。

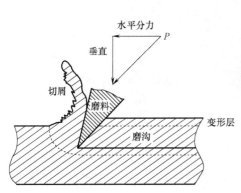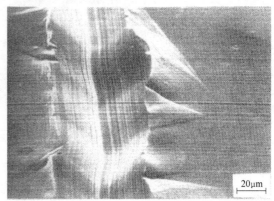

图 10-46　切削形成的磨痕

图 10-47 所示为挤压变形和剥落的机理。磨损时，不产生切削，仅表面形成挤压塑性变形，那么表面滑过后只犁出一条沟，把材料推向两边或前面，不形成切屑。反复塑变后，材料出现加工硬化或损坏，最终剥落形成磨屑。

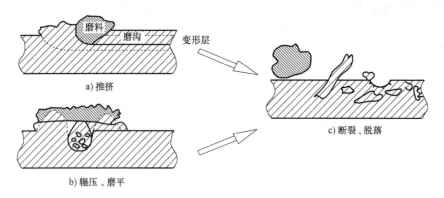

图 10-47 挤压形成的犁沟痕和材料剥落

图 10-48 所示为磨损疲劳剥落的痕迹案例。它是材料在接触应力的条件下，发生的一种磨损失效，常见于轴承和齿轮的表面。

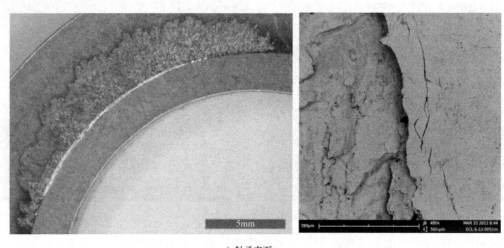

a) 轴承表面

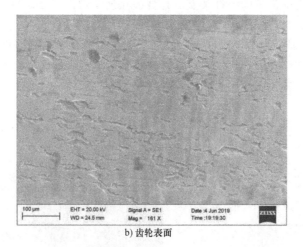

b) 齿轮表面

图 10-48 疲劳剥落

图 10-49、图 10-50 所示为黏着磨损的失效案例。黏着磨损是相对运动的物体接触表面发生了固相黏着，使得材料从一个表面转移到另一个表面的现象。在转移的过程中，材料出现断裂，如果在后期未

被破坏，会观察到断裂的特征。由于粘连的发生，出现了高温，金相检测可以发现表面有一层过热层或者回火层。

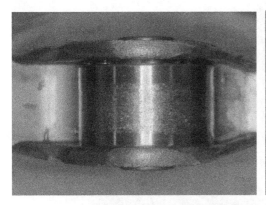
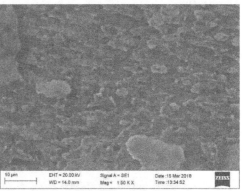
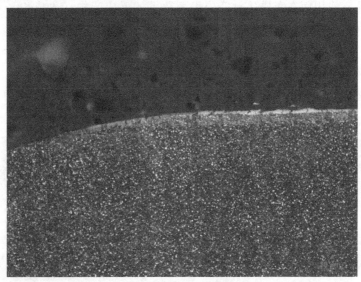

图 10-49　凸轮轴黏着磨损

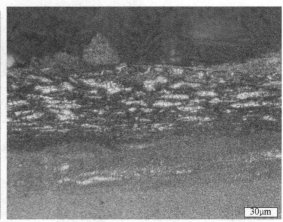

图 10-50　轴表面黏着磨损

图 10-51 所示为微动磨损的轴承案例。微动磨损是两个接触表面发生极小幅度的相对运动而引起的磨损，是一种磨粒磨损、腐蚀磨损和黏着磨损的复合磨损形式。它通常存在于一个振动工况（如发动机运转、气流波动、热循环应力、疲劳载荷、电磁振动、传动等）下的"近似紧固"的机械配合件之中，一般其位移幅度为微米量级。

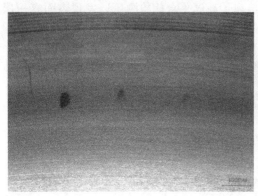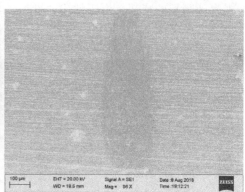

图 10-51 轴承微动腐蚀磨损

(3) 腐蚀痕迹

由于化学和电化学作用而在介质接触部位表面留下的反应产物（生成物）和基体材料损耗称为腐蚀痕迹。腐蚀往往导致表面色彩、形貌发生变化，并会留下反应产物。

图 10-52 所示为不锈钢材饰条表面出现了腐蚀的黄斑，微观上其形貌为密集的腐蚀坑点；对腐蚀的产物进行检测，其含有 O、Cl、S 的腐蚀产物。

图 10-53 所示为镀银表面出现黄色、黑色。微观形貌上无明显变化，但能谱检测显示这是由于腐蚀引起的。

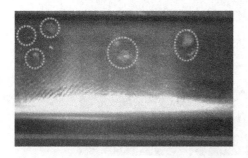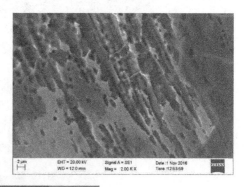

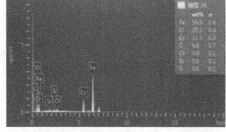

图 10-52 不锈钢腐蚀痕迹

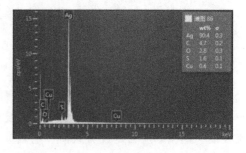

图 10-53 镀银电极连接板表面发黑

（4）电侵蚀痕迹

由于电能的作用，带电体在电接触部位或放电部位留下的痕迹称为电侵蚀痕迹。该痕迹一般分为两种：放电导致金属表面熔融的痕迹，如图10-54所示；接触部位由于高温出现粘连，断裂后形成断口的痕迹，如图10-55所示。

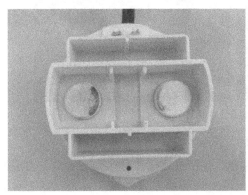
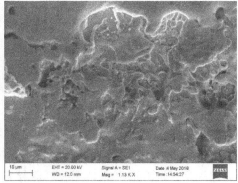

图 10-54　放电出现熔融形貌

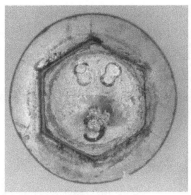
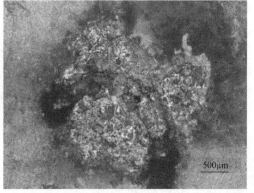

图 10-55　高温出现粘连断裂

（5）热损伤痕迹

热损伤痕迹是指接触到高温并在表面留下氧化的色彩或相貌发生变化的现象。热损伤痕迹一般从如下几个方面去分析：颜色的变化；表面层成分、结构的变化，包括氧化膜的形成、合金元素的扩散、富集和贫化等；金相组织的变化；表面性能的改变，如硬度、耐磨性、电阻等；形貌特征。

图10-56和图10-57所示分别为锻造轴承外圈和灰铸铁件断口的色彩和相貌。可以看出：由于在高温的影响，断口颜色较深，已氧化；微观形貌已出现了熔融的特征。

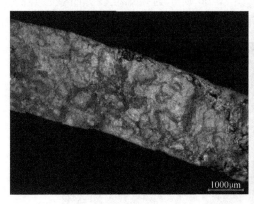
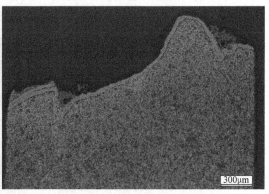

图 10-56　锻造轴承外圈

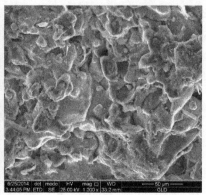

图 10-57　灰铸铁件断口

（6）加工痕迹

任何机械产品在其表面都会留下出厂前的加工痕迹，包括最终的机加工痕迹、表面处理痕迹、各种加工和检验标记等。这里需重视的是那些可能导致机械失效的非正常的加工痕迹，即各种表面加工缺陷。必要情况下，为了鉴别痕迹是否正常，需要将可疑件与正常件的表面痕迹进行对比。

（7）紧固件相关的典型痕迹介绍

紧固件在拧紧或拆卸的过程中，法兰的头部会受到拧紧工具匹配面的作用，留下明显的接触痕迹，如图 10-58 所示；力矩越大，接触的痕迹越明显。

在拧紧的过程中，除法兰头部留下拧紧套筒的接触痕迹，其法兰面与匹配面也会留下摩擦的痕迹，该痕迹反映了螺栓的匹配状态。图 10-59 所示为装配过程中断裂螺栓法兰面的摩擦痕迹。由于法兰面与螺杆的角度呈钝角，不符合要求，因此拧紧过程内圈先接触，摩擦相对较剧烈。这会导致螺栓法兰面消耗的力矩较小，从而会增大螺杆部分的扭转载荷。

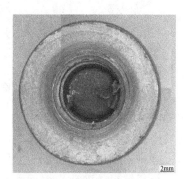

图 10-58　拧紧压痕　　　　　　　　　图 10-59　螺栓法兰面的摩擦痕迹

螺栓锁紧的原理，就是通过拧紧时螺栓的头部法兰面与被连接件紧密接触，形成夹持力。如果力矩不足，法兰面与匹配面接触痕迹很轻，或者形成间隙。图 10-60 所示为某螺栓疲劳断裂，其法兰面的接触痕迹仅在局部较小的区域，同时发现匹配区域还留有记号笔留下的油漆。由此痕迹，可以看出螺栓在

图 10-60　某螺栓疲劳断裂

装配时未拧紧。

此外，在螺栓拧紧的过程中，如果不对中或者倾斜装配，可能螺杆部分的螺牙与光孔圆周面接触，通过切削或者挤压，会留下螺牙的痕迹，如图 10-61 所示。这种倾斜装配也会消耗螺栓的拧紧力矩，可能引起螺栓夹持力不足。

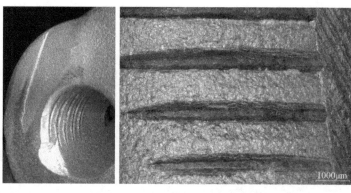

图 10-61　光孔圆周上的螺牙痕迹

在外螺纹与内螺纹匹配时，如果倾斜旋入，会引起匹配不良，导致螺牙损坏或者咬死。此时，螺纹表面的挤压或切削痕迹会呈现倾斜的旋转状，反映出最初拧入时的匹配状态，如图 10-62 所示。

一个螺栓锁紧的系统，在运行中常常由于未拧紧或"假扭矩"，后期出现松动或断裂。此时，往往可以发现：由于松动，法兰面留下的匹配痕迹出现了扩大，留下两个明显边界，如图 10-63 所示。

图 10-62　螺纹表面的挤压或切削痕迹呈现倾斜旋转状

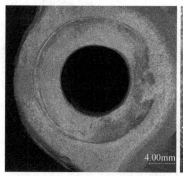 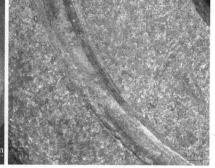

图 10-63　法兰面匹配痕迹扩大留下的两个明显边界

螺纹拉脱、出现剪切断裂是一种常见的失效形式，其原因是力矩过大或者螺纹强度不足。螺纹强度不足除与材料的强度有关之外，常常还可能是由于螺纹加工不良所致。由图 10-64、图 10-65 所示的内螺纹形貌不难看出：由于二次机加工不在同一轨迹上，使得螺纹被二次加工损坏，从而变弱。

图 10-64　内螺纹形貌 1　　　　　　　　图 10-65　内螺纹形貌 2

10.3.4 受力分析

紧固件受力分析是紧固件设计者及失效分析人员需要掌握的最基本知识。在紧固件的使用过程中最多和最大的受力件是螺栓,以螺栓为代表,其受力状态有以下的特点:紧固件螺栓主要受拉引力、扭转应力、受剪切应力及其复合应力,经常受到振动和交变应力作用,在受力分析时通常考虑拉压、扭转、剪切及它们的复合应力作用。在拉伸应力作用下,在螺栓内部任意一点上的拉应力都是纵向的,最大剪切力与轴线成45°。

螺栓断裂一般发生在螺纹小径或截面积最小处,且断裂源处通常发生在表面缺陷、尖角或应力集中处、螺栓的头与杆部连接过渡圆弧处、螺纹最后一牙的收尾处、螺牙缺陷处等缺陷位置。

在失效分析过程中需要考虑紧固件自身的抗力情况,更要将紧固件置于连接副甚至整车的系统中,根据实际工况综合分析其受力情况。可以借助多种手段进行受力分析,如断口分析、痕迹分析、静态力学试验、疲劳试验、接头试验、振动试验、台架模拟试验、整车路试等。具体的试验原理、试验方法及分析方法详见本书前几章的介绍,此处不再赘述。

总之,受力分析是紧固件失效分析重要的、必不可少的内容之一,是汽车紧固件失效分析的特色之一,对于根本原因的寻找、改进措施的制定、失效模式(原因)的预防起到至关重要的作用,也是在汽车类零部件失效分析中比较独特的环节。

10.4 汽车紧固件失效典型案例

10.4.1 紧固件自身缺陷引起的失效案例

1. 加速踏板固定焊接螺栓断裂

加速踏板固定的焊接螺栓,总装车间用打紧螺母时,该螺栓从头下R角处发生断裂,如图10-66所示。

(1) 检测与分析

1) 理化检测分析。对失效件进行理化性能检测,除芯部硬度高于技术要求外,其他性能符合技术要求,详见表10-7、图10-67、图10-68。

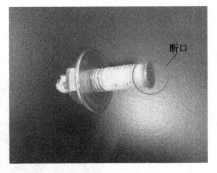

图10-66 失效螺栓实物

表10-7 螺栓材料分析

序号	检验项目	技术要求	实测值	评价
1	焊接螺栓(8.8级)			
2	芯部硬度(HV10)	250~320HV	357.6~367.3HV	不合格
3	表面缺陷	无	无	合格
4	螺牙未脱碳层高度 E	$E \geq 2H/3$	无脱碳	合格
5	螺牙全脱碳层高度 G	$G_{max}=0.015mm$	无脱碳	合格

2) SEM断口分析用扫描电镜观察图10-69所示的断口:断口平滑,呈现脆性断裂特征。对断口区域A进行能谱分析,结果如图10-70所示,化学成分显示此区域含有钢渣,进一步分析得出,断口平面白色"Z"字形带状区域均含有钢渣。

(2) 结论与建议

1) 结论:

① 螺栓金相合格,硬度偏高,要求值250~320HV,实测值357.6~367.3HV10,不符合标准要求。

② SEM分析得出,螺栓断口存在大量钢渣。

图 10-67　芯部组织：回火索氏体 500×

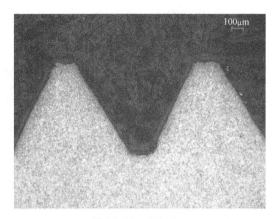

图 10-68　螺牙 50×

图 10-69　SEM 断口分析

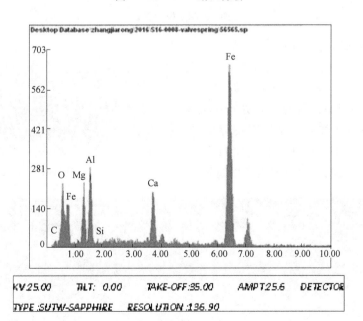

图 10-70　能谱分析（A 区）

③ 螺栓材料硬度偏高，脆性增加，造成脆性断裂趋势。钢渣引发局部应力集中，在随后的冷加工过程中造成微裂纹。由于以上两个因素，螺栓在装配过程中发生过载脆性断裂。

2）建议：调整螺栓热处理回火温度；优化原材料。

2. 异型螺栓断裂

异型螺栓在装配中，发生了断裂，失效件实物如图 10-71 所示。

图 10-71　失效件

（1）检测与分析

1）断口检测与分析。断口的宏观形貌如图 10-72 所示。断裂面起伏较大，断口明显分为两个区域，灰黑色的区域，即原始开裂区，约占整个断口截面的 3/4；银亮色的区域，即终断区，约占整个断口截面的 1/4。

 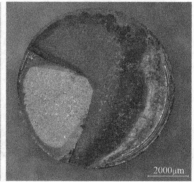

图 10-72　断口形貌

2）金相检测与分析。抽取同批次的零件，发现其表面存在相同裂纹，如图 10-73 所示。对其进行金相检测，结果如图 10-74 所示。径向裂纹深度达 3.2mm，开口处有脱碳现象，说明在热处理之前螺栓表面已经存在表面缺陷（如表面原始开裂等），在后续热处理过程中裂纹沿径向扩展，形成大面积裂纹，从而导致螺栓在后续的装配过程中发生最终断裂。

图 10-73　同批次零件

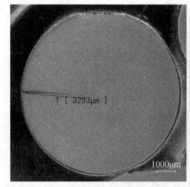 

图 10-74　金相检测结果

(2) 结论与建议

1) 结论：失效是由于原材料表面存在表面裂纹，在后续热处理过程中加剧了裂纹的扩展，在后续的装配过程中螺栓最终断裂。

2) 建议：加强原材料盘条表面质量和拉丝工序的管控。

3. 10.9 级螺栓头部断裂

现场装配时，10.9 级的螺栓在靠近头部的区域发生了断裂，如图 10-75 所示。

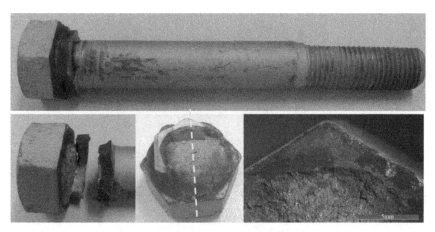

图 10-75 断裂螺栓

(1) 检测与分析

1) 断口检测。从断口上可以看出，断口边部的色彩非常深，类似螺栓头部暴露于外表面高温氧化的色彩（图 10-75），这表明螺栓在制造中有可能出现了早期裂纹。

利用体式显微镜，对断口异常区域的形貌进行了观察。断口色彩较深，呈沿晶的断裂特征，如图 10-76 所示。

2) 金相分析。将螺栓对剖进行金相检测，结果如图 10-77 所示。可以发现异常区域晶界已分开，并夹杂着灰色的氧化物。能谱检测显示该物质为 Fe 的氧化物，如图 10-78 所示。

图 10-76 断口异常区域的形貌特征

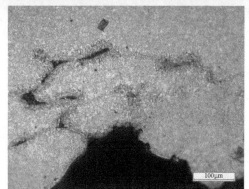

图 10-77 金相检测结果

3) 硬度检测。从螺栓的杆部取样，对材料的硬度进行检测，结果为 34.0~34.5HRC，符合 10.9 级螺栓的技术要求 31~39HRC。

4) 成分检测结果。螺栓的成分检测结果见表 10-8，符合技术要求。

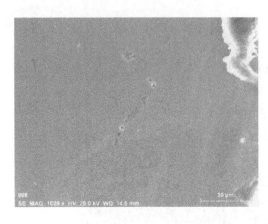 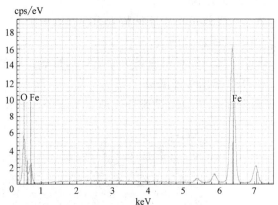

图 10-78 灰色物质能谱检测结果

表 10-8 螺栓成分检测结果

	C	Mn	Si	P	S	Cr	Mo
要求	0.33~0.38	0.60~0.90	0.15~0.35	≤0.030	≤0.030	0.90~1.20	0.15~0.30
实测结果	0.36	0.74	0.17	0.006	0.001	0.98	0.98

5）综合分析。基于断口和金相检测结果可以看出，螺栓局部在出现了沿晶开裂，并且在高温的情况下，已氧化。该螺栓经过了热锻造和调质处理，结合该工艺过程来看，其沿晶开裂应该是锻造过程中产生的，然后在热处理中产生了氧化和脱碳。

锻造出现沿晶开裂可能与材料加热温度过高有关。后续对生产过程进行调查，发现加热设备曾出现异常，导致螺栓加热的温度偏高；并且对同批次的螺栓进行检测，也发现存在相同的裂纹。设备调整后，未出现裂纹。

（2）结论与建议

1）结论：螺栓由于存在初始的沿晶裂纹，从而导致强度偏低，在装配时，发生断裂。初始裂纹的产生是设备异常导致螺栓锻造成型的温度偏高所致。

2）建议：加强特殊工序，如锻造、热处理等工序的管控。

4. 裙架螺栓断裂

生产现场装配时发生多例裙架螺栓断裂（10.9级），如图10-79所示。

（1）检测与分析

1）断口分析。失效件有明显的缩径现象，如图10-79所示，断口微观形貌为韧窝，如图10-80所示。

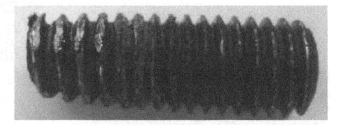

图 10-79 失效件实物形貌：明显的颈缩现象

2）理化性能。对失效件进行金相分析，结果显示其金相组织为铁素体+珠光体，是一种未充分调制组织，如图10-81所示。对其进行硬度检测，结果显示低于技术要求，见表10-9。

表 10-9 硬度检测结果

序号	试验项目	额定值	试验结果	评价
1	芯部硬度	320~380HV$_{10}$	204、209、185	不合格

（2）结论与建议

1）结论：通过对失效件分析发现，是由于未经充分调质热处理导致强度不足引起的过载断裂。

2）建议：加强特殊工艺过程（如热处理）的监控管理。

第10章 汽车紧固件失效分析

图10-80 断口微观形貌：韧窝

图10-81 金相组织：铁素体+珠光体

5. 变速器到后轮传动轴连接螺栓断裂

工程路试中，变速器到后轮传动轴上中间支承装置与中间管叉总成连接螺栓发生断裂，失效螺栓规格为M10×1×25（8.8级），如图10-82所示。

（1）检测与分析

1）断口检测。断口宏观形貌如图10-83a所示。依据颜色可以将断口分为两个区域：有轻微氧化和锈蚀的区域和色彩新鲜的区域。对表面进行检查，可以发现：靠近表面的断口与次

图10-82 失效件

表面的断口存在明显分界，靠近表面的断口未见明显断裂形貌；而在次表面的区域以及色彩较深的区域，可以发现相互平行的二次裂纹，表明该断裂未疲劳断裂，由表向内扩展，如图10-83a箭头所示。

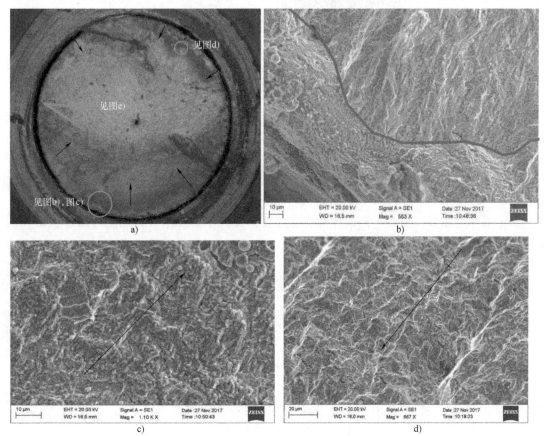

图10-83 断口形貌

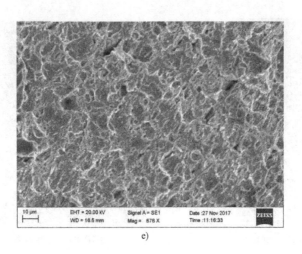

e)

图 10-83 断口形貌（续）

2）金相检测与分析。金相检测结果如图 10-84 所示，可以发现：裂纹起源于螺牙的根部（图 10-84a）；同侧螺纹根部有明显折叠缺陷（图 10-84b），且折叠位置与失效件断裂位置相近。结合断口检测结果可以推断：靠近表面无断口形貌的区域为牙底初始裂纹区。由此可以看出，疲劳裂纹起源于螺纹底部初始裂纹的区域。此外，还发现底部螺牙过渡不圆滑。这也会增加底部的应力集中，促进疲劳断裂的发生。

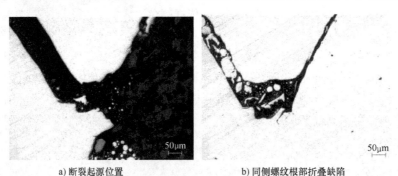

a) 断裂起源位置　　　　　b) 同侧螺纹根部折叠缺陷

图 10-84 金相检测结果

3）材料检测。螺栓的硬度为 30HRC，符合技术要求 22~32HRC；其表面也未见明显的脱碳和增碳现象。由此推断，螺栓的断裂与材料性能无关。

（2）结论与建议

1）结论：基于上述检测结果得出，螺纹根部存在裂纹缺陷且牙底非圆弧过渡，导致螺栓发生疲劳断裂。

2）建议：在成型模具及成型工艺设计和实施过程中必须控制牙型（特别是牙底形状的控制），应符合相应的技术要求，否则极易造成疲劳开裂。

6. 自锁螺母无法预紧到位

装配前保险杠横梁锁支架时，部分螺母无法预紧到底，如图 10-85 所示。

（1）检测与分析

自锁性能分析如下：

① 问题批次。通过对问题批次螺母自锁性能的测试，第一次旋入力矩过大，不符合标准 GB/T 3098.9—2010《紧固件机械性能　有效力矩型钢锁紧螺母》的要求（≤3N·m），实测均值 3.89N·m，其中两个数值达到 4.18N·m、4.50N·m。拧紧曲线如图 10-86 所示。

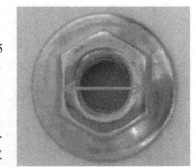

图 10-85 实物照片

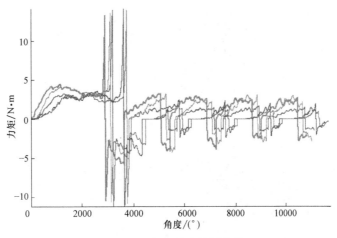

图 10-86 问题批次拧紧曲线

② 优化批次。供应商调节螺母对边挤压过程中模具的行程，减小对边挤压程度，降低了第一次旋入力矩。优化批次零件检测合格，自锁性能符合标准 ISO 2320：2015 的要求，都在 3N·m 以下。拧紧曲线如图 10-87 所示。

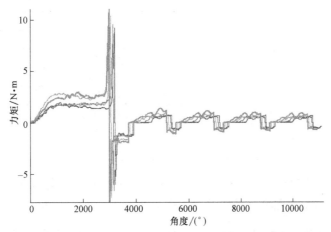

图 10-87 优化批次拧紧曲线

（2）结论与建议

1）结论：导致车间出现部分自锁螺母不能完全预紧到底的原因是该螺母第一次旋入力矩值过大，部分螺母的旋入力矩达到 4.18~4.50N·m，超过车间装配的预紧力矩值 4N·m。

2）建议：供应商调节螺母对边挤压过程中模具的行程，保证螺母的第一次旋入力矩满足标准 ISO 2320：2015 的要求，实测值≤3.0N·m。

（3）改进措施及其效果

优化后零件上线后，未出现难预紧现象。

7. 卡钳固定螺栓断裂

生产现场的个别卡钳固定螺栓在装配中发生断裂失效。图 10-88 所示为断裂的螺栓和同时装配未断裂的螺栓。

（1）检测与分析

1）断口分析。断裂于螺牙的底部，有明显缩颈。利用扫描电镜对其检测，微观形貌为韧窝，未见明显材料缺陷，如图 10-89 所示。

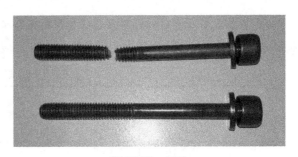

图 10-88 螺栓

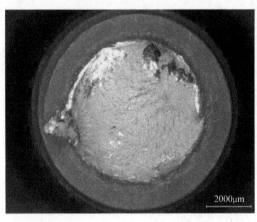
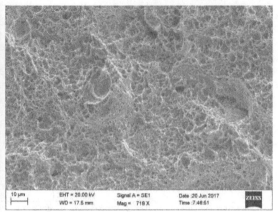

图 10-89 断口宏观和微观形貌

2) 硬度检测分析。对断裂的螺栓和同批次装配后未断裂的螺栓硬度进行检测，表面硬度和芯部硬度无明显差异，均符合技术要求，见表 10-10。

表 10-10 硬度检测结果

试验项目	额定值	试验结果	
芯部硬度	32~39HRC	1#失效件	36.6、36.8、36.8
		1#同机件	35.3、35.6、35.7
		2#失效件	36.9、37.1、37.1
		2#同机件	37.8、37.9、37.9
表面硬度	≤390$HV_{0.3}$	1#失效件	335、338、331
		1#同机件	327、335、327
		2#失效件	331、331、333
		2#同机件	336、329、329

3) 金相检测。对断裂螺栓进行金相检测，结果如图 10-90 所示。螺纹表面无裂纹，螺牙底部过渡圆滑；表面也无明显的脱碳，芯部组织为索氏体，正常。

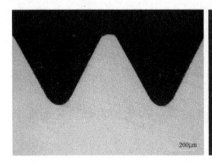
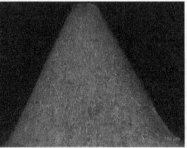

图 10-90 金相检测结果

4) 摩擦系数检测。对同批次 5 根螺栓的摩擦系数进行检测，结果见表 10-11。可见，摩擦系数在下限附近波动，个别螺栓不符合技术要求（0.10~0.16）。

表 10-11 摩擦系数检测结果

序号	试验结果			序号	试验结果		
	螺纹面	法兰面	总摩擦系数		螺纹面	法兰面	总摩擦系数
1	0.109	0.095	0.101	4	0.112	0.076	0.092
2	0.110	0.102	0.105	5	0.111	0.074	0.090
3	0.101	0.088	0.093				

5)综合分析。螺栓是由于在拧紧过程中,受到较大的轴向载荷后,局部发生剧烈塑性变形而断裂。对比失效件以及同机未断裂件的硬度检测结果,无明显差异;此外,失效螺栓的螺牙无表面缺陷,组织正常。由此可见,螺栓的断裂与材料无关;装配过程中发生过载断裂与螺栓受到了较大的轴向载荷有关。

轴向载荷与装配力矩和连接副的摩擦系数有关。对装配现场的工具进行确认,力矩正常,符合要求,因此其断裂与装配力矩异常无关。对被连接的缸盖和缸体进行检测,其表面状态均未发生变化,不会是导致摩擦系数降低的因素。对螺栓的摩擦系数进行抽检,结果显示大部分螺栓的摩擦系数偏低,不符合技术要求。螺栓摩擦系数的波动,会导致螺栓实际装配过程承受不同的轴向载荷,当载荷超过了螺栓的强度,就会导致螺栓发生断裂。

后续更换了另一批次的螺栓,其摩擦系数为0.13~0.14,连接相同批次的缸体和缸盖,现场未出现断裂失效。

(2)结论与建议

1)结论:基于上述的检测和分析来看,螺栓的断裂是由于摩擦系数偏低导致的。

2)建议:制定符合自己装配工艺的摩擦系数技术要求,并进行合理的管控。

8. 发动机12.9螺栓异响断裂

(1)检测与分析

1)断口分析。开裂螺栓如图10-91所示,用扫描电镜观察断口,断裂起始位置如图10-92、图10-93中箭头所示,裂纹源处断口形貌为沿晶开裂+韧窝,并在晶粒上发现有发纹及爪状纹,如图10-94所示,说明为氢脆开裂。

2)硬度检测分析。检测结果符合技术要求。

图10-91 断裂螺栓实物形貌

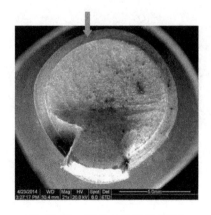

图10-92 断口宏观形貌SEM

图10-93 裂纹源微观形貌SEM

(2)结论与建议

1)结论:螺栓是由于氢脆导致断裂。

2)建议:做好去氢处理。

9. 螺钉表面白锈

生产线上发现螺钉表面白斑，如图 10-95 所示。

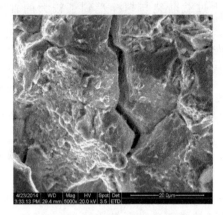

图 10-94　裂纹源 SEM：沿晶开裂+韧窝，在晶粒上发现有发纹及爪状纹

图 10-95　失效件实物

（1）检测与分析

根据零件的截面图（图 10-96）分析，白斑是由于镀层脱落导致金属基体外露。取失效件同批次零件进行盐雾试验，结果不合格，如图 10-97 所示。

图 10-96　失效件金相（镀层）

图 10-97　盐雾试验后不符合要求

（2）结论与建议

1）结论：

① 该零件表面保护不能满足标准要求，镀层镍含量偏高；失效零件盐雾试验后出现白锈，不合格。

② 白斑是由于镀层脱落导致金属基体外露，镀层脱落可能由于镀层结合力差，零件之间相互碰撞摩擦，导致镀层破坏。

2）建议：调整前处理和电镀工艺。

10.4.2 对手件原因引起的失效案例

1. 自攻螺钉烂牙

现场装配自攻螺钉烂牙,失效件实物形貌如图 10-98 所示。

(1) 检测与分析

对失效螺钉分析硬度、金相组织,符合图样要求,见表 10-12、表 10-13,以及图 10-99、图 10-100。ISO 7085:1999 标准中对于攻入试验钢板的要求如图 10-101 所示。

图 10-98 烂牙螺钉

表 10-12 对手件检测结果

测试零件	测试值	测试零件	测试值
对手件	基体硬度 179.8~189.3HV_{10}	对手件	通孔附近 193.0~203.5HV_{10}

表 10-13 自攻钉检测结果

测试零件	标准要求	测试值	评价
自攻钉	表面≥450HV	474~485HV	合格
	硬化层深度 0.10~0.25mm	0.215~0.220mm	
	芯部硬度 290~370HV	351~359HV	

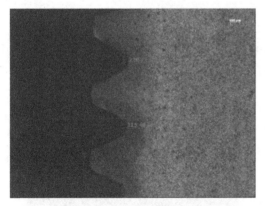

图 10-99 失效件螺牙 50×

图 10-100 失效件金相组织

```
1 wedge block
2 compressive load

            Figure 4 — Ductility test

5.6 Driveability test

The driveability test defines thread rolling capability in steel.

The sample screw shall be driven into a test plate (see Table 5) until a minimum of one pitch of the screw, excluding
any taper lead threads, extends beyond the test plate.

The thread rolling process shall be started by applying an axial force of

    F_max = 50 N for nominal thread diameters up to 5 mm and

    F_max = 100 N for nominal thread diameters over 5 mm.

For refereeing purposes the speed of driving shall not exceed 0,5 s⁻¹ (30 r.p.m.)

The maximum torque value occurring during this test shall be regarded as the drive torque.

Lubrication may be added in order to achieve the specified drive torque.

The test plate shall be of low carbon rolled steel having a hardness of 140 HV 30 to 180 HV 30. Plate thickness
shall be equal to the nominal screw diameter. The hole diameter shall be as given in Table 5.
```

图 10-101 ISO 7085:1999 攻入试验钢板要求

（2）结论与建议

1）结论：由于螺栓所攻的对手件冷加工变形（冲孔）导致通孔附近硬度增加，螺钉攻入时容易烂牙。

2）建议：降低对手件通孔附近硬度。

2. 发动机支承支架螺栓力矩超下限

发动机支承支架螺栓力矩批量超下限，如图10-102所示。

图10-102 发动机支承支架螺栓

（1）分析与结论

Y向开档过大，导致车身钣金与变速器支承支架不能居中匹配，一侧钣金未得到有效支撑，拧紧过程中钣金局部发生变形。本用于拉伸螺栓的旋转角度消耗在钣金变形上，这导致螺栓未能充分拉伸，最终力矩超下限。

（2）改进措施

减小发动机支承安装孔与发动机支承支架之间的Y向开档，避免车身钣金变形，从而提升力矩。开档距离最大值从+2.5mm优化至+1.9mm后，均值从+1.8mm优化至+1.4mm，合格率从91.3%提升至99.4%。

3. 悬置螺栓断裂

收到委托者提供的2件悬置螺栓（8.8级）失效螺栓（1件断裂、1件拉长），断裂件在断口处缩颈现象，实物形貌如图10-103a所示；拉长件也有明显的缩颈现象，实物形貌如图10-103b所示。两个失效件缩颈的区域一致。

（1）检测与分析

1）断口分析。断口有较大的起伏，但从宏观观察来看，断口都具有扭转过载断裂的特征。使用扫描电镜对断口进行微观观察、分析，整个断口的微观形貌均为韧窝，典型微观形貌如图10-104所示。

图10-103 失效件实物相貌

图10-104 断口形貌：韧窝SEM

2）理化分析。通过对螺栓进行化学成分、强度、硬度、金相组织等检测分析，检测结果均符合技术要求，见表10-14。

表10-14 理化性能检测结果

序号	试验项目	额定值	试验结果	评价
				合格
1	化学成分/SWRCH35K	BQB/517-2003		
	C	0.32~0.38	0.37	×
	Si	0.10~0.35	0.15	×

(续)

序号	试验项目		额定值	试验结果	评价 合格
1		Mn	0.60~0.90	0.78	×
		P	≤0.030	0.016	×
		S	≤0.035	0.0057	×
2	失效件				
		芯部硬度	250~320HV	297、305、308	×
		金相组织	回火索氏体	回火索氏体	×
3	与拉长失效件同台变速器装配后拆解件(螺栓完好)				
		芯部硬度	250~320HV	300、298、305	×
		金相组织	铁素体+珠光体	回火索氏体	×
4	与失效件同批次新件				
			250~320HV	300、302、302	×
			回火索氏体	回火索氏体	×
5		抗拉强度	≥800MPa	925、927、923、936、948、921	×

3)现场调查。对装配现场进行调查分析,现场的装配工艺复合技术要求,未发现异常。通过近一步调查,此连接副中被连接件之一的铝悬置表面状态发生了变化,失效发生之前其表面是进行过抛丸处理的,表面粗糙;发生失效时的铝悬置表面是压铸态原始表面,表面光滑。两种表面状态的实物照片如图10-105所示。

图10-105 对手件表面状态

(2)结论与建议

通过检测分析及调查,此次失效的根本原因是对手件(被连接件)的表面质量(即表面粗糙度)发生了改变,引起整个连接副系统的摩擦系数改变。摩擦系数较之前减小了很多,在相同拧紧工艺条件下,产生的螺栓轴力大大提高,进而引起了螺栓的过载失效(断裂和拉长)。

(3)改进措施

1)临时措施:更换原始表面状态的被连接件,进行装配。

2)永久措施:根据被连接件状态,制定新的拧紧工艺。

(4)启示

螺栓连接副是一个系统,系统中任何变化(制造的/设计的),都要重新进行拧紧工艺的校核,以满足要求,否则就可能出现各种问题或存在某种风险。

10.4.3 连接副设计原因引起的失效案例

1. 卡钳固定螺栓装配跟转

卡钳固定螺栓装配时出现跟转,拆解后发现螺栓出现了缩颈,如图10-106所示。

图 10-106 失效螺栓

（1）检测与分析

1）匹配痕迹。螺栓的法兰面装配痕迹清晰、均匀，无异常，如图 10-107 所示。

图 10-107 匹配痕迹

2）硬度和强度检测。对失效螺栓的表面硬度和芯部硬度进行检测，结果见表 10-15，均符合要求。

表 10-15 硬度检测结果

试验项目	额定值	试验结果
芯部硬度	320~380HV	367、369、365
表面硬度	≤390$HV_{0.3}$	379、381、386

3）金相检测。失效螺栓的金相检测结果如图 10-108 所示，螺牙表面无缺陷、脱碳；芯部组织为索氏体，正常。

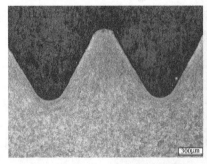

图 10-108 金相检测结果

4）摩擦系数检测。抽取同批次螺栓，进行摩擦系数检测，其结果为 0.138、0.136、0.139、0.130、0.145，符合要求。

5）装配现场调查。在装配现场，对装配过程进行观察，发现个别被连接零件在匹配面处存在一定的防锈油,这些螺栓安装后就发生了跟转。由此不难看出,螺栓跟转是由于零件表面防锈油降低了摩擦系数,导致相同力矩装配情况下,承受了更大的轴向载荷;该载荷超过了材料的屈服强度,从而发生了缩颈。

(2) 结论与建议

1) 结论:由于匹配面的防锈油降低了连接副的摩擦系数,导致相同装配力矩情况下,螺栓承受了过大的载荷而发生跟转失效。

2) 建议:失效分析时,必须调查清楚零部件失效的背景信息,如有可能需进行现场实地考察分析。

2. 后轴与车体螺栓松脱

某车型项目后轴与车体螺栓在可靠性路试中出现松脱,出现咔咔异响,测试后轴螺栓力矩从200N·m衰减至80N·m,重复拧紧后,异响消失,锁定连接失效导致咔咔异响(装配方式为力矩法,200N·m),如图10-109所示。

图10-109 装配试验

(1) 检测与分析

1) 实测螺栓单体摩擦系数为0.12~0.18,如图10-110所示,符合设计要求。

测试结果:

力矩系数 K Step 1	总力矩 Tq Step 1 Nm	支撑面力矩 TqH Step 1 Nm	螺纹力矩 Tqt Step 1 Nm	轴向力 Ts Step 1 N	支撑面摩擦系数 μH Step 1	螺纹摩擦系数 μth Step 1	总摩擦系数 μtot Step 1
0.219	219.56	115.90	103.66	71622.77	0.129	0.154	0.139
0.222	222.14	118.49	103.65	71603.77	0.132	0.154	0.140
0.201	201.99	100.13	101.67	71627.52	0.122	0.151	0.133
0.212	212.24	107.49	104.74	71613.27	0.125	0.156	0.137
0.213	213.57	114.17	99.40	71622.77	0.128	0.146	0.134

序列曲线:

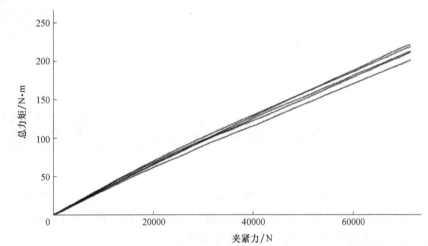

数据统计:

子序列 #1 n=5	力矩系数 K Step 1	总力矩 Tq Step 1 Nm	支撑面力矩 TqH Step 1 Nm	螺纹力矩 Tqt Step 1 Nm	轴向力 Ts Step 1 N	支撑面摩擦系数 μH Step 1	螺纹摩擦系数 μth Step 1	总摩擦系数 μtot Step 1
x̄	0.213	213.90	111.24	102.66	71618.02	0.127	0.152	0.137
s	0.008	7.82	7.42	2.10	9.50	0.004	0.004	0.008
v	3.66	3.66	6.67	2.04	0.01	3.25	2.63	2.24

图10-110 摩擦系数

2) 实测车体的平面度0.3,符合设计要求。

3) 实测后轴与车体安装平面平面度0.3,符合设计要求。

4) 理论计算力矩值200N·m,螺栓单体轴向力在60kN,抗滑移安全系数1.6,力矩设计符合要求,$S_G=1.6$,符合安全要求。

计算最小剩余夹紧力,如果$\Delta F'_{Vth}<0$,$\Delta F'_{Vth}=0$

$$F_{KRmin} = \frac{F_{Mzul}}{\alpha_A} - (1-\Phi^*_{en})F_{Amax} - F_Z - \Delta F_{Vth}$$

计算外载下所需夹紧力：

$$F_{KQerf} = \frac{F_{Qmax}}{q_F \cdot \mu_{Tmin}} + \frac{M_{Ymax}}{q_M \cdot r_a \cdot \mu_{Tmin}}$$

剩余夹紧力与所需夹紧力比值则为滑移安全系数。

$$S_G = \frac{F_{KRmin}}{F_{KQerf}}$$

5）实车测试（超声波）螺栓轴向力为：18.8kN、17.5kN、21.5kN、20.1kN、19.1kN、16.5kN、17.8kN、18.2kN。

6）实测力矩与轴向力测试曲线出现严重黏滑（力矩从50N·m瞬间到达200N·m），轴向力在20kN左右，并没有随着力矩上升而增加，拧紧曲线如图10-111所示。

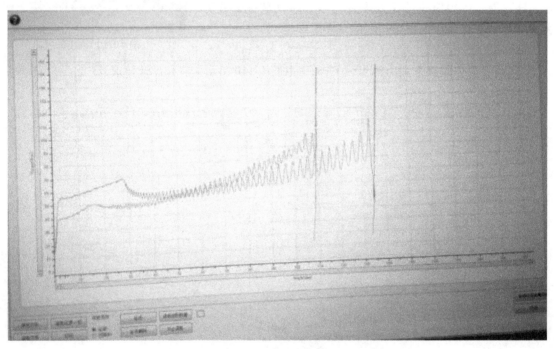

图10-111　拧紧曲线：出现严重黏滑现象

7）更换一种螺栓表面处理牌号（锌铝涂覆的品牌），或进行装配试验，黏滑现象消失，200N·m的力矩使螺栓产生的轴向力在58kN左右，与理论计算值相当，拧紧曲线如图10-112所示。相同拧紧力矩下，涂覆两种药水品牌的螺栓所产生的夹紧力见表10-16。

表10-16　涂覆两种药水品牌的螺栓所产生的夹紧力

拧紧力矩200N·m			
药水牌号	夹紧力/kN	药水牌号	夹紧力/kN
M药水	54/57	G药水	18.8
	59		17.5
	57.5/58.4		20.1
	55.7		19.1

（2）结论

螺栓表面处理-锌铝涂覆表面处理自身与连接副材料不兼容引起的连接失效-黏滑，导致螺栓轴向力不足、螺栓伸长量不足，不能抵抗路试中出现的外载荷从而导致松脱。

（3）改进措施

1）临时措施：增加反转工艺，将螺栓拧紧后反转一圈，再次拧紧，可消除部分黏滑。

2）永久措施：更换一种螺栓表面处理牌号（锌铝涂覆的品牌）。

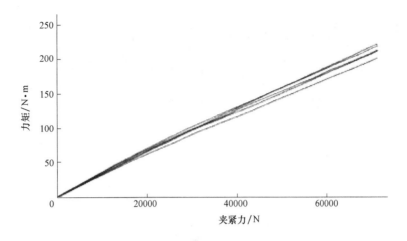

图 10-112 拧紧曲线：无黏滑现象

（4）启示

连接副中各单体（螺栓、螺母、被连接零部件）都符合设计的时候，连接副出现了失效，通常需要考虑连接副的兼容。这就需要在确定装配工之前进行连接副的模拟装配，通过理论与实际结合，确定连接副的连接工艺是否符合要求。

3. 底盘螺栓异响

可靠性路试中底盘螺栓出现咔咔异响，测试底盘力矩从 140N·m 衰减至 85N·m，重复拧紧后，异响消失，锁定连接失效导致咔咔异响（装配方式为力矩法，140N·m）如图 10-113 所示。

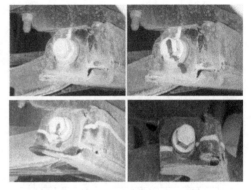

图 10-113 失效件在整车中的状态

（1）检测与分析

1）实测螺栓单体摩擦系数为 0.12~0.18，符合设计要求，如图 10-114 所示。

2）实测副车架摆臂安装支架的间隙，符合设计要求，见表 10-17。

表 10-17 间隙检测结果

摆臂安装支架的间隙理论要求	实测值（同批次）/mm
(53±0.5)mm	53.1、53.4、53.0、53.2、53.1

3）实测副车架摆臂安装支架平面平面度 0.3，符合设计要求。

4）理论计算力矩值 140N·m，螺栓单体轴向力 65kN，抗滑移安全系数 1.5，力矩设计符合要求。计算最小剩余夹紧力，如果 $\Delta F'_{Vth} < 0$，$\Delta F'_{Vth} = 0$

$$F_{KRmin} = \frac{F_{Mzul}}{\alpha_A} - (1 - \Phi^*_{en}) F_{Amax} - F_Z - \Delta F_{Vth}$$

计算外载下所需夹紧力：

$$F_{KQerf} = \frac{F_{Qmax}}{q_F \cdot \mu_{Tmin}} + \frac{M_{Ymax}}{q_M \cdot r_a \cdot \mu_{Tmin}}$$

剩余夹紧力与所需夹紧力比值则为滑移安全系数。

$$S_G = \frac{F_{KRmin}}{F_{KQerf}}$$

计算得出 $S_G = 1.5$，符合安全要求。

5）实车测试（超声波）螺栓轴向力在 65kN 左右，与理论设计一致，拧紧曲线如图 10-115 所示。

测试结果：

力矩系数 K Step 1	总力矩 Tq Step 1 N·m	支撑面力矩 TqH Step 1 N·m	螺纹力矩 Tqt Step.1 N·m	轴向力 Ts Step 1 N	支撑面摩擦系数 μK Step 1	螺纹摩擦系数 μthread Step1	总摩擦系数 μtot Step 1
0.226	65.05	38.34	26.71	28763.56	0.173	0.138	0.159
0.219	65.00	38.24	26.77	29689.58	0.167	0.132	0.153
0.214	65.03	37.72	27.31	30.411.40	0.161	0.132	0.149
0.219	65.00	36.19	28.81	29722.82	0.158	0.145	0.153
0.226	65.05	38.79	26.26	28796.80	0.175	0.134	0.158

序列曲线：

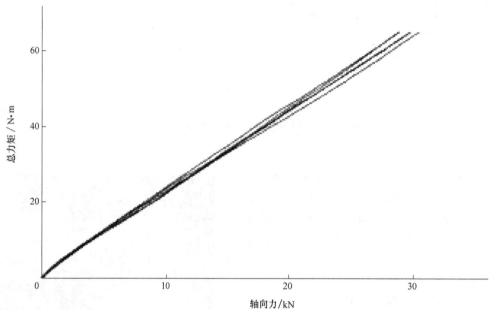

数据统计：

子序列 #5 n=5	力矩系数 K Step 1	总力矩 Tq Step 1 N·m	支撑面力矩 TqH Step 1 N·m	螺纹力矩 Tqt Step.1 N·m	轴向力 Ts Step 1 N	支撑面摩擦系数 μH Step 1	螺纹摩擦系数 μthread Step1	总摩擦系数 μtot Step 1
$\bar{x}$	0.221	65.03	37.86	27.17	29476.83	0.167	0.136	0.154
s	0.005	0.03	1.00	0.99	298.28	0.007	0.005	0.004
v	2.39	0.04	2.66	3.63	2.37	4.38	4.01	2.63

图 10-114　螺栓摩擦系数

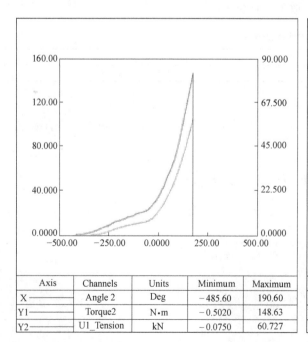
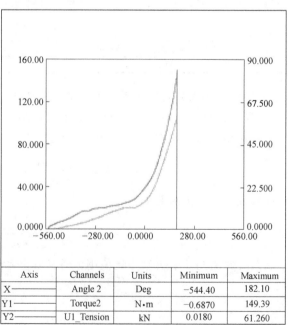

Axis	Channels	Units	Minimum	Maximum
X	Angle 2	Deg	−485.60	190.60
Y1	Torque2	N·m	−0.5020	148.63
Y2	U1_Tension	kN	−0.0750	60.727

Axis	Channels	Units	Minimum	Maximum
X	Angle 2	Deg	−544.40	182.10
Y1	Torque2	N·m	−0.6870	149.39
Y2	U1_Tension	kN	0.0180	61.260

图 10-115　实车测试拧紧曲线

6）实测力矩与轴向力测试曲线并无黏滑现象，拧紧曲线如图 10-116 所示。

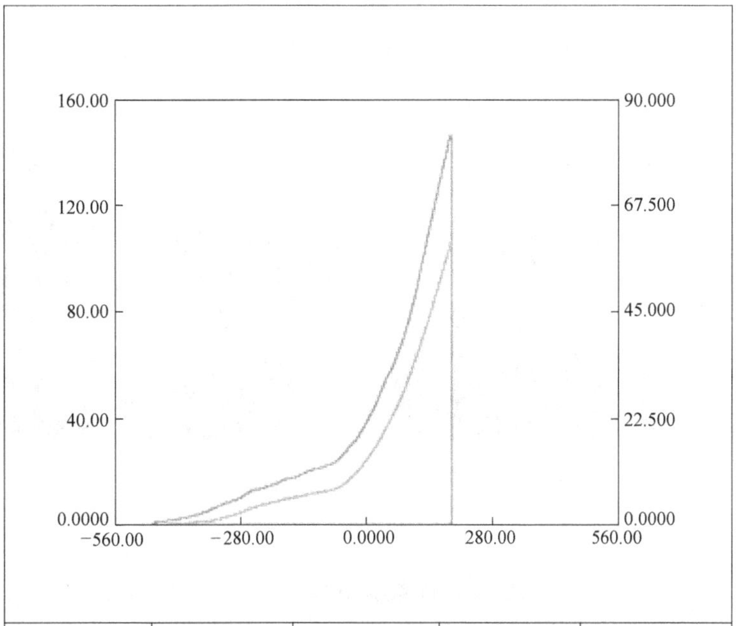

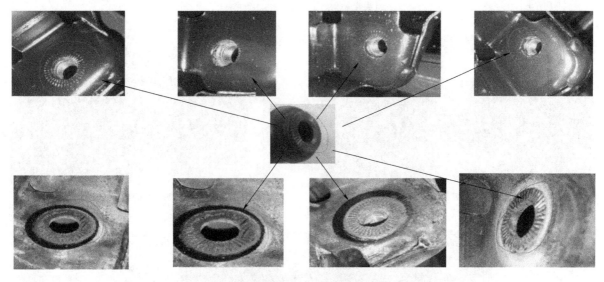

Axis	Channels	Units	Minimum	Maximum
X	Angle 2	Deg	−485.60	190.60
Y1	Torque2	N·m	−0.5020	148.63
Y2	U1_Tension	kN	−0.0750	60.727

图 10-116　轴向力测试曲线

7）在拧紧装配试验中，当拧紧力矩为 140N·m 时，发现测试衬套与摆臂安装支架之间还存有蠕动，衬套的齿形并未完全嵌入摆臂安装支架表面，如图 10-117 所示。

图 10-117　衬套齿形未完全嵌入摆臂安装支架表面

（2）结论

根据以上分析得出结论，是由于对手件（衬套内衬管）结构不合理造成夹紧力衰减严重，产生异响。

（3）改进措施及效果

1）更改衬套内衬管的齿形为少数齿形结构，保证在设计力矩下，衬管齿形可以完全嵌入摆臂安装支架，消除蠕动位移，保证连接可靠。更改后的内衬管的齿形结构和装配后的压痕痕迹如图10-118所示。

2）更改悬架齿形为少数齿形结构，保证在设计力矩下，齿形可以完全嵌入安装支架，消除蠕动位移，保证连接可靠。

图10-118　改进后的衬套内衬管的齿形

（4）启示

理论计算对于齿形嵌入量无法保证准确，此类特殊结构需进行模拟装配试验与整车路试，从而验证可靠性。

4. 焊接螺母滑牙

焊接螺母在装配时发生滑牙，以下进行检测与分析。

（1）检测与分析

1）宏观观察。失效件整体宏观形貌如图10-119所示，焊接螺母内螺牙全部滑牙（图10-120），螺栓的螺牙部分沾有螺母滑牙后脱落的丝状金属（图10-121）。

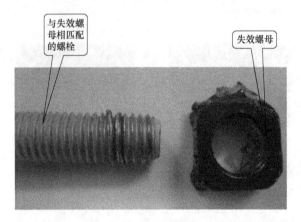

图10-119　失效焊接螺母宏观形貌

图10-120　失效螺母的内螺牙：全部滑牙

图10-121　与失效件相匹配的螺栓：整体完好

2）理化检测分析。通过检测分析，确认螺母的理化性能复合技术要求，检测结果见表10-18及图10-122。

表 10-18 理化性能检测结果

序号	试验项目	额定值		试验结果	评判
1	化学成分	ML15 GB/T 6478—2015 《冷镦和冷挤压用钢》	ML15AL GB/T 6478—2015 《冷镦和冷挤压用钢》		
	C	0.13~0.18	0.13~0.18	0.18	合格
	Si	0.15~0.35	≤0.10	0.06	合格
	Mn	0.30~0.60	0.30~0.60	0.365	合格
	P	≤0.035	≤0.035	0.004	合格
	S	≤0.035	≤0.035	0.001	合格
2	硬度	150~302HV GB/T 3098.2—2015《紧固件机械性能　螺母》		203HV5、201HV5、201HV5	合格
3	金相组织	不淬火、不回火 GB/T 3098.2—2015《紧固件机械性能　螺母》		铁素体+珠光体（正火态）	合格

（2）结论

通过调查分析得出结论，引起此次螺母滑牙的根本原因是该螺母的强度（等级）不足。

（3）启示

在螺栓螺母连接设计中需考虑其强度（等级）之间的匹配性问题，一般情况下是螺母要强一些。

10.4.4　装配工艺原因引起的失效案例

1. 连杆螺栓断裂

在某系统试验完成30%时，突然力矩下降，进气侧有雾气冒出，急停发动机，发现第4缸的连杆瓦盖击穿缸体；拆机检查发现第4缸连杆螺栓断裂，连杆瓦盖飞出。失效件如图10-123所示。

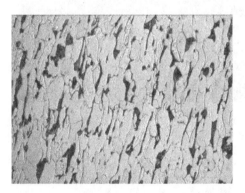

图 10-122　螺母金相组织：铁素体+珠光体
500×　4%硝酸酒精

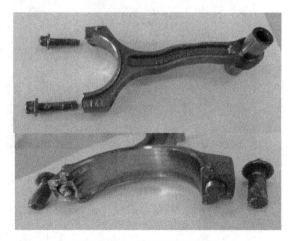

图 10-123　失效件实物形貌

（1）检测与分析

1）断口分析。1#断口宏观形貌如图10-124所示。残留在连杆内螺纹孔中的螺栓有向2#螺栓一侧弯曲的现象，且连杆基体表面受敲击磨损严重（图10-124a）；断口附近有缩颈现象（图10-124b）；断口附近的螺牙底部由于过载已产生了圆周裂纹（图10-124c）；该断口具有典型拉伸过载特征。

2#螺栓断口具有典型的疲劳特征，如图10-125所示。该断口具有多源疲劳特征，疲劳源处未发现明显缺陷（图10-125c）；在疲劳源附近区域的疲劳辉纹特征明显，间距紧密（图10-125d）；过了疲劳扩展区后，端口形貌为韧窝（图10-125e）。基于上述断口形貌来看，该螺栓为单向疲劳断裂，且受力很大。

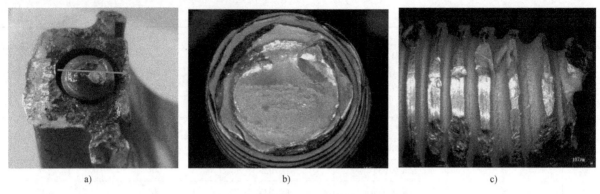

图 10-124　1#螺栓的断口　箭头显示断裂方向

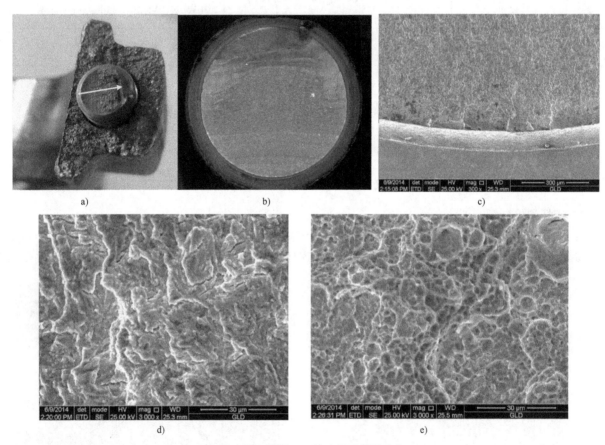

图 10-125　2#断口　箭头显示断裂方向

2）硬度检测。对螺栓的硬度进行检测，结果见表 10-19，均符合技术要求。

表 10-19　螺栓硬度检测结果

序号	试验项目	额定值	试验结果
1	1#断裂螺栓（10.9 级）		
1.1	芯部硬度	320~380HV	355、357、363
1.2	表面硬度	≤390$HV_{0.3}$	374、377、377
1.3	表面与芯部硬度差	≤30HV	19、20、16
2	2#断裂螺栓（10.9 级）		
2.1	芯部硬度	320~380HV	371、368、366
2.2	表面硬度	≤390$HV_{0.3}$	381、380、381
2.3	表面与芯部硬度差	≤30HV	10、12、15

3）金相检测。对螺栓进行金相检测，结果如图 10-126、图 10-127 所示。

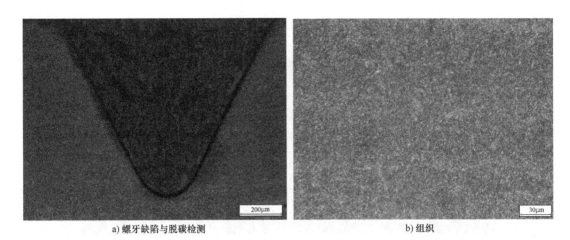

a) 螺牙缺陷与脱碳检测　　　　　　　　　　b) 组织

图 10-126　1#螺栓金相检测

a) 螺牙缺陷与脱碳检测　　　　　　　　　　b) 组织

图 10-127　2#螺栓金相检测

4）综合分析。基于断口的断裂方向和受力来看，不难推断1#螺栓很可能是最先屈服、拉长失效，然后导致2#螺栓受到了较大的载荷，而发生单向疲劳断裂。

后续对该台发动机的安装和试验过程进行调查发现，该台试验用的发动机由于不同试验的需要，期间螺栓经过了多次的拆卸和安装。1#螺栓应该是在多次安装过程中，已发生了缩颈，导致连接的连杆和连杆盖的连接副松动，产生了敲击现象，从而导致锁紧的2#螺栓受到较大的载荷，出现单向疲劳断裂，引起系统失效。

（2）结论与建议

1）结论：1#断裂螺栓被屈服拉长、连接副松动后，迫使2#断裂螺栓产生了单向疲劳断裂。1#断裂螺栓被屈服拉长是该螺栓经过多次装配且在后续使用过程中产生的。

2）建议：对关键螺纹连接副需制定拧紧次数的要求，并严格执行。

2. 燃油泵控制器塑料孔烂牙

燃油泵自攻螺钉采用装配力矩8N·m安装时，塑料燃油泵控制器与自攻螺钉螺纹啮合部位偶尔出现拧坏现象，失效件实物形貌如图10-128所示。

（1）检测与分析

过载试验后燃油控制器塑料孔被拧坏，最小过载力矩为11.24N·m，而装配力矩为8N·m，考虑到电动扳手的精度，即8N·m±15%，离过载力矩已经非常接近。对于塑料自攻钉而言，装配力矩的上限最好不超过0.6倍的最小过载力矩，这样才有足够的安全余量保证塑料孔不被拧坏。显然实际情况不满足该要求，见表10-20及图10-129。

图 10-128　失效件实物形貌

表 10-20　同批次零件进行装配试验结果

序号	拧入力矩/N·m	过载力矩/N·m	序号	拧入力矩/N·m	过载力矩/N·m
1	2.26	13.36	4	2.32	12.99
2	2.24	11.24	5	2.36	14.37
3	2.22	11.63	6	2.11	13.09

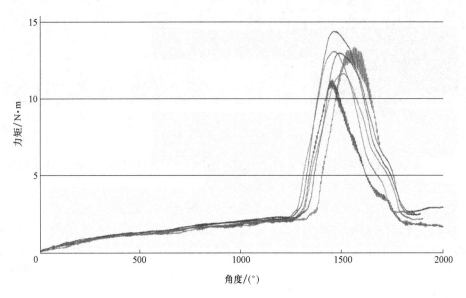

图 10-129　拧紧曲线

（2）结论

装配力矩过高，无足够的安全余量保证塑料孔不被拧坏，是造成燃油泵控制器塑料孔烂牙的原因。

（3）改进措施及效果

根据试验结果将装配力矩调整为 6N·m，后续生产不再出现损坏现象。

3. 底盘某连接位置螺母力矩衰减

可靠性路试时底盘某连接位置螺母出现力矩衰减，振动路和转弯时有异响，实物如图 10-130 所示。

(1) 检测与分析

1）连接副尺寸检查：检测结果合格见表 10-21。

2）螺栓力矩设计是否合理：滑移系数在 1.2 以上，合格，理论计算见表 10-22。

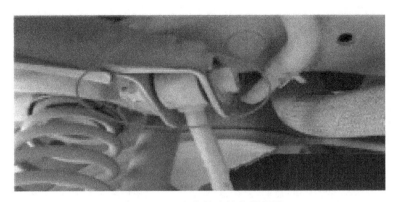

图 10-130 底盘某连接位置螺母

表 10-21 连接副尺寸检查结果

项目	设计要求	实测值	备注
对手件开档尺寸	34.5~36	35.3、35.6、35.7	
对手件长度	35.8~36	35.1、35.6、35.6	
开档间隙	0.8~1.8	1.1、1.2、1.4	
是否偏心螺栓	是	是	

计算最小剩余夹紧力,如果 $\Delta F'_{Vth} < 0$,$\Delta F'_{Vth} = 0$

$$F_{KRmin} = \frac{F_{Mzul}}{\alpha_A} - (1 - \Phi^*_{en}) F_{Amax} - F_Z - \Delta F_{Vth}$$

计算外载下所需夹紧力:

$$F_{KQcrf} = \frac{F_{Qmax}}{q_F \cdot \mu_{Tmin}} + \frac{M_{Ymax}}{q_M \cdot r_a \cdot \mu_{Tmin}}$$

剩余夹紧力与所需夹紧力比值则为滑移安全系数。

$$S_G = \frac{F_{KRmin}}{F_{KQcrf}}$$

计算得出 $S_G = 1.7$,满足设计要求。

表 10-22 力矩理论计算

计算内容		数值	备注
初步确定螺栓直径的范围	螺栓所受横向力 F_Q/N	3680	
	选用螺栓规格	M12×1.5	
求出许用安装预紧力 F_{Mzul}	螺栓安装预紧力/N	3780	
	螺栓许用安装预紧力/N	6540	
滑移安全系数 S_G		1.7	建议 1.2 以上

3) 实测螺栓轴向力:符合理论设计,实测结果见表 10-23,拧紧曲线如图 10-131 所示。

表 10-23 实测螺栓轴向力

螺栓设计轴向力要求/kN	实测值/kN
37.8	40.1、39.8、38.8

(2) 结论与建议

1) 结论:工厂装配人员在进行参数调整后,未对该处力矩按照设计值复紧,直接导致力矩衰减连接失效。

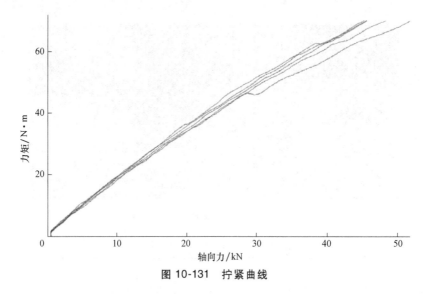

图 10-131 拧紧曲线

2）建议：关于在装配中过程中某些位置需要重复拆卸拧紧的连接副，需要制造厂严格把控各个环节，监控力矩有效性。

4. 变速器悬置螺栓断裂

（1）检测与分析

1）宏观观察。失效件的装配位置关系及实物形貌如图 10-132a 所示；委托者提供分析的失效件实物形貌如图 10-132b 所示（螺栓 2 件、悬置 1 件）。1#断裂件为双头螺柱，使用锁紧螺母紧固；2#、3#螺栓直接与变速器壳体连接、紧固。

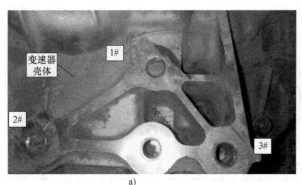
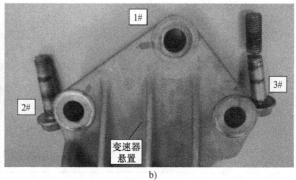

图 10-132 装配位置关系及实物形貌

观察变速器壳体与悬置配合面，1#螺纹孔配合面磨损、敲击痕迹最严重，2#螺纹孔磨损、敲击痕迹次之，3#螺纹孔磨损痕迹最轻，如图 10-133a、图 10-133b 所示，由此可以判断 1#螺纹孔处最先松动。

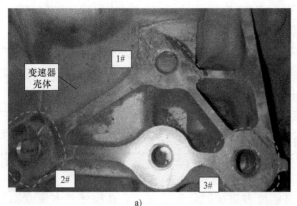
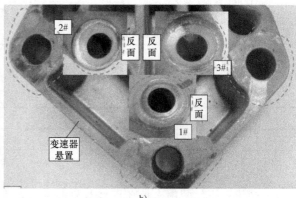

图 10-133 宏观观察

2)螺栓观察。因委托者只提供了2#和3#断裂螺栓,故只对其进行观察分析。2#螺栓法兰面磨损严重且有冲击挤压的痕迹,如图10-134a所示;杆部磨损严重,如图10-134b所示;杆部已弯曲变形,如图10-134c所示;断口形貌具有明显的疲劳特征,如图10-134d所示。

图 10-134　2#螺栓观察

3#螺栓法兰面磨损严重,如图10-135a所示;杆部磨损严重,如图10-135b所示;断口形貌具有明显的疲劳特征,如图10-135c所示。

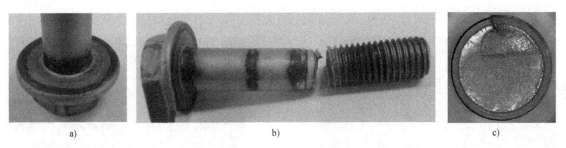

图 10-135　3#螺栓观察

3)理化分析。对断裂螺栓进行材料性能检测,实测结果显示其符合技术要求,见表10-24。

表 10-24　断裂螺栓理化性能检测结果

序号	试验项目	额定值	试验结果	评价
1	2#螺栓			
1.1	化学成分/SCM435	Q/BQB 517—2019《冷镦钢盘条》		
	C	0.33~0.38	0.41[①]	×
	Si	0.15~0.35	0.18	×
	Mn	0.60~0.85	0.83	×
	P	≤0.030	0.010	×
	S	≤0.030	0.010	×
	Cr	0.90~1.20	1.04	×
	No	0.15~0.30	0.18	×
1.2	芯部硬度	320~380HV	348、348、355	×
1.3	表面硬度	≤390$HV_{0.3}$	345、356、348	×
1.4	表面全脱碳	≤0.015mm	0 (图10-136)	×

(续)

序号	试验项目	额定值	试验结果	评价
1.5	螺牙缺陷	中径以下无折叠	中径以下无折叠,有疲劳裂纹[②] (图 10-137)	×
1.6	金相组织	回火索氏体	回火索氏体 (图 10-138)	×
2	3#螺栓			
2.1	化学成分/SCM435	Q/BQB 517—2019《冷镦钢盘条》		
	C	0.33~0.38	0.40[①]	×
	Si	0.15~0.35	0.18	×
	Mn	0.60~0.85	0.83	×
	P	≤0.030	0.011	×
	S	≤0.030	0.0098	×
	Cr	0.90~1.20	1.04	×
	Mo	0.15~0.30	0.17	×
2.2	芯部硬度	320~380HV	355、361、359	×
2.3	表面硬度	≤390$HV_{0.3}$	363、360、359	×
2.4	表面全脱碳	≤0.015mm	0 (图 10-139)	×
2.5	螺牙缺陷	中径以下无折叠	中径以下无折叠,有疲劳裂纹[②] (图 10-140)	×
2.6	金相组织	回火索氏体	回火索氏体 (图 10-141)	×

① 符合 GB/T 222—2006《钢的成品化学成分允许偏差》的要求。
② 疲劳裂纹是在螺栓疲劳断裂过程中产生的,不是生产制造过程中产生的。

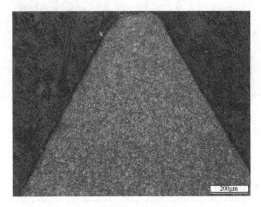

图 10-136　2#螺栓表面全脱碳　100×

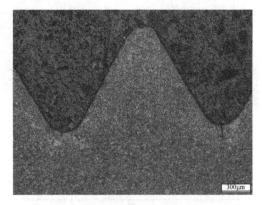

图 10-137　2#螺栓螺牙缺陷　50×

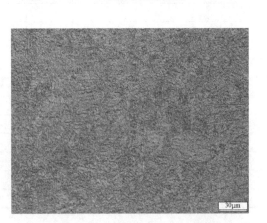

图 10-138　2#螺栓金相组织　500×

图 10-139　3#螺栓表面全脱碳　100×

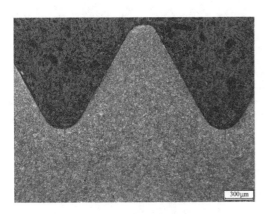 

图 10-140　3#螺栓螺牙缺陷　50×　　　　　　　图 10-141　3#螺栓金相组织　500×

4）背景信息调查。委托者提供的信息是该螺纹接头出厂后在试验场更换其他零部件时有过两次拆解与装配，在此过程中均无零件更换（螺栓、自锁螺母、悬置）。

装配工艺规定1#连接副中的螺栓安装和拆卸超过2次需更换新螺栓，而在该案例中此螺栓已经被安装和拆卸过3次。

（2）结论

通过以上观察分析，结合失效件的受力情况，可以判断螺柱、螺栓均是疲劳断裂，断裂顺序是1#螺柱松动、断裂，2#螺栓其次，3#螺栓最后断裂。引起螺柱、螺栓疲劳断裂的原因是螺栓、螺母的多次重复装配导致夹紧力不足。

（3）启示

对于重要的螺纹连接，需制定合理的装配工艺，包括关键紧固件的重复安装拧紧次数，并严格执行。

10.5　发展趋势及展望

随着汽车轻量化、智能化和新能源技术的发展，一些新的紧固件及连接技术不断涌现并得到应用，包括自冲铆接（如SPR）、无铆连接、流钻连接（如FDS、热熔自攻丝）、拉铆、压铆、胶接以及复合连接等。被连接件的材质也发生了变化，从传统的黑色金属（如钢、铸铁），转变为钢-铝、铝-铝、铝（钢）-碳纤维、铝（钢）-工程塑料。以上的这些变化，也使紧固连接（件）的失效表现形式、机理和根本原因不同以往，涉及了更多的新知识、新技术。如钢-铝的自冲铆接，其失效模式就与螺纹连接有很大的不同，主要失效模式有基材开裂、连接强度不足等。其失效原因就更多地需要考虑连接件材料的塑性及铆接工艺的匹配性，如铆钉与铆模的匹配、铆接工艺参数的匹配等。对胶接失效进行分析时，需要的知识就超出了目前紧固件失效分析的知识领域，其涉及了高分子与界面相容的知识。随着工程塑料更广泛的应用，塑料紧固件及连接副的失效分析也会愈加增多。

因此，未来的汽车紧固件失效分析范围越来越广，要求失效分析人员的综合知识面越来越宽、能力越来越高，对试验分析技术、手段和硬件设备提出了新的需求。

第11章

汽车紧固件常用检测设备

11.1 概述

汽车紧固件的检测设备种类非常丰富，常用的检测设备按照检测专业的不同主要可以分为几何公差检测设备、化学成分检测设备、表面镀层检测设备、力学试验检测设备、金相分析设备、失效分析设备、模拟装配和分析工具等类别。每一种类别的专业设备根据检测原理的不同，可以对紧固件产品的不同参数进行目标值检测。

11.2 几何公差检测设备

几何公差常见于螺栓的头部和螺纹部分，主要起到控制螺栓轴线方向稳定性的作用，包含了对称度、同轴度、垂直度、位置度，以及轴向/径向圆跳动和全跳动。其测量原理是以螺栓的中心轴线为基准，通过测量分布在螺栓圆周方向的特征相对轴向、径向的不同高度，再加以计算，得到其表面最大实体状态下与中心的误差值。目的是保证在装配环境中，螺栓可以沿轴线方向顺利旋入对手件，避免径向或者轴向的摆动过大，造成装配失效或者贴合不到位的现象。

常用的检测设备可分为接触式和非接触式两种。接触式设备主要为各类卡尺、规以及辅助工装加千分表的形式，非接触式设备主要利用光学原理，如图 11-1 所示，可以同时快速检测汽车螺栓的线性尺寸、几何公差以及螺纹的特性尺寸。

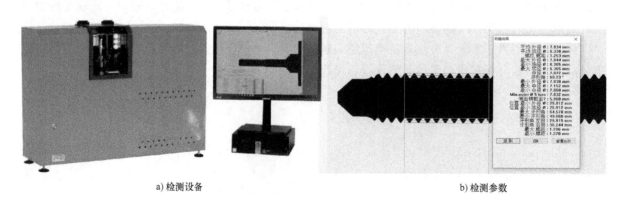

a) 检测设备　　　　　　　　　　　　　　b) 检测参数

图 11-1　非接触式尺寸检测设备

11.2.1 尺寸和公差检测设备

汽车紧固件尺寸主要使用游标卡尺、千分尺、各类专用卡具等检测,如图11-2所示,主要检测头部、法兰、杆部、螺纹等部位的现行尺寸以及标准规定的几何公差。

a) 游标卡尺　　　　　　　　　　　　　　b) 千分尺

图 11-2　基本尺寸检测仪器

11.2.2 螺纹检测设备

常见的螺纹分类主要有内/外螺纹、锥形螺纹等,其尺寸分布基本都以螺纹外径、螺纹中径、螺纹小径和牙型角组成,不同参数对应的检具也不同。螺纹检测通常分为单项测量、综合测量和量规测量三部分。其中,单项测量常用于检测螺纹的中径、大径、牙型角,常用的检测工具有螺纹外径千分尺、比较仪、螺纹中径测量仪,常用的检测方法有三针测量法和光学测量法。其结果输出特点是可以测得每个参数的具体值,有利于加工之初的设备调整以及质量检验放行。通过一定的数据收集,可以形成趋势统计分析报告,能够有效地帮助工序分析零件的生产过程状态。综合测量通过检验螺纹的实际中径误差和折算中径误差来控制螺纹的旋合质量,折算中径误差是把螺距和牙型半角等的误差折算在中径方向上的误差。指示量规测量法将螺纹测量分为单一中径测量及作用中径测量,可测量螺纹中径、圆度、螺距、牙型角和锥度,并可通过增加测头对端面或螺纹的跳动进行测量。单一中径即为单牙中径,作用中径即为全牙中径,若测得单一中径与作用中径数值相同,则表明螺纹各项参数均合格;若两数值不同,则表明螺纹存在问题,具体出现了什么问题,需要进一步分析判断。

量规测量是大批量连续生产过程中常用的快速检测螺纹参数的方法,其原理是通过与实际零件的螺纹公差等级互相匹配的螺纹环规,利用旋合的方式来快速评估螺纹参数是否满足标准要求,能够完全旋入有效螺纹的视为合格;反之则需要通过最大扭矩法验证是否满足要求。

11.3 化学成分检测设备

分析化学是分析物质的组成、结构和化学品质信息的科学,同时也是测量与表征的科学。它通过测量与待测组分有关的某种化学性质、物理性质、物理化学性质以及某些生物化学性质等,获得所需的信息,主要分为化学分析方法和仪器分析方法。

以物质化学反应和物质的溶液理论为基础的成分分析方法统称为化学分析方法,又称湿法分析、经典分析方法。它主要使用化学试剂、天平、玻璃仪器、分光光度计、电位滴定仪、马弗炉、温度箱、电炉等普通实验室器具,利用化学法进行分离及测定。其设备原理较简单,操作简便,但时效性不高,适用于常量分析及精密度、时效要求不高的分析场合。

仪器分析是以物质的物理和物理化学性质为基础而建立的分析方法。测定时多需要较为精密、特殊、昂贵的仪器。仪器分析设备原理复杂,需要一定的经验才能操作,且需要一定的环境条件,其设备精密度高,大量测试时速度快,适合各类定性分析以及常量、微量、痕量等定量分析,如图11-3所示。物质的物理或物理化学性质是多种多样的,因此仪器分析内容非常丰富,而且相互独立、自成体系,一般分为光学分析法、电化学分析法、色谱法、质谱法、电泳法、热分析法和放射化学分析法。紧固件化学成分检测一般涉及常量元素分析、涂覆层成分分析、禁限用物质分析等,主要使用光学分析仪器和色谱、质谱分析仪器进行分析,最常用的是光学分析仪器。

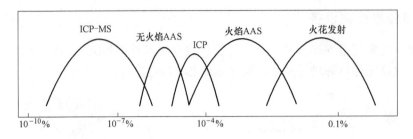

图 11-3 不同光谱分析法的测定浓度范围

光学分析法是根据物质发射的电磁辐射,或电磁辐射与物质相互作用建立的一类分析方法的统称。其基本原理均为利用物质中分子、离子、原子等对电磁辐射的波动性(反射、衍射、干涉)、粒子性(光电效应、康普顿效应、黑体辐射)或波粒二象性进行计算和分析。这些电磁辐射包括无线电波(或射频波)、微波、红外线、可见光、紫外线、X 射线、γ 射线和宇宙射线的所有电磁波谱范围。光谱光学分析法通过检测试样特征光谱的波长和强度进行分析。因为这些光谱是物质的分子或原子的特定能级的跃迁所产生的,带有结构信息,所以可以根据特征谱线的波长进行定性分析;光谱的强度与物质的含量相关,可以进行定量分析。其主要方法有原子吸收光谱法、原子发射光谱法、红外吸收光谱法和原子荧光光谱法等。

11.3.1 原子吸收光谱设备

1. 设备应用范围

原子吸收光谱设备主要用于在样品溶解后直接测定大多数金属元素和准金属元素,间接测定半金属元素、部分高温难熔和有机化合物中的金属元素,以及紧固件中禁限用物质铅、镉、汞的含量,可测定元素周期表中的大约 70 种元素。检测设备如图 11-4 所示,主要依据 GB/T 223《钢铁及合金化学分析方法》、QC/T 941—2013《汽车材料中汞的检测方法》、QC/T 943—2013《汽车材料中铅、镉的检测方法》等标准进行检测。

原子吸收光谱法的主要优点是灵敏度高、检出限低、分析精度高、选择性好、谱线干扰弱、仪器操作简单。其缺点是每次只能分析一种元素,多元素测定时需要反复更换光源,限制了分析速度;校正曲线动态线性范围窄,不适宜高浓度含量分析;部分元素的灵敏度较大;锐线光源寿命短,即使不使用也要定期更换。

图 11-4 火焰原子吸收光谱仪

2. 设备工作原理

原子吸收光谱法又称原子吸收分光光度法或原子吸收法,基本原理是吸收由光源(空心阴极灯)发射出的处于基态的原子的共振辐射特征光谱,吸收的大小与处于基态的原子数成正比。

通常,原子吸收光谱是电子在原子基态与第一激发态之间跃迁的结果,原子对辐射频率的吸收也是有选择性的。原子通常处于能量最低的状态,当辐射通过原子蒸气,且辐射频率相当于原子中电子由基态跃迁到较高能态所需要的频率时,原子从辐射中吸收能量,发生共振吸收,产生原子吸收光谱。各原子因具有独特的能级结构,会产生特定的原子吸收光谱。原子吸收光谱通常位于光谱的紫外区和可见区,汞元素电子能级如图 11-5 所示。

要将原子对光的选择性吸收现象用于分析,首先必须将试样中的待测元素原子化。同时,还要有一个光强稳定的光源（锐线光源），并给出同种原子特征的电磁辐射（光辐射），使其通过一定的待测元素原子区域，从而测量其吸光度。然后，根据吸光度对标准样品（含有固定浓度或已知元素含量的标准样品）浓度的关系曲线，计算出试样中待测元素的含量。样品经溶解后形成均匀溶液，先将溶液喷入原子化器中，含某种元素（如镁）的雾滴落在原子化器内，挥发并离解为镁的气态原子。最后用镁的空心阴极灯作为锐线光源，辐射出 285.2nm 的镁的特征谱线的光，辐射光通过一定厚度的镁气态基态原子后，部分光被镁基态原子吸收后减弱。通过分光系统和检测系统测得镁特征谱线被减弱的程度，计算求得试样中镁的含量。

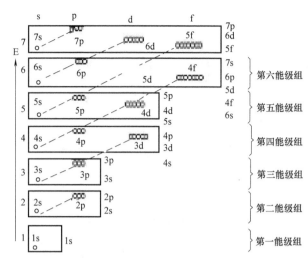

图 11-5　汞元素的电子能级

3. 测试步骤

原子吸收光谱法测定紧固件及其涂镀层中的常量、微量或痕量元素一般参考相关标准执行，如果没有具体测试标准，也可以参考 GB/T 7728—2021《冶金产品化学分析　火焰原子吸收光谱法通则》制定相关作业规范。

1）标准溶液配制：配制一套 6~8 份标准溶液，使分析元素的浓度范围包含求得的特征浓度的 20~125 倍或更大。标准溶液内除已知量的元素分析外，所含的其他物质应尽可能与试验最终测试液中的组分一致或近似。如果不知道样品中的其他物质含量，可以选择标准加入法进行检测。

2）样品溶液配制：根据相关规范及样品性质，将加工后的固体粉末或颗粒状样品采用酸溶、碱溶、固体熔融后液化等方法配制成组分待测的溶液。

3）仪器准备及调节：原子吸收光谱仪操作参数的调节，随所用仪器不同而异，一般均须按照仪器说明书和有关分析方法执行。将所需的元素灯（空心阴极灯或无极放电灯）安装到设备上，接通电源，按照推荐的数值范围选定灯电流或灯功率。按照说明书和分析方法所推荐的光谱通带，调好狭缝宽度及所需波长的精确位置。预热元素灯后根据火焰类别装好合适的燃烧器，调整仪器排液、排风并点火，纯水喷雾下稳定 10min 后调整仪器参数。调整设备零点并选择合适的标准溶液，使元素吸光度在 0.2~0.8 之间，同步调整火焰气体流量、燃烧器位置（转角、横向和纵向位置）以及喷雾器微调旋钮。调整完成后根据 GB/T 7728—2021 的要求确认设备的精密度、特征浓度、检出限。

4）测量结果与计算：具体方法如下：

① 标准曲线法：仪器调整完成后，计算浓度与吸光度数据，计算机归一化处理后求出其关系式，将未知浓度样品的吸光度带入后，求其溶液浓度并计算出样品中的元素含量。

② 高精度测量法：粗测得到样品近似浓度后，使用比样品浓度估值高 5% 和低 5% 的标准溶液进行精密测量。

③ 标准加入法：取 4~6 份等体积同一试样溶液分别加入不同浓度的标准溶液，定容后测量其吸光度，利用吸光度和加入标准溶液的含量进行归一化处理，计算元素含量。

4. 设备核心部件

原子吸收分光光度计主要由锐线光源、火焰原子化器、单色器、检测系统四部分组成，如图 11-6、图 11-7 所示。

（1）锐线光源

锐线光源的作用是发射待测元素的特征辐射，常用元件为空心阴极灯。空心阴极灯是一种由玻璃管制成的产生原子锐线发射光谱的低压气体放电管，其阴极形状一般为空心圆柱，由被测元素或其合金制

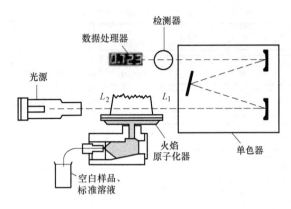
图 11-6 火焰原子吸收光谱仪结构

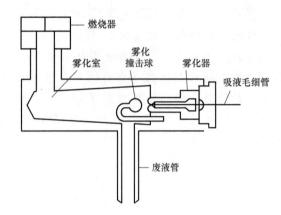
图 11-7 预混合型火焰原子化器结构

成。阳极一般是一个金属环，通常由钛制成，表面有吸气材料，以保持灯内气体的纯净度。灯的外壳为玻璃筒，工作在紫外区的窗口由石英或透紫玻璃制成。筒内抽真空后注入惰性气体氖气或氩气，作用为载带电流，使阴极产生溅射及激发原子发射特征的锐线光谱。其他常见光源还有高强度空心阴极灯、无极放电灯、氙灯等，均可发射出元素的特征光谱用于吸收和测定。

（2）火焰原子化器

火焰原子化器的作用是提供足够的能量，使固体或液体试样离解产生待测元素的基态自由原子。溶液经雾化器吸入雾化成气溶胶后进入雾化室，液体在雾化室进一步细化和均匀化后进入燃烧器。进入燃烧器的液滴在不同火焰（氢气、乙炔或煤气在空气、氧气、一氧化二氮助燃下形成的火焰）中离解产生原子蒸气。除火焰原子化器外还有非火焰原子化器（石墨炉原子化器）、低温原子化器等可用于含量测定。

（3）单色器（分光系统）

单色器的作用是分离谱线，把共振线与光源发射的其他谱线分离开，并将其聚焦到光电倍增管上。早期的设备一般采用棱镜进行分光，现代光谱仪多采用凹面光栅或平面光栅和棱镜结合光栅进行分光和聚焦。

（4）检测系统

检测系统的作用是接收拟测量的光信号，并将其转化为电信号，经放大和运算处理后，给出分析结果。检测系统包括检测器、运算放大器和读数系统等。原子吸收光谱仪主要使用光电倍增管作为检测器，如图 11-8 所示。光电倍增管内部真空，外壳由石英或玻璃制成。光敏阴极上涂有能发射电子的光敏物质（Sb-Cs 或 Ag-O-Cs 等），在阴极和阳极间装有一系列次级电子发射极（打拿极）。打拿极上的涂层在一定电场或磁场中具有每被 1 个电子撞击后产生 4~5 个电子的特性。当光照射到阴极时，光敏物质发射光子，经过打拿极放大后，倍增的电子射向阳极形成电流。光电流再经过负载电阻转换成电压信号，送入放大器并进行数据处理。除光电倍增管外，光电二极管阵列、电荷耦合器件、电荷注入器件也用于原子吸收光谱仪。

图 11-8 光电倍增管

5. 主要指标参数

按照光学系统分类，原子吸收光谱仪可分为单道单光束、单道双光束、双道双光束三种类型。

1）进样器：可分为手动进样、可编程半自动进样、全自动多位进样等类型，根据光谱吸收后信号的强度选择合理的进样量。目前，多采用可编程进样器进行自动进样，多位自动进样器（50 位、60 位、100 位等）设备可连续测定多个被测样品，并自动分析计算结果。

2）原子化器：根据元素离解成自由基态原子能量的大小选择火焰原子化器的不同火焰温度（1500~3000℃）及火焰高度，或者其他原子化器。

3）光学系统：波长范围影响测试元素的种类，光栅刻线密度及其均匀性影响波长准确度和波长重复性和分辨率，波长扫描范围也影响检测速度。通常选择共振线作为元素的分析线。测定高含量元素时，为避免试样过度稀释，可选用非共振吸收线。光谱带宽是单色器的重要指标，常有0.1nm、0.2nm、0.4nm、1.3nm四种选择，更小的光谱带宽可更有效地滤除杂散辐射。目前，新型设备一般具有多灯座自动切换系统，可连续自动检测多种元素。

4）检测系统：灵敏度和检出限是评价分析方法和分析仪器的重要指标。在火焰原子化法中常用特征浓度来表征灵敏度，即产生1%吸收（吸光度0.0044）时被测元素的质量浓度（$\mu g \cdot mL^{-1}/1\%$）。在石墨炉原子吸收法中常用特征质量表征灵敏度，即产生1%吸收（吸光度0.0044）时被测元素的质量（g/1%）。检出限又称检出下限，指产生一个能够确证在试样中存在某种元素的分析信号所需要的该元素的最小值或最小浓度，由最小检测信号和检测器白噪声导出。不同类型的检测器与分光系统特性的共同作用，影响了仪器的灵敏度和检出限。

6. 使用及维护的关键点

原子吸收光谱仪属于精密仪器，它需要在一定的环境下运行，正确地使用仪器可以保证其长期处于稳定状态，延长其使用寿命。使用及维护要点如下：

1）点火时先开助燃气，后开燃气，关闭时先关燃气，后关助燃气。

2）元素灯装卸要轻拿轻放，窗口有污物或指印时，用擦镜纸轻轻擦拭。

3）空心阴极灯发光颜色不正常时，可用灯电流反向器将灯的正、负极反接，在灯最大电流下点燃20~30min。也可在100~150mA电流下点燃1~2min，使阴极红热，阴极上的钛丝或钽片可以吸收灯内残留的杂质气体，恢复灯的性能。

4）闲置的空心阴极灯，定期在额定电流下点燃30min。

5）喷雾器的毛细管一般用铂-铱合金制成，不要喷高浓度的含氟样液。如果有堵塞，可用细金属丝清除，不要损伤毛细管口或内壁。

6）日常分析完毕，应在不灭火的情况下喷蒸馏水，对喷雾器、雾化室和燃烧器进行清洗。喷过高浓度酸、碱后，要用水彻底冲洗雾化室，防止腐蚀。吸喷有机溶液后，先喷有机熔剂和丙酮各5min，再喷1%硝酸和蒸馏水各5min。

7）燃烧器如果有盐类结晶，火焰呈锯齿形，可用滤纸或硬纸片轻轻刮去，必要时卸下燃烧器用1∶1乙醇-丙酮清洗，用毛刷蘸水刷干净。如果有熔珠，可用金相砂纸轻轻打磨，严禁用酸浸泡。

8）单色器中的光学元件严禁用手触摸和擅自调节，可用少量气体吹去其表面灰尘，不得用擦镜纸擦拭。

9）防止光栅受潮发霉，要经常更换暗盒内的干燥剂。

10）光电倍增管室需检修时，一定要在关停负高压的情况下，才能揭开屏蔽罩，防止强光直接照射，引起光电倍增管产生不可逆的"疲劳"效应。

11）使用石墨炉时，样品注入的位置要保持一致，减少误差。工作时，冷却水的压力与惰性气流的流速应稳定。

12）一定要在通有惰性气体的条件下接通电源，否则会烧毁石墨管。

11.3.2 原子发射光谱分析设备

1. 设备应用范围

原子发射光谱仪主要用于金属材料元素分析以及紧固件中禁用物质、限用物质铅、铬、镉、汞的元素含量分析。依据GB/T 4336—2016《碳素钢和中低合金钢多元素含量的测定 火花放电原子发射光谱法（常规法）》、GB/T 11170—2008《不锈钢多元素含量的测定 火花放电原子发射光谱法（常规法)》、GB/T 14203—2016《火花放电原子发射光谱分析法通则》等标准规定的方法进行检测。

原子发射光谱法是发展最早的原子发光分析方法,具有对液体、固体、气体直接激发进行分析的能力(使用不同类型仪器),设备如图11-9、图11-10所示。该方法可以在几分钟内对多种元素同步进行定量分析,具有检测限低、准确度高、试样消耗量少(可达毫克级别)、线性范围宽等优点。由于它利用原子最外层电子跃迁产生的电磁辐射进行分析,无法给出分子结构、价态和状态等信息,也无法进行无机物及部分非金属元素(如氧、氮、氢等)的定量或定性分析。

图11-9 光电直读光谱仪

图11-10 ICP光谱仪

2. 设备工作原理

原子发射光谱法是最早应用于定性元素分析的光谱分析技术,它为新元素的发现提供了重大作用,是最重要、最常用的元素定性、半定量、定量分析技术。

样品处于固态或液态时,原子、分子、离子间的相互距离比较近,不能独立行动,发射出连续光谱。只有原子或离子处于气态、粒子之间的影响被忽略时,才能发射出特征的线状发射光谱。当气态原子或离子受到外界能量(热能、电能等)的作用时,由于气态粒子的电子的互相碰撞而获得能量,使最外层电子从稳定的基态跃迁到不稳定的更高能级上,处于激发态的电子在经过1~10ns的时间后跃迁回基态,同时以电磁辐射的形式释放出两个能级间的能量,辐射出的谱线的频率与两个能级的差服从普朗克公式:

$$\Delta E = E_2 - E_1 = h\nu = hc/\lambda = hc\delta$$

式中,E_1为低能级能量;E_2为高能级能量;ν为电磁辐射(光辐射)的频率;λ为电磁辐射(光辐射)的波长;δ为电磁辐射(光辐射)的波数。

在激发能量(如温度、电压等)固定的情况下,单位体积内基态原子数N_0与激发态原子数N_i间遵循玻尔兹曼(Boltzmann)分布规律。其发射出的光谱强度可以用公式表示为:

$$I_{ij} = \frac{g_i}{g_0} A_{ij} h\nu_{ij} N_0 e^{-\frac{E_i}{kT}}$$

式中,g_0、g_i为基态与激发态的统计权重;E_i为激发电位;A_{ij}为两个能级的跃迁概率;h为普朗克常量;ν_{ij}为发射谱线的频率;k为Boltzmann常数;T为激发温度,单位为K。

将发射出的特征光谱通过分光系统进行分光(使用棱镜、光栅等利用光的折射及衍射效应将所获得的复合光分解成按照波长顺序排列的单色光),测量每一条特征谱线的波长和强度后可计算物质组成和含量(图11-11)。通常根据原子或离子的外层电子获得激发能方式的不同即发光光源的类型进行分类,主要包括:等离子体原子发射光谱法、火花/电弧原子发射光谱法、激光光谱法、辉光光谱法。

3. 测试步骤

直读光谱仪(火花原子发射光谱法)测定金属材料中的常量、微量或痕量元素,一般参考GB/T 4336—2016、GB/T 11170—2008、GB/T 14203—2016等标准进行检测。不同品牌、不同型号的直读光谱仪器开关机步骤不完全一样,但基本都是电源→主机→真空→氩气→计算机→软件这个顺序。开机后激发数次待测试样,等数据稳定后使用系列块状固体标准物质建立标准曲线或使用控制试样进行线性校

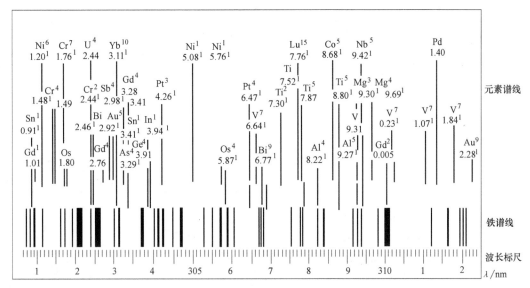

图 11-11 元素标准光谱图

正,然后激发样品并由设备直接读出样品中各元素的含量。

电感耦合等离子体原子发射法测定金属材料或样品表面的常量、微量或痕量元素,一般参考 QC/T 941—2013、QC/T 943—2013 以及 GB/T 223 系列标准进行检测。样品处理及测试步骤与原子吸收光谱法类似,但是由于原子发射光谱法采用样品本身作为光源,不再测量一个元素更换一次元素灯。

4. 设备核心部件

原子发射光谱仪主要由激发光源、分光系统、检测系统等三部分构成,如图 11-12、图 11-13 所示。

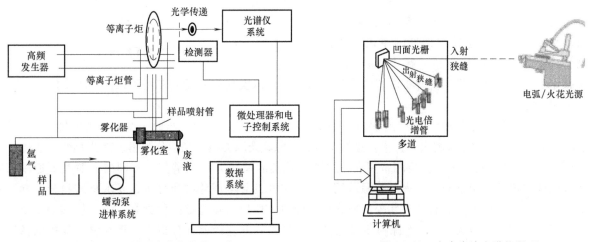

图 11-12 ICP 光谱仪结构示意   图 11-13 光电直读光谱仪原理

(1) 激发光源

光源的主要作用是提供使试样中被测元素蒸发解离、原子化和激发所需要的能量。激发光源中导电的金属固体可以直接作为一极,非导体的试料以粉状物或溶液的形式充填于石墨或金属电极上作为一极,通电进行激发。光源本身的电极温度、稳定性,影响激发温度、检测结果灵敏度、精密度和检测元素的类型。对激发光源的要求是:必须具有足够的蒸发、原子化和激发能力;灵敏度高,稳定性好,光谱背景小;结构简单,操作方便,使用安全。根据光源的激发形式可将光源分为电弧光源、电火花光源、辉光光源、火焰光源、电感耦合等离子体(ICP)光源等几类。不同光源的性能比较见表 11-1。

(2) 分光系统

分光系统是原子发射光谱仪的核心,其作用是将激发试样所获得的复合光,使用棱镜、光栅等分光元件分解成按照波长顺序排列的单色光,并用光电转换器件采集光的强度。光学系统由入射狭缝、出射

表 11-1 不同光源的性能特点

光源类型	电极温度	激发温度/K	稳定性	灵敏度	应用范围
火焰	高	2000~3000	差	低	碱金属、碱土金属定性分析、半定量分析
直流电弧	高	4000~7000	差	好	矿物、难挥发元素的痕量分析
低压交流电弧	高	6000~8000	好	好	金属、合金中低含量元素定量分析
高压电容火花	较低	瞬间10000	好	中	难激发元素、中高含量分析
ICP	很高	4000~7000	很好	高	溶液中大多数元素定量分析
激光	很高	10000	好	很高	微区分析、不导电试验定性分析
辉光	较低	2000~4000	好	好	合金、非金属、表面涂层元素定量分析

狭缝、准直系统、色散系统、信号接收和放大系统构成。经过衍射后的单色光通过出射狭缝照射到检测器上，部分光谱仪会在出射狭缝前加入一个折射片，改变出射光的角度，用于寻找分析线。光学系统结构如图 11-14 所示。

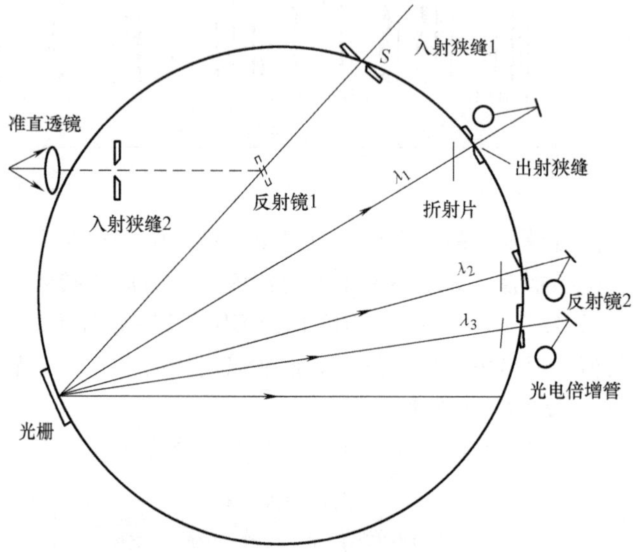

（3）检测系统

检测系统的核心部件是光电转换器件，利用光电效应将不同波长的辐射能量转换为光电流信号。光电转换器件主要分为两类：一类是光电发射器件，利用光电效应进行检测；另一类是固态成像器件（包括电荷注入器件 CID、电荷耦合器件 CCD 两类），是以半导体硅片为基材的光敏元件，制成多元阵列集成电路式焦平面检测器，利用固态成像器件的多道特性，在光谱仪中省去了机械扫描，减少了测试时间，简化了测试设备，可实现分析波段内全谱分析，并可以实现同一元素多条谱线的同步测定。

图 11-14 光学系统结构

5. 主要指标参数

由于原子发射光谱分析中待测元素的光谱叠加在同一个背景光谱上，与原子发射光谱仪相比，除相同要求的稳定性、重复性、检测限等技术参数外，还需考虑其光源类型、光学分辨率、背景干扰等因素。

1）光源类型：目前紧固件检测常用火花原子发射光谱仪和 ICP 光谱仪，不同的光源类型适用于不同类型试样的定性、定量分析。火花光源适用于一定尺寸的导电固体材质分析，要求材质组分与标准样品组分类似，因为空气中的氧气对紫外区域光线的吸收，所以火花光源一般抽真空或者使其处于氩气保护气氛下进行试样的激发。ICP 光源则要求先将样品溶解后再进行成分分析，同样在氩气保护的情况下进行试样激发。

2）光学分辨率：分辨率为两条谱线被分开的能力，即分开波长的间隔，是指光学系统能够正确分辨出两条紧邻谱线的能力，一般要求小于 0.01nm。理论分辨率的大小与光栅刻线数和光栅宽度的乘积成正比。实际光学分辨率的计算需要同时考虑入射狭缝的宽度、成像系统的光学像差、检测系统分辨率及发射光谱本身的宽度，并通过光的衍射作用公式计算，其结果远远小于理论分辨率，一般通过实测方法求出。

3）干扰因素：ICP 光谱法一般选用与待测试样成分类似的标准样品溶样或者配制与试样基材成分类似的标准溶液进行测试，减少溶液中物理因素的干扰；选用合适的观测高度（一般仪器出厂设定完成）可以减少溶剂蒸发效应导致的化学干扰；增大高频功率、降低载气压力或流量、加入易电离元素可以降低和校正电离干扰；增大高频功率、增大载气流量可降低背景干扰的影响。火花直读光谱法一般选用标准样品作为参比，采用化学性质尽量接近的标准物质基体元素作为内标线，正确选用光源参数（如采用全息光栅光谱仪），测试前对光谱干扰进行校正，使用这些方法校正仪器，减少测量误差。

6. 使用及维护保养的关键点

无论火花光谱仪还是 ICP 光谱仪，主要维护保养点均为光源系统、分光系统、真空系统或充气系统。由于火花光谱仪采用固体进样，需定期清洗火花台，避免残留物的干扰；定期打磨或更换电极头，防止频繁放电导致电极变钝，影响分析结果；清洗火花室内透镜，防止因电离态灰尘对聚光镜的吸附导致的透光率降低。非全谱仪器需要不定期进行光路校准，避免环境等因素变化导致的光路偏移；清理尾气过滤系统，防止激发灰尘堵塞尾气过滤器或过滤管。测量谱线在紫外区时需真空或氩气气氛，使用仪器时同样需要定期检查和维护真空或充气系统及氩气净化系统。由于 ICP 光谱仪属于与原子吸收光谱仪类似的液体进样，还需对液体进样系统（含自动进样系统）进行检查和维护保养。

11.3.3 红外碳硫分析设备

1. 设备应用范围

红外碳硫分析法主要用于钢铁及其他金属合金中碳硫元素的含量分析，依据 GB/T 20123—2006《钢铁 总碳硫含量的测定高频感应炉燃烧后红外吸收法（常规方法）》、GB/T 223.86—2009《钢铁及合金 总碳含量的测定 感应炉燃烧后红外吸收法》、GB/T 223.85—2009《钢铁及合金硫含量的测定感应炉燃烧后的红外吸收法》等标准规定的方法进行检测。

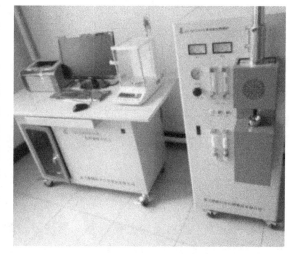

图 11-15 高频红外碳硫仪

燃烧后红外吸收法测定金属及合金中的碳硫含量，过程不消耗化学试剂，没有化学分析法冗长的溶样测定步骤，具有分析成本低、检测限低、准确度高、线性范围宽、对环境无污染、批量分析速度较快等优点，检测设备如图 11-15 所示。其缺点是无法给出金属合金中碳硫元素的价态、金相组织等信息，并且分析时需要基体和含量近似的标准样品，无标样时分析误差比较大。

2. 设备工作原理

红外吸收光谱法是利用物质分子结构与红外吸收光谱之间的关系建立的定量仪器分析方法。金属材料红外碳硫分析设备主要是利用金属碎屑在氧气流中燃烧生成二氧化碳及二氧化硫，碳和硫的氧化物在固定的吸收波长（二氧化碳 $4.26\mu m$、二氧化硫 $7.35\mu m$）处的选择性吸收进行计算和分析。

先在分析天平上称量切削或钻取后的试样并输入计算机，然后被测样品及助熔剂在富氧条件下燃烧生成二氧化碳和二氧化硫。燃烧一般选用硅碳棒加热的管式炉、利用电极电弧产生高温的电弧炉、利用高频线圈加热的高频炉三种方式进行加热和氧化样品，目前市售红外碳硫仪主要配套使用高频炉进行材质分析。根据法拉第电磁感应定律，当金属导体处于高频交变电场中，将在金属导体内产生感应电动势，由于导体电阻很小，从而产生巨大的感应电流。由焦耳-楞次定律可知，交变磁场将使导体中电流趋向导体表面流通，引起集肤效应，瞬时电流的密度和频率成正比，频率越高，感应电流密度越集中于导体的表面，有效的导电面积减少，电阻增大，从而使导体迅速升温。对于没有铁磁性的样品，可以加入具有铁磁性的助熔剂辅助燃烧测定。燃烧生成的混合气体在载气的作用下，流向到达碳吸收池和硫吸收池。二氧化碳和二氧化硫在吸收池内吸收固定波长的红外辐射，根据被吸收后红外辐射的强度符合郎伯-比尔定律进行数据采集、计算及分析：

$$I_i = I_0 e^{-acl}$$

式中，I_i 为通过吸收池后的光强度；I_0 为特定波长的入射波长；e 为自然数；a 为特定波长入射的吸收系数；c 为被测气体的浓度；l 为吸收池长度。

3. 测试步骤

不同品牌、不同型号的仪器开关机步骤不完全一样，但基本都是电源→主机→氧气→计算机→软件这个顺序。对仪器做线性化处理，使红外信号在很宽的范围内与碳、硫含量成线性关系，但由于仪器状态和环境条件变化，分析结果会偏离真值。由于偏离是系统性误差，可以根据线性方程，用标准样品实验值与标准值的偏离值求得校正系数，使分析结果得到校正。分析时使用的坩埚、氧气、助熔剂及测试系统或多或少会引进一些空白值，而且因材料不同、处理方法及仪器状态不同，该值会有波动，对高碳高硫样品的测定影响可以忽略不计，但对低碳低硫的测定有明显影响，不可忽略，必须从分析结果中扣除。

4. 设备核心部件

红外碳硫光谱仪结构如图 11-16 所示。

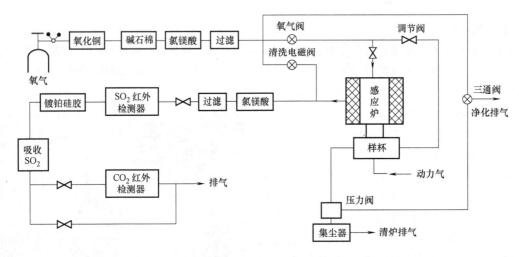

图 11-16 红外碳硫光谱仪结构

（1）高频感应炉

高频感应炉主要由高频振荡电路、燃烧室及炉头升降部分构成。在高振荡频率的电磁场中，金属样品和/或助熔剂表面感应生成涡流，趋肤效应导致材料发热。材料在富氧条件下燃烧，金属元素生成金属氧化物或金属盐，碳硫元素被氧化，碳主要生成二氧化碳和少量一氧化碳，硫转化为二氧化硫。

（2）检测系统

碳硫分析仪的检测系统主要采用热释电红外检测器进行检测，利用气体对特定波长的红外光吸收特性，依据 L-B 定律设计而成，一般由红外光源、红外光调制部分、红外光路、滤光片、检测器、前置放大器等组成。红外光源用电加热到 800℃ 左右产生红外辐射光，经调制器把光信号调制成 80Hz 的交变信号通过红外光路，该红外光经吸收池中的二氧化碳及二氧化硫气体吸收后，再经过窄带滤光片滤去除上述波长外的其他光辐射的能量，入射到探测器上。气体在恒定的温度下以一定速度、一定压力从红外光一端进入，另一端流出。当被测组分的浓度变化时，到达相应检测器的红外光的强度就会发生变化，经前置放大器放大后输出模拟量信号，经 A/D 模数转换后，通过 USB 通信口送上位计算机归一化处理，积分反演为碳硫元素的百分含量。

5. 主要指标参数

1）设备主要参数指标：红外碳硫仪的选用主要考虑其碳硫测量范围及分析灵敏度。常规金属紧固件所用材料分析一般选用金属材料用碳硫分析仪，碳含量的分析范围至少应为 0.001%~5%，硫含量的分析范围至少为 0.0005%~0.30%。

2）助熔剂指标要求：选用的助熔剂最好选用导电导磁材料，在燃烧过程中应该是放热反应或者起到催化作用，并且为了避免助熔剂带来的测定结果干扰，其碳含量小于 0.001%，硫含量小于 0.0005%。常用的助熔剂主要包括：

① 金属钨粒：粒度 0.42~0.84mm，孔隙度 15%，反应产生大量热，主要起点火、助燃作用。
② 铁屑：主要增加分析时的感应量。
③ 锡粒：主要用于耐热合金和难熔铁合金分析，起到加热助熔、降低熔体温度作用。
④ 氧化铜或铜粒：燃烧反应起到催化加速作用，缩短测试时长。
⑤ 五氧化二钒：主要用于难熔合金分析，起到助熔作用和充分释放二氧化硫的作用。

6. 使用及维护保养的关键点

高频炉燃烧产生大量热和粉尘，需定期对炉头进行清扫，防止灰尘堵塞气路影响测试结果。石英套管长期使用会沾染反应产生的灰尘，需定期清洗并检查其是否有裂纹，有裂纹时需及时更换。定期检查气路中的干燥剂是否有效、脱脂棉是否有灰尘堆积并及时更换。每次开机后进行自动检查或手动检查，确定红外检测装置各检测元器件的性能可靠性；每次开机及更换维护保养后对气路气密性进行测试，确保气路无漏气现象，避免分析误差。

由于管壁的气体吸附和释放处于动态平衡状态，在测试过程中需考虑气路对气体的吸收，设置 15~25s 的预吹氧时间以饱和管路，降低不同样品间的干扰。分析开始后需考虑样品充分释放的时间及过程效率，一般设定分析时间 20s 左右；考虑样品的充分燃烧，一般设置高频炉工作时间与分析时间一致或延长 5s 左右。分析数据与释放曲线的面积积分值成正比关系，所以面积的计算精度会影响分析数据的正确性，截止电平是由分析过程释放曲线的峰高值为基准而设定的，截止电平设置过低，造成分析时间延长，增加了系统中空白值的影响，不仅会延长样品分析时间，还会降低分析精度；如果截止电平设置过高，缩短了分析时间，样品燃烧不完全，也将会影响分析精度。因为样品的材料及重量不同，分析时释放过程各不相同，所以应根据样品不同设置不同的截止电平。

11.3.4 氧氮氢分析设备

紧固件表面及内部在冶炼、制造、加工过程中吸附的氧、氮、氢等气体元素，可能导致材料缩孔、气泡、疏松、点状偏析、裂纹等缺陷。当这些缺陷再经过热处理或压力加工时产生的应力超过强度时，这些缺陷容易开裂形成裂纹，并导致材质的强度、韧性、塑性降低，疲劳寿命缩短，抗腐蚀性降低，增加低温脆性甚至出现常温下的氢脆，所以现代紧固件成品也把氧、氮、氢含量作为高等级紧固件的重要元素加以限制。目前对氧氮氢元素的分析，除氮含量可用化学法进行分析外，主要依靠仪器方法进行分析，检测设备如图 11-17 所示。

1. 设备应用范围

氧氮氢分析仪主要用于金属材料尤其是黑色金属材料中氧氮氢气体元素含量的定量分析，依据 GB/T 11261—2006《钢铁　氧含量的测定脉冲加热惰气熔融-红外线吸收法》、GB/T 20124—2006《钢铁　氮含量的测定　惰性气体熔融热导法（常规方法）》、GB/T 223.82—2018《钢铁　氢含量的测定　惰性气体熔融-热导或红外法》等标准规定的方法进行检测。

图 11-17　红外热导氧氮氢分析仪

可以用同一台仪器分析固体无机物中的氧、氮、氢。氧氮氢分析仪采用热抽取分析技术，通过在低于熔点的温度下加热样品，测定样品中的残留氢。提取系统的脉冲加热可达 3000℃ 以上高温，适用于金属和陶瓷样品分析。借助于新设计的进样装置，粒状和屑状样品可直接加入到脉冲炉中，无须用锡箔或镍箔包裹。近年新推广的分析设备设有多种分析模式，可分别测定样品中总氧量和总氮量以及其中各种氧化物分氧量和各种氮化物分氮量。由于氧氮氢分析的原理所致，氧氮与氢测试时释放条件不同，所以目前氧氮氢分析仪大多采用氧氮与氢分别测试。

2. 设备工作原理

金属紧固件中氧氮氢的检测一般分为惰性气体熔融和真空熔融法。氧、氮、氢均在样品熔融后净化提取，用热导法检测氢、氮的含量，用红外法检测检测氧含量。红外检测法检测氧含量原理与红外碳硫分析法碳硫含量分析的原理一致，在11.3.3节中已详细介绍。

热导检测法的原理是基于不同待测组分与载气具有不同的热导率，气体组分变化导致惠斯通电桥电阻值变化而进行工作，原理如图11-18所示。其检测器称为热导检测器（TCD），敏感元件为热丝，主要由钨、铂、铼等金属或合金制成。在通过恒定电流后，热丝温度升高，其热量经四周的载气气体分子传递到热导池池壁。当被测组分与载气一起进入热导池后，由于混合气体的热导率与纯载气不同，热丝向池壁的传热量发生变化，导致热丝温度改变，其电阻也同时发生变化，进而使电桥输出端产生不平衡电位而作为信号输出。通过测量输出电位与浓度定量关系及变化可以计算气体中其他组分的含量。

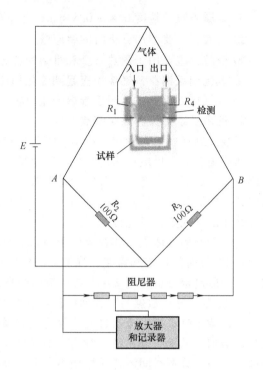

图 11-18　热导检测器原理

3. 测试步骤

惰性气体提取中一般以碳还原法提取氧，石墨坩埚高温熔融样品同时形成饱和碳还原气氛，生成一氧化碳或二氧化碳，气体净化后采用红外吸收法测定一氧化碳和二氧化碳含量。氮的检测原理是样品高温熔融后氮释放二氮化物在碳存在的情况下分解形成碳化物，气体净化后用热导法检测氮气含量。氢的检测是在样品熔融后热分解净化，然后利用热导法检测氢气含量。真空熔融时氧、氮、氢均在样品熔融后用热分解后净化的方式提取，分别净化后用热导法检测氢、氮的含量，用红外法检测检测氧含量。

不同品牌、不同型号的仪器开关机步骤不完全一样，但基本都是电源→主机→通气→计算机→软件这个操作顺序。对仪器做线性化处理，使检测信号在很宽的范围内与氧、氮、氢含量成线性关系，根据线性方程用标准样品实验值与标准值的偏离值求校正系数，分析时从分析结果中扣除空白值。

4. 设备核心部件

氧氮氢分析仪由提取系统、气路系统、检测系统和控制系统组成，设备结构如图11-19所示。

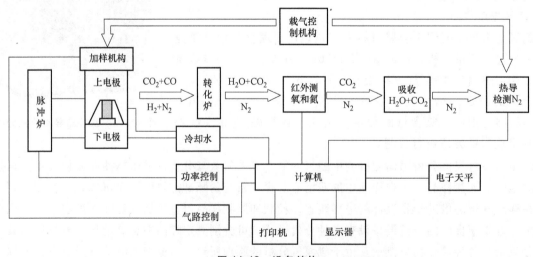

图 11-19　设备结构

1）提取系统：作用是将待测组分转变成便于检测器测定的气体组分。对于氧氮氢分析仪，主要在真空或惰性气体气氛中，样品在石墨坩埚、石英坩埚等坩埚中熔融，氧氮氢热解释放出气体，氧主要转化成一氧化碳和二氧化碳，氮转化为氮气，氢转化为氢气。一般提取系统有电极脉冲炉、高频炉、电阻炉，目前主流设备一般采用高频炉。

2）气路系统：考虑金属紧固件中氧氮氢含量一般为痕量级别，一般采用高纯气体（纯度＞99.995%）作为载气将分解出气体带入检测池。为避免惰性气体本身及分解后不同气体检测间互相干扰，一般在惰性气体气瓶出口及提取系统后的气路中加入空气净化装置，用于转化氢气变为水并吸收、转化一氧化碳为二氧化碳并吸收，净化载气。样品熔融后产生大量粉尘，在靠近气体析出部位需同步装过滤器或过滤网。

3）热导检测系统：一般由热敏元件组成的惠斯通电桥、不锈钢或其他合金做成的热导池池体、为热敏元件和池体提供温控精度高于 0.1℃的恒温箱、利用惠斯通电桥不平衡引出电子电位差输出的信号和输出系统沟通。红外检测系统的工作原理与红外碳硫分析仪相同。

4）控制系统：一般由计算机完成，主要控制载气流量、样品分解温度以及数据采集和处理。

5. 主要指标参数

1）主要指标：氧氮氢分析仪的选用主要考虑其氧氮氢测量范围及分析灵敏度。常规金属紧固件所用材料分析一般要求分析精度至少为氧氮 0.0001% 或 RSD≤1.0%，氢 0.00002% 或 RSD≤2.0%；分析范围氧氮≥1%，氢≥0.1%。由于氧氮分析可能对氢的分析有干扰，目前主要商业化的仪器一般是采用双通道（不同气路）进行氧氮氢分析，一个通道分析氧氮含量，一个通道分析氢含量。

2）测定条件的选择：金属中气体元素在加热状态下从金属中析出和分解的过程，除满足热力学、动力学条件外，还需符合冶金学的熔融状态，如无适当的助熔剂及合适的温度控制，气体很难从金属中完全释放出来。这时需要选用熔点低、蒸气压低、非活性、碳溶解度适当、与试样易形成合金化的助熔剂加入到样品中进行分析，主要的助熔剂一般由经过处理的镍、锡、铂、铁、钴等金属元素制成。样品释放温度需根据样品的特性及设备参数进行设置和调整。

6. 使用及维护保养的关键点

氧氮氢分析与红外碳硫分析一样，一般采用基材类似的标准物质作为标样，进行设备校准、日常校验、数据校核。日常使用时需重点关注取样规范、坩埚选择、试验参数设置、助熔剂选择等测定要求，在分析过程中对测试数据异常、重现性或再现性结果误差较大的数据进行分析，查找异常原因，减少分析变差。必须制定严格的校验规程并定期进行校验，未发现硬件问题时尽量不进行电阻、电压、电流、载气流量等参数调整。设备启用后需检查其气密性、转化吸附效果等各类参数，参照设备说明书每次测试前对设备各项常规参数进行确认。因检测中使用水、电以及气体（氩气、氮气、氢气）气瓶，在使用和维护保养中需重点关注气路及气瓶的安全情况，避免热辐射、振动等问题。需定期对气路系统检查，根据需要更换干燥剂及其他配件，清除熔融产生的粉尘。

11.3.5 X射线荧光光谱仪（XRF）

X射线荧光光谱仪是高效的化学检测设备，如图11-20、图11-21所示。

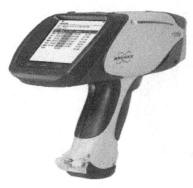

图 11-20　手持式 XRF

图 11-21　波长色散型 XRF

1. 设备应用范围

XRF 在紧固件检测中主要用于紧固件禁限用物质检测中铅、镉、汞的定量分析,以及六价铬、含溴化合物的定性、半定量分析。

XRF 分析技术适用于各类固体、液体样品中主、次、痕量元素的测定,分析灵敏度高(检出限在 10^{-6} 级别),谱线干扰少,测定浓度范围宽,制样方法简单,不破坏试样,易于实现自动化,广泛应用于地质、材料、环境、冶金等领域的常规分析、痕量元素的定性分析和半定量分析。XRF 的缺点包括:无法给出金属价态,对于紧固件及紧固件涂层的禁限用物质检测中的六价铬无法定量分析,需借助其他分析方式;检出限不够低,无法分析轻元素;与火花原子发射光谱仪类似,不同元素含量的试样特征射线有部分干扰,检测时需要使用专用标样;液体样品制样较麻烦。

2. 设备工作原理

X 射线是一种波长较短的电磁辐射,通常指波长范围在 0.001~10nm 的电磁辐射(能量范围在 0.1~100keV 的光子)。当利用高能电子照射样品时,入射电子被样品中的电子减速,产生宽带连续 X 光谱。如果入射光束是 X 射线,样品中元素内层电子被激发,可以产生特征 X 射线,称为二次 X 射线,或称为 X 射线荧光(XRF)。通过分析样品中不同元素产生的荧光 X 射线波长(或能量)和强度,可以获得样品中元素组成与含量信息,达到定性和定量分析的目的。

3. 测试步骤

1)样品制备:X 射线荧光光谱法是一种表面分析方法,必须注意分析面相对于整个样品是否具有代表性,以及样品的均匀性和样品缺陷。任何制样过程和步骤必须要有非常好的重复可操作性。

2)工作曲线的制作和校准:按照说明书或操作规程开启仪器,并预热直至仪器稳定。选择与测试样品基体相匹配的标准样品,按照光谱仪的优化测量条件,用 X 射线荧光光谱仪测量标准样品中待分析元素的荧光强度,根据标准样品所给定的标准值和光谱仪所测得的强度制作标准曲线。

3)样品测量:将待测样品放入样品室进行测试,测试过程中样品必须完全覆盖光谱仪的测量窗口,测试过程中需要穿防辐射服防止辐射。

4. 设备核心部件

根据分辨 X 射线的方式,XRF 主要分为波长色散型荧光光谱仪(WDXRF)和能量色散型荧光光谱仪(EDXRF)。WDXRF 方法基于 X 射线的波动基础上,依据布拉格定律对二次 X 射线进行分光,分光后的射线射入探测器将光信号转换为电信号,放大后通过数模转换为数字信号进行计算与分析。EDXRF 方法建立在 X 射线的粒子性基础上,由光源激发试样产生的二次 X 射线直接进入探测器,同样由探测器将光信号转换为电信号,放大后进行计算与分析。

X 射线荧光光谱仪一般由 X 射线管、滤光片、探测器、多道分析器和计算机数据处理系统等组成,如图 11-22、图 11-23 所示。

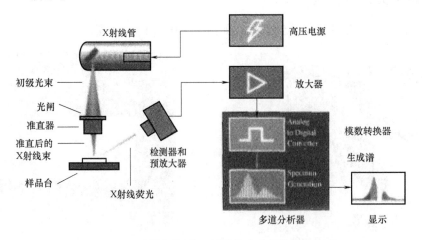

图 11-22 能量色散型 X 射线荧光光谱仪结构示意

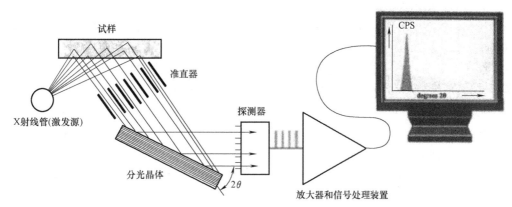

图 11-23　波长色散型 X 射线荧光光谱仪结构示意

（1）X 射线管

X 射线荧光光谱仪采用 X 射线管作为激发光源（图 11-24），其主要工作原理为：灯丝和靶极密封在抽成真空的金属罩内，灯丝和靶极之间加高压（一般为 40kV 或更高），灯丝发射的电子经高压电场加速撞击到靶极上，产生 X 射线。X 射线管产生的一次 X 射线，作为激发 X 射线荧光的辐射源。如果采用较大的功率，可以激发二次靶，二次靶射线可降低背景、提高信背比，提高检出限。X 射线管产生的 X 射线透过铍窗入射到样品上，激发出样品元素的特征 X 射线，正常工作时 X 射线管消耗功率的 0.2% 左右转换为 X 射线辐射，其余均变为热能使 X 射线管升温，因此较大功率的 X 射线管必须不断地通冷却水以冷却靶电极。

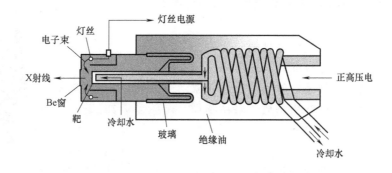

图 11-24　水冷式 X 射线管结构示意

（2）滤光片

波长色散型 X 射线荧光光谱仪一般需要利用分光晶体将不同波长的 X 射线荧光分开并检测，得到 X 射线荧光光谱。而能量色散 X 射线荧光光谱仪是利用 X 射线荧光具有不同能量的特点，将其分开并检测，不必使用分光晶体，而是依靠半导体探测器来完成。但能量色散 X 射线荧光光谱仪也需要配置滤光片，其主要作用是改善激发源的谱线能谱成分，或抑制高含量组分的强 X 射线来进行能量选择，提高测量精度。

（3）探测器

X 射线荧光光谱仪检测器也被称为探测器，是 X 射线荧光光谱仪的核心部件，主要功能是将 X 射线荧光转变为一定形状和数量的点脉冲，用来表征 X 射线荧光的光能量和强度。常用探测器有流气正比计数器、闪烁计数器和半导体计数器。台式能量色散 X 射线荧光光谱仪一般使用半导体检测器。半导体检测器有锂漂移硅探测器、锂漂移锗探测器、高能锗探测器等类型。

5. 主要指标参数

1）X 射线发生器：电压越高越易于产生一次和二次 X 射线；根据 X 射线发生器的功率选择电子冷

却或空气冷却、循环水冷却。

2) 滤光片：根据不同的检测元素选择合适的滤光片，合适的滤光片选择可以对多元素 X 射线荧光光谱进行能量选择，提高测量精度。一般通过其对主要干扰元素的 X 射线进行选择性吸收来实现。

3) 基本性能：主要考虑测量重复性、长期测量稳定性、特征元素的灵敏度（如 Fe、Pb）等参数。

4) 样品室：样品室尺寸大小决定样品加工的难易程度；样品室可加装多位自动进样器及图像传输系统；台式光谱仪样品室可考虑真空或充氦气的系统，以减少空气中气体分子对谱线的干扰。

5) 辐射和电器安全：X 射线辐射对人体有害，选型及使用时需考虑设备中样品室舱盖和 X 射线管连锁装置并确认试验过程中的辐射强度。

6) 检测元素范围：不同型号设备、检测器及样品室选型影响检测元素的数量，选型时需根据需检查的元素范围进行设备选型。

6. 使用及维护保养的关键点

硬件开关机顺序会对仪器的性能或某些部件有一定的影响，尤其针对大功率的仪器，在高压大电流的缓冲下，会缩短 X 光管和探测器的使用寿命。操作人员应严格按照仪器操作说明书要求进行操作。随着 X 射线荧光光谱仪技术越来越成熟，其软件功能也在不断完善中，从样品制备好后到输出最终的分析结果，每一个步骤都由操作软件自动完成或提示操作人员按照步骤完成；X 射线荧光光谱仪的仪器控制、状态显示、在线帮组及故障诊断等，都由软件直接控制或协助操作人员控制。X 射线荧光光谱仪使用中主要需定期对仪器的通风口滤网进行除尘，检查仪器接地状态，并需要根据分析样品的情况对分光室及探测器等进行维护保养，定期检查真空泵压缩机油位及更换冷却用水。

11.3.6 紫外可见分光光度计

紫外可见分光光度计是仪器分析中常用的设备，如图 11-25 所示。

1. 设备应用范围

紫外可见吸收光度计是基于紫外可见吸收光度法（紫外可见吸收光谱法）而进行分析的一种常用化学仪器。主要应用于金属紧固件样品溶解后的化学元素含量测定，以及紧固件涂镀层中禁用物质、限用物质六价铬的元素含量分析。它主要依据 GB/T 223 系列标准中规定的方法进行检测。

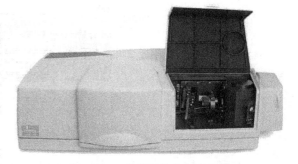

图 11-25 紫外可见分光光度计

原子吸收光度法主要优点是仪器设备简单、制造和运行成本较低，既可用于无机金属离子分析，也可以用于无机非金属离子的分析。由于紫外可见吸收的光谱特性不强，且容易存在光谱干扰，所以仅能测量样品中常量的元素分析，无法对痕量含量的元素进行准确的定量分析。

2. 设备工作原理

紫外可见吸收光谱是由分子的外层价电子跃迁产生的，属于分子吸收光谱，也称电子光谱。它与原子光谱的窄带吸收不同。由于每种电子能级跃迁会伴随若干振动和转动能级的跃迁，使分子光谱呈现比原子光谱复杂得多的宽带吸收。吸光物质的分子或离子只有有限数量的、量子化的能级，物质对光的吸收在波长上具有选择性，能被某种物质吸收的波长，称之为该物质的特征吸收波长。如果逐渐改变射入物质的波长并同时记录下该物质对每种波长的吸收程度或透射程度，以波长为横坐标，以吸光度为纵坐标描出连续的吸光度-波长曲线，就是物质在试验波长范围内的吸收光谱图。物质在特征波长处的吸收符合郎伯-比尔（L-B）定律：

$$A = -\lg T = \lg(I_0/I_t) = \varepsilon bc$$

式中，A 为吸光度；b 为溶液厚度，单位 cm；c 为溶液的物质的量浓度，单位 mol/L；ε 为摩尔吸光系数，单位 L（mol·cm）；T 为透光率；I_0 为入射光的强度；I_t 为入射光的通过溶液后透射光的强度。

3. 测试步骤

分光光度计使用比较简单，可以在主机上按键操作，也可以连接计算机进行操作及数据处理。

1）开机：检测仪器旋钮状态、仪器接地情况后开机，待稳定 15~30min 后开始准备测试。

2）测试：按照相关标准规范配置好待测溶液，将待测溶液和参比溶液分别放入不同的吸收池中；调整黑体透光度为 0，参比液透光率 100%；测试待测溶液透光率或吸光度。

3）数据处理：手动或由计算机对系列标准溶液进行归一化处理后得出标准溶液吸光度数值与含量的关系，计算待测溶液或待测物质的浓度。

4. 设备核心部件

只有了解分光光度计的基本结构，才能更好地使用分光光度计。分光光度计的仪器组成比较简单，主要部件包括光源、单色器、吸收池、检测器以及数据处理系统等，如图 11-26 所示。

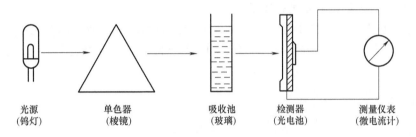

图 11-26 分光光度计的结构

1）光源：分光光度计中光源为仪器提供连续辐射，理想的光源应在整个紫外可见光谱区可以发射连续光谱，具有足够的辐射强度、较好的稳定性、较长的使用时间。由于不同的光源波长范围不同，因此，分光光度计在可见光区和紫外光区需要使用不同的光源。在可见光区、近紫外光区和近红外光区常用钨丝灯作为光源，波长范围约为 320~2500nm；紫外光区主要使用氢灯或氘灯作为光源，波长范围约为 185~400nm。

2）单色器：单色器是分光光度计的核心部分，分光光度计仪器的主要光学特性和工作特性基本上由单色器决定。它的作用是将光源发出的连续光谱色散成各种波长的单色光，从狭缝中导出，照射到样品上。单色器是一个完整的色散系统，除了色散元件（棱镜或光栅）外，还有入射狭缝和出射狭缝以及一组反射镜。

3）吸收池：吸收池（比色皿）是盛放样品溶液的容器，具有两个相互平行、透光、厚度精确的平面。它主要有石英池和玻璃池两种，可见光区使用玻璃池，紫外光区使用石英池。吸收池有 0.5cm、1cm、2cm、3cm、5cm 等类型。

4）检测器及数据处理系统：紫外可见分光光度计的检测器一般采用光电倍增管检测器，详细介绍见相关章节。

5. 主要指标参数

仪器技术指标是衡量仪器质量好坏的主要依据，也是保证测试结果准确度的基础。可见分光光度计的性能指标繁多，一般包括以下几项：波长测定范围、波长准确度、波长重复性、光谱带宽（分辨率）、杂散光、分辨率、光度准确度与透射比误差、光度重复性与透射比重复性、噪声、基线平直性等。作为试验室常规仪器，紫外可见分光光度计的选型主要依据试验参考标准及 JJF 1641—2017《紫外可见分光光度计型式评价规范》的要求选择。主要选择性能指标如下：

1）波长范围：仪器上下限波长之间的工作范围，与光源、单色器及检测器的光谱响应特性相关。有的仪器在波长范围的两端缺乏足够的能量，难以正常工作，表现为"100%透光率"或"0 吸光度"设定困难，基线两端不平。

2）波长准确度：仪器测定时标称波长与出射的光线的实际波长值之间的符合程度，一般用多次测量的波长误差来衡量。波长准确度的大小实质反映的是波长的系统误差。

3）波长重复性：仪器在相同测试条件下、一个较短的时间内，对同一吸收或发射谱线进行连续多次波长测量，测量结果的一致性，它主要影响测试结果的重复性。它主要受环境条件变化、波长传动机构的精密程度、机械振动或读数误差等因素影响。

4）杂散光和噪声：光谱测量中误差的主要来源。杂散光和噪声越小越好。

6. 使用及维护保养的关键点

1）比色皿的使用：手拿比色皿时尽量不接触比色皿的透光面；每次使用加入样品溶液至 3/4 即可；透镜面用擦镜纸由上到下擦拭干净后进行比色；所选用比色皿尽量成对使用，成对的比色皿在加入蒸馏水时吸光度误差不超过 0.5%。

2）维护保养：环境中的尘埃和腐蚀性气体、温度、湿度是影响仪器的主要因素，设备应定期除尘并保证光室的干燥；光源安装不合适会导致仪器性能下降、噪声增加、杂散光增加，应定期对灯和样品的位置进行精确的校准并定期对设备进行校准。

3）输入电源：为加强仪器的抗干扰性能，建议使用交流稳压电源或不间断电源（UPS）对设备进行供电，太大的输入电源波动会导致仪器的不稳定和性能下降；当仪器停止工作时，应切断电源，关掉开关。

11.3.7　电位滴定仪

1. 设备应用范围

电位滴定仪是通过测定化学原电池的电动势变化来确定滴定终点，从而求得待测离子浓度的方法。其基本原理是基于化学分析中的容量滴定法电位滴定的方法不受有色溶液、浑浊液等的限制，且能敏锐地捕捉滴定终点，目前在金属材料检测行业主要用于测量紧固件或其表面金属涂镀层的成分和含量，依据 GB/T 223 系列标准中相关滴定分析标准实施。检测设备如图 11-27 所示。

2. 设备工作原理

电位滴定仪一般采用手动或自动滴定装置，以指示电极、参比电极、试液组成工作电池，用标准溶液进行滴定，记录滴定过程中指示电极电位的变化，并利用指示电极电位的突然变化的特点来指示滴定反应的终点。

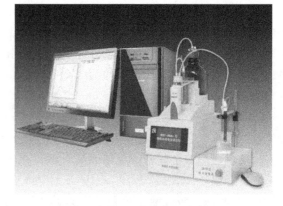

图 11-27　全自动电位滴定仪

3. 测试步骤

使用电位滴定仪进行化学成分分析一般首先进行标准溶液的配制，按照待测组分的要求及标准方法配制滴定用标准溶液；然后使用基准物质对标准溶液的浓度进行标定；标定完成后按照相关标准的要求将固体样品称量、溶解、定容后进行取样分析；选定滴定终点电位后开始滴定分析，利用直接计算法或标样代入法计算待测溶液（样品）中某种元素的含量。

4. 设备核心部件

电位滴定仪一般分为手动电位滴定仪和自动电位滴定仪两类，如图 11-28、图 11-29 所示。一般应用酸度计或离子计等常用的电位测量电极，根据滴定反应的类型选择合适的电极系统，再配合滴定管、电磁搅拌器等即可组装成手动电位滴定装置。自动电位滴定仪是在手动电位滴定装置的基础上增加一些控制装置并使之仪器化而构成，一般增加更换样品系统和测量系统两部分，其中测量系统包含自动加试剂部分以及数据处理部分。

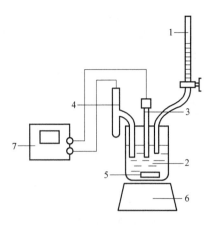

图 11-28 手动电位滴定装置

1—滴定管 2—滴定池 3—指示电极 4—参比电极
5—搅拌子 6—电磁搅拌器 7—电位计

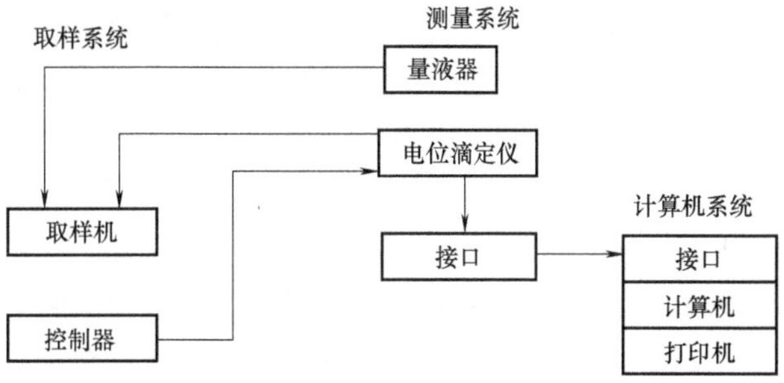

图 11-29 自动电位滴定装置结构

5. 主要指标参数

电位滴定仪作为实验室常规仪器，它的主要参数一般包括电计示值最大允许误差、电计示值重复性、输入电流、输入阻抗、仪器最大允许误差、仪器示值重复性等。一般仪器被分为 0.05 级、0.1 级、0.5 级三个级别，其最大允许误差分别为 ±1.5%、±2.0%、±2.5%，滴定重复性分别为 0.2%、0.2%、0.3%。

6. 使用及维护保养的关键点

电位滴定仪器各单元均应经常保持清洁干燥，并防止灰尘及腐蚀性气体侵入；玻璃电极插孔的绝缘电阻不得低于 1012Ω；甘汞电极需使其充满饱和 KCl 溶液。滴定前应使用滴定液冲洗滴定管路及电磁阀 1~3 次，并及时调整零点。滴定时如适用高锰酸钾溶液需及时更换橡皮管或使用其他耐氧化性软管连接。

11.3.8 其他化学成分检测设备

现代分析方法要求在紧固件的材质分析中除需使用原子吸收光谱仪、原子发射光谱仪、碳硫分析仪、氧氮氢分析仪进行元素分析外，还需要对紧固件表面涂镀层、禁限用物质、有机挥发物进行分析，使用的主要设备包括液相色谱仪、气相色谱仪、气相色谱-质谱分析仪、电感耦合等离子体质谱仪等。

1. 色谱分析仪（液相色谱仪和气相色谱仪）

色谱法是一种重要的分离、分析技术，它是根据混合物各组分在互不相溶的两相——固定相和流动相中的吸附能力、分配系数或其他亲和作用性能的差异作为分离依据的分析方法，如图 11-30、图 11-31 所示。当流动相通过物体（固定相）时，从物体的细小多孔的空隙中通过，并与空隙表面薄膜互相作

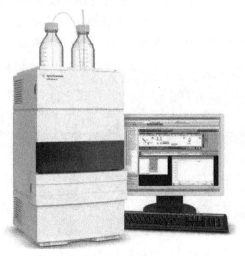

图 11-30 高效液相色谱仪

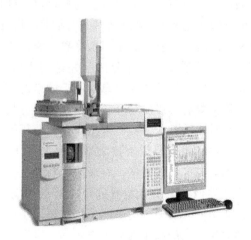

图 11-31 气相色谱仪

用。当液体或气体流动混合物通过固定相时，在流动相和固定相之间进行反复多次分配，使分配能力或吸附系数有微小差距的物质在移动速度上产生较大的差别，从而得到分离。按照流动相和固定相所处的状态分类，用气体作为流动相的称为气相色谱法，用液体作为流动相的称为液相色谱法。

气相色谱法是一种以气体作为流动相、使用冲洗法进行不同物质分离的柱色谱分离分析技术。气相色谱仪一般由五部分组成：氢气、氮气、氦气等作为载气的载气系统；手动或自动进样、外置样品处理系统后进样等进样系统；含有不同填充物的色谱柱、保持恒温进样及分离柱箱、柱箱温度控制器等元件的分离系统；根据不同物质检测需要使用的不同检测器，主要有热导检测器（FID）、氢火焰离子化检测器（FID）、电子捕获检测器（ECD）、火焰光度检测器（FPD）四类；记录及数据处理系统。液相色谱法是一种以液体作为流动相、使用冲洗阀进行不同物质分离的柱色谱分离分析技术，液相色谱法一般选用有机酸、乙腈、水、甲苯等极性不同的化合物作为液相的流动相溶剂。液相色谱仪一般由五部分构成：将溶剂贮存器中的流动相以恒压形式送入液路的高压输液系统；自动或手动进样系统；分离系统；根据不同物质检测需要使用不同类型的检测器，主要有紫外检测器、示差折光检测器、荧光检测器、红外检测器、极谱检测器、火焰离子化检测器、电导率检测器等；记录及数据处理系统。

液相色谱法和气相色谱法主要用于分析紧固件及其涂镀层中可挥发性有机物（醛酮、苯系物等）、禁限用物质（不同类别溴化物等）。其优点是分析效能高，对同位素、同分异构体、旋光异构体也可分离；灵敏度高，可检测 $0.0001 \sim 0.01$ ng 物质，适合做微量及痕量分析；分析速度适中，一般只需几分钟至几十分钟，可一次分析多种组分；应用范围广，可分析气体、液体、固体，不能直接测量的物质可通过化学衍生的办法转化为适合色谱分析的物质（醛酮含量分析）。液相色谱法制样简单，回收试样较容易；气相色谱法由于色谱柱中固定相及柱长度不同，可以同步分析大量不同类型化学物质。色谱法的缺点是无法给出物质的具体组分，需要参照已知纯物质在色谱图中的保留时间定性和定量分析；无法对未知物进行定性和定量分析，在色谱仪器内的常规检测器改为质谱检测器或其他检测器可进行未知物的定性和定量分析；气相色谱法仅适用于操作温度下能气化且不分解的物质；液压色谱法缺少通用的检测器，不同的物质分析需要不同类型的检测器，设备组成较复杂。

2. 质谱分析仪

质谱分析法（MS）是通过将试样转化为运动的气态离子，然后利用不同离子在电场或磁场中运动行为的差异，将其按照荷质比的大小进行分离、检测、记录即得到质谱图的分析方法。根据质谱中峰的位置，可以进行定性和结构分析；根据峰的强度，可以进行定量分析。

质谱仪是通过被分析物质离子化并按照荷质比大小进行分离、检测和记录的仪器，一般由进样系统、处于真空系统的离子源、质量分析器、检测器、数据处理系统（质谱工作站）五部分构成，如图 11-32 所示。质谱仪的离子源、质量分析器和检测器必须在真空条件下才能工作，一般用机械真空泵和串联的扩散泵或涡轮分子泵提供 $10^{-6} \sim 10^{-4}$ Pa 真空度。进样器可以选择手动进样针或者将气相色谱仪、液相色谱仪等当作进样装置与质谱仪进样口串联。离子源内的高能电子轰击试样分子导致试样分子分裂和电离，电离出的粒子碎片具有物质的指纹特征，一般选用电子电离源（EI）或化学电离源（CI）作为电离源。质量分析器的作用是将离子源产生的离子按照荷质比的顺序分离开并排列成谱，用于识别不同分子的指纹信息，用于质谱的质量分析器主要有四级质量分析器、离子阱分析器、飞行时间质量分析器、傅里叶变换分析器等。质谱检测器主要用来接收被分离的离子，放大和测量离子流的强度，一般采用与光电倍增管原理类似的电子倍增器进行电信号采集，也可以使用串联的多个隧道电子倍增器同步进行不同的荷质比的离子提高工作效率。质谱工

图 11-32　气相色谱-质谱分析仪

作站主要用于数据的采集和处理,并可代替人工的图谱检索和比对,定性、定量分析并输出报告。

质谱仪的主要优点包括:灵敏度高,一般几微克或者零点几纳克的试样即可进行定性分析,检出限可达 10^{-14} g;唯一可以进行未知物分子式确定的分析方法;既可以作为定性分析、结构分析,也作为定量分析方法;在各种光谱法中,质谱目前可有效与各种色谱方法联用,如气相色谱-质谱(GC-MS)、液相色谱-质谱(HPLC-MS)、毛细管电泳-质谱(CZE-MS)电感耦合等离子体-质谱(ICP-MS)等;分析速度快,物质定性或定量分析可在数分钟内完成。它的缺点是设备价格较昂贵,多种不同物质分离后分析总时长较长。HPLC-MS、GC-MS 一般用于紧固件及其有机涂层中的化合物含量及组分分析,以及痕量有害物质的含量及组分定量分析;ICP-MS 一般用于紧固件及其涂镀层中的铅镉汞等重金属痕量分析。

11.4 表面镀层检测设备

紧固件涂镀层质量控制和检测主要检测涂镀层的质量和性能。质量检测一般使用金相法、化学法、阳极溶解库仑法、磁性法、涡流法、X 射线背散射等试验方法或设备测量工件的单点厚度或平均涂镀层厚度;使用滤纸试验、涂膏试验、电图像法等试验方法或设备测量其涂镀层孔隙率;使用色差计、光泽度计、表面分析谱仪等设备分析涂镀层化学成分及色泽度、色差;使用显微镜和扫描电镜分析涂镀层组织机构及表面形貌。性能检测一般使用显微硬度计、表面洛氏硬度计、标准铅笔等测量涂镀层硬度;使用各类磨损试验机等测量涂镀层耐磨性;使用大气暴露、盐雾试验、循环盐雾、电解腐蚀、二氧化硫腐蚀等方法及设备测量其耐腐蚀性;使用各类疲劳试验机检测其疲劳性能;使用弯曲、喷丸、划痕等方法测量涂镀层结合力;采用弯曲、拉伸等方法测量涂镀层延展性;采用 X 射线法测定涂镀层内应力。

根据涂镀层的性质和基体材料的性质,选用不同设备对涂镀层厚度进行测量。目前常用阳极溶解库仑仪测定紧固件金属覆盖层厚度;采用磁性测厚仪测量磁性基体上非磁性覆盖层的厚度;采用涡流测厚仪测定非磁性基体金属上非导电覆盖层的厚度;使用盐雾试验箱及循环盐雾试验箱评价涂镀层耐腐蚀性能。

11.4.1 阳极溶解库仑仪

1. 设备应用范围

阳极溶解库仑仪又称电解式测厚仪、库仑电子测厚仪、阳极溶解测厚仪,主要用于测量导电性金属覆盖层的厚度(如 Cu、Zn、Ni、Cr、Cd 等),也可用于分层测量多层体系的导电性金属覆盖层厚度(如 Cu-Ni-Cr 镀层);基体组分可以导电也可以不导电。一般依据 GB/T 4955—2005《金属覆盖层 覆盖层厚度测量 阳极溶解库仑法》等标准进行检测。检测设备如图 11-33 所示。

2. 设备工作原理

设备工作原理是将金属覆盖层样品置入盛有适当电解液的小型不锈钢电解池内,用绝缘橡皮环进行隔离绝缘,并固定测量面积(约 0.1cm^2)。样品和电解池分别是阳极和阴极,在恒定的直流电下,通过电解池电压的变化测定涂镀层完全溶解时消耗的电量,进而通过计算机计算涂镀

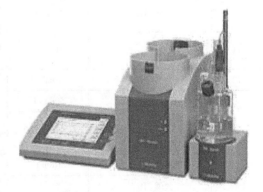

图 11-33 阳极溶解库仑仪

层的局部厚度。库仑分析法定量分析的基本原理是法拉第定律,作为自然科学中最严格的定律之一,它不受温度、压力、电解质浓度、电极材料和形状、溶剂性质等因素的影响。该定律可以表述为:

$$m = \frac{M}{nF}Q = \frac{M}{nF}it$$

式中,m 为电解析出物质的质量(m);M 为析出物的摩尔质量(g/mol);n 为电极反应中的电子转移数;F 为法拉第常数(96485C/mol);Q 为通过电解池的电量(C);i 为通过电解池的电流强度(A);t 为电解进行的时间(s)。

库仑分析法定量分析的先决条件是工作电极除待测物质外无其他副反应，且用于测定的电极反应具有100%的电流效率，然后根据析出物质量及其密度计算涂镀层的厚度。

3. 测试步骤

电解测试时需先对样品表面进行处理，除去涂镀层表面的油脂、漆层、腐蚀产物、转化膜、钝化膜等可能引起测试干扰的因素。电解液的选择要求其有固定配方，方便长期保存，没有外加电流时不与金属涂镀层反应，阳极溶解效率尽量接近100%，涂镀层完全溶解后有电极电位的突然变化，方便结果计算。然后根据涂镀层材料、基材材质、电流密度和电解液在测试电解池内的流动情况选择合适的电解液，一般专用仪器推荐选用制造商推荐的电解液，如无合适电解液可按表11-2、表11-3的内容选择并配制。

表11-2 阳极溶解库仑法测厚电解液的组成

序号	组成	含量	备注
1	氯化钾（KCl）	30g/L	该电解液需严格的预置电压
	氯化铵（NH_4Cl）	30g/L	
2*	磷酸（H_3PO_4）	95mL/L	只适用于约100mA/cm^2的电流密度和不超过5μm的涂镀层厚度
	铬酐（CrO_3）	25g/L	
3*	碳酸钠（Na_2CO_3）	100g/L	
4*	磷酸（H_3PO_4）	64mL/L	最好在100mA/cm^2的电流密度时使用，专门用于薄的装饰用铬镀涂镀层
5	硝酸铵（NH_4NO_3）	800g/L	该电解液测出厚度结果比正确值低1%~2%
	氨水（NH_3H_2O）	10mL/L	
6	硫酸钾（K_2SO_4）	100g/L	
	磷酸（H_3PO_4）	20mL/L	
7	纯六氟化硅（H_2FSi_6）	>30%	
8	乙酸钠（CH_2COONa）	200g/L	该电解液的电流效率可能稍低于100%，但测试误差不大于5%
	乙酸铵（CH_3COONH_4）	200g/L	
9	硝酸铵（NH_4NO_3）	800g/L	该混合溶液贮存寿命相当短，因此需要在使用前五天内制备
	硫脲[$CS(NH_2)_2$]	50mL/L	
10*	盐酸（HCl）	100mL/L	该电解液仅在400mA/cm^2左右的电流密度下测铜或铜合金上镍层时结构层次采可靠，不适用于100mA/cm^2左右的电流密度
11	氟化钾（KF）	100g/L	该电解液适合于暗银覆盖层或含硫光亮剂的亮银覆盖层，但不适用于含有少量锑或铋的亮银合金覆盖层
12	盐酸（HCl）	170mL/L	该电解液有100%的电解效率
13*	硫酸（H_2SO_4）	50mL/L	
	氟化钾（KF）	5g/L	
14	氯化钾（KCl）	100g/L	该电解液需严格的预置电压
15*	磷酸（H_3PO_4）	100mL	该电解液只适用于100mA/cm^2的电流密度
	盐酸（HCl）	50mL	
	草酸（室温下饱和）	50mL	
16*	氯化镍（$NiCl \cdot 6H_2O$）	12g	该电解液适用于400mA/cm^2的电流密度
	氯化锡（$SnCl_4$）	13g	
	盐酸（HCl）	40mL	
	磷酸（H_3PO_4）	50mL	
	蒸馏水	200mL	
17*	氰化钾（KSCN）	100g/L	该电解液可以满足暗金和光亮金镀层要求，但是对合金成分和密度敏感

注：表中所有的电解液只有在100~400mA/cm^2的电流密度范围内才能达到或者接近100%的电解效率。带"*"的几种电解液仅在电流密度范围的下限或上限时才适用。

表 11-3 不同基体上不同涂镀层测试电解液的选择

基体涂镀层	镉	铬	铜	金	铅	镍	银	锡	锡镍合金	锌
铝	—	2/3/4	5/6	17	—	9	—	13	—	—
铜及其合金	1	3	—	17	8	10	11	12	16	14
镍	—	2/3/4	6	17	8	—	11	12	—	—
钢	1	2	5	17	8	9	—	12	15	14
锌	—	—	7	—	—	—	—	—	—	—
非金属	1	2/3/4	5/6/7	17	8	9/10	11	12/13	15/16	14

4．设备核心部件

阳极溶解库仑仪一般由电解池、恒流源、终点指示装置和计时器等构成，如图 11-34 所示。

1) 电解池：电解池作为阴极时，根据需测量的涂镀层加入电解液，涂镀层和电解池与直流电源连接，产生电流，被测物质在电解池中完全电解发生氧化或还原反应。

2) 恒流源：恒流源是一种提供直流电并能保证所提供电流恒定的装置。可使用直流稳压器，也可用 45～90V 的干电池串联大电阻，一般控制电解电流不超过 100mA。

3) 终点指示装置和计时器：一般采用电位法终点指示装置，当检测到电解电位变化时开始或停止计时。

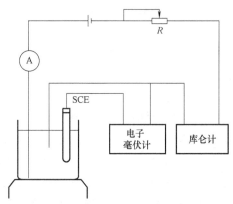

图 11-34 库仑分析仪结构原理

5．主要指标参数

阳极溶解库仑仪选型的主要指标参数为厚度测量范围、厚度测量分辨率、测量时最小的样件尺寸、电解电流控制精度、电解电流控制范围等。

6．使用及维护保养的关键点

阳极溶解库仑仪作为常规仪器使用环境需符合实验室一般要求，即温度 15～35℃，湿度≤75%。使用时需保证电解池内电解液的新鲜程度并去除杂质；如果电解池有严重污染，需用洗液或溶剂洗涤。维护保养一般主要针对电解池和电路控制系统检查，进行必要的校准后避光、隔离潮湿空气保存。

11.4.2 磁性测厚仪和涡流测厚仪

常用磁性测厚仪和涡流测厚仪设备如图 11-35、图 11-36 所示。

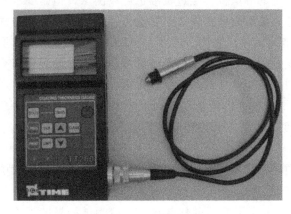

图 11-35 磁性测厚仪

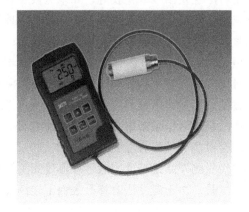

图 11-36 涡流测厚仪

1．设备应用范围

磁性测厚仪和涡流测厚仪都是基于电磁测量的原理测量涂镀层厚度的无损测量仪器。磁性法适用于磁性基体上的非磁性覆盖层（包括釉瓷和搪瓷涂层），涡流法主要适用于非磁性基体上的非导电性主要对覆盖层（包括釉瓷和搪瓷涂层）。一般依据 GB/T 4956—2003《磁性基体上非磁性覆盖层覆盖层厚度测量磁性法》、GB/T 4957—2003《非磁性基体金属上非导电覆盖层 覆盖层厚度测量 涡流法》等标准进行检测。

2. 设备工作原理

磁性测厚仪是最常见的涂镀层无损检测方式之一，设备工作原理是通过测量磁性基体上非磁性涂镀层（或化学处理层）对测厚仪探头磁引力或磁感应的影响测量厚度，由于涂镀层的厚度变化与闭合回路中磁通量的改变线性相关，所以可以通过测量磁通量或互感电流的变化值来测定涂镀层的厚度。

涡流法测试仪也是基于电磁测厚的原理制造的，高频交流信号在测量探头线圈中产生电磁场，探头靠近导体时形成涡流。探头距离导电基体越近，涡流强度越大，反射的阻抗也越大，反馈作用量表征了探头与导电基体之间距离的大小，也就是导电基体上非导电涂镀层的大小。它与磁性法相比，主要是探头不同，信号发生频率、大小、标度关系不同，但其测试分辨率同样可达 $0.1\mu m$，误差 1%，量程从 $2\mu m$ 到几十毫米。

3. 测试步骤

磁性测厚仪测试时一般要求基材磁导率在 500 以上。如果覆盖层（如钢铁上的镍覆盖层）也具有磁性，则要求涂镀层和基材的磁导率要足够大。当测试探头放在被测样品上时，仪器自动输出测试电流或测试信号，结合电路设计引入的稳频、锁相、温度补偿等技术，利用磁阻来调制测量信号，调制后的信号经计算机处理后显示。设备分辨率可达到 $0.1\mu m$，误差 1%，量程 $0\sim10mm$ 或更大。

使用设备测试前需对各类测厚仪进行调零和校准，并且测量时将探头垂直放置在样品上方（或者对样品进行合理夹持），并施加一定的负载，重复 3~5 次求平均值或中位数作为结果报出，不同标准方法对结果的数据处理要求可能不同。

4. 设备核心部件

测厚仪主机一般由设备主机和探头组成，也有一体式机器。设备使用时需采用校准标准片在每次测试前进行校准。

5. 主要指标参数

磁性法或涡流法测厚仪测量结果的主要误差来源于设备本身误差及被测量涂镀层本身的厚度，主要参数包括量程、精度、分辨率等指标。

6. 使用及维护保养的关键点

涡流测厚仪原则上对所有导电体上的非导电体涂镀层均可测量，如车辆、紧固件等铝制品表面的漆、塑料涂层及阳极氧化膜等，如果涂镀层材料具有一定的导电性，经过校准也可以测量，但是要求基体材料与涂镀层电导率至少相差 3~5 倍（如铜上镀铬），虽然钢铁基体属于导电体，但是还是采用磁性法测量较为合适。涂镀层厚度应当至少 $0.5\mu m$ 厚度才能用涡流法测厚，厚度大于 $25\mu m$ 时测量不确定度基本恒定为一个常数。基体金属的电导率及本身化学成分和热处理状态也影响设备的测试精度。基体金属本身厚度需要超过临界厚度才能用涡流法测厚，不同设备对基体的最小厚度要求可参照其说明书。考虑涂镀层硬度和样品受力变形的影响，对于薄样品和硬度较低的涂镀层表面测量时需重点考虑探头压力、样品应力对结果的影响。除以上影响外，探头温度、样品表面粗糙度、表面杂质/灰尘、样品曲率半径均会对测试结果有部分影响。

磁性法测厚结果精度与涂镀层厚度无关，但是不同设备均有测量临界厚度，超过临界厚度的涂镀层均可以测量。由于磁性法对样品表面不连续敏感，太靠近边缘或内转角处测量误差较大，测试过程中应从不连续处至少向内 20mm。由于磁性法测厚原理是基于金属平面的磁性变化，一般测试结果的不确定度会随样品表面曲率半径的变小而增大，数据可靠度降低；样品剩磁和外部磁场干扰也会导致测试结果误差，应在测试前确认。如果在粗糙表面测量得到的系列结果变化范围超过设备重现性，则需要考虑样品表面粗糙度的影响。除以上因素外，测试过程还需考虑测试探头附着杂质、基体金属机械加工等可能带来的影响。

11.4.3 盐雾试验设备

1. 设备应用范围

盐雾试验（盐水喷雾试验）是模拟沿海环境大气条件下，对涂镀层进行人工加速腐蚀试验的方法。根据所处的环境和溶液的组成不同，可将其分为中性盐雾试验（NSS）、酸性盐雾试验（ASS）、铜加速乙酸盐雾试验（CASS）、循环盐雾试验（盐雾-干燥循环、盐雾-干燥-潮湿循环等循环形式）等试验形式，除试验所用溶液、喷雾-间歇时间有区别外，设备结构和原理基本一致。

涂镀层耐腐蚀性反映了其对基体材料的防护和抵御环境侵蚀的能力，是表征紧固件使用寿命的重要指标之一。因此，涂镀层耐腐蚀性测试不仅可以监控不同环境下的腐蚀抗力，还能够用于涂镀层材料的选择和设计、预期寿命的计算和腐蚀规律的研究。涂镀层的耐腐蚀性不仅与其化学组成相关，还与其服役环境相关，不同涂镀层在不同腐蚀环境下的表现行为是不同的，所以耐腐蚀性是与工况条件相关的系统特性。涂镀层的耐蚀性测试条件主要有三类：一是有使用环境腐蚀试验，将零部件涂镀层置于实际的工程环境和服役条件下，观察其腐蚀情况；二是大气暴露（户内外暴露）腐蚀，将零部件涂镀层放在试样件上并暴露在大气或户外，与各种自然气候条件下进行腐蚀试验，定期评价；三是人工加速和强化模拟腐蚀，人工模拟主要的腐蚀环境，如温度、湿度、二氧化碳、氮氧化物、酸雨、二氧化硫、臭氧、海水等，进行耐腐蚀性检测。耐腐蚀性试验后需要采用不同的方法进行涂镀层耐腐蚀性的评价，其中包括：借用各种方法观察、分析涂镀层形态、腐蚀面积、腐蚀产物及色泽、几何尺寸与性能变化等宏观评价的方法，评价涂镀层在特定环境中的腐蚀程度；利用扫描电镜、透射电镜、红外分光光度计、X 射线光电子能谱仪、俄歇能谱仪等进行微观评价的方法，观察涂镀层表面腐蚀形貌、分析腐蚀产物组成及结构；利用直流电化学、电化学阻抗法等电化学方法，分析腐蚀破坏的动力学规律，研究腐蚀机理，测定腐蚀速度等。

其中使用最多和最广泛的是人工模拟盐雾试验进行耐环境试验，宏观测试评价腐蚀面积、腐蚀点密度、光泽度、重量变化、涂镀层厚度变化等，主要使用的设备为盐雾试验箱。中性盐雾试验由于影响因素过多，其试验条件不易精确控制，试验重现性较差，在不同大气条件下的腐蚀不具有一定的代表性和数据可比性。ASS 和 CASS 是对 NSS 试验的改进，接近于天然大气，测试周期短，试验结果重现性好，比 NSS 更能准确合理地反映阴极性涂镀层的耐腐蚀性能。

2. 设备工作原理

盐雾试验原理是模仿由于海水蒸发或冬季路面撒盐导致空气中大量含氯离子或/和液滴，形成对金属或其涂镀层的腐蚀。盐雾试验箱就是模拟这种腐蚀环境，开机后由空气压缩机产生的压缩空气经油水分离器和调压阀进行空气净化和压力调节，然后压缩空气经过饱和桶内的恒温纯水预热，并使压缩空气中的水蒸气饱和，经过加热和饱和的空气通过压缩空气喷嘴进入盐雾箱。箱内盐水存储器中的盐水通过自动补给器或盐水泵进入盐水喷嘴，在压缩空气作用下形成盐雾进入试验箱后自由、均匀地下落到试验暴露面。为了保证盐雾箱正常、连续地喷雾，盐雾试验过程中产生的废气将通过排气管排出，作用后的盐水由回收箱排除，废溶液不能再次使用。

3. 测试步骤

正式试验前需首先配制试验用溶液，采用电导率小于 $20\mu S/cm$ 的去离子水或蒸馏水溶解 $(50\pm5)g/L$ 的化学纯及以上纯度级别的氯化钠，用 pH 试纸或 pH 计测定溶液的 pH 值，NSS 试验用 HCl 或 NaOH 将溶液调整到收集液 pH 为 6.5~7.2（配制溶液的 pH 在 6.0~7.0 之间）；ASS 及 CASS 试验用乙酸将收集溶液调整到收集液 pH 为 3.1~3.3（配制溶液的 pH 在 3.0~3.1 之间）；CASS 试验在调节 pH 值前溶液中加入 $0.26g/L$ 的二水合氯化铜。调节盐水泵、喷雾压力、喷嘴方向，使 24h 的平均沉降量在 1.0~2.0mL/h（每 $80cm^2$ 的盐雾收集面积）后才可以开始试验。除非有特殊要求，样件在试验前应对其表面用乙醇、丙酮等清洗，除去表面油污、锈渍等。试样的暴露面应尽量与垂直面保持 15°~25° 的夹角，且不会相互遮蔽或受沉降后的溶液影响，除非特殊要求，试验过程中一般不对试样进行移位或中途停机观察，每次停机观察时间尽量少于1h。试验后样件应当自然干燥0.5~1h后按照ISO 10289：1999或其他标准要求评价其外观或者清洗后评价腐蚀结果，不同基材及涂镀层的清洗可以参照ISO 8407：2009的规定执行。

4. 设备核心部件

盐雾试验箱主要由箱体、盐水存储器、压缩空气供应系统（负责及压缩空气供应净化、加热饱和）、箱体加热系统、喷雾系统、样品支架等组成，如图11-37所示。

1）箱体：一般小型试验箱箱体和箱盖结合为水封式，具有良好的密封性；步入式试验箱一般采用橡胶密封件进行密封，所有箱体为了保持温度均匀性和稳定性均使用保温材料制成。箱体材料要求是既不影响盐雾的腐蚀性能，又能够抵抗盐雾的腐蚀作用，一般采用不锈钢或聚合物制成。

2）盐水存储器：一般由惰性材料制成，贮存配置好的盐水溶液。

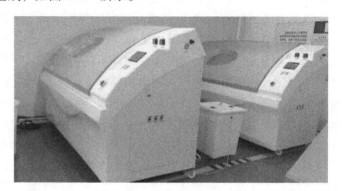

图11-37 盐雾箱

3）压缩空气供应系统：一般采用商用空气压缩机供给压缩空气，采用空气分离设备净化压缩空气中的油气和水分，洁净的压缩空气经过饱和桶加热，形成带有饱和水蒸气的恒温压缩空气进入盐雾箱到达喷嘴。

4）箱体加热系统：一般处于箱体下方和侧面，通过夹层和风道进行加热，通过电控系统保持恒温。

5）喷雾系统：一般由喷嘴、气路、盐水供给系统组成，均由惰性材料制成，盐水供给系统一般采用普通盐水泵或蠕动计量泵，气路系统压力和盐水泵共同调节盐雾的沉降量。

6）样品支架：一般由惰性材料构成，主要用于支撑试样，使试样保持一定角度，保持暴露面可沉降足够的盐雾量且不互相遮蔽，并且使盐雾沉降液与样品不接触。

5. 主要指标参数

盐雾试验设备的主要参数一般都是参考GB/T 10125—2012《人造气氛腐蚀试验 盐雾试验》的要求制成，箱体和饱和桶内温度均匀度、温度波动度均控制在试验要求温度的±2℃以内；盐雾沉降量通过压缩空气和盐水泵调节到1.0~2.0mL/h（每80cm^{2}的盐雾收集面积）；盐雾箱初次使用及使用过程需使用ISO 3574：2012规定的CR4级钢板确认其腐蚀能力。根据试样大小选择标准化规格的盐雾试验箱或定制尺寸的盐雾箱，商品化的盐雾箱一般有500L、800L、1000L、2000L几种选择，其他尺寸的盐雾箱或特殊要求的盐雾箱均需定制。

6. 使用及维护保养的关键点

盐雾箱使用中的日常点检和维护保养应当注意定期清洗盐水泵及过滤网，防止溶液中的泥沙堵塞管路；每次运行前检查喷头状态及盐水管路，清除滋生的杂质和溶液中的灰尘，防止喷嘴堵塞；定期清理饱和桶，防止饱和桶结垢，影响导热效率及热稳定性；检查盐雾箱及饱和桶相关液位指示系统、加热系统工作是否正常，防止设备运行故障或事故；定期更换各类过滤网，避免过滤阻力增大导致的设备运行故障；定期检查电控器件、电子元器件表面，并除尘；定期检查废气及废水排放系统，保证管道排气排水，避免积水或憋气导致的设备故障或试验失效。

11.4.4 荧光测厚仪

1. 设备应用范围

荧光测厚仪是基于X射线荧光原理测量涂镀层厚度的无损测量仪器，主要用于防腐蚀涂层、耐磨涂层、钝化涂层等涂镀层的检测，一般依据GB/T 16921—2005《金属覆盖层覆盖层厚度测量 X射线光谱法》等标准进行检测，如图11-38所示。

2. 设备工作原理

X射线是一种波长较短的电磁辐射，通常指波长范围在0.001~10nm的电磁辐射（能量范围在0.1~100keV的光子）。当利用高能电子照射样品时，入射电子被样品中的电子减速，产生宽带连续X光谱。如果入射光束是X射线，样品中元素内层电子被激发，可以产生特征X射线，称为二次X射线，或称为X射线荧光（XRF）。通过分析样品中不同元素产生的荧光X射线波长（或能量）和强度，可以获得样品中元素

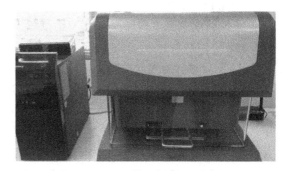

图11-38 荧光测厚仪

组成与含量信息，达到定性和定量分析的目的。其原理与11.3.5节所述一致，在不同的领域，检测目的不同，设备的应用不同。

3. 测试步骤

镀层厚度的测量方法可分为标准曲线法和FP法（基本参数法）两种。标准曲线法是测量已知厚度或组成的标准样品，根据荧光X射线的能量和强度及相应镀层厚度的对应关系，来得到标准曲线；之后以此标准曲线来测量未知样品，以得到镀层厚度或组成比率。

FP法的全称是Fundamental Parameter Method，即基本参数法。它通过仪器内置的算法做到无标样测试未知样品，以得到镀层厚度或组成比率，并可以通过标样进行修正。

（1）标准曲线法测量镀层厚度

经X射线照射后，镀层和底材都会各自产生荧光X射线，我们必须对这两种荧光X射线能够辨别，方能进行镀层厚度的测量。也就是说，镀层和底材所含有的元素必须是不完全相同的。这是测量镀层厚度的先决条件。对某种金属镀层样品进行测量时，基于镀层厚度、状态的不同，所产生的荧光X射线的强度也不一样。

测量镀层厚度时，可采用两种不同方法：一种是注重镀层中的元素所产生的荧光X射线强度，称为激发法；另一种是注重底材中的元素所产生的荧光X射线强度，称为吸收法。这两种方法的应用必需根据镀层和底材的不同组合来区分使用。

测量镀层厚度时，先测量已知厚度的标准样品而得到其厚度及产生的荧光X射线强度之间的关系，并做出标准曲线；然后再测量未知样品的荧光X射线强度，得到其镀层厚度。但是需注意的是，荧光X射线法是从得到的荧光X射线的强度来求得单位面积的元素附着量，再除以元素的密度来算出其厚度。因此，对于含有杂质或多孔质蒸镀层等与纯物质不同密度的样品，需要进行修正。

（2）FP法测量镀层厚度

采用FP法，只需要比标准曲线法更少的标准样品，就能简单迅速地得到定量的结果。

如果样品均匀，所使用分析线的强度就可用样品的成分和基本参数的函数来表示。换句话说，从任意组成的样品所产生的分析线强度，都可以根据基本参数来计算出结果，所以我们称这种方法为基本参数法。

如果荧光X射线产生的深度当作限大来考虑，这方法就适用于块体样品；如果将荧光X射线产生的深度当作非常小的值（临界厚度以下）来考虑，这方法就可以适用于薄膜样品。

如上所述，FP法的最大特征是可对块体样品进行成分分析，对薄膜样品的成分与厚度同时进行分析与测量。

如图11-39所示，仪器自带FP算法模式，选择相对应的基材Cu与镀层Ag，保存方法，直接进行测量。如果测量数据有偏差，可通过图11-39所示标准化功能由标准样品进行校正，该方法可进行最多三层的复合镀层检测。

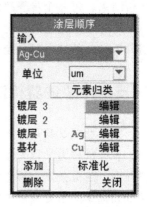

图11-39 涂层档案

4. 设备核心部件

能量 X 射线荧光光谱仪一般由 X 射线管、滤光片、探测器、多道分析器和计算机数据处理系统等组成，如图 11-22 所示。

1）X 射线管：X 射线荧光光谱仪采用 X 射线管作为激发光源，其主要工作原理是灯丝和靶极密封在抽成真空的金属罩内，灯丝和靶极之间加高压（一般为 40kV 或更高），灯丝发射的电子经高压电场加速撞击到靶极上，产生 X 射线。X 射线管产生的一次 X 射线，作为激发 X 射线荧光的辐射源。如果采用较大的功率，可以激发二次靶，二次靶射线可降低背景、提高信背比，提高检出限。X 射线管产生的 X 射线透过铍窗入射到样品上，激发出样品元素的特征 X 射线，正常工作时 X 射线管消耗功率的 0.2% 左右转换为 X 射线辐射，其余均变为热能使 X 射线管升温，因此较大功率的 X 射线管必须不断地通冷却水冷以却靶电极。

2）滤光片：能量色散 X 射线荧光光谱仪是利用 X 射线荧光具有不同能量的特点，将其分开并检测，不必使用分光晶体，而是依靠半导体探测器来完成。但能量色散 X 射线荧光光谱仪也需要配置滤光片，其主要作用是改善激发源的谱线能谱成分，或抑制高含量组分的强 X 射线来进行能量选择，提高测量精度。

3）探测器：X 射线荧光光谱仪检测器也被称为探测器，是 X 射线荧光光谱仪的核心部件，主要功能是将 X 射线荧光转变为一定形状和数量的点脉冲，用来表征 X 射线荧光的光能量和强度。常用探测器有流气正比计数器、闪烁计数器和半导体计数器。台式能量色散 X 射线荧光光谱仪一般使用半导体探测器。半导体探测器有锂漂移硅探测器、锂漂移锗探测器、高能锗探测器等类型。

5. 主要参数指标

1）射线管：产生 X 射线，射线管的电压越高越容易产生一次和二次 X 射线。

2）滤光片：根据不同的检测元素选择合适的滤光片，合适的滤光片选择可以对多元素 X 射线荧光光谱进行能量选择，提高测量精度。一般通过其对主要干扰元素的 X 射线进行选择性吸收来实现。

3）基本性能：主要考虑测量重复性、长期测量稳定性、特征元素的灵敏度（如 Fe、Pb）等参数。

4）辐射和电器安全：X 射线辐射对人体有害，选型及使用时需考虑设备中样品室舱盖和 X 射线管连锁装置并确认试验过程中的辐射强度。设备需具有辐射安全许可证或辐射豁免证书。

5）算法：FP 算法所能检测的镀层种类，根据实际需要选择具有多层复合镀层算法的仪器。

6）自检功能：仪器具有自校正功能和仪器运行数据自我检查功能。

6. 使用及维护保养的关键点

硬件开关机顺序会对仪器的性能或某些部件有一定的影响，尤其针对大功率的仪器，在高压大电流的缓冲下，会缩短 X 光管和探测器的使用寿命。操作人员应严格按照仪器操作说明书的要求进行操作，避免误操作造成的辐射安全问题。

随着 X 射线荧光光谱仪技术越来越成熟，其软件功能也在不断完善中，从样品制备好到输出最终的分析结果，每一个步骤都由操作软件自动完成或提示操作人员按照步骤完成。

X 射线荧光光谱仪使用中主要需定期对仪器的通风口滤网进行除尘，检查仪器接地状态，并需要根据分析样品的情况对分光室及探测器等进行维护保养，定期检查并更换真空泵压缩机油位及冷却用水。

11.5 力学试验检测设备

力学性能试验是指试样或零件在外加载荷作用下或载荷与环境温度的联合作用下所表现出的力学行为。表征试样力学行为参量（如应力、应变、冲击吸收强度等）的临界值或规定值（如屈服强度、抗拉强度、疲劳强度、蠕变强度等）称为试样的力学性能指标。力学性能试验对试样或零件的材料而言是评价和选用的重要基础依据。

材料试验设备的种类很多，有多种不同的分类方法，按加载方式可分为静载荷试验设备（如拉伸试验机、硬度试验机、持久蠕变试验机等）和动载荷试验设备（冲击试验机、横向振动试验机、疲劳试验机等）。

11.5.1 拉伸试验机

1. 设备应用范围

拉伸试验机也称材料试验机、万能试验机，是采用机械载荷对材料进行拉伸、压缩、弯曲、剪切等多项力学性能试验的设备。拉伸试验机主要由测量系统、驱动系统、控制系统及记录数据的计算机等组成，具有测量范围宽、精度高、试验效率高等特点，目前主要分为液压式万能试验机和电子式万能试验机两种，如图11-40所示。

液压式万能试验机一般量程较大，通常的量程规格有100kN、300kN、600kN、1000kN等。其加载速度受液压油源流量的限制，试验速度一般较低。手动液压万能试验机的操作较为简易，但控制精度略低。液压式万能试验机适用于大载荷的材料力学试验，稳定性和性价比较好。

电子式万能试验机采用电动机和丝杠加载，不用液压油源，试验现场更清洁，

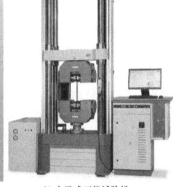

a) 液压式万能试验机　　b) 电子式万能试验机

图 11-40　拉伸试验机

维护方便。其试验速度的调整范围宽泛，0.0001~600mm/min可调，试验速度可按需要设定，更加灵活；测力传感器的精度可达0.3%以下；设备体积小，重量相对较轻，可方便加配相应夹具做各项材料力学试验，实现一机多用。

2. 设备力值测量原理

拉伸试验机的力值测量是通过测力传感器、放大器和数据处理系统来实现的，最常用的测力传感器是应变片式传感器。当试验机施加拉伸或压缩载荷时，传感器的应变片会产生相应的拉、压应变，应变片桥路中会产生相应的电压变化，在试验机的量程范围内应变片的应变与外载荷的大小成正比，因此，可通过测量应变片的电压变化来计算出力值的大小。应变片的电压输出信号都是非常微弱的，通常只有几毫伏，直接对此信号测量非常困难，并且不能满足高精度的测量要求。因此，必须通过放大器将此微弱信号放大，放大后的信号电压可达10V，此时的信号为模拟信号，经过多路开关和A/D转换芯片转变为数字信号，进行数据处理，实现力值的测量。

3. 测试步骤

拉伸试验机测试时，根据试样的形状，选择合适的夹具装配在试验机上，一般常见的试样类型为板材试样、棒状试样、管材试样等。选择的夹具应保证试样夹持的对中性，拉伸过程中不打滑。将试样夹持后，在测试程序上按照GB/T 228.1—2021《金属材料　拉伸试验第1部分：室温试验方法》的要求设置试验参数，根据试验需要采用引伸计或手动打标方式测量试样的延伸率参数。测量延伸率、断面收缩率等参数，试验结束后将试样取下，对试验结果根据要求进行评价。

4. 设备核心部件

（1）力值传感器

力值传感器是拉伸试验机的核心部件，力值传感器按准确度一般分为3个级别，见表11-4。金属材料拉伸试验一般要求试验机的力值传感器示值相对误差为1级或优于1级，并按照GB/T 16825.1—2008《静力单轴试验机的检验　第1部分 拉力和（或）压力试验机测力系统的检验与校准》要求定期进行校准或检定。

表 11-4 拉伸试验机力值测量的等级

试验机级别	最大允许值				
	示值相对误差（%）	示值重复性相对误差（%）	示值进回程相对误差（%）	零点相对误差（%）	相对分辨力（%）
0.5	±0.5	0.5	0.75	±0.05	0.25
1	±1.0	1.0	1.5	±0.1	0.5
2	±2.0	2.0	3.0	±0.2	1.0

（2）引伸计

引伸计用于测量试样在微小塑性变形下的力学性能指标，是一种精度高、放大倍数大的变形测量仪。引伸计一般由三部分组成：刀刃部分（与试样表面接触，测量试样的微量变形）、信号传递和放大部分（将接收到的变形放大）、记录部分（记录或显示变形量）。它的主要参数为放大倍数和测量量程。拉伸试验中常用的引伸计有机械式引伸计、电子式引伸计和光学式引伸计。

引伸计使用时，应根据试验机和检测变形的要求来选取引伸计的式样和等级。引伸计的精度分为3个级别（表11-5），根据GB/T 12160—2019《金属材料 单轴试验用引伸计系统的标定》的要求，测定屈服强度、规定残余延伸强度、规定总延伸强度时，应使用不小于1级准确度的引伸计；测定抗拉强度、最大力总延伸强度、断后伸长率时，应使用不小于2级准确度的引伸计。引伸计应按要求进行定期检定。

表 11-5 引伸计的等级

引伸计级别	引伸计的最大允许值				
	标距相对误差（%）	分辨力		示值误差	
		相对（%）	绝对/μm	相对误差（%）	绝对误差/μm
0.5	±0.5	0.25	0.5	±0.5	±1.5
1	±1.0	0.50	1.0	±1.0	±3.0
2	±2.0	1.0	2.0	±2.0	±6.0

（3）试验机的驱动系统

驱动系统主要用于试验机的横梁移动，施加载荷。液压拉伸试验机采用高压液压源为动力源，采用手动阀、伺服阀或比例阀作为控制元件进行控制。电子万能试验机采用伺服电动机作为动力源，减速电动机、丝杠、螺母作为执行部件，实现试验机横梁的移动和速度控制。

（4）控制系统

控制系统用于控制试验机的运作，通过显示屏可显示当前试验机的状态和试验中各项试验参数。试验机控制系统与计算机间通信一般是 RS232 串行或 RJ45 接口通信方式。

（5）数据记录计算机

该部件用于采集和处理分析试验数据。试验过程中，计算机连续采集各种试验数据，实时绘出试验曲线（力-位移的曲线），自动计算出各试验参数。

（6）高、低温试验辅助装置

高、低温试验装置与室温拉伸试验装置相比较，一般需要增加以下几种辅助装置：加热装置、冷却装置、环境箱和温度测量装置，需根据试验机的类型、空间等配置。

1）加热装置。加热装置是把试样加热到规定的试验温度，并保持该温度直到试验结束所使用的装置。对于温度在100~1100℃的试验，可采用电阻丝加热炉。它应有均匀的温度区，其长度一般为试验标距的2倍以上。在均匀温度区内沿试样标距的温度梯度应小于5℃。加热炉的温度偏差最多不能超过±5℃。

2）冷却装置。冷却装置是把试样冷却到规定的试验温度，并保持该温度直至试验结束所使用的装置。其温度偏差应小于±2℃。冷却装置也应该有均匀温度区，其长度至少为试样标距的1.5倍以上。在试验标距两端同时测得的温度之差（梯度）最大不超过3℃。可使用搅拌装置使冷却介质沿试样轴线方向流动循环来达到温度均匀。常用温度的冷源和冷却介质的选用见表11-6。

表 11-6 液体冷却介质及其温度范围

冷却介质	温度/℃	冷却介质	温度/℃
冰水混合物	0	液氮+添加剂	-155~-105
液氮+工业酒精	-75~0	液氮	-196
液氮+无水乙醇	-105~-75		

3）环境箱。环境箱是试验温度在-60~250℃所使用的装置，它将加热装置和冷却装置合为一体。环境箱必须同时满足加热、冷却装置对温度范围和温度梯度的要求。使用时，它靠风扇把热源或冷源吹到环境箱内以达到试验要求的温度。

4）温度测量装置。温度测量装置由热电偶、补偿导线和电位差计组成。根据不同的试验温度来选择热电偶类型。试验时，由电位差计测得的数值查表即可得到所对应的温度。热电偶、补偿导线以及电位差计应定期进行检定，检定周期一般不超过3个月。

紧固件拉伸试验时，应根据螺纹规格及性能等级，估算出紧固件拉断时的最大载荷，按照 GB/T 3098.1—2010《紧固件机械性能 螺栓、螺钉和螺柱》标准要求，选择合适类型及量程的拉伸试验机。

5. 主要指标参数

拉伸试验机的主要指标是试验机力值传感器的量程及精度，及加载速度控制的精度。若配备引伸计，引伸计的测量精度也是关键参数。GB/T 228.1—2021 标准中的 A 方法要求拉伸试验过程按照应变速率控制，而引伸计是应变速率闭环控制的重要部件。此外，夹持装置的同轴度会对试样两端的夹持产生影响，GB/T 228.1—2021 对设备的同轴度也有要求。拉伸试验机的计量检定过程按 JJG 475—2008《电子式万能试验机检定规程》进行。

6. 设备使用维护保养关键点

为保证设备的完好率，延长设备使用寿命，应定期对设备进行维护、保养。维护保养注意以下几点：

1）日常应保持实验室环境温度在 10~35℃ 之间，空气湿度在 30%~70%RH 之间。保持实验室环境的干净、整洁，尤其是有液压油源或液压夹具、气动夹具配置的设备，必须有良好的试验环境，避免过多的灰尘或碎屑进入夹具结合处或丝杠接触面之间，影响设备的正常运行。

2）依设备的使用频次，每季度或间隔半年应对设备的滚珠丝杠和导向杆进行清洁维护，清洁时可使用煤油或无水乙醇，擦洗干净后再涂抹上适量的润滑油，形成一层润滑的油膜。

3）预防高温、过湿、腐蚀性介质、水等浸入设备或计算机内部。注意对于易锈件或长期不使用的夹具配件，应擦拭干净后做好防锈措施（涂抹防锈油或放入干燥皿中），夹具取用过程中避免磕碰、擦伤。

4）液压万能试验机和液压夹具使用的液压油，应定期（一般2~5年）更换，液压油的滤芯应同时更换。

7. 拉伸试验夹具

拉伸试验机一般实现的试验功能较多，如可进行拉伸、压缩、弯曲试验等，因此配置的夹具种类也较多。夹具应保证与设备间稳固、可靠连接，根据紧固件的类型、规格及性能等级，选择合适的试验夹具。紧固件拉伸试验夹具形式较相似，图 11-41 所示的试验夹具可供参考。

图 11-41 紧固件拉伸试验夹具

11.5.2 硬度试验机

1. 设备应用范围

金属硬度试验是衡量金属材料软硬程度的一种性能指标，是一种应用广泛的力学性能试验方法。硬度试验的方法有多种，基本上可分为压入法、回跳法和刻画法三大类。在工业生产中广泛应用的布氏硬度、洛氏硬度、维氏硬度和显微硬度等都属于压入法硬度。

硬度试验具有下列优点：试样制备简单，可在各种不同尺寸的试样上进行试验，试验后试样基本不受破坏；试验设备简便，操作方便，测量速度快；硬度与强度之间有近似的换算关系，根据测出的硬度值，就可以粗略估算强度极限值，所以硬度试验在工业生产中得到了广泛的应用。

通常压入载荷大于 9.81N（1kgf）时测试的硬度称宏观硬度，压入载荷小于 9.81N（1kgf）时测试的硬度叫微观硬度。前者用于较大尺寸的试样，是反映材料宏观范围的性能；后者用于小而薄的试样，是反应微小区域的性能，如显微组织中不同相的硬度、材料表面渗层的硬度等。

硬度计的种类很多，这里重点介绍最常用的布氏、洛氏、维氏和显微硬度计。

布氏硬度检测方法所得的压痕较大，其硬度值受被测试样成分不均匀影响小，检测结果分散度小，复现性好，可以很好地反映出材料的真实硬度值。其检测设备及原理如图 11-42 所示。

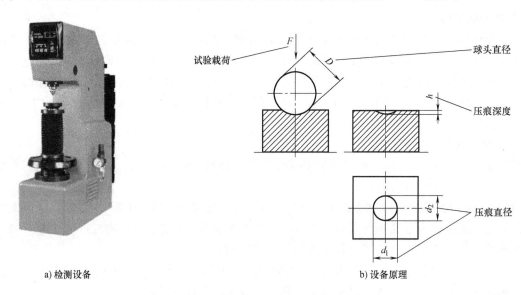

a) 检测设备　　　　　　　　　　　　b) 设备原理

图 11-42　布氏硬度计结构及试验原理

试验时，用一定直径的硬质合金球施加规定的试验力压入试样表面，经规定的保持时间后，卸除试验力，测量试样表面压痕直径，求得压痕球形表面积。布氏硬度值 HBW 是试验力除以压痕球形表面积所得的商再乘以 0.102。即：

$$\text{HBW} = 0.102\frac{F}{S} = 0.102\frac{F}{\pi Dh}$$

式中，F 为试验力（N）；S 为压痕面积（mm^2）；D 为压头直径（mm）；h 为压痕深度（mm）。

在试验过程中，由于压痕深度 h 的测量比较困难，而测定压痕直径 d 却较为容易，因此，根据压痕直径 d 与深度 h 的关系，换算后的布氏硬度计算式为：

$$\text{HBW} = 0.102\frac{2F}{\pi D\left(D-\sqrt{D^2-d^2}\right)}$$

式中，F 为试验力（N）；D 为压头直径（mm）；d 为压痕平均直径（mm），$d=\dfrac{d_1+d_2}{2}$，d_1、d_2 为在两相互垂直方向测量的压痕直径。

根据布氏硬度的原理，要保证同一材料得到同样的 HBW 值，就必须使 $0.102F/D^2$ 为一常数，生产上常用的 $0.102F/D^2$ 值规定有：30、15、10、5、2.5、1 共六种。试验时按 GB/T 231.1—2018《金属材料 布氏硬度试验 第 1 部分：试验方法》的规定选择相应的比值，钢材布氏硬度的比值选 30。

2. 测试要点

（1）硬度计的要求

硬度计应符合 GB/T 231.2—2012《金属材料 布氏硬度试验 第 2 部分：硬度计的检验与校准》或 JJG 150—2018《金属布氏硬度计检定规程》的规定，应能施加预定试验力或 9.807N～29.42kN 范围内的试验力。

（2）压头直径的确定

碳化钨合金压头应符合 GB/T 231.2—2012 或 JJG 150—2018 的规定。在试验力-压头直径平方的比 $(0.102F/D^2)$ 保持不变的情况下，按标准 GB/T 231.1—2018 中的表 3 规定选择压头直径和试验力的组合（钢材试样选择 30）。当试样尺寸允许时，应优先选用直径 10mm 的压头进行试验。

（3）试验力的选择

试验力的选择应保证压痕直径在 $0.24D$～$0.6D$ 之间。试验之后，试样的压痕背面不应出现可见的变形痕迹，否则，应使用较小的试验力重新试验。

（4）试样的支撑

试样应放置在刚性试验台上，试样背面和试验台之间应无污物（氧化皮、油渍、灰尘等）。将试样稳固地放置在试验台上，确保在试验过程中不发生移动。试样的试验面应垂直于加载方向。

（5）施加试验力及试验力保持时间

施加试验力的时间应为 2～8s，试验力保持时间为 10～15s。对于有些材料（施加试验力后表现出较大塑性的材料），可能要求较长的试验力保持时间，应在试验报告中记录这一时间。

（6）压痕间距

任一压痕中心与试验边缘的距离至少应为压痕平均直径的 2.5 倍，两相邻压痕中心之间的距离至少应为压痕平均直径的 3 倍。

3. 设备核心部件

布氏硬度计的核心部件是压头和压痕测量装置。碳化钨合金压头应符合 GB/T 231.2—2012 或 JJG 150—2018 的规定。压痕测量装置应符合 GB/T 231.2—2012 或 JJG 150—2018 的规定。

4. 设备主要指标参数及优缺点

（1）主要指标参数

布氏硬度计的主要指标参数是压头直径和施加的载荷，GB/T 231.1—2018 标准规定了 4 种压头直径（10mm、5mm、2.5mm、1mm），施加的载荷根据不同的比率从 1 到 30，最大载荷为 3000kg。根据测试的材料，按 GB/T 231.1—2018 标准选择合适的比率进行试验。布氏硬度试验不应用于硬度超过 650HBW10/3000 的材料。

（2）优缺点

1）优点：代表性全面，布氏硬度压痕面积较大，能反映金属表面较大体积范围内各组成相综合平均的性能数据，所以特别适宜于测定灰铸铁、轴承合金等具有粗大晶粒或粗大组成相的金属材料；试验数据稳定；布氏硬度值和抗拉强度之间存在一定的换算关系。

2）缺点：压痕较大，不宜用于某些表面上不允许有较大压痕的成品检验，也不宜用于薄件试验；需测量压痕直径，操作和测量都需要较长时间，因此测试效率较低。

5. 布氏硬度检测注意事项及维护保养

1）布氏硬度试验遵循国家标准 GB/T 231.1—2018。

2）一般情况下检测时的环境温度应在 10～35℃ 之间。

3）布氏硬度检测中关于试验力及压头直径的选择请按 GB/T 231.1—2018 中的规定选择。

4) 试样在检测前应保证其表面平整、光滑，没有氧化物和其他污物。

5) 每月设备应通电开机 1h 以上，以免电子元器件受潮损坏；拆卸、换装压头时，在松开螺钉的过程中用手接住压头，以免压头掉下造成压头和样品台受损。

6) 每次测试前及更换压头后，应使用标准硬度块对设备进行校准。

6. 洛氏硬度计

(1) 设备应用范围

洛氏硬度和布氏硬度一样，也是一种压入硬度试验。与布氏硬度不同的是，洛氏硬度不是测定压痕的表面积，而是测定压痕的深度，以压痕深度表示材料的硬度值。

一般洛氏硬度试验分为两类，即洛氏硬度试验与表面洛氏硬度试验。两种试验的差别是所使用的载荷不同。洛氏硬度计适合测量淬火及低温回火后的碳素钢、合金钢、模具钢以及及经硬化处理后的薄钢带、薄钢板等，如图 11-43 所示。

洛氏硬度试验可用于测定各种不同软、硬材料的硬度，其优缺点如下：

1) 优点：硬度值试验后可直接读出，简便迅速，试验效率高，适用于大量生产中的成品检验；压痕小，对工件表面造成的损伤小，可测定较薄的工件或表面处理后的硬度。

2) 缺点：不同硬度标尺测得的硬度值无法统一起来，无法进行比较；对材料组织不均匀性很敏感，测试结果数据比较分散，重复性差，因而不适用于具有粗大、不均匀性组织材料的硬度测试。

图 11-43 洛氏硬度计

(2) 设备操作要点

1) 硬度计。洛氏硬度计应能按 GB/T 230.1—2018《金属材料 洛氏硬度试验 第 1 部分：试验方法》标准中表 1 和表 2 的部分或全部标尺及相关要求施加试验力，并符合 GB/T 230.2—2012《金属材料 洛氏硬度试验 第 2 部分：硬度计（A、B、C、D、E、F、G、H、K、N、T 标尺）的检验与校准》或 JJG 112—2013《金属洛氏硬度计（A，B，C，D，E，F，G，H，K，N，T 标尺）》的规定。

洛氏硬度计按施加试验力的方式不同分为以下两种：

① 直接加载荷式硬度计。这种硬度计砝码的实际重量直接施加在压头上，由光栅装置及激光干涉仪测量压痕深度。它具有很高的精度，一般用作精密测量，对环境的要求较高，比较笨重，效率较低。

② 杠杆式硬度计。这种硬度计体积和重量较小，使用方便迅速，一般硬度计大多数采用这种结构形式。

2) 压头。主要分为以下两种：

① 金刚石圆锥体压头。金刚石圆锥压头应满足 GB/T 230.2—2012 或 JJG 112—2013 的要求，压头锥角应为 120°，顶部曲率半径应为 0.2mm。

② 球形压头。碳化钨合金球形压头的直径为 1.5875mm 或 3.175mm，并符合 GB/T 230.2—2012 的要求。碳化钨合金球形压头为标准型洛氏硬度压头，压头上不允许有灰尘、污物和其他外来材料，否则将影响测试结果。

3) 洛氏硬度计的校验。洛氏硬度计必须进行周期性的校验，可采用直接校验或间接校验，校验标准可参考 GB/T 230.2—2012 或 JJG 112—2013 的要求。

直接校验是一种对硬度设备组成元件的校验程序，就是对试验力、压头、压痕深度、测量装置、试验循环时间等进行直接检测。间接校验是一种通过标准块与设备显示硬度值进行比较的周期性的校验程序，应对将要使用的每一标尺进行校验。

(3) 主要参数指标

洛氏硬度计的主要参数指标是各种标尺，不同的标尺压头类型及载荷不同，用于测量不同的材料硬度。各种标尺的有效范围见表 11-7。

表 11-7 洛氏硬度标尺范围

洛氏硬度标尺	硬度符号	压头类型	初始试验力 F_0/N	主试验力 F_1/N	总试验力 F/N	适用范围
A	HRA	金刚石圆锥	98.07	490.3	588.4	20~95HRA
B	HRBW	直径 1.5875mm 球		882.6	980.7	10~100HRBW
C	HRC	金刚石圆锥		1373	1471	20~70HRC
D	HRD	金刚石圆锥		882.6	980.7	40~77HRD
E	HREW	直径 3.175mm 球		882.6	980.7	70~100HREW
F	HRFW	直径 1.5875mm 球		490.3	588.4	60~100HRFW
G	HRGW	直径 1.5875mm 球		1373	1471	30~94HRGW
H	HRHW	直径 3.175mm 球		490.3	588.4	80~100HRHW
K	HRKW	直径 3.175mm 球		1373	1471	40~100HRKW

注：当金刚石圆锥表面和顶端球面是经过抛光的，且抛光至沿金刚石圆锥轴向距离尖端至少 0.4mm，试验适用范围可延伸至 10HRC。

几种常用的洛氏硬度标尺选用原则如下：

1）HRA：适用于测定坚硬或薄硬材料的硬度，如硬质合金、渗碳后淬硬钢、经硬化处理后的薄钢带、薄钢板等。对于 HRC>70 的材料若仍用 1471N 试验力易损坏金刚石压头，应该用试验力较小、压入深度较浅的 HRA 标尺。

2）HRB：适用于测定中等硬度的材料，如经退火后的中碳和低碳钢、可锻铸铁、各种黄铜和大多数青铜以及经固溶处理时效后的各种硬铝合金等。

3）HRC：适用于测定经淬火及低温回火后的碳素钢、合金钢、模具钢等。一般 HRB>100 的材料可用 C 标尺测定，当 HRC<20 时，由于金刚石压头压入过深，压头圆锥的影响增大，影响测量准确性，宜换用 HRB 标尺测定。

4）HRD：介于 HRA 和 HRC 之间的一种标尺，适用于压入深度介于 A 和 C 标尺之间的各种材料，如表面热处理强化后的钢试样、珠光体可锻铸铁等。

表面洛氏硬度由于操作简单迅速，工作效率高，在生产与科研工作中得到了广泛的应用。表面洛氏硬度试验原理与洛氏硬度试验原理相同，其与洛氏硬度的不同点主要是所使用的载荷比较小，表面洛氏硬度试验的初始力 F_0 为 3kgf（29.42N），总试验力 F 分别为 15kgf（147.1N）、30kgf（294.2N）、45kgf（441.3N）。表面洛氏硬度试验由于试验力小、压痕深度浅，对工件表面损伤很小，适用于测量薄板、表面硬化层（如渗氮）以及金属镀层等硬度。表面洛氏硬度标尺见表 11-8。

表 11-8 表面洛氏硬度标尺范围

表面洛氏硬度标尺	硬度符号	压头类型	初始试验力 F_0/N	主试验力 F_1/N	总试验力 F/N	适用范围
15N	HR15N	金刚石圆锥	29.42	117.7	147.1	70~94HR15N
30N	HR30N	金刚石圆锥		264.8	294.2	42~86HR30N
45N	HR45N	金刚石圆锥		411.9	441.3	20~77HR45N
15T	HR15T	直径 1.5875mm 球		117.7	147.1	67~93HR15T
30T	HR30T	直径 1.5875mm 球		264.8	294.2	29~82HR30T
45T	HR45T	直径 1.5875mm 球		411.9	441.3	10~72HR45T

（4）使用及维护保养关键点

1）试验设备的校验包括压头、载荷、试验台等。

2）试样的表面应光滑平整，不应有氧化皮及污物，尤其不应有油脂；试验表面应能保证压痕直径的精确测量，表面粗糙度 Ra 一般不大于 $0.8\mu m$。

3)试样制备过程中,应尽量避免由于过热或冷加工等对试样表面硬度产生的影响。

4)试样的厚度至少应为压痕直径深度的10倍,两压痕中心距至少为压痕直径的4倍,不小于2mm。

5)每个试样上的检测点数不少于四点(第一点不记),大批量检测可适当减少检测点。

6)每月设备应通电开机1h以上,以免电子元器件受潮损坏;拆卸、换装压头时,在松开螺钉的过程中用手接住压头,以免压头掉下造成压头和样品台受损。

7)每次测试前及更换压头后,应使用标准硬度块对设备进行校准;测试前应确认选择的标尺及施加的载荷无误。

7. 维氏硬度计

(1)设备应用范围

和布氏、洛氏硬度试验相比,维氏硬度试验测量范围较宽,从较软材料到超硬材料,几乎涵盖各种材料。维氏硬度试验具有相似性,使得试验力的选取具有较大的灵活性。由于压痕轮廓较清晰,测量对角线长度时具有较高的对线精确度,因而硬度的测量精确度较高。

显微维氏硬度试验的试验力很小,因而可对特别细小的试件进行硬度测定。显微维氏硬度试验能进行材料金相组织及脆性材料的硬度测量。

维氏硬度试验特别适用于精密仪表中的薄件、小件以及镀层、渗碳、渗氮层等的硬度测定。

(2)设备测试原理

维氏硬度的测量原理与布氏硬度相同,也是根据单位压痕面积上承受的试验力,即应力值作为硬度值的计量指标;不同的是维氏硬度采用锥面夹角为136°的正四棱锥体作为压头,由金刚石制成。维氏硬度采用正四棱锥体作为压头,是针对布氏硬度的试验力F和压头球体直径D之间必须遵循F/D^2为定值的这一制约关系而提出来的。

维氏硬度计采用正四棱锥体作为压头,在各种力值作用下所得的压痕几何相似,其压入角不变,因此力值可任意选择,这是维氏硬度试验最主要的特点,也是最大的优点。通过维氏硬度试验所测得的硬度值和通过布氏硬度试验所得的硬度值基本接近。

当维氏硬度试验的试验力减小时,就出现了小载荷维氏和显微维氏硬度试验。通常将维氏硬度按试验力范围不同分为以下三种:

1)维氏硬度:$F \geq 49.03\text{N}$(HV5以上)。

2)小力值维氏硬度:$1.961\text{N} \leq F < 49.03\text{N}$(HV0.2~HV5)。

3)显微维氏硬度:$0.09807\text{N} \leq F < 1.961\text{N}$(HV0.01~HV0.2)。

在实际使用中,特别是维氏硬度计的设计时,往往根据使用方便,试验力相互交叉,划分并不十分严格。

维氏硬度试验是将两相对面夹角为136°的金刚石正四棱锥体压头,在一定的试验力作用下压入试样表面,保持规定的时间后,卸除试验力,测量试样表面压痕对角线长度,如图11-44所示,以试验力除以压痕锥形表面积所得的商表示维氏硬度值。

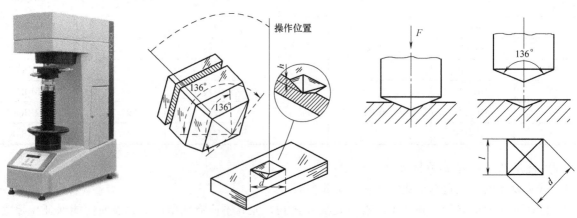

图11-44 维氏硬度计及工作原理

$$HV = 0.102 \frac{2F\sin\frac{136°}{2}}{d^2} \approx 0.1891 \frac{F}{d^2}$$

式中，F 为试验力（N）；d 为两压痕对角线长度 d_1 和 d_2 的算数平均值（mm）。

维氏硬度用 HV 表示，符号前为维氏硬度值。由于硬度值与试验条件相关，因此在 HV 后要标注主要的试验条件。例如，640HV30/20，HV 前面的数字为硬度值，后面的数字依次为试验力（单位为 kgf）和试验力保持时间（单位为 s）。

(3) 维氏硬度测试操作要求

1) 试样表面应平坦光滑，试验面上应无氧化物及外来污物，尤其不应有油脂。试样表面的质量应能保证压痕对角线长度的测量精度，建议试样表面进行表面抛光处理。

2) 维氏硬度计应符合 GB/T 4340.2—2012《金属材料维氏硬度试验第 2 部分：硬度计的检验与校准》的规定，在要求的试验力范围内施加规定的试验力。维氏硬度计应进行日常校验和定期校验，定期校验周期不超过一年。

3) 维氏硬度试验用的金刚石压头，应定期进行检查，检查压头有无损伤，可通过在标准块上打压痕来确定。

4) 选择试验力时，应使硬化层或试样的厚度为 $1.5d$。若不知待测的硬化层厚度，可在不同的试验力下按从小到大的顺序进行试验。

5) 硬度计压头应垂直于试样测试面施加试验力，加力过程中不应有冲击和振动。从加力开始至全部试验力施加完毕的时间应为 2~8s，试验力保持时间为 10~15s。

6) 压痕间距：两相邻压痕中心之间的距离，对于钢、铜和铜合金至少应为压痕对角线长度的 3 倍；任一压痕中心与试样边缘的距离，对于钢、铜及铜合金至少应为压痕对角线长度的 2.5 倍，对于轻金属、铅、锡及其合金至少应为压痕对角线长度的 3 倍。

(4) 维护保养关键点

1) 硬度计应放置在干燥清洁的试验环境中，使用时避免受环境振动的影响。每月设备应通电开机 1h 以上，以免电子元器件受潮损坏。试验时避免试样与压头的人为碰撞。

2) 每次测试前，应使用标准硬度块对设备进行校准，测试前应确认施加的载荷无误。

11.5.3 冲击试验机

1. 设备应用范围

金属材料在使用过程中除要求有足够的强度和塑性外，还要求有足够的韧性。所谓韧性，就是材料在弹性变形、塑性变形和断裂过程中吸收能量的能力。韧性好的材料在服役条件下不至于突然发生脆性断裂，从而使零件安全得到保证。

韧性可分为静力韧性、冲击韧性和断裂韧性，其中评价冲击韧性的试验方法，按其服役工况不同分为简支梁下的冲击弯曲试验（夏比冲击试验）、悬臂梁下的冲击弯曲试验（艾氏冲击试验）以及冲击拉伸试验。夏比冲击试验因其试样加工简单、试验时间短以及试验数据对材料组织结构、冶金缺陷等敏感而成为评价金属材料冲击韧性应用最广泛的一种传统力学性能试验。

GB/T 3098.1—2010 标准中 9.14 节对紧固件机械加工的试件冲击试验内容做了规定。其试验目的是检验在规定的低温条件下，紧固件材料的韧性。螺栓机械加工试样沿螺栓杆部纵向，采用 V 形缺口试样，在-20℃恒温条件下，用 2mm 的摆锤刀刃半径，按 GB/T 229—2007《金属材料 夏比摆锤冲击试验方法》规定进行试验。试件在-20℃温度下的吸收能量，符合 GB/T 3098.1—2010 中表 3 的规定。

2. 设备工作原理

冲击试验机是指对试样施加冲击试验力进行冲击试验的设备，按显示方式分为表盘显示、液晶显示、微机显示；按自动化程度分为手动、半自动、全自动冲击试验机；按试验材料分为金属试验机和非金属试验机；按结构分为简支梁冲击试验机和悬臂梁冲击试验机；按试验方式分为落锤式冲击试验机和摆锤式冲击试验机。我们平常接触最多、使用最多的就是摆锤式冲击试验机。摆锤式冲击试验机是使用摆锤进行冲击的试验设备。被举起的摆锤具有重力势能，在下落过程中，重力势能转化为摆锤的动能，将刀刃刚性固定至锤头上，锤头在动能最大点（即最低势能点）对试样施加冲击载荷，载荷形式和弯曲试验类似。

摆锤式冲击试验机主要由机架、摆锤、试样砧座、指示装置以及摆锤释放、制动和提升机构等组成，如图 11-45、图 11-46 所示。目前国产的和进口的摆锤式冲击试验机型号很多，按最大冲击能量有 150J、300J、450J、750J 等型号。摆锤式冲击试验机的结构形式及操作方法大同小异，区别在于送样方式（手动或自动）和指示装置（表盘或数显）上。

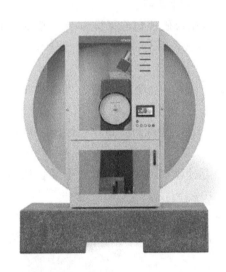

图 11-45　摆锤式冲击试验机

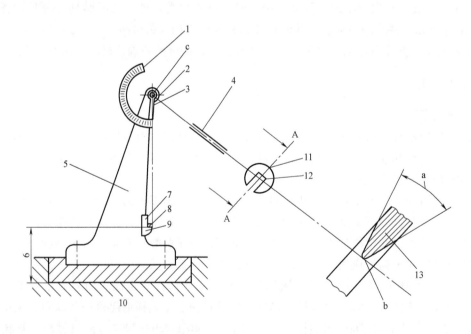

图 11-46　冲击试验机的组成部分

1—标度表盘　2—摆锤轴承　3—指针　4—摆杆　5—机架　6—底座　7—砧座　8—试样
9—试样支座　10—基础　11—C 型锤体　12—冲击刃口　13—摆锤的冲击刃
a—冲击刃角　b—冲击刃曲率半径　c—摆轴

为避免冲击试验机系统刚度下降而影响试验结果，冲击试验机应稳定牢固地安装在厚度大于150mm的混凝土地基或质量大于摆锤40倍的基础上，试验机底座下不能有悬空部位。对于新出厂的摆锤式冲击试验机，应按照GB/T 3808—2018《摆锤式冲击试验机的检验》的规定进行验收检查，对于日常使用的试验机，应定期按JJG 145—2007《摆锤式冲击试验机检定规程》的规定进行检定。

由于大多数材料冲击吸收能量随温度变化，因此试验应在规定温度下进行，当不在室温下试验时，试样必须在规定条件下加热和冷却，以保持规定的温度。对于试验温度有规定的，应在规定温度±2℃的范围内进行；如果没有特殊规定，摆锤冲击试验应在（23±5）℃范围进行。

需在规定温度试验时，试样一般通过高温、低温试验装置控制温度。高温冲击试验中，温度控制装置一般由加热炉、温度控制仪器及热敏元件三部分组成。对于低温冲击试验，常用的有以下三种制冷和控温装置（方法）：

1）使用液体冷却试样：通过低温液体使试样达到规定的低温，常用的低温冷却介质见表11-9。
2）使用喷射冷源的气体冷却法：通过调节冷却气体的喷量来控制试样的低温温度。
3）采用压缩机制冷的低温槽来控温。

所采用的温度控制装置应能保证将试验温度稳定在规定值±2℃的范围内，使用液体介质加热或冷却试样时，恒温槽应有足够容量介质，应对介质进行搅拌，以避免介质温度的不均匀性。

表11-9　低温冲击试验用冷却介质

试验温度/℃	冷却介质	试验温度/℃	冷却介质
0~10	水+冰	-140~-105	无水乙醇+异戊烷
-70~0	乙醇+干冰	-192~-140	液氮
-105~-70	无水乙醇+液氮		

3. 冲击试验测试要点

（1）试样的定位

将试样紧贴砧座放置，并使试样缺口的背面朝向摆锤刀刃。试样缺口用专用的对中夹钳或定位规对中，使缺口对称面位于两砧座对称面上，其偏差不应大于0.5mm。

（2）操作过程

根据待检验试样材料牌号和热处理工艺，估计试样冲击吸收能量的大小，选择适合量程的试验机。试样吸收能量K不应超过实际初始势能K_p的80%，试样吸收能量K的下限应不低于试验机最小分辨力的25倍。

将摆锤提升至预扬角位置并锁住，把从动指针拨到最大冲击能量位置（如果使用的是数字显示装置，则清零）；放好试样，确认安全罩闭合锁紧及摆锤摆动危险区无人后，释放摆锤使其落下冲断试样，并任其向前继续摆动，直到达到最高点并向回摆动至最低点时，由提升机构将摆锤提升至预扬角位置并锁定。指针在示值盘上所指的数值（数字显示装置的显示值）即为冲击吸收功A_{kv}。

为保证安全，设备应安装防护罩，且操作冲击试验机和放置试样的应为同一人。

（3）试样数量

试样的数量应执行相应产品标准的规定。由于冲击试验结果比较离散，一般对每一种材料试验的试样数量不少于3件。

特别要注意不同尺寸和类型试样的试验数据不能相互换算和直接比较。

4. 冲击试验机使用及维护保养要点

1）冲击试验机应按GB/T 3808—2018或JJG 145—2007的规定进行安装及检验。定期检查设备部件连接螺栓有无松动，确定紧固螺栓连接可靠。

2）定期清理和维护设备，保证设备清洁、润滑性良好、防腐良好。

3）日常首次使用摆锤冲击试验机时，先做一次空击检查，确保摆锤等运动机构的灵活准确性，使设备的工作能力达到规定的要求，保证冲击测试的精度，延长设备使用的寿命。

4）每年应对摆锤冲击试验机进行检定。

11.5.4 疲劳试验机

1. 设备应用范围

疲劳试验机被广泛用来测试各种金属材料抵抗疲劳断裂性能、疲劳 $S\text{-}N$ 曲线等，装配相应的夹具，可用来测试各种零部件（如板材、齿轮、曲轴、螺栓、连杆、气门等）的疲劳寿命，可完成对称疲劳试验、不对称疲劳试验、单向脉动疲劳试验、高低温疲劳试验、三点弯曲、四点弯曲等种类繁多的疲劳试验。

疲劳试验机按加载原理分为电磁谐振式疲劳试验机和电液伺服式疲劳试验机。疲劳试验机一般由试验机架、控制测量系统、动力系统及辅助装置等几部分组成。图11-47、图11-48所示分别为电磁谐振式疲劳试验机和电液伺服式疲劳试验机。

图 11-47　电磁谐振式疲劳试验机

图 11-48　电液伺服式疲劳试验机

疲劳试验机按频率分为低频疲劳试验机、中频疲劳试验机、高频疲劳试验机、超高频疲劳试验机。试验频率低于30Hz的称为低频疲劳试验机，30~100Hz的称为中频疲劳试验机，100~300Hz的称为高频疲劳试验机，300Hz以上的称为超高频疲劳试验机。机械与液压式一般为低频，机电驱动为中频和低频，电磁谐振式为高频，气动式和声学式为超高频。

2. 设备工作原理

紧固件疲劳试验常用的是电磁谐振式疲劳试验机，因试验频率高、试验周期短，因而可较快地测试紧固件的疲劳性能。电液伺服式疲劳试验机可实现较大位移量的疲劳试验，试验时频率低，试验周期长。

电磁谐振式高频疲劳试验机的工作原理是利用系统的共振现象来工作的，由机架、电磁振动器、振动弹簧、载荷传感器、试样和配重质量块组成整机的振动系统；由电磁振动器提供振动动力源来提供激励，形成振动源。若电磁振动器输出的激振力的频率相位值与整机系统的固有频率相同，则整个振动系统产生共振，配重质量块在整机上产生共振现象，输出的惯性力往复作用于被测试样上，以此完成疲劳测试。

电液伺服式疲劳试验机是以恒压伺服液压泵站作为动力源，依靠液压作动油缸的往复运动对试样进行加载。电液伺服疲劳试验机可提供较大的试验载荷（如1000kN），试验频率较低（一般在50Hz以下）。

3. 操作要点

紧固件疲劳试验机可以使用不同类型的轴向载荷疲劳试验机，但为缩短试验周期，一般选择高频疲劳试验机进行试验。试验的载荷应大于试验机额定载荷的10%以上，试验机的静载和动载示值精度应满足 GB/T 13682—1992《螺纹紧固件轴向载荷疲劳试验方法》中第5.1条的要求。

疲劳试验的试样为成品螺纹紧固件,不必进行再加工,如因特殊原因必须加工时,应保证不改变其耐疲劳性能。试样的尺寸和机械性能应合格,试验时随机抽取试样,试样表面应防止磕碰和损伤。试验夹具应能将试验载荷传递给试样,并应保证夹具的对中性。试验方法参考 GB/T 13682—1992 标准的规定。

4. 维护保养

(1) 电液伺服式疲劳试验机维护保养要点

电液伺服式疲劳试验机需要定期停机做一些维护保养,具体如下:

1) 定期更换油路滤芯。油路滤芯用于滤除系统中的颗粒杂物及橡胶杂质,保证液压系统的清洁度。定期更换该系统油路中的滤芯,可防止污物进入伺服阀,有效防止故障发生,延长伺服阀的运行时间。

2) 定期更换液压油,加强液压油的管理。液压油在长期工作中会氧化焦化,并且液压系统中的泵、阀、油缸等的磨损,会产生一些金属屑,它们会降低液压油的品质,造成故障。

3) 定期更换密封圈。定期检查主机和油源处是否有漏油的地方,如发现有漏油,应及时更换密封圈或组合垫。油路系统耗材的更换周期可根据试验数量来确定,一般为 2~3 年更换。

(2) 高频疲劳试验机优点

相比电液伺服试验机,高频疲劳试验机的维护更简单,主要优点如下:

1) 干净。不用担心漏油等现象。

2) 稳定。不会因为阻力的变化影响设备运行的稳定性。

3) 噪声低。没有电液伺服试验机的油源泵,减少了噪声。

4) 安装维护简单方便。日常只需检查连接部件有无松动,设备电动机基本免维护。试验机横梁与机架接触的部分应保持润滑,试验机长期不工作时,应每月定期开机运行 3~8h,以防电子元件失效。

5) 省电、不需要水源,使用成本低。一般电动机的功率只有几千瓦或几百瓦,相比电液伺服试验机,能源消耗降低很多。

6) 安全。不用担心高压油管在长时间使用后,老化高压油管的泄漏而造成人身的安全影响。

11.5.5 持久蠕变试验机

1. 设备应用范围

持久蠕变试验机主要用于测试金属试样在规定温度及沿轴线方向受力条件下的蠕变极限、持久断裂时间、持久断后延伸率及持久强度试验,试验方法可参考 GB/T 2039—2012《金属拉伸蠕变及持久试验方法》、HB 5151—1996《金属高温拉伸蠕变试验方法》、HB 5150—1996《金属高温拉伸持久试验方法》及 JJG 276—2009《高温蠕变、持久强度试验机检定规程》的相关规定。

2. 结构与试验原理

持久试验机和蠕变试验机是通用的,持久试验机配置相对蠕变试验机较为简单,不配置变形测量系统(引伸计、变形测量传感器),在蠕变试验机上可进行持久试验。持久蠕变试验机按加载方式分为两类:一类是砝码杠杆式加载;另一类是微控电子式,通过加载电动机和伺服控制器通过计算机控制程序加载试验力。

持久蠕变试验机的基本结构包括加力系统、变形测量系统(蠕变试验机)、计时装置、温度测控系统及安全保护装置等。持久蠕变试验机的结构如图 11-49 所示。

蠕变试验机可进行蠕变试验和持久强度试验两种测试。蠕变试验的原理是将试样加热至规定温度,沿试样轴向方向施加恒定拉伸力或恒定拉伸应力并保持一定时间获得以下结果:规定蠕变伸长(连续试验);通过试验获得适当间隔的参与塑性伸长率(不连续试验);蠕变断裂时间(连续或不连续试验)。

持久强度试验与蠕变试验相似,但较为简单,一般不需要在试验过程中测定试样的伸长量,只要测定试样在给定温度和一定试验力作用下的断裂时间。

蠕变试验前应对试验机进行外观检查以确保试验机的加力杆、夹具、万向节和连接装置都处于良好

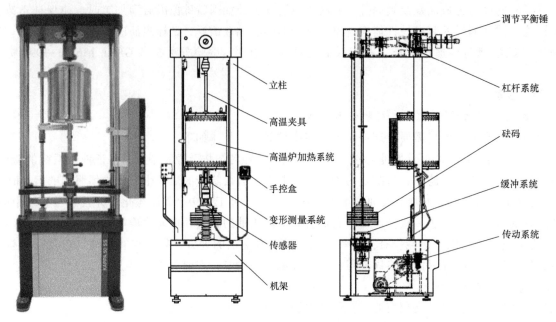

图 11-49　机械式持久蠕变试验机结构

状态。应定期校准试验机的力值和加载同轴度,试验机的加载同轴度应不超过 10%。蠕变试验机应远离外界的振动和冲击,试验力应均匀、平稳、无振动地施加在试样上。

3. 测试方法要点

1）试验前要检查试样的加工合格性,选择合适的试验夹具及热电偶。检查设备温度控制系统、温度测量系统和变形测量系统是否正常,确认设备完好。

2）测量试样尺寸。测量试样的长度和宽度应使用精度不低于 0.02mm 的量具,测量试样的直径和厚度应使用精度不低于 0.01mm 的量具。

3）将试样谨慎地装夹到位,确保试样上的引伸计不受力,保证试验数据采集的精确度。开始试验前应进行试样装夹的同轴度测量与校正,避免试样受到非轴向力作用。

4）升温过程中,为了防止温度过冲,可采用阶段升温的方式,逐步缓慢升温至试验规定温度。电子蠕变试验机可通过程序控制,缓慢平稳地施加试验力;杠杆式蠕变试验机根据载荷大小,将加载砝码分成适当级数（一般不少于 4~6 级）,逐级加载。

5）从施加全部试验力瞬间开始测量和记录试验数据。试验过程中应确保试验温度和载荷恒定。试验过程中应记录温度及受力状态的异常现象及处理情况。

4. 设备核心部件及主要参数

持久蠕变试验机的核心部件主要包括:

1）主机。主要部件有力值传感器,力值传感器的量程和精度应满足试验要求。试样两端的夹持装置同轴度 ≤10%。

2）变形测量系统。引伸杆应能承受 1000℃ 以下的高温,变形测量系统的误差 ≤0.1%。

3）高温炉。高温炉应能满足试验温度的需求,一般工作温度范围为 300~1200℃;温度控制波动 ≤±2℃。炉膛内径尺寸应不影响装夹试样。

5. 使用及维护保养的关键点

1）手动操作拉杠杆摆动时,尽可能不要超过标尺刻度范围。加卸砝码时应轻拿轻放,避免撞击磕碰,防止掉落伤人。

2）高温炉转到工作位置和转出时不要碰到立柱上,位置调好后上下炉口不得与拉杆和引伸杆相碰。

3）当试验遇到紧急情况时,可立即按下红色的急停按键,使拉杆立即停止运动。

4）应经常保持试验机清洁,台面及两根立柱保持干燥,立柱上涂防锈油,防止生锈。

11.5.6 横向振动试验机

1. 设备应用范围

紧固件横向振动试验机是用来检测螺纹紧固件的预紧力、横向位移和横向振动周期的变化，以此来分析螺纹紧固件在一定频率和振幅的横向动态载荷下的自锁性能（防松性能）。横向振动试验机可以测试不同的螺纹紧固件组合（自锁螺母、涂胶螺栓、Nord Lock 垫片、弹垫、特殊防松螺母等）的防松性能，以便选择最优的紧固连接组合。试验方法参照 GB/T 10431—2008《紧固件横向振动试验方法》。

2. 结构与测试原理

横向振动试验机结构如图 11-50 所示，由可调节振幅的驱动装置、横向力测量系统、轴向预紧力测量系统、位移测量系统、控制柜、控制测量软件、各种规格的螺栓测试用夹具和螺母测试用夹具等部分组成。

将被测试紧固件按轴向力要求拧紧在试验机上，借助于试验机在被夹紧两金属板之间产生的交变横向位移，使连接松动，导致夹紧力减小甚至完全丧失。根据设定的测试参数条件，试验机系统将记录并分析紧固件夹紧力（轴力）、螺纹力矩、恒定振幅、水平推力的变化。通过相关试

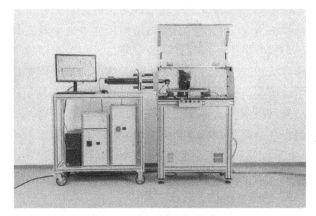

图 11-50 紧固件横向振动试验机

验曲线，可以分析出螺栓/螺母在振动环境下的自锁性能（防松性能）和各项技术指标。在试验过程中，轴向力减小的速度越慢，防松性能越好；反之，轴向力减小的速度越快，防松性能越差。

3. 试验步骤

紧固件横向振动试验按 GB/T 10431—2008 标准进行测试，具体试验步骤如下：

1）试样准备。从待试验的样品中随机抽取一些紧固件，不需进行任何加工，保持试件表面清洁。

2）检查试验机各驱动系统、传感器等的连接、装配正确无误。

3）将被测试样件装夹在试验夹具上，用扭力扳手或自动拧紧机拧紧到预定的力矩或轴向力，记录拧紧力矩和轴向力。

4）开始试验测试。观察试验曲线及参数，待轴向力丧失到预定数值或达到一定振动次数时停机，试验过程中连续记录轴向力及振动次数。

5）根据试验记录曲线分析连接件的防松性能结果。

4. 主要技术指标

1）振动频率：0~20Hz 可任意设定。

2）振幅：-2~2mm 可任意设定。

3）试验振动时间任意设定，需防止试验时间过长，造成连接件发热严重，影响试验结果。

4）预紧轴向力按实际要求拧紧，或参照 GB/T 10431—2008 标准中附录 B 的设定。

5）紧固件测试规格范围：M6~M16（不同的试验机规格有区别）。

6）水平推力（横向载荷）测试范围：0~50kN（不同的试验机规格有区别）。

5. 使用及维护保养的关键点

装夹试件时，应在螺纹及支承面上添加润滑剂，以免产生划伤螺纹和支承面或因摩擦热产生咬死现象，影响试验结果的准确性。试验频率按实际使用频率或试验要求确定，如果不能确定，推荐采用 12.5Hz。试验预夹紧力按试验要求或试件的工作夹紧力确定。

试验时应注意螺栓夹持部件的温度，防止部件温度过高。日常使用应保持设备运动机构部件的润滑，检查部件连接固定螺栓是否松动。试验后及时清理试验台上的碎屑。

11.5.7 力学试验工装及附件

紧固件力学试验的某些试验设备功能较多，配合合适的试验工装及附件，可实现多种不同的试验项目。例如，万能试验机可实现各种板材、棒料、线材、零件等的拉伸试验，和板材的弯曲性能试验；疲劳试验机配合合适的试验夹具，可实现标准试样的疲劳试验，配合其他特殊设计的试验夹具，可实现某些零部件的疲劳试验；冲击试验机、横向振动试验机和持久蠕变试验机的试验工装形式相对固定，相关的试验标准对试样的尺寸也有明确要求。

拉伸试验机和疲劳试验机都是通过夹具夹持试样并对试样施加载荷，夹具所能承受的最大试验力是很重要的指标。它决定了夹具结构尺寸的大小及夹具操作的难易程度。拉伸试验机夹具在结构上没有固定的形式，根据不同的试样及试验力大小，在结构上差别较大，主要有气动楔形块式夹具、液压平推式夹具以及螺纹连接式夹具等。夹具的设计主要依据材料的试验标准、试样的形状及材质。

试验夹具一般要满足以下三点要求：①夹具使用方便、安全；②夹持连接可靠，试验中不能打滑；③试验过程中，试样断裂处离夹具加持位置较远，试验数据离散性小。制造夹具的材料一般选用优质合金钢、合金高碳钢（或低碳合金钢）、冷作模具钢等，通过适当的热处理工艺（调质处理、渗碳淬火等），增加其强度、耐磨性。

下面列举一些拉伸试验机和疲劳试验机的工装及附件，可供参考。

1. 拉伸试验机工装及附件

（1）拉伸试验工装及附件

1）平面型试样夹具：夹持试样的接触面是平面且带有滚花的纹路，防止试样在拉伸过程中打滑，并配有保证试样对中的附件，如图 11-51 所示。

2）圆棒型试验夹具：该试验工装中间有 V 形槽，可保证试样的对中性；表面有锯齿状纹路，防止试样拉伸过程中打滑，如图 11-52 所示。

a) 平面型液压夹持夹具(带滚花纹路)　　b) 夹持试样进行拉伸试验

图 11-51　平面型试样夹具

a) 圆棒型液压夹持夹具(带纹路)　　b) 夹持试样进行拉伸试验

图 11-52　圆棒型试样夹具

螺纹紧固件拉伸试验夹具的形式、种类较多，图 11-53 所示为一种螺纹紧固件拉伸试验夹具，采用带法兰面的凸台夹具，可根据螺栓规格大小进行更换，以满足不同规格的螺栓拉伸试验需求。

（2）压缩试验及弯曲试验工装

压缩试验夹具主要用于钢铁材料、型材、塑料等各种材料的压缩性能测试。夹具类型主要为平面结构夹具，如图 11-54 所示。

弯曲试验主要用来检验材料在经受弯曲载荷作用时的力学性能。三点折弯试验夹具如图 11-55 所示。

2. 疲劳试验机工装及附件

疲劳试验工装根据试验机的不同，有液压夹持式的，也有机械、螺纹连接夹持式的。液压夹持夹具主要用来夹持圆柱型和平板型试样。零部件疲劳试验需根据零件试验目的、形状结构等要求，专门设计相应的试验夹具。

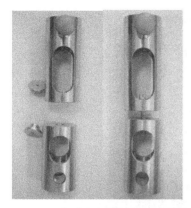

图 11-53　螺纹紧固件拉伸试验夹具

图 11-54　压缩试验夹具

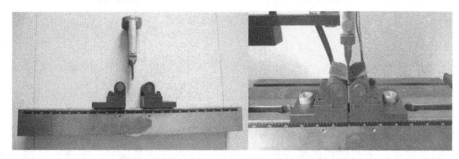

图 11-55　三点折弯试验夹具

1）试样的疲劳试验夹具如图 11-56 所示。

a）机械螺纹连接式夹具　　b）液压夹持夹具

图 11-56　试样的疲劳试验夹具

2）零部件的疲劳试验夹具如图 11-57 所示。零部件的疲劳试验工装需根据试验机结构、试验目的、加载方式等要求，设计相应的试验夹具。图 11-57 中列举了一些常见的零部件疲劳试验夹具。

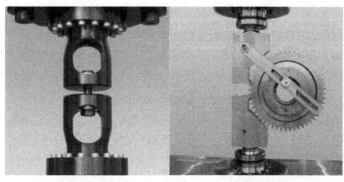

a）螺栓疲劳试验夹具　　b）齿轮疲劳试验夹具

图 11-57　零部件的疲劳试验夹具

c) 缺口试样疲劳试验夹具　　　　　d) 连杆疲劳试验夹具

图 11-57　零部件的疲劳试验夹具（续）

11.6　金相分析设备

金相试样的制备包括取样和试样被检验表面的加工两个过程。每次金相检验都有特定的检验目的，合理取样才能保证被检验对象具有充分的代表性；正确和高质量地选择制样设备，才能保证显微组织的恰当显示及观察的真实性。金相试样的制备过程，通常包含：取样及编号—镶嵌—研磨—抛光—组织显示五道工序。由于检验的目的和对象不同，试样制备选用的设备和方法、工序也不完全相同。

11.6.1　金相制样设备

金相制样设备包括取样设备、镶嵌设备、磨抛设备等，如图 11-58～图 11-60 所示。

图 11-58　金相切割机　　　　图 11-59　金相镶嵌机　　　　图 11-60　金相磨抛机

1. 取样设备

金相试样的截取方向、部位及数量应根据金属制造的方法、检验的目的、技术条件或双方协议的规定，选择有代表性的部位进行截取。一般选用手锯、砂轮切割机、显微切片机、化学切割装置、电火花切割机等工具，通过剪切、锯、刨、车、铣等方式截取，必要时可先用气割法截取然后再加工。硬而脆的金属可以用锤击法取样。不论使用哪种工具，均应注意不能使试样变形或受热导致组织发生变化。对于使用高温切割的试样，必须除去热影响部分。检验非金属夹杂物的变形情况、晶粒畸变程度、塑性变形程度、变形后的组织形貌、热处理组织的全面情况一般选用纵向试样，沿着钢材的锻轧方向取样；研究金属从表层到中心的组织、显微组织状态、晶粒度级别、碳化物网、表层缺陷深度、氧化层深度、脱碳层深度、腐蚀层深度、表面化学处理及涂镀层厚度等一般选用横向试样，即垂直于钢材锻轧方法取样量。截取缺陷分析试样应尽量避免使用高温切割方法，并且必须包括零件的缺陷部分，如断裂时的断口或裂纹的横截面以观察裂纹的深度及周围组织的变化情况，取样时尽量避免缺陷处在磨制时损伤或消失。

2. 镶嵌设备

在进行试样的制备过程中，许多小试样直接磨抛有困难，应进行镶嵌，方便磨抛并提高工作效率及结果的准确性。通常形状不规则的试件、线材及板材、细小工件、表面涂镀层工件、表面脱碳材料等，应镶嵌后进行磨抛、观测。

样品镶嵌一般使用机械镶嵌法或树脂镶嵌法。机械镶嵌法是将试样放在钢圈或小钢板中用螺钉或垫块固定，操作简便，适合于镶嵌形状规则的试样。树脂镶嵌法一般是利用树脂镶嵌小试样，将任何形状的试样镶嵌成一定尺寸的试样，一般采用热压和浇注两种传动方法镶嵌试样。热压法是将聚氯乙烯、聚苯乙烯或电木粉加热至一定温度并施加一定压力、保温一段时间后将镶嵌材料与试样牢固地粘合在一起，然后研磨抛光，使用专业的热镶嵌机完成。淬火刚和软金属的金相组织对温度和压力较敏感，一般采用冷法镶嵌，即浇注法，通常采用环氧树脂、乙二胺、增塑剂按照一定比例配合后注入金属或塑料圈内，2~3h后凝固脱模。浇注法也适用于不允许加热的试样、熔点低的金属、形状复杂的试样、多孔试样等各种类型的试样。

3. 磨抛设备

金相试样经切割和镶嵌后一般需要进行一系列的研磨工作，才能得到光亮的磨面，用于夹杂物分析或侵蚀后金相检验。磨抛过程一般分为粗磨、细磨、抛光三个步骤。试样截取或镶嵌后先用砂轮机进行粗磨，即磨平，一般采用低转速落地砂轮机进行。磨料粒度的粗细对试样表面粗糙度和磨削效率有一定影响。粗磨时，还必须蘸水冷却，或者采用可以自动加水冷却的砂轮机磨制试样，防止试样组织变化。试样经粗磨后表面还存在较深的磨痕及表面加工变形层，需要使用从粗到细的不同金相砂纸进行磨制，把磨痕逐渐减轻，为抛光做好准备。采用磨料为碳化硅和氧化铝的金相砂纸进行细磨，先采用280号、500号水砂纸，然后使用0号、01号、02号、03号金相砂纸磨光，每次更换砂纸，样品需旋转90°，并将前一道磨痕彻底去除。

细磨后的试样需经过抛光去除表面的细微磨痕及表面变形层，使磨面成为无划痕的光滑镜面，可采用机械抛光和电解抛光、化学抛光的方式进行。

机械抛光主要采用抛光机，抛光机由电动机带动抛光盘，一般不允许有可感觉到的径向跳动和轴向跳动，并且要求抛光盘使用平稳，无噪声和异响。一般选用含有氧化铬、氧化铝、氧化铁、氧化镁的悬浮液或含有金刚石的研磨膏作为磨料；选用帆布作为粗抛织物，海军呢、丝绒、丝绸作为细抛织物，在抛光过程中利用织物间隙贮存和支撑抛光剂。抛光过程中在抛光机上施加先重后轻的均匀抛光压力，确保样品抛光得到正常平面。

电解抛光使用低压直流电源进行，需要在电路中配备电流表和电压表，如图11-61所示。用不锈钢作为阴极，被抛光的试样作为阳极，容器中盛放电解液，接通电流后，试样中金属原子在溶液中溶解，在一定电解条件下，试样表面的微凸部分溶解比凹陷处快，从而得到平坦光滑的抛光面。电解抛光速度快，一般试样经过0号砂纸磨光后即可进行。硬度低的金属或单相合金、极易变形的合金如奥氏体不锈钢、高锰钢特别适用于电解抛光，但不适用于偏析严重的金属材料、铸铁及夹杂物检验试样。电解抛光

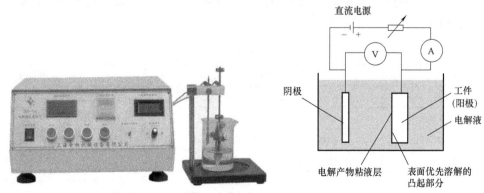

图 11-61　电解抛光设备及原理

时先接通电源，然后夹持试样，将试样放入电解液中后立即调整至额定抛光电流，充分搅拌并冷却或加热电解液，抛光完毕后先取出试样后切断电源，然后用蒸馏水清洗试样吹干。常用电解抛光液和规范见表 11-10。

表 11-10 常用的电解抛光液和规范

抛光液名称	成分		规范	用途
高氯酸-乙醇水溶液	乙醇 水 高氯酸(30%)	800mL 140mL 60mL	30~60V 15~60s	碳钢、合金钢
高氯酸-甘油溶液	乙醇 甘油 高氯酸(30%)	700mL 100mL 200mL	15~50V 15~60s	高合金钢、高速钢、不锈钢
高氯酸-乙醇溶液	乙醇 高氯酸(30%)	800mL 200mL	35~80V 15~60s	不锈钢、耐热钢
铬酸水溶液	水 铬酸	830mL 620mL	1.5~9V 2~9min	不锈钢、耐热钢
磷酸水溶液	水 磷酸	300mL 700mL	1.5~2V 5~15s	铜及铜合金
磷酸-乙醇溶液	水 乙醇 磷酸	200mL 380mL 400mL	25~30V 4~6s	铝、镁、银合金

化学抛光是将试样浸在适当的溶液中进行表面抛光的方法。试样用 500 号或 600 号碳化硅砂纸磨光后清洗干净，放在配制好的抛光液中，摆动试样或用脱脂棉蘸取溶液擦拭表面，几秒钟或几分钟后即可得到无变形的抛光表面。化学抛光时有化学侵蚀作用，不适用于夹杂物分析，但是可同时显示组织，不许再进行组织侵蚀，减少了制样时间。

传统手工磨抛样品耗时较长，目前现代实验室一般选用全自动设备进行金相试样的粗磨细磨和机械抛光。设备具有多个抛光盘，将不同粒度的砂纸及织物放在抛光盘中，预先设定磨抛程序及各项参数，设备在计算机控制下完成粗磨、细磨、抛光、清洗、干燥的所有工序。

4. 侵蚀设备

在合金组织中，由于各相组成物的硬度差别较大或由于本身色泽显著不同，抛光状态下可以在显微镜下分辨其组织。但是大部分显微组织需要经不同的侵蚀才能显示出各种组织，常用的方法是化学侵蚀法和电解侵蚀法。化学侵蚀法不使用特种设备，根据金属相的不同选择合适的化学侵蚀剂，借助于化学作用或电化学作用显示金属的金相组织。对于极高化学稳定性的合金，单纯的化学试剂无法清晰地显示其组织，如不锈钢、耐热钢、热电耦材料等。电解侵蚀设备的工作原理和电解抛光类似，但是使用不同的侵蚀剂，在电解抛光开始试样产生侵蚀现象，这一阶段正好是电解侵蚀的工作范围，由于各相之间和晶粒之间的析出电位不一致，在微弱电流的作用下各相的侵蚀深度不一致，从而显示各相的组织。常用金相化学和电解侵蚀剂见表 11-11、表 11-12。

表 11-11 常用金相化学侵蚀剂

侵蚀剂名称	成分	适用范围
硝酸酒精溶液	硝酸 1~5mL、酒精 100mL	淬火马氏体、珠光体、铸铁等
苦味酸酒精溶液	苦味酸 4g、酒精 100mL	珠光体、马氏体、贝氏体、渗碳体
盐酸、苦味酸酒精溶液	盐酸 5mL、苦味酸 1g、酒精 100mL	回火马氏体及奥氏体晶粒
盐酸、硝酸溶液	盐酸 10mL、硝酸 3mL、酒精 100mL	高速钢回火后晶粒、氮化层、碳化层
氯化铁、盐酸水溶液	氯化铁 5g、盐酸 50mL、水 100mL	奥氏体-铁素体不锈钢、奥氏体不锈钢
混合酸甘油溶液	硝酸 10mL、盐酸 20mL、甘油 30mL	奥氏体不锈钢、高 Cr-Ni 耐热钢

(续)

侵蚀剂名称	成分	适用范围
氯化铁、盐酸溶液	氯化铁 5g、盐酸 15mL、水 100mL	纯铜、黄铜及其他合金
过硫酸铵溶液	过硫酸铵 10g、水 100mL	纯铜、黄铜及其他合金
氢氧化钠溶液	氢氧化钠 1g、水 100mL	铝及铝合金
硫酸铜盐酸溶液	硫酸铜 5g、盐酸 50mL、水 50mL	高温合金
赤血盐-氢氧化钠溶液	赤血盐 5g、氢氧化钠 5g、水 100mL	碳化钛镀层

表 11-12 常用电解侵蚀剂

电解液成分	规范			适用范围
	电流密度/(A/cm^2)	时间/s	阴极	
硫酸亚铁 3g 硫酸铁 0.1g 水 100mL	0.1~0.2	30~60	不锈钢	中碳钢、高合金钢、铸铁
铁氰化钾 10g 水 100mL	0.2~0.3	40~80	不锈钢	高速钢
草酸 10g 水 100mL	0.1~0.3	40~60	铂	耐热钢、不锈钢
三氧化铬 10g 水 90mL	0.2~0.3	30~70	不锈钢	高合金钢、高速钢
三氧化铬 1g 水 100mL	6	3~5	铝	铜合金
氟硼酸 1.8mL 水 100mL	30~45	20	铝	铝合金
氢氧化钾 10g 水 90mL	4	20	不锈钢	不锈钢

11.6.2 金相显微镜

随着科学事业的发展，人们迫切希望得到观察微观世界的工具，而人类肉眼对物体的分辨力仅为 0.1mm，显微镜的发明突破了人类的生理极限，可以将视觉延伸到肉眼无法看到的微观世界中。用于医学、生物学的透射照明显微镜一般称为生物显微镜；对观察不透明金属物体的反射照明显微镜一般称为金相显微镜。在显微镜发明前人类通过各种方法来研究金属与合金的性质、性能与组织、组成之间的关系，以便找到判断金属与合金的质量和制造新型合金的方法。只有在金相显微镜问世之后，才具备深入研究金属材料的条件，观察金属材料的内部组织，即金相结构，发现了金属宏观性能与金相组织形态的关系。随着科学技术的发展，金相显微镜的质量得到了很大提高，扩大了使用功能，如明场、暗场、偏光、相衬、微分干涉、显微硬度及智能图像分析的应用，使观察组织以各种形式展现，图像清晰，衬度及分辨率进一步提高，并由定性分析发展到一定程度的定量分析。金相显微镜的类型较多，按其形式可分为正置式（试样观察面向上）和倒置式（试样观察面向下）两种，如图 11-62、图 11-63 所示。按其外形分为台式、立式和卧式三种；按性能用途可分为普通型、实验室型和研究型三种。

1. 设备应用范围

金相显微镜主要是通过对组织形貌的检查来分析钢材的组织与其化学成分的关系，可以确定各类钢材通过不一样的加工和热处理后的显微组织，以此来判断钢材质量的好坏，如各类型的钢材夹杂物（氧化物、硫化物等）在组织中的分布情况和数量以及金属晶粒度的大小等。

（1）钢材组织及相的研究

浸蚀处理后的检测样品，可以利用金相显微镜观测到钢材的亚显微组织情况。大多数情况下，晶界

图 11-62　正置式金相显微镜

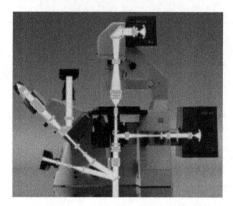

图 11-63　倒置式金相显微镜

处被漫反射而不能进入物镜，因此晶界大多数情况呈现为黑色。被晶界分割的即为钢材的组织结构，可以依靠检测结果对钢材进行定性分析，主要包括：材料的组织形貌、晶粒大小、非金属杂质（氧化物、硫化物等）在组织中的含量和分布情况；材料的组织结构与其化学成分之间的关系；可以确定各类材料经不同加工工艺处理后的显微组织；可以判别材料质量的优劣等。例如，可锻铸铁为退火态，石墨是黑色团絮状组织，类似棉絮，外形较为规则；没有进行浸蚀，基体显示为白色。检测样品是白口铸铁生坯，通过退火的固态石墨化处理，使一次、二次、三次渗碳体经过充分的石墨化而得，在金相显微镜下石墨是黑色片状组织，因为没有对其进行浸蚀，故基本未显示，呈白色，石墨主要以单独的片状散布在基体上，主要是分开的，相互间不发生关联，片状石墨长度不尽相同，其性能也具有差异。

（2）钢材杂质的分析

采用金相显微镜对杂质分析大多是是定量分析，采用明视场来对杂质的颜色、形态、大小和分布进行观察；采用暗视场来对杂质的固有色彩与透明度进行观察；利用偏振光正交下的各种光学性质对杂质进行观察，进而对杂质的类型进行判断。大多数情况下硅酸盐单独呈现的是孤粒形状分布，氧化铝、氧化亚铁和氢氧化锰等氧化物聚集成群呈现串状分布，而硫化亚铁及硫化亚铁、氧化亚铁则是沿晶界分布。

（3）偏光显微镜的相差分析

在钢材组织中，有时会碰到反射光的性能相同或者相近，表面高低只有很小的组织。两种组织表面当入射光波射到其上经过反射后，这两种的振幅基本相同，但其周相差。这种振幅相同但是周相差的反射光，肉眼很难分辨。解决方法就是采用环形光光阑和相板，利用透过光线体现或滞后 1/4 的波长，从而产生正或者负的相差，就是将周相差的光转变为强度差的光，进而提高辨别能力。

由于其用途广泛，目前对金相显微镜的研究较深入，整体理论及制造工艺较成熟，相对其他材料分析设备其价格较低，且具有分辨率高、使用不同滤光器后观测范围大等优点。因其自身的特性，金相显微镜也有不少缺点，主要包括：景深比较浅，对清晰度有影响，可能遗漏分析的重点部位；观察距离短，因此在将目标放上载物台前必须先对目标进行处理；有大量的调整点，因此用户必须接受培训才能使用，长时间使用目镜会造成视觉疲劳。

2. 设备工作原理

显微镜由两块透镜（目镜和物镜）组成，如图 11-64、图 11-65 所示，并借助物镜、目镜二次放大的方法，使物体镜像达到较高的放大倍数。物镜将位于焦点下侧的物体放大成一个倒置的实像，当用目镜观察时，目镜重新将其放大成与实际方向一致的虚像，即在目镜中看到的像。根据几何光学定律，显微镜的放大倍数是物镜的放大倍数与目镜放大倍数的乘积。

显微镜的放大率与物镜和目镜的焦距乘积成反比。高倍时，物体与物镜靠得很近，因而射到物镜上的光束不是进轴光束而是扩散的光束，为使显示图像清晰，物镜一般由数个透镜组成。每台显微镜配若干套目镜和物镜，以便得到不同的放大倍数。物镜对样品进行第一次放大、目镜再对像进行二次放大。

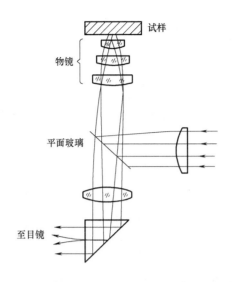

图 11-64 平面玻璃反射光路行程

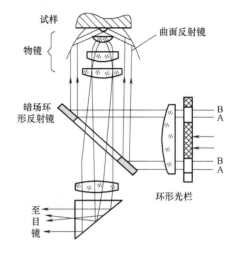

图 11-65 暗视场光路行程

目镜只是对像进行放大，不会提高分辨率，分辨率由物镜决定而与目镜无关，所以不能单纯地提高目镜来提高放大倍数，不然会造成空放大。显微镜的分辨率公式为 $R_e = 0.61\lambda/\mathrm{NA}$，其中 NA 为物镜数值孔径，$\lambda$ 为入射光波长。

要观察到微小的物体，要满足以下三个前提条件：

1) 放大：为了使眼睛看清微小的物体，就需要把微小的物体放大到合适的尺寸。
2) 分辨率：放大的图像中的细微结构还要能辨别清楚。
3) 对比度：放大的、能辨别细微结构的图像还要和背景区分开才能看清楚。

只有这三个条件都满足的时候，才能使物体成的像更精确地反映物体的信息，如图 11-66~图 11-68 所示。

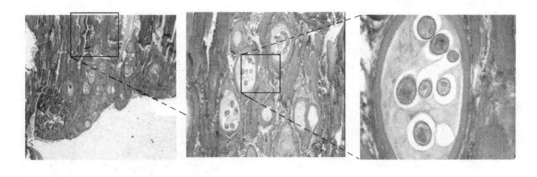

图 11-66 放大

图 11-67 分辨率

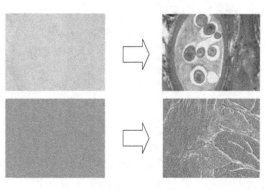

图 11-68 对比度

3. 操作步骤

不同金相显微镜的操作步骤不同,下面以某型号倒置式金相显微镜为例进行说明:

1) 打开电源开关,调节光强调节旋钮至合适的光照强度。

2) 将被观察样品放置到平台上,将样品移动至物镜的正上方。

3) 选择观察路径,通过观察/摄像选择拉杆来设置;将10×物镜旋入光路,慢慢旋转粗调焦手轮升高工作台,同时观察目镜视场,直至目镜视场内出现样品的图像轮廓为止;再用微调焦手轮对标本进行调焦,直至成像清晰;旋转力矩调节环至粗调节手轮力矩使用舒服。

4) 调节镜筒使之适应眼睛瞳距和视度:通过目镜观察,调节观察筒直至左右视场图像完全一致;右目镜筒对样品调焦直至成像清晰;用左目镜筒的视度调节圈对左眼调焦直至成像清楚。

5) 调节视场光阑:轻轻拉出显微镜镜架左侧的视场光阑拉杆,稍稍减少光阑孔径;转动显微镜镜架上的两个视场对中旋钮,将视场光阑图像调节到视场中心;推进视场光阑的同时,开大视场光阑,直至光阑图像和视场的周边内接,如图像不能准确对中,重新对中;开大视场光阑,直至光阑直径约大于视场。

6) 调整孔径光阑:卸下目镜,从目镜筒中观察物镜出瞳面,同时拉出孔径光阑拉杆,将孔径光阑在物镜出瞳面上的像缩小到物镜出瞳的70%大小;反射光明场观察时,将孔径光阑设置在物镜数值孔径的70%~80%,此时最有利于观察。

7) 观察成象清晰的显微组织,并对照技术标准进行金相组织检查和组织级别评定;打开图像分析软件进行相应的图像操作处理。

8) 试验完毕后,关闭电源。

4. 设备核心部件

普通金相显微镜多为台式,它具有体积小、质量轻、方便移动等优点,主有直立光程和倒立光程两种。普通金相显微镜由以下四部分组成:镜筒,上接目镜,下配物镜;镜体,包括座架及调焦装置;光学系统,包括照明系统(一般为钨丝灯泡光源)、灯座及垂直照明器;试样台;有的还配有摄影附件。金相显微镜结构如图11-69所示。

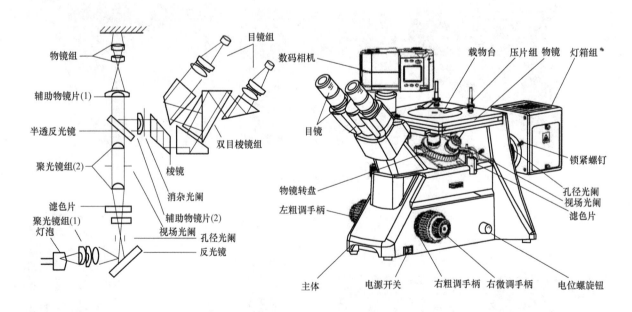

图 11-69 金相显微镜结构

1) 物镜:物镜是显微镜最主要的部件,它由许多类的玻璃制成的不同形状的透镜组构成。位于物镜最前端的平凸透镜称为前透镜,其作用是放大,其以下的其他透镜均是校正透镜,用于校正前透镜所引起的各种光学缺陷(如色差、相差、像弯曲等)。物镜按其所接触的介质可分为干系(介质是空气)、湿系或油浸系（其介质是高折射率液体）。油浸系物镜外面金属壳上一般用文字或符号表示，外壳涂一层黑圈或标有 OiL、OL、HI、OI 等。按照光学性能分类，物镜可分为消色差、平面消色差、复消色差、平面复消色差、半复消色差物镜以及供特殊用途的显微硬度物镜、相衬物镜、球面及非球面反射物镜等。这些物镜的功能主要是尽可能消除物镜的各种光学缺陷及适应在特殊条件下工作。

2）目镜：目镜主要是用来对物镜已放大的图像进行再次放大，一般分为普通目镜、校正目镜和投影目镜等。普通目镜由两块平凸透镜构成，两个透镜中间、目透镜的前交叉点处安置一个光圈限制显微镜的视场（限制边缘的光线）。校正目镜（或补偿目镜）具有过度的校正色差作用，以补偿物镜的残余色差，还可以补偿物镜引起的光学缺陷，一般与复消色差和半消色差物镜配合使用。投影目镜专门供照相时使用，用来消除物镜造成的曲面像，目前大多连接有计算机处理系统。

3）照明系统：金相显微镜主要有两种观察物体的方法：45°平面玻璃反射和棱镜全反射。两种方法都是为了能使光线进行垂直转向并透射到物体上，这种结构被称为垂直照明器。在金相检验工作中照明方式一般分为明场照明和暗场照明两种。明场照明是金相分析中最常用的照明方式，垂直照明器将来自光源的水平方向光线转成垂直方向光线，再用物镜将垂直或近似垂直的光线照射到金相试样平面；试样表面反射后的光线垂直通过物镜给予放大，最后由目镜二次放大；如果试样是一个镜面，最后投影是明亮一片，试样组织以黑色映像衬映在明亮的视域中，因此称为明视场照明。暗场照明的光线经聚光镜获得平行光束，经环形光栏或遮光反射镜后变成反射环形光束，再由暗场环形反射镜垂直反射到试样表面；当试样表面为镜面时，射到物体上的光线以极大的倾角反射回来，不透过物镜，目镜内一片黑暗；如果试样表面有凸凹不平的显微组织或夹杂物时造成光线的漫反射，部分漫反射光线透过物镜，使黑暗的背景上显示出明亮的图像，因此称为暗视场照明。

4）光阑：在金相显微镜的光学系统中一般装有两个光阑，靠近光源的叫孔径光阑；另一个叫视场光阑。光阑的作用是改善系统成像质量，决定通过的光通量和拦截系统中的杂散光。

孔径光阑是位于光源聚光透镜前的可变光阑，可以控制入射光束的粗细，以改变物镜的数值孔径，所以又名孔径光阑。孔径光阑缩小时进入物镜的光锥角减少，仅物镜的中心部分起放大作用，物镜的鉴别能力降低，影响细微组织的分辨。孔径光阑开启过大会降低物像的衬度。视域光阑处在孔径光阑之后，经光学系统后造像于金相磨面上。因此，调节视场光阑能改变观察视场的大小而不影响物镜的分辨率，视场光阑还能减少镜筒内部的反射和眩光，增加影像衬度。

5）滤色片：滤色片的作用是吸收光源发出的白色光中不需要的部分，只让一定波长的光线通过，以得到一定色彩的光线，从而得到能明显表达各种组成物的金相图片。使用滤色片可以增加映像衬度或提高某些彩色组织细微部分的分辨率，校正残余色差，提高分辨率。

5. 主要指标参数

金相显微镜主要用于直接观察或借助计算机工作站鉴别和分析金属内部结构组织，对它的技术指标要求一般有以下几点：

1）物镜倍数：5×、10×、20×、50×、100×，可选 1.25×、2.5×、150×。

2）目镜倍数：一般是 10×。

3）视场数：视场数是指目镜的视场光圈直径用 mm 表示的值，能够观察的样品表面范围由视场数决定，一般选择 20、22 或其他尺寸。

4）物镜转盘：一般物镜直接装在物镜转盘上，方便分析测试中转变放大倍数，一般为 5 孔。

5）观察功能：明场、暗场、简易偏光、微分干涉。

6）可扩展性：目前大多金相显微镜均可配图像分析系统（数码相机、摄像头、图像分析软件等）。

6. 使用及维护保养的关键点

操作者必须充分了解仪器设备的结构原理、使用方法，严守操作规程；操作时双手应干净，试样的观测表面应用酒精清洗干净后吹干；显微镜的镜头应轻拿轻放，不用的镜头应随时入盒，不可用手或其他异物接触镜头；调整焦距时应先轻轻转动粗调，使物镜和观测面尽量接近，然后从目镜对焦，转动微调至图像清晰，调节中必须避免物镜和样品观测面碰撞；显微镜使用完毕后及时将物镜、目镜拆下放入镜头盒并切断电源。

显微镜日常维修需注意以下几点：显微镜的工作地点必须干燥、少尘、少振动，不应该放在阴暗潮湿的地方，还要避免阳光直射；不宜靠近挥发性、腐蚀性的化学试剂，避免腐蚀风险；显微镜工作时样品上的残留液体、油污必须预先去除；物镜、目镜一般储存在干燥器中，如有灰尘可用吹风球吹去然后用手擦镜纸揩净；阴暗潮湿的空气可能导致显微镜生锈、发霉，设备应注意防潮；机械部分不可随意拆卸，经常按照要求加润滑油脂。

光学系统清洁的原则是能不擦的就不要擦，原因是现在的光学系统表面一般情况下都会有镀膜，经常用力擦拭会破坏膜结构，造成系统光学性能下降。清洁顺序应该是先用吹风球吹，再使用软毛刷清洁；如果有必要，再使用清洁液擦拭。

11.6.3 体视显微镜

体视显微镜又称"实体显微镜"或"立体显微镜"，是一种具有正像立体感的显微镜，被广泛地应用于材料宏观表面观察、失效分析、断口分析等工业领域。

体视显微镜是一种具有正像立体感的目视仪器，它是从不同角度观察物体，使双眼引起立体感觉的双目显微镜，如图 11-70 所示。对观察体无需加工制作，直接放入镜头下配合照明即可观察，像是直立的，便于操作和解剖，视场直径大。

1. 设备应用范围

体式显微镜在各种研究和开发领域内运用，如材料检测领域的材料裂纹和缺陷，长工作距离可用于检测和观察元素或复合材料的组织结构、失效分析等；微电子技术领域内用于在高倍下检测集成电路，具有充足的工作距离；半导体检测领域用于芯片刻蚀后检测探针的布局和排序，保证一流的大景深 3D 成像；用于琉璃纤维技术的涂层检测；用于小型机械零部件的几何形态测定；用于微型透明

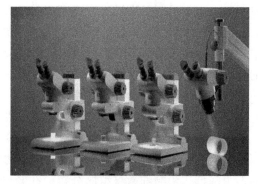

图 11-70 体视显微镜及光学原理

导体成像，保证高分辨率和完善的色差校正；用于文物修复中鉴定和处理颜料涂层；用于大样品上的颜料残留物分析、鉴定，以区分轻微的结构偏差和真实的色彩。

体式显微镜的主要优点包括：观察距离长，需要在样本操作的时候会有很好工作距离；通常使用变焦镜头，可轻松确定观察点；景深较高。但是相对扫描电镜和金相显微镜，其具有放大倍率相对较低、分辨率较低，往往需要配额外光源，以及部分观察功能无法在体式显微镜下使用等缺点。

2. 设备工作原理

体视显微镜是由一个共用的初级物镜，对物体成像后的两个光束被两组中间物镜（又称变焦镜）分开，并组成一定的角度（称为体视角，一般为 12°~15°），再经各自的目镜成像。它的倍率变化是由改变中间镜组之间的距离而获得，利用双通道光路，双目镜筒中的左右两光束不是平行，而是具有一定的夹角，为左右两眼提供一个具有立体感的图像。它实质上是两个单镜筒显微镜并列放置，两个镜筒的光轴构成相当于人们用双目观察一个物体时所形成的视角，以此形成三维空间的立体视觉图像。

3. 测试步骤

视场直径大、焦深大，这样便于观察被检测物体的全部层面；虽然放大率不如常规显微镜，但其工作距离很长；像是直立的，便于实际操作，这是由于在目镜下方的棱镜把像倒转过来的原因。根据实际的使用要求，目前的体视显微镜可选配丰富的附件，例如，若想得到更大的放大倍数可选配放大倍率更高的目镜和显微镜辅助物镜，可通过各种数码接口和数码相机、显微镜摄像头、电子目镜和图像分析软件组成数码成像系统接入计算机进行分析处理；照明系统也有反射光、透射光照明，光源有卤素灯、环

型 LED 灯、荧光灯、冷光源等。体视显微镜的原理和特点决定了它在工业生产和科学研究中的广泛应用。

体式显微镜使用时首先将显微镜置于一个对操作员舒适的工作平台，然后打开反射光（表面光），将试样放在显微镜底座上，将显微镜的变倍旋钮旋到最低倍数，通过调节升降组找到大致焦平面（最佳成像面）；调整目镜的观察瞳距，并调整目镜上的屈光度以找到最佳的焦平面；利用以上方法，逐渐旋大变倍旋钮的倍数，适当调节显微镜的升降组，逐渐找到最大倍数的焦平面，调节过程中，利用试样比较明显的参照点比对成像的清晰度；将变倍旋钮旋到最低倍数，也许成像会有一些失焦，此时不需再调节升降组进行对焦，只需调节两只目镜上面的屈光度至适应眼睛的观察（屈光度因人而异），此时，显微镜已经齐焦，即显微镜从高倍变到低倍，整个像都在焦距上，同样的试样不需要再调节显微镜的其他部件，只需要旋动变倍旋钮就可以轻松对试样进行变倍观察了。

4. 设备核心部件

体式显微镜大体可分为六大部分：主机架、物镜、目镜、镜筒、载物台、相机采集成像系统。

1) 主机架：用于支持整台显微镜及维持平稳，是整个体式显微镜的主体。

2) 物镜：由数组透镜组成，安装于转换器上，又称接物镜。观察过程中物镜的选择一般遵循由低到高的顺序，因为低倍镜的视野大，便于查找待检的具体部位，体式显微镜一般有1个或数个物镜，可通过旋转物镜或者转换变倍机体来实现不同放大倍数的观察。显微镜的放大倍数可粗略视为目镜放大倍数与物镜放大倍数的乘积。

3) 目镜：在目镜上方刻有放大倍数，如10×、20×等。按照视场的大小，目镜可分为普通目镜和广角目镜。有些显微镜的目镜上还附有视度调节机构，操作者可以对左右眼分别进行视度调整。另有照相目镜（NFK）可用于拍摄。

4) 镜筒：安装在镜臂先端的圆筒状结构，上连目镜，下连物镜转换器。体式显微镜有单镜筒或双镜筒。

5) 载物台：镜筒下方的平台，中央有一圆形的通光孔，用于放置载玻片。载物台上装有固定标本的弹簧夹，一侧有推进器，可移动标本的位置。有些推动器上还附有刻度，可直接计算标本移动的距离以及确定标本的位置。

6) 相机采集成像系统：为了能用计算机存储、处理和分析图像，首先需将图像数字化。CCD（电荷耦合器件）就是一种图像数字化设备。试样特征经过光学系统后在CCD上成像并由CCD实现光电转换和扫描，然后作为图像信号取出，由放大器进行放大，并量化成灰度级以后储存起来，从而得到数字图像。成像系统可以把灰度图像转化为只有黑、白两种灰度的二值图像，然后再对图像进行必要的处理，使计算机能方便对二值图像进行粒子计数、面积、周长测量等图像分析工作。若采用伪彩色处理，则可把256个灰度级转换成对应的彩色，使灰度很接近的细节和其周围环境或其他细节易于识别，从而改善图像，更利于计算机处理多特征物图像。

5. 主要指标参数

与金相显微镜一样，体式显微镜作为显微镜的一种，主要指标包括物镜放大倍数、目镜放大倍数、载物台大小等技术参数。

6. 使用及维护保养的关键点

（1）使用注意事项

体式显微镜属于精密设备，在使用过程中需重点注意环境条件的控制。

1) 湿度控制。如果室内潮湿，光学镜片就容易生霉、生雾，镜片一旦生霉，很难除去。为了防潮，存放显微镜时，除了选择干燥的房间外，存放地点也应离墙、离地、远离湿源，显微镜箱内应放置1~2袋硅胶作为干燥剂，在其颜色变粉红后，应及时烘烤，烘烤后再继续使用。

2) 防尘。光学元件表面落入灰尘，不仅影响光线通过，而且经光学系统放大后，会生成很大的污斑，影响观察，还会增加磨损，引起运动受阻，危害很大。因此，必须经常保持显微镜的清洁，不使用时及时套上防尘罩。

3）防腐蚀。腐蚀性液体和气体可能导致显微镜支架或其他部位的腐蚀，影响设备稳定性，所以显微镜不能和具有腐蚀性的化学试剂放在一起，如硫酸、盐酸、强碱等。

4）防热辐射。其主要目的是避免热胀冷缩引起镜片的开胶与脱落。

5）勿触碰尖锐的物品，防止破坏物镜，如铁钉、针等。

6）非相关人员不可随意动用以防损坏仪器。

（2）常见故障分析

体视显微镜因其所具备的众多优点在工农业和科研各部门有着广泛的应用，在使用中出现一些问题可根据实际情况自行解决。根据实际使用情况，常见的故障如下：

1）视场较模糊或有脏物：可能的原因有标本上有脏物、目镜表面有脏物、物镜表面有脏物、工作板表面有脏物。可根据实际情况采取清洁标本、目镜、物镜和工作板表面的脏物解决。

2）双像不重合：可能的原因是瞳距调节不正确，可采取修正瞳距的措施；双像不重合也可能是视度调节不正确，可采取重新进行视度调节；还有可能是左右目镜倍率不同，可检查目镜并重新安装相同倍率的目镜。

3）图像不清晰：可能是物镜表面有脏物，请清洁物镜；如果变焦时图像不清晰，有可能是视度调整不正确和调焦不正确，可重新进行视度调节和调焦。

4）发生灯泡经常烧掉和灯光闪烁不定的情况：可能是当地的线电压太高，电线连接不良，请仔细检查电压和显微镜的电线连接情况是否牢固；如不是则可能是灯泡快烧坏了，可重新更换灯泡解决。

11.7 失效分析设备

11.7.1 扫描电子显微镜

1. 设备应用范围

扫描电子显微镜简称为扫描电镜，英文全称为 Scanning Electron Microscope，缩写为 SEM。扫描电镜是一种无损分析技术，它使用电子束分析样品表面，分析尺度可至纳米级。扫描电镜可获得高分辨的高倍图像，广泛地应用于金属材料和非金属材料的检验和研究中。

扫描电镜可用于金属材料、陶瓷材料、半导体材料、化学材料等领域进行材料的微观形貌、组织观察，主要包括：材料断口分析和失效分析；材料实时微区成分分析；元素定量、定性成分分析；快速的多元素面扫描和线扫描分布测量；晶体、晶粒的相鉴定；晶粒尺寸、形状分析；晶体、晶粒取向测量等。检测设备如图11-71所示。

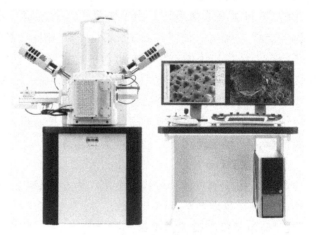

图 11-71 扫描电子显微镜

2. 设备工作原理

扫描电镜工作原理可以简单归纳为"光栅扫描，逐点成像"，成像原理如图 11-72 所示。由电子枪发射出来的电子束，在加速电压作用下，经过 2~3 个电磁透镜聚焦后，将电子束缩小成直径为 40~80Å 的高能电子束，在试样上扫描并轰击试样，从轰击区激发出各种物理信号，如二次电子、背散射电子、吸收电子、特征 X 射线、俄歇电子等，这些物理信号的强度随样品表面特征而变化。它们分别被相应的信号探测器收集，通过显示系统在显像管荧光屏上按强度描绘出来，这样就得到了一幅反映样品被轰击区各点状态的扫描电子显微图像。

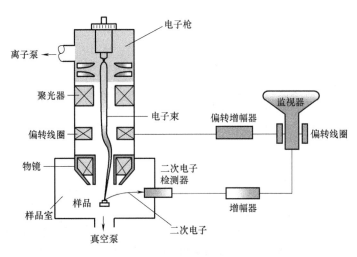

图 11-72 扫描电镜成像原理

3. 设备的核心部件

扫描电镜的结构主要包括电子光学系统、机械和真空系统。

（1）电子光学系统

1）电子枪：产生和加速电子，由电子枪发射的扫描电子束应具有较高的亮度和尽可能小的束斑直径。

2）电磁聚光镜：把电子枪的束斑逐级聚焦缩小，因照射到样品上的电子束光斑越小，其分辨率就愈高。

3）扫描线圈：使电子束偏转并在样品表面做有规则的扫描，电子束在样品上的扫描动作和在显像管上的扫描动作保持严格同步。

（2）机械和真空系统

1）信号探测器：接收样品在入射电子束作用下产生的各种物理信号。扫描电镜通常会装配能谱仪，用来对材料微区进行元素成分与含量的分析。若装配了电子背散射衍射（EBSD）附件，还可进行以下工作：材料织构和取向差分析；晶粒尺寸及形状分布分析；晶界、亚晶及孪晶界性质分析；应变和再结晶的分析；相签定及相比计算等。

2）样品室：样品室中有样品台和信号探测器，样品台除了能夹持一定尺寸的样品，还能使样品做平移、倾斜、转动等运动。

3）真空系统：为保证扫描电镜系统的正常工作，必须保证一定要求的真空度。

4. 设备的优点

1）样品制备方法简单。对金属和陶瓷等块状样品，只需将它们切割成大小合适的尺寸，用导电胶将其粘贴在电镜的样品座上即可直接进行观察。为防止假像的存在，在放试样前应先将试样用丙酮或酒精等进行清洗，必要时用超声波振荡器清洗。

2）有很高的放大倍数，从 20 倍~80 万倍之间连续可调，使宏观形貌与微观组织观察对应起来。

3）有很高的分辨率。由于超高真空技术的发展，场发射电子枪的应用得到普及，二次电子像分辨本领可达 1.0nm（场发射扫描电镜），钨灯丝扫描电镜可达 3.0nm。

4）有很大的景深，视野大，成像富有立体感，特别适用于金属断口分析。

5）配有 X 射线能谱仪装置，可以同时进行显微组织形貌的观察和微区化学成分分析。

6）装上半导体样品座附件，可以直接观察晶体管或集成电路的 p-n 结及器件失效部位的情况。

5. 操作要点

（1）样品准备

观察的样品表面需用酒精或煤油进行清洗，必要时采用超声波清洗掉断口表面污物，并吹干样品表面液体。

根据样品大小选择合适尺寸的样品托，用导电胶将样品粘在样品托上，使用样品高度计调节样品的高度，使得样品的上表面与样品高度计的下面尽量相平。对于不导电或导电性不好的样品，需要进行喷金或喷碳等导电处理。

(2) 操作过程

扫描电镜的主要操作步骤如下：启动 SEM 操作程序→放置、加载样品（确认样品尺寸及高度，样品不能为强磁性材料）→加高压及条件设定（设定样品尺寸，设定加速电压和发射电流，选择探测器类型）→调节电子光学系统（对中、聚焦、消像散）→观察样品表面（在低倍下寻找感兴趣的区域，然后调至合适的放大倍数观察和记录图像）→记录图像（捕捉、保存图像）→图像处理（加标注、保存等）→取出样品→刻录光盘→结束操作。

6. 日常维护

扫描电子显微镜属于大型贵重仪器，其日常系统维护有一定的要求，应由专人管理维护。各型号扫描电镜在日常使用及维护中应注意以下几点：

1) 电子枪的维护。扫描电镜电子枪是有寿命的，在试验结束后，应关闭电子枪，可延长电子枪的寿命。冷场发射扫描电镜电子枪需要定时短暂加热针尖至 2500K（此过程叫作 flashing），以去除所吸附的气体原子。

2) 物镜光阑的维护。扫描电镜物镜的光阑离样品最近，工作状态下光阑处于加热状态，在关掉光阑后需要冷却 30min 才可以关掉冷却循环水。光阑使用一段时间后容易结碳，影响成像的效果，此时要及时要打开样品室清洁光阑。现在有些高配置的仪器光阑有自清洁功能，省去了清洁光阑的繁琐。

3) 样品的制备要求。由于扫描电镜的高真空系统，样品进入交换室之前要仔细检查，确保没有易挥发的物质及未粘牢的粉末，破坏样品室的真空度。磁性样品不可进入样品室，以免破坏电磁透镜系统。样品的高度要严格控制，以防止碰坏样品室的光学部件。

4) 送样杆和交换室的清洁。扫描电镜送样杆和交换室在交换样品时经常暴露在大气中，容易受到灰尘的污染，降低真空密闭效果，因此要及时清结，以防把灰尘带到样品室的真空系统中污染光阑。

5) 机械泵的维护。经常检查扫描电镜机械泵的油液面，看其液面是否在窗口油位刻线的水平上，若在窗口油位刻线以下，应及时添加机械泵油，如果观察到机械泵窗口油颜色变深，应及时更换机械泵油。若机械泵出现故障要及时修理，并换上备用泵，以保证真空度。

6) 循环水的维护。定期检查扫描电镜循环水状况，水位低于警戒线，应及时添加纯净水。若循环水混浊变质，应及时更换循环水，防止循环系统堵塞和结垢，影响水循环系统的工作效率。

11.7.2 电子探针分析设备

1. 设备应用范围

电子探针 X 射线显微分析仪简称电子探针，英文全称为 Electron Probe Micro Analysis，缩写为 EPMA，是一种利用微细电子束作用样品后产生的特征 X 射线进行微区成分分析的仪器。电子探针主要由电子束照射系统（电子光学系统）、样品台、X 射线分光（色散）器、真空系统、计算机系统（仪器控制与数据处理）组成。

电子探针的光学系统、真空系统等部分与扫描电镜基本相同，通常也配有二次电子和背散射电子信号检测器，同时兼有组织形貌和微区成分分析两方面的功能。电子探针和扫描电镜的构造相似，通常组合成单一的仪器。电子探针的结构如图 11-73 所示。

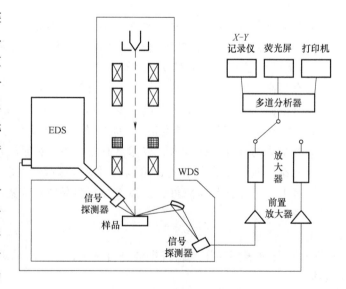

图 11-73 电子探针的结构示意

2. 设备工作原理

电子探针是利用 0.5~1μm 的高能电子束激发所分析的样品，激发出样品元素的特征 X 射线，分析特征 X 射线的波长（或能量）可知元素种类；分析特征 X 射线的强度可知元素的含量。其镜筒部分构造和 SEM 相同，检测部分使用 X 射线谱仪，用来检测 X 射线的特征波长（波长色散谱仪 WDS）和特征能量（能量色散谱仪 EDS），以此对微区进行化学成分分析。

电子探针利用极微细的电子束可以进行微米量级到厘米量级的区域分析，能将微区化学成分与显微结构对应起来，是一种显微结构的分析技术。电子探针所分析的元素范围一般从硼（B）到铀（U）。

电子探针是目前微区元素定量分析最准确的仪器，检测极限（能检测到的元素最低浓度）一般为 0.01%~0.05%，其相对误差通常小于 2%。

它一般在分析过程中不损坏试样，试样分析后，可以完好保存或继续进行其他方面的分析测试。电子探针与计算机联机，可以连续自动进行多种方法分析，分析速度快。

电子探针与扫描电镜的共同点是均可以得到二次电子像（SEI）、背散射电子像（BSEI），用于寻找分析区域。不同点在于：电子探针的 WDS（波谱仪）可以获得更低的检出限，且超轻元素（从 B 元素到 F 元素）定量分析准确度远高于扫描电镜上的 EDS（能谱仪）。这些特点使得电子探针可以应用在判定合金中析出相和固溶体的组成、测定金属及合金中各种元素的偏析、研究电镀等工艺过程形成的异种金属的结合状态、研究摩擦和磨损过程中的金属转移现象以及失效件表面的析出物或腐蚀产物的鉴别等方面。

3. 电子探针的分析要求

电子探针有四种基本分析方法：定点定性分析、线扫描分析、面扫描分析（得到成分面分布图像）和定点定量分析。准确的分析对试验条件有两大方面的要求：一是对样品有一定的要求，如良好的导电性、导热性、表面平整度等；二是对工作条件有一定的要求，如加速电压、计数率和计数时间、X 射线出射角等。

电子探针分析的试样要求如下：

1）试样尺寸。所分析的试样应为块状或颗粒状，其最大尺寸要根据不同仪器的试样架大小而定。定量分析的试样要均质，厚度通常应大于 5μm。如果试样均匀，在可能的条件下，试样应尽量小，特别是在分析不导电试样时，小试样能改善导电性和导热性能。

2）具有较好的导电和导热性能。金属材料一般都有较好的导电和导热性能，而硅酸盐材料和其他非金属材料一般导电和导热都较差，因此，对于硅酸盐等非金属材料必须在表面均匀喷镀一层 20nm 左右的碳膜、铝膜或金膜等来增加试样表面的导电和导热性能。

3）试样表面光滑平整。试样表面必须抛光，因为 X 射线是以一定的角度从试样表面射出，如果试样表面凸凹不平，就可能使出射 X 射线受到不规则的吸收，降低 X 射线测量强度。

4. 操作步骤

电子探针分析操作过程与 SEM 操作过程类似，主要操作步骤如下：放置、加载样品（确认样品尺寸、样品表面导电性能，样品不能为强磁性材料）→选择感兴趣的样品区域→选择检测类型（点分析、线分析、面分析等）→采集谱图→确认元素→试验数据处理（打印报告等）。

由于电子探针技术具有操作迅速简便（相对复杂的化学分析方法而言）、试验结果直观、分析过程不损坏样品、测量准确度较高等优点，故在冶金、地质、电子材料、生物、医学、考古以及其他领域中得到日益广泛地应用，是样品成分分析的重要工具。

11.7.3 透射电子显微镜

1. 设备应用范围

电子透射显微镜（Transmission Electron Microscope，TEM）是把经加速和聚集的电子束投射到非常薄的样品上，电子与样品中的原子碰撞而改变方向，从而产生立体角散射。散射角的大小与样品的密度、厚度相关，因此可以形成明暗不同的影像，影像经放大、聚焦后在成像器件上显示出来。检测设备如图 11-74 所示。

电子透射显微镜可以看到在光学显微镜下无法看清的小于 0.2nm 的细微结构，这些结构称为亚显微结构或超微结构。要想看清这些结构，就必须选择波长更短的光源，以提高显微镜的分辨率。

2. 工作原理及特点

由于电子的德布罗意波长非常短，透射电镜的分辨率比光学显微镜高的很多，可以达到 0.1～0.2nm，放大倍数为几万到几百万倍，因此，使用透射电镜可以用于观察样品的精细结构，甚至可以用于观察仅仅一列原子的结构，是光学显微镜所能够观察到的最小结构的数万分之一。使用 TEM 不同

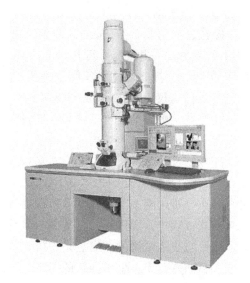

图 11-74　电子透射显微镜

的模式，可以通过物质的化学特性、晶体方向、电子结构、样品造成的电子相移以及通常对电子的吸收，对样品成像。

透射电镜的成像原理可分为三种情况：

1) 吸收像：当电子射到质量、密度大的样品时，主要的成像作用是散射作用。样品上质量厚度大的地方对电子的散射角大，通过的电子较少，像的亮度较暗。早期的透射电镜都是基于这种原理。

2) 衍射像：电子束被样品衍射后，样品不同位置的衍射波振幅分布对应于样品中晶体各部分不同的衍射能力，当出现晶体缺陷时，缺陷部分的衍射能力与完整区域不同，从而使衍射波的振幅分布不均匀，反映出晶体缺陷的分布。

3) 相位像：当样品薄至 100Å 以下时，电子可以穿过样品，波的振幅变化可以忽略，成像来自于相位的变化。

3. 操作过程

透射电子显微镜分析操作过程与 SEM 操作过程类似，主要操作过程如下：登录计算机→打开操作软件→检查透射电子显微镜状态（若发现透射电子显微镜真空或高压等状态异常，应停止使用，在正常工作时间内应立即联系技术员处理）→装液氮→装载样品→插入样品杆→加灯丝电流→合轴操作（照明系统合轴，成像系统合轴，插拔样品杆）→取出样品杆→卸载样品。

4. 日常使用及维护保养要点

为保证透射电镜的持续正常使用，需注意养成以下操作习惯：

1) 每周进行一次灯丝像的观察和准确的电子枪合轴调整，以得到最好的使用效果，延长灯丝寿命。

2) 不要过于频繁地开关电子透镜电源，建议常开电镜电源，以稳定整套系统。

3) 测试结束后，将倍率设置在较小的倍数（40k），使光斑散开与荧光屏大小一致即可，并将物镜电压设置在标准值。

4) 先关闭灯丝电流，测角台归中后才能拔出样品杆。

日常维护和检查工作主要包括：房间卫生保持清洁；注意循环水的温度是否正常；真空机械泵是否有异常噪声；日常注意观察电镜软件中各真空度是否正常；取放样品时观察样品杆的清洁度；定期对样品杆上的 O 形圈涂抹真空脂，增强其密封性能。

透射电子显微镜的维护项目繁多，需要设备操作人员养成良好的使用习惯，制定维护保养制度，以保证透射电子显微镜的正常稳定运行。

11.8 模拟装配与分析工具

11.8.1 摩擦系数试验设备

摩擦系数是评价螺纹紧固件制造水平的综合指标,摩擦系数的大小决定了扭矩值和轴向力的大小,摩擦系数的散差影响到装配中螺栓所能提供的轴向夹紧力的变化。目前常用的试验方法有 GB/T 16823.3—2010《紧固件 扭矩-夹紧力试验》、ISO 16047:2005 Fasteners-Torque/clamp force testing、T/CSAE 74—2018《紧固件摩擦系数试验方法》等标准,试验原理参见第 8 章 8.5.1 节。

1. 摩擦系数是决定装配质量的关键因素

在生产过程中,为了实现所希望的螺栓连接质量,紧固部件之间的表面摩擦系数是关键判据之一,这就是要测试和监控螺纹装配过程各个变量的原因。

2. 基于生产应用过程的全面质量监控保证

摩擦系数分析设备应是一台完整的试验系统,均可探测每一个需要拧紧部件和组件的功能特性:从螺栓紧固过程的测试和控制,直到过程参数的拧紧曲线以及测试检测。系统应覆盖各种各样功能试验方面的全部要求。试验系统还应能够帮助实现监控试验公差带,并使每一个螺纹在装配早期阶段,探测装配过程中所产生的偏差成为可能。

3. 试验系统的要求

试验系统可以是卧式或立式系统,能够快速和准确地进行试验以及紧固件分析。所有试验设备应能够符合相应的摩擦系数试验标准和规范。试验设备如图 11-75 所示。

图 11-75 摩擦系数试验设备

扭矩夹紧力试验主要按照标准 GB/T 16823.3—2010 或 ISO 16047:2005 进行,试验中采用试验螺栓(或试验螺母)、试验垫片来测量螺母(或螺栓)的螺纹摩擦系数、端面摩擦系数、总摩擦系数等。

试验中对手件的要求可以参考第 8 章相关章节。

试验垫片可以采用 HH 型或 HL 型两种垫片,主要区别是两者硬度不同。除非需方在订货时有其他要求,供应商应按照经验选择试验垫片及其表面状态。

1) HH 型试验垫片具体要求如下:

① 硬度:50~60HRC。

② 表面粗糙度:R_a0.5±0.3。

③ 通孔:孔径 d_h 按照 GB/T 5277—1985《紧固件 螺栓和螺钉通孔》中等装配精度系列要求,无倒角、无沉孔。

④ 厚度:试验垫片的最小厚度 h 应符合 GB/T 96.1—2002《大垫圈 A 级》的规定;厚度差满足标

准 GB/T 16823.3—2010 中的要求。

⑤ 平面度：按照 GB/T 3103.3—2020《紧固件公差 平垫圈》中 A 级的规定。

⑥ 表面状态：采用表面无镀覆层、无油污。

2）HL 型试验垫片具体要求如下：

① 硬度：200~300HV。

② 表面粗糙度：$R_a 3.2$。

③ 通孔：孔径 d_h 按照 GB/T 5277—1985 中等装配精度系列要求，无倒角、无沉孔。

④ 厚度：试验垫片的最小厚度 h 应符合 GB/T 96.1—2002 的规定；厚度差满足 GB/T 16823.3—2010 中的要求。

⑤ 平面度：按照 GB/T 3103.3—2020 中 A 级的规定。

⑥ 表面状态：采用表面无镀覆层、无油污。

该分析系统在电动扳手上装有力矩和角度传感器，能够测量出拧紧时的拧紧力矩和转角，在拧紧工装上装有夹紧力和螺纹力矩传感器，可以测量出拧紧时的夹紧力和螺纹力矩数值，从而根据这样参数即可得出螺栓、螺母的端面摩擦系数 μ_b、螺纹摩擦系数 μ_{th} 及总摩擦系数 μ_{tot}。

3）摩擦系数的计算方法如下：

① 总摩擦系数的计算：

$$\mu_{tot} = \frac{\frac{T}{F} - \frac{p}{2\pi}}{0.577 d_2 + 0.5 D_b}$$

② 螺纹摩擦系数的计算：

$$\mu_{th} = \frac{\frac{T_{th}}{F} - \frac{p}{2\pi}}{0.577 d_2}$$

③ 螺栓头或螺母端面摩擦系数的计算：

$$\mu_b = \frac{T_b}{0.5 D_b F}$$

式中，d_2 为螺栓的螺纹中径；D_b 为承载面的有效直径；F 为预紧力；p 为螺距；T 为紧固力矩；T_b 为承载面摩擦力矩；T_{th} 为螺纹部分摩擦力矩；μ_{th} 为螺纹部分摩擦系数；μ_b 为承载面摩擦系数；μ_{tot} 为总摩擦系数。

螺栓、螺母的螺纹摩擦系数、端面摩擦系数及总摩擦系数通过填入试验软件中一些相关参数（螺栓法兰面外径、垫圈孔径、螺纹规格）可以自动计算得出。在进行螺母摩擦系数试验时，垫片及螺栓不应转动；在进行螺栓摩擦系数试验时，垫片及螺母不应转动。

11.8.2 模拟装配分析试验设备

螺纹紧固件分析主要采用螺纹紧固件模拟装配分析试验系统示例进行，该设备应主要包括主要部件：电动扳手、机械柔臂、力矩/角度传感器、力矩/夹紧力传感器、数据采集箱、测量软件等。该设备最大力矩 500N·m，最大夹紧力 500kN，最大转速 235r/min，能够实现力矩法、力矩/转角法、屈服点控制法等拧紧方式，满足螺栓规格 M6~M20、强度等级 6.8~12.9 级试验要求。该设备能够进行实际工位模拟装配试验，再拧紧力矩 MNA1 值测量（图 11-76）等，其他设备应满足上述要求，相关试验原理参见第 8 章 8.3 节。

图 11-76 螺纹紧固件模拟装配分析系统

为了能够在实验室中真实模拟现场的各种装配情况，模拟装配试验设备应具备柔性臂，能够轻松地调整各种角度并在拧紧过程中不容易出现晃动。对于不同螺栓规格的拧紧，模拟装配拧紧设备应能够快速容易地更换拧紧轴，来满足不同量程的拧紧要求。试验后能够输出光滑的拧紧力矩角度、力矩时间等曲线。

紧固件接头试验夹具示例如图11-77所示，试验夹具作用是把被测试紧固件接头零件固定夹紧，主要保证接头试验零件在接头拧紧时不会产生移动或转动。

图11-77 紧固件接头试验夹具

为防止接头试验时非驱动紧固件（螺栓或螺母）的转动，必须用夹具或扳手固定住，防止拧紧时随着驱动紧固件一起转动，影响最终的力矩转角曲线。

1. 操作规范及要求

1）试验中螺栓及被测试零件需保持清洁，在螺栓端面和螺纹处、焊接螺母螺纹处以及被测试零件上特别需要保证不存在油污、铁屑等。

2）试验前确认被连接件尺寸报告是否满足图样和技术文件要求，并外观检查被连接件状态，特别注意检查与螺栓头、螺母端面接触处平面度等尺寸。

3）试验前检查所用螺栓、螺母外观是否正常。

4）试验前被试验零件固定夹紧，并且确认牢固，不允许出现移动或转动。

5）初步估算螺栓断裂时可能的转动角度，并在测试软件中设定，保证螺栓拧紧时整个力矩转角曲线完整。第一次接头试验后观察角度设定值，如果偏差较大，在后续试验时进行调整。

6）按照图样中要求驱动螺栓或螺母，试验时拧紧速度为20r/min。

2. 试验注意事项

1）试验中密切观察力矩数值，若接近设备的最大拧紧力矩时立即停止。拧断试验时注意人身安全，紧固件接头拧断后螺栓、螺母温度较高，需防止烫伤。

2）根据不同的试验目的，模拟装配试验一般是把螺栓拧紧到失效，最终失效形式应为螺栓的断裂，如果是出现螺纹滑牙、脱扣等情况需要考虑设计是否存在问题。也可以将螺栓拧紧到设定力矩，后面30min以内再测量静态力矩或复验力矩，也是将螺栓拧紧到断裂为止。

11.8.3 超声波轴力测试设备

超声波轴力测试设备利用超声波发射和反弹的时间差原理，利用这个时间差反算出伸长量的变化从而得到螺栓的轴力值，如图11-78所示。超声波轴力测试原理参见第8章。

（1）测量条件

不是所有螺栓都可用超声波应力仪测量其紧固应力，测量条件如下：

1）螺栓的一端能够让超声探头触及与安放。

2）螺栓的加载应力必须在弹性范围以内。实际测试中也可以对过屈服拧紧范围的螺栓用超

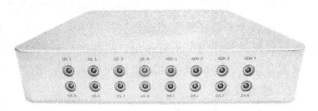

图11-78 超声波轴力测试设备

声波测量轴力，一般误差会比弹性范围内更大。

（2）其他限制条件

1）拉伸情况：由于超声波测螺栓应力时的变化量是长度与声速，因此要求螺栓总体长度与声速应有变化。当螺栓的夹紧距离很小时，测量精度会受到很大的影响。如被螺栓夹紧的是很薄的钢板时，有效夹紧距离很小，即使在轴向应力较大时螺栓的声速与长度变化也十分小，仪器在计算时的误差将较大。另一种情况是加载的应力十分小，如应力值低于极限应力的5%时，螺栓总的声速与长度变化也相当小，要准确测得紧固应力也很困难。

2）材料：大多数金属材料可较好地传播超声波，但一些铸铁、不锈钢铸件及多数塑料中超声波衰减较大，由其制成的螺栓的紧固应力可能测量不出。

3）螺栓端面状态：为了向螺栓内沿轴向发射与接收超声波，螺栓的测试端面必须平整光滑且平行同轴，否则应予修整，以免测量精度降低。

螺栓夹紧力及伸长量试验采用超声波测量系统，通过同批次螺栓的标定来测量螺栓的夹紧力。由于拧紧力矩的影响因素较多，通过超声波测量系统直接可以较精确地测出螺栓的夹紧力，便于对螺栓进行失效分析。

11.8.4 便携式一体扭拉检测设备

该设备可以进行的试验项目包括：螺栓连接装配过程中的随机抽样试验；扭力扳手的标定；现场分析紧固件力矩和轴向预紧力；螺栓连接装配中的过程能力探测；螺栓连接装配过程中的随机抽样试验。

为了监控拧紧工具和螺栓之间的相互作用，在螺栓装配过程中实施随机试验。为了实现这些试验，一套力矩/转角传感器固定在内四方拧紧工具和套筒之间，这样力矩和转角得以测量，如图11-79所示。在整个螺栓装配过程中，力矩和转角曲线可以用图形分析的形式呈现。

在装配过程中，这种在线过程试验是最有效的方法，用于鉴定整个装配过程。VDI 2862：1999 Application of fastening systems in the automotive industry 标定定义了这种随机试验，用于发现NOK的螺栓连接而被评估为OK的最低要求，这种设备应满足VDI/VDE 2862的相应要求。

图11-79 固定在拧紧工具和套筒之间

在装配过程中为了鉴定螺栓连接工作情况，必须直接测量所有参数。手持式力矩转角传感器设计为采用电池供电及气动轴驱动，六角连接头可与螺纹旋转工具直接连接，非常便于实现过程测量。

11.8.5 应变片轴力测试设备

应变片测试法是将应变片贴在被测定物上，使其随着被测定物的应变一起伸缩，这样里面的金属箔材就随着应变伸长或缩短。很多金属在机械性地伸长或缩短时电阻会随之变化。应变片就是应用这个原理，通过测量电阻的变化而对应变进行测定，参见8.2.2节。

应变法是利用应变片组成惠斯通电桥的工作原理，然后对其进行封装，形成螺栓轴力传感器装置，然后将传感器安装在螺栓和被连接件的中间，在螺栓和传感器中间放置垫片使传感器受力均匀。由于传感器受到螺栓预紧力的压挤作用，使得传感器内部的应变片发生变化，而产生位移应变。通过上述原理法来测得应变，再由应变和应力之间的关系从而计算出预紧力。

1. 试验设备

应变片轴力测试法采用拉伸试验机对螺栓进行标定，用应变仪对螺栓预紧力数据采集，使用电动扳手或力矩扳手对紧固件进行拧紧，试验设备包括拉力试验机、应变仪（工作频率0~2000Hz）、施加力矩工具、角度测试工具。

2. 应变片轴力测试操作步骤

应变片轴力测试操作步骤为样品准备→样品标定→轴力测试→残余轴力测试等。

11.8.6 螺栓正向设计及数据分析工具

作为螺纹接头设计校核的利器，《螺栓设计师专业版》软件具有许多其他紧固件计算软件和VDI 2230：2015 Systematic calculation of high duty bolted joints 标准所不具备的功能，包括：螺栓头部驱动相关尺寸的设计和计算；力矩转角法计算、屈服点法、伸长量法和相关力矩及转角的设定；装配后到载荷施加、温度变化后的预紧力在整个工作服役阶段的变化趋势等都能完整的呈现出来，便于设计和分析。

软件计算具有便捷性和标准化，每一个输入数据都能以图示的形式表现出来，便于初学者或对紧固件计算不是非常精通的人使用。同时，每一个输入参数都有一个帮助提示，更加便于输入参数和正确使用软件。

软件每输入一个参数后都会自动计算出相关的参数结果，如果出现输入错误就会以三角感叹号进行提示，这样就不用完全输入后整体计算时再进行相关错误输入的更改，减小重复输入检查的工作量和时间。而如果全部输入完毕后再进行相应的检查，往往需要从头一个一个参数进行检查核对。

输入数据分为螺栓数据、被连接件数据、螺母数据。整个连接系统相关数据，如力矩信息数据、载荷数据等分别进行归类，输入数据时可按零件信息方便输入，不会发生遗漏和错输。

软件可对螺纹接头进行校核，确认螺栓头部尺寸设计是否满足拧紧要求，能够确保设计的螺栓在拧紧时不发生套筒打滑问题。该功能对非标设计的螺栓零件特别实用，非标设计时往往无相关的计算依据，易造成设计的拧紧头部偏薄，从而出现打滑问题。

软件可输入不同的摩擦系数范围，不需要对不同的摩擦系数进行多次计算，这也较符合目前汽车及其他行业中的实际情况。摩擦系数的取值往往是一个范围，不是一个固定的数值。

由于VDI 2230指南有一定的难度，可借助于专业的计算软件来完成螺纹接头的计算选型和校核，通过专业软件可便捷地完成计算标准化和文档存储管理。借用《螺栓设计师专业版》软件，可快速生成螺纹接头的计算校核和安全评估。螺栓正向设计开发计算软件应基于VDI 2230中的part 1和part 2开发，可进行非线性过弹性螺栓计算，以及单螺栓和螺栓组计算和校核。

（1）软件功能

计算校核软件应具备以下基本功能，同时应内置有相关标准和材料等数据（图11-80）：

1）不同材质、几何尺寸的标准件库数据。

2）可输入材料强度和摩擦系数散差（输入摩擦系数范围，而非单值摩擦系数）。

3）计算和校核过弹性拧紧和服役。

4）界面非线性开口的计算。

5）可获得最小、最大安全系数。

6）支撑面承载力的全面评估。

7）图形化显示。

8）可给出VDI 2230指南中13个设计计算步骤的计算结果。

（2）预紧力演变历史评估

预紧力演变历史评估（全寿命周期导向）包括以下相关的预紧力输出：

1）拧紧预紧力。

2）嵌入后预紧力。

3）在加温下残余预紧力。

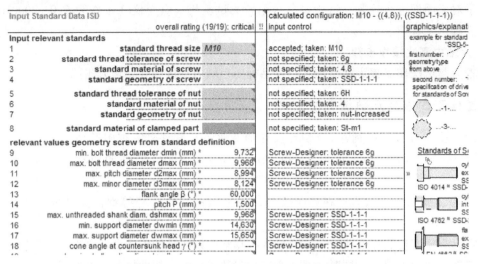

图 11-80　软件内置相关标准和材料等数据

4）室温下残余预紧力（冷态）。

5）加温下的夹紧力，如图 11-81 所示。

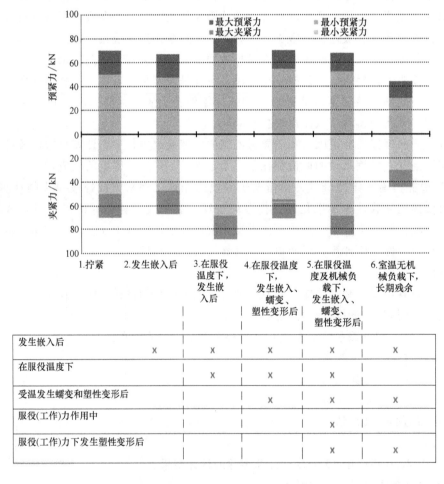

图 11-81　全寿命周期的夹紧力分析

6）加温起始时预紧力。

7）基于初始输入实时自动计算，出现错误和警告直接给出诸如红色字体的提示。

8）针对材料和几何尺寸，不同标准所建立的材料和标准件数据库。

9）可依据客户自定义的标准输入相关参数。

10）安全系数（设计分析）清单及可视化图表，如图 11-82 所示，可提供支撑承载力的概况。

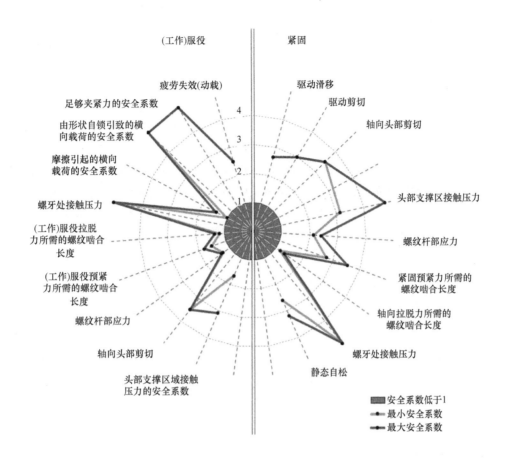

图 11-82　安全系数可视化图表

11）客户定制化软件方案。

12）对每个计算公式进行详细的帮助说明文件。

11.9　发展趋势及展望

近年来我国政策正推进检测设备产业转型升级和跨越式发展，以创新驱动转型，大力提升检测设备的制造水平和服务水平，持续加强研发能力建设和技术攻关，不断提升产品品质，推动新常态下仪表产业的持续健康发展。我国汽车紧固件产品综合性能检测设备、产品试验经历了大力发展。新设备研发中，计算机技术、网络技术、传感技术、人工智能技术等技术以及信息论、控制论、系统论等理论还有纳米技术、功能材料等材料的应用，检测设备的制造技术不断提升，检测设备精度越来越高，检测范围越来越宽，检测速度越来越快，检测结果越来越稳定、可靠，并且不断走向集成化、智能化、网络化和立体化，功能越来越强，单台检测设备的检测参数不断增多，更加便于各种工业装置和工业过程的立体化监测，并依靠互联网技术、5G 技术，通过系统组网，可实现网络化测量、网络化数据传输与共享和远程诊断等。汽车紧固件的检测设备正在向硬件技术不断完善、软件技术不断优化、扩展技术不断创新的方向发展。

各类尺寸检测设备向精确、高效、交互、快速、在线检测的方向发展，可以实现快速检测、随时检测，检测时间上能够大大缩短，从而提高生产效率。这其中以光学测量为代表的设备则可以完全满足此类要求，与传统的探针式、激光式测量系统不同，光学测量采取可见光成像技术，先对被测物进行投影，然后根据多组投影数据进行解析，解析完成后即可自动得出产品的尺寸、位置、形位等与螺栓、螺柱、回转体相关的参数。对于螺纹测量，光学设备在原有单层投影的基础上增加了旋转轴，使得取景的限制变得灵活，通过多张照片的拟合，能够测得圆柱体一周的圆度变化导致的螺纹参数形变；同时，通过参数分析，还能够直观地显示螺纹的分布趋势，如锥形、喇叭口等难以探测的异常状态。光学检测设备将成为高端紧固件在线检测的重要手段，为智能制造保驾护航。此外，多通道、多自由度协调加载的力学性能测试系统和实际工况模拟试验系统的开发，可以尽可能地模拟汽车紧固件服役情况下的受力状态，此类检测有利于汽车紧固件的设计开发，辅助VDI标准和紧固件软件的设计验证，可以确保紧固件的使用安全。汽车紧固件的设计和验算软件系统可以保证产品质量，提高生产效率，降低制造成本，以后更是汽车紧固件安全验证和模拟试验检测的重要辅助配置，将逐步进入实用化阶段。

在我国新时代发展战略的指引下，推进零部件产业顶层设计，优化产业结构，加强自主创新，营造良好的产业环境，进一步强化零部件在汽车产业体系中的支柱地位，是我国汽车产业做大做强的必然选择。在将汽车零部件产业的发展提升到国家战略层面之后，汽车产品的质量至关重要，检测仪器行业也在这个过程中受益。随着科技的发展，汽车紧固件检测设备也会向智能化、微型化、集成化、芯片化、联网化方向发展。

第12章

汽车紧固件实验室通用要求

12.1 概述

汽车的研发和制造离不开相关的实验室，实验室在汽车产业链中扮演着非常重要的角色。从产品的设计、制造到验证，实验室在每个环节都发挥着举足轻重的作用。每个部件、系统，直至装配成整车，都要进行相关的试验，以验证零部件、系统和整车是否满足设计和制造的要求。

紧固件实验室可以发挥通用实验室的部分作用，也有着通用实验室无法替代的作用。紧固件实验室与通用实验室有很多相同之处，如都有理化试验等；也有不同之处，如只有前者有拧紧工艺试验等。

实验室的资源是紧固件实验室运转的前提条件，同时，实验室需要制订合理的程序文件来规范过程控制，并遵循严格的质量管理体系来保证试验的顺利开展和试验结果的科学性。

本章主要从管理规范性角度，提出一些基础的管理要求，强调对试验过程的保证。

12.1.1 紧固件实验室介绍

紧固件实验室是进行各类紧固件检测活动的承载体，按照检测内容通常可以分为通用检测类、开发与验证类；按照产权关系，可以分为整车厂类、紧固件厂类、第三方类；按照认可类型，可以分为第一方实验室、第二方实验室、第三方实验室。各类实验室在设计生产流程中均发挥着重要作用，只是其管理和技术的侧重点不同。

对汽车紧固件实验室的评价，通常按 GB/T 27025—2019《检测和校准实验室能力的通用要求》进行评价，或按 ISO/IATF 16949：2016《汽车行业质量管理体系标准》的相关条款对实验室的业务发展能力和管理统筹水平进行评价。

12.1.2 紧固件实验室的管理

客户驱动是提升竞争力的需要，成本控制是生存并快速发展的需要，内部绩效是过程精细管控的需要，这三方面需求不断地推动着紧固件实验室管理的发展。

制造业最常用的质量管理体系是 ISO/DIS 9001：2015《质量管理体系》，它是现代质量管理理论的精华所在。日常工作过程中时刻都要按此标准执行。质量管理的七项原则：以顾客为关注焦点、领导作用、全员积极参与、过程方法、持续改进、循证决策、关系管理。准确理解、熟练地将上述原则运用到日常管理中，是紧固件实验室管理的关键。

实验室管理不仅要有相应的文件、流程规格和执行标准，更要有一套可以持续自我完善的内在的、自发的机制，不断地在试验方法的控制、试验任务和样件的管理、人员能力建设、管理手段的提升、不符合/纠正/预防的组织处理和实施等方面进行优化和提升。

12.1.3 紧固件实验室的技术

社会在进步，试验需求也在不断提升。实验室中的技术来源于需求，能服务于需求，可满足业务需要就是一项好技术。技术需要不断地进行分析、评估和评价，充分挖掘其价值，为产品和技术的保障、改进、提升指明方向，纠正科研偏误，降低研发风险。

技术是解决问题的方法及原理，是指人们利用现有事物形成新事物，或是改变现有事物功能、性能的方法，包括工具设备、标准规范、技术指标、试验方法等方面。紧固件实验室的技术涉及试验方案的搭建、试验操作的规范、数据处理的科学、设备性能的提升四个方面。

此外，实验室技术还体现在两个维度：检测结果/数据维度；检测结果/数据的准确性和一致性维度。为系统地阐述紧固件实验室的技术管理要求，本章借鉴了 GB/T 27025—2019 标准，它对做好技术管理需要的基本条件进行了原则性规定。

12.2 紧固件实验室资源要求

实验室资源要求也可以理解为是对实验室技术保证的要求，是确保检测结果/数据正确和可靠的核心。实验室为了保证其检测结果/数据的正确、可靠、有效和一致性，建立了一整套技术体系，并形成了成熟的系统误差分析理论。最早的实验室认可准则架构产生于 1978 年，属于实验室技术系统要求范畴，后来才逐步加入质量管理要求。资源要求是实验室实现其方针、目标的关键和核心要素。

实验室资源要求主要有五类：人员要求、设施和环境要求、设备要求、计量溯源要求、外来服务要求。

12.2.1 人员要求

实验室管理体系中，影响工作结果的诸多因素中，人员是最主要的因素。人员的素质、合理的结构配置、适时的培训、严格的考核、管理和监督，形成了一个完整的人员管理体系，保证发挥全员的能力和创造性，为实现实验室的质量方针提供强有力保证。某些实验室的设施设备条件在同类实验室中并无优势，但在国际能力验证试验中表现出很高的水平，其原因就在于人员能力和人员管理水平较高。

实验室的管理层应当根据正在进行和即将开展的检测、抽样任务以及质量体系的要求，系统地识别和确定人力资源的需求，并为确保人员结构而采取必要的行动。在实验室的组织结构中，必须要有足够数量（包括不同专业、不同特长）的胜任人员。为确保实验室各岗位职责的顺利开展，各类人员应具有相应的资格和能力并进行确认。

1. 实验室人员能力要求

实验室管理者应确保所有操作专门设备从事检测作业、对检测结果进行评价、签署检测报告的人员具备相应能力。培训员工时，应对其进行适当的监督。对从事特定工作的人员，应按要求进行相应的教育、培训，对其经验和相应的技能进行确认。

CANS/ISO 17025 规定，从事检测的人员应具备相关专业大专及以上学历，原则上不接受非相关专业，如文科专业，除非有 10 年以上相关检测经历。对于关键技术人员，如进行检测的结果复核、检测方法的验证或确认的人员，除满足上述学历要求外，还应有 3 年以上本专业领域的检测经历。

实验室技术管理人员和检测工作人员的任职要求如下。

(1) 金属检测与失效分析

1) 检测工作人员：

① 应具有制样和取样的专业知识和培训经历，制样人员还须有相应的工种技能培训经历。

② 应具有物理、化学、金属学等专业基本知识和工作经验，经专业培训后方可上岗。

③ 应具有化学分析、物理性能分析、金相分析和电镜分析等从业资格。
④ 应具有使用相关标准的经验和根据具体要求应用合适标准的能力。
⑤ 应具有整理分析检测数据和结果的经验和能力。
⑥ 应具有工作记录和编制常规报告的能力。

2）技术管理人员。
① 熟悉制样和取样的专业知识并具有培训经历，且能适应制样和取样工作。
② 熟悉物理、化学和金属学等专业知识并具有工作经验。
③ 应具有化学分析、物理性能分析、金相分析和电镜分析等从业资格。
④ 应具有使用相关标准的经验和依据相关标准编制作业指导书的能力。
⑤ 应具有对化学分析、物理性能分析、金相分析和电镜分析等的数据和结果进行分析的经验和能力。
⑥ 应具有根据检测结果、宏观和微观形态进行失效分析的能力。
⑦ 应具有出具最终的、严谨的检测分析报告的能力。

（2）开发与验证试验
1）检测工作人员：
① 应具有制样和取样的专业知识和培训经历，制样人员还须有相应的工种技能培训经历。
② 应具有紧固件相关基本知识和工作经验，并经专业培训后方可上岗。
③ 应具有摩擦系数检测、力学性能检测和超声波检测等的从业资格。
④ 应具有使用相关标准的经验和根据具体的要求应用合适标准的能力。
⑤ 应具有整理分析检测数据和结果的经验和能力。
⑥ 应具有工作记录和编制常规报告的能力。

2）技术管理人员：
① 熟悉制样和取样的专业知识并具有培训经历，且能适应制样和取样工作。
② 熟悉紧固件、金属材料和 VDI 2230 等专业知识并具有工作经验。
③ 应具有摩擦系数检测、力学性能检测和超声波检测等的从业资格。
④ 应具有使用相关标准的经验和依据相关标准编制作业指导书的能力。
⑤ 应具有对检测数据和结果进行分析的经验和能力。
⑥ 应具有根据检测结果制订相关开发内容和验证内容的能力。
⑦ 应具有出具最终的、严谨的开发报告和验证报告的能力。

3）实验室意见和解释人员：
① 应具备相应的从业资格。
② 应具有相应的培训经历。
③ 应具有相应的工作经验。
④ 应具有与所从事的检测和开发工作相关的系统知识。
⑤ 应具有相关的制造被检测和开发物品的知识。
⑥ 应具有相关的产品材料知识。
⑦ 应具有与产品相关的技术知识。
⑧ 应具有与已使用或拟使用方法相关的知识。
⑨ 应具有工作过程中评估可能出现的缺陷或降级的知识。
⑩ 应具有阐明法规的通用要求方面的知识。
⑪ 应具有阐明标准中要求的知识。
⑫ 应了解物品、材料和产品正常使用中发生的偏离所产生的影响。

2. 实验室人员培训要求

实验室针对技术岗位需要制订人员教育培训方面的目标。为保证目标的实现，实验室应制订人员培训的控制程序。人员培训计划是在需求分析的基础上制订的，与实验室当前和预期的工作相适应。培训须按计划实施，并对实施的有效性进行评价。员工培训工作越来越受到实验室管理者的重视，提高人员的培训有效性成为培训活动关注的重点。

1）全面充分的需求调查是完善教育培训计划的基础。实验室应根据未来技术发展、产品更新换代、实验室自身和员工技术水平与能力提升的需要，进行充分的需求调查。实验室要制订针对性强、时效性高、与实验室事业发展规划相配套的人员教育、培训目标及计划，合理制订年度培训计划。

2）坚持规模、结构、质量和效益协调发展，提高员工整体素质。提高人员的整体素质，不仅要重视高层次人才的引进，更要靠实验室自己选拔，培训后备人才。从长远发展的角度，优化实验室人员的年龄结构、知识结构。

3）加强技术交流，积极参加技术研讨活动，紧跟科技发展步伐。

4）开展岗位培训，关注新上岗、换岗人员的培训和技能提升。

5）提供必需的资源，确保教育培训按计划开展。以考促学，保证学习培训的质量和效果。

3. 实验室岗位职责

实验室内部的组织机构和岗位设置是否合理和适宜，会影响到实验室技术能力的发挥。实验室要明确从事检测工作的人员、专用设备的操作人员和审核报告的人员的职责，他们是实验室进行检测分析等工作的关键性人员。从认清委托方需求开始，到利用资源（人员、设备和设施、信息等）得到一系列检测结果，再到最终出具检测、分析报告的一系列过程，都要有专业技术水平足够高的人员具体实施。

实验室也要明确从事消耗材料采购、设备维护、被测件收发及储运保管、环境条件监控和保障、文件资料的管理以及仪器设备的管理、送检等技术保障工作的人员的职责。虽然他们不直接从事检测分析活动，但他们的工作质量会对实验室的技术能力发挥产生很大影响。

4. 资格与技能

实验室领导应确保所有进行检测分析的人员、专用设备的操作人员、评价或审核报告的人员具备相应的能力和资格。实验室聘用人员也应具备相应的资格，并受到监督。

实验室应有各类人员的教育、培训和技能目标，并有相应的政策和程序，从而确保人员的培训计划正常开展，并记录考评结果。实验室应对从事特定工作的人员进行资格确认，包括学历、培训结业证明、技能考核证明和资历等，其资格应与从事的工作相适应。

实验室应保存人员的技术档案，包括教育、培训、考核的记录和资格证明文件。

5. 授权

实验室管理层应授权专门人员进行特殊类型的抽样、检测，发布检测分析报告，提出意见和解释，以及操作特殊类型的设备。实验室应保留所有技术人员的相关授权、能力、教育和专业资格、培训、技能和经验的记录，并包含授权和能力确认的日期。

实验室管理层应授权专门人员在实验室出具的报告上签字，审核评价检测分析结果，从技术上审查、把关，对出具的检测分析结果负责。这些人称为授权签字人，一般属于实验室的技术管理层，对确保检测分析报告的质量有显著作用。

12.2.2 设施和环境要求

设施和环境条件是实验室为保证检测分析结果/数据正确、可靠、一致而建设的相应环境及所配备的相应设施设备，主要要求包括标准/规范所规定的环境要求、所配设施设备的工作条件要求，以及工作人员的环境要求。除了对实验室的布局和环境及监控提出要求外，还要求实验室保持良好内务，营造安全、舒适、规范和有序的工作环境。

1. 对设施和环境条件的要求

实验室应从以下方面考虑检测工作对设施和环境条件的要求：

1）从事的检测工作所遵循的技术标准/规范对设施和环境条件的要求。

2) 实验室检测工作使用的测量标准、检测设备对实施和环境条件的要求。

3) 被测件对设施和环境条件的要求。

4) 检测人员的防护措施对设施和环境条件的要求。

5) 在实验室固定设施以外的场所进行抽样、检测时，对保证结果有效性的要求。

2. 对设施和环境条件的控制

实验室对设施和环境条件的控制应确保测量结果有效，不会对所要求的测量质量产生任何不良影响，不会影响实验室发挥技术水平。实验室对设施和环境条件的控制包括：

1) 实验室应当将影响检测结果的设施和环境条件的技术要求文件化。可以对实验室的设施和环境条件提出总要求，并分别列出每一项检测标准或检测设备对设施及环境条件的特殊要求。

2) 实验室应对需要控制的环境条件采取相应的检测、控制和记录措施。对不相容活动的相邻区域进行有效隔离，以防止交叉污染。

3) 通过明文规定，对影响检测质量的区域的进入和使用加以控制，并根据情况确定控制范围。

4) 应采取措施确保实验室保持良好的内务，必要时制订专门的程序。

5) 若发现设施和环境条件不符合要求，应评审环境条件对检测结果的影响程度，并采取必要的措施，乃至停止检测，做好相应记录。如果发现对以往的结果已经造成影响，应及时追回已经出具的简报，并做好必要的处理。

5S管理非常适用于实验室现场管理，强化5S管理意识，促使工作人员养成良好的行为习惯。

实验室还应建立一个安全环境，这是保证实验室安全运转的最基本条件。安全要求通常包括三个方面：一是实验室及员工生命财产安全防护要求；二是实验室废弃物，如有害物质的处理要求，保证满足社会及环境安全卫生要求；三是对有害物质的保管和使用的规定。为此，实验室必须具备基本安全环境和设施条件，并以相关程序和作业指导书为安全运作指南，由此构成实验室安全体系。

12.2.3 设备要求

设备是实现检测目标的技术手段，是测量仪器、测量标准、参考物质、辅助设备、软件及测量所需资料的总称。它的正确选择、装备、使用和维护，不仅直接影响到实验室的运转，还直接关系到输出检测数据的质量（可靠性、准确性和一致性）。实验室应建立相应的制度/程序，技术管理层应在相应的岗位上保证相应制度/程序的有效实施。特别是在采用非永久控制、使用非固定场所设备时，对如何确保检测数据的质量，应做出相应的规定。

实验室的设备是技术能力的主要基础，对于检测的质量有至关重要的影响。CANS/ISO 17025：2017《实验室认可指南》要求，实验室应注意以下方面：

1) 实验室应正确配备进行检测（包括抽样、样件制备、数据处理和分析）所要求的所有测量仪器、软件、测量标准、标准物质、参考数据、试剂、消耗品或辅助装置。

2) 实验室应有处理、运输、储存、使用和按计划维护设备的程序，以确保其功能正常并防止污染或性能退化。

3) 在设备投入使用或重新投入使用前，实验室应通过验证确保其符合规定要求。对于脱离实验室直接控制再返回实验室的设备，使用前应对其功能和校准状态进行检查。

4) 用于测量的设备应达到所需的准确度和（或）测量不确定度，以保证检测结果有效。

5) 在下列情况下，测量设备应进行校准：

① 需要进行溯源的设备都要按规定周期校准或检定。

② 当校准产生一组新的修正因子时，应确保在所有计算程序中都得到正确更新。

③ 对于需要特别保存校准状态可信度的测量设备，应进行核查。

6) 实验室应制订校准方案，并进行复核和必要的调整，以保持校准状态的可信度。

7) 所有需要校准或具有规定有效期的设备，都应使用标签、编码或以其他方式标识，使设备使用人方便地识别校准状态或有效期。

8)如果设备有过载或处置不当、给出可疑结果、已显示有缺陷或超出规定要求的情况,应停止使用。为防止这些设备的误用,实验室可以采取以下方法和措施:

① 对缺陷设备实施现场隔离,将缺陷设备撤离检测现场,集中放置于某处,或将缺陷设备撤离原位,置于实验室的一角,设置隔离警示标志,并放置"此设备禁止使用"的标识。

② 对不便搬运、无法隔离的缺陷设备,应设计标牌警示检测人员。

③ 实验室应检查设备缺陷或偏离规定要求的影响,并应启动不符合工作管理程序,采取相应措施,最大限度减少由此给客户带来的影响。

④ 如因设备故障造成报告出错,实验室应通知客户并收回报告,另外出具一份正确报告。

9)当需要利用期间核查以保持对设备性能的信心时,应按程序进行核查。

10)如果校准和标准物质数据中包含参考值或修正因子,实验室应确保该参考值和修正因子得到适当的更新和应用,以满足规定要求。

11)实验室应有切实可行的措施,防止设备被意外调整,进而导致结果无效。

12)实验室应建立设备档案,并保存对实验室活动有影响的设备记录。设备的档案和活动记录应包括以下内容:

① 设备履历表,包括设备名称、型号和规格、制造商、出厂编号、设备唯一性识别号、购置日期、验收日期、启用日期、放置点、用途、主要技术指标、保管人等。

② 设备购置申请、说明书原件、产品合格证和保养单等。

③ 验收准则、验收记录、安装调试报告。

④ 检定记录、设备检定校准计划、下次校准/检定的预计时间。

⑤ 仪器设备的操作规程和维护规程。

⑥ 维护和运行检查计划。

⑦ 维护记录。

⑧ 运行检查记录。

⑨ 标准物质的文件、结果、验收准则、相关日期和有效期。

⑩ 与设备性能相关的维护计划和已进行的维护。

⑪ 设备的损坏、故障、改装或维修的详细信息。

其中提到的标准物质分为有证标准物质和非有证标准物质。有证标准物质必须确保在有效期内,满足其证书上所规定的使用范围、使用说明、测量方法与操作步骤、存储条件和环境等要求;对非有证标准物质,定期用有证标准物质对其特性值进行比对确认,或送有资质的校准机构校准。

12.2.4 计量溯源要求

溯源性是通过一条具有规定不确定度的不间断的比较链,使测量结果或测量标准的值能够与规定的参考标准(通常是国家测量标准或国际测量标准)联系起来的特性。这条不间断的比较链称为溯源链。很显然,它是使不同实验室之间检测结果/数据一致、可比的参考依据,也是不同实验室之间检测数据互认的参考标准。实验室技术管理层应依此要素,制订本实验室的测量值的溯源管理程序,确保所有对检测结果的准确性或有效性有影响的设备(含参考标准和参考物质)在投入使用前都进行校准,使其检测值均能得到溯源。

最新版的 CNAS 对计量溯源提出三点要求:

1)实验室应通过形成文件的不间断的校准链,将测量结果与适当的参考对象相关联,建立并保持测量结果的计量溯源性,每次校准均会引入测量不确定度。

2)实验室应通过以下方式确保测量结果溯源到国际单位制(SI):

① 具备能力的实验室提供的校准。

② 具备能力的标准物质生产者提供并声明计量溯源至 SI 的标准物质的标准值。
③ SI 单位的直接复现，并通过直接或间接与国家或国际标准比对来保证。

3）技术上不可计量溯源到 SI 单位时，实验室应证明可计量溯源至适当参考对象，例如：具备能力的标准物质生产者提供的有证标准物质的标准值；描述清晰的参考测量程序、规定方法或协议标准的结果，其测量结果满足预期用途，并通过适当比对予以保证。

实验室测量设备的溯源性是实验室的测量标准，是检测设备给出的测量结果的量值准确一致和可信的必要保证，也是有效发挥实验室技术能力的有力保证。要保证测量设备的溯源性需由以下内容展开：

① 实验室技术管理层对实施测量溯源性要有正确的理解和足够的重视。
② 实验室校准计划和程序的适应性与完整性。
③ 凡对检测、校准和抽样的结果的准确性和有效性有显著影响的设备（包括测量设备），在投入使用前均应进行校准，并能证实满足检测工作的要求。
④ 校准计划和程序要考虑从选配、使用、校准、核查到控制使用的所有环节。
⑤ 实验室设备校准计划应确保实验室进行的校准溯源到国际单位制（SI）基准。
⑥ 校准实验室使用外部校准服务时，应选择满足溯源性要求的实验室。
⑦ 实验室对目前无法溯源到国际单位制（SI）基准的情况，应积极就校准项目与其他实验室之间进行比对，制订比对计划，并对结果进行分析，保证其测量溯源性。

就"测量溯源性"而言，实验室要考核检测设备的溯源性。由于检测的多样性，检测要求差别又很大，考虑到可行性、经济性和合理性，实事求是地按照每个检测项目测量不确定度分析结果，依据设备校准分量对总的测量不确定度贡献的大小，来衡量设备校准溯源要求是比较合理的。对测量准确度要求高的检测项目，设备校准作为总测量不确定度的主要分量时，设备应严格遵循校准要求。若设备校准所带来的贡献对检测总的不确定度几乎没有影响，则实验室只要保证所用设备能满足检测工作需要即可，不一定要强行溯源。但对这些设备应列出清单，并有测量不确定度分析报告作为证明材料，以及"该设备所具备的不确定度无需再校核即可满足某些检测工作的测量不确定要求"的分析报告。

为此，实验室应对所有承检项目进行评估，审核设备校准对总的测量不确定度的影响，并在此基础上合理地制订适用于自身设备的校准与测量溯源计划和程序。计划中对要求严格按照标准进行校准的设备，应列出清单，并明确区分哪些是可以溯源到国际单位制（SI）基准的，哪些是溯源到国家规定标准物的（如硬度、表面粗糙度和标准物质等），绘制量值溯源图表或用文字表述清楚所进入的溯源链。对于不属于前两类，而按约定的方法和协商标准实施溯源的，应收集并列出有关标准、协议、合同和使用说明书等作为依据，并用参加实验室之间比对结果的相符性作为证据。

实验室应制订并实施校准其测量参考标准的计划和程序，参考标准应选用有资格、有能力并能提供溯源的机构进行校准。列出全部测量参考标准，并明确规定测量参考标准仅用于校准而不用于其他目的，除非能证明其作为参考标准性能会失效。测量参考标准在任何调整前后均应进行校准，记录校准结果，进行分析并采取必要的措施（包括书面通知调整可能受到影响的客户，并对先前校准进行必要复校或修正）。

实验室应制订并实施对使用的标准物质进行严格管理的计划和程序，确保标准物质的溯源性（溯源到国际单位制基准或有证标准物质）。要制定对其内部制备或配制的标准物质进行核查的规定和方法（核查记录及外部标准物质相比较，或实验室之间测量结果比对进行佐证的记录），以及标准物质进行期间核查的规定、计划和实施记录。

实验室应按所用参考标准、标准物质特性要求，制订专门程序，以安全处置、运输、存储和使用参考标准和标准物质，防止它们在任何环境中被污染或损坏。尤其是当实验室需要在固定场所以外使用它们时，更应有明确的、必要的附加程序规定，包括携出前和返回后进行核查的规定等。

12.2.5　外来服务要求

实验室各种检测设备、辅助设备，以及开展检测所需的消耗材料、标准物质和测量标准是开展实室工作的基础条件（具体要求详见 12.2.3 节内容）；而外来服务则是实验室基于各项要求、自身条件和工作需要，需要外部供应商提供校准服务、抽样服务、检测服务、设施和设备维护服务、能力验证服务以及评审和审核服务等内容。

（1）外来服务的内容

实验室应确保影响实验室活动的外部提供的产品和服务的适宜性，这些产品和服务主要包括：

1）用于实验室自身的活动。这些外部提供的产品主要是指实验室开展测量的各种检测设备、辅助设备以及软件等。

2）部分或全部提供给客户。由于实验室自身能力不足，采取利用其他实验室的能力，以自己的实验室名义出具报告的分包或外包方式（由于没有能力而委托有能力的实验室的委托方式不在此范畴）获得的服务。

3）用于支持实验室的运作。主要是指在测量过程中所需要的消耗材料、标准物质、测量标准，以及确保实验室设备正常运转的校准服务、设施和设备服务及对实验室能力验证服务、评审和审核服务等内容。

（2）外来服务的程序

为确保外部提供的产品和服务的合格、准确及一致性，实验室应有以下活动的程序，并保存相关记录：

1）根据需要，应先正确识别实验室对外部提供的产品和服务的要求，并按照程序进行审查和批准。

2）应建立外部供应商评价、选择以及依据监控表现，再次评价外部供应商的准则。

3）在使用外部提供的产品和服务前，或直接提供给客户之前，应确保符合实验室规定的要求，或适用时满足本准则的相关要求。

4）根据对外部供应商的评价、监控表现和再次评价的结果采取措施。

（3）对外来服务的要求

根据需要提供的产品和服务，与外部供应商进行充分沟通，须明确以下几个方面的要求：

1）实验室需要的产品和服务，供应商能够提供的产品和服务，以及供应商的资质。

2）实验室确定所需产品和服务的验收准则，并对供应商能达成的条款进行确认。

3）实验室对外部提供的产品和服务的供应商所需能力正确识别和判定，包括校准、检测、硬件、软件和人员资格等。

4）根据需要，实验室或其客户拟在外部供应商的场所进行的活动。

12.3 紧固件实验室过程要求

实验室过程要求包含以下内容：实验室应识别和评审客户的试验要求，并规范检测方法选择和确认程序，来满足客户的要求；实验室应对样件的接收、标识、流转（运输）、储存、保护保留和清理的管理，并对试验记录过程进行有效的控制和管理；实验室应对重要测量结果进行测量不确定度评定，并对试验检测及结果实施有效的质量监控，及时排除质量环节出现的不符合要求的因素；实验室应对管理或技术运作过程中的不合规现象，采取有效的纠正措施，以实现管理过程的持续改进。本节从实际工作的角度出发，对过程要求进行介绍。

12.3.1 试验任务管理

良好的开始是成功的一半，各类试验都是从任务管理开始，做好试验任务管理，首先应针对不同的试验类型明晰管理职责。

对于实验室检测能力范围内常规的、简单的试验项目，可由样件的管理员对委托信息的内容进行核查和试验任务管理。对于新的、复杂的或重大的试验检测项目，如开发性质试验、验证性质试验、失效分析类试验，应由实验室的技术负责人组织相关人员对项目的技术要素、样件要素、交付要素、财务要素、变更或偏离的要求进行评审，根据评审结果再确定试验任务。

1. 开发性质试验

开发性质试验是指车型开发过程中，为保证螺纹连接的可靠性及装配的工艺，对螺纹连接进行的正向开发试验。对于这种复杂和重大的项目，实验室重点对图样、数模、试验大纲、试验样件以及相关标准检测依据的真实性和有效性进行确认，最终由实验室技术负责人审核后开始实施。

2. 验证性质试验

验证性质试验是指对研究对象有了一定了解，并形成了一定认识后提出了某种假说，为了验证这种认识或假说是否正确而进行的试验任务。

对于汽车紧固件的验证性试验，是指对已有的设计进行改进、或用于新环境、或对疑似失效的螺纹接头进行验证的一种类型的试验，目的是减少、规避设计风险，沉淀过程设计经验。

验证性质试验通常按以下形式划分：按试验地点可分为实验室试验和现场试验；按产品开发阶段可分为研制试验、鉴定试验及验收试验；按试品破坏与否可分为破坏性试验及非破坏性试验；按试验目的可分为可靠性测定试验、可靠性确认试验。

对其进行评审的内容通常包括：

1）实验室技术负责人应根据试验的目的和产品的情况，确定试验类型。
2）依据试验类型，对委托部门提供的试验样件的数量及批次进行评审。
3）依据试验样件要求，确认试验样件的接收以及试验后样件的处置方式。

3. 失效分析类试验

失效类试验主要是确认螺纹接头连接失效的基本原因，并通过试验来分析当前和以往过程的失效模式的数据，以防止这些失效模式再次发生。

解决失效类问题的流程与上述两种类型的试验是一致的，主要差异是需要特定的流程来分析问题。对失效问题的分析通常从操作过程、工具、零件检查、工艺、产品、复杂问题等几个不同的层次按顺序逐步进行。

实验室在接受失效类试验问题时，实验员应首先确认，生产制造部门是否实施了标准化作业、是否使用了正确的工具和装置、是否使用了正确的零件。生产制造部门的确认信息很重要，实验室不能越俎代庖。

4. 试验委托流程

紧固件实验室可以参照图 12-1 所示流程，结合自身的实际情况，编制本部门的试验委托流程。

12.3.2 试验方法选择、验证和确认要求

实验室应规范检测方法选择及确认程序，提供客观证据，证实所选用方法可以满足预期用途。

1. 试验方法的选择

实验室常用试验检测方法包括：客户指定的方法；法律法规规定的标准；国际、区域、国家、行业颁布的方法；由著名的技术组织或有关科学书籍和期刊公布的方法；由仪器设备制造商指定的方法。实验室采用国际、区域、国家、行业、地方颁布的标准时应确保所用标准为最新有效版本。

实验室自己制定的方法，如能满足检测的预期用途，并经过验证确认后也可使用，但所选用的方法应通知客户认可。

在引入新的检测方法或标准发生变化时，实验室应组织进行标准方法确认，对标准方法能否正确熟练地运用进行确认，要充分考虑现有人员的能力、设备状态、设备检定/校准情况、设施环境条件、数据的重复性、再现性等情况，并保留验证确认记录。

2. 试验方法的制定

实验室技术负责人可以指定具有足够资源的有资格的人员，制定新的检测方法。新的检测方法需详

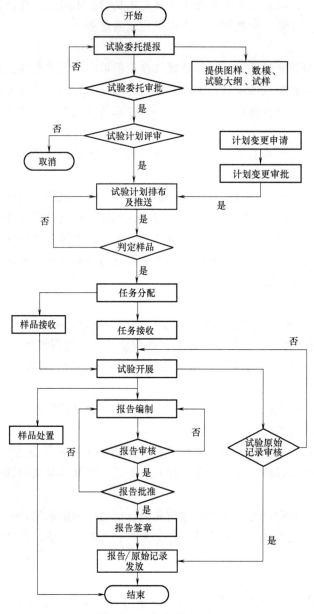

图 12-1 试验委托流程

细描述下列信息：适当的识别、适用范围、被测定的参数或量和范围、装置和设备（包括技术性能要求）、所需的参考标准和标准物质（参考物质）、要求的环境条件和所需的稳定周期、过程的描述。

3. 试验方法的确认

实验室应每年组织对企业类标准和方法的评审和更新，不断满足客户需要。对实验室自制的试验方法，使用前须经过技术负责人确认，确认技术包括：使用标准物质（参考物质）进行校准；与其他标准方法所得结果进行多次比较；实验室间的比对实验；根据对方法的理论原理和实践经验的科学分析，对所得结果不确定度进行评定。试验检测方法的确认可以采用以上一种方法进行，也可采用几种方法的组合来完成。

12.3.3 试验样件的处置

实验室应规范对样件的接收、标识、流转（运输）、储存、保护保留和清理的管理，保证样件的完整性以及具有代表性和有效性，确保试验和检测结果的科学性和公正性。

1. 样件的接收

实验室应安排专人对样件进行接收，实验室其他人不得直接受理检测样件。

接收客户送检样件时，应根据客户的检测需求，查看样件状态（包装、外观、数量等）并清点样件，认真检查样件及其资料的完整性，检查样件的性质和状态是否适宜于进行所需求的检测，并在委托信息/委托单中登记说明。

当样件与委托信息/委托单内容不相符、委托方要求不明确或不详尽、对样件是否适合要求持有疑问时，实验室应及时向委托方提出，取得明确说明，并记录结果、签字确认。

对不符合规范、标准等规定要求的样件应退还委托方，不予接收。特殊情况下，由实验室技术负责人组织对客户委托要求偏离检测方法正常条件的评审，并要求委托方出具书面意见，在不影响检测质量前提下，经技术负责人批准后实施。

2. 样件的标识

实验室应建立检测样件编号，对送检样件进行唯一性标识，如公司名称的大写拼音首字母+年份+检测报告中的顺序号+样件的拼音+样件的排序号等。

实验室应对检测样件信息进行识别，识别信息应包括检测样件的编号和检测样件所处状态标识，如委托编号+样件编号+样件名称+送样单位+送样人+收样日期+检测人+检测日期+检测项目+检测状态判定等。

在与客户完成了检测样件交接后，将样件分类保存至样件放置区，样件管理员在检测样件上粘贴样件标签。凡是同一种产品同时送检了两个样件，要求两个样件上都要粘贴样件标签。

3. 其他要求

1）样件的留存备份：实验室应与客户约定好存放条件、封存和启封的方式。

2）样件的制备：应遵循检测标准或作业指导书的规定和要求。如客户提出要对检测样件的破坏性检测过程进行观察时，实验室技术负责人可安排接待，必要时可以请客户对样件制备或检测状态进行签字确认。

3）检测样件的保密：样件流转过程中，各阶段的负责人应对检测样件的保密承担责任；实验室负责人对检测样件的保存、安全、保密、完好负责，并对在检期间的检测样件管理实施监督。试验样件在受检和试验过程中建议不允许无关人员参观。相关技术资料不允许无关人员阅览和带离检测场所。

4）分包和实验室外检样件的管理：对提供分包实验室的样件，在交付前应检查样件的完好性；对于根据检测工作需要在实验室外检测的样件，应有保护样件完整性的措施，做好样件的标识，保证"已检"样件在合适的地点存放。

12.3.4 技术记录要求

1）试验记录的基本要求是真实、及时、准确、完整，防止漏记和随意涂改，不得伪造、编造数据。

2）试验记录的内容通常要包括试验名称、试验目的、试验方案、试验时间、试验材料、试验方法、试验过程、试验结果和结果分析等内容，试验过程最好有照片记录。试验记录必须使用本部门统一专用的试验记录本，试验设备内的原始数据可以依据车型-装配位置-试验日期等作为名称进行存档。

3）试验记录本应保持完整，不得缺页或挖补；如有缺、漏页，应详细说明原因。试验记录应使用钢笔或中性笔，不得使用铅笔、圆珠笔，试验记录应用字规范、字迹工整。试验记录应使用规范的专业术语，首次使用英文缩写记录时，应用中文进行注释。

4）试验记录要边做边写，切忌试验后再回忆。试验过程中的错误要及时记录，试验完成后，形成培训类内容，在科室内分享。试验记录不得随意删除、修改或者增减数据。如必须修改，须在修改处画一斜线，不可完全涂黑，保证修改前记录能够辨认，并应由修改人签字，注明修改时间及原因。试验记录应妥善保存，避免水浸、墨迹、卷边，保持整洁、完好、无破损、不丢失。每次试验结束后，应有试验负责人和记录人在记录后签名。每项研究工作结束后，应按存档要求将研究性试验记录整理归档。

12.3.5 测量不确定度的评定

1. 测量不确定度的概念和要点介绍

测量不确定度是指利用可获得信息，表征赋予被测量值分散性的非负参数。JJF 1059—1999《测量不确定度评定与表示》提供了测量不确定度评定和表示的通则要求。实验室应有能力对每一项有数值要求的测量结果进行测量不确定度评定，当不确定度与检测结果的有效性或应用有关，或在客户有要求时，或当不确定度影响到对规范限度的符合性时，或当测试方法中有规定时，须提供测量结果的不确定度。

不确定度评估的基本流程如图 12-2 所示。

实验室按 JJF 1059—1999 进行不确定度的评定，找出不确定度产生的原因，建立数学模型，并给出每个影响量 x_i 的灵敏系数 C_i。

1) 计算每个影响 x_i 的标准不确定度 $\mu(x_i)$ 和自由度 V_i。对于标准不确定度 $\mu(x_i)$ 的评定有两种类型：A 类评定和 B 类评定。

A 类评定是对观测列进行统计分析，其 $\mu_{(x)} = S_{(x)}$，如重复测量下得出几个观测结果 x_{ki}，则：

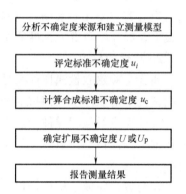

图 12-2 不确定度评估基本流程

$$\text{单个样本 } x_k \text{ 的 } S_{(x_k)} = \sqrt{\frac{\sum_{k=1}^{n}(x_k - \bar{x})^2}{n-1}}$$

$$\text{平均值 } \bar{x} \text{ 的 } S_{(\bar{x})} = \frac{S_{(x_k)}}{\sqrt{n}} = \sqrt{\frac{\sum_{k=1}^{n}(x_k - \bar{x})^2}{n(n-1)}}$$

$$v_{(i)} = n-1$$

若被测量 x_i 在重复条件下进行了 n 次独立测量 $x_{i1}, x_{i2}, \cdots, x_{in}$，其平均值为 $\bar{x_i}$，标准差为 S_i。若有 m 组这样的被测量，则：

$$\text{合并样本标准差 } S_p(x_i) = \sqrt{\frac{\sum S_i^2}{m}} = \sqrt{\frac{\sum_{i=1}^{m}\sum_{j=1}^{n}(x_{ij} - \bar{x_i})^2}{m(n-1)}}$$

$$v_i = m(n-1)$$

对于 B 类评定，按不同分布，找出其等价标准差 $u_{(x_i)}$。

2) 计算每个影响量 x_i 的标准不确定度分量 $u_i(y)$。

$$u_i(y) = C_i \cdot u_{(x_i)}$$

3) 合成标准不确定度 $u_c(y)$ 及其有效自由度 V_{etf}。

$$u_c(y) = \sqrt{\sum_{i=1}^{v} u_i^2(y) + 2\sum_{i=1}^{n-1}\sum_{j=i+1}^{v} u_i(y)u_j(y)r(x_i, x_j)}$$

当各影响量独立无关时，相关系数 $r=0$，则：

$$u_c(y) = \sqrt{\sum_{i=1}^{N} u_i^2(y)}$$

当被测量接近于正态分布时，计算有效自由度 V_{eH}：

$$V_{\text{eH}} = \frac{u_c^4(y)}{\sum_{i=1}^{N} \frac{u_i^4(x_i)}{V_i}}$$

4) 给出扩展不确定 U 或 U_p。根据输出量（被测量）的分布情况和有效自由度，求出所要求的置

信概率 P 下的包含因子 k，则 $U = k_p u_c(y)$。多数情况下取 $P = 95\%$。

如果 y 接近于正态分布，则 $U = k_p u_c(y)$

如果不能判断 y 的分布，则取 $k = 2$ 或 3（一般取 $k = 2$），$U = k u_c(y)$。

2. 汽车紧固件实验室主要设备的测量不确定的来源

实验室经常使用的专用设备（如超声轴力测试仪），在国内往往没有计量溯源途径。在紧固件工艺验证或失效分析中，通常还需要以理论公式为基础搭建出一套试验工装，这类试验工装和产品的影响因素，须参与到试验结果的计算，对试验不确定度评价主要考虑产品和工装的因素，而不是设备精度是否准确。

实验室通用性量具可以在计量机构出具的计量校准报告中看到其测量不确定度，最终参与到对产品试验的不确定度评价计算。现将实验室主要设备的测量不确定的来源介绍如下。

（1）几何公差检测设备

螺纹塞规/环规检测螺纹紧固件的尺寸，是现行最常用的检测方法。螺纹塞规/环规在计量检定校准证书上给出的是单一中径值，而螺纹紧固件通常是以作用中径值作为判定标准，作用中径才是影响螺纹装配和互换性的根本因素。

螺纹的单一中径与作用中径尺寸大小一样，这种理想状态实际上是不存在的。螺纹的作用中径可以通过测量螺纹的单一中径（三针法）、牙侧角偏差（用来计算牙侧角偏差中径当量）、累积螺距误差（用来计算累积螺距误差中径当量）这三者计算得出。

对于螺纹塞规/环规测量不确定的主要来源，包括三类因素造成的不确定度分量：单一中径与作用中径的转换、螺纹表面和牙底的杂物、人员读数误差。

（2）化学成分检测设备

对紧固件的化学成分分析的方法主要有两种：滴定分析法和仪器的直接测量。

1）滴定分析法可以分为直接滴定和返滴定两类，其不确定度评定是依据化学反应的机理寻找评定分量，一般不会出现重复评定或漏评定的情况。对于直接滴定法，其数学公式均为乘除关系，对各标准不确定度合成就可以了；对于返滴定法而言，其数学公式既有乘除关系又有加减关系，需要进行公式的转换，再进行各标准不确定度的合成。

滴定法的随机不确定来源主要包括：由于溶解样品的温度不同引起的溶解程度的差异、滴定操作过程中的读数差异、滴定终点的判断差异。

2）使用仪器直接测量的类型有两种：强度直读类仪器和含量直读类仪器。

对于强度直读类设备，是通过对标准系列溶液的测定，建立浓度-响应值工作曲线，对于这类仪器的测量不确定度可以用已知统计程序的计算得到。

对于含量直读类仪器，通过综合评定法进行测量不确定度评定，例如，红外碳硫分析仪测量钢中碳的含量，测量不确定的主要来源包括：天平的分辨力导致的误差、仪器的示值误差、标准物质的定值误差、随机误差（可用合并样本标准差的方法计算）。

（3）表面镀层检测设备

盐雾试验箱是表面镀层检测的最常用设备，它是通过模拟海水蒸发或冬季路面撒盐，导致空气中大量含氯离子或/和液滴形成对金属或其涂镀层的腐蚀，以评判紧固件抵御环境侵蚀的能力。

其测量不确定的主要来源如下：

1）对于盐溶液浓度的不确定来源包括：测量重复性、电子天平的测量误差、使用的氯化钠及去离子水纯度以及校准产生的测量不确定度分量。

2）对于盐溶液 pH 值的不确定度来源包括：设备分辨率和误差引起的测量不确定度分量。

3）对于盐雾沉积量的测量不确定度来源包括：收集溶液用的漏斗、收集溶液用的容量瓶、容量瓶的读数误差。

4）对于试验箱温度的测量不确定度来源包括：在试验箱不同位置放置的铂电阻的计量检测误差。

(4) 力学试验检测设备

力学试验检测设备最常用是拉力试验机和硬度计。

1) 目前国内的拉力试验机主要有两种形式：一种是机械或液压式的材料试验机，力值偏差不大于1%；另一种是以应变传感器进行测量（电子式拉力试验机），其力的示值偏差不大于0.5%，其实质是力值比较机，应用更为广泛。

其测量不确定度主要来源包括：试验在基本恒温的条件下进行，温度变化范围很小，可以忽略温度对试验带来的影响；对于强度指标，不确定度主要分量可分为试验力值不确定度分量、试样原始横截面积测量不确定度分量和强度计算结果修约引起的不确定度分量；对于断后伸长率，不确定度主要分量包含最初标距 L_0 和最终标距 L_U 的不确定度分量；对于断面收缩率，不确定度主要分量包含试件原始截面积 A_0 和试件拉断后缩颈处的截面积 A_1 的不确定度分量；对于人员因素，包含检测方法选择的影响、读数和估读影响。

2) 硬度计在硬度检测过程中，根据所测材料的不同，选用的测量方法和仪器亦不同。布氏硬度（HB）一般用于材料较软的时候；洛氏硬度（HRC）一般用于硬度较高的材料，如热处理后的硬度等；维氏硬度（HV）测量范围较宽，几乎涵盖各种材料，但在图样中使用较少。上述三种方式均是采用压入法测量金属硬度。

其测量不确定度主要来源如下：

① 对于环境因素，包括两类因素造成的不确定度分量：温度偏差和偏移的影响、振动和冲击的影响。

② 对于人员因素，包括两类因素造成的不确定度分量：试验方法选择的影响、读数和评估的影响因素。

③ 对于试样和硬度块，包括五类因素造成的不确定度分量：试样厚度过薄、试验支撑不稳定、硬度不均匀、表面不清洁、表面精加工不良。

④ 对于深度测量系统（洛氏），包括四类因素造成的不确定度分量：压痕深度的测量、分辨率过低、测量的线性度、数值的滞后或漂移。

⑤ 对于横向测量系统（布氏、维氏），包括四类因素造成的不确定度分量：压痕直径（或对角线长度）的测量不确定度、压痕不均匀照度、分辨率过低、反光镜数字孔径。

⑥ 对于力值施加机构，包括三类因素造成的不确定度分量：与标称力值偏差、与试验过程有关的时间间隔偏差、试验力压入速度。

⑦ 对于试验机压头，包括两类因素造成的不确定度分量：压头半径和角度与理想形状的偏差、压头的受力变形。

(5) 金相分析设备

金相显微镜一般由载物台、照明系统、显微镜放大系统、摄影系统等组成，用来观察检验分析金属内部的组织结构，对这些组织的组成物进行光学研究并定性和定量描述。

金相显微镜的测量不确定来源包括：显微镜放大倍率的不准确性引入的、测定系统的分辨力所引入的、显微镜软件标尺的准确度引入的、样品本身不均与性及测量重复性引入的（可用合并样本标准差的方法计算）。

(6) 失效分析设备

扫描电子显微镜主要用途包括：材料的微观形貌、组织、断口和失效分析；元素定量和定性成分分析；快速的多元素面扫描和线扫描分布测量；晶体、晶粒的相鉴定；晶粒尺寸、形状分析；晶体、晶粒取向测量等。

扫描电镜的测量不确定度来源包括三部分：底片上标尺图像分度长度（含万能工具显微镜的测量误差和测量重复性误差）、底片上样品图像中待测部分长度、标尺的标定误差。

(7) 模拟装配与分析工具

实验室常用的模拟装配与分析工具主要有两种：摩擦系数试验机和超声波轴力测试仪。

摩擦系数试验机的设计原理符合 ISO 16047：2005 标准的要求，其中扭矩、轴力都是试验机直接测量出的，支承面等效直径通常采用标称值或使用通用量具测量。目前行业内摩擦系数试验机的差异主要体现在，一种是传感器的组合差异，另一种是测量端面扭矩和端面摩擦系数而计算螺纹摩擦系数，还是测量螺纹扭矩和螺纹摩擦系数而计算端面摩擦系数。

其测量不确定的来源主要包括：对于总摩擦系数，不确定度的主要分量分为轴力的不确定度分量、总扭矩的不确定度分量（示值误差和弯矩）、测量支承面等效直径产生的不确定度分量；对于端面摩擦系数，不确定度主要分量分为轴力的不确定度分量、端面扭矩的不确定度分量（示值误差）、测量支承面等效直径产生的不确定度分量；对于螺纹摩擦系数，不确定度分量分为轴力的不确定度分量、螺纹扭矩的不确定度分量（示值误差）、螺纹中径的不确定度分量。

超声波轴力测试仪是根据螺栓在拧紧的过程中自身会伸长，同时会产生轴向力，而超声波从螺栓的一端传向另一端，再反射回来会形成时间差，时间差正好与伸长量成正比，在弹性范围内，根据胡克定律就可以得出螺栓的轴向力与超声波的时间差成正比关系。

普遍影响因素有两个：温度对轴力的值影响比较大，应确保曲线标定时温度与测量时温度尽可能一致；陶瓷片的性能对测量值影响很大，应确保同批次的陶瓷片的测量误差符合要求。

超声波轴力测试仪是典型的比较测量方式，其测量不确定度主要来源包括：对于标定阶段，不确定度主要分量可分为零件的加持长度影响、标定螺栓强度和尺寸差异、拧紧工具的扭矩和角度的不确定度分量；对于测量阶段，不确定度主要分量可分为检测螺栓强度和尺寸差异、拧紧工具的扭矩和角度的不确定度分量。

另外，数显扭力扳手是最常用的工具，它主要用于检测静态扭矩和残余扭矩，整车厂通常采用复紧法的评价方式。拧紧过程的扳手的标准受力情况如图 12-3 所示。

图 12-3 中，测量总扭矩等于 $T = T_b + T_{th} + T_c + T_f$（$T_b$ 端面扭矩、T_{th} 螺纹扭矩、T_c 同轴度扭矩、T_f 摩擦扭矩）；F 是操作中人手的移动而产生的力值，F_a、F_r 是作用力的分力。

测量不确定的主要来源包括：对于螺纹扭矩，包括两类因素造成的不确定度分量，分别是测量精度、扳手和连接杆与螺栓偏心而产生的偏差；对于摩擦扭矩，包括两类因素造成的不确定度分量，分别为测量精度、拧紧设备的刚性不足或操作中人手的移动而产生的偏差。

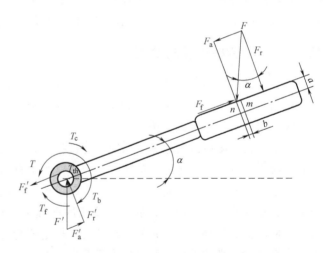

图 12-3 拧紧过程的扳手标准受力情况

12.3.6 结果有效性要求

质量监控作为实验室管理的核心活动之一，其本质特征表现为实验室对检测或试验结果有效性进行核查和验证。实验室应对监控进行策划和审查，有计划地采用必要的监控手段，科学地统计监视过程，从而为质量改进提供尽可能明确和充足的信息输入，并防止报告错误的结果，进而避免报出错误数据所引起的连带法律责任风险。

1. 结果有效性确认方式

为保证对试验和检测数据稳定性和可靠性的有效监控，实验室需根据具体的实际情况，首先应制订内部质量监控计划，该计划中须包括监控的项目和方法、监控频率/时间以及监控结果的评价准则。

2. 各类试验设备的质量监控

（1）监控的方法

1）在日常分析检测过程中，使用标准物质或质量控制的样件进行结果核查。

2）由同一操作人员，对保留样件进行重复检测。
3）由两个以上人员，对保留样件进行重复检测。
4）分析某一个样件，不同特性检测结果的相关性。
5）使用不同分析方法（技术）或同一型号不同仪器对同一样件进行检测。

（2）监控的频率和时间

紧固件实验室的监控频次应结合往年的检测结果的准确程度及其变化趋势，同时考虑成本和风险的平衡，制定相应的监控频率。当发生下述情况下，应及时安排监控活动：

1）当实施新的检测和试验方法时。
2）人、机、料、法、环与往年的检测情况发生变化时。
3）试验或检测数据持续单方向变化时。
4）试验样件性能不稳定时。

（3）监控结果的评价

实验室对质量监控结果进行评价所采用的方法是多种多样的，而所有的结果评价方法所体现的作用基本可以归结到精密度和准确度两个焦点上。常用的实验室质量控制结果评价方法有以下几种：方差检验法、均值检验法、质控图法、En值评定法、稳健Z比分数法、临界值（CD值）评定法，以及按专业标准方法的规定进行评定。

不同的结果评价方法具有不同的适用范围和评价侧重点，对于质量监控结果，实验室应选用合适的统计技术进行分析。如果对结果有效性有怀疑或出现偏离预期质量要求的趋势，应分析原因，提出处理意见并采取措施，要注意，运用统计技术做出判断的风险应控制在可接受的水平。

12.3.7 不合格试验的处理

不合格试验是指在试验或检测过程中，其工作过程或试验结果不符合程序要求（例如，设备、环境条件超出规定限值，监控结果不能满足规定的准则）或不能与客户达成一致的要求。对于各类不合格试验，实验室应有程序予以实施。

对于因技术限制或其他客观原因，经过技术判断在不影响试验结果正确的情况下，获得批准并经客户同意后，允许产生试验方法的偏离，而不作为不合格试验处理。

对于不合格工作的控制，一般包括判定、标示、记录、评审和处理等。而允许偏离是有条件的、可控制的，是在不影响检测和试验工作质量的前提下，对原来的规定要求和程序做一些必要的调整、修改、延伸、扩展、补充，它只有在已被文件规定的情况下，经技术判断、授权批准和客户同意才允许发生。未经文件批准的偏离，可以作为不符合来处理。

1. 不合格原因分析

产生不合格的原因主要包括以下几点：

1）人员操作差错。
2）方法和方法确认的缺陷。
3）环境条件失控。
4）仪器设备的缺陷。
5）试验样件和工装的缺陷。
6）校准溯源失控。
7）记录和数据处理差错。

2. 不合格措施制定

任何人发现或识别检测活动偏离程序和不符合工作已经形成或可能发生时，应当立即向实验室负责人直接报告事实的真相，并采取以下措施：

1）识别偏离或差错的严重性，包括以下三种情况：轻微不符合，是指偶然的孤立不符合，未对试

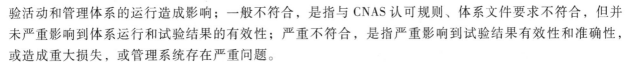

验活动和管理体系的运行造成影响；一般不符合，是指与 CNAS 认可规则、体系文件要求不符合，但并未严重影响到体系运行和试验结果的有效性；严重不符合，是指严重影响到试验结果有效性和准确性，或造成重大损失，或管理系统存在严重问题。

2）立即采取纠正活动，包括：责令操作人员中止偏离活动、暂停工作、扣发检测报告等。对于轻微不符合可以采用口头纠正的方式，并向有关人员传达相关注意事项，以防止类似不符合再度发生；对于一般不符合或严重不符合项，必须采取书面纠正方式；对于一般不符合工作，纠正后即可恢复工作；对于严重不符合工作，应由技术主管视所采取措施是否有效决定是否恢复试验和检测工作。

3. 措施实施和验证

对于一般不符合以上程度的试验问题，应该指定专门的验证人员，对采用的纠正措施有效性进行确认，实验室技术主管对验证的结果进行审核批准。因纠正措施而导致的任何变更应形成文件，并及时发布执行。

4. 不合格试验问题追溯

实验室应该对不合格试验问题的后果进行评估，轻微不符合的问题可由实验室技术负责人评估，并给出是否需要通知客户的决定；对于一般不符合和严重不符合的问题，应由实验室的主管部门领导做出是否实施数据追溯以及是否将相关信息通知顾客的决定。实验室应做好相关原始记录数据的收集与保管工作。

12.3.8 数据控制和信息管理

数字经济时代，数据是企业以及实验室的最重要的资源，利用好数据和信息对实验室的重要性体现在以下两个方面：

1）改进质量管理手段，提高分析数据的综合利用率，提高分析数据的时效性，挖掘分析数据的潜在价值。

2）规范实验室内部管理，实现数据共享，强化质量监控手段。

1. 开展试验活动需要的数据和信息类型

实验室应获得开展实验室活动所需的数据和信息。紧固件件实验室开展试验活动需要包括技术和管理两部分数据和信息类型，通常表现为计算机化的数据和信息管理，如试验标准查询的系统、产品数据查询系统、实验室内部管理系统、试验检测问题管理。企业常用的软件在其设计的应用范围内使用，均可视为已经过充分的确认；如果软件发生变更，或者是非计算机类的数据，在使用前应被批准、形成文件并确认。

2. 实验室信息管理系统功能清单

具备条件的实验室可建立一套完善的实验室信息管理系统，可以是单独建立，也可以在公司现有系统上二次开发，对影响实验室质量的诸要素进行有效的管理和控制，并严格规范实验室的标准操作流程。

实验室信息管理系统的重要模块包括：

1）样件的管理部分：样件进入实验室到分配检测项目直至完成并认可检测结果出具证书的过程。

2）实验室资源管理部分：包括对实验室人员、分析检测仪器和相关设备、检测报告、标准管理、供应商的管理，从而实现对实验室的全面管理。

3）流程性管理部分：针对并结合内外部的岗位职责，对各类日常性业务或试验问题进行管理。

4）各类检测和试验原始数据的收集、处理、记录、存储、检索、统计等功能。

3. 文件的保管和归档

各紧固件实验室，目前依然存在大量的纸质文件以及零散的电子文件、记录，它反映了实验室最基本的管理状况。如果实验室记录管理混乱，即使实验室有很好的硬件设施和资源，没有足够的数据记录作为支撑，没有良好的记录文档的管理，也会限制实验室的技术水平发展。文件管理的具体要求如下：

1）做好分类。针对纸质文档类和电子文档类有针对性地区别管理，以达到尽可能全面地保存实验室活动的重要记录、资料以及规定保存期限内的所有技术记录的目的。

2）细化检索目录。根据文档类型的分类，建立主检索目录，再对各类文档进行内容细分、归类，根据细分情况设立次检索目录，然后按时间顺序再设立下层检索目录，通过先关键词再时间顺序的方式结合建立检索目录体系，并根据文档的增减情况进行维护。

3）确保建档完整性。常见的建档的方式有两种：一种是当所有的记录收集完毕后再进行建档，这样的建档方式能够确保档案中的记录完整性，但是建档的及时性会有所滞后，在建档之前记录文档会显得零散；另一种是指在记录未收集前提前建档，当记录形成时，可以即时归档，该方式使得记录在归档时能够集中，但要求对预建档内容记录做到全程跟踪，保证记录的完整性。

4）完善的存取制度。对各类文件资料的查阅、借阅、交接、定期检查方面，都应明确相关人员的责任与流程。

5）良好的文档储存。对于纸质文档，应当做好防潮、防火、防虫、防盗等防护工作；对于电子文档，应当做好防磁、防盗、防黑客等工作，定期检查电子文档载体使用的有效性以及电子记录传输、保存的完整性。

6）及时清理。应当根据准则要求以及自身记录保存的需要，设定记录的保存期限。实验室也应当对记录进行识别，识别出可清理记录以及需保存记录，待清理销毁的记录在销毁前应当做好登记，并得到审批后才能进行清理、销毁。

4. 文件的保密

对于计算机化的文件，应设置文件的单机备份或网络备份，并设置不同权限的登录账号，以防止文件的篡改和丢失。对于实验室的纸质化文件，应指定专人负责保管和存放，并保存在具有防止损坏、变质、丢失等适宜环境的设施中，确保员工易于获取与试验相关的说明书、手册和参考数据。

对于客户为检测所提供的所有图样及标准、说明等文件，应指定专人负责保管和存放，对相关文件的借阅，须经客户的同意。对于用电话、电传、图文传真或其他电子设备发送给客户的文件，可指定专人负责传送，并做相应记录，以备检查。

对于客户到实验室参观或监视与其工作有关的试验时，不允许拍摄实验室公示的管理规定、操作指导书等文件。

12.4 紧固件实验室管理体系要求

12.4.1 体系文件要求

1. 管理体系的意义和基本要求

（1）管理体系的意义和重要性

管理体系是建立方针和目标并实现这些目标的体系，对于一个企业而言，一个完备的跨多部门的管理体系是企业健康运行的保障；而对于现代实验室来说，一个健全的管理体系是实验室开展工作的基础，也是实验室合理合规、有序运行的保证。

实验室管理体系的主要目的是确定实验室的方针和目标，包括实验室的运行方针、服务目标、质量保障计划等。同时，实验室的管理体系也是实验室通过各项认可认证的支持，合理的实验室管理体系也能极大地保障实验室在运行过程中各项工作有条不紊地进行。可以说，管理体系已经和实验室的资源（包括设备和人员）、环境共同成为现代实验室的基础和支撑。

（2）管理体系的基本要求

紧固实验室所建立的管理体系应覆盖实验室所进行的全部检验、试验或校准工作，包括在固定的设施内、离开固定设施的场所或在相关的临时或移动设施中进行的工作。

实验室管理体系应满足以下基本要求：

1) 有相应的管理负责人和技术负责人。不考虑他们的其他职责和职务，作为实验室管理负责人，其有权利和资源来履行包括实施、保持和改进管理体系的职责，识别对管理体系或实验室日常校准、检测工作程序的偏移，并采取预防或减少这些偏离的措施；作为实验室的技术负责人，其有足够的技术能力负责实验室的技术运作和确保实验室运作质量所需的资源。

2) 有相应的措施，以保证实验室所有人员的工作质量与所获得的数据不受任何内部和外部的不正当的商业、财务和其他方面的压力和影响。

3) 有文件化的政策和程序，以保护实验室的试样和相关数据的机密性和所有权，包括实验室通信设备、数据交换设备以及数据存储设备的使用和保护程序。

4) 规定实验室与企业其他部门（包括研发部门、生产部门、销售部门等）以及客户之间的关系和交流、交接流程。

5) 规定对实施校准和检测质量有影响的所有管理、操作、验证和核查人员的职责、权限及相互关系。

6) 由熟悉检验、试验或校准的方法、程序、目的和结果评价的监督人员对从事检验、试验或校准的人员（包括在培人员）实施有效的监督。

7) 指定一名人员作为质量负责人，不管其现有的其他职责，赋予其在任何时候都能保证与质量相关的管理体系得到实施和遵循的责任和权力。质量负责人应有直接渠道接触决定政策和资源的企业负责人或实验室管理负责人。

8) 确保实验室人员理解他们的活动的相互关系和重要性，以及如何为管理体系总体目标的实现做出贡献。

此外，实验室负责人应与企业内部其他部门建立适宜的沟通机制，并就实验室与各部门间的配合、实验室数据结论的采纳及采用、实验室管理体系与企业管理体系的兼容以及实验室自身管理体系的有效性等事宜进行沟通。

2. 管理体系文件的建立和有效实施

管理体系文件是实验室所建立的管理体系的文件化的载体。实验室应将其制度、计划、程序和作业指导书制定成文件，并达到确保实验室的检验、试验或校准结果质量管理所需要的程度。管理体系文件应传达给实验室有关人员并被其理解、获取和贯彻执行。管理体系文件通常包括：实验室方针和总体目标、质量手册、程序文件、作业指导书（或操作说明书）、质量计划、标准与规程规范、外来文件、记录等。

（1）实验室方针和总体目标

应在质量手册中阐明实验室管理体系中与质量有关的方针并加以声明，应制定总体目标并在管理评审时加以评审。总体目标应是可以测量的，并与实验室方针保持一致。实验室方针声明由实验室负责人授权发布，至少包括下列内容：

1) 适应企业的宗旨和环境并支持其战略发展方向。

2) 为企业提供良好的检验、试验或校准能力和保障其质量可靠性的承诺。

3) 为建立质量总体目标提供框架，满足适用要求的承诺。

4) 要求实验室所有与检验、试验或校准活动有关的人员熟悉与之相关的体系文件并在工作中执行这些程序。

5) 持续改进管理体系有效性的承诺。

（2）体系文件的技术（规范）依据

实验室可以按照GB/T 27025—2019（等同引用ISO/IEC 17025：2017）、ISO/IATF 16949：2016的规定以及对企业管理体系文件的引用，来建立和运行管理体系并落实至体系文件。

（3）质量手册和程序文件的制定和实施

实验室应编制质量手册和程序文件。质量手册和程序文件需经实验室质量负责人与企业负责人协商确认后由实验室管理负责人进行发布，在经实验室所有与检验、试验或校准活动有关的人员理解和获取后，在实验室内实施。

质量手册应包括或注明含技术程序在内的支持性程序，并概述管理体系中所用文件的架构。质量手册中应确定实验室管理负责人、技术负责人与质量负责人的作用和责任，包括确保遵行相关规范的责任。同时，质量手册中还应包括企业的其他部门与实验室的输入输出关系以及对企业管理体系的适应性文件。

程序文件与质量手册一起共同构成对整个实验室管理体系的描述。程序文件的范围应覆盖 GB/T 27025—2019、ISO/IATF 16949：2016 以及企业管理体系文件对实验室的相关要求，其详略程度应取决于企业与实验室的规模和活动类型、实验室的过程及相互作用的复杂程度以及实验室的人员能力。

12.4.2 文件控制要求

实验室应控制管理体系所要求的所有文件（内部制定或来自外部的），诸如法律法规、技术规范、客户要求的文件或声明，还有试验、检验或校准方法、抽样方案、标准，以及图样、软件、指导书和手册等。

1. 文件的流程控制

由于企业实验室的特殊性，根据企业生产工艺、客户要求的变更，其文件更新频率将远高于独立实验室的文件更新频率，因此，结合企业实验室的实际情况，对紧固件实验室的文件控制流程给出建设性的要求。

（1）文件的制定和引用

企业生产工艺、客户要求的变更、实验室引入新的检验设备或其他实验室现有的文件无法满足实际情况需要，需制定新的文件以满足新的试验、检验与校准需要或质量体系的改进时，可由实验室相关项目负责人员根据实际需要撰写制定新的文件，以确保实验室的质量管理体系不出现漏洞。这里的文件可以指程序文件、作业指导书（或操作说明书）、质量计划、标准与规程规范的解释或翻译以及外来文件的解释、记录等。新制定的程序文件应至少满足以下要求：

1）文件应满足实验室质量手册与企业质量管理体系的相关要求，不与实验室或企业质量管理体系相冲突。

2）文件封面应有明确的编号、名称、类型等标识信息。

3）文件内容应包含规定文件的使用目的和适用范围。

4）临时文件应标注文件使用的起始日期和作废日期，或标注文件的使用时间段。

5）文件中引用的标准、规程规范均应是现行有效版本。

6）文件中部分引用已有的标准、规程规范时，需标注引用的标准、规程规范的名称（编号）以及引用部分的章节号。

7）文件中引用外来文件（包括客户要求的技术文件或声明），需在文件附件中附上外来文件的原件或复印件。

（2）文件的更新

为保证文件的时效性，尤其是文件中的标准、规程规范等文件，需确保它是现行有效版本，因此，必须在必要时对文件进行评审和更新。

文件的更新一般应用在以下范围：

1）原本使用的标准、规程规范等文件颁布了新的版本。

2）原有的技术文件（包括图样、软件、指导书）升级或颁布了新的版本。

3）客户的要求出现了更新。

文件的更新需由实验室技术负责人组织进行评审，对原有的版本与更新后的版本进行比较，确认实验室现有的条件能够满足新颁布的版本（或更新的要求）的条件，由实验室技术负责人审核批准后交由实验室质量负责人保存并替换原有的文件，并在实验室记录中予以记录。必要时，需由实验室管理负责人对文件的更新进行宣贯。

(3) 文件的审核（批准）

为使文件的引用充分与适宜，制定或引用的文件、文件的更新需经审核（批准）方可使用。文件的审核（批准）应遵循以下规则：

1) 新制定的文件或其更新，需经过实验室技术负责人审核（批准）后，由实验室质量负责人保存和记录，由实验室管理负责人发布实施。

2) 制定的临时文件由实验室技术负责人审核（批准）后方可实施，并由实验室质量负责人保存记录，直到临时文件超过使用期限后，由实验室质量负责人负责作废注销。

3) 当实验室技术负责人因故无法在临时文件执行时效前对临时文件进行签署（批准），可经其确认授权后，由实验室质量负责人或管理负责人代为签署。此份临时文件的有效性由实验室技术负责人和代为签署（批准）人共同负责。

(4) 文件的作废

当文件出现了新的版本，原有的版本已经不再适用，或原有的文件不再适应实验室的管理体系的需要，以及临时文件到期之后，需对文件进行作废。文件作废的工作由实验室质量负责人主管进行。

已经停止使用的文件应由实验室质量负责人负责保管和作废工作。实验室质量负责人或其授权的质量管理人员应将作废的文件和现行有效的文件进行分开放置（包括纸质文件和电子文档），并做明显的标识，避免作废的文件非预期使用。

2. 文件的管理控制

(1) 文件的受控

实验室的文件需经过受控方可使用，一般文件的受控由实验室质量负责人或其委托的质量管理人员负责。受控的文件应有明显的受控标识。受控的文件应根据类型制作专用的文件集，以方便实验室相关工作人员分发、访问、检索和使用。

一经受控的文件，如无特殊情况，任何人不得擅自更改和变动。如确实需要对受控文件进行修改的，应由实验室质量负责人与技术负责人共同确认批准后，方可对受控文件进行非内容性修改（不影响受控文件原有的解释与意义的修改），并由文件的保管人登记备案。如需对文件的条款、解释、意义、流程等实质内容做出修改的，需以文件更新的方式进行。

(2) 文件的编号（码）规则

实验室的文件需有统一协定的编码作为文件独立性的标识。文件的编号（码）规则由实验室自身或根据企业管理体系中对文件编号（码）的约定进行，一般文件的编号（码）规则应包含以下元素：

1) 文件的使用部门（或适用产品）。

2) 文件的（编列）序号。

3) 文件的版号。

4) 文件的制定或更新年份。

(3) 文件的保存

实验室的文件由实验室质量负责人或其委托的质量管理人员负责保存。文件的保存应符合以下要求：

1) 确保文件的更改和现行修订状态得到识别。

2) 确保文件保持清晰、易于识别。

3) 确保在使用处可获得适用文件的有效版本。

4) 确保企业所确定的策划和运行管理体系所需的外来文件得到识别，并控制其分发。

5) 防止作废文件的非预期使用，如果出于某种目的而保留作废文件，应对这些文件进行适当的标识。

6）对文件根据编码或类型进行整理存档，并建立文件的管理档案，对文件的状态进行监控和管理。

（4）文件的使（借）用

实验室的文件应方便实验室相关工作人员分发、访问、检索和使用。同时，实验室的部分文件涉及企业和客户的商业机密，因此文件的使用和借用也应遵循相应的规范，避免文件的丢失或涉密文件的外泄。

实验室的质量负责人或其指定的质量管理人员负责组织保存文件，文件的保存负责人或负责部门应妥善保管文件，并建立文件的保密机制，根据文件的保密等级对文件外阅、外借的人员权限进行严格的划分；同时建立保密文件的管理档案，对文件的阅览和出借情况进行严格的登记，确保保密文件的使用和借用有据可查。

12.4.3 内部审核要求

1. 内部审核的规划

（1）内部审核的目的

实验室应根据预定的日程表和形成文件的程序，定期对其活动进行内部审核，以验证其运作持续符合管理体系和 GB/T 27025—2019、ISO/IATF 16949：2016 的要求。

内部审核不仅是实验室通过一定的流程对自身试验、检验和校准能力的审核，也是对实验室的管理体系能否正常运行、现有的管理体系是否满足企业和客户对实验室的新需求以及管理体系是否存在不足和瑕疵需要持续改进而进行的审核。因此，内部审核的目的不单单是对实验室内进行的一种考核，同时也是促进实验室管理体系不断进步的一种手段。

（2）内部审核的策划和组织

实验室的内部审核计划应涉及管理体系的全部要素，包括试验、检验和校准活动。实验室的质量负责人按照日程表的要求和企业管理层的需要策划和组织内部审核。审核应由企业内部经过相应培训的人员执行，或由企业管理层执行，只要资源允许，审核人员应独立于被审核的活动。内部审核的周期通常不超过 12 个月。

当审核中发现的问题导致对运作的有效性，或对实验室试验、检验和校准结果的正确性产生怀疑时，实验室应及时上报情况至企业管理层，同时及时采取纠正措施。如果调查表明实验室给出的结果可能已经受影响，应书面通知受到实验室结果影响的企业其他部门及客户，并暂停实验室的运行，直到所发现的问题得到妥善解决后方可运行。

审核活动的领域、审核发现的情况和因此而采取的纠正措施，均应予以书面记录，有条件的实验室可以将内部审核的记录整理成档案形式，记录实验室发展中遇到的问题，有针对性地把握实验室的现况。

2. 内部审核的过程

实验室的内部审核过程应根据实验室自身情况，包括规模以及开展试验、检验和校准活动的数量、人员能力、开展项目的数量等，结合实验室的管理体系自行决定考核的内容。这里仅对较为通用的项目给出内部审核的项目作为参考。

（1）人员审核

人员是实验室重要的资源和组成部分，针对紧固件实验室，对人员的审核项目应包含以下几个方面：

1）各负责人的责任履行情况。考察实验室管理负责人、质量负责人和技术负责人的责任履行是否到位，是否存在责任上的缺失，是否有负责人带头违背管理体系要求的情况发生。

2）从事试验、检验和校准活动的人员资质。考察从事试验、检验和校准活动的人员资质是否完备，这里的资质可以是国家或行业认可的检定、校准人员资质或项目认证人员资质，根据企业需要也可以是企业内部培训或考核的相关证明。

3）人员配备情况。考察实验室每个项目的资质人员是否符合该项目对人员配备的要求，一般每个项目的试验、检验和校准人员应不少于 2 人；同时应抽样考察每个项目的人员是否胜任且受到监督，并依据实验室的管理体系要求工作。

（2）环境审核

对实验室环境的审核主要体现在下列因素：

1）实验室的环境条件，包括温/湿度是否符合体系文件或相关项目的标准和规程规范规定的范围内。

2）实验室是否有完备的再现试验环境的相关设备，且这些设备是否有可靠有效的证明文件。

3）实验室是否符合专业项目所规定的其他要求，并可以提供证明实验室符合相关要求的文件或材料。

（3）设备审核

实验室的设备是一个实验室构成和运行的基础，对于实验室设备的检查也是内部审核过程中的重中之重。对实验室设备的审核一般着重于以下几个方面：

1）设备的有效性：审核使用设备有无超期限使用的情况。

2）设备的溯源性：审核使用的设备有无溯源性证明，这里的证明应尽可能提供第三方出具的检定、校准或检测报告，如因特殊情况无法提供第三方证明的，应进行情况说明并提供设备的出厂报告或同类设备的比对报告。

3）设备的使用情况：审核设备的使用记录是否规范填写，是否与所出具的试验报告一一对应。

4）设备的安置和管理情况：审核设备的管理情况，包括设备的唯一性标识、设备的维护情况以及有需要外出使用的设备的运输使用情况。需要注意的是，这里还需要考察对设备进行管理过程所形成的文件。

（4）过程审核

实验室的过程审核是对实验室从接收任务到完成试验报告的整个过程的审核。一般过程审核需要考察实验室以下几个能力：

1）样件的交接是否符合程序文件的要求。

2）样件的管理是否清晰明确不出现混淆。

3）样件的试验过程是否符合相应标准与规程规范或其他规范性文件的要求。

4）设备的使用是否合理，获得的数据是否准确可靠。

5）样件的试验记录是否真实有效。

6）样件的试验记录是否能够复现样件试验时的状态。

7）样件的试验报告是否充分反映了试验记录中的关键信息。

8）样件的核验人员是否按照程序文件的要求对样件进行核验。

9）样件完成后是否尽可能地恢复试样的状态。

实验室的过程审核是一个综合审核的过程，将考察到实验室整个过程的各个细节，一般不推荐每次内部审核都进行过程审核，而是通过实验室的人员、设备、环境和结果审核确定实验室的质量体系是否符合要求。但实验室建立之后的首次内部审核，或实验室在出现问题整改后的首次内部审核中，应当进行过程审核。企业应根据年度方案，每三个日历年采用过程方法审核一次全部质量管理体系，以验证管理体系与标准的符合性。

（5）结果审核

实验室的结果审核一般采用抽样再试验、相同条件相同样本不同人员重复试验、实验室留样再试验的方式进行。有条件的也可以通过向有能力验证资质的第三方实验室寻求能力验证，或与其他实验室进行实验室间比对的方式来衡量结果的合理性。

3. 后续活动

（1）采取措施的验证

实验室在内部审核后，对内部审核后存在的问题进行汇总，并对中间存在的问题进行改进或整改的活动称为内部审核的后续活动。其中，采取措施的验证是通过对内部审核中查出的问题采取相应的措施，并对这些措施影响结果的有效性进行验证的过程。

采取措施的验证是一个过程的验证，其不仅可以通过对实验室的结果改善进行验证，同时可以通过对实验室过程控制上的进步验证采取措施的有效性，包括提高工作效率、简化工作流程、改善实验室环境等都可以作为采取措施的验证结论。采取措施的验证可以使内部审核工作闭环，同时作为内部审核工作的产出。

（2）验证结果的报告

验证结果的报告是内部审核最后的工序，是将本次内部审核发现的问题、采取的措施和采取措施的验证一同以报告的形式，由实验室质量负责人上报给企业负责人的过程。

验证结果的报告，一般需要具备内部审核的时间或时间段、内部审核的范围、内部审核的过程、内部审核的结果、内部审核中出现的问题、针对问题采取的措施以及采取措施的验证等。验证结果的报告是内部审核所有工序的汇总和体现，是持续改善质量管理体系的依据。

12.4.4 管理评审要求

1. 管理评审的要求

实验室管理负责人应根据预定的日程表和形成文件的程序，定期对实验室的管理体系以及试验、检验和校准活动进行评审，以确保其持续的适宜性、充分性和有效性。评审应包括评价改进的机会和管理体系变更的需求，包括质量方针和总体目标的变更。管理评审应至少每年进行一次，应基于影响质量管理体系和绩效相关问题的内部或外部更改造成的客户要求符合性的风险，提高管理评审的频率。

2. 评审输入

管理评审的输入应包含以下方面的信息：

1）以往管理评审所采取措施的情况。

2）与质量管理体系相关的内外部因素的变化。

3）下列有关质量管理体系绩效和有效性的信息及其趋势：

① 顾客满意和有关相关方的反馈，包括：质量目标的实现程度、过程绩效及产品和服务的合格情况、不合格及纠正措施、监视和测量结果、审核结果、外部供方的绩效。

② 资源的充分性。

③ 对应风险和机遇所采取措施的有效性。

④ 改进的机会。

⑤ 不良质量成本（内部和外部不符合成本）。

⑥ 过程有效性的衡量。

⑦ 过程效率的衡量。

⑧ 产品符合性。

⑨ 对现有操作更改和新设施或新产品进行的制造可行性评估。

⑩ 其他相关因素，如质量控制活动、资源以及员工培训。

3. 评审输出

管理评审的输出应包括与以下方面有关的任何决定和措施：

1）管理体系有效性机器过程有效性的改进。

2）与法律法规要求和客户要求有关的试验、检验和校准的改进。

3）资源需求。

应记录管理评审中的发现和由此采取的措施，实验室管理负责人和质量负责人应共同确保这些措施在适当和约定的时间内得到实施。

4. 纠正措施

纠正措施是指为消除已发现的不符合或其他不期望情况的原因所采取的措施，实验室管理体系或技术运作中的问题可以通过各种活动来识别，例如不符合工作的控制、内部或外部审核、管理评审、顾客的反馈或员工的观察。实验室应制定纠正措施的政策和形成文件的程序，指定合适的人员，在识别出不符合工作或对管理体系、技术运作政策和程序有偏离时实施纠正措施。

（1）原因分析

纠正措施程序应从确定问题根本原因的调查开始。原因分析是纠正措施程序中最关键、有时也是最困难的部分。根本原因通常并不明显，因此需要仔细分析产生问题的所有潜在原因，可能包括：顾客要求、样件、样件规格、方法和程序、员工的技能和培训、消耗品和设备。

（2）纠正措施的选择和实施

需要采取纠正措施时，实验室应识别出各项可能的纠正措施，并选择和实施最可能消除问题和防止问题再次发生的措施。纠正措施应与问题的严重程度和风险大小相适应。实验室应将纠正措施所导致的任何变更制定成文件并加以实施。

（3）纠正措施的监控

实验室应对纠正措施的结果进行监控，以确保所采取的纠正措施是有效的。纠正措施的监控一般采取人员监督或过程再现的方式进行。

（4）附加审核

当对不符合或偏离的识别，导致对实验室符合政策和程序与 GB/T 27025—2019 和 ISO/IATF 16949：2016 产生怀疑时，实验室应依据内部审核的规定对相关活动区域进行附加审核。附加审核常在纠正措施实施后进行，以确定纠正措施的有效性。只有在识别出问题严重或对业务有危害时，才有必要进行附加审核。

12.4.5 预防和改进要求

前文介绍了对实验室运行过程中可能出现的质量风险进行评估和管控，包括对风险的预防以及结合顾客和法律法规的变化对整个管理体系进行不断的改进。以下将介绍预防措施的分析和实施，以及推荐几种对管理体系进行改进的方法。

1. 预防措施

预防措施是指为消除潜在不符合或其他潜在不期望情况的原因所采取的措施。采取预防措施是为了防止不符合的发生，也是针对实验室的试验、检验和校准技术以及管理体系实施改进的极好机会。

企业和实验室均应识别技术方面和管理体系方面所需要的改进和潜在不符合的原因。潜在不符合情况的原因有很多种，可能是技术上存在缺陷，也有可能是管理环节出现的问题。由于潜在不符合情况的隐蔽性，实验室很难在问题爆发出来之前及时处理，到出现问题的时候弥补可能会付出更多的资源，因此实验室应每年针对实验室运行的多方面遇到的问题进行分析，确定实验室潜在的不符合情况，并对其采取措施。潜在不符合情况的主要来源有：

1）客户的不满意：及时对客户不满意的情况进行采集和研究，结合实验室的管理体系做出有针对性的改进。

2）其他部门的反馈：企业实验室是直接服务于企业的，在与企业其他部门进行交流和信息交换时，可以针对其他部门对实验室的看法进行分析和改进。

3）产品的质量情况：实验室的潜在不符合情况会直接或间接地反映在产品的生产中，因此，对产品的质量情况进行分析，结合产品质量的偏移程度对实验室的情况进行调整，也是找出实验室潜在不符合情况的方法之一。

4）实验室自查：可以通过内部审核和管理评审以外的实验室自查来分析实验室潜在的隐患，包括设备、人员、环境和过程上的，继而对可能发生的问题采取预防措施。

5）大数据分析：现代社会是数据化的社会，可以结合企业与实验室的各项数据，科学合理地分析出实验室可能存在的风险。

当识别出改进机会或需采取预防措施时，应制定措施计划并加以实施和监控，以减少这类不符合情况发生的可能性并改进。

预防措施程序应包括措施的启动和控制，以确保其有效性。预防措施是事先主动识别改进机会的过程，而不是对已发现问题或投诉的反应，因此，预防措施的实施可以是一个有前瞻性的、稳步推进的计划，继而可以在预防措施的实施过程中对实施结果进行实时的监控，从而对预防措施进行有针对性的调整，使结果更符合预期。

针对可能发生的问题所实施的预防措施是实验室能力的体现，不仅能够有效地控制实验室不符合情况的出现，同时也是实验室持续改进技术、服务和管理体系的有力保障。

2. 管理体系的改进

"持续改进"是质量管理原则的核心。由于实验室是以满足企业和客户的需求为主要关注焦点，而企业和客户的要求是不断变化的，所以要提高客户的满意程度，符合企业对实验室不断精益求精的要求，就必须开展持续改进的活动。

为持续改进管理体系，要求实验室不断寻求对管理体系过程进行改进的机会，以实现管理体系所设定的目标。改进措施可以是日常循序渐进的改进活动，也可以是重大的战略性改进活动，实验室在管理体系的建立和运行过程中尤其应关注日常渐进的改进活动。对实验室管理体系进行改进的机会，一般体现在以下方面：

1）通过质量方针和总体目标的提升进行的持续性改进。实验室通过建立质量方针和总体目标建立运行实验室的管理体系，而实验室的质量方针和总体目标是为企业进步和客户满意的全局服务的。因此，通过阶段性地对实验室质量方针和总体目标进行提升和改进，可以使整个实验室的服务能力和服务质量实现战略性改进。

实验室的方针和目标应该是循序渐进的，不断满足企业、客户和市场对产品质量越来越高的需求，因此，通过质量方针和总体目标的提升进行的改进应该是持续性的。企业和实验室应营造一个激励改进的氛围并开展相关活动，激发实验室工作人员和企业员工对质量方针和总体目标提升的认同感和使命感，激励员工伴随实验室管理体系的持续性改进不断提升服务质量。

2）通过内部审核的结果发现薄弱环节进行的针对性改进。实验室通过内部审核不断发现管理体系的薄弱环节，并通过对薄弱环节的分析和采取措施，从而达到对管理体系薄弱环节进行有针对性改进的目的。

通过内部审核进行的针对性改进是一种即效性的改进，也是优先度最高的改进，是针对已经出现的问题或马上要出现的问题进行的改进。实验室应对这种针对性改进引起足够的重视，并做出纠正措施或适当的预防措施，避免类似问题再发生。

3）通过对客户的不满意分析进行的市场性改进。实验室通过对客户的反馈（或其他部门的反馈）结果进行科学分析，制定迎合市场需求的改进措施。这种市场性改进是一种自发进行的改进，是针对客户不满意的地方，为满足要求、偏离要求或过程不稳定的管理体系进行的改进措施。

针对客户需求的市场性改进，是实验室改善自身服务质量的核心方法，也是实验室协助企业提升产品质量、营造企业品牌效应的举措。通过对市场环境的分析，调查客户对实验室质量管理体系的要求，可以有效提升客户的产品和服务体验，提升实验室适应市场环境的能力。

4）通过管理评审对管理体系进行的全方面改进。实验室通过管理评审，并在管理评审活动中对管理体系的适宜性、充分性和有效性进行充分评价，持续改进实验室的管理体系。由于管理评审考核了实验室内部和外部环境下的全部输入，因此，根据管理评审的评价对管理体系的改进是一种全方面的改进，这里改进的内容不仅局限于实验室的资源、环境、控制过程、管理体系文件，还可以是实验室的质量方针和总体目标等。

12.5　汽车紧固件实验室审核案例

实验室常见不合格问题主要包括：设备、检测和试验方法、记录、人员、溯源性、环境与设施、体系文件及控制、质量控制、外部提供的产品和服务。这九类问题约占全部问题总数的95%以上，其中第一和第二类问题又约占问题总数的30%以上。

12.5.1 设备类不合格问题

设备类不合格问题的常见原因包括：试验或检测设备缺乏关键的附件或设备、设备使用缺乏参考标准；设备的精度不满足要求、设备的测量范围或测量参数不满足要求、对设备的验证不合理、设备的标识不清楚、设备期间核查不规范。

例如，某实验室使用三针检测螺纹中径的尺寸是否合格，审核员在查阅三针的检定证书，发现缺少1.008mm的三针数值，问检测人员："你们没有螺距1.75mm的螺纹塞规需要检测吗？"检测人员回答："这次送检时，因为1.008mm的三针有锈迹，计量院没有开计量数据，同时工厂螺距1.75mm的螺栓生产量很少，我们都是非常有经验的检测人员，前期对0.866mm和1.008mm的三针做了比较测量，找到了两者之间的偏差，目前使用0.866mm的三针测量1.75mm的螺纹塞规，计算时会带入偏差修正，可以准确地得到数值。"

审核员在查看三针比较测量数据时发现有实验室检测人员使用自制的EXCEL计算表格。

该实验室没有按计量检定规程的要求检测标准三针，同时，检测人员自制的计算公式没有得到实验室批准的证据，不具备检测标准的效力。因此，检测数据有较大的使用风险。

在这种情况下，需要追溯该螺纹塞规测量的所有产品，同时完善内部管理制度并加强对员工的管理要求，在缺失三针补充之前，暂停1.75mm规格的塞规检测。

12.5.2 检测和试验方法类不合格问题

检测和试验方法类不合格问题的常见原因包括：标准未更新、检测和试验方法所用的标准不对、未按标准检测、缺作业指导书、作业指导书内容有问题或未更新、检测标准不便取阅、化学器皿清洗储存隔离不规范、方法偏离未确认、自编方法未确认或不完整、缺方法验证记录或不完整、不确定度评定文件内容不全、缺少不确定度报告、不确定度结果不准确定度评定分量不全、不确定度评定数学模型不对。

例如，某第三方实验室，实验人员正在进行交变盐雾试验，经询问该试验箱为新投入使用，因客户急需试验数据，正在进行盐雾试验。查询该盐雾试验箱有检定合格证、试验人员经过培训、试验箱有验证的记录、使用环境符合要求，有实验室间的比对结果数据，但未提供开展盐雾试验新项目的评审记录。

很显然，实验室虽然对设备的试验方法进行了验证活动，但未证明组织过相关人员参加的试验论证，流程不完善。

对于新开展的试验项目，只有通过验证并试运行成熟后，报实验室同意后向中国合格评定国家认可委员会（CNAS）申请认可增项后，才可以开展试验工作。

12.5.3 记录类不合格问题

记录类不合格问题的常见原因包括：无记录、缺记录的编号规则、特定试样未制定格式、记录保存的职责规定与文件不符、无保存期规定、保存期实施与文件不符合、记录不原始、记录涂改、记录缺样件信息、记录缺试样条件信息、记录缺人员/结果导出/标准/日期等多个信息、电子记录管理未规定、电子记录管理实施与文件规定不符、电子记录格式与纸质版不符、软件的适用性未验证、电子记录无法有效识别。

例如，在实验室，审核员要求查阅7—10月的检测委托书。审核时发现，9月16日的检测委托书的检测依据代号及填写日期有涂黑涂改的现象。

审核员问："这份委托书为什么会涂改呢？"

检测人员说："委托人员对检测依据的代号记不清楚了，后来打电话确认发现写错了，后嫌重新填写太麻烦，就直接在原文件上涂改了，当时我也在现场，可以证明是真实情况，而且对试验的结果没有影响。"

审核员核对了检测数据与检测标准的项目、方法，判断要求一致。

本案是典型的记录涂改上的问题，记录的涂改必须在涂改后签名或盖章确认。无证据的涂改有弄虚作假的嫌疑，也反映了人员风险意识不足、实验室在任务管理上有缺陷，需要加强宣贯和培训。

12.5.4　人员类不合格问题

人员类不合格问题的常见原因包括：文件对监督的规定不足、部分领域未设质量监督员、缺监督记录、监督计划表缺监督对象、监督发现不合格后未纠正或未分析原因、对人员技术培训的项目不全、缺乏对人员安全和防护知识的培训、无人员培训记录和评价记录、未对人员培训的有效性进行确认、人员能力不足以承担要求的检测或试验活动、人员教育背景或工作经历不满足文件的要求、缺少能力确认的记录、人员能力未定期确认、文件各部分对职责规定不一致、职责规定缺少部分岗位内容、部分岗位未授权、文件缺少岗位的任职资格要求、各类实验室人员资格不满足要求。

例如，在实验室审核过程中，在查阅员工档案时，实验室未能提供制样人员相关培训的证明材料，也未能提供对新进人员进行能力确认的客观证据。

实验室应确保所有从事检测、评价结果、签署检测报告人员的能力，应按要求进行相应的教育、培训，对其经验和相应的技能进行资格确认。

12.5.5　溯源类不合格问题

溯源类不合格问题的常见原因包括：量值溯源文件内容不全、缺校准结果、校准对象不准确、校准参数不对、校准点不对、校准证书过期、校准状态标识不正确、校准结果未确认或有问题、校准结果显示设备不满足标准要求、缺期间核查的文件规定/计划和记录、期间核查的方法不适用、期间核查的实施与要求不符、核查的效果不好、校准因子未应用。

例如，在实验室，审核员看到有一台从德国进口的摩擦系数试验机。审核员问实验室经理："这台仪器你们如何校准？"

经理回答："技术监督局的人说他们不能校准，还想派人到我们这里来学习如何使用呢。"

审核员说："难道你们自己就没办法校准了吗？"

经理想了一会儿，说："我们每年委托德国厂家认可的机构进行校准，并出示了今年3月份校准结果的结论。"

审核员："你们公司有几台这样的仪器？"

经理："在开发部还有一台，用于内部数据分析。"

审核员："他们也是交由厂家校准吗？"

经理："他们没有参加校准，我计划用这台摩擦系数试验机作为基准值，与开发部的设备做比对，这样的方式可行吗。"

审核员："可以。你们进行过比对吗？"

经理："正式的比对试验没做过。"

用实验室的摩擦系数试验机与技术部的摩擦系数试验机进行比对，这种校准方法是可行的。应充分考虑使用要求，分析校准过程中的设备、人员、环境等各方面的因素，编制校准规程。但实验室没有做这方面的工作，违反了监视和测量装置控制的基本原则。

12.5.6　环境与设施类不合格问题

环境与设施类不合格问题的常见原因包括：环境不满足试验要求、实验室的排风设施/供电电源/接地电阻/减振措施不满足要求、缺少对环境条件的文件规定、对环境条件监控不到位、温/湿度监控设备精度不满足要求、相邻区域不相容、安全防护和隔离不到位。

例如，审核组在审核某放置直读光谱仪的房间时，在墙壁上挂着的房间温湿度记录表上看到，温湿度记录分别是9：00和15：00两栏，都写着23.5℃，但在现场操作没有看到测温仪表。审核员问："对于温湿度你们是怎么检测的？"

检验员说："本应该用红外测温仪，但是我们觉得温度测得不准，因此我们的记录是凭经验写的。"

审核员要求出示测温仪的校准记录，检验员从办公室取来检定证书，证书表明该仪器是上个月刚刚送到区计量检定所校准完毕，结论是"合格"。审核员问检验员："你们使用红外测温仪多长时间了？"

检验员不好意思地说："就是这次为了认证才买的，大家使用不习惯，就没有用。"

审核员进一步查看《直读光谱仪的操作规范》，上面规定：设备使用环境温度15～30℃，湿度≤80%。

检验员不使用仪器测温，违反了《直读光谱仪的操作规范》的规定，是典型的有章不循。实验室提供不出放置直读光谱仪房间的温湿度监控记录，违反了监视和测量应依据的文件的要求，同时使用红外测温仪测量空调口的温度，也不能反映直读光谱仪真实的环境温度，应购置指针式的温湿度计，并放置于直读光谱仪工作区域附近。审核员要求该实验室立即整改。

12.5.7 体系文件及控制类不合格问题

体系文件及控制类不合格问题的常见原因包括：文件内容未覆盖所有要素、外部文件控制范围不全、电子文件未受控、对失效标准未控制、文件的审批/编制无要求、文件误用、文件未定期审核、使用过期文件、未及时修订文件、文件发放/回收无记录、缺文件清单、文件修订/作废无标识、标识与文件规定不一致、文件标识信息不全。

例如，在某实验室，审核员要求查看本年度的试验设备的管理计划和台账，审核员在翻阅后发现管理计划和台账封面没有审批人和编制人签字，于是询问实验室主任："管理计划和设备台账有电子版吗？"

主任说："我们还有EXCEL电子版，在计量管理员的电脑里。"

审核员问："实验室的试验设备管理计划和台账，是以电子版还是纸质版为准？"

主任说："两者是一样的，EXCEL电子版以邮件的形式发给会签人和审批人确认过。"

试验设备的管理计划和台账是统计送检率和合格率的依据，必须确保真实准确性和严肃性。管理计划和台账可以电子版的形式存在，但须在经认证安全的软件内体现，如果是纸质版的须有审批人和编制人的签字确认。实验室应立即核对试验计划和台账信息，并签字确认。

12.5.8 质量控制类不合格问题

质量控制类不合格问题的常见原因包括：无质控计划、质控计划未评审、质控计划涉及的质量控制方式不全、质控计划中缺评定依据、无能力验证文件或验证文件内容不全、体系文件未规定内部质控、质量控制的结果未分析、质控结果发现的问题未采取纠正措施。

例如，审核员对某实验室开展的中性盐雾试验的质量监控活动进行审核，实验室主任说："我们两个月前按GB/T 10125要求使用标准版，刚刚进行了一次质量监控活动。"

审核员问："质量监控的结果怎么样？"

主任说："做了6块冷轧碳钢板48h试验，每块试样的质量损失范围均优于(70 ± 20) g/m^2的标准范围，我们的设备运行正常。"

审核员查看了试验数据，其中对于试验后化学清洗工序的试样浸泡时间没有记录。审核员问："试样的浸泡时间怎么没有记录？对于这些试验的数据是否进行了统计分析？这些问题你们是如何处理的？"

主任说："试验通常要求在溶液中浸泡3min以上取出，如果在标准要求的范围内，我们就不分析了。"

试验的质量监控,重要的意义是通过合适的统计技术,对试验结果有效性以及出现质量偏离预期的趋势进行分析,而不仅仅是评判试验数据是否合格,否则也失去了质量监控的意义。而且,浸泡的时间与标准要求的重复浸泡 5min 也不符合,实验室应在试验操作规范中明确浸泡方法和时间,同时对中性盐雾试验的质量监控情况和结果做总结分析。

12.5.9 外部提供的产品和服务类不合格问题

外部提供的产品和服务类不合格问题的常见原因包括:缺消耗品采购/验收/储存管理规定、实施与文件的要求不一致、无校准方评价记录或评价不够或资格过期、委外样件加工/接收/处理未做要求、无样件标识、标识与文件规定不符合、样件储存/监控/运输问题。

例如,审核员到某实验室的样件存放区域,看到该区域分为已检、待检、不合格区三个收纳盒。审核员问:"实验室目前常用的力学试验有哪些?"

主任说:"主要是三种,拉伸试验、冲击试验、弯曲试验。"

审核员问:"这三种力学试验的封样时间是多少?都堆放在审核已检的收纳盒里吗?"

主任说:"封样时间是 1 个月,试样都放在一起。"

对于样件封样期的保存,目的是确保样件的可追溯性,消除试样封样期间因保管不当、随意堆放而受损的风险。实验室应对样件保存期的各种风险因素重新进行评估,不能全部堆放在一起,要完善样件管理的制度,并严格执行。

12.6 发展趋势及展望

紧固件实验室是企业重要的组成部分,生产和研发中各个环节都离不开实验室工作的支持和帮助,是企业的"眼睛"。

实验室水平的高低是确保产品质量的体现,对提高产品质量、新品研发、设计验证都起到十分重要的作用,是增强企业竞争力的基本保证。汽车紧固件实验室的发展日益为各级地方紧固件协会、行业协会、企业领导所重视,实验室建设投资不断加大,地位不断提高。

从汽车设计开发角度看,紧固件试验项目主要包括扭矩-角度破坏试验、扭矩-角度-夹紧力试验、残余扭矩-夹紧力试验,通过试验不断地提高螺纹连接可靠性及装配工艺性水平。

(1) 各大主机厂设计开发流程

1) 工作载荷、设计计算:根据 CAE 提供的外载荷以及产品数模/技术要求对螺纹接头进行轴力校核,根据设计提供的轴力校核参数,进行螺纹接头轴力计算及扭矩校核。

2) 螺纹接头试验:通过试验策划方案,进行关键螺纹接头试验,并对接头试验的数据进行分析,并出具螺纹接头分析报告。

3) 实车测试:按项目计划对关键螺纹接头在路试中和路试后的轴力和扭矩,进行测试分析并出具分析报告。对异常形成问题清单,进行方案修正并重新验证。

(2) 现阶段设计开发验证方面的问题

1) 车企的紧固件实验室不仅承担着单纯的试验出数据的职责,还承担正本部门固有的职责。对一些涉及部门的利益,往往不容易形成统一的意见,如失效问题的追责、工程设变的成本影响。

2) 车企的紧固件试验影响的因素比较多,需要项目开发计划、系统验证计划、整车验证计划、零部件采购计划的支撑;需要试验历史数据、设计历史问题、装配和售后服务数据、耐久试验数据的及时反馈;需要设计工程师、虚拟分析工程师、试验工程师、标准件工程师、ME 总装工程师、采购工程师协助。

从实验室试验能力的角度看,随着汽车行业的正向开发的需要,一些较精密的测试仪器普遍用于各实验室。例如,在长度检测方面有轮廓仪、粗糙度仪、投影仪等;在化学分析方面有直读光谱仪、X 荧光光谱仪、红外碳硫分析仪等；在性能检测方面有摩擦系数测试仪、横向振动测试仪、疲劳试验机、超声波轴力试验仪等；在物理测试方面，大多数企业都配备有拉伸试验机、数显显微硬度计、定量金相显微镜、盐雾试验箱、磁粉探伤仪等。

（3）现阶段实验室检测方面的差距

1）化学分析方面：许多指标的测试仍采用传统的化学分析法，分析周期长，分析结果滞后，对碳素钢中的残余元素缺乏必要的测试手段。

2）物理检测方面：存在操作规程繁琐、检验时间长、人为因素影响大、数据处理缓慢等缺点；在金相分析中缺乏先进的仪器设备，如扫描电镜，缺乏高素质的金相检验人员，无法进行深入的研究。

3）检测分析人员的技能水平和对标准的正确理解是出具准确测试数据的关键，实验室在管理上存在诸多问题：忽视对操作人员规程和技能的培训；操作过程中操作人员存在许多不规范的习惯性操作；忽视试验样件、标准样件和计量器具等的检查；岗位操作人员只能按规程进行操作，解决实际问题的能力较弱。

（4）汽车紧固件实验室未来的发展趋势

1）实验室的管理体系会更加完善。更多的实验室会根据自身工作性质、人员等情况，按照 GB/T 27025—2019 的要求开展各项工作，在不断提高实验室软、硬件设施建设基础上，从单项检测能力认证入手，逐步施行综合实验室能力认证，从而达到国家认可的水平。

2）试验检测设备更新加快，数据分析的应用领域逐渐拓展。一方面随着市场竞争日益激烈，要求不断推出新产品、提高产品品质和增加品种；另一方面对产品质量要求越来越高，汽车行业的正向开发也是必然趋势，性价比占优势的国产试验检测设备将会逐渐占据主流，国外的高价品牌将逐渐退出。推动设备的"公用化"，提高设备的利用率，同时不断开发数据的利用空间，来提升企业的管理能力和服务能力、创新能力，数据的价值将越来越重要。

3）理化分析技术的适应性培训持续提高。随着新工艺、新技术和新产品的使用和开发，以及大数据相关技术的逐渐成熟，在数据应用的过程中需要大量的技能型人才，这必然要求重视对操作人员的适应性能力培训。

4）实验室创造价值的能力不断增强。实验室是依附于企业的专业组织，经济利益最大化是必然的永恒主题，要不断通过管理优化和技术进步，提高实验室创造价值的能力，主要包括平衡短期和长期的投资和收益、强化服务提高附加价值、注重实验室品牌运营等措施。

5）实验室安全运营的理念进一步加强。实验室的能力建设是一个复杂工程，需要大量的人力、物力、财力的投入，行业中各类型的实验室性质、条件、规模都有差异，各有特点和优势，加强横向间合作，补充试验力量是各方共同的意愿。因此，实验室之间多形式的合作模式将越来越多。

附录

引用标准清单

序号	标准号	标准名称	对应 ISO 标准	其他采用标准
1	QC/T 262—1999	汽车渗碳齿轮金相检验		
2	QC/T 518—2013	汽车用螺纹紧固件紧固扭矩		
3	QC/T 597.1—2017	螺纹紧固件预涂粘附层技术条件 第1部分：微胶囊锁固层		
4	QC/T 597.2—2017	螺纹紧固件预涂粘附层技术条件 第2部分：聚酰胺锁紧层		
5	QC/T 597.3—2019	螺纹紧固件预涂粘附层技术条件 第3部分：密封涂层		
6	QC/T 621.1—2013	钢带式弹性软管夹箍 第1部分：型式、尺寸和材料		
7	QC/T 941—2013	汽车材料中汞的检测方法		
8	QC/T 942—2021	汽车材料中六价铬的检测方法		
9	QC/T 943—2013	汽车材料中铅、镉的检测方法		
10	QC/T 944—2013	汽车材料中多溴联苯（PBBs）和多溴二苯醚（PBDEs）的检测方法		
11	T/CSAE 69—2018	乘用车整车强化腐蚀试验评价方法		
12	T/CSAE 74—2018	紧固件摩擦系数试验方法		
13	GB/T 2—2016	紧固件 外螺纹零件末端	ISO 4753:2011	
14	GB/T 62.1—2004	蝶形螺母 圆翼		
15	GB/T 70.1—2008	内六角圆柱头螺钉		
16	GB/T 70.3—2008	内六角沉头螺钉	ISO 10642:2004	DIN 7991:1985
17	GB/T 78—2007	内六角锥端紧定螺钉	ISO 4027:2003	
18	GB/T 94.1—2008	弹性垫圈技术条件 弹簧垫圈		
19	GB/T 94.3—2008	弹性垫圈技术条件 鞍形、波形弹性垫圈		
20	GB/T 96.1—2002	大垫圈 A 级	ISO 7093-1:2000	
21	GB/T 97.1—2002	平垫圈 A 级	ISO 7089:2000	
22	GB/T 196—2003	普通螺纹 基本尺寸	ISO 724:1993	
23	GB/T 197—2018	普通螺纹 公差	ISO 965-1:2013	
24	GB/T 222—2006	钢的成品化学成分允许偏差		

(续)

序号	标准号	标准名称	对应ISO标准	其他采用标准
25	GB/T 224—2019	钢的脱碳层深度测定法		
26	GB/T 225—2006	钢 淬透性的末端淬火试验方法(Jominy试验)		
27	GB/T 226—2015	钢的低倍组织及缺陷酸蚀检验法		
28	GB/T 228.1—2021	金属材料 拉伸试验 第1部分:室温试验方法	ISO 6892-1:2009	
29	GB/T 228.2—2015	金属材料 拉伸试验 第2部分:高温试验方法	ISO 6892-2:2011	
30	GB/T 228.3—2019	金属材料 拉伸试验 第3部分:低温试验方法	ISO 6892-3:2015	
31	GB/T 228.4—2019	金属材料 拉伸试验 第4部分:液氦试验方法	ISO 6892-4:2015	
32	GB/T 229—2020	金属材料 夏比摆锤冲击试验方法	ISO 148-1:2006	
33	GB/T 230.1—2018	金属材料 洛氏硬度试验 第1部分:试验方法	ISO 6508-1:2016	
34	GB/T 230.2—2012	金属材料 洛氏硬度试验 第2部分:硬度计(A、B、C、D、E、F、G、H、K、N、T标尺)的检验与校准	ISO 6508-2:2005	
35	GB/T 231.1—2018	金属材料 布氏硬度试验 第1部分:试验方法	ISO 6506-1:2014	
36	GB/T 231.2—2012	金属材料 布氏硬度试验 第2部分:硬度计的检验与校准	ISO 6506-2:2005	
37	GB/T 709—2019	热轧钢板和钢带的尺寸、外形、重量及允许偏差		
38	GB/T 711—2017	优质碳素结构钢热轧钢板和钢带		
39	GB/T 812—1988	圆螺母		
40	GB/T 845—2017	十字槽盘头自攻螺钉	ISO 7048:2011	
41	GB/T 866—1986	半沉头铆钉(粗制)		
42	GB/T 959.1—2017	挡圈技术条件 弹性挡圈		
43	GB/T 959.2—1986	挡圈技术条件 钢丝挡圈		
44	GB/T 1172—1999	黑色金属硬度及强度换算值		
45	GB/T 1216—2018	外径千分尺		
46	GB/T 1219—2008	指示表		
47	GB/T 1727—2021	漆膜一般制备法		
48	GB/T 1740—2007	漆膜耐湿热测定法		
49	GB/T 1771—2007	色漆和清漆 耐中性盐雾性能的测定		
50	GB/T 1979—2001	结构钢低倍组织缺陷评级图		
51	GB/T 2039—2012	金属材料 单轴拉伸蠕变试验方法	ISO 204:2009	
52	GB/T 2516—2003	普通螺纹 极限偏差	ISO 965-3:1998	
53	GB/T 2975—2018	钢及钢产品 力学性能试验取样位置及试样制备	ISO 377:2017	
54	GB/T 3077—2015	合金结构钢		
55	GB/T 3098.1—2010	紧固件机械性能 螺栓、螺钉和螺柱	ISO 898-1:2009	
56	GB/T 3098.2—2015	紧固件机械性能 螺母	ISO 898-2:2012	
57	GB/T 3098.3—2016	紧固件机械性能 紧定螺钉	ISO 898-5:2012	
58	GB/T 3098.5—2016	紧固件机械性能 自攻螺钉	ISO 2702:2011	
59	GB/T 3098.6—2014	紧固件机械性能 不锈钢螺栓、螺钉和螺柱	ISO 3506-1:2009	
60	GB/T 3098.7—2000	紧固件机械性能 自挤螺钉	ISO 7085:1999	
61	GB/T 3098.8—2010	紧固件机械性能-200℃~+700℃使用的螺栓连接零件	DIN 267-13:2007	

(续)

序号	标准号	标准名称	对应 ISO 标准	其他采用标准
62	GB/T 3098.9—2020	紧固件机械性能 有效力矩型钢锁紧螺母	ISO 2320:2015	
63	GB/T 3098.10—1993	紧固件机械性能 有色金属制造的螺栓、螺钉、螺柱和螺母	ISO 8839:1986	
64	GB/T 3098.11—2002	紧固件机械性能 自钻自攻螺钉	ISO 10666:1999	
65	GB/T 3098.12—1996	紧固件机械性能 螺母锥形保证载荷试验	ISO 10485:1991	
66	GB/T 3098.13—1996	紧固件机械性能 螺栓与螺钉的扭矩试验和破坏扭矩 公称直径1~10mm	ISO 898-7:1992	
67	GB/T 3098.14—2000	紧固件机械性能 螺母扩孔试验	ISO 10484:1997	
68	GB/T 3098.15—2014	紧固件机械性能 不锈钢螺母	ISO 3506-2:2009	
69	GB/T 3098.16—2014	紧固件机械性能 不锈钢紧定螺钉	ISO 3506-3:2009	
70	GB/T 3098.17—2000	紧固件机械性能 检查氢脆用预载荷试验 平行支承面法	ISO 15330:1999	
71	GB/T 3098.18—2004	紧固件机械性能 盲铆钉试验方法	ISO 14589:2000	
72	GB/T 3098.19—2004	紧固件机械性能 抽芯铆钉		
73	GB/T 3098.20—2004	紧固件机械性能 蝶形螺母 保证扭矩		
74	GB/T 3098.21—2014	紧固件机械性能 不锈钢自攻螺钉	ISO 3506-4:2009	
75	GB/T 3098.22—2009	紧固件机械性能 细晶非调质钢螺栓、螺钉和螺柱		
76	GB/T 3098.23—2020	紧固件机械性能 M42~M72螺栓、螺钉和螺柱		
77	GB/T 3103.1—2002	紧固件公差 螺栓、螺钉、螺柱和螺母	ISO 4759-1:2000	
78	GB/T 3103.3—2020	紧固件公差 平垫圈	ISO 4759-3:2016	
79	GB/T 3359—2009	数据的统计处理和解释 统计容忍区间的确定	ISO 16269-6:2005	
80	GB/T 3722—1992	液压式压力试验机		
81	GB/T 3808—2018	摆锤式冲击试验机的检验	ISO 148-2:2008	
82	GB/T 3934—2003	普通螺纹量规 技术条件	ISO 1502:1996	
83	GB/T 4336—2016	碳素钢和中低合金钢 多元素含量的测定 火花放电原子发射光谱法(常规法)		
84	GB/T 4338—2006	金属材料高温拉伸试验方法	ISO 783:1999	
85	GB/T 4340.1—2009	金属材料 维氏硬度试验 第1部分:试验方法	ISO 6507-1:2005	
86	GB/T 4340.2—2012	金属材料 维氏硬度试验 第2部分:硬度计的检验与校准	ISO 6507-2:2005	
87	GB/T 4955—2005	金属覆盖层 覆盖层厚度测量 阳极溶解库仑法	ISO 2177:2003	
88	GB/T 4956—2003	磁性基体上非磁性覆盖层 覆盖层厚度测量 磁性法	ISO 2178:1982	
89	GB/T 4957—2003	非磁性基体金属上非导电覆盖层 覆盖层厚度测量 涡流法	ISO 2360:1982	
90	GB/T 5213—2019	冷轧低碳钢板及钢带		
91	GB/T 5216—2014	保证淬透性结构钢		
92	GB/T 5267.1—2002	紧固件 电镀层	ISO 4042:1999	
93	GB/T 5267.2—2021	紧固件 非电解锌片涂层	ISO 10683:2014	
94	GB/T 5267.3—2008	紧固件 热浸镀锌层	ISO 10684:2004	
95	GB/T 5270—2005	金属基体上的金属覆盖层 电沉积和化学沉积层 附着强度试验方法评述	ISO 2819:1980	

(续)

序号	标准号	标准名称	对应 ISO 标准	其他采用标准
96	GB/T 5276—2015	紧固件 螺栓、螺钉、螺柱及螺母 尺寸代号和标注	ISO 225:2010	
97	GB/T 5277—1985	紧固件 螺栓和螺钉通孔	ISO 273:1979	
98	GB/T 5280—2002	自攻螺钉用螺纹	ISO 1478:1999	
99	GB/T 5617—2005	钢的感应淬火或火焰淬火后有效硬化层深度的测定	ISO 3754:1976	
100	GB/T 5779.1—2000	紧固件表面缺陷 螺栓、螺钉和螺柱 一般要求	ISO 6157-1:1988	
101	GB/T 5779.2—2000	紧固件表面缺陷 螺母	ISO 6157-2:1995	
102	GB/T 5779.3—2000	紧固件表面缺陷 螺栓、螺钉和螺柱 特殊要求	ISO 6157-3:1988	
103	GB/T 5783—2016	六角头螺栓 全螺纹	ISO 4017:2014	
104	GB/T 6170—2015	1 型六角螺母	ISO 4032:2012	
105	GB/T 6187.1—2016	2 型全金属六角法兰面锁紧螺母	ISO 7044:2012	
106	GB/T 6315—2008	游标、带表和数显万能角度尺		
107	GB/T 6394—2017	金属平均晶粒度测定方法		
108	GB/T 6462—2005	金属和氧化物覆盖层 厚度测量 显微镜法	ISO 1463:2005	
109	GB/T 6478—2015	冷镦和冷挤压用钢	ISO 4954:1993	
110	GB/T 6739—2006	色漆和清漆 铅笔法测定漆膜硬度	ISO 15184:1998	
111	GB/T 6807—2001	钢铁工件涂装前磷化处理技术条件		
112	GB/T 7232—2012	金属热处理工艺 术语		
113	GB 7258—2017	机动车运行安全技术条件		
114	GB/T 7306.1—2000	55°密封管螺纹 第 1 部分:圆柱内螺纹与圆锥外螺纹	ISO 7-1:1994	
115	GB/T 7728—2021	冶金产品化学分析 火焰原子吸收光谱法通则		
116	GB/T 9286—2021	色漆和清漆 漆膜的划格试验	ISO 2409:1992	
117	GB/T 9450—2005	钢件渗碳淬火硬化层深度的测定和校核	ISO 2639:2002	
118	GB/T 9792—2003	金属材料上的转化膜 单位面积膜质量的测定 重量法	ISO 3892:2000	
119	GB/T 9797—2005	金属覆盖层 镍+铬和铜+镍+铬电镀层	ISO 1456:2003	
120	GB/T 9799—2011	金属及其他无机覆盖层 钢铁上经过处理的锌电镀层	ISO 2081:2008	
121	GB/T 10125—2021	人造气氛腐蚀试验 盐雾试验	ISO 9227:2006	ASTM B117:2019
122	GB/T 10431—2008	紧固件横向振动试验方法		ISO 16130:2015、DIN 65151:2002
123	GB/T 10561—2005	钢中非金属夹杂物含量的测定 标准评级图显微检验法	ISO 4967:1998(E)	
124	GB/T 10932—2004	螺纹千分尺		DIN 863-1:1999、DIN 863-3:1999
125	GB/T 11170—2008	不锈钢 多元素含量的测定 火花放电原子发射光谱法(常规法)		
126	GB/T 11261—2006	钢铁 氧含量的测定 脉冲加热惰气熔融-红外线吸收法		
127	GB/T 11376—1997	金属的磷酸盐转化膜	ISO 9717:1990	
128	GB/T 12160—2019	金属材料 单轴试验用引伸计系统的标定	ISO 9513:2012	
129	GB/T 12534—1990	汽车道路试验方法通则		
130	GB/T 12678—1990	汽车可靠性行驶试验方法		

(续)

序号	标准号	标准名称	对应 ISO 标准	其他采用标准
131	GB/T 13298—2015	金属显微组织检验方法		
132	GB/T 13299—1991	钢的显微组织评定方法		
133	GB/T 13320—2007	钢质模锻件 金相组织评级图及评定方法		
134	GB/T 13346—2012	金属及其它无机覆盖层 钢铁上经过处理的镉电镀层	ISO 2082:2008	
135	GB/T 13682—1992	螺纹紧固件轴向载荷疲劳试验方法	ISO 3800:1977	
136	GB/T 14203—2016	火花放电原子发射光谱分析法通则		
137	GB/T 14981—2009	热轧圆盘条尺寸、外形、重量及允许偏差	ISO 16124:2004	
138	GB/T 15856.2—2002	十字槽沉头自钻自攻螺钉	ISO 15482:1999	
139	GB/T 15970.7—2017	金属和合金的腐蚀 应力腐蚀试验 第7部分:慢应变速率试验	ISO 7539-7:2005	
140	GB/T 16491—2008	电子式万能试验机		
141	GB/T 16823.3—2010	紧固件 扭矩-夹紧力试验	ISO 16047:2005	
142	GB/T 16825.1—2008	静力单轴试验机的检验 第1部分:拉力和(或)压力试验机测力系统的检验与校准	ISO 7500-1:2004	
143	GB/T 16921—2005	金属覆盖层 覆盖层厚度测量 X射线光谱法	ISO 3497:2000	
144	GB/T 20066—2006	钢和铁 化学成分测定用试样的取样和制样方法	ISO 14284:1996	
145	GB/T 20123—2006	钢铁 总碳硫含量的测定 高频感应炉燃烧后红外吸收法(常规方法)		
146	GB/T 20124—2006	钢铁 氮含量的测定 惰性气体熔融热导法(常规方法)		
147	GB/T 20624.2-2006	色漆和清漆 快速变形(耐冲击性)试验 第2部分:落锤试验(小面积冲头)	ISO 6272-2:2002	
148	GB/T 21389—2008	游标、带表和数显卡尺		
149	GB/T 22523—2008	塞尺		JB/T 8788—1998
150	GB/T 26110—2010	锌铝涂层 技术条件		
151	GB/T 27025—2019	检测和校准实验室能力的通用要求	ISO/IEC 17025:2017	
152	GB/T 32534—2016	圆锥螺纹检测方法		
153	GB/T 33362—2016	金属材料 硬度值的换算	ISO 18265:2013	
154	GB/T 35480—2017	紧固件 螺栓、螺钉和螺柱预涂微胶囊型粘合层技术条件		
155	GB/T 37050—2019	紧固螺纹检测体系		
156	JB/T 3411.47—1999	轴用弹性挡圈安装钳子 尺寸		
157	JB/T 3411.48—1999	孔用弹性挡圈安装钳子 尺寸		
158	JB/T 5074—2007	低、中碳钢球化体评级		
159	JB/T 6830—2013	投影仪		
160	JB/T 7710—2007	薄层碳氮共渗或薄层渗碳钢件 显微组织检测		
161	JB/T 9151.1—1999	紧固件测试方法 尺寸与几何精度 螺栓、螺钉、螺柱和螺母		
162	JB/T 9204—2008	钢件感应淬火金相检验		
163	JB/T 9211—2008	中碳钢与中碳合金结构钢马氏体等级		
164	JB/T 9375—2014	机械式拉力试验机 技术条件		

(续)

序号	标准号	标准名称	对应 ISO 标准	其他采用标准
165	YB/T 5293—2014	金属材料 顶锻试验方法		
166	GJB 715.12—1990	紧固件试验方法 应力持久性		
167	HB 5150—1996	金属高温拉伸持久试验方法		
168	HB 5151—1996	金属高温拉伸蠕变试验方法		
169	HB 5067.1—2005	镀覆工艺氢脆试验 第1部分:机械方法		
170	JJF 1059.1—2012	测量不确定度评定与表示		
171	JJF 1059.2—2012	用蒙特卡洛法评定测量不确定度		
172	JJG 112—2013	金属洛氏硬度计(A,B,C,D,E,F,G,H,K,N,T标尺)		
173	JJG 145—2007	摆锤式冲击试验机		
174	JJG 150—2005	金属布氏硬度计检定规程		
175	JJG 276—2009	高温蠕变、持久强度试验机		
176	JJG 475—2008	电子式万能试验机		
177	ISO 2093:1986	Electroplated coatings of tin—Specification and test methods		
178	ISO 3574:2012	Cold-reduced carbon steel sheet of commercial and drawing qualities		
179	ISO 3651-1:1998	Determination of resistance to intergranular corrosion of stainless steels—Part 1: Austenitic and ferritic-austenitic (duplex) stainless steels—Corrosion test in nitric acid medium by measurement of loss in mass (Huey test)		
180	ISO 3651-2:1998	Determination of resistance to intergranular corrosion of stainless steels—Part 2: Ferritic, austenitic and ferritic-austenitic (duplex) stainless steels—Corrosion test in media containing sulfuric acid		
181	ISO 4521:2008	Metallic and other inorganic coatings—Electrodeposited silver and silver alloy coatings for engineering purposes—Specification and test methods		
182	ISO 6270-1:2017	Paints and varnishes—Determination of resistance to humidity—Part 1: Condensation (single-sided exposure)		DIN EN ISO 6270-1:2018
183	ISO 6270-2:2017	Paints and varnishes—Determination of resistance to humidity—Part 2: Condensation (in-cabinet exposure with heated water reservoir)		DIN EN ISO 6270-2:2017
184	ISO 8407:2009	Corrosion of metals and alloys-Removal of corrosion products from corrosion test specimens		
185	ISO 9152:1998	Aerospace-Bolts, with MJ threads, in titanium alloys, strength class 1100 MPa-Procurement specification		
186	ISO 10587:2000	Metallic and other inorganic coatings—Test for residual embrittlement in both metallic-coated and uncoated externally-threaded articles and rods—Inclined wedge method		ASTM B839-2004
187	ISO 15726:2009	Metallic and other inorganic coatings—Electrodeposited zinc alloys with nickel, cobalt or iron		

(续)

序号	标准号	标准名称	对应 ISO 标准	其他采用标准
188	ISO 19598:2016	Metallic coatings—Electroplated coatings of zinc and zinc alloys on iron or steel with supplementary Cr(VI)-free treatment		
189	ISO 20567-1:2017	Paints and varnishes—Determination of stone-chip resistance of coatings—Part 1: Multi-impact testing		
190	ISO 21968:2005	Non-magnetic metallic coatings on metallic and non-metallic basis materials-Measurement of coating thickness-Phase-sensitive eddy-current method		
191	IATF 16949:2016	Quality management systems—Particular requirements for the application of ISO 9001:2015 for automotive production and relevant service part organizations		
192	EN 2831:1993	Aerospace series; hydrogen embrittlement of steels; test by slow bending		
193	EN 2832:1993	Aerospace series; hydrogen embrittlement of steels; notched specimen test		
194	ASME B1.3-2007	Screw Thread Gaging Systems for Acceptability: Inch and Metric Screw Threads (UN, UNR, UNJ, M, and MJ)		
195	ASTM A143/A143M-2014	Standard Practice for Safeguarding Against Embrittlement of Hot-Dip Galvanized Structural Steel Products and Procedure for Detecting Embrittlement		
196	ASTM D543-2014	Standard Practices for Evaluating the Resistance of Plastics to Chemical Reagents		
197	ASTM E140-2012b	Standard Hardness Conversion Tables for Metals Relationship Among Brinell Hardness, Vickers Hardness, Rockwell Hardness, Superficial Hardness, Knoop Hardness, Scleroscope Hardness, and Leeb Hardness		
198	ASTM F326-2017	Standard Test Method for Electronic Measurement for Hydrogen Embrittlement From Cadmium-Electroplating Processes		
199	ASTM F519-2013	Standard Test Method for Mechanical Hydrogen Embrittlement Evaluation of Plating/Coating Processes and Service Environments		
200	ASTM F606/F606M-2016	Standard Test Methods for Determining the Mechanical Properties of Externally and Internally Threaded Fasteners, Washers, Direct Tension Indicators, and Rivets		
201	ASTM F1624-2012	Standard Test Method for Measurement of Hydrogen Embrittlement Threshold in Steel by the Incremental Step Loading Technique		
202	SAE AMS-QQ-P-416E-2016	Plating, Cadmium (Electrodeposited)		
203	SAE J 400-2002	Test for Chip Resistance of Surface Coatings		
204	SAE J 492-2013	Guide for Rivet Selection and Design Consideration		
205	PIN 34804—2020	Fasteners-change of appearance of black surfaces		

(续)

（续）

序号	标准号	标准名称	对应 ISO 标准	其他采用标准
206	DIN 50014:2018	Standard atmospheres for condition and/or testing-Specifications		
207	IFI-301:2008	Gage Calibration Requirements and Procedures for Thread Gages		
208	JIS G3131:2011	Hot-rolled mild steel plates, sheet and strip (Amendment 1)		
209	JIS G4305:2015	Cold-rolled stainless steel plate, sheet and strip (Amendment 1)		
210	JIS H3100:2012	Copper and copper alloy sheets, plates and strips		
211	JIS H3110:2018	Phosphor bronze and nickel silver sheets, plates and strips		
212	JIS H3130:2018	Copper beryllium alloy, copper titanium alloy, phosphor bronze, copper-nickel-tin alloy and nickel silver sheets, plates and strips for springs		
213	JIS H4000:2014	Aluminium and aluminium alloy sheets, strips and plates		
214	VDI 2230 part 1:2015	Systematic calculation of highly stressed bolted joints-Joints with one cylindrical bolt		
215	VDI 2230 part 2:2014	Systematic calculation of highly stressed bolted joints-Multi bolted joints		
216	VDI/VDE 2862 part 1:2012	Minimum restrictions for application of fastening systems and tools-Applications in the automotive industry		

（续）

参 考 文 献

[1] 中国汽车工程学会防腐蚀老化分会，叶又，黄平. 汽车紧固件实用技术手册［M］. 北京：中国标准出版社，2018.
[2] 全国汽车标准化技术委员会，朱彤. 汽车标准件手册（2012版）［M］. 长春：吉林科学技术出版社，2012.
[3] 机械科学研究总院. 机械基础件标准汇编：紧固件基础（上）［M］. 3版. 北京：中国标准出版社，2019.
[4] 机械科学研究总院. 机械基础件标准汇编：紧固件基础（下）［M］. 3版. 北京：中国标准出版社，2019.
[5] 祝燮权. 实用紧固件手册［M］. 3版. 北京：机械工业出版社，2012.
[6] 中国标准出版社第三编辑室. 中国机械工业标准汇编［M］. 北京：中国标准出版社，2009.
[7] 胡隆伟，叶文君. 紧固件材料手册［M］. 北京：中国宇航出版社，2014.
[8] 航天精工，李英亮. 紧固件概论［M］. 北京：国防工业出版社，2014.
[9] 陶春虎，郭倩旎. 紧固件的失效分析及其预防［M］. 北京：航空工业出版社，2013.
[10] 国家标准件产品质量监督检验中心. 紧固件检验手册［M］. 北京：中国计量出版社，2010.
[11] 龚茂良. 紧固件冷挤压技术及应用［M］. 北京：社会科学文献出版社，2013.
[12] 国家标准件产品质量监督检验中心. 欧美紧固件技术要求［M］. 北京：中国标准出版社，2010.
[13] 中国机械工程学会热处理学会. 热处理手册：工艺基础［M］. 北京：机械工业出版社，2008.
[14] 樊东黎，等. 热处理技术手册［M］. 北京：化学工业出版社，2009.
[15] 机械工业理化检验人员技术培训和资料鉴定委员会. 金相检验［M］. 上海：上海科学普及出版社，2003.
[16] 郭广平，丁传富. 航空材料力学性能检测［M］. 北京：机械工业出版社，2016.
[17] 中国机械工程学会理化检验分会. 金属材料力学性能试验［M］. 北京：科学普及出版社，2009.
[18] 曾泳淮，林树昌. 分析化学（仪器分析部分）［M］. 北京：高等教育出版社，2004.
[19] 机械工业理化检验人员技术培训和资格鉴定委员会. 金相检验［M］. 北京：中国计量出版社，2008.
[20] 罗立强，等. X射线荧光光谱分析［M］. 北京：化学工业出版社，2017.
[21] 吉昂，等. 能量色散X射线荧光光谱［M］. 北京：科学出版社，2011.
[22] 李英亮. 紧固件概论［M］. 北京：国防工业出版社，2014.
[23] 乐金涛. 中国金属材料试验机的成就与遗憾［J］. 物理测试，2016，34（2）：1-5.
[24] 宣天鹏. 表面镀覆层失效分析与检测技术［M］. 北京：机械工业出版社，2012.
[25] 郑国经. 电感耦合等离子体发射光谱分析技术［M］. 北京：中国标准出版社，2011.
[26] 高宏斌. 火花源发射光谱分析技术［M］. 北京：中国标准出版社，2012.
[27] 张之果. 固体无机材料中碳硫分析技术［M］. 北京：中国标准出版社，2013.
[28] 张之果. 固体无机材料中气体成分（O、N、H）分析技术［M］. 北京：中国标准出版社，2013.
[29] 梅坛，等. 金属材料原子光谱分析技术［M］. 北京：中国质检出版社，2019.
[30] 徐祖耀，等. 中国工程材料大典. 第26卷 材料表征与检测技术［M］. 北京：化学工业出版社，2005.
[31] 刘崇华，等. 光谱分析仪器使用与维护［M］. 北京：化学工业出版社，2010.
[32] 刘玉海，等. 电化学分析仪器使用与维护［M］. 北京：化学工业出版社，2011.
[33] 中国机械工程学会理化检验分会. 金属材料力学性能试验［M］. 北京：科学普及出版社，1987.
[34] 中国合格评定国家认可中心. 材料理化检测测量不确定度评估指南及实例［M］. 北京：中国计量出版社，2012.
[35] 傅华栋，等. 实验室确保结果有效性措施分析［J］. 质量与认证，2018（2）：58-59.
[36] 刘军. 扭矩加载装置量化方法［J］. 先进工程学刊，2015，10（3）：141-144.
[37] 李庆忠，等. 力值、扭矩和硬度测量不确定度评定导则［M］. 北京：中国计量出版社，2003.
[38] 冯琴. 紧固件企业中心实验室的现状和发展［J］. 现代零部件，2007（06）：96-98.
[39] 崔忠圻，覃耀春. 金属学与热处理［M］. 2版. 北京：机械工业出版社，2011.
[40] 黄乾尧，等. 高温合金［M］. 北京：冶金工业出版社，2000.
[41] 朱日彰，等. 耐热钢和高温合金［M］. 北京：化学工业出版社，1995.
[42] 赵杰. 耐热钢持久性能的统计分析及可靠性预测［M］. 北京：科学出版社，2011.
[43] 任颂赞，等. 钢铁金相图谱［M］. 上海：上海科学技术文献出版社，2003.
[44] 陶春虎. 紧固件的失效分析与预防［M］. 北京：航空工业出版社，2012.
[45] 王广生. 金属热处理缺陷分析及案例［M］. 北京：机械工业出版社，2004.
[46] 内藤武志. 渗碳淬火实用技术［M］. 陈祝同，等译. 北京：机械工业出版社，1985.
[47] 苏宗康. 螺纹精密跨线测量精确公式的改进——兼论近似公式原理误差的解析表达方法［J］. 计量技术，1993（11）：14-16.
[48] 苏宗康. 非对称螺纹精密测量的误差研究［J］. 实用测试技术，1999（6）：29-32，44.

Zmart 兹懋
智慧紧固

紧固技术连接未来

上海兹懋（Zmart）仪器科技有限公司是德国先进紧固技术在中国的代表，旨在通过引进先进的紧固技术助推中国先进制造业的发展。

兹懋（Zmart）提供专业的螺纹紧固连接检测、校准等仪器设备和售后服务，以及为紧固件使用和制造单位提供紧固连接全寿命周期设计校核、有限元模拟、产品优化、过程优化、失效分析等解决方案和培训服务。

紧固连接 —— 全寿命周期理念的灌输者

研 发

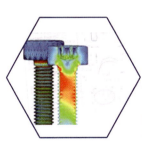

紧固连接正向开发分析软件

紧固连接有限元仿真分析软件

紧固连接标准及实测材料数据库

装 配

智慧扳手 拧紧装配、复验扭矩测试

模拟装配设备 旋入特定材料的拧紧性

多功能拧紧分析测试设备 摩擦系数测定

Zmart 兹懋
智慧紧固

紧固技术连接未来

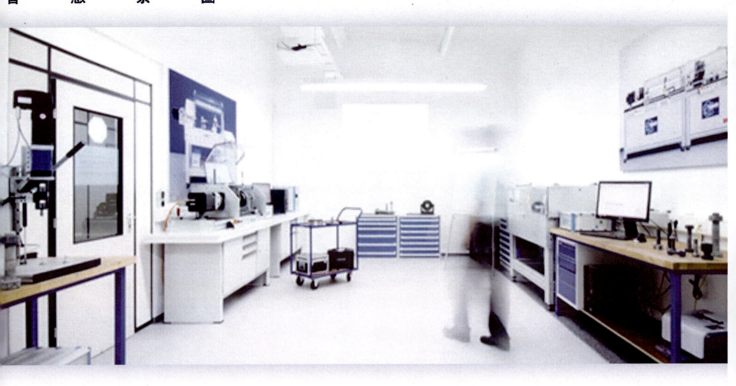

凭借提供包括设计计算、校核验证、拧紧定义、过程控制在内的整个紧固连接设计、装配、服役过程的专业的软硬件技术支持与服务，兹懋致力于成为航空航天、汽车、轨道交通、风力发电等相关领域的企业及院校、科研院所高精尖测试、校准仪器设备的供应伙伴及成套实验室方案提供商。

紧固连接 —— 全寿命周期理念的灌输者

测 试

摩擦系数-横向振动试验机 防松性能对比测试

螺栓尺寸光学测量仪 全自动快速测量

拧紧工具校准小车 现场拧紧工具校准

服 役

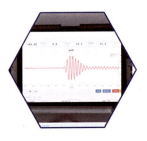

智慧螺栓——超声轴力追踪监测

紧固连接检测服务

紧固连接技术咨询及培训

联系我们
上海兹懋仪器科技有限公司

021-20832583
Marketing@zmart-china.com
www.zmart-china.com

欢迎关注兹懋公众号